KATJA BÖHME

BILDER — BLICKE — REFLEXION

kopaed

Die vorliegende Arbeit wurde von der Kunstakademie Münster im April 2021 als Dissertation angenommen. Die Veröffentlichung wurde von der Kunstakademie Münster gefördert.

Bibliografische Information der Deutschen Nationalbibliothek
Die Deutsche Nationalbibliothek verzeichnet diese Publikation in der Deutschen Nationalbibliografie; detaillierte bibliografische Daten sind im Internet über www.dnb.de abrufbar.

Gestaltung und Satz: Janine Gockel, Möhnesee
Lektorat: Katharina Kiklas, Berlin
Druck und Bindung: druckhaus köthen

Arnulfstraße 205, 80634 München
Fon: 089.688 900 98 Fax 089.689 1912
e-mail: info@kopaed.de Internet: www.kopaed.de

ISBN 978-3-96848-062-6
eISBN 978-3-96848-662-8

BILDER — BLICKE — REFLEXION

Auslegungen fotografischer Bilder
als professionsspezifische Reflexionspraxis
in der künstlerischen Lehrer_innenbildung

KAPITEL

—

LEHREN ALS RESPONSIVE PRAXIS

WAHRNEHMUNG UND REFLEXION
DER PATHISCHEN SEITEN DES LEHRENS

DEN PATHISCHEN UND UNERWARTETEN SEITEN
PÄDAGOGISCHER PRAXIS MIT FOTOGRAFISCHEN BILDERN
AUF DIE SPUR KOMMEN

EMPIRISCHE KONSTELLATIONEN IM ZWISCHENRAUM
VON FORSCHUNG UND HOCHSCHULDIDAKTIK

FALLBILDUNG UND BILDKONFIGURATIONEN

HOCHSCHULDIDAKTISCHE ORIENTIERUNGEN

PROLOG

»Sie [fotografische Bilder **KB**] räumen Zeit ein, eröffnen in der Abfolge selbstverständlicher Abläufe eine Kluft und entwickeln darin, zwischen Wirklichkeit und Möglichkeit, neue Spielräume. Inwiefern wird das Bild als Spur zum Zeugnis von Vergangenem, in welcher Weise bildet sich Gewordenes im Bild völlig um? Was bedeutet es, wenn in Bildern Erwartungen und Erinnerungen zum Ausdruck kommen, was geschieht, wenn sie durch das Bild dezidiert konterkariert werden? In welcher Hinsicht führen Bilder zu vergessenen Ereignissen zurück, inwiefern ereignet sich umgekehrt aber in Bildern auch etwas, was in der üblichen Erzählung keinen Platz hatte? Denn mitunter treffen Bilder einen völlig unvorbereitet, darin liegt ihr ›Stachel‹: Sie berühren von irgendwoher, ohne dass der Betrachter gleich anzugeben vermag, was ihn oder sie besticht. Vielfach wirken Bilder plötzlich, unversehens und ereignishaft. Sie können überraschen, fesseln und in den Bann schlagen, wenn sie einem nicht gar in äußersten Fällen die Sprache verschlagen. [...] Auch im Fortwirken der Bilder äußert sich noch etwas von jener eigentümlichen Bildzeit, die sich gewöhnlichen Chronologien nicht fügt. Auf das plötzliche Aufblitzen einer Erscheinung folgt das Nachbild in der Weise eines lange nachrollenden Donners.« (Alloa 2013, S. 13)

EINLEITUNG

BILDER — BLICKE — REFLEXION

—

Auslegungen fotografischer Bilder
als professionsspezifische Reflexionspraxis
in der künstlerischen Lehrer_innenbildung

EINLEITUNG

Ausgangslage

Zwischen dem, was Lehrer_innen zu vermitteln wünschen und dem, was Schüler_innen sich aneignen, was sie trifft und interessiert, zieht sich ein unumgänglicher »Riss« (vgl. Waldenfels 2013a, S. 165 ff.). **1** Schüler_innen erweisen sich dem Blick von pädagogisch Handelnden immer wieder als »opak« und »intransparent« (Glissant 2005, S. 54). **2** Im Vorhinein kann kaum bestimmt werden, welche Erfahrungen sich später tatsächlich für Schüler_innen als bildungsrelevant erweisen werden. Das, was sie berührt und trifft, ereigne sich zumeist eher plötzlich und unerwartet, als dass es einer planbaren Steuerung und gekonnten Inszenierung vollkommen zugänglich wäre (vgl. Meyer-Drawe 2012a, S. 16 u. S. 193). Nicht nur für die Lernenden selbst erweisen sich bildende Erfahrungen als kaum steuerbar oder kaum als Produkt eines bewussten Willensaktes, sondern auch Lehrende sind angesichts eines »opaken« und »intransparenten« Anderen immer wieder mit dem eigenen »Nicht-Wissen-Können« (Wimmer 1996, S. 425) und der Begrenztheit der eigenen pädagogischen »Verfügungsgewalt« (Meyer-Drawe 2011a, S. 199) konfrontiert. Sowohl Lernen als auch Lehren tragen Züge eines responsiven Geschehens, das sich im Wechselspiel von »getroffen werden« und »antworten« ereignet (vgl. Waldenfels 2016a, S. 43, 59 ff.).

Sich als Lehrperson im Rahmen der alltäglichen Lehrpraxis immer wieder aufs Neue auf diese Ungewissheiten und Unbestimmtheitsmomente in der Begleitung von Bildungsprozessen einzulassen und Schüler_innen dabei in ihrer Unverfügbarkeit wertzuschätzen, stellt vor dem Hintergrund aktueller bildungspolitischer Argumentationen keine Selbstverständlichkeit dar. Schon lange werde versucht, betont Rudolf zur Lippe, das Unverfügbare und die Widerständigkeit des Sinnlichen – nicht nur in Bildungskontexten –, sondern auch im Leben allgemein zu meiden (vgl. zur Lippe 2020, S. 36 ff.). **3** Auch in der Kunstpädagogik wird Ähnliches wahrgenommen und problematisiert: Es sei, schreibt Karl-Josef Pazzini, gegenwärtig eine »Großstim-

1 Waldenfels beschreibt einen Riss, der dem menschlichen Erleben grundlegend eingeschrieben sei: »Es gibt eine Reihe von Rissen, die durch unser Erfahren, Reden und Handeln hindurchgehen. Das *Sagen* deckt sich nicht mit dem *etwas sagen,* dieses nicht mit dem *etwas Wahres oder Falsches sagen;* das Gesagte bleibt hinter dem Gemeinten, das Geantwortete hinter dem Gefragten zurück wie das Genommene hinter dem Geschenkten [....]. Diese Diskrepanzen gehören zur Eigenart von Zwischenereignissen, die aneinander anschließen, ohne daß der Zusammenschluß in vorgegebenen Zielen verankert oder durch feste Regeln garantiert wäre.« (Waldenfels 2013a, S. 165 f.)

2 Édouard Glissant bezieht sich selbst nicht auf Schüler_innen im engeren Sinne. Er beschreibt das Phänomen, dass Menschen durch Überwachungstechnologien usw. zunehmend transparent werden und fordert ein Recht auf »Intransparenz« und »Opazität« ein (vgl. Glissant 2005, S. 83).

3 Auch Norbert Ricken beschreibt diese Tendenz und spricht von »Kontingenzflucht« (Ricken 1999, S. 186). Er bezieht sich auf Theodor W.

mung« zu bemerken, die das Unvorhersehbare und Unverfügbare lediglich noch als »marginalen Reiz, als suspense, Abwechslung und Appetithäppchen« akzeptiere (Pazzini 2008, S. 45). Das Unvorhersehbare und Unbestimmte werde – wenn überhaupt – als methodischer Kniff eingesetzt, anstatt dass es tatsächlich unvorhersehbar im Unterricht zugehen darf (vgl. ebd.).

Dies hat für das Verständnis von Lehre gravierende Folgen: Unerwartete Ereignisse, die der Steuerbarkeit zuwider laufen und querschlagen, werden eher als didaktisches Defizit (vgl. Wimmer 2010) und als »Mangel an rationaler, angemessener Planung« (Pazzini 2008, S. 45) wahrgenommen, als dass sie in ihrer konstitutiven Bedeutung ernsthaft diskutiert und problematisiert werden. Es werde stattdessen eine »Formalisierung des Lernprozesses« vorangetrieben (Meyer-Drawe 2008, S. 132). Andreas Dörpinghaus spitzt diese Entwicklung im Pädagogischen zu und charakterisiert Bildungsprozesse aktuell als »Verwaltungsakt« (vgl. Dörpinghaus 2014, S. 540). Die Formalisierung und die Marginalisierung des Unverfügbaren und Unbestimmten betreffe nicht nur Schüler_innen, sondern auch Lehrer_innen. Wenn es nicht mehr darum geht, sich als Lehrperson vom Anderen anstecken und stimmen zu lassen (vgl. Pazzini 2015a, S. 105 f.), dann bekommt das Lehren einen technokratischen und instrumentellen Charakter. Auch bei Wimmer lässt sich die Kritik an einer Automatisierung der Lehre finden (Wimmer 2014, S. 105). Eine derartige Vorstellung von Lernen und Lehren adressiert Schüler_innen als Manager_innen ihrer eigenen Lernprozesse (vgl. Meyer-Drawe 2012a, S. 208) und macht Lehrpersonen zu Coacher_innen und Animateur_innen (vgl. ebd., S. 133). Die Herausforderung, sich als Lehrperson auf Schüler_innen in ihrer Fremdheit und Unverfügbarkeit einzulassen und in der gemeinsamen Gegenwart aufeinander zu antworten, spielt kaum eine Rolle. Momente im Unterrichtsgeschehen, die der Planung von Lehrenden entzogen sind und die sich nicht mit den eigenen Erwartungen in Verbindung bringen lassen, bleiben möglicherweise unentdeckt oder können nicht als potenziell bildende Erfahrung wertgeschätzt werden.

Forschungsanliegen

Daraus erwächst die Herausforderung, pädagogisches Handeln in seiner responsiven Qualität als eine Frage der lehramtsbezogenen Professionalisierung zu begreifen. Nicht erst im beruflichen Alltag in der Schule, sondern schon in der Hochschule gilt es, ein Verstehen pädagogischer Praxis anzubahnen und zu kultivieren,

Adorno, der seinerseits in den 1960er Jahren einen »Fluch der Kontingenz« beschrieben hat (vgl. ebd.). Sowohl in der Moderne als auch in der Postmoderne werde Kontingenz vor allem als »Störfaktor« und als ein aufzuhebendes Defizit angesehen (vgl. Makropoulos 1997, S. 145). Aus bildungsphilosophischer Perspektive bestätigte Käte Meyer-Drawe 2008 diese Beobachtungen mit ihrem Buch *Diskurse des Lernens*. Darin attestiert sie dem gegenwärtigen Bildungssystem, kaum Raum für das Unverfügbare offen zu halten. Eine Vielzahl an Begriffen werden zusammengetragen und disktutiert, in denen sich Grundlinien dieser Entwicklung abzeichnen: »Selbstorganisation«, »Selbstmanagement«, »Leistungsbereitschaft«, »Qualitätskontrolle und -optimierung«, »Formalisierung von Lernprozessen«, »der technische Mensch«, »Techniken der Normalisierung« – um nur einige zu nennen (Meyer-Drawe 2008, S. 208 f.).

durch das sowohl die Anderen als auch das pädagogische Geschehen selbst in seiner konstitutiven Unverfügbarkeit und Unvorhersehbarkeit in produktiver Weise in den Blick geraten können. Es braucht geeignete hochschuldidaktische Formate, die dazu beitragen, dass Lehramtsstudierenden insbesondere die unverfügbaren Dimensionen von Lern- und Lehrprozessen in ihrer pädagogischen Bedeutung zugänglich werden können (vgl. Engel/Böhme 2015; Engel 2015) und in denen Studierende im produktiven Sinne ins »Stolpern« geraten können, um eigene Erwartungen, Vorstellungen vom Anderen und persönliche Vorannahmen zu befragen (vgl. Willenbacher 2020, S. 42).

Ausgangspunkt der Studie ist daher die Frage, wie im Rahmen der (künstlerischen) Lehrer_innenbildung eine differenzierte Auseinandersetzung mit dem paradoxen Verhältnis von Unverfügbarkeit und bildender Erfahrung hochschuldidaktisch angebahnt und methodisch unterstützt werden kann.

Kurzvorstellung des Reflexionsformates

Diese Frage wird an einem exemplarischen, in der Hochschule **4** erprobten Format verhandelt, das Lehramtsstudierende zu einem reflexiv-forschenden Bezug auf die eigene pädagogische Erfahrung anregt. Um den eingangs beschriebenen Riss, der sich zwischen dem Begehren von Schüler_innen einerseits und dem Vermittlungsanliegen von Lehrpersonen andererseits auftut, auch in Reflexionsprozessen spürbar werden zu lassen, basiert das entwickelte Format auf einem Umgang mit fotografischen Bildern, die Kunstunterricht aus zwei Perspektiven zeigen: aus der Perspektive von Schüler_innen und aus der Perspektive von Lehrenden (hier: Studierenden). Mit dem Bildmaterial kommen *zwei, mitunter unvereinbare Blickweisen* auf ein gemeinsames Unterrichtsgeschehen zur Anschauung.
Um sich auf der Grundlage des Bildmaterials insbesondere jenen Momenten im Unterricht reflexiv zuzuwenden, die *vom Anderen herrühren* und die die *eigenen Erwartungen durchkreuzen,* werden die fotografischen Bilder auf der Fläche ausgebreitet und die darin aufscheinenden Perspektiven miteinander verknüpft. Im Umgang mit dem Bildmaterial entstehen »Bildkonfigurationen«, in denen der *fotografische Blick auf den Anderen* und der *fotografische Blick des Anderen* in Beziehung treten, einander ergänzen, befragen, irritieren und widersprechen. Die reflexive Annäherung an die pathischen Seiten von pädagogischen Prozessen ereignet sich im Erstellen der mehrperspektivischen Bildkonfigurationen. Dass in dieser Verwobenheit der Blicke ein mögliches Potenzial für Reflexionsprozesse liegt, deutet sich in einer Frage an, die Merleau-Ponty folgendermaßen formuliert hat: *»Was würde es bedeuten, wenn ich nicht nur an meinem eigenen Sehen, sondern auch an der Sicht eines Anderen auf sich selbst und auf mich teilnehmen könnte?«* (Merleau-Ponty 2004 [1986], S. 24, Kursivierung **KB**)

4 Spezifischer Entstehungskontext der vorliegenden Untersuchung ist die Kunstakademie Münster.

Theoriehintergrund

Das Vorgehen, Reflexion als ein relationales Geschehen zu verstehen und an das Auslegen und Arrangieren von fotografischen Bildern zu knüpfen, schließt an etablierte Forschungs- und Professionalisierungsansätze aus dem Bereich der pädagogischen Phänomenologie *(Erinnerungsbilder* und *Vignetten)* an, indem basale Parameter einer erfahrungsorientierten Reflexionspraxis berücksichtigt und die reflexiven Potenziale fotografischer Bilder im Speziellen vertiefend untersucht werden.

Da die pathischen Seiten von Lehr- und Lernprozessen keine objektiv zu beobachtenden Fakten darstellen, sondern sie vielmehr ihre *Spuren in der Erfahrung* hinterlassen (z.B. als Irritation, Unbehagen oder Begeisterung), wird der Arbeit mit fotografischen Bildern ein phänomenologisch ausgerichtetes Bildverständnis zu Grunde gelegt. Derart kann das fotografische Bild als eine Spur der Wahrnehmung der Fotografierenden gedeutet werden (vgl. Flusser 1991). Das fotografische Bild rückt als ein Ereignis in den Blick, das im Wechselspiel mit der Kameratechnik etwas in spezifischer Weise zu einem bestimmten Zeitpunkt zum Erscheinen bringt (vgl. Alloa 2013, Schürmann 2013). Es wird eine Doppelstruktur erzeugt *(etwas zeigen* und *sich zeigen),* die zu seiner eigentümlichen Reflexivität beitrage (vgl. Heßler/Mersch 2009). Aus phänomenologischer Perspektive erweist sich das fotografische Bild als spurhaftes Phänomen. Es stellt keine auszulesende Informationsquelle dar, sondern zeichnet sich vielmehr durch eine enge Bindung an die Wahrnehmung sowie eine grundlegende Sperrigkeit und Widerständigkeit aus. Ein derartiges Bildverständnis kommt dem Versuch entgegen, sich den pathischen Seiten von Lehr- und Lernprozessen anzunähern, da sie sich gleichsam einer Festschreibung entziehen und nach einer Methodik der Spurenlese verlangen.

Methodologie

Die Forschungsarbeit kann dem Feld einer phänomenologisch ausgerichteten Praxisforschung zugeordnet werden (vgl. Böhme/Engel/Loemke 2020, S. 22f.), indem auf der Grundlage der eigenen Doppelrolle als Forscherin/Hochschullehrerin ein hochschuldidaktisches Format konzipiert, im Praxisfeld der Lehrer_innenbildung erprobt und grundlagentheoretisch reflektiert wird.

Der doppelte Blick, d.h. in der Lehre und in der Forschung gleichzeitig zu sein, wird produktiv gemacht, um im Rahmen der Studie einen *empiriebasierten Blick auf Hochschuldidaktik* und eine darauf aufbauende, *explorative Methodenentwicklung* miteinander zu verbinden. Derart kann die Entwicklung des hochschuldidaktischen Formates einerseits an der Praxis und an konkreten Bedingungen der Lehrer_innenbildung sowie den Bedürfnissen der Lehramtsstudierenden ausgerichtet werden und es können andererseits innovative und neue Möglichkeiten für bildgestützte Reflexionsprozesse entwickelt und vor grundlagentheoretischem Hintergrund diskutiert werden. **5**

Die Forschungsarbeit ist daher von einer grundlegenden Doppelstruktur gekennzeichnet: Einerseits wurde ein konkretes hochschuldidaktisches Reflexionsformat entwickelt und mit Studierenden erprobt, andererseits wurde dieses Vorgehen im Zuge des Forschungsprojektes methodisch weiterentwickelt und grundlagentheoretisch diskutiert.

Ertrag der Forschungsarbeit

Auf der Grundlage einer hochschuldidaktischen Erprobung wird die Bedeutung fotografischer Bilder für die Reflexion jener Momente in pädagogischen Prozessen beleuchtet, die (angehende) Lehrende oftmals als unverfügbar, irritierend oder unerwartet erleben. Es werden Parameter einer bildgestützten Reflexionspraxis herausgearbeitet, die dazu anregen, sich insbesondere den pathischen Dimensionen pädagogischer Praxis zuzuwenden. Im Zentrum der Forschungsarbeit steht die Erstellung von Bildkonfigurationen, in denen prägnanten, berührenden (kunst-)pädagogischen Erfahrungen rückblickend nachgespürt werden kann. Die vorliegende Studie gibt Einblick in das Entstehen dieser Bildkonfigurationen und zeigt, wie sich dabei verschiedene, im Unterricht koexistierende Perspektiven in Beziehung setzen lassen.

Mithilfe einer grundlagentheoretischen Diskussion des spezifischen Formates und des entwickelten methodischen Vorgehens werden *hochschuldidaktische Orientierungen* herausgearbeitet, die einen Transfer auf andere hochschuldidaktische Kontexte und methodische Modifikationen anregen. Die Forschungsarbeit richtet sich daher nicht nur an Akteur_innen aus dem Feld der Kunst/Kunstpädagogik, sondern spricht auch Adressat_innen an, die im weitesten Sinne an pädagogischen Professionalisierungsprozessen beteiligt und interessiert sind (Lehrer_innen, Akteur_innen im Referendariat, Fachdidaktiker_innen, Wissenschaftler_innen). Indem es nicht direkt um die Beforschung von fachspezifischen Unterrichtsprozessen oder fachspezifischem Unterrichtshandeln geht, sondern vielmehr um die Frage, wie pädagogische Professionalisierungsprozesse begleitet und unterstützt werden können, sind die Ergebnisse überfachlich bedeutsam: Reflexion im Umgang mit fotografischen Bildern rückt als ein *relationales Aufmerksamkeitsgeschehen* in den Blick, ereignet sich *im Auslegen und Verknüpfen von fotografischen Bildern* und stiftet mitunter zu *widersprüchlichen Lesarten* an.

5 Da sich ästhetische Bildungsprozesse oftmals »ausserhalb des Messbaren und jenseits des Standards« (Maset 2017, S. 25) bewegen (siehe auch Aden/Peters 2011), bietet sich der kunstpädagogische Fachdiskurs in besonderer Weise an, um Fragen des Unverfügbaren zu diskutieren und innovative Formate zu entwickeln. Die Forschungsarbeit, die aus dem Feld der künstlerischen Lehrer_innenbildung hervorgeht, richtet sich aber auch an andere Fächer und pädagogische Disziplinen. Indem fachspezifische Ergebnisse grundlagentheoretisch reflektiert werden, werden Schnittstellen zu anderen Disziplinen markiert und Transfermöglichkeiten vorgestellt.

Kurzdarstellung der Kapitel

In den Kapiteln findet diese grundlagentheoretisch fundierte Praxisforschung in einem Ineinandergreifen von Theorie- und Empiriekapiteln seine Entsprechung:

Kapitel 1 widmete sich zunächst dem Aufblättern eines responsiven Bildungsverständnisses. Bildungsphilosophische, bildungstheoretische und kunstpädagogische Diskurse werden aufeinander bezogen, um aufzuzeigen, inwiefern Lehren und Lernen gleichermaßen von Unverfügbarkeiten geprägt sind.

Darauf baut **Kapitel 2** auf, indem ein (kunst-)pädagogischer und schließlich ein hochschuldidaktischer Handlungs- und Entwicklungsbedarf herausgearbeitet wird, sich als (angehende) Lehrperson auf die für pädagogische Prozesse konstitutiven Unverfügbarkeiten einzulassen. Der im Professionalisierungsdiskurs verhandelte Begriff der ›Reflexion‹ spielt hierbei eine zentrale Rolle (vgl. Reh 2004, S. 263 ff.). In Abgrenzung zu prominenten Vorstellungen von Reflexion als Identifizierung und Lösung von didaktisch-methodischen Problemen (vgl. Wyss 2013, S. 53 f.) wird mithilfe phänomenologisch orientierter Forschungsansätze (insb. Erinnerungsbilder und Vignetten) ein Gegenhorizont beschrieben (u. a. Engel 2011a, 2015, 2020; Agostini 2016a, 2017), vor dem andere Parameter einer pädagogischen Reflexion in Erscheinung treten, die dem Pathischen der Erfahrung besondere Aufmerksamkeit schenken.

An diese Parameter einer erfahrungsorientierten Reflexion wird in **Kapitel 3** angeknüpft, indem hier der besondere Fokus der Studie – Reflexion auf der Grundlage fotografischer Bilder – seine theoretische Grundlegung findet. Unter Bezugnahme auf phänomenologische Positionen wird das fotografische Bild als spurhaftes und berührendes Phänomen charakterisiert (vgl. Flusser 1991; Alloa 2013; Schürmann 2013; Heßler/Mersch 2009). Dadurch, so die leitende These, eignet es sich besonders gut, um sich jenen Dimensionen der Welt anzunähern, die sich einer identifizierenden Vereinnahmung und sprachlichen Zuschreibung entziehen und die eher über den Leib in Erfahrung gebracht werden können.

Kapitel 4 widmet sich darauf aufbauend der Darstellung und Begründung eines konkreten hochschuldidaktischen Reflexionsformates, in dessen Zentrum der Umgang mit fotografischen Bildern steht. Dass sich die Studie aus empiriebasierten und explorativen Teilen zusammensetzt, spiegelt sich in diesem Kapitel besonders deutlich wider: Während zunächst das an der Kunstakademie Münster erprobte fotografische Format beschrieben wird, widmet sich daran anschließend der zweite Teil des Kapitels der Darstellung und Begründung des explorativen Forschungsteil (Auslegung und Arrangieren der Fotografien auf einer Fläche).

Daran schließt unmittelbar **Kapitel 5** an, indem ausgehend von Ausschnitten aus einem der stattgefundenen Bildgespräche vier vertiefende Bildkonfigurationen ausgelegt und die dabei auftauchenden (kunst-)pädagogischen Fragestellungen vor kunstpädagogischem und bildungsphilosophischem Theoriehintergrund diskutiert werden. Die Querverbindungen, die zwischen den vier Bildkonfigurationen schließlich gezogen werden, lassen die Bildarbeit in ihrer Methodik in Erscheinung treten und bieten Aufschluss über verschiedene Ebenen einer reflexiv ausgerichteten Bildarbeit: Verkettung von Bildern unter Berücksichtigung verschiedener Zeitlichkeiten (Chronologie, Synchronizität), Berücksichtigung von Bildzwischenräumen, Arbeit mit Bildausschnitten und ergänzendem Bildmaterial, Verknüpfung mehrerer Bildkonfigurationen zu übergreifenden Narrativen usw.

Um begründen zu können, inwiefern die dargelegte Bildarbeit unter Beachtung der pathischen Seiten von Lehr- und Lernprozessen einen fruchtbaren Beitrag für die Hochschuldidaktik und die Lehrer_innenbildung leisten kann, werden in **Kapitel 6** die Ergebnisse des 5. Kapitels aus grundlagen- und professionstheoretischer Perspektive reflektiert. Auf der Grundlage des methodischen Vorgehens, das im Auslegen der Bildkonfigurationen entwickelt wird, werden drei Parameter herausgearbeitet, die sich für die Gestaltung von bildgestützten Reflexionsgelegenheiten bedeutsam zeigen: **Reflexion als relationale Praxis**, die sich in Begegnung mit Anderen und mit dem Bild als widerständiges Gegenüber ereignet und sich dadurch teilweise sogar den Reflektierenden selbst entzieht, **Reflexion, die im Verknüpfen fotografischer Bilder stattfindet** sowie **Reflexion als Entfalten mehrperspektivischer und widersprüchlicher Lesarten**. Um ausgehend von diesen übergeordneten didaktischen Orientierungen vorstellbar zu machen, wie fotogestützte Reflexionsgelegenheiten auch in andere hochschuldidaktische Kontexte eingebunden werden können, endet die Arbeit mit der Beschreibung möglicher Varianten und des weiteren Forschungsbedarfs.

KAPITEL 1

LEHREN ALS RESPONSIVE PRAXIS

Beschreibung der Ausgangslage aus professionstheoretischer Perspektive

LEHREN ALS RESPONSIVE PRAXIS

> »Es sind im Klassenraum viele verschiedene Welten, die aufeinandertreffen [...]. [...] eine Berührung: etwas rührt an mir und meinem Gegenüber, zieht mich und mein Gegenüber in Mitleidenschaft. [...] An diesem responsiven Lehr-Lerngeschehen, in welchem ich als Lehrperson mit meinen Schülern verflochten bin, an der Berührung dieser Welten und an der Art, wie sie sich berühren, haben die Schüler und die Lehrperson teil.« (Mian 2018, S. 38)

Das erste Kapitel widmet sich der Ausgangsthese der vorliegenden Forschungsarbeit, dass sich Lehren im Wechselspiel von *Affiziert-Werden* und *Antworten* ereignet. Besonders deutlich wird das in Momenten im Unterricht, in denen sich Lern- und Bildungsprozesse einer pädagogischen Absicht und Verfügungsmacht entziehen. In solchen Momenten kann für Lehrende geradezu spürbar werden, dass Unterrichten nicht nur ein absichtsvolles Handeln, sondern auch ein Antworten ist – jenseits davon, einen vorherigen Plan lediglich auszuführen. Immer dann, wenn es anders kommt als erwartet, zeigt sich, dass Lehren nicht in einfachen Anwendungslogiken von Wissen auf Praxis aufgeht.

Aus phänomenologischer Perspektive wird im Verlauf des ersten Kapitels gezeigt, dass gerade diese Momente des Entzugs wichtig sind für eine Lehre, die sich auf den Anspruch des Anderen und Fremden einzulassen sucht. Was Meyer-Drawe für das Staunen sagt, scheint auch auf das Lehren übertragbar zu sein:

> »Es zahlt sich aus, dem [Lehren] **6** jede Entschlusskraft abzusprechen. Wenn dies gelingt, sind wir vielleicht erfolgreich auf der Suche nach den responsiven Tönungen aller vermeintlichen Initiativen, sodass die pathischen Dimensionen unseres Zur-Welt-Seins hinter dem Rücken des resoluten Subjekts der Neuzeit zum Vorschein kommen.« (Meyer-Drawe 2011a, S. 202)

Ein Verständnis vom Lehren als responsiver Praxis lädt dazu ein, sich den *pathischen Tönungen* pädagogischen Handelns anzunähern. Hier kann entdeckt werden, inwiefern sich pädagogisches Handeln auch jenseits von Steuerung und Verfügungsmacht ereignet. Mithilfe phänomenologischer Positionen wird im ersten Kapitel ein responsives Verständnis vom *Lehren* entfaltet, weil es die Grundlage dafür bildet, welches Verständnis von Reflexion im weiteren Verlauf der Studie entwickelt wird. Vorstellungen vom Lehren fordern nämlich nicht nur bestimmte Formen der pädagogischen Reflexion ein – auch andersherum kann die Reflexionsweise beeinflussen, wie über pädagogisches Geschehen nachgedacht und wie im Unterricht gehandelt werden kann.

6 Im Originalzitat steht hier »Staunen« (Meyer-Drawe 2011a, S. 202).

Da sich Responsivität in der Wechselseitigkeit von Welt und Selbst abspielt, wird im ersten Kapitel nicht nur das Lehren in den Blick genommen, sondern Lehren und Lernen werden als ein wechselseitiger und ineinandergreifender Prozess beschrieben: Zunächst richtet sich der Blick auf Lern-/Bildungsprozesse. »Lernen *als* Erfahrung« (Meyer-Drawe 2012a, darin Kap. 7, S. 187–214) stellt dabei ein phänomenologisch orientiertes Lern- und Lehrverständnis dar, das in besonderer Weise dem Unverfügbaren Aufmerksamkeit schenkt. Lernen wird als ein Widerfahrnis verstanden, das nie vollkommen in einem bewussten Akt aufgeht. Exemplarisch wird anhand des Anfangs von Lernprozessen gezeigt, wie sich das Lernen sogar den Lernenden selbst teilweise entzieht. Die These, dass Lernprozesse sich nicht nur in Teilen als unverfügbar erweisen, sondern deren Gelingen sogar auf die Unverfügbarkeit als konstitutives Moment angewiesen ist, tangiert auch das Lehren empfindlich – dies ist der zweite Baustein des Kapitels. *Was bedeutet es für Lehrende, wenn Lernen sich in Teilen als unverfügbar erweist und sogar erweisen muss?* In mehrfacher Hinsicht stellt das Unverfügbare in Lernprozessen auch Ansprüche an die Gestaltung von Lehrprozessen, indem Lehrende stets dazu herausgefordert sind, auf Unvorhersehbares zu *antworten*. Das Unvorhersehbare und Unverfügbare, das durch die Anderen, deren Fremdheit und Uneinsehbarkeit geradezu in das pädagogische Geschehen *hereinbricht*, lässt fragwürdig werden, pädagogisches Handeln als vollkommen steuerbaren Akt zu verstehen. Denn trotz genauer didaktischer Planungen schiebt sich immer wieder der Andere und das Fremde ins Geschehen und läuft einem absichtsvollen, kalkulierten Handeln von Lehrenden und jedem Plan zuwider; Grenzen des eigenen pädagogischen Wissens werden spürbar, pädagogisch Professionelle bekommen es sogar mit einem *Nicht-Wissen-Können* zu tun (Wimmer 1996, S. 425 ff.). Insbesondere in diesen Momenten, in denen es anders läuft als erwartet und erwünscht, zeigt sich, dass Lehren nicht nur Steuerung ist, sondern vor allem auch eine *Antwort* auf das, was hereinplatzt und trifft, anspricht, affiziert. Insbesondere den unverfügbaren Momenten pädagogischen Handelns mehr Aufmerksamkeit zu schenken, kann deutlich werden lassen, dass Lehren auch als *vom Anderen kommend* gedacht werden muss. Werden diese pathischen Dimensionen des Lehrens ernst genommen, wird es möglich, das Unverfügbare nicht als ein Defizit didaktischer Planung und Handlung zu disqualifizieren, sondern als eine Artikulation des Anderen und Fremden zu verstehen, die zum Anlass für weiteres Handeln werden kann.

1.1 Unverfügbares als konstitutives Moment von Lern- und Bildungsprozessen

Da Lehre nicht ohne Lernende stattfinden kann, gilt es, zunächst einen Blick auf die Unverfügbarkeiten der Lernenden und des Lernens zu richten. Nicht zuletzt bekommen es Lehrende wegen der offenen Konstitution von Lern- und Bildungsprozessen [7] mit dem Unverfügbaren zu tun (vgl. Liesner/Wimmer 2003). Indem sich Lern- und Bildungsprozesse nicht vollkommen absichtsvoll ereignen, werden folglich auch Lehrende mit Grenzen ihrer Einflussnahme und Steuerung konfrontiert. Die professionsspezifischen Herausforderungen, die an Lehrende gestellt werden, können also ohne den Blick auf die unverfügbaren Momente von Lern- und Bildungsprozessen nicht verstanden und begründet werden. Daher widme ich mich zunächst dem Lernen in seiner Unverfügbarkeit, auch wenn mein Fokus vorrangig auf dem Lehren liegt.

Obwohl seit dem Beginn der PISA-Studien Begriffe wie *Selbststeuerung* und *-wirksamkeit, Effizienz* und *Optimierung, Standardisierung, Kompetenzorientierung* sowie *Classroommanagement* und *Schulmanagement* virulent im bildungspolitischen als auch im erziehungswissenschaftlichen Diskurs verwendet werden (vgl. Gruschka 2011, S. 7–15), tauchen in Diskursen, in denen vermehrt kritische Standpunkte gegenüber den bildungspolitischen Reformbemühungen vertreten werden, andere Begriffe auf, um Lern- und Bildungsprozesse zu charakterisieren. In Abgrenzung zu einem bemerkenswert technokratischen Vokabular **8** werden insbesondere in der pädagogischen Phänomenologie, der Bildungstheorie und -philosophie sowie in der Kunstpädagogik solche Begriffe mit Lern- und Bildungsprozessen assoziiert wie *das Unvorhersehbare* (vgl. Pazzini 2008, S. 43–46; Sturm 2008, S. 74–81), *das Unverfügbare* (vgl. Pazzini/Sabisch/Tyradellis 2013, S. 7 ff.; Waldenfels 2013b, S. 37 ff.), *das Unwägbare* (Bilstein/Dornberg/Kneip 2007; Bilstein/Kneip 2009), *die Kontingenz* (vgl. Wimmer 2014, S. 63 ff.; Gruber/Schürch/Willenbacher/Mörsch/Sack 2020; Ricken 1999), *die Unbestimmtheit* (Engel/Böhme 2015, Hölscher 2015) und *die Ungewissheit* (Helsper/Hörster/Kade 2003, Liesner/Wimmer 2003).

7 Es mag irritieren, dass Lernen und Bildung an dieser Stelle in einem Zug genannt werden, handelt es sich doch um Begriffe, die auf unterschiedliche Diskurstraditionen zurückgehen und weitgehend in unterschiedlichen Diskursen bedeutungsverschieden verwendet werden. Explizit hat unter anderem Rainer Kokemohr zwischen den Begriffen *Lernen* und *Bildung* unterschieden (vgl. Kokemohr 2007; vgl. auch Koller 2012, S. 15). Unter Lernen versteht Kokemohr die Aneignung von partiellem Wissen, während sich Bildung seiner Meinung nach grundlegender auf die Veränderung des Selbst-Welt-Verhältnisses des Menschen beziehe. Eine andere Perspektive auf den Begriff des Lernens bietet sich in den Publikationen von Käte Meyer-Drawe (u. a. Meyer-Drawe 2015c). Sie greift den Begriff des Lernens bewusst auf und deutet ihn aus phänomenologischer Perspektive um. In ihrem Buch *Diskurse des Lernens* (2012a) ist von einem »Lernen *als* Erfahrung« die Rede – es wird ausführlich ein Verständnis von Lernen entfaltet, das nicht in dem tradierten Verständnis von Lernen als Aneignung und Komplettierung von Wissen aufgeht. Meyer-Drawes Verständnis von Lernen *als* Erfahrung distanziert sich explizit von einem Lernverständnis, das seine Wurzeln im Behaviorismus hat und bettet den Begriff stattdessen in philosophische Argumentationen ein (vgl. Meyer-Drawe 2012a, S. 19). Mit Platon, Aristoteles, Thomas von Aquin u. a. wird ein Lernen als »Um-Wandlung eines Vor-Wissens zum Anders-Wissen« charakterisiert, dessen Anfang »Erschütterung, Befremden und Irritation« sei (vgl. ebd.). Es geht nicht um ein Lernen, das lediglich eine flexible Anpassung an bestehende Herausforderungen darstelle, sondern um ein Lernen, das auf Störungen und Verunsicherungen geradezu angewiesen ist. Zur Differenzierung von Lernen und Bildung ist folgender Text aufschlussreich: *Lernen und Bildung als Erfahrung. Zur Rolle der Herkunft in Subjektivationsvollzügen* (2015c, insb. S. 116, 188 f.). Da mich Schüler_innen in ihrer Unverfügbarkeit interessieren – und dieser Aspekt trotz der verschiedenen Vorstellungen von Subjektivation in beiden Ansätzen diskutiert wird – werde ich im Folgenden von »Lern- und Bildungsprozessen« sprechen und die nachvollziehbare Kontroverse zwischen den Begriffen *Lernen* und *Bildung* in der vorliegenden Studie nicht weiterverfolgen.

8 Weitere Begriffe sind z. B. »Bildungsstandards, Modularisierung, Zielvorgaben, Prüfungen, Kontrollen, Evaluationen, Dokumentationspflicht etc.« (Wimmer 2014, S. 108).

Besonders für den Kunstunterricht, in dem es vielfach um Fragen der Initiierung, Rahmung und Begleitung ästhetischer Bildungsprozesse geht, wird dem Neuen und damit dem Noch-nicht-Gesicherten ein besonderer Raum zugesprochen. **9** Phänomene im Feld des Unvorhersehbaren und Unverfügbaren gewinnen hier an besonderer Relevanz. **10**

Empfänglich sein für das Neue: Lern- und Bildungsprozesse als Widerfahrnis

»Lernen zu verstehen«, schreibt Meyer-Drawe in *Diskurse des Lernens* (2012a, S. 30) »scheint [heute **KB**] kein schwieriges Problem zu sein. Jedenfalls ist keine große Verlegenheit zu verspüren, wenn man darüber spricht.« In besonderer Weise kursieren im Zuge der tiefgreifenden Bildungsreformen, die mit den ersten PISA-Tests begonnen haben, Vorstellungen von Lernen und Bildung als steuerbare, idealerweise auch als zeitlich effiziente und im Sinne der Kompetenzerweiterung als progressive Prozesse. Es ist von Schüler_innenaktivierung, Selbststeuerung und -management die Rede – ein Bild von Schüler_innen, das Meyer-Drawe in dem Begriff des *hochtourigen Lerners* (ebd., S. 125–159) erfasst. Vor diesem Hintergrund bekommt das Interesse an dem Zusammenhang von Unverfügbarkeit und Bildung/Lernen eine anachronistische Dimension.

So führt die Frage nach dem Unverfügbaren an Lern- und Bildungsprozessen zwangsläufig auch in andere Diskurse, in denen diese besonderen, verschatteten Seiten des Lernens in den Blick genommen werden. Insbesondere die Phänomenologie hat sich darin hervorgetan, sich mit den manigfaltigen Schattierungen unserer Wahrnehmung und Erfahrung zu beschäftigen, ohne dass dabei dasjenige, was uns unverfügbar und entzogen ist, disqualifiziert wird. Die Phänomenologie zeichne sich dadurch aus, dass in »phänomenologischen Konzeptionen die spannungsreiche und fragile Struktur unserer Erfahrung betont« (ebd., S. 154 bezogen auf Waldenfels 2002) werde. Sie wird als eine *Philosophie der Erfahrung* (Meyer-Drawe 2012b) kultiviert und kümmert sich in besonderer Weise nicht nur um die Positivitäten, d. h. um Sichtbares, Sagbares, Hörbares usw., sondern auch um deren Kehrseiten, d. h. das Unsichtbare (vgl. Merleau-Ponty 2004 [1986]), das Nicht-Gesagte und das Ungehör-

9 Die Aktualität dieser Fragen zeigt sich nicht zuletzt in verschiedenen Forschungskolloquien, in denen Nachwuchswissenschaftler_innen immer wieder zu diesem Thema beitragen: So widmet sich das Forschungskolloquium an der Kunstakademie Münster *Kunstunterricht als Forschungsatelier* seit 2011 (unter der Leitung von Prof. Dr. Birgit Engel) der Bedeutung des Unbestimmten in ästhetischen Bildungs- und Forschungsprozessen (vgl. Kessel/Villiger 2018, S. 40 f.; Loemke 2016, S. 196.). Eine Fortsetzung dieser Auseinandersetzung fand vom 24.–26. 11. 2017 im Rahmen der Tagung *Im Wahrnehmen Beziehungs- und Erkenntnisräume öffnen. Ästhetische Wahrnehmung in Kunst, Bildung und Forschung* statt (vgl. Engel/Loemke/Böhme 2020). Ebenso schlägt sich das Interesse an den Negativitäten von Lern- und Bildungsprozessen im *Kunstpädagogischen Kolloquium Loccum* nieder, das seit 2004 jährlich unter einem bestimmten Thema stattfindet. In zahlreichen Themenformulierungen spiegelt sich auch hier die besondere Bedeutung des Unbestimmten wider: So ging es beispielsweise 2012 um »Brüche«, 2014 um Möglichkeiten des »(Ent) Sicherns« in Forschung und Lehre und 2015 um ein kritisches Verständnis von Subjekt, das sich als unverfügbar erweist. (https://forschungskolloquiumloccum.wordpress.com, aufgerufen am 21.09.2020)

10 Siehe Unterkapitel *Ästhetische Bildungsprozesse und das Unverfügbare*, S. 32–36.

→

te bzw. Unerhörte (vgl. Waldenfels 2016a, S. 9). Mit dem Interesse daran, *wie* etwas in unsere Wahrnehmung gerät und *als was* etwas zur Deutung gelangt, geht es in phänomenologischer Forschung und Theorie nicht darum, die Welt zu identifizieren, sondern vielmehr darum, sich über den Vollzug der Erfahrung auch den Phänomenen **11** in der Welt verstehend anzunähern. Indem nicht nach Identifikationen und Definitionen gestrebt wird, sondern danach gefragt wird, wie etwas in unsere Aufmerksamkeit gerät und wie dabei Sinn gestiftet wird, schiebt sich zwangsläufig auch Unscharfes, Unbewusstes und Präreflexives ins Blickfeld (vgl. Lippitz 1984, S. 10 ff.). Denn in dem Moment, in dem etwas die Aufmerksamkeit erregt, bleibt anderes unbemerkt und außerhalb unserer Wahrnehmung (vgl. Kade 2015, S. 130). Wahrgenommenes geht daher zwangsläufig mit Nicht-Wahrgenommenem einher, Sichtbares wird begleitet vom Unsichtbaren, Gesagtes hebt sich vor dem Hintergrund des Nicht-Gesagten erst als solches ab. Unverfügbares – darauf macht die Phänomenologie ganz besonders aufmerksam – erweist sich als ein Teil jeder Erfahrung.

Die pädagogische Phänomenologie eignet sich aufgrund dieser spezifischen Perspektive auf Erfahrungen und ihres Interesses an dem, was auch im Schatten der Aufmerksamkeit liegt, in besonderer Weise dafür, um der Frage auf die Spur zu kommen, inwiefern Lern- und Bildungsprozesse mit Unverfügbarem verbunden sind. Dies stellt die Ausgangsthese der Forschungsarbeit dar.

Um in der hier gebotenen Kürze darstellen zu können, inwiefern sich Lern- und Bildungsprozesse – sogar die eigenen – einer absichtsvollen Steuerbarkeit in Teilen entziehen und außerhalb unserer Verfügungsgewalt liegen, **12** bietet es sich an, deren Anfang genauer in den Blick zu nehmen. Meyer-Drawe merkt an, dass oft gerade der Anfang eines mittlerweile selbstverständlich gewordenen Wissens und routinierten Könnens für uns im Dunkeln liege. Exemplarisch kann daran besonders deutlich in Erscheinung treten, auf welch enge Weise Lern- und Bildungsprozesse mit dem Unverfügbaren verknüpft sind:

> »Wer kann datieren, wann das selbstständige Autofahrenkönnen exakt begonnen hat? Wer weiß, wann er mit vollem Bewusstsein das erste Mal ›ich‹ und wann ›nein‹ gesagt hat?« (Meyer-Drawe 2011a, S. 198)

Die Fragen mögen auf den ersten Blick banal wirken, da sie sich auf alltäglichste Handlungen beziehen. Nichtsdestotrotz (oder gerade deswegen) machen sie darauf aufmerksam, dass uns oftmals sogar die wichtigen Erfahrungen in ihrer Bedeutung verschattet sind. Viele Erfahrungen – selbst jene, die zu tiefgreifenden Verschiebungen des eigenen Weltverstehens führen oder geführt haben, indem mit ihnen neue Bewegungsmöglichkeiten und Positionierungen möglich geworden sind – können oft nur in Teilen oder gar nicht erinnert werden.

11 *Phänomen* kommt aus dem Altgriechischen φαινόμενον (fainómenon) und bedeutet ein sich Zeigendes.

12 In vielen Texten von Käte Meyer-Drawe geht es um jene Dimensionen des Lernens, die sich einer unmittelbaren Verfügungsgewalt entzogen zeigen: *Illusionen von Autonomie. Diesseits von Ohnmacht und Allmacht des Ich* (2000); *Zur Erfahrung des Lernens. Eine phänomenologische Skizze* (2003); *Anfänge des Lernens* (2005); *Empfänglichsein für die Welt. Ein Beitrag zur Bildungstheorie* (2011); *Lernen und Leiden* (2013).

Das erste Mal »nein« oder »ich« zu sagen, sei meist weniger einem bewussten Willensakt geschuldet, so Meyer-Drawe, als vielmehr eine Antwort auf den Anspruch einer spezifischen Situation oder appellierender Menschen und Dinge (vgl. Meyer-Drawe 2015b, S. 32 f.). Dies merkt auch Bernhard Waldenfels an:

> »Dieses Antworten ist [...] ganz und gar vom Getroffensein her zu denken, in der *Nachträglichkeit* eines Tuns, das nicht bei sich selbst, sondern beim anderen beginnt, als eine Wirkung, die ihre Ursache übernimmt.« (Waldenfels 2002, S. 59)

Lernprozesse, insbesondere ihr Anfang,**13** lassen sich als ein »uneinholbares Widerfahrnis« (Meyer-Drawe 2011a, S. 197) beschreiben.**14** Es könne zwar entschieden werden, etwas Neues lernen zu wollen (ich setze mich hin, schlage ein Buch auf, weil ich etwas Bestimmtes wissen will), doch selten seien dann tatsächlich tiefgreifende Lernprozesse einem bewussten Entschluss geschuldet. Es sei der nicht bewusst herbeizuführende »Überschuss an Welterfahrungen«, der ganz plötzlich und unerwartet zu Irritationen führe, weil sich nunmehr neu Wahrgenommenes nicht mehr in den bestehenden Verständnishorizont von selbst einfüge oder das Neue vom Lernenden darin eingepasst werden könne – die »Wahrnehmung bringt ein Neues, das ist ihr Wesen« (Husserl zitiert in Meyer-Drawe 2012a, S. 189). Etwas trifft, überrascht oder erschreckt und drängt geradezu darauf, das bisher sicher Geglaubte und vermeintlich Gewusste in einem neuen Licht zu betrachten. Ganz plötzlich, schreibt Bernhard Waldenfels, trete das Unerwartbare im Erwartbaren zu Tage (vgl. Waldenfels 2004a, S. 92). Es klafft eine Lücke auf zwischen dem, was bisher selbstverständlich gewesen ist und was sich nun aber als unpassend entpuppt. Genau an dieser Stelle beginne ein Lernen, das mehr sei als die Aneignung partiellen Wissens – es beginne dort, »wo das Vertraute brüchig und das Neue noch nicht vertraut ist, mit einer Benommenheit in einem Zwischenreich, auf einer Schwelle« (Waldenfels 1987, S. 28 ff.; vgl. auch Benner 2005). Lernen, betont Meyer-Drawe, nehme seinen Ausgang im Moment der »Empfänglichkeit« für Neues:

13 »Anfangen ist dabei kaum weniger rätselhaft als das Staunen selbst, meint es doch eher ein ›Fangen‹ als ein ›Machen‹.« (Meyer-Drawe 2011a, S. 197)

14 Dass der Anfang von Lernprozessen als Widerfahrnis charakterisiert wird, ist ganz und gar nicht selbstverständlich. Während Meyer-Drawe das passivische Moment des Anfangens betont, gibt es auch Diskurse und Wissenschaftstraditionen, in denen gerade der Anfang mit einem Entschluss verknüpft und dem Passivischen mit Skepsis begegnet wird. Beispielhaft ließe sich René Descartes nennen, dessen Werk und Vorstellungen von Erkenntnis eine »typisch neuzeitliche Signatur« erkennen lassen (vgl. Meyer-Drawe 2011a, S. 197): In Descartes' Suche nach Erkenntnis wird der Anfang als »Willensakt« gefasst (ebd.). Hier stehe weniger die »Empfänglichkeit« für das Neue und das Unerwartete im Mittelpunkt, als vielmehr eine bewusste Initiative und damit der Entschluss, den eigenen »Erfahrungshorizont [zu erweitern] oder auch in seinem Bestand [zu sichern].« (ebd.) Ein Staunen, eine plötzliche Verwunderung oder Überraschung werden nicht als Teil und insbesondere nicht als produktiver Anfang von Erkenntnisprozessen wahrgenommen, sondern im Gegenteil als »Behinderung der Erkenntnis« (ebd., S. 198) und als »lähmendes Entsetzen« (Waldenfels 2004: *Phänomenologie der Aufmerksamkeit*, S. 20, zitiert in Meyer-Drawe 2011a, S. 198) disqualifiziert. Anstelle des Staunens wird ein fester Wille gesetzt, d.h. die »Initiative eines erkennenden Subjekts [...], das keine Überraschungen liebt.« (ebd.)

> »Das Bewusstsein kommt nicht allein für den Sinn auf. Es antwortet auf einen ihm fremden Anspruch, durch den es wie durch eine Ohrfeige getroffen werden kann. Bewusstsein ist nicht alles. Erfahrung meint damit die Öffnung zu einer Welt, die sich mitunter aufdrängt und fungierenden Erwartungen in die Quere kommen kann.« (Meyer-Drawe 2012a, S. 189) **15**

Lernende werden geradezu in »Mitleidenschaft« gezogen (Wimmer 2010, S. 30). Ähnlich sei es beim Einschlafen und Aufwachen: Wir sind zwar an dem Geschehen beteiligt (vgl. auch Meyer-Drawe 2011a, S. 199), ohne dabei jedoch in vollem Bewusstsein und unter Kontrolle einen »subjektiven Akt zu vollziehen« (vgl. auch Waldenfels 2013b, S. 45; Waldenfels 2016a, S. 31). Das Ich wird in gewisser Weise in den »Dativ« gesetzt (vgl. Waldenfels 2016a, S. 44). Statt eines absichtsvoll handelnden Ichs wird ein »Mich« auf den Plan gerufen, dem etwas zustößt. Mit diesem Verständnis von Lernen und Bildung wird eine merkwürdige »Verwicklung mit der Welt« (Agostini 2020a, S. 150) angesprochen, die darin besteht, auf das, was trifft, zu antworten. Einem solchen Prozess wohnt etwas Pathisches inne, indem der Anfang nicht gezielt und *absichtsvoll* gemacht, sondern vielmehr wortwörtlich vom Anderen herkommend *gefangen* wird. Dies kann in Form der Irritation überraschen oder überrumpeln und bisweilen in Form des Schrecks oder der Verunsicherung sogar schmerzhaft sein.

Lernen zwischen Pathos und Response

Das beschriebene Erfahrungsgeschehen lässt sich als eine Doppelbewegung zwischen aktivischer Bewegung und passivischem Bewegt-Werden charakterisieren, **16** das Waldenfels in folgende Formel übersetzt: »Etwas fällt mir auf – ich merke auf.« (Waldenfels 2013b, S. 45; vgl. auch Waldenfels 2015a, S. 142–154) Erst durch die Abweichung vom Gewohnten dringt etwas in unsere Aufmerksamkeit und birgt das Potenzial, ein bestehendes Verständnis von Welt produktiv in Bewegung zu bringen. Erfahrungen können dabei unterschiedlichste Intensitäten haben, nicht alle Erfahrungen nehmen den Lernenden gleichermaßen in Beschlag. Es kann ein Spektrum beschrieben werden, das von *schwachen* bis zu *starken Erfahrungen* reicht (vgl. Waldenfels 2002, S. 30). Schwache Erfahrungen können »unsere Vorannahmen und Vorentwürfe bestätigen oder entkräften« (ebd.), während starke Erfahrungen »uns und unsere Welt verändern« (ebd.) und über unsere bisherigen Erfahrungen weit hinausgehen (vgl. Sabisch 2018, S. 22). Erfahrungen spielen sich zwischen diesen Extremen ab, d. h. zwischen der Gewöhnung und der Routine auf der einen Seite sowie der Irritation, der Störung und des Schocks auf der anderen Seite. Mit welcher Intensität eine Erfahrung in die Aufmerksamkeit drängt, kann sehr unterschiedlich sein. Was für eine Person in einer Situation völlig unbemerkt bleibt, kann für eine Person in der gemeinsamen Situation womöglich erschreckend sein, weil sie damit

15 Vgl. auch Meyer-Drawe 2011b, S. 13–28.
16 Ähnliches auch aus psychoanalytischer Perspektive: vgl. Pazzini 2015b, S. 240.

ganz und gar nicht gerechnet hat. Erfahrungen, so Waldenfels, werden »gemessen an einem bestimmten Normalitätspegel« (Waldenfels 2002, S. 281) und können graduell ganz unterschiedliche Intensitäten entfalten.

Waldenfels entwirft ein Wechselverhältnis von Widerfahrnis *(Pathos)* und Antwort *(Response)*, die beide durch einen Bruch *(Diasthase)* voneinander getrennt und zeitlich verschoben werden (vgl. Sabisch 2018, S. 24). Alle drei Ebenen zeichnen sich durch Unverfügbares aus: Das Widerfahrnis ist nach Waldenfels das, was uns trifft, überrumpelt und dadurch eine »Fremdheitsschwelle« überschreitet (Waldenfels 2015b, S. 20). Auch dem Antworten haftet etwas Passivisches an. Anders als das *Beantworten*, das mit dem Wunsch nach Vervollständigung einer Lücke verbunden sei (z. B. wenn man eine Frage beantwortet), entziehe sich das Antworten (to respond) jeder Absicht. Antworten sei vielmehr als Tatsache zu verstehen, »daß ich überhaupt auf fremde Ansprüche eingehe, ganz gleich, was ich im einzelnen von mir gebe.« (Waldenfels 2000, S. 366) Wenn uns etwas angeht, wir von etwas getroffen werden, dann antworten wir auf diesen Anspruch, ohne uns dies vorher überlegen und in aller Ruhe zurechtlegen zu können. Dem Antworten wohnt daher eine eigentümliche Nachträglichkeit inne:

> »Erst im Antworten auf das, wovon wir getroffen sind, tritt das, was uns trifft, als solches zutage.« (Waldenfels 2002, S. 59)

Indem das Antworten der Reflexion zuvorkommt und aus keiner vorherigen Entscheidung hervorgeht, kann jede_r sogar von den eigenen Antworten überrascht werden. Besonders spürbar kann dies in Situationen werden, in denen uns unsere Antwort nicht gefällt, sie uns beschämt oder in denen wir im Antworten etwas ungewollt preisgeben. Das kann ein Blick sein, der an etwas hängen bleibt oder sich auf jemanden heftet, es kann eine Geste sein, durch die wir uns etwas Bestimmtem zuwenden oder von ihm abwenden. Im Antworten wird etwas hervorgebracht, das von der Betroffenheit des einzelnen erzählt.

Lernen als Erfahrung

Die hier ausgehend von Waldenfels skizzierten Überlegungen korrespondieren mit Vorstellungen vom Lernen *als* Erfahrung (vgl. Meyer-Drawe 2012a, darin Kap. 7, S. 187–215) – ein Lernen, das sich nicht auf den »methodischen Reduktionismus« eines Reiz-Reaktionsmodells (ebd., S. 16 f.) **17** verkürzen lässt und das die pathischen Dimensionen bildender Erfahrungen einzubeziehen versucht. Vieldeutigkeiten, Vorläufigkeiten, Ungereimtheiten werden in diesem Lernverständnis nicht negiert, sondern vielmehr als ein Anlass und als unerlässlicher Teil bildender Erfahrungen anerkannt und hervorgehoben. Es wird Abstand genommen von der Vorstellung eines aktiv zu steuernden Lern- und Bildungsprozesses, der auf Progression, Problemlösung und Vervollständigung von Wissen abzielt. Der lernende Mensch zeigt sich vielmehr wahrnehmend eingebettet in eine Welt, die ihn auch jenseits einer kontrollierbaren Absicht betrifft und affiziert. Der sich im Angesprochen-Werden entfaltende Überschuss an Erfahrung und die »Abweichung vom rechten Weg der

Normalität« (Waldenfels 1997, S. 89 zitiert in Agostini 2016, S. 20) fungieren als »Entstehungsherd neuer Möglichkeiten« (Waldenfels 2015a, S. 172) – die Erfahrung wird unter diesem Blickwinkel nicht zum »Ausgangspunkt [...] *reiner Erkenntnis*, sondern vielmehr als ein *notwendiges Korrektiv* gedacht« (Agostini 2016, S. 33). **18** Erfahrungen sperren sich gegenüber Vereindeutigungen, indem sie sich einem direktiven Zugriff entziehen und mannigfaltige »Abschattungen, Brechungen und Vorläufigkeiten, die der Sache selbst anhaften, zum Erscheinen bringen« (Agostini 2016, S. 33). Ein solches Lernen geht nicht mit einer Reduktion, sondern einer Steigerung an Komplexität einher (vgl. Merleau-Ponty 1976 [1942], zitiert in Agostini 2016, S. 33). Lernen ereignet sich dann, wenn Schüler_innen eine *»Erfahrung über die eigene Erfahrung«* machen (Meyer-Drawe 2013b, S. 74), was immer dann der Fall sei, wenn sich die Übereinstimmung zwischen Erwartung und den tatsächlichen Vollzügen auflöse und bestehende Vorerfahrungen enttäuscht werden. Dann werde das bestehende Wissen fragwürdig und »Umlernen« nötig (vgl. Agostini/Schratz/Risse 2018, S. 19).

In der kurzen Beschreibung eines phänomenologisch orientierten Verständnisses von Lernen wird deutlich, dass Lernen alles andere als ein kontrollierbarer und beherrschbarer Prozess ist. Vor phänomenologischem Theoriehintergrund zeichnen sich Bildungs- und Lernprozesse sogar in mehrfacher Hinsicht durch Unbestimmtheitsmomente und Unverfügbares aus. Dabei spielen grundlegende Bereiche des menschlichen Zur-Welt-Seins wie Raum, Zeit und Leib eine wichtige Rolle. Drei Aspekte erscheinen mir besonders bedeutsam, die ich nochmals zusammenfasse:

1. Bildungsprozesse sind auf Momente der **Verzögerung** angewiesen (vgl. Dörpinghaus 2015, S. 476–478). Es bedürfe geradezu der »Umwege, Irrtümer und Irrwege« sowie der Umständlichkeiten. Diese bewirken einen »Temporalspalt«, um in eine reflexive Distanz zum Erfahrenen treten zu können (vgl. ebd. S. 478). Unter Umständen kann es passieren, dass sich eine Erfahrung mit kleiner Verzögerung, möglicher-

17 Meyer-Drawe führt detailliert aus, dass auch aktuelle Vorstellungen vom Lernen auf Experimente und Modelle des Behaviorismus zurückzuführen sind. Der auch heute in der Psychologie und den Neurowissenschaften favorisierte Lernbegriff wurde maßgeblich von der Ernährungsphysiologie Ivan Petrovic Pavlovs beeinflusst und gründet auf der Beobachtung von tierischem Verhalten. Pavlov wollte die Verdauung als neuronalen Vorgang im Gegenzug zur Humoralpathologie demonstrieren. Aus seinen Versuchen wurde ein Lernbegriff abgeleitet, der auf einem Reiz-Reaktionsmuster basiert. »Damit eröffnete sich die Möglichkeit, Lernen als *Änderung des Verhaltens* zu erforschen, ohne auf die unzuverlässige Introspektion oder wie auch immer geartete Spekulation über Bewusstseinsakte angewiesen zu sein.« (Meyer-Drawe 2012a, S. 17) Auch wenn heute dieses einfache Modell reformuliert worden ist, zeige sich aber dennoch, dass Lernen vielfach immer noch als »kumulativer und fortschreitender Prozess« (vgl. ebd.) begriffen werde. Lernen wird aus dieser Tradition heraus darauf reduziert, eine »Änderung des Verhaltens als flexible Anpassung an wechselnde Herausforderungen« zu sein – Schwierigkeiten, Störungen, Irritationen, Unbestimmtheiten haben in diesem Prozess mit dem Ziel nach optimaler Anpassung keinen Platz und werden stattdessen in geeigneter Weise »behandelt« (vgl. ebd.).

18 Waldenfels beschreibt dieses Eingebettetsein und die damit zusammenhängende Doppelbewegung zwischen aktivischem und passivischem Bezug auf die Welt mit den Begriffen *Pathos* und *Response*.

weise auch erst Jahre später (oder nie) als relevant für den Lernenden erweisen wird (vgl. Wimmer 2010, S. 15). Ob es sich bei einer Erfahrung um eine tiefgreifende, d. h. bildende Erfahrung handelt, die das Potenzial birgt, ein bestehendes Selbst-Weltverhältnis in Bewegung zu bringen, lässt sich nicht am Eintreten oder am Ausbleiben einer unmittelbaren Wirkung ablesen. Unmittelbare Kausalzusammenhänge zwischen Erfahrung und Bildungswirksamkeit werden dadurch opak und schwer durchschaubar. Bildungs- und Lernprozesse erweisen sich als fragil und brüchig.

2. Nicht nur die zeitliche Verzögerung zwischen Erfahrung und ihrer potenziellen Wirksamkeit leistet dem Entzug von Lern- und Bildungsprozessen Vorschub, auch die **Flüchtigkeit der Erfahrung** selbst führt dazu, dass sich Lern- und Bildungsprozesse einem direktiven Zugriff gegenüber als unverfügbar erweisen. In dem Moment, in dem tiefgreifende Erfahrungen als solche vom Lernenden bemerkt werden, sind die originären Erfahrungen selbst im Grunde schon wieder vorbei. Wir kommen für uns selbst immer zu spät (vgl. Meyer-Drawe 2002, S. 167). **19**

3. Auch die **pathische Dimension** der Erfahrung trägt wesentlich zur Unverfügbarkeit von Lern- und Bildungsprozessen bei, denn das, was affiziert und plötzlich trifft, stellt kein Produkt eines bewussten »Willensaktes« dar. Das Andere und Fremde platzt förmlich herein, formuliert einen Anspruch und fordert die Neuausrichtung der Aufmerksamkeit ein. Das, was uns ganz und gar betrifft und was potenziell zum Anlass bildender Erfahrungen werden kann, liegt daher zu einem gewissen Teil außerhalb der Verfügung und Kontrolle eines souveränen Subjekts. Ähnlich wie Waldenfels und Meyer-Drawe plädieren daher auch Pazzini, Sabisch und Tyradellis (2013) dafür, sich im pädagogischen Kontext von der Vorstellung eines »Selbst als Einheit« zu verabschieden, das »sich selbst in der Hand hätte und sich einfach willentlich vornehmen könnte, sich selbst zu organisieren, aktiv zu handeln oder sich gar zu bilden.« (ebd., S. 9)

Ästhetische Bildungsprozesse und das Unverfügbare

Begriffe wie *Unverfügbarkeit, Unbestimmtheit, Unvorhersehbarkeit* und *Kontingenz* werden seit einigen Jahren besonders intensiv im kunstpädagogischen Diskurs diskutiert. **20** Auch wenn die Begriffe jeweils vor unterschiedlichen Theoriehintergründen auftauchen und durchaus verschiedene Akzentierungen damit verbunden sind, nehmen sie alle Bezug darauf, dass es etwas gibt, das der Absicht und der Planung entgeht, zumindest der restlosen.

19 Auch Merleau-Ponty hat ausführlich begründet, dass die *Erfahrung* und die *reflektierte Erfahrung* verschiedene Phänomene menschlichen Erlebens seien und die originäre Erfahrung sich einer bewussten, reflexiven Zuwendung entzieht (vgl. Merleau-Ponty 2004 [1986], S. 47–74).

20 In der Kunstpädagogik gibt es verschiedene Sammelbände, in denen diese Begriffe aufgegriffen werden: Zu nennen sind u. a. *Curriculum des Unwägbaren* (Band I: Bilstein/Dornberg/Kneip 2007; Band II: Bilstein/Kneiß 2009), *(Un) Vorhersehbares Lernen* (Busse 2007), *Das Unverfügbare – Wunder, Wissen, Bildung* (Pazzini, Sabisch, Tyrandellis 2013), *Didaktische Logiken*

Sich aus kunstpädagogischer Perspektive dem Unverfügbaren anzunähern, bietet sich an, da das Unverfügbare und Ereignishafte im ästhetischen Bildungsprozess eine besondere Rolle spielt: Das, was trifft und affiziert, ist in ästhetischen Bildungsprozessen nicht nur konstitutiver Teil der Erfahrung, sondern die Affizierung; die leibliche Artikulationen und die ästhetische Erfahrung selbst können zum expliziten Gegenstand des Prozesses werden.

Insbesondere in einem Kunstunterricht, dem eine Orientierung an Kunst zu Grunde liegt, bekommt man es mit Unbestimmtheitsmomenten zu tun (vgl. Mörsch/Sturm 2010). In den folgenden Überlegungen beziehe ich mich auf Positionen, in denen das Unverfügbare und das Widerfahrnis als konstitutive Momente des ästhetischen Bildungsprozesses in den Blick genommen werden. Andere Positionen, die gleichsam prominent im Diskurs auftauchen, sich aber stärker der Kompetenzvermittlung, der Strukturierung und Operationalisierung von ästhetischen Bildungsprozessen verpflichtet sehen, bleiben hier bewusst unberücksichtigt. **21**

In ästhetischen Bildungsprozessen gehe es nicht darum, schreibt Andrea Sabisch, schon feststehende Fragen zu bearbeiten oder zu beantworten, sondern zuallererst eigene Fragen zu entdecken und aufzuspüren (vgl. Sabisch 2007, S. 18). **22** Das Motiv der Suche lässt sich in der Kunstpädagogik in zahlreichen Ansätzen verfolgen (z. B. in der Ästhetischen Forschung, Kartierung, Mapping u. a.). Es seien gerade die *Leerstellen* (vgl. Brohl 2017, S. 152), die die entscheidenden Momente im ästhetischen Bildungsprozess ausmachen und in denen andere Wahrnehmungen einsetzen können. Maria Peters hebt hervor, dass ästhetische Bildungsprozesse ge-

des Unbestimmten (Engel/Böhme 2015) und *Kalkül und Kontingenz* (Gruber/Schürch/ Willenbacher/Mörsch/Sack 2020). In den benannten Publikationen und Projekten werden Bildungsprozesse im Spannungsfeld von Sichtbarkeit und Nicht-Sichtbarkeit, von Sagen und Zeigen, Unbestimmtheit und Setzung, Planbarkeit und Unvorhersehbarkeit, Regel und Außerordentlichem etc. verortet. ›Unvorhersehbarkeit‹ kann der Ordnung des Sichtbaren zugeordnet werden. Etwas ist nicht vorauszusehen, also unvorher*seh*bar, noch in der Zukunft liegend. Der Begriff ›unverfügbar‹ wird häufig in psychoanalytisch geprägten Texten verwendet (vgl. Pazzini/Sabsich/Tyradellis 2013; Wimmer 2010, 2014, 1996). Im Gegensatz zu *unvorhersehbar* geht es hier nicht nur um einen zeitlichen Entzug, sondern grundlegend erweist sich etwas der Verfügungsmacht entzogen (u. a. zeitlich, räumlich, leiblich). ›Kontingenz‹ ist beiden Begriffen verwandt und wurde in den Sozialwissenschaften eingeführt (vor allem in der Systemtheorie von Niklas Luhmann). Unter Kontingenz wird die prinzipielle Offenheit menschlichen Lebens und besonders sozialer Gesellschaften und Systeme verstanden. Hier spielt weniger der Subjektbezug eine Rolle (wie bei Unvorhersehbarkeit oder Unverfügbarkeit, die sich als solche erst dem Subjekt zeigen), sondern es geht um die Beschreibung eines Zustands in Systemen, Gesellschaften und Institutionen, der grundsätzlich auch anders sein könnte. ›Kontingenz‹ wird in der Bildungstheorie von Norbert Ricken (vgl. 1997), Michael Wimmer (vgl. 1996, 2010, 2014) und in dem Sammelband *Kalkül und Kontingenz* von Gruber/Schürch/Willenbacher/Mörsch/Sack (2020) ausführlich diskutiert. Allen Begriffen ist eine Unbestimmtheit eingeschrieben.

21 Dazu lassen sich beispielsweise folgende Positionen im kunstpädagogischen Diskurs zählen: Franz Billmayer, Ernst Wagner, Johannes Kirschenmann, Constanze Kirchner usw.

22 So gründet der empirische Teil der Promotion *Inszenierung der Suche* von Andrea Sabisch (2007) auf einem offenen Impuls, den sie als Hochschullehrende ihren Studierenden zu Beginn eines Seminars gab: »Suchen Sie sich – unabhängig von dem Fach Kunst – ein Thema/ eine Frage ihrer Wahl, mit der Sie sich in diesem Semester beschäftigen möchten und wählen Sie eine dem Thema/der Frage angemessene Weise der Aufzeichnung aus.« (Sabisch 2007, S. 93).

radezu dazu anstiften, eine »experimentelle, spielerische und auch risikofreudige ästhetische Haltung gegenüber der Sache, sich selbst und den anderen aus[zu] bilde[n]« (Peters 2005, S. 25). Dass in der Auseinandersetzung mit Anderen und der Welt Verunsicherungen entstehen können, liege nicht nur in der Verfasstheit von Lern- und Bildungsprozessen, sondern diese Verunsicherung sei in ästhetischen Bildungsprozessen mehr als ein Nebenprodukt: Sie ist *Modus* und ihr *Gegenstand*. Dabei sei das Besondere im ästhetischen Bildungsprozess, dass diese Unruhe, die Affizierung, das Getroffen-Werden sich nicht unbedingt an einem noch unbekannten Gegenstand entzünde, sondern dass gerade auch das, was eigentlich sehr vertraut und bekannt erscheint, in anderer Weise wahrgenommen werden und dadurch neu in Erscheinung treten könne. Verborgene Bedeutungen werden im Gewohnten aufgespürt, das Neue im Bekannten erst entdeckt (vgl. Peters 2005, S. 5 f.). Insofern ereignen sich ästhetische Bildungsprozesse in besonderer Weise an der Grenze des Vertrauten, d. h. an Grenzen, wo Sichtbares, Berührbares und Sagbares brüchig und fragwürdig werden (vgl. Sturm 1996) und wo sich adäquate und allzu schnelle Antworten als unverfügbar erweisen. An solchen Grenzen könne sich eine Sprachlosigkeit ereignen, durch die sich Antworten finden lassen, die jenseits von einer erklärenden, identifizierenden Sprache liegen. Gerade die

> »[…] sinnlichen Erfahrungen, die nicht in Sprache aufgehen, bergen […] einen subversiven Überschuss, ein unkonventionelles Surplus, das allen Gewohnheiten zuwider laufen kann.« (Meyer-Drawe 2012a, S. 201)

Wenn die Sprache sich entzieht und eine Erfahrung weit über das, was darüber gesagt werden kann, hinausgeht, treten andere *Antwortregister* (vgl. Waldenfels 2016b) in ihrer Bedeutung stärker in Erscheinung. Insbesondere dem Leib (vgl. Waldenfels 2016b, S. 463–477, 506–515) kann dabei im Kunstunterricht eine wichtige Rolle zukommen, denn er wird nicht nur bewusst in Gestaltungsprozessen eingesetzt (wie z. B. in Performances, beim Theater, Tanz o. Ä.), sondern er ist immer auch als ein erfahrender Leib im Umgang und im Berühren von Materialien, in der Bewegung durch den Raum, beim Erblicken oder Umkreisen einer künstlerischen Arbeit, beim Zeichnen und so weiter anwesend. Leiblich, das heißt gestisch, mimisch, sensorisch, in Blickweisen und durch seine Ausrichtung, können sich Erfahrungen auch ohne gesprochene Sprache leiblich einen Weg bahnen. Gerade die Grenze der Sprache erweise sich in ästhetischen Bildungsprozessen insofern als bedeutsam und produktiv, als dass das Andere, das Implizite, das Spürbare und das Nicht-Sprachliche in die Sichtbarkeit drängen und kommunizierbar werden können. Die *Antworten* (Waldenfels 2016b, S. 187–194), die in solchen *Leerstellen* (Brohl 2017, S. 152) hervorgebracht werden, sind dabei nicht nur Ausdruck von Irritation oder Verunsicherung, sondern sie können selbst wiederum den Prozess befeuern und zu seinem Gegenstand werden. **23**

23 Wie verschiedene Wahrnehmungs- und Artikulationsmodi ineinander greifen, deckt Maria Peters in ihrer Arbeit *Blick – Wort – Berührung* (1996) auf. Darin zeigt sie, wie angesichts einer Begegnung mit einer skulpturalen Arbeit das Sprechen und Schreiben ins Stocken geraten.

Um sich genauer anschauen zu können, warum es gerade in ästhetischen Bildungsprozessen zu diesen Leerstellen kommt, in denen unerwartete *Antwortversuche* nötig werden, lohnt es sich, eines der wichtigen Bezugsfelder der Kunstpädagogik in den Blick zu nehmen. Das Unvorhersehbare und Unverfügbare gewinnt insbesondere dann Bedeutung und erfährt Anerkennung, wenn *Kunst* eine entscheidende Rolle im kunstpädagogischen Fachverständnis spielt. **24** Mit der Kunst als fachspezifischem Bezugsfeld der Kunstpädagogik scheint in besonderem Maße wahrscheinlich zu werden, dass sich eine Auseinandersetzung mit Unbestimmtheitsmomenten und Unverfügbarem ereignen kann (vgl. Sturm 2008, S. 79). Von Kunst gehe ein Versprechen aus, das Stella Rollig als ein »Durcheinanderwirbeln des Immergleichen« beschreibt (Rollig 2004). **25** Kunst wird das Potenzial zugesprochen, dass das »Unvorhersehbare, das Nichtplanbare, der Schock, die Ver-Störung an den Grenzen der Darstellbarkeit Form bekommen kann« (Sturm 2008, S. 79) und dadurch zu allererst *wahrnehmbar* (ebd., S. 73) und schließlich auch *verhandelbar* wird (vgl. Hölscher 2018, S. 58). Kunst erweist sich insofern im Grunde als ein Spezialfeld für das Unbestimmte und Unverfügbare. Sie kann als »Schaffung einer Analogie zum Unverständlichen« (Richter 1993, S. 91 zitiert von Hölscher 2018, S. 54) fungieren und sei gerade dadurch ein wichtiger Ort, um mit den »blinden Flecken unseres Wissens« (Hölscher 2018, S. 55) und dem »essentiellen Nicht-Begreifen« (ebd.) in konkreter Form konfrontiert zu werden. Insbesondere Gegenwartskunst rege dazu an, dem »tautologischen Zirkel des immer schon Verstanden-Habens« Risse zuzufügen (ebd.) – Risse, die verhindern, in die »Falle der Selbstverständlichkeiten« zu tappen (ebd., S. 56).

Auch Carmen Mörsch betont, dass Kunst störend, unbequem und unvorhersehbar daherkomme, indem sie gerade keine Lösungen, keinen Abschluss, keine Wahrheit anbiete (vgl. Mörsch/Sturm 2010, S. 5). Sie arbeite sich stattdessen am Gegenteil, an ihrer eigenen »Antwortlosigkeit«, ab (Sturm, 2008, S. 80). **26** Indem sie immer wieder an Grenzen rühre, an denen gerade Fragen der Darstellbarkeit virulent werden (vgl. Mörsch/Sturm 2010, S. 1), können auch Fragen in den Blick geraten, die aus dem kulturellen und institutionellen Kontexten schon herausgefallen seien, die schon »auf-

Dieses Straucheln der Artikulationen erweist sich nicht nur als Indikator für eine bildende Erfahrung (vgl. dazu auch Engel 2015, S. 68), sondern im Sprechen und Schreiben, wenn es sich schnellen Vereindeutigungen entzieht und widersetzt, können sich wiederum neue ästhetische Erfahrungen ereignen (vgl. dazu auch Peters 2005).

24 Ich lasse die umfängliche Debatte darüber aus, ob Kunst ein geeignetes Bezugsfeld der Kunstpädagogik ist. Diese Debatte wird seit vielen Jahren geführt (vgl. Kontroversen zwischen Texten von Buschkühle, Billmayer; Otto, Selle). Ich verwende den Begriff ›Kunst‹ hier in dem Wissen um seine schiere Unschärfe und beziehe mich auf das Kunstverständnis der zitierten Autor_innen. Den genannten Autor_innen ist die Deutungsoffenheit des Begriffs bewusst (vgl. z. B. Sturm 2008, S. 80). Sie rekurrieren vornehmlich auf ein Kunstverständnis, in dem Kunst (oft zeitgenössische Kunst) als Ereignis verstanden wird.

25 Stella Rollig: *Aus Zuschauern Mitwirkende machen*, in: Landeshauptstadt München, Claudia Büttner (Hg.) *kunstprojekte_riem. Wien/New York*, 2004 (zitiert in: Mörsch/Sturm *Vermittlung – Performance – Widerstreit)* in Art Education Research, Dezember 2010, Jg. 1 (2), S. 1–6.

26 Sturm bezieht sich auf einen Vortrag von Pazzini, den er im Januar 2007 auf der Tagung »Formate der Kunstvermittlung« in Lüneburg gehalten hat.

gegessen, still gestellt und mit Sprache vollgestopft wurden« (Sturm 2008, S. 80). Gerade deswegen biete Kunst einen anderen Verhandlungsraum an, den »das Subjekt in seinem Souveränitäts- und Sicherheitsglauben aus der Bahn werfen, in Frage stellen« kann, und in dem deutlich wird, »dass die Dinge nicht so verfügbar, nicht so planbar und vorhersehbar sind, wie man das gerne hätte.« (ebd., S. 80) Hier werden Bildungsprozesse *von Kunst aus* (vgl. Sturm 2012) beschrieben, die auf »ungewöhnliche Experimentier- und Handlungsräume im schulischen Alltag« (Sturm 2008, S. 82) angewiesen sind und diese gleichermaßen provozieren. **27**
Kunst könne paradoxerweise sogar dazu verführen, sich auch auf diese unbequemen und ungewohnten Räume einzulassen **28** – Situationen, die »verunsichern, in Fragen stürzen, enttäuschen« (Pazzini 2008, S. 55) und in die man sich ohne den Rahmen *Kunst* womöglich nie hineinbegeben würde. In der Begegnung mit Kunst gehe es gerade um das Spiel mit Regeln (vgl. Sutter 2016, S. 129), um das »Rühren an den Grenzen« und – so nennt es Pazzini aus psychoanalytischer Perspektive – den dabei entstehenden »Kitzel aus Angstlust« (Pazzini 2008, S. 55). So könne die Paradoxie, sich freiwillig in eine Situation zu begeben, aus der man womöglich nur »im Prinzip« wisse, wie man wieder herauskomme (ebd., S. 61) oder in der die eigene Betrachter_innenperspektive ganz plötzlich problematisch wird, durchaus mit etwas Lustvollem und sogar Einladendem verbunden sein. **29** Hier ist keine lähmende Panik gemeint (vor der bspw. John Dewey eingehend warnt, vgl. Dewey 2002 [1938], S. 132), sondern es geht um eine Angst, die in dem Moment auftritt, wenn eine »Besetzung von Bekanntem« zurückgenommen werde. Dann könne ein Zustand der »Einsamkeit«, des »bloßen Lebens« und auch der Lust entstehen, in dem neue Besetzungen und damit auch Bildung möglich werden (vgl. Pazzini 2008, S. 61).

27 Hier gibt es natürlich auch ganz andere Meinungen in der Kunstpädagogik. Ansätze, die diesen experimentellen Modi, dem Unverfügbaren, dem Motto ›von Kunst aus‹ keine so große Aufmerksamkeit schenken. Stellvertretend kann z. B. Franz Billmayer mit seiner Orientierung an Bildern aus alltäglichen Verwendungszusammenhängen genannt werden (vgl. Billmayer 2008, S. 24 ff.). Ich nehme also eine persönliche Setzung vor, indem ich hier jene Ansätze und Vorstellungen von ästhetischen Bildungsprozessen in den Blick nehme, in denen in besonderer Weise das Unverfügbare eine Rolle spielt – damit wird zwangsläufig anderes ausgeblendet, das im Diskurs auch Thema ist.

28 Pazzini bezieht sich auf die Videoarbeit »Who is listening?« von Tseng Yu-Chin (2003–2004), die auf der documenta 12 ausgestellt wurde. Verschiedene Kinder schauen frontal in die Kamera, während ihnen plötzlich eine weiße Flüssigkeit ins Gesichts geschleudert wird. Weitgehend regungslos schauen sie weiter in die Kamera. Es ist weder erkennbar, von wo die Flüssigkeit kommt, noch erschließen sich den Betrachtenden die Regeln der Situation. Während eine von Pazzini beobachtete Lehrerin oder Vermittlerin die Arbeit als Kritik an Kindesmissbrauch deutet, widerspricht Pazzini hier dieser reduzierenden Interpretation energisch. Er macht die Uneindeutigkeit der Arbeit stark, indem er auch das lustvolle Moment darin in den Blick nimmt: eine Lust der Kinder, sich in eine ungewohnte Situation zu begeben und eine Lust der Betrachtenden, die etwas mit Schadenfreude zu tun habe. Pazzini entzieht die Arbeit einer vereinfachenden Deutung und sieht gerade darin das Potenzial, das künstlerische Arbeiten uns anbieten.

29 Pazzini verortet die Lust, sich mit einer Flüssigkeit bespritzen zu lassen, nicht nur auf der Seite der gefilmten Kinder, sondern gleichfalls auch auf der Seite der Betrachter_innen, die sich die Videos möglicherweise auch mit einer gewissen Portion Schadenfreude anschauen.

1.2 Zur Unverfügbarkeit des Lehrens

Aus phänomenologischer und kunstpädagogischer Perspektive habe ich versucht, in aller Kürze zu zeigen, inwiefern (ästhetische) Bildungsprozesse und Lernen nicht nur mit *Bruchlinien, Rissen* und *Leerstellen* zu tun haben, sondern auf diese angewiesen sind. Dies hat Auswirkungen für das Lehren: Wenn jene Erfahrungen potentiell bildend sind, durch die »der Boden schwankt und die Orientierungsachsen aus dem Lot geraten« (Waldenfels 2010a, S. 278), **30** dann bekommen es nicht nur die Lernenden, sondern auch die Lehrenden verständlicherweise mit risikoreichen Prozessen zu tun.

Indem Verwunderung, Erstaunen und Erschüttert-Werden nicht gelernt werden können (vgl. Meyer-Drawe 2011a, S. 199), entzieht sich jedes Lernen (zumindest auf seiner elementaren Ebene) auch einer planungsvollen Inszenierung und pädagogischen *Verfügungsgewalt* (vgl. ebd., S. 199). Anders formuliert: Da Lern- und Bildungsprozesse Unlernbares und Unverfügbares enthalten, gehen damit notwendigerweise auch Momente des *Unlehrbaren* einher (vgl. Wimmer 2014, S. 88 ff.; vgl. auch Sabisch/Heil/Burkhard 2008, S. 253).

Im folgenden Unterkapitel werde ich skizzieren, inwiefern nicht nur Lernen, sondern auch Lehren als Widerfahrnis gedacht werden kann und inwiefern ihm pathische Seiten innewohnen. Aus phänomenologischer Perspektive geraten so Facetten eines pädagogischen Handelns in den Blick, die sich abseits von Kalkulation, Steuerung und Planung vollziehen.

Ich nähere mich den pathischen Seiten und unverfügbaren Momenten des Lehrens in vier Schritten an und beginne bei dem Naheliegenden: **dem unverfügbaren Anderen.** Die Anderen (d. h. die Schüler_innen), an denen sich pädagogisches Handeln ausrichtet, erweisen sich nämlich alles andere als einseh- und steuerbar. Insbesondere in Momenten, in denen die/der Andere auf das eigene Vermitteln-Wollen nicht so antwortet, wie erwartet oder erwünscht, entzieht sich die/der Andere dem Lehrenden. Der Anspruch, den Schüler_innen ganz plötzlich und auf unerwartete Weise artikulieren können, lässt Leerstellen sichtbar werden im Zwischen von Vermitteln-Wollen und Anderem. Ein ›Nicht-Wissen-Können‹ bahnt sich einen Weg.

Wenn gerade diese Momente im Lehren ernst genommen werden, in denen etwas plötzlich hereinbricht und eine bestehende Ordnung ins Wanken gebracht wird, dann gerät dabei auch **Affektives** ins Blickfeld: Jenseits pädagogischer Souveränität und eines ›funktionierenden‹ Expert_innenwissens mag das, was vom Anderen herkommt, Verunsicherung, Unbehagen oder sogar Angst ebenso auslösen wie Begeisterung und Erleichterung darüber, dass etwas den Gewohnheitstrott durchbricht.

30 Ähnliche Momente lassen sich, in andere Begrifflichkeiten gebettet, auch in der Theorie transformatorischer Bildungsprozesse finden (vgl. Koller 2012). Koller bezieht sich auf Kokemohr, der gerade jene Erfahrungen als bildungsrelevant erachtet hat, die den Menschen erschüttern und dadurch zur Befragung des bestehenden Selbst-Weltverständnisses drängen. Ein Bildungsverständnis, in dem Scheitern und krisenhafte Ereignisse den Anstoß zu tiefgreifenden Bildungsprozessen geben (Koller 2012, S. 16, bezogen auf Kokemohr).

Das Affektive wiederum kann nicht von Intentionalität **31** getrennt werden: *Wie* etwas trifft und *als was* etwas in die Aufmerksamkeit drängt bzw. zu was etwas *wird,* beeinflusst maßgeblich, wie darauf geantwortet wird. Je nachdem, *als was etwas* in Erscheinung tritt und empfunden wird, können sich im ungünstigen Fall Strategien der Abwehr und **Vermeidung** dagegen entwickeln. Unerwartetes und fremde Ansprüche werden möglicherweise umgangen.

Eine solche Sicht auf pädagogisches Handeln, die insbesondere auch auf die pathischen und affektiven Momente des Lehrens aufmerksam macht, lässt schließlich pädagogische Entscheidungen und pädagogisches Handeln selbst in anderem Licht erscheinen: durch Betonung des Pathischen wird deutlich, dass jede pädagogisch-didaktische Entscheidung auch Unentscheidbares enthält, jede absichtsvolle Bemühung und Inszenierung auch **Unbewusstes oder Vorbewusstes,** jede explizite Vermittlungstätigkeit auch mit impliziter Nebentätigkeit verbunden ist.

Am Ende des Kapitels wird sich ein responsives Lehrverständnis herauskristallisieren, das auf dem Wechselspiel von Lehren und Lernen, eigener und fremder Perspektive, Absicht und Affizierung, Plan und Empfindung beruht. Es wird sich zeigen, dass mit dem skizzierten Lehrverständnis ein besonderer Bedarf nach Reflexion einhergeht. Denn auch wenn sich Lernprozesse in Teilen der pädagogischen Inszenierung entziehen und nicht »vollständig instruiert werden« können (Meyer-Drawe 2012a, S. 16) und damit Lehrprozesse immer auch Unverfügbares enthalten, macht dies Lehrende alles andere als überflüssig und eine bewusste Lehrpraxis umso dringlicher:

> »Je mehr er [der Lehrende **KB**] über die Kontingenz des Lernens weiß, umso eher wird er in der Lage sein, die Gunst der Stunde zu ergreifen. Patočka ist beizupflichten, wenn er festhält: ›Pädagogik scheint mir eher ein System von Gelegenheiten als von Maßnahmen.‹« (ebd., S. 16)

Schüler_innen als »weißer Fleck« von Lehrenden? 32

Die folgende Bemerkung von Merleau-Ponty über den Anderen scheint mir besonders passend dafür zu sein, um auf die Debatte über den Anderen im pädagogischen Kontext einzustimmen:

31 Pädagogisches Handeln basiert mehr oder weniger auf einer vorangegangenen Planung. In diesem Zusammenhang spreche ich von *Absicht* bzw. einem *absichtsvollen Handeln.* Dies darf nicht mit dem Begriff der *Intentionalität* verwechselt werden, wie er in der Phänomenologie verwendet wird. Im Anschluss an Brentano meint Husserl mit der intentionalen Struktur, dass man immer *etwas als etwas* vermeint, versteht, begehrt, deutet oder behandelt (vgl. Waldenfels 2016a, S. 34). Intentionalität meint eine Relation, eine Hinspannung des Bewusstseins auf etwas. Damit muss keine Absicht verbunden sein. Waldenfels entwickelt seine Konzeption der Responsivität ausdrücklich gegen einen konstitutionellen Intentionalitätsbegriff (vgl. Waldenfels 2010b, S. 367, vgl. auch Meyer-Drawe 201a, S. 188 f.).

32 Vgl. Mikki Muhr: *Sich Verzeichnen – trotz und mittels Differenzen*, in: *Art Education Research,* Juli 2014, Jg. 5 (8). Mit der Formulierung ›weiße Flecken‹, statt ›blinde Flecken‹ klingt die politische Dimension von Auslassungen an. Das Nicht-Verstehen des Anderen hat auch mit Differenzen zu tun, die jenseits der leiblichen Uneinsehbarkeit wirksam sind, z. B. Geschlecht, Klasse, Ethnie.

> »Der Andere […] bewegt sich immer am Rande dessen, was ich sehe und höre […].« (Merleau-Ponty 1993 [1969], S. 151)

Auch Lehrende machen die Erfahrung, dass sich Schüler_innen am Rande der eigenen Wahrnehmung bewegen und sie nicht in die Anderen hineinsehen können – eine basale Feststellung, die sich in fast jeder pädagogischen Situation mal mehr, mal weniger stark zeigen kann. Schüler_innen sitzen nicht nur wortwörtlich am Rande des Sichtfeldes, z. B. wenn sie in der letzten Sitzreihe Platz nehmen und sich nahezu unsichtbar machen, **33** sondern auch im übertragenen Sinne bewegen sich Schüler_innen häufig am Rand der Zugänglichkeit und Aufmerksamkeit von Lehrenden. Zwangsläufig erhalten Lehrer_innen nur ein fragmentarisches Bild von ihren Schüler_innen,

> »denn die Komplexität seiner Persönlichkeit, seiner Lebensumstände, seines Zur-Welt-Seins bleibt uns in der Regel verborgen. […] Unsere Zuschreibungen stützen sich sich auf kontextualisierte Interaktionen in der Schule, in denen wir uns [als Lehrende **KB**] – der eigenen Sicherheit im Denken und Handeln wegen – sehr schnell, oft zu schnell, ein Bild machen, von dem wir glauben, dass es den Charakter unseres Gegenübers widerspiegelt.« (Agostini/Schratz/Risse 2018, S. 35).

Lehrpersonen können nicht in ihre Schüler_innen hineinblicken; alle Erfahrungen, die sie mit Schüler_innen sammeln, stammen vor allem aus den Begegnungen innerhalb der Schule. Sie machen die Erfahrung, dass sie nicht darüber bestimmen können, was die Schüler_innen genau lernen **34**, wofür sie sich tatsächlich interessieren, worauf sich ihre Aufmerksamkeit gerade richtet und wann sie wirklich tiefgreifende Erfahrungen machen. **35** Die Aufmerksamkeit von Schüler_innen kann zwar für etwas *geweckt* (vgl. Brinkmann 2015, S. 199), nicht aber instrumentell *hergestellt* (vgl. Engel 2018a, S. 24) und *verursacht* (Meyer-Drawe 2012a, S. 143) werden. Was zunächst nach einer Alltagsweisheit klingt, zieht – wenn man es ernst nimmt mit dem Anderen – die Infragestellung grundlegender pädagogischer Selbstverständlichkeiten nach sich: Die oder der Andere (d. h. im Kontext der Schule sind die Schüler_innen gemeint) wird zum »pädagogischen Problem« (Wimmer 1988, S. 7), indem sie oder er gleichermaßen zum Bezugspunkt und zum *weißen* (oder blinden) Fleck im didaktischen Geschehen wird. Schüler_innen sind Adressat_innen von Lehrpersonen und dennoch uneinsehbar beziehungsweise nur begrenzt antizipierbar. Dies mag auch damit zusammenhängen, dass dem Lernen und der bildenden Erfahrung

33 Strategien des Sich-unsichtbar-Machens von Schüler_innen bzw. *Invisibility as Feminist Strategy* siehe z. B. Anna Lundberg: »Will we be Tested on This?«: Schoolgirls, Neoliberlism, and the Comic Grotesque in Swedish Contemporary Youth Theatre, Culture unbound, Volume 5, 2013, S. 133–152., http://www.cultureunbound.ep.liu.se/v5/a11/cu13v5a11.pdf (16.3.18)

34 Wie ich im vorangegangenen Unterkapitel gezeigt habe, können die Lernenden selbst nicht einmal darüber verfügen.

35 Den Satz »Hast du das verstanden?« stellen Agostini/Schratz/Risse (2018) als eine paradigmatische Frage von Lehrer_innen heraus, an der dieser Versuch, das eigene Handeln mit der Rückmeldung des Anderen abzugleichen, deutlich werde, um dann zum nächsten Punkt im Unterricht überleiten zu können. (Agostini/Schratz/Risse 2018, S. 73).

selbst eine eigentümlich Vergesslichkeit anhaftet (Meyer-Drawe 1987, S.15). Man könne sich selbst oftmals nicht mehr daran erinnern oder sich vergegenwärtigen, wie es gewesen ist, bevor ein mittlerweile selbstverständlich gewordenes Wissen da gewesen ist. Wie es zum Beispiel war, bevor man mit dem Zeichnen angefangen hat, bevor man selbstständig Auto fahren konnte, ... So geraten Lehrende immer wieder in die Not, etwas zu vermitteln, was ihnen unter Umständen schon längst vertraut geworden ist, während es den Schüler_innen noch fremd und ungewohnt ist. So wird es schwer, sich vorzustellen, wie Schüler_innen auf eine Sache, eine in den Raum gestellte Frage oder einen inszenierten Gegenstand antworten werden, was sie ihm abgewinnen werden.

Damit nicht genug: Die oder der Andere erweist sich für den Blick von Lehrpersonen nicht nur hinsichtlich seiner/ihrer Aufmerksamkeit, seines/ihres Interesses oder der von außen kaum wahrnehmbaren Erfahrungen, die er/sie macht, als unverfügbar, sondern auch die Ausrichtung pädagogischer Bemühungen auf Möglichkeiten und Zukünftiges bringt selbst Ungewisses und Unverfügbares ins Spiel: Bildungs- und Lernprozesse haben einen transformatorischen Charakter, das heißt, sie ereignen sich durch nötig werdende Veränderungen im Selbst-Welt-Verhältnis und sind auf Verschiebungen gewohnter Wahrnehmungs-, Blick- und Denkweisen angewiesen. Schüler_innen sind daher Adressant_innen im *Werden* (vgl. Schäfer 2005, S. 155) und *Anderswerden* (vgl. Ricken 1999, S. 311–313, 409).[36] Lehren als ein zielgerichtetes, professionelles Handeln bezieht sich insofern nicht auf klar zu definierende Adressat_innen, sondern auf Menschen, die ständig im Begriff sind, sich zu verändern und die Kluft zwischen einer alten und neuen Ordnung überspringen (vgl. Meyer-Drawe 2013a, S. 93).

In verschiedenen Hinsichten konfrontiert die/der Andere die Lehrperson mit einer Unverfügbarkeit, die auch mit der Perspektive der Lehrperson, ihren eigenen Erfahrungen und der Schwierigkeit zusammenhängt, sich längst vergessene Deutungen und Blickweisen auf Dinge wachrufen zu müssen. Die Anderen begegnen Lehrenden in einer »irreduziblen Fremdheit« (Wimmer 1988, S. 6), die nicht mit Gewalt und unter Verlust anzueignen sei, sondern die sich im Grunde vollständig dem außenstehenden und beobachtenden Blick und Verstehen entzieht.[37] Auch fernab des Pädagogischen wird diese radikale Fremdheit diskutiert. So macht beispielsweise Renate Lorenz (2015) unter Bezug auf die Kulturphilosophie von Édouard Glissant auf die fundamentale Bedeutung der »Opazität«[38] des Menschen aufmerksam:

36 Pädagogisches Handeln könne bestenfalls auf ein »hilfreiches ›Ermöglichen‹ anstrengender und unsicherer, insofern verletzbarer ›Selbstveränderung‹« (Ricken 1999, S. 409) abzielen.

37 Die Fremdheit des Anderen ist im pädagogischen Kontext erstmals mit den Studien von Rousseau prominent zum Problem geworden: Mit Rousseaus Entdeckung der Fremdheit des Kindes seien nämlich zwei Dinge plötzlich auseinandergetreten – der Erfahrungsraum und der Erwartungshorizont. Indem es unmöglich wurde, »die Erziehungskonzeption auf die Erfahrungswirklichkeit zu gründen, ohne die unbekannte Natur des Kindes zu verfehlen« (Liesner/Wimmer 2003, S. 26), manifestierte sich im pädagogischen Diskurs eine »Unbestimmtheitsproblematik«.

38 Lateinisch opacitas = Beschattung, Schatten. In der Optik bedeutet es Lichtundurchlässigkeit, in der Medizin Trübung, undurchsichtige Beschaffenheit (z. B. der Hornhaut).

> »[...] in order to avoid reduction, we have to conceive that the Other is opaque to us and even to accept that we are obscure to ourselves. But at the same time opacity is an ontological category, it implies the Other's density, thickness, or fluidity, its ›irreducible singularity‹« (Lorenz 2015, S. 17). **39**

Mit Waldenfels lässt sich daran anschließen. Er merkt an,

> »daß uns der Andere als solcher weder als *etwas* begegnet, das ich mittels Einfühlung oder Analogieschluß in jemanden verwandle, noch als *jemand*, dessen Intention ich verstehe, deute oder teile.« (Waldenfels 2016a, S. 85)

Indem es im Unterricht nicht selten *erstens anders kommt, zweitens als man denkt* (vgl. Ricken 1997, S. 11) und sich die Schüler_innen oftmals sogar in sehr durchgeplanten Situationen gegenläufig zu eigenen Erwartungen verhalten, **40** zeigt sich in der alltäglichsten Unterrichtserfahrung immer wieder, wie unberechenbar und undurchschaubar »der Andere, das Ereignis, die Situation« seien (Wimmer 1996, S. 430). Angesichts einer nicht zu durchdringenden Opazität (vgl. Lorenz 2015), werde der Planbarkeit (vgl. Jaspers 1968, S. 217–223) und Machbarkeit (vgl. Schäfer/Wimmer 2003) ein Strich durch die Rechnung gemacht, besonders in pädagogischen Prozessen (vgl. Wimmer 2010, S. 19).

Angesichts eines opaken und sich stets in Veränderung begriffenen Anderen geraten Lehrpersonen in gewisser Weise in eine Zwickmühle, indem sie sich zwischen widersprüchlichen Anforderungen bewegen. Werner Helsper spricht von *antinomischen* und *dilemmatischen* Strukturen (vgl. Helsper 1996, S. 530 ff.): Einerseits sollen Bildungsprozesse gestaltet, bewusst initiiert und Schüler_innen individuell gefördert werden **41** – was wiederum einen Einblick in den Anderen voraussetzt **42** – und andererseits machen Lehrer_innen in ihrer Alltagspraxis immer wieder die Erfahrung, dass sich die Anderen für den eigenen Blick und für das Vermitteln-Wollen

39 Renate Lorenz bezieht sich in ihrem Buch *Not now! Now! Chronopolitics* auf Édouard Glissant und seine Forderung nach dem »Recht auf Opazität« (Glissant 2005, S. 83). Glissant schreibt selbst: »Für mich ist es nicht mehr notwendig, den anderen zu ›verstehen‹, das heißt, ihn auf das Modell meiner eigenen Transparenz zu reduzieren, um mit diesem Anderen zusammenzuleben oder etwas mit ihm aufzubauen. Das Recht auf Opazität bezeichnet heute das Gegenteil von Barberei.« Glissant spricht sich vor kulturphilosophischem Hintergrund für die Verunklärung des Anderen aus, da die »Mischung von Kulturen« (Kreolisierung) zwangsläufig Unvorhersehbares herstelle (ebd., S. 81).

40 Dies spiegelt sich in zahlreichen Publikationen zu ›Unterrichtsstörungen‹ wieder oder in Büchern über »schwierige Schüler_innen« (siehe im kunstpädagogischen Diskurs: Bilmayer, F. (Hg.): *Schwierige Schülerinnen und Schüler im Kunstunterricht: Erfahrungen Analysen Empfehlungen*, fabrico Verlag 2018)

41 Trotz eines Problembewusstseins dafür, dass pädagogische Praxis überaus komplex und unwägbar sei, wird dennoch vielfach die Ansicht geteilt, dass Lehren gerade kein Rätsel sei bzw. sein darf: So spricht sich beispielsweise Ewald Terhart für ein »realistisches oder pragmatisches Verständnis von Lehrerarbeit« aus und plädiert dafür, dass pädagogische Professionalität nicht zu einem »nicht-organisierbaren Geheimnis« stilisiert werden dürfe (Terhart 2005, S. 275, *Standards für die Lehrerbildung).* Pädagogisches Handeln setze sich, führt Terhart weiter aus, aus erlernbaren Kompetenzen zusammen und müsse sich im Sinne einer gesellschaftlichen Verantwortung an vereinbarten Standards orientieren. Ganz anders die Ausführungen zum Rätsel der Lehranstalten in: Pazzini/Schuller/Wimmer (2010).

42 Dieser Anspruch spiegelt sich in pädagogischen Leitsätzen wieder, wie z. B. »Die Schüler_innen dort abholen, wo sie sind.« (vgl. Meyer-Drawe 2012a, S. 201)

als *intransparent* (vgl. Lorenz 2015, S. 16 ff.) erweisen. Die Krux liegt darin, dass pädagogisches Handeln auf die Antizipation des Kommenden angewiesen ist und sich genau dieses Kommende zugleich einer Kalkulation und »restlosen Planung« (Sturm 2008, S. 75) entzieht. Das Geplante wird sich erst in Zukunft ereignet haben. **43** Indem sich in der Praxis zeigt, dass sich die Anderen beharrlich einer pädagogischen Verfügungsmacht entziehen, kommt Zweifel an grundlegenden Selbstverständlichkeiten pädagogischer Praxis auf. »Lehren bildet?« (Wimmer 2010, S. 15 f.) **44** fragt Michael Wimmer und stellt damit die Grundprämisse pädagogischer Professionalität in Frage, dass es einen unmittelbaren Kausalzusammenhang zwischen pädagogischem Handeln und Bildung gebe. **45** Angesichts eines unverfügbaren Anderen sei immer auch Ungewisses, Verborgenes und Unvorhersehbares im Spiel, da ergehe es Praktiker_innen nicht anders als Forschenden (vgl. Wimmer 2014, S. 18). In dem Moment, in dem sich Lern- und Bildungsprozesse von Schüler_innen einer pädagogischen Absicht und Inszenierung entziehen (ihrer eigenen und der von Lehrer_innen), bekommen es Lehrer_innen – ob sie wollen oder nicht – mit *Grenzen des eigenen Wissens* (vgl. Sabisch/Heil/Burkhard 2008, S. 253–255) bzw. mit einem *Nicht-Wissen-Können* zu tun, das ein unhintergehbares Moment jeder pädagogischen Praxis sei:

> »Was das spezifisch Pädagogische und Professionelle am Handeln ist, liegt also nicht allein im Wissen *über* das Lernen, die Klientel, die Motive, Ziele und die Bedingungen etc. [...] Die Frage, wie aus »pädagogischem und erziehungswissenschaftlichem Wissen pädagogische Tätigkeit« wird, wie sich Wissen in Können umsetzen lässt, bleibt, wie schon im *Menon,* unbeantwortet.« (Wimmer 1996, S. 424 f.) **46**

Im kunstpädagogischen Diskurs bringt Pazzini eine ähnliche Kluft zur Sprache:

> »Da die Individuen, denen etwas fehlt, mittelbar zugänglich sind, man nie genau einschätzen kann, was in welcher Art, in welchem Ausmaß fehlt, stößt das lehrende und allgemeiner, vermittelnde Individuum alsbald auf einen weiteren Mangel, den einer fehlenden Brücke. Sie muss konstruiert werden. Genau diese Ergänzung, daraus stammt die Macht der Berater und Experten, bekommt ganz schnell den Charakter einer möglichen Verleugnung dieses Mangels.« (Pazzini 2008, S. 46)

43 Es verwundert nicht, dass Sigmund Freud den Beruf der Lehrer_in neben denen der Politiker_in und der Analytiker_in als einen »unmöglichen Beruf« bezeichnet hat (vgl. Freud 1937, S. 94).

44 »Lehren bildet?« ist der Titel eines Buches, 2010 von K.-J. Pazzini, M. Schuller und M. Wimmer herausgegeben. Der Untertitel lautet »Vom Rätsel unserer Lehranstalten«.

45 Die Annahme »Lehren bildet« sei nicht als eine triviale Selbstverständlichkeit zu sehen. Dahinter verbirgt sich ein tradierter Anspruch, der mit pädagogischer Praxis verbunden sei und der immer noch große Wirkmacht hat (vgl. Wimmer 2010, S. 16).

46 *Menon* ist ein Dialog von Sokrates – Sokrates beschreibt sich darin in der Rolle des Lehrers selbst als *»Zitterfisch«*, der den Schmerz der Erkenntnis seines Schülers miterlebt und die Bodenlosigkeit teilt, die sich vor dem Lernenden in dem Moment auftut, wenn das Alte brüchig wird und das Neue noch nicht gefunden worden ist. In dem Dialog *Menon* taucht der Lehrende nicht als ein distanzierter Wissender, sondern als ein Teilhabender und Miterfahrender auf (siehe auch Meyer-Drawe 2012a, S. 202 f.; siehe auch Meyer-Drawe 2011a, S. 200).

Das Nicht-Wissen-Können bzw. die fehlende Brücke zwischen zwei Individuen erscheint in beiden Zitaten nicht als Übel, sondern vielmehr als wesentlicher Teil pädagogischer Prozesse. Wimmer weist sogar das Nicht-Wissen-Können, das in der Gegenwart des Anderen und dessen Anspruch in Erscheinung tritt, als eigentlichen Kern pädagogisch professionellen Handelns aus, da so die brüchige Beziehung zwischen dem Wissen einerseits und der Situation, dem Singulärem und damit auch dem Anderen andererseits nicht verschwindet bzw. gewaltsam hergestellt wird (vgl. Wimmer 1996, S. 425). **47** Diese Leerstelle hebt auch Waldenfels hervor:

> »Dort, wo die Ordnung der Dinge ins Wanken kommt, klafft ein Hiatus zwischen fremder Provokation und eigener Produktion.« (Waldenfels 2016a, S. 67)

Wissen, insbesondere wenn es als Expert_innenwissen ausgewiesen wird und nicht in Frage steht, erweist sich angesichts des Anderen insofern als problematisch, als dass es in erster Linie darauf abzielt, »Kohärenz, Stabilität und Beständigkeit des Ganzen« zu sichern (Wimmer 1996, S. 439). Leerstellen, Instabilitäten und Bruchlinien – in denen aber gerade bildende Erfahrungen ihren Anfang nehmen (vgl. Meyer-Drawe 2011a, Waldenfels 2014) und die sich deshalb auch für Lehrprozesse als unverzichtbar erweisen – werden aus der Perspektive einer wissenden Expert_in womöglich eher als Problemstellen *identifiziert,* als dass sie in ihrer Mehrdeutigkeit und Uneindeutigkeit *erkundet* werden (können).

»Handlungsfiktionen« (Wimmer 1996, S. 439) – und dazu zählen auch die Vorstellung vom Kausalzusammenhang zwischen Lehren und Bildung sowie die Vorstellung von einem verfügbaren, einsehbaren und steuerbaren Anderen – seien für die Alltagspraxis zwar durchaus hilfreich, »um unter Komplexitäts-, Kontingenz- und Zeitdruckbedingungen handlungsfähig zu sein und bleiben zu können«, aber – so der Einwand – ein allgemeingültiges Wissen erweist sich dennoch in pädagogischen Situationen insofern als problematisch, als dass es Lehrende dazu auffordert, jede »Diskontinuität der Erfahrung« darin einzupassen. Erfahrungen vermögen dann nicht mehr das Wissen in Frage zu stellen und die Aufmerksamkeit auf das Neue, Unerwartete einer Situation zu richten, sondern sie dienen seiner Bestätigung (vgl. ebd.). Ein »Allgemeinheits-, Einheits- und Identitätsanspruch« sei nur um den »Preis der Negation und der Exklusion des Differenten, Anderen, Fremden« durchzusetzen (Wimmer 2014, S. 29). Der Blick auf das Singuläre, das Andere und Fremde läuft Gefahr, verstellt zu werden.

47 Eine ähnliche Argumentationsfigur ist bei Pazzini zu finden: »Es ist da ein zweites Individuum, das versucht, dieses Fehlen genauer zu erfassen und den nötigen Inhalt bereitzustellen, oder dieses Individuum macht anderen deutlich, dass ihnen eigentlich noch etwas fehlt. Da die Individuen, denen etwas fehlt, mittelbar zugänglich sind, man nie genau einschätzen kann, was in welcher Art, in welchem Ausmaß fehlt, stößt das lehrende und allgemeiner, vermittelnde Individuum alsbald auf einen weiteren Mangel, den einer fehlenden Brücke. Sie muss konstruiert werden. Genau diese Ergänzung, daraus stammt die Macht der Berater und Experten, bekommt ganz schnell den Charakter einer möglichen Verleugnung dieses Mangels.« (Pazzini 2008, S. 46)

Verunsicherung, Unbehagen und Angst: Unverfügbares und Affektion

Der Andere, schreibt Waldenfels, konfrontiere nicht nur mit den Grenzen der eigenen Möglichkeiten, sondern die »Affektion durch den Anderen überkommt uns als *wirkende Wirklichkeit*« (Waldenfels 2016a, S. 87). Das, was unerwartet vom Anderen kommt und was verfügbar sein sollte, und sich dennoch entzieht, kann affektive Widerständen herrufen. »So etwas wurmt.« (Pazzini/Sabisch/Tyradellis 2013, S. 9) Lern- und Bildungsprozesse erweisen sich nicht nur für die Lernenden selbst in Teilen als verunsichernd und alles andere als harmlos (vgl. Meyer-Drawe 2011a, S. 202; Waldenfels 2010a, S. 278), auch für Lehrende kann eine Praxis ungemütlich werden, bei der die Erfahrung gemacht wird, »nicht mehr Herren (oder Damen) im eigenen Haus« zu sein (Pazzini 2015a, S. 88). Wenn etwas ganz anders als erwartet komme und das, was geschehen ist, nicht mehr in der »Verlängerung dessen, was da schon läuft, an[ge]siedel[t werden kann]. ... kann [das] eine böse Überraschung sein, aber auch eine gute, eine glückliche Fügung.« (Pazzini 2008, S. 43) Jede Unvorhersehbarkeit – nicht nur die Störung, sondern sogar die freudige Überraschung – stelle im Grunde eine »Enttäuschung für den planenden Blick in die Zukunft« dar (ebd., S. 43) und fordere eine Neuausrichtung der Wahrnehmung ein. Ohne dass im Vorhinein eine bewusste Wahl getroffen werden kann, weckt das Kommende – und zwar besonders dann, wenn es ungewiss und ungemütlich ist – »Aufmerksamkeiten, motiviert Such- oder Fluchtbewegungen und ist Auslöser für das Begehren« (Sabisch 2007, S. 40). **48** So lässt das freudige als auch das beunruhigende Ereignis einen Entzug an Planbarkeit spürbar werden. Das Unverfügbare nötigt so oder so – als heftige Irritation oder als glückliche Fügung – zur Neujustierung der eigenen Erwartungen und Aufmerksamkeit. Daher habe das Unvorhersehbare im Grunde niemand wirklich gerne – gerade im pädagogischen Kontext nicht (vgl. auch Pazzini 2008, S. 43):

> »Gegen all das, was in unterschiedlichem Maße den Macht- und Autonomieanspruch begrenzt, was an die Bedingtheit durch und die Verwiesenheit auf etwas oder einen Anderen erinnert oder an die eigene Endlichkeit, Körperlichkeit und Verletzlichkeit, besteht eine Allergie, die sich in einer Abwehr manifestiert, [...] deren affektive Entsprechung die Angst ist [...]« (Liesner/Wimmer 2003, S. 39)

Nicht selten bestehe der erste Impuls daher darin, das Unvorhersehbare und Unverfügbare »zu meiden, zu vermeiden oder gar zu leugnen« (Pazzini 2008, S. 44). Auf ähnliche Weise charakterisiert auch Eva Schürmann aus philosophischer Perspektive die affektive Seite eines Ereignisses und sieht mit dem Unvorhersehbaren per se ein Unbehagen verknüpft:

> »Spricht man von Ereignissen in einem emphatischen Sinn, meint man Geschehnisse, die einen Einzelnen oder ein Kollektiv in besonderer Weise betreffen, ihnen widerfahren und sie erschüttern. [...] Unerwartet und unberechenbar vollziehen sie sich gleichsam im Rücken intentional agierender Akteure [...] Während das Erwartbare beruhigt, haftet dem Plötzlichen oft allein schon

aufgrund seiner Unvorhersehbarkeit etwas Beunruhigendes an.« (Schürmann 2013, S. 17)

Das Unverfügbare konfrontiert mit einem »Jenseits symbolischer Ordnung« (Pazzini/Sabisch/Tyradellis 2013, S. 10) und setzt gerade dadurch affektive Kräfte frei: es »berührt, animiert, motiviert ebenso wie es überfordert, herausreißt, zurückwirft« (ebd., S. 9). Vermeintliche Sicherheiten entpuppen sich dann als gemacht und offenbaren sich in ihrer Fiktionalität (vgl. ebd., S. 9). Zwangsläufig treten Autonomie- und Machtansprüche in ihrer/seiner Begrenztheit zu Tage (vgl. Sturm 2008, S. 75). Nachvollziehbar wird vor diesem Hintergrund, warum Momente des *Unlehrbaren* im pädagogischen Kontext mit einer »schwer zu ertragende[n] Hilflosigkeit von Lehrenden« (Meyer-Drawe 2011a, S. 202) einhergehen, wie Meyer-Drawe anmerkt. Denn die »Versprechen auf technische Bewältigung« (ebd.) werden gerade in den Momenten fragwürdig, in denen etwas entgegen der eigenen Erwartung läuft und Selbstverständlichkeiten ungewollt ausklinken.

Dieses Unbehagen kann im pädagogischen Kontext zum Problem werden: nicht nur, weil es dazu führen kann, das Unverfügbare zu vermeiden oder gar zu leugnen (vgl. Pazzini 2015b, S. 108 f.), sondern vor allem auch, weil die Verunsicherung ins Gegenteil umschlagen kann – in ein »zu allem entschlossenen Handeln, das Sicherheit mit Gewalt wiederherstellen zu können meint« (Liesner/Wimmer 2003, S. 39). Es sei ein »Bedürfnis nach Eindeutigkeit, Sicherheit, Kontrolle und Steuerungsmöglichkeit« zu vernehmen, das mit dem in der Schule herrschenden »Zeit-, Erfolgs- und Handlungsdrucks, also der Unmöglichkeit, nicht nicht handeln zu können« korrespondiere (Wimmer 1996, S. 429). Angesichts einer als verunsichernd wahrgenommenen Situation drohe die Gefahr, dass die Angst, **49** die das Unverfügbare auszulösen vermag, »Delegation und Unterordnung, Gewalt und Dummheit« bewirke (Pazzini/Sabisch/Tyradellis 2013, S. 10). Dass Unverfügbares auch »Sehnsucht, Neugierde und Verantwortung« wecken kann, bleibt dann möglicherweise aus Angst vor dem Unverstandenen unentdeckt (vgl. ebd.). Wimmer kommt sogar zu dem Schluss, dass die Unsicherheit, die Lehrer_innen verspüren, konstitutiv sei für das Lehren und durch kein Wissen aufgelöst werden könne und auch nicht aufgelöst werden *sollte.* Die Verunsicherung, die einerseits damit zusammenhängt, auf den Anspruch des Anderen, des Singulären antworten zu müssen und andererseits auch mit der Unmöglichkeit zu tun hat, sich auf ein autorisiertes Wissen zurückziehen zu können, wird nicht nur als Begleiterscheinung, sondern als Basis eines pädagogischen Handelns gesehen, das nicht darauf abzielt, sich die Situation gemäß der eigenen Erwartungen *anzueignen*. Die Unsicherheit ergebe sich daraus, auf eine Situation und einen fremden Anspruch immer wieder *neu* und *anders* antworten zu müssen (vgl. Wimmer 1996, S. 446).

48 Andrea Sabisch bezieht sich auf Waldenfels (Waldenfels 2002, *Bruchlinien der Erfahrung*, S. 98).

49 Gereon Wulftange hat das Thema »Angst als notwendiger Teil von Transformationsprozessen« in die Bildungstheorie hineingetragen. Wulftange, G. (2016): *Fremdes – Angst – Begehren*, Bielefeld, transcript.

Affekt und Sinn

> »Daß etwas *als etwas* erscheint, bedeutet eben nicht, daß *es etwas ist*. Es *wird zu etwas,* indem es einen Sinn empfängt und damit sagbar, traktierbar, wiederholbar wird.« (Waldenfels 2016a, S. 38)

Sinn, so Waldenfels, hat nichts Statisches. Sinn ist nicht einfach da, sondern entsteht in der »Herausforderung dessen, *worauf* ich antworte« (ebd., S. 58; vgl. Waldenfels 2004a, S. 813). Besonders in Momenten, in denen fremde Ansprüche spürbar werden, zeigt sich, dass »geläufige Sinn- und Regelbildung« unterbrochen und neue Sinnbildungen in Gang gesetzt werden (Waldenfels 2016a, S. 58). Angesichts des Anderen und des plötzlichen Ereignisses erweist sich die Sinngenese alles andere als reibungslos – neue Erfahrungen treiben die Wahrnehmenden über ihre bisherigen Möglichkeiten hinaus (vgl. Agostini 2017, S. 25). Indem der »Fokus des Blicks« die Erfahrung konzentriert, wird im Blick des Wahrnehmenden *etwas zu etwas* (vgl. ebd.). Es ist also keinesfalls von vornherein ausgemacht, welchen Sinn etwas empfängt, welcher Sinn im Antworten entsteht. Die Beschaffenheit des *Als* (etwas *als* etwas) – Waldenfels spricht von verschiedenen Differenzen **50** – hängt nicht zuletzt auch von Affektionen ab. Im Anspruch des Fremden wird eine Antwort provoziert, die einer »Antwortlichkeit des Verhaltens zuvorkommt« (Waldenfels 2000, S. 368; vgl. auch S. 365 ff.) – wir antworten auf etwas, ohne dies bewusst vorbereiten und planen zu können. Ob das Fremde dann zugerichtet wird, indem es »benannt, klassifiziert, datiert, lokalisiert und Erklärungen unterworfen wird« (Waldenfels 2016a, S. 51) oder ob zugelassen wird, dass angesichts des Anderen und Fremden »unsere eigene[n] Möglichkeiten in Frage gestellt [werden], bevor wir uns auf ein fragendes Wissen- und Verstehenwollen einlassen« (ebd., S. 58), ist keine Frage der Absichtlichkeit und des Entscheiden-Könnens, sondern der Affizierung und des Antwortens. So zeigt sich gerade in solchen Momenten, in denen sich das Lehren jenseits vollkommener Beherrschbarkeit und Kontrollierbarkeit vollzieht, dass Sinn (den ein Ereignis im Unterrichtsgeschehen empfängt) und Antwort im pädagogischen Handeln aufs Engste miteinander verknüpft sind. Im Antworten auf Schüler_innen und die gesamten Situationen kann seitens der Lehrenden Sinn entstehen, der sie selbst *überfallen* kann (vgl. Meyer-Drawe 2012a, S. 190). Denn es sei von vornherein nie auszumachen, wie und als was etwas im Unterricht wahrgenommen, empfunden und gedeutet werden kann:

> »Je nach Standort oder Interessen, je nach Wahrnehmungs- und Erfassungsmodus, aus der Nähe oder aus der Ferne, erscheint die […] Erfahrungssituation dabei jeweils anders.« (Agostini 2017, S. 25) **51**

Dies könnte beispielsweise bedeuten, dass Lehrende ein Ereignis, das eher verunsichernd erlebt wird, möglicherweise auch eher als *Störung* empfinden werden,

50 Eine gute Zusammenfassung der verschiedenen Differenzen kann in dem Buch *Bildwerdung* von Andrea Sabisch nachgelesen werden (2018, S. 28 ff.).

51 Agostini bezieht sich auf Vignetten als spezifische Form der Verdichtung von Erfahrungen. Darauf gehe ich ausführlich im zweiten Kapitel ein, siehe S. 102–107.

als dass es *als* Chance für die Schüler_innen in den Blick geraten kann. Denn Verunsicherung – anders als Begehren z. B. – wecke eher das Bedürfnis nach Stabilisierung (vgl. Hölscher 2015, S. 217–219), was sich in der Lehre im Rückzug auf Bewährtes genauso äußern kann wie in der Sehnsucht nach vermeintlichem Expert_innenwissen (vgl. Liesner/Wimmer 2003, S. 39). Während sich das Erste wegen seiner Unreflektiertheit und oftmals unhinterfragten Selbstverständlichkeit als problematisch erweisen kann **52**, geht mit Letzterem die Hoffnung einher, durch Wissen das kontrollieren zu können, was sich im Lernen und Lehren im Grunde als unerlässlich unverfügbar erweist. In beiden Fällen wird dem Anspruch, der von den Anderen an Lehrende gestellt wird, nicht Rechnung getragen. Es bleibt unter Umständen verborgen, welche *anderen Bedeutungen* ein Ereignis für die Schüler_innen haben *könnte*.

Das Unentscheidbare in pädagogischen Entscheidungen

Mit pädagogischem Handeln werden häufig Vorstellungen von einem regelgeleiteten, zielführenden Handeln verbunden, in dem Diagnostik und Förderung sinnvoll und in Form bewusster Entscheidungen ineinandergreifen. Entscheidungen werden in Opposition zum Ereignis gesetzt, indem sie verstanden werden als

> »begründete Urteile, die eine Wahl zu treffen erlauben zwischen verschiedenen Möglichkeiten, von denen diejenige, für die man sich entschieden hat, Konsequenzen hat für die weiteren Entscheidungen und Handlungen und also eine Wirklichkeit hervorbringt, für die das Entscheidungssubjekt die Verantwortung übernehmen kann, weil es an ihrer Entstehung mitgewirkt hat.« (Liesner/Wimmer 2003, S. 42).

In dem Zitat werden Entscheidungen als kalkuliertes und abgewogenes Produkt eines offenbar souveränen Subjekts beschrieben, das einen Überblick über die Lage hat und bewusst zwischen verschiedenen Handlungsoptionen zu entscheiden weiß. Dabei ist keine Rede von der zuvor angesprochenen *Vorgängigkeit der Antwort:* Wir kommen für uns selbst zu spät (vgl. Meyer-Drawe 2012a, S. 190 ff., S. 211); sie hebt damit die Unmöglichkeit hervor, den eigenen Leib, die Ausrichtung der Aufmerksamkeit usw. durch vorherige Reflexion vollkommen kontrollieren zu können. Pädagogisches Handeln als ein responsives Geschehen zu verstehen (d. h. als ein

52 Georg Hans Neuweg zeigt, dass sich pädagogisches Wissen aus persönlichen Erfahrungen und insbesondere auch aus Routinen und Gewohnheiten speist. Dieses Wissen sei sehr wirksam, ohne dass es aber expliziert wird bzw. von den Lehrenden selbst expliziert werden kann. Neuweg charakterisiert pädagogisches Wissen daher auch in Großteilen als »implizites Wissen« (vgl. Neuweg). Die Komplexität pädagogischer Praxis und der unentwegte pädagogische Handlungszwang fordern geradezu ein Wissen ein, das wirkmächtig sei, ohne dass es expliziert werden muss. Was auf den ersten Blick einleuchtend und aus einer pragmatischen Perspektive notwendig erscheint, hat aber eine Kehrseite, die Neuweg selbst auch benennt: »Implizites Wissen nämlich ist immer auch implizites Vorurteil, implizite Ignoranz und implizite Blindheit.« (Neuweg 2002, S. 22) Dies erweist sich gerade bei pädagogischem Handeln dann als problematisch, wenn potenziell bildungsrelevante Momente nicht als solche bemerkt oder als solche interpretiert werden, weil sie aufgrund bestehender Handlungsroutinen und ritualisierter Wahrnehmungsweisen keine weitere Beachtung finden.

Geschehen, das eben auch vom Anderen herrührt und einen ereignishaften Charakter hat), führt dazu, von dem zitierten Verständnis von pädagogischen Entscheidungen Abstand zu nehmen. Einschätzungen, Lehren als einen Prozess zu verstehen, der auch vom Anderen herrührt, rücken auch die pathischen Dimensionen pädagogischer Entscheidungen ins Blickfeld. Dies kann sich im Unterrichtsalltag zum Beispiel zeigen, wenn Lehrer_innen in der Interaktion mit Schüler_innen – für sich selbst u. U. unbemerkt – beginnen, von eigenen Aufgabenstellungen abzuweichen (vgl. Bader 2017).

Aus der Perspektive der pädagogischen Phänomenologie gerät bezüglich ›pädagogischer Entscheidungen‹ also etwas in den Blick, das nicht selten aus den ›Ordnungen der Diskurse‹ fällt: das *Unentscheidbare an pädagogischen Entscheidungen* (vgl. Sturm 2008, S. 78). In Situationen, in denen plötzlich unvorhersehbare Ansprüche hervorgebracht werden, werde es schwierig, darauf zu antworten, wenn lediglich zwischen feststehenden Handlungsoptionen ausgewählt werden könne:

> Es brauche vielmehr »eine *Entscheidung*, die nicht als Wahl zwischen schon bekannten Möglichkeiten getroffen wird, sondern die angesichts eines Anspruchs – eines Anderen, einer Situation – für deren Beantwortung keine Entscheidungskriterien bereitstehen, getroffen werden muss, und deren Ergebnis also Ereignischarakter hat auch für den Entscheidenden selbst.« (Liesner/Wimmer 2003, S. 43)

Ein solches Verständnis von Entscheidung gehe mit einem Ausgesetzt-Sein in der pädagogischen Situation einher, ohne dabei die Lücke und die Reibungen, die zwischen planvollem Handeln und Anspruch des Anderen entstehen, zu verdecken. Eine Entscheidung zu denken, die nicht vollkommen von einem souveränen Subjekt getroffen wird, sondern die auch vom Anderen herrührt, mutet paradox an. »Ist so etwas möglich?« fragen Liesner und Wimmer (ebd.).

Ein Beispiel aus dem Kunstunterricht, das in dem Buch *Spürbare Bildung* von Engel (2011a) zu finden ist, lässt vorstellbar werden, wie eine solche pädagogische Entscheidung gemeint sein könnte. In dem Beispiel zeigt sich, dass die Absicht der Lehrperson – sogar in einer sehr alltäglichen Situation – von Unentscheidbarem durchzogen ist. Engel, die sich als Forschende an ihre eigene Zeit als Lehrerin zurückerinnert, beschreibt ausführlich eine Situation in ihrem Kunstunterricht, in der sie als Lehrende auf eine Differenz zwischen ihren eigenen Erwartungen an die Schüler_innen und deren Widerstand aufmerksam wird.**53** Voller Elan möchte sie mit ihrem Leistungskurs nach zwei Jahren Arbeit eine abschließende Ausstellung in der Schulöffentlichkeit auf die Beine stellen. Im Verlauf der Stunde bemerkt sie jedoch, dass ihre Versuche, die Schüler_innen dafür zu begeistern, ins Leere laufen und sich auch bei ihr eine Erschöpfung einstellt (vgl. Engel 2011a, S. 106 ff.). Anstatt den wahrgenommenen Widerstand, die Unlust und das »Sparflammenverhalten«

53 Das Erinnerungsbild kann vollständig hier nachgelesen werden: Engel 2011a, S. 101–104; die Analyse des Erinnerungsbildes folgt im Anschluss auf S. 104–114.

(ebd., S. 107) der Schüler_innen zu ignorieren oder die erwartete und erwünschte Aktivität durch bestimmte Aufträge und Maßnahmen einzufordern, beschreibt sie, wie sie plötzlich aus dem Unterrichtsgeschehen ausgestiegen sei und innegehalten habe (vgl. ebd., S. 108).

> »Auch mir selbst konnte anfänglich noch nicht klar sein, wohin meine Reaktion führen würde. Es war ja keine intentional durchdachte methodische Strategie, sondern eine authentische Antwort auf den Verlauf des bisherigen Geschehens. Die Gegenwärtigkeit, die sich als Folge in dieser herstellte, war begleitet von einer grundsätzlichen Veränderung der Aufmerksamkeitshaltung bei allen Beteiligten, zunächst bei mir.« (ebd.)

Engel macht im pädagogischen Handeln die widersprüchliche Erfahrung einer »innehaltenden Aktivität« (ebd., S. 109),**54** d. h. »aus der vorhandenen Handlungsdrift und der eigenen intentionalen Gerichtetheit innerhalb einer bestimmten Lage in bestimmten Abständen zurückzutreten [...]« (ebd., S. 116). Sie antwortet auf die Anderen, ohne vorher die Folgen ihrer Entscheidung kalkulieren zu können. Sie spürt, dass sich dadurch ein anderer Raum geöffnet habe, in dem verschiedene Differenzen Platz gefunden haben: Wissen und Noch-nicht-Wissen, das Bewältigte und das Noch-nicht-Bewältigte (vgl. ebd., S. 125). Eine Entscheidung, wie sie von Engel exemplarisch beschrieben wird, zeugt von einem pathischen Charakter. Es ist eine Antwort auf den Anspruch der Anderen, wie sie selbst schreibt, die sich sogar konträr zur eigenen, anfänglichen Vermittlungsidee verhält. Die Entscheidung, auf die Stimmung **55** der Anderen einzugehen und sich zunächst zurückzuziehen, habe dazu geführt, dass sich die Aufmerksamkeit der Lehrperson als auch der Schüler_innen verschieben konnte.

1.3 Pädagogische Ansprüche: Den Raum für das Unverfügbare offenhalten

Auch wenn hier nur in Kürze auf das Lehren eingegangen werden kann, zeichnet sich zumindest ab, dass sich – entgegen dominierender Vorstellungen von pädagogischer Professionalität – auf verschiedenen Ebenen ein Wechselspiel von Pathos und Response ereignet. Pädagogisches Handeln nimmt seinen Anfang in Gegenwart der Anderen, ihrer Ansprüche und Widerständigkeiten. Diesem Argument werden sicher viele zustimmen können, so schreibt Eva Sturm:

> »Vielleicht wird nicht viel Überzeugungskraft nötig sein, um Zustimmung darin zu erhalten, dass das Unvorhersehbare von Wert ist, dass dessen Leugnung fatal und seine Anerkenntnis günstig ist.« (Sturm 2008, S. 89)

Man könnte es dabei bewenden lassen, wenn nicht verschiedene Umgangsweisen mit dem Unverfügbaren so unterschiedliche Konsequenzen nach sich ziehen würden (vgl. Liesner/Wimmer 2003, S. 36). Es ist interessant, sich die Fortsetzung

54 In einem Text von Meyer-Drawe ist vom Sinn her ein ähnlicher Begriff zu finden: »engagierte Passivität«, womit die »Empfänglichkeit für die Antwort des anderen« gemeint ist (Meyer-Drawe 1996, S. 97).

55 Zu *Stimmung* vgl. Pazzini 2015a.

des Zitats von Sturm anzuschauen, denn darin macht sie deutlich, dass aus dem Unvorhersehbaren ein besonderer Handlungsbedarf im Pädagogischen entsteht:

> »Vielleicht ist [...] aber eher die Frage, wie man selbiges in der Praxis der Kunstvermittlung und Kunstpädagogik nicht verschwinden macht, nicht in seinem Insistieren verharmlost oder übersieht.« (Sturm 2008, S. 89) **56**

Ich greife diesen Gedanken auf und werde die bisherigen Überlegungen auf die konkrete Unterrichtspraxis von Lehrer_innen zu übertragen versuchen. *Inwiefern ist es herausfordernd, das Unvorhersehbare und damit auch den Anspruch des Anderen ›nicht verschwinden‹ zu machen, nicht in seiner Widerständigkeit zu ›verharmlosen‹ oder es schlicht ›zu übersehen‹?*

Pädagogisches Handeln in Zwischenräumen von Planung und Unverfügbarem

Es stellt sich also die Frage nach dem WIE: d. h. *wie* mit dem Anspruch der Anderen, mit dem Widerständigen und dem Unverfügbaren in pädagogischen Situationen umgegangen werden kann, ohne dass es wortwörtlich umgangen, d. h. vermieden oder in seiner Bedeutung negiert wird. Im Grunde erweist sich vor dem Hintergrund der bisherigen Überlegungen jeder Versuch, das Unverfügbare und Unvorhersehbare durch die Aneignung und Anwendung didaktischer Methoden und Steuerungsinstrumente kontrollierbar und beherrschbar machen zu wollen, als wenig produktiv. Engel merkt diesbezüglich kritisch an, dass

> »[j]edes fertige von außen nur noch zu implementierende Konzept [...] Gefahr [läuft], sich von den Ordnungen und bestehenden Ritualen innerhalb der Institutionen in die Machbarkeit einer verlorenen Utopie zu verwandeln [...]« (Engel 2015, S. 81).

Die Übertragung einer fertigen Methode oder eines Konzepts auf eine singuläre Situation gehe mit einem Verlust einher, wenn ein »von außen« aufgesetztes Konzept sich mehr in die institutionelle Ordnung einfüge und einer Machbarkeit geschuldet sei, als dass es sich auf die Spezifik eines gemeinsamen Erfahrungsgeschehens beziehe. Dass eine kontingente Praxis mit vorgefertigten Formen und einem umfassenden Konsum von »Ratgeberliteratur« (vgl. Gruschka 2011, S. 66) nicht handhabbarer gemacht werden könne und dies sogar dem Ausschluss eines differenzierten Erfahrungswissens noch Vorschub leiste, gibt auch Andreas Gruschka zu bedenken (vgl. auch Engel/Böhme 2015, S. 16).

Daraus leitet sich jedoch nicht ab, dass auf didaktische Methoden und Konzepte gänzlich verzichtet werden kann bzw. soll, um offene Prozesse zu initiieren und dem Unverfügbaren im Unterrichtsgeschehen Rechnung zu tragen. Denn paradoxerweise komme gerade methodischen Rahmungen, didaktischen Setzungen und einer genauen Planung eine hohe Bedeutung für die Anregung und Gestaltung offener Prozesse zu:

> »Um sich in Lernsituationen auf dem dünnen Eis des Unkalkulierbaren bewegen zu können, sind Rahmensetzungen und intensive Vorbereitungen erforderlich.« (Burkhard/Heil/Sabisch 2008, S. 254)

Bezogen auf ästhetische Bildungsprozesse und am Beispiel der One Minute Sculptures von Erwin Wurm argumentiert Stefan Hölscher in ähnlicher Weise und betont die Produktivität der Setzung:

> »Eine eng gefasste Vorschrift bedeutet nicht per se die Verhinderung von Selbsttätigkeit, sie kann unter Umständen erst die Quelle von Unbestimmtheit sein, die einen ästhetischen Erfahrungsraum und das Bewusstsein, tätig zu sein und diese Tätigkeit gestalten zu können, eröffnet.« (Hölscher 2015, S. 230)

Pädagogisches Handeln also komplett am Anderen auszurichten, indem auf jeden fremden Anspruch eingegangen wird, stellt noch kein Gütekriterium für pädagogische Situationen dar. Genauso wenig kann aber auch die Anwendung einer attraktiven didaktischen Methode kein Garant für gelungenen Unterricht sein. Anhand der Zitate deutet sich vielmehr an, dass sich Lehre im Zwischen von »fremdem Anspruch« und »eigener Produktion« (Waldenfels 2016a, S. 67) ereigne.

Sich als pädagogisch Handelnde_r auf den Anderen, das Unerwartete und Unvorhersehbare einzulassen, stellt sich nicht als Frage des Entweder-oder, sondern vielmehr als eine Frage danach, wie es möglich werden kann, sich pädagogisch handelnd in *Zwischenräume* zu bewegen. In Zwischenräumen, die sich im Wechselspiel vermeintlicher Gegensätzlichkeiten aufspannen:

Kalkül und Kontingenz (Gruber/Schürch/Willenbacher/Mörsch/Sack 2020), *Bestimmtheit* und *Unbestimmtheit* (Engel/Böhme 2015), *Stabilität* und *Instabilität* (Hölscher 2015), *Ritual* und *Regelbruch* (vgl. Sutter 2016, S. 127–130), *Gewissheit* und *Ungewissheit* (Bilstein/Kneip 2009) – um einige Begriffspaare zu nennen, in denen diese Ambivalenz zur Sprache kommt. Jörg Zirfas beschreibt aus theaterpädagogischer Perspektive solche Räume **57** als »liminal«, »sprunghaft«, »friktional« und »fragmentarisch« (Zirfas 2008, S. 114) – Räume, die sich durch Brüche und gerade auch durch die Gleichzeitigkeit verschiedener Differenzen und Erwartungshaltungen auszeichnen (vgl. auch Engel 2011a, S. 125). Ein pädagogisches Handeln, das die Entstehung solcher Zwischenräume befördert und sie aushält, stellt eine große Herausforderung dar – nicht nur für erfahrene Berufspraktiker_innen in der Schule, sondern insbesondere auch für Lehramtsstudierende. Ein Handeln in widersprüchlichen Räumen erweist sich deshalb als besonders herausfordernd, weil die ambivalenten Ansprüche der Situation sich gerade nicht darüber lösen lassen, sich lediglich auf einer Seite des Problems zu positionieren: d. h. sich dem Unverfügbaren *oder* dem Planbaren zu verschreiben. Dies brächte eine unangemessene Vereinfachung mit sich, die entweder in einer »fatalistischen Kontingenzergebenheit« oder einer »Kontingenzverleugnung« münden würde (Liesner/Wimmer 2003, S. 28–31). Stattdessen wird fortlaufend ein Handeln innerhalb der Widersprüche nötig, die sich unaufhörlich durch die Kluft zwischen didaktischer Planung und tatsächlich stattfindendem Unterricht auftun. Auch wenn ein ausgeklügelter Plan im Hinterkopf präsent ist, braucht es gleichzeitig die Bereitschaft, sich an dem situativen und

56 Vgl. auch Engel 2015, S. 67.

57 Zirfas bezieht sich an dieser Stelle in erster Linie auf theaterpädagogische Projekte.

womöglich völlig unerwarteten Geschehen immer wieder neu auszurichten. *Welche Ansprüche sind damit verbunden, sich als pädagogisch Handelnde_r auf derart unwägbarem Terrain zu bewegen?* Im folgenden Abschnitt wird dieser Frage vertiefend nachgegangen.

Die Bereitschaft, sich auf das gegenwärtige Geschehen einzulassen

Pädagogische Situationen sind wegen der beschriebenen Verstrickungen extrem komplex (vgl. Herzog 1995, S. 257 ff.), sie sind flüchtig und oft nicht auf den ersten (auch nicht unbedingt auf den zweiten oder gar dritten) Blick zu durchschauen (vgl. Agostini 2016, S. 25). Sie sind durchzogen von Missverständnissen (vgl. Novak/Schürch 2016, S. 4), die sich sogar in den vermeintlich unmissverständlichsten Situationen für die Beteiligten unbemerkt ereignen können (vgl. Bader 2018). **58** Dies potenziert sich zusätzlich in Momenten, in denen etwas Unerwartetes passiert und routinemäßige Erklärungen nicht mehr greifen. Dann sind Lehrpersonen besonders herausgefordert, spontan und dennoch möglichst in geeigneter, auf eine für die Schüler_innen produktive Weise auf das Geschehen zu antworten.

Da auch (oder gerade) jene Momente für Schüler_innen bildungsrelevant sein können, die nicht den Erwartungen der Lehrperson entsprechen oder von außen zunächst nicht nach »funktionierenden« und »effektiven« Lernsituationen aussehen, braucht es, so Sturm, eine Bereitschaft, diese nicht vorschnell abzuwerten oder »weg-zu-disziplinieren« (Sturm 2008, S. 80); eine Bereitschaft also, auch die Momente im Unterricht als potenzielle Lernsituationen wahrzunehmen und interpretieren zu können bzw. zu wollen, die aus der eigenen Perspektive vielleicht nebensächlich, vielleicht auch unsinnig, **59** nicht zielführend oder unverständlich erscheinen. Erst dann können nämlich auch Phänomene jenseits der eigenen Erwartung und einer vorherigen Planung für den Verlauf des Unterrichts und für die daran beteiligten Schüler_innen bedeutsam werden (vgl. Wimmer 1996, S. 423):

> »Schüler_innen initiieren im Bildungsgeschehen mit ihrem Handeln eine Vielzahl ›fruchtbar[er] Moment[e]‹. Diese müssen von den Lehrenden erkannt, aufgegriffen und damit ihrer Verwirklichung zugeführt werden.« (Agostini/Schratz/Risse 2018, S. 26 bezogen auf Copei (1966, S. 17)

Es geht also darum, etwas ins Spiel kommen und bedeutsam werden zu lassen, das plötzlich in Erscheinung tritt, ohne es zwingend vorher als Lehrperson gewollt zu haben und ohne vorher schon wissen zu können, was für Möglichkeiten für die Schüler_innen damit verbunden sein werden. Eva Sturm verdichtet diesen Anspruch in der Formulierung: »Mit dem was sich zeigt« (Sturm 2008, Titel des Textes). *Aber was bedeutet es, mit dem zu arbeiten, was sich zeigt?* Was sich auf den ersten Blick ganz leicht anhört, fordert von Lehrenden, einer singulären Situation, einem

58 »Zeichnen – Reden – Zeigen« (Bader 2019). Nadia Bader arbeitet empirisch anhand einer Zeichenaufgabe (Zeichnen nach Anschauung) heraus, dass sogar vermeintlich unkomplizierte und klare Gespräche zwischen Lehrpersonen und Schüler_innen sich auf zahlreichen Ebenen durch Missverständnisse und Widersprüche auszeichnen.

59 *Unfug* sei »der kleine Bruder des Unverfügbaren« (vgl. Pazzini/Sabisch/Tyradellis 2013, S. 9).

Ereignis oder Widerfahrnis Aufmerksamkeit zu schenken – egal ob etwas irritierend wirkt oder als willkommene Abwechslung daherkommt. Dass aber überhaupt andere Bedeutungsebenen von Unterricht, das heißt von »unbewusste[n] Prozesse[n] in Interaktionsverhältnissen« sowie sich »jeder Planung und Steuerung entziehende heteronome Ansprüche (Intransparenz des Anderen) und Ereignisse« ins Blickfeld geraten können (Wimmer 2014, S. 21), scheint alles andere als selbstverständlich zu sein. Wimmer betont, dass es der »Einklammerung« eines Wissens bedarf, das Allgemeingültigkeit beansprucht. Es müsse Abschied genommen werden von einem Wissen, das darauf abzielt, alles Ereignishafte zu *erklären* und unerwartete Wendungen in einen bestehenden Wissenshorizont einordnen zu können. Indem sich pädagogische Tätigkeit dadurch auszeichne, »situationsorientiert« und »singulär« zu sein (Helsper 1996, S. 528 f.), sei es im Grunde unmöglich, pädagogisches Handeln in ein übergeordnetes Wissen zu überführen oder – andersherum – durch die Anwendung bestimmter Regeln *situationsspezifisch* zu handeln (vgl. Koring 1992, S. 94 zitiert in Wimmer 1996, S. 425). Eine konkrete Situation, wie pädagogische Praxis eine sei, könne in keiner allgemeingültigen Regel lückenlos erfasst werden (vgl. Wimmer 1996, S. 425). Der Versuch, ein allgemeingültiges Wissen auf pädagogische Praxis zu beziehen, werde notwendigerweise immer einen unbestimmbaren Rest hervorbringen, der den vorherigen Erwartungen nicht zugeordnet und unter vorhandenes Wissen nicht subsummiert werden kann (ebd.). Dieser Überschuss, der sich einem professionellen Wissen hartnäckig entzieht, sei nicht als Grenzphänomen oder Ausnahmefall pädagogischen Handelns zu verstehen, sondern mache gerade dessen Kern aus:

> »[…] dieser Rest, dieses Nicht-Wissen-Können [macht] den Kern pädagogischen Handelns und der Professionalität aus, deren Aufgabe folglich darin besteht, die Beziehung zwischen einem Wissen und einer Situation, einem ›Fall‹, einer Singularität herzustellen, einer Singularität, die dem Wissen Widerstand bietet als etwas ihm Fremdes, vor ihm Verschlossenes und insofern Absolutes. Das Nicht-Wissen als Zentrum des Pädagogischen und die Fähigkeit, die Kluft zwischen dem irreduziblen Nicht-Wissen (Situation, Singularität) und (pädagogischem) Wissen handelnd zu überwinden als Kern pädagogischer Professionalität, sind deshalb selbst als die Besonderheiten des Pädagogischen zu verstehen, die auf seine antinomische Grundstruktur verweisen, die insbesondere auf der Ebene pädagogischer Interaktion zur Geltung kommt, nämlich durch Erziehung eine Intention verfolgen zu wollen, es aber eigentlich nicht zu können, weil, was gewollt wird, nur vom Anderen selbst hervorgebracht werden kann.« (ebd., S. 425 f.).

Lehrende werden in ihren Entscheidungen und Interpretationen von pädagogischen Situationen vom Anderen und Fremden in Anspruch genommen. Dies zeigt sich eben besonders dann, wenn die Erfahrung gemacht wird, dass sich pädagogisches Handeln nicht allein durch Wissen regeln lässt und sich etwas *Anderes* einschleicht, das unerwartet Geltung beansprucht. Angesichts fremder Ansprüche mache sich ein Nicht-Wissen-Können breit, das pädagogische Entscheidungen und Planungen durchkreuzt. Indem sich pädagogisches Handeln auf das ausrichtet, was einem im Unterricht entgegenschlägt, erfordere dies von Lehrenden eine Praxis, die im Grunde »absolut singulär [...] und folglich *ausnahmsweise* [...], ohne Regel und Programm« (Liesner/Wimmer 2003, S. 45) ist. Das Wissen, so die Schlussfolgerung, müsse also eingeklammert, beziehungsweise dessen Allgemeingültigkeit in Frage gestellt werden.

Wie aber können jene Facetten des Wissens zumindest fragwürdig werden, die Allgemeingültigkeit beanspruchen? Mit Agostini lässt sich sagen, dass es entsprechende Gelegenheiten brauche, »Vertrautheiten aufzustören, Selbstverständlichkeiten in Frage zu stellen und irritierenden Verweisungszusammenhängen einen zweiten Blick zu schenken« (Agostini 2017, S. 24). Agostini, deren Ausführungen sich zwar auf Vignetten im engeren Sinne beziehen, bieten hier dennoch Anregungen, um auf die Bedeutung der Wahrnehmung aufmerksam werden zu können:

> »Sie [Vignetten **KB**] schieben eine Differenz zwischen das Wissen und die Überzeugung, dass es eine zutreffende und *›richtige‹* Sicht auf einen Sachverhalt, eine einzig mögliche Perspektive auf Gegenstände, auf Schüler/-innen oder die Schule selbst, nicht gibt. Damit wirken sie gegen die Tendenz, dass es mit zunehmender Handlungssicherheit immer schwieriger wird, die Vielheit an Verweisungszusammenhängen zu sehen, weil eindrückliche Physiognomien und die Bindung an vertraute Prämissen neu in Frage gestellt werden.« (ebd., S. 24).

Es brauche, merkt auch Engel an, ein »Innehalten, ein Lauschen, Wahrnehmen, Nach- und Vorausspüren«, um sich auf das Singuläre einer pädagogischen Situation, auf die immanenten, darin verborgenen Qualitäten einlassen zu können. Pädagogisches Handeln bedürfe einer »Wahrnehmung für das vermeintlich Selbstverständliche, für die Vielfalt der alltäglichen – meist unbemerkten Geräusche und für die Kontingenz, den unerwarteten Charakter ihres Ereignens« (Engel 2018a, S. 21).

Gerade im schulischen Kontext sei es wichtig, dass routinierte und gewohnheitsmäßige Wahrnehmungsweisen von Lehrenden außer Kraft gesetzt werden, um jenseits institutioneller Ordnungen und alltagspraktischer Aufmerksamkeitshaltungen ein Gespür für mögliche *andere* Qualitäten einer Situation bekommen zu können. Denn in dem Moment, in dem die eigene Erwartung irritiert und dadurch ein Innehalten möglich wird, könne eine andere bzw. neue Aufmerksamkeit für die gegenwärtige Situation entstehen. Aus Verschiebungen und Irritationen gehe eine Aufmerksamkeit hervor, die gerade keine »Anpassungsleistung« an vorherrschende Ordnungen sei, sondern »eigenständige Antwort auf etwas Anderes, Fremdes, Drittes« (ebd., S. 29). Um »dem Unbestimmbaren und Unverfügbaren einen eigenen Wahrnehmungs- und Aufmerksamkeitsraum zuzuerkennen« (ebd.), plädiert Engel daher dafür, die ästhetische Wahrnehmung als eine Form der selbstreflexiven Aufmerksamkeit in ihrer pädagogischen Bedeutung ernst zu nehmen. **60** Eine sich selbst gewahr werdende Wahrnehmung sozusagen, die dazu beitragen könne, sich den Anderen (d.h. den Schüler_innen) in ihrer Unverfügbarkeit und in ihrer Vielfältigkeit anzunähern. Unter Bezug auf Meyer-Drawe warnt Engel vor »einer vorschnellen Einordnung und Zuordnung des Verhaltens der Kinder und Jugendlichen«:

> »Wir stehen im Unterricht bisweilen vor dem eigenartigen Phänomen, dass sich alle Blicke auf den Lernenden richten und er dadurch sichtbar wird. Seine Ansprüche spielen überhaupt keine Rolle. Sie werden schlicht übersehen und überhört. Hier versagt die Achtsamkeit, weil Lehrende meinen, genau zu wissen, wen sie vor sich haben. Ihr Bild liegt fest und duldet keine Überraschungen. Wer derartig im Scheinwerferlicht steht, kann nicht einmal mehr Unrecht haben. Er hat buchstäblich keine Stimme mehr.« (Meyer-Drawe 2015a, S. 122 zitiert in Engel 2018a, S. 23)

In Momenten der Verschiebung – Engel bezieht sich auch auf Mersch und spricht von »Blickumkehr« (Mersch 2003) **61** – zeigen sich »unerwartete und niemals vollständig einzukalkulierende Spielräume, die als handelnd und auch geistig-reflexive Impulse für die gemeinsamen Lehr-Lern [sic] und Bildungsprozesse geachtet und kultiviert werden können« (Engel 2018a, S. 30). Es wird betont, dass insbesondere für Lehrende solche Momente der Verschiebung der eigenen Aufmerksamkeit wichtig seien, um neue Bedeutungen einer gegenwärtigen Situation überhaupt entdecken und den kommenden, vielleicht auch vom eigenen Plan abweichenden Verlauf eines gemeinsamen Unterrichtsgeschehens erahnen zu können:

> »Insbesondere den Lehrenden ermöglichen gerade solche Momente der Unbestimmtheit und des Innehaltens ein Zurück- und Vorausblicken auf die Ereignishaftigkeit des Geschehens oder auch ihres eigenen Lern- und Erkenntnisprozesses selbst, woraus sich eine neue Vorgehensweise oder ein anderes weiteres Entwicklungsgeschehen zu entfalten vermag. Hierdurch kann sich eine reflexive, sich auch an die zeitliche Erfahrung bindende Zuwendung zur pädagogischen Praxis so kultivieren, dass eine offene pädagogisch verantwortliche Antwort auf das Geschehen ermöglicht wird.« (ebd.)

Es ist von einem »Heraustreten« und »Herausgeworfenwerden« aus scheinbar selbstverständlichen Erfahrungsverläufen (ebd.) die Rede, wodurch ein anderer Bezug zur Gegenwart möglich werde: Im *Wahrnehmen* **62** werde die Gegenwart mit dem Vergangenen genauso in Beziehung gesetzt, wie mit dem Zukünftigen. Hier ist nicht von einer inspizierenden Wahrnehmung oder einem *registrierenden Blick* die Rede, die wie Scheinwerfer den Anderen auszuleuchten sucht (vgl. Meyer-Drawe 2015a, S. 122), sondern von einer ästhetischen Wahrnehmung, die sich der eigenen

60 Ästhetische Wahrnehmung wird in unterschiedlichen Kontexten in der Kunstpädagogik diskutiert: Während sich Engel vor allem mit der Bedeutung ästhetischer Wahrnehmung in Bildungs- und Professionalisierungsprozessen von Lehrenden beschäftigt, hat Maria Peters in ihrer Dissertation »Blick-Wort-Berührung« die Bedeutung der ästhetischen Wahrnehmung in Bildungsprozessen von Schüler_innen untersucht (1996).

61 Engel bezieht sich wiederholt auf Mersch und sein Verständnis von Reflexivität. Zur »Blickumkehr« vgl. Mersch, D. (2003) *Kunst und Medium*, Kiel, Selbstverlag Muthesius Kunsthochschule, S. 111.

62 Unter gleichnamigem Titel fand im November 2017 eine Tagung an der Kunstakademie Münster unter der Leitung von Birgit Engel, Tobias Loemke, Rudolf zur Lippe und Katja Böhme statt (siehe Engel/Loemke/Böhme/Agostini/Bube 2020).

Involvierung ins zeitliche, räumliche Geschehen bewusst bleibt. Die/der Schüler_in, so die These, werde gerade nicht festgeschrieben, weil sie/er immer wieder – den eigenen Blick irritierend und insistierend – in die Wahrnehmung der Lehrenden trete. Die fundamentale Bedeutung der Wahrnehmung für die Begegnung mit und die Annäherung an den Anderen hat auch Dietmar Kamper wiederholt aus anthropologischer Perspektive hervorgehoben. Obwohl Kamper sich eher wenig auf pädagogische Fragen bezieht, **63** eignen sich seine Überlegungen gut, um die Grundsätzlichkeit des hier dargestellten Zusammenhangs prägnant zu unterstreichen. Er schreibt:

> »Das Andere kommt über die Wahrnehmung oder gar nicht.« (Kamper 1995, S. 21)

Ein Jahr später findet dieser Gedanke in dem Text »Your ground is my body« (1996) eine Fortsetzung:

> »Denken wird ... ›Wahrnehmen‹ sein müssen, nicht Nehmen des Wahren, sondern Üben der ›awareness‹, Üben des Spürens, Aufmerksamkeit, Achtung und Hochachtung vor dem Anderen.«

Jenseits eines »Denken des Selben« (Kamper, 1995, S. 13; S. 21 f.), das auf Identifikation, Allgemeinheit und Abstraktion abziele, sei es vor allem die Wahrnehmung, die uns an das Konkrete und damit an dessen Flüchtigkeit und Unbestimmtheit heranführen könne. Es ist von einer Weise des Denkens die Rede, die der Wahrnehmung verpflichtet ist. Kamper umkreist ein »Differenz-Denken«, das »empfindlich« sei für die Ambivalenzen der Sprache und der Welt (Kamper 1995, S. 28). Ein Denken, das aus der »menschlichen Erfahrungsfähigkeit« schöpft (Kamper 1995, S. 30), die – so Kamper – heute mehr denn je auf dem Spiel stehe.

Raum für das Unverfügbare offenhalten: Ein Auftrag für die Lehrer_innenbildung

Allzu schnell verschließen sich unerwartete Wege im Unterricht, weil sie von Lehrenden als nebensächlich, abwegig oder als unnötiger Umweg disqualifiziert werden, weil sie schlicht unbemerkt bleiben oder weil sie als verunsichernd und vermeintlich nicht zielführend empfunden werden. Lässt man sich auf das Unvorhersehbare und Unverfügbare ein, kann nämlich gerade auch das im Unterricht in Erscheinung treten und möglicherweise bedeutsam werden, was vom Gewohnten, Alltäglichen und Routinierten abweicht und sonst weitgehend verdeckt bleibt – das Unliebsame, die Unordnung, das Unlehrbare, das vermeintlich Uneffektive und Nicht-Funktionierende usw. In einer plötzlichen Abweichung vom Erwarteten eine mögliche Relevanz für das gegenwärtige Unterrichtsgeschehen und für die Bildungsprozesse der Schüler_innen entdecken zu können, kann zu einem schwierigen Unterfangen werden.

Als Lehrperson aber genau diesen Leerstellen im pädagogischen Kontext eine besondere Aufmerksamkeit zu schenken und sich dem zu widmen, was vom Ande-

63 Am 26. 2. 1993 wurde Dietmar Kamper von Martina Koch und Pierangelo Maset für die Zeitschrift *Kunst + Unterricht* interviewt. Hier spricht er über seine Lehre und plädiert für eine »Pädagogik der Ambivalenz« (*Kunst + Unterricht* 1993, Heft 176, S. 42–45).

ren herrührt, erscheint wichtig, weil sich zwischen dem ›Nicht-mehr‹ einer Ordnung und dem ›Noch-nicht‹ einer neuen Ordnung, nicht nur für die Bildungsprozesse der Schüler_innen, sondern auch für Lehrprozesse richtungsweisende Verschiebungen ereignen können: *Wird an einem Plan festgehalten oder wird auf das eingegangen, was sich zeigt? Wem und wessen Begehren wird damit Aufmerksamkeit zuteil? Und was oder wer bleibt womöglich unbemerkt oder wird gar ignoriert?*
Das Unvorhersehbare und das Unverfügbare willkommen zu heißen, setzt voraus, das Selbstverständliche, das vermeintlich Funktionierende der eigenen Praxis in Frage zu stellen bzw. stellen zu wollen, um auch für andere Bedeutungen einer pädagogischen Situation aufmerksam werden zu können. Dies gelingt nicht unbedingt im Trubel des pädagogischen Ereignisses selbst:

> »Man wird immer erst später sehen, was wohin geht, was taugt, was sich ausschließt, was trifft. Aber man braucht im Moment die Aufmerksamkeit und die Bereitschaft dafür, zu erahnen, was das sein könnte – das erfordert Training.« (Sturm 2008, S. 81)

Auch wenn dem Begriff »Training« etwas merkwürdig Funktionales anhaftet, so weist das Zitat dennoch darauf hin, dass es Gelegenheiten brauche, um sich auf das Unverfügbare und die/den Anderen im pädagogischen Kontext einlassen zu können.

Dies ist nicht nur eine Herausforderung für erfahrene Berufspraktiker_innen, sondern insbesondere auch für Lehramtsstudierende, die im Studium in sehr abgesteckten Zeitfenstern ihre Unterrichtserfahrungen sammeln. Auf dem Feld der Lehrer_innenbildung fragt sich ausgehend von den bisherigen Überlegungen daher: *Wie kann schon in der Hochschule ein pädagogisches Handeln unter Kontingenzbedingungen angebahnt werden?* Anders formuliert: *Wie können Lehramtsstudierende schon im Studium dazu angeregt werden, aufmerksam zu werden auf die pathischen Seitens des Lehrens?*
Die hier skizzierten Überlegungen und aufgeworfenen Fragestellungen werden im folgenden Kapitel ausführlicher in den Blick genommen. Während sich das erste Kapitel vor allem der Entfaltung eines phänomenologischen Bildungs- und Professionsverständnisses gewidmet hat, geht es daran anknüpfend im folgenden Kapitel um die Lehrer_innenbildung und die Frage, wie die Anbahnung eines solchen Professionsverständnisses im Studium unterstützt werden kann.

KAPITEL 2

WAHRNEHMUNG UND REFLEXION DER PATHISCHEN SEITEN DES LEHRENS

—

Ein pädagogisches Handeln unter Kontingenzbedingungen hochschuldidaktisch anbahnen

WAHRNEHMUNG UND REFLEXION DER PATHISCHEN SEITEN DES LEHRENS

Im zweiten Kapitel steht die Frage im Mittelpunkt, wie schon im Studium die Aufmerksamkeit von Lehramtsstudierenden für die pathischen Seiten des Lehrens und damit auch für das Unverfügbare in Lern- und Lehrprozessen geweckt werden kann. Diese Frage knüpft an das vorherige Kapitel an, indem das vorgestellte Professionsverständnis nun als eine Herausforderung für die Professionalisierung verstanden und daher in der Lehrer_innenbildung verortet wird. Die Frage, wie ein solches pädagogisches Handeln unter Kontingenzbedingungen angebahnt und wie die Wahrnehmung für pathische Seiten des Lehrens sensibilisiert werden kann, wird als eine Frage der Reflexion aufgegriffen. Damit wird an eine Argumentation angeschlossen, die seit Mitte der 1990er Jahre in der Lehrer_innenbildung geführt und in der die Bedeutung von Reflexion für pädagogische Professionalisierungsprozesse intensiv diskutiert wird (vgl. u.a. Herzog 1995, Helsper 1996, Neuweg 2002, Reh 2004). Das Reflektieren über pädagogische Prozesse wird dabei nicht nur als ein Randphänomen pädagogischer Professionalität und Professionalisierung betrachtet, sondern – vor allem zunehmend in den vergangenen Jahren – als eine ihrer wichtigsten Grundlagen hervorgehoben.

In drei Schritten komme ich im Verlauf dieses Kapitels schließlich zu der zentralen Ausrichtung meiner Studie, pädagogische Reflexion an fotografische Bilder zu knüpfen: Zunächst wird begründet, dass der **Bedarf nach einer spezifischen Reflexion** mit der Unverfügbarkeit pädagogischer Praxis zusammenhängt (vgl. Helsper 2008, S. 149 ff.). Dies ist – angesichts anders ausgerichteter Konzepte im Professionalisierungsdiskurs – keine Selbstverständlichkeit. Darauf aufbauend werde ich mich der **Bedeutung des Begriffs ›Reflexion‹** annähern: zunächst als ein umkämpfter Begriff der Philosophie, dessen Kontroversen auch heute noch von Bedeutung sind, um daran anschließend prominente Vorstellungen von Reflexion zu skizzieren, wie sie bezüglich der Lehrer_innenbildung gegenwärtig diskutiert werden. Anhand der Darstellung aussagekräftiger Beispiele wird gezeigt, dass aktuelle Vorstellungen von pädagogischer Reflexion Signaturen eines Denkens tragen, in denen dem Responsiven und Pathischen keine besondere Aufmerksamkeit geschenkt wird und Reflexion vornehmlich der Identifikation didaktischer Probleme und deren Lösung dient. Daher wendet sich der Blick im dritten Schritt anderen Diskursfeldern zu, in denen den pathischen Momenten im Lehrprozess mehr Achtsamkeit zukommt. Mithilfe zweier Forschungs- und Professionalisierungsansätze aus dem Bereich der pädagogischen Phänomenologie (Vignetten und Erinnerungsbilder) wird ein Gegenhorizont aufgespannt, durch den sich ein **anderes Verständnis von Reflexion** formulieren lässt und durch den geeignetere methodologische Grundparameter entwickelt werden können. Sowohl Vignetten als auch Erinnerungsbilder eignen sich in besonderer Weise, um sich mit Seiten pädagogischen Handelns zu beschäftigen, die vom Anderen herrühren und die nicht ausschließlich einer Absicht und bewussten Vermittlungsabsicht entspringen. Das Kapitel schließt mit der Herausarbeitung zentraler Parameter einer *erfahrungsorientierten pädagogischen Reflexion* ab.

2.1 Unvorhersehbares verlangt nach Reflexion? Einführende Überlegungen zum Konnex von pädagogischer Praxis und Reflexion

> »Wenn es richtig ist, daß eine Profession ständig dazu gezwungen ist, ihr Wissen angesichts sich wandelnder Problemlagen und Identitätsformation ihrer Klientel neu und anders zu denken, und wenn es richtig ist, daß pädagogisches Handeln ein antwortendes, aber letztlich planmäßig nicht zu strukturierendes Geschehen ist [...], so verlangt dies soziale Räume für Disput über den Eigensinn der Arbeit und ständige Auseinandersetzung über Bedingungen, Handlungsgrundlagen und Handlungsmöglichkeiten. Eine Selbstthematisierung und ständige Prozeßreflexion ihrer Arbeit erscheint unentbehrlich.« (Combe/Helsper 1996, S. 21f.)

Den Fragen, wie sich im Studium schon ein Lehren anbahnen lässt, das den Kontingenzbedingungen pädagogischer Situationen Rechnung trägt und wie die Aufmerksamkeit von Lehramtsstudierenden insbesondere für die pathischen Seiten des Lehrens geweckt werden kann, kann auf unterschiedliche Weise nachgegangen werden. Dieses Forschungsanliegen mit dem Begriff der *Reflexion* zu verknüpfen, ist eine Setzung, die nicht zwangsläufig schon von vornherein so ausgemacht ist. Der Fokus, pädagogisches Handeln unter Kontingenzbedingungen und die Vorbereitung darauf im Lehramtsstudium als eine Frage der Reflexion in den Blick zu nehmen, schließt zwar an eine Debatte an, die im Professionalisierungsdiskurs schon seit vielen Jahren geführt wird (vgl. u. a. Herzog 1995, Helsper 1996), doch werden auch andere Vorstellungen diskutiert, was es braucht, um in komplexen Situationen pädagogisch handlungsfähig zu sein: z. B. ein fundiertes Theoriewissen (vgl. Wissenschaftsrat 2001, S. 41,[64] vgl. auch Herzog 2005, S. 314),[65] ein umfängliches Methodenwissen (vgl. Meyer 2016, Meyer 2005, Klippert 2016, Kippert 2018),[66] einen forschenden Zugang zu pädagogischer Praxis (vgl. Herzog/von Felten 2001,[67] vgl. Fichten 2012, vgl. Kraus 2015, Wildt 2009), pädagogische Erfahrungen und implizites Wissen (vgl. Neuweg 2002) oder eine hochschuldidaktische Praxis, die selbst schon so gestaltet ist, dass Studierende darin geeignete Laborsituationen finden, in denen didaktisches Denken und nicht nur bestimmte didaktische Handlungsmuster eingeübt werden (vgl. u. a. Engel 2015, Wildt 2005). Über pädagogisches Handeln und dessen Anbahnung im Lehramtsstudium nachzudenken, kann argumentativ

64 Wissenschaftsrat: *Empfehlung zur künftigen Struktur der Lehrerbildung*, 2001

65 Zitiert in Kraus 2015, S. 21.

66 Eine kritische Lektüre zu sog. »Ratgeberliteratur« findet sich in Texten von Andreas Gruschka (u. a. Gruschka 2011, S. 66ff.).

67 Zitiert in Kraus 2015, S. 29.

also in unterschiedlichste Richtungen führen. Den Fokus speziell auf *Reflexion* zu legen, macht jedoch insbesondere mit Blick auf die Unbestimmtheit und Unverfügbarkeit pädagogischer Geschehnisse Sinn, wie unter anderem von Werner Helsper (2003) und Arno Combe gemeinsam mit Fritz-Ulrich Kolbe (2008) nachvollziehbar begründet wird:

> »Biographische Reflexionen und überhaupt Reflexion als Bewusstsein über das eigene Tun wird hier oft als Schlüsselkompetenz von Professionalität aufgefasst, sollen die Lehrpersonen nicht einer unwägbaren Praxis nur ausgeliefert sein.« (ebd., S. 859)

Helsper, der sich explizit mit dem Konnex von Ungewissheit und Reflexion beschäftigt, stellt eine ähnliche These auf, dass pädagogisches Handeln insbesondere in ungewissen, widersprüchlichen Situationen geradezu auf Reflexion angewiesen sei. In Abgrenzung zu Ansätzen, in denen Reflexion eine weniger prominente Rolle spielt, zeigt er auf, warum gerade ein Handeln in Situationen, die sich der Verfügungsmacht entziehen und in denen Lehrende ihrem eigenen »Nicht-Wissen« begegnen, der Reflexion bedürfen (Helsper 2003, S. 142–161). Helsper bezieht sich auf Konzepte **routinierten** und **impliziten pädagogischen Handelns,** um sich davon bewusst abzugrenzen und sich stattdessen für Reflexion starkzumachen:

— In einem gängigen Bild von pädagogischer Professionalisierung wird Professionalisierung von Lehrer_innen als ein langer Prozess beschrieben, der im Laufe einer mehrjährigen Berufspraxis auf der Grundlage unzähliger Unterrichtserfahrungen reift. Pädagogisches Handeln und pädagogische Expertise entwickeln sich im Berufsalltag durch die Aneignung von »Routinen, Schemata und Skripts« (vgl. Kolbe 2001). Das Können und die sogenannte »Expertise« von Lehrer_innen basiert nach dieser Vorstellung darauf, als Lehrperson »Organisationsregeln [zu übernehmen], die im kollektiven schulischen Wissensvorrat als Organisationslösungen vorliegen« (Helsper 2003, S. 146). Pädagogische Professionalisierung speise sich vornehmlich aus **Routinen, Gewohnheiten und Ritualen,** die im Laufe des Berufsalltags entstehen beziehungsweise übernommen werden. Helsper bezieht sich hier auf ein Verständnis von Routine, das mit Erstarrung und Formalisierung zusammenhängt: **68**

> »In Unterrichtsforschung zeigt sich nach wie vor eine hohe Dominanz lehrerzentrierter, routinisierter, teilweise erstarrter Vorgehensweisen: Diese Formen sichern den routinisierten Unterrichtsablauf und die Möglichkeit, den ›Unterrichtsstoff durchzubringen‹. Sie stellen also Vorkehrungen gegen das Scheitern der Planung und der Realisierung der in ihm enthaltenen Absicht dar. So zeigt sich in ethnomethodologischen Studien zum ›lehrergelenkten Unterrichtsgespräch‹, dass Frageroutinen, das Fabrizieren von Schülerantworten,

68 Routine leitet sich aus dem Französischen *routine* ab. Darin steckt das Wort *Route* (lat. *route via rupta:* durch den Wald gebrochener, gebahnter Weg). Im 16. Jahrhundert bezog sich der Begriff vor allem auf die Fähigkeit und »Gewohnheit, sich auf gebahnten Wegen zu halten«, das heißt »Wegekundigkeit« zu haben (vgl. *Wahrig Herkunftswörterbuch* 2009). Erst später sei eine negative Bedeutungsebene hinzugekommen, die mit Erstarrung, Gewohnheit und Abarbeiten zu tun habe (vgl. ebd.).

> eingesetzt werden, die typisch für die Unterrichtskommunikation sind. Mittels unterschiedlicher Fragestrategien werden jene Antworten erzeugt, die Lehrer benötigen, um planvoll weitergehen zu können.« (ebd., S. 147) **69**

Trotz dieser Kritik, dass Routinen Lehrenden dazu dienen, ihren »Unterrichtsstoff durchzubringen«, wird routiniertes Handeln angesichts der Komplexität von pädagogischem Geschehen als entlastend wertgeschätzt und als notwendige Grundlage dafür gesehen, als Lehrpersonen blitzschnell auf die vielfältigen Ansprüche im Unterricht reagieren können. Mit zunehmender Erfahrung seien Lehrer_innen dadurch in der Lage, schnell und angemessen auf eine Fülle verschiedener und auch herausfordernder Unterrichtssituationen zu reagieren und diese im Idealfall »flüssig und quasi-automatisch zu lösen« (Agostini 2017, S. 24).

— Eine ähnlich wichtige Rolle spielen routinierte und intuitive Handlungsweisen auch in **impliziten Theorien** (vgl. Polanyi 1985). Neuweg hat den Ansatz des ›tacit knowledge‹ von Polanyi in seiner Bedeutung für das Handeln von Lehrer_innen befragt und beobachtet, dass sich pädagogisches Handeln in großen Teilen intuitiv und unbewusst ereigne – ganz im Gegensatz zu gängigen Ansprüchen, dass pädagogisches Handeln planvoll, theoriegestützt und argumentativ begründbar sein müsse. Anstelle einer Anwendung von adaptierten Regel- und gelerntem Theoriewissen hebt Neuweg hervor, dass in pädagogischen Situationen auch ein Wissen handlungsleitend und wirksam sei, das von den Lehrenden selbst gerade nicht expliziert und zur Sprache gebracht werden könne (vgl. u.a. Neuweg 2002). »Wir *wissen* mehr, als wir zu *sagen wissen*«, schreibt Polanyi und macht damit auf eine Bruchstelle zwischen Wissen einerseits und Können andererseits aufmerksam (Polanyi 1985, S. 14), die, so Neuweg, in pädagogischem Handeln besonders markant in Erscheinung trete (vgl. Neuweg 2002, S. 13 ff., auch Herzog 1995, S. 256). Nach Neuweg sei dieses Konzept für das Verständnis von pädagogischem Handeln insofern gut anwendbar, als dass es der Komplexität pädagogischer Situationen Rechnung trage, indem vereinfachende Vorstellungen, wie das »Modell der Wissensapplikation« (Neuweg 2002, S. 11 ff.) und dem »Expertenparadigma« (vgl. Kraus 2015, S. 14 f.), was pädagogisches Handeln als Anwendung von Theorie- und Regelwissen versteht, in Frage gestellt werden:

> »Das Konzept eines intuitiv-improvisierenden Handelns ist gerade für die Lehrerbildungsforschung hochattraktiv, weil das Bild des in eine sich selbst instruierende und in eine ausführende Person gespaltenen Experten dem berufsfertigen Lehrer nur sehr eingeschränkt gerecht wird. Für ihn sind vielmehr, wie unter anderem Bromme (1992) gezeigt hat, eine rasche Situationsauffassung und ein Beurteilen und Handeln kennzeichnend, das er als weitgehend intuitiv erlebt und auch so erleben muss, um dem hohen Interaktionstempo, der Eigendynamik und der situativen Komplexität des Unterrichts gewachsen

69 Helsper weist an dieser Stelle im Text auf die folgende Literaturquelle hin: Kalthoff, H. (1997): *Wohlerzogenheit. Eine Ethnographie deutscher Internatsschulen*, Frankfurt a.M., u.a.: Campus Verlag.

> zu sein (vgl. auch Wahl 1991) und die ›Mitte zwischen Planung und Zufall zu finden‹ (Bollnow 1978, S. 157). [...] Lehrer [treffen] im Unterricht durchschnittlich nur etwa alle zwei Minuten eine bewusste Entscheidung [...]. Zwischen diesen Entscheidungen ergibt sich für den Lehrer offenbar aus spontanen Situationstypisierungen recht unmittelbar, was zu tun ist, und man wird schwerlich behaupten können, er agiere dabei als bewusstloser Automat. Im Gegenteil mag er hochkonzentriert sein, aber diese Konzentration ist von ihm weg auf die Situation, nicht auf ihn selbst und seine eigenen Kognitionen gerichtet.« (Neuweg 2002, S. 12 f.)

In beiden Konzepten stehen inkorporierte und intuitive Seiten des Lehrer_innenhandelns im Vordergrund, während Reflexion und Explikation der eigenen Perspektive und des eigenen Handelns eine untergeordnete Rolle spielen. Vielmehr werden *im Handeln* selbst ad hoc pädagogische Praktiken ausgebildet, die es möglich machen, sich im Unterrichtsalltag als Lehrperson zurechtzufinden und – falls nötig – schnell zu reagieren. Beide Konzeptionen tragen insofern dem hohen Handlungsdruck pädagogischer Praxis in besonderer Weise Rechnung, werden aber nicht – merkt Helsper kritisch an – ihrer Unvorhersehbarkeit und Ungewissheit gerecht: Denn sowohl eingeschliffene, vermeintlich gut funktionierende Routinen als auch ein implizit wirksames Wissen werden insbesondere in ungewissen und unerwarteten Situationen an ihre Grenzen gelangen (Helsper 2003, S. 149). Innerhalb eines durch Routinen und Gewohnheiten abgesteckten Handlungsrahmens sei es kaum möglich, auf Unvorhersehbares *alternativ* und vor allem *neu* antworten zu können (ebd., S. 148). Neuweg selbst hebt diese problematische Seite des Impliziten hervor, wenn er schreibt:

> »Implizites Wissen ist nämlich immer auch implizites Vorurteil, implizite Ignoranz und implizite Blindheit.« (Neuweg 2002, S. 22)

Das Implizite erweist sich dann als schwierig, wenn es innerhalb der vermeintlich funktionierenden Bahnen, Deutungen und Handlungsmuster unbemerkt zu Ausschlüssen und dadurch auch zu Einschränkungen der potenziellen Antwortmöglichkeiten von Lehrenden kommt. Helsper resümiert daher, dass beides – ein pädagogisches Handeln, das sich sowohl auf die Reproduktion von vermeintlich funktionierenden institutionellen Routinen verlässt als auch vornehmlich auf implizitem Wissen basiert – zwar eine Antwort auf den herrschenden Handlungsdruck pädagogischer Praxis sei, aber den besonderen Anforderungen ihrer Unvorhersehbarkeit und Ungewissheit nicht entspreche. Unter Bezug auf Ulrich Oevermann (2002, S. 10 f.) **70** gibt er zu Bedenken, dass Routinen und Gewohnheiten nämlich vor allem der *Reproduktion alter Ordnungen* dienen und gerade nicht

70 Helsper bezieht sich auf ein damals noch unveröffentlichtes Manuskript von Ulrich Oevermann: Professionalisierungsbedürftigkeit und Professionalisiertheit am Beispiel des pädagogischen Handelns. Dieser Text erschien zwei Jahre später unter ähnlichem Titel *Professionalisierungsbedürftigkeit und Professionalisiertheit pädagogischen Handelns* in dem Buch *Biografie und Profession*, hrsg. von Margret Paul, Winfried Marotzki, Cornelia Schweppe, Bad Heilbrunn: Klinkhardt, S. 19–63.

dazu verhelfen, sich als Lehrperson dem Anspruch des Anderen und Fremden tatsächlich auszusetzen:

> »So gesehen stehen implizites Wissen, Routinen und Skripts auf der Seite der Standardisierung, der Reproduktion des Alten, der Sicherung von Gewissheit im Horizont struktureller Ungewissheit, um den Preis einer Steigerung der Ungewissheit, als konstruierte Scheingewissheit. Sie verfehlen – so die These – im Kern die Logik professionellen Handelns, als eines Krisen bewältigenden und darin Neues ermöglichenden Handelns.« (Helsper 2003, S. 149)

Gerade angesichts der Nicht-Planbarkeit von pädagogischer Praxis sei eine Anwendung funktionierender Handlungsmuster schwierig (vgl. ebd., S. 156 ff.) und stattdessen die Entwicklung einer »spezifischen Reflexivität unter Kontingenzbedingungen« weitaus vielversprechender (Engel 2015, S. 80 bezogen auf Helsper). Ein pädagogisches Handeln sei daher ohne Reflexion im Grunde nicht zu bewältigen (vgl. auch Reh 2004, S. 363), da Lehrende in »Handlungsdilemmata involviert [sind], die nicht aufgehoben, sondern nur reflexiv gehandhabt werden können« (Helsper 1996, S. 528, vgl. auch Combe/Helsper 1996, S. 41, vgl. Rabe-Kleberg 1996, vgl. Hörster/Müller 1996). [71] Helspers Argumentation bezieht sich explizit auf eine pädagogische Praxis, die widersprüchlich, ungewiss und in Teilen unverfügbar daherkommt, [72] in der nicht nur spontan bekannte Register gezogen werden können, sondern auch vollkommen *neue* Antwortmöglichkeiten seitens des Lehrenden nötig werden. Selbst das umfangreichste Theoriewissen würde nicht ausreichen, um den »unbestimmten Zonen der Praxis – der Sumpf des alltäglichen Handelns« (Herzog 1995, S. 260) [73] zu begegnen, denn das Unbestimmte widersetze sich »nur zu oft der Anwendung propositionalen Wissens« (Herzog 1995, S. 260).

Neue Antworten auf das Unbestimmte pädagogischer Situationen, auf Schüler_innen als opake Andere und auf das, was außerhalb der eigenen pädagogischen Verfügungsmacht liege, gehen gerade nicht nahtlos und ohne weiteres aus einem bisherigen Erfahrungsschatz und aus bestehenden Gewohnheiten und Routinen hervor. Gegen die »Macht der Gewohnheit« (Meyer-Drawe 2012b, S. 10) müsse vielmehr ein »kritisches Bewusstsein ins Spiel« gebracht werden (Agostini 2017, S. 24), um überhaupt *neue* Antwortmöglichkeiten entstehen lassen zu können. Neben

71 Alle genannten Beiträge sind in dem Buch *Pädagogische Professionalität* von Arno Combe und Werner Helsper (1996) versammelt. Darin wird deutlich, dass in dem Buch insgesamt dem Zusammenhang von pädagogischer Professionalität und Ungewissheit und Unverfügbarkeit pädagogischer Praxis eine besondere Aufmerksamkeit gewidmet wird.

72 In Helspers Texten finden sich Bezugnahmen auf Michael Wimmer und Käte Meyer-Drawe. Zwei Beispiele: In dem Text *Ungewissheit im Lehrerhandeln als Aufgabe der Lehrerbildung* (2003, S. 146) bezieht er sich auf den Text *Abschied vom Allgemeinen – Wiederkehr des Singulären* (Wimmer 1996). In *Antinomien des Lehrerhandelns in modernisierten pädagogischen Kulturen* (1996, S. 545) wird Bezug genommen auf Meyer-Drawes *Illusionen von Autonomie* (1990).

73 Herzog bezieht sich mit diesen Ausdruck auf Donald Schön: *The Reflective Practitioner. How Professionals Think in Action*, New York, 1983. In der Fußnote schreibt Herzog: »Schön vergleicht die Praxis von Profession mit einem sumpfigen Tiefland, während die Technologien, die von den Wissenschaften entwickelt werden, auf einem stabilen Hochland angesiedelt sind (vgl. Schön, 1983, S. 42) […]« (Herzog 1995, S. 260).

funktionierenden Routinen und implizit ablaufenden Skripten **74** brauche es im Grunde Gelegenheiten, gerade die bestehenden »Vertrautheiten aufzustören, Selbstverständlichkeiten in Frage zu stellen und irritierenden Verweisungszusammenhängen einen zweiten Blick zu schenken« (Agostini 2017, S. 24). Insbesondere dann, wenn das Routinierte und Gewohnte ihren Dienst versagen und einer entstehenden Verunsicherung stattgegeben werde, könne ein Gespür dafür entstehen, in welcher »vielschichtigen Gemengelage von Ansprüchen, Menschen und Dingen Unterricht abläuft« (Agostini/Schratz/Risse 2018, S. 14). Indem nicht lediglich der »Macht des Gewohnten« gefolgt werde und einer möglicherweise ungewöhnlichen Situation das Gewohnte, Bekannte und Beruhigende übergestülpt wird, können sich unerwartete Spielräume öffnen, in denen Antworten auf den Anspruch des Anderen und Fremden gefunden werden, die nicht schon selbst die damit gestellten Herausforderungen zu eliminieren suchen (vgl. Agostini/Schratz/Risse 2018, S. 21). Jenseits eines sonst oftmals funktionierenden Vokabulars stellt sich besonders in unwägbaren Situationen die Herausforderung, in Weisen zu antworten, die noch nicht als fertiges und vielfach verwendetes »Formulierungsangebot« (Meyer-Drawe 2012a, S. 190) vorliegen und zwischen denen Lehrpersonen nur zu wählen brauchen. Hier kommt die Begegnung mit dem Anderen ins Spiel, denn angesichts des sprechenden Anderen werden

> »Möglichkeiten zu[ge]spielt, von denen ich nicht wusste, dass ich sie habe. In meinem Antworten selbst entsteht Sinn, der mich überfallen kann. [...] Wir stoßen damit »auf das Paradox *einer kreativen Antwort, in der wir geben, was wir nicht haben.*« (Waldenfels 1997, S. 53) [...] Wieder stoßen wir auf Brüche, Risse und Spalten, die in Ratgebern für Selbstmanager nicht zu finden sind.« (Meyer-Drawe 2012a, S. 190)

Pädagogisches Handeln unter Kontingenzbedingungen bedarf der Reflexion, um als Lehrperson jenseits von routinierten Skripten und gewohnten Handlungsweisen, *neuen* Antworten Raum zu geben. Inwiefern das Neue, das potenziell im Grunde auch jeder Wiederholung einer vertrauten Praxis und Routine innewohnt, weil sich nie etwas in vollkommen gleicher Weise aufführen lässt, ins Spiel kommen kann, scheint daher eine Frage der Reflexion zu sein: Es ist deshalb eine Frage der Reflexion, weil es für pädagogische Prozesse entscheidend ist, ob Lehrende einer Verschiebung des eigenen Blicks oder einer Irritation, die sich vor dem Hintergrund des Gewohnten einstellt, reflexiv Aufmerksamkeit schenken und dadurch etwas Unerwartetes die Chance bekommt, pädagogisch relevant zu werden, oder ob Lehrpersonen stattdessen am Bekannten, Routinierten und Vertrauten festhalten und ›ihren Plan durchziehen‹. Gerade weil Bildungsprozesse vom Unverfügbaren zehren (vgl. Kap. 1) und eine Vermeidung des Unvorhersehbaren problematisch wäre, bedarf es immer wieder eines Heraustretens aus den gewohnten Pfaden des pädagogischen Handelns und der vermeintlich funktionierenden Deutungsmuster.

74 Die selbstverständlich auch wichtig sind, aber eben nicht nur.

Welche Formen der Reflexion es jedoch braucht, um diese produktiven Unterbrechungen des Gewohnten zu befördern und damit letztlich auch dem Anderen, seinem Begehren, seinen Wahrnehmungen und Interessen Aufmerksamkeit schenken zu können, ist damit noch nicht geklärt. Das Forschungsanliegen, in der Hochschule eine Aufmerksamkeit der Studierenden für die pathischen Seiten des Lehrens zu wecken und damit eine Lehre anzubahnen, die den Unbestimmtheitsmomenten des Pädagogischen Rechnung trägt, verlangt nach hochschuldidaktischen Settings.

2.2 Vorstellungen von Reflexion

Bevor der Fokus auf Vorstellungen von Reflexion in der Lehrer_innenbildung im engeren Sinne gelegt wird, soll Reflexion zunächst als ein *umkämpfter Begriff der Philosophie* in den Blick genommen werden. Gerade in der Philosophie zeigt sich, welche Kontroversen mit diesem Begriff verbunden sind und welche Implikationen und tiefgreifende Fragestellungen mit ihm aufgerufen werden. Da der Begriff in der aktuellen Lehrer_innenbildung weitgehend losgelöst von seiner philosophischen Tradition diskutiert wird, erscheint es umso wichtiger, zumindest grundlegende Diskussionslinien zu skizzieren. So kann nachvollziehbar werden, dass es *die* Reflexion nicht gibt und auch aktuelle Verständnisse im pädagogischen Kontext – teils unbemerkt oder ungesagt – mit unterschiedlichen Diskurstraditionen verbandelt sind. Weil dies in den Konzepten über pädagogische Reflexion oftmals nicht explizit thematisiert wird, soll die kurze Darstellung zentraler Spannungsmomente, die mit diesem Begriff verbunden sind, dazu dienen, einen Eindruck von der Tragweite und den unterschiedlichen Auslegungen des Begriffs zu vermitteln. Vor diesem Hintergrund können an späterer Stelle implizite Setzungen und unhinterfragte Selbstverständlichkeiten zu Tage treten, die mit pädagogischer Reflexion zusammenhängen. Sich der philosophischen Tradierung – zumindest der Grundlinien – zu vergewissern, kann für eine bewusste Positionierung und kritische Bezugnahme auf aktuelle Reflexionsverständnisse hilfreich sein.

2.2.1 Reflexion: Annäherungen an einen in der Philosophie tradierten Begriff

Reflexion erweist sich als ein Begriff der Philosophie par excellence. Es handle sich um einen über viele Jahre, vor allem in der Philosophie tradierten Begriff, der im Grunde schon problematisiert wurde, noch bevor *Reflexion* als expliziter Begriff wortwörtlich in Erscheinung getreten sei (vgl. Zimmer 2004, S. 7). So merkt Jörg Zimmer an, dass

> »[v]om Problem der Reflexion [...] überall da gesprochen werden [kann], wo der Rückbezug des Denkens auf sich selbst und also das in sich unendliche Selbstverhältnis als konstitutives Strukturmerkmal des Denkens in der Philosophie thematisch wird.« (ebd.)

Zwei Bedeutungsebenen

Explizit taucht das Wort *Reflexion* erstmals im deutschen Sprachgebrauch des 16. Jahrhunderts auf und wurde aus dem Französischen übernommen (›réflection‹). Etymologisch stammt es vom Lateinischen *›reflexio‹* (vgl. DUDEN, S. 684) ab, das ursprünglich »das Zurückgeworfenwerden von Strahlen, Wellen, Widerschein, Abglanz« (vgl. Digitales Wörterbuch der Deutschen Sprache)**75** bedeutete. Mit der Vorsilbe *re-* wird eine Bewegung ausgedrückt *(zurück),* der Wortstamm *flexio* trägt die Bedeutung *Biegung*. Es handelt sich ursprünglich um einen »Begriff der Optik« (Zimmer 2004, S. 6) und der Physik, der sich auf die Spiegelung und das Zurückgeworfenwerden von Licht bezieht. Erst mit der zweiten Hälfte des 17. Jahrhunderts trat die im heutigen Alltagsverständnis gebräuchliche Bedeutungsebene hinzu, dass Reflexion auch »Nachdenken, Betrachtung, Rücksicht« (vgl. ebd.) umfasse. Reflexion zeichnet sich daher durch zwei Bedeutungsdimensionen aus: einer physikalischen und einer metaphorischen Ebene, die das Denken einschließt. Dass diese beiden Ebenen miteinander zu tun haben, kommt schon 1775 in einem Eintrag im Philosophischen Lexikon zur Sprache. Darin versteht Johann Georg Walch *Reflexion* als

> »Bewegung, sonderlich des Lichts, wenn dasselbige an einen Körper stösset; aber davon wieder zurück gehet. Im logischen Sinne ist die Reflexion eine Wirkung der Seele, und zwar des Verstandes, wenn derselbige, nachdem er die Ideen bekommen, zu denselbigen gleichsam zurück gehet, solche von neuem betrachtet und sich deren dadurch bewusst wird« (Walch 1775, S. 590). **76**

Dieses Motiv, dass Denken, menschlicher Verstand und die Bewegung des Lichts miteinander verbunden sind, lässt sich bis zu Aristoteles zurückverfolgen. Auch Aristoteles hat das Denken in seiner Verwandtschaft mit der Bewegung von reflektierendem Licht untersucht:

> »Der Geist ist auch selbst denkbar wie die denkbaren Dinge. Denn bei den stofflosen Dingen ist das Denkende und das Gedachte eines und dasselbe.« An späterer Stelle heißt es, dass der Geist »alles bewirkt als ein besonderes Verhalten, wie etwa das Licht.« **77**

Aristoteles beschreibt als einer der ersten Philosophen ein Denken, das sich selbst zu denken versucht. Er findet für diese eigentümliche Selbstbezüglichkeit, wenn sich das Denken selbst zum Gegenstand wird, den Ausdruck *νησιςν – σεως (nóësis noéseôs).* **78** Damit wird eine Bezugnahme des Menschen auf die Welt beschrieben, die sich ihrer selbst gewahr wird; ein Denken, das im Vollzug zur »Ursache seiner selbst« werde (Zimmer 2004, S. 8). Die hervorgehobene Analogie von Spiegelung und menschlicher Bewusstwerdung zeichnet viele Jahre später Umberto Eco

75 »Reflexion«, bereitgestellt durch das *Digitale Wörterbuch der deutschen Sprache,* https://www.dwds.de/wb/Reflexion, aufgerufen am 22.09.2020.

76 Ähnlich ›Reflexion‹ als »Zurückbeugung« bei Wilhelm Traugott Krug, *Allgemeines Handwörterbuch der philosophischen Wissenschaften* (1775), Leipzig 1833, S. 471.

77 Zimmer (2004, S. 7) bezieht sich auf Aristoteles: *De anima 429 b/430 a* sowie Aristoteles *Vom Himmel, Von der Seele, Von der Dichtkunst,* übers. von Olof Gigon, München 1983, S. 332 f.

78 Übersetzt: *Denken des Denkens;* siehe Zimmer 2004, S. 8.

anhand der Psychoanalyse nach. Eco beschreibt dabei nicht nur eine Analogie, sondern eine Verschränkung zwischen Reflexion als physikalischer Bewegung von Licht und menschlichem Denken (vgl. Eco 2001). **79** Bezogen auf Lacans Ausführungen zum ›Spiegelstadium‹ merkt Eco an:

> »Lacans Reflexionen über das Spiegelstadium legen nahe, dass Wahrnehmung (oder zumindest Wahrnehmung des eigenen Körpers als einer nicht zerstückelten Einheit) und Spiegelerfahrung Hand in Hand gehen.« (ebd., S. 27)

In Lacans Arbeit verstricken sich die Wahrnehmung des eigenen Körpers, das Denken, das Bewusstsein für die eigene Körperlichkeit und Subjektivität einerseits mit der konkreten Spiegelerfahrung, das Erblicken des eigenen Körpers im Spiegel andererseits zu einem »unentwirrbaren Knäuel« (ebd., S. 27). **80** Den unterschiedlichen Bedeutungsebenen des Begriffs sei gemeinsam, dass von etwas Zurückwirkendem, etwas Spiegelndem, beziehungsweise einer »rekursive[n] Umkehr« (Lynch 2004, S. 284) die Rede sei.

Reflexion als Entzweiung von ›Ich‹ und ›Welt‹

Besonders einflussreich für das Verständnis von Reflexion und für heftige Debatten über das Denken selbst haben sich die *Meditationen* von René Descartes erwiesen (1637), in denen sich Descartes selbst auf die Suche nach einem nicht bezweifelbaren Punkt der absoluten Gewissheit begeben hat. An Descartes Werken lasse sich besonders gut eine neuzeitliche Wende im Verständnis von Denken und damit auch von Reflexion nachzeichnen (vgl. Ricken 1999, S. 44–51), die auf der höchst folgenreichen »Trennung und Hierarchisierung von ›res cogitans‹ und ›res extensa‹, von Ich und Welt« basiere (ebd., S. 48). An Descartes Texten lasse sich nachvollziehen, wie sich der Grund der menschlichen Existenz im 17. Jahrhundert fundamental verschoben habe und das Selbstverständnis des Menschen an das Denken gebunden worden sei: erstmals sei der *denkende* Mensch selbst als ›Zugrundliegendes‹ in Erscheinung getreten (vgl. ebd., S. 47). In seinen *Meditationen* stellt sich Descartes grundlegende Fragen des In-der-Welt-Seins. Der Reflexion komme dabei, und das ist eine entscheidende Akzentuierung, vor allem ein *methodischer* Charakter zu (vgl. Meyer-Drawe 2011a, S. 198). Descartes versucht im Gang der Erkenntnis Unwägbares und Unbestimmtes weitgehend auszuschließen:

> »In seiner Suche nach absolut gewissen Gründen menschlichen Erkennens geht er [Descartes **KB**] resolut zur Sache, indem er sich entschließt *(je me résolus),* ›wie ein Mensch, der sich allein und in der Dunkelheit bewegt, so langsam zu gehen und in allem so umsichtig zu sein, daß ich, sollte ich auch nicht

79 Eco, U. (2001): *Über Spiegel und andere Phänomene*, 7. Aufl.

80 Dass physikalische und metaphysische Dimensionen des Begriffs verwoben sind, zeigt sich spannenderweise an Alltagsbegriffen wie der *Pupille*. Das Wort kommt von »Puppe« und bezieht sich auf die kleine Figur, als die man selbst gespiegelt im Auge des Gegenübers oder im eigenen Spiegelbild auftaucht. Die Pupille ist als Teil des Auges Voraussetzung für die visuelle Wahrnehmung und die Begegnung mit sowie das Verstehen von der Welt und gleichzeitig eine physikalische Spiegelerscheinung auf der Oberfläche des Augapfels.

> weit kommen, mich doch wenigstens davor hütete, zu fallen.‹ (Descartes 1969, S. 27) Konkret besagt dies, dass er eine ›feste und unabänderliche Resolution‹ fasste, sein Erkennen strikt an die Regeln der Methode zu binden (vgl. ebd., S. 30 f.), um zur Wahrheit zu gelangen. Descartes beurteilt das Staunen daher auch nicht als einen Beginn des Philosophierens, sondern im Gegenteil als Behinderung der Erkenntnis, als ein ›lähmendes Entsetzen‹ (Waldenfels 2004, S. 20)« (Meyer-Drawe 2011a, S. 198). [81]

In Descartes' *Meditationen* wird das menschliche Bewusstsein zum »fixen Mittelpunkt« der Welt (Zimmer 2004, S. 80), um kontrolliert und möglichst unter Ausschluss von vermeintlichen Störungen, zur »Wahrheit« zu gelangen. Es wird nach einem »festen und unbeweglichen Punkt« (Descartes 1996 [1637], S. 43) gesucht, wie ihn auch schon Archimedes verlangt habe (vgl. Ricken 1999, S. 48), um davon ausgehend »die selbstganze Erde von ihrer Stelle zu bewegen« (Descartes 1996 [1637], S. 43). Folgt man dieser Logik, können die Welt und die eigene Existenz erst von diesem unerschütterlichen und nicht zu widerlegenden Punkt aus verstanden werden – der Beginn einer erkenntnistheoretischen Subjekttheorie (vgl. Ricken 1999, S. 48). Descartes hat damit eine »Verdopplung der Welt« vorgenommen, die zu einer »einfache[n] Sortierung von Innen und Außen, von Subjekt und Objekt, von Materie und Idee, von Fremdem und Eigenem« (Meyer-Drawe 2000, S. 11) geführt habe. Diese Dualismen haben maßgeblich zu einer »Überwindung eines Denkens der Alternativen« beigetragen (ebd., S. 10) – eine binäre Struktur, die unserem Denken »tief eingraviert« sei (vgl. ebd.) und die sich auch heute, zum Teil völlig unbemerkt, in die Selbstverständnisse und Methodologien verschiedener Disziplinen in Wissenschaft, Pädagogik und anderen Bereichen eingeschrieben habe (vgl. Meyer-Drawe 2011a, S. 198). So macht auch Hans Blumenberg kritisch auf Vorstellungen vom Denken aufmerksam, die allzu häufig auf Effizienz, Evidenz und Vereinfachung abzielen und in denen der Mehrdeutigkeit von Welt, Prozessen und Dingen zu wenig Achtung geschenkt werde:

> »Unser Bild vom Denken ist, dass es die kürzeste Verbindung zwischen zwei Punkten herstellt, zwischen einem Problem und seiner Lösung, zwischen einem Bedürfnis und seiner Befriedigung, zwischen den Interessen und ihrem Konsens […].« (Blumenberg 1980, S. 58)

In der Philosophie wurden die genannten Dualismen immer wieder auch kritisch in den Blick genommen, denn es seien fundamentale Zweifel an der Vorstellung aufgekommen, dass sich das Selbst über die »erkenntnismäßige Bemächtigung sowohl der Dinge als auch der Mitmenschen und des eigenen Selbst« konstituiere (Meyer-Drawe 2000, S. 13). Kritische Stimmen haben die mit diesem Ansatz verbundene »Notwendigkeit der Zentralstellung des Subjekts« (Zimmer 2004, S. 9) vielfach in Frage gestellt (vgl. auch Meyer-Drawe 2000). Der sogenannte »Solipsismus-Vorwurf« stelle den am häufigsten vorgebrachten Einwand gegen Descartes dar

81 Meyer-Drawe bezieht sich auf *Phänomenologie der Aufmerksamkeit* von Waldenfels (2004).

(vgl. Zimmer 2004, S. 9). Dieser beziehe sich darauf, dass Descartes ein Weltverstehen postuliere, das seine Vorstellungen von der Welt »nur noch vom denkenden Ich und in nichts mehr von der Wirkung der Welt bzw. der Stellung des Denkenden in der Welt abhängen soll« (Zimmer 2004, S. 10). Das Vorgehen Descartes', bemerkt auch Michael Lynch, sei verbunden mit »der klassischen Ablehnung von ›äußerer Erscheinung‹ zu Gunsten tiefgreifender innerer Grundlagen der Gewissheit« (Lynch 2004, S. 278). Was dabei entstehe, sei eine »Entzweiung von Ich und Welt«, ein »eigentümlich weltloses Ich« (Zimmer 2004, S. 9) und ein »entleiblichter« Mensch (Ricken 1999, S. 48), der autonom von der Welt gedacht und von ihr geradezu abgenabelt werde. Das Subjekt aber, betont Meyer-Drawe kritisch, »das sich zum bloßen *cogito* stilisiert, verkennt seine Abhängigkeit von realen Machtmechanismen [...] [und] entzieht sich der sozialen Verantwortung« (Meyer-Drawe 2000, S. 18). Unter Bezug auf Christoph Riedel (1989) und Emmanuel Lévinas (1987) betont auch Ricken die Problematik, die mit der Trennung von Ich und Welt einhergehe:

> »[...] in dieser Identifikation und Trennung des Menschen [wird er **KB**] ›auf den Weg der Selbstermächtigung‹ (Riedel 1989, S. 60) gesetzt, versteht sich das Denken des Ich als Konstituierendes, wird Erkenntnis selbst zur Aneignung bloßer, dem Denken des Ich ausgelieferter Objekte; kurz: das ›Ich denke‹ impliziert das ›ich kann‹. Lévinas kommentiert die Tendenz des Imperialismus unzweideutig als einen ›ontologischen Imperialismus‹ (Lévinas 1987, S. 53), als eine ›Philosophie der Macht‹: ›Ich denke‹ läuft auf ›Ich kann‹ hinaus – auf eine Aneignung dessen, was ist, auf eine Ausbeutung der Wirklichkeit‹ (Lévinas 1987, S. 55).« (Ricken 1999, S. 48 f.)

An der »reflexiven Selbstwahrnehmung bei Descartes« (ebd., S. 49) zeigt sich ein Subjektverständnis, in dem sich dieses darüber konstituiere, sich zu isolieren und auf sich selbst gestellt der Welt zu bemächtigen (vgl. ebd.).

Reflexion in der Verwobenheit von ›Ich‹ und ›Welt‹

Gegenläufige Bemühungen, das »kleine Endchen der Welt« (vgl. Husserl 1997) zu »retten« (vgl. Meyer-Drawe 2000, [1990] S. 11), das zum Ärgernis von Descartes zwar immer wieder wie Sand im Getriebe aufscheine, zielen allesamt auf die »Rückgewinnung einer situierten Vernunft« ab (ebd.). Vor allem in der Spätmoderne treten diese Distanzierungen von cartesischen Vorstellungen häufiger auf, da immer deutlicher die »Grenzen von Erklärbarkeit, Verfügbarkeit und Veränderbarkeit« in Erscheinung treten und »ein verändertes Verständnis für kontingente Phänomene« entstehe (vgl. Ricken 1999, S. 187):

> »›Welt‹ wird als ›Widerstand‹ gegen das wissenschaftliche Erklärungsprinzip, das auf Homogenität, Kontinuität und Kausalität beruht, erfahren. Vermeintlich präzise Gegenstandsbereiche verlieren ihre Randschärfe, durchbricht doch der Beobachter deren angenommene Homogenität; Notwendigkeitserklärungen scheitern an der Unwahrscheinlichkeit und Diskontinuität von Ereignissen; lineare Kausalitäten verschwinden in einem ›Kausalfilz‹ (Lorenz, zit. Staudin-

ger 1985, S. 133); analytische Klassifikationen verlieren ihre Schärfe, zeigen sich doch einem analytischen Blick immer wieder nichtklassifizierbare bzw. andersklassifizierbare Phänomene in verstörenden Zwischenlagen.« (Ricken 1999, S. 187)

Es komme eine »labile Vernunft« zum Vorschein, die im Gegensatz zu Descartes' Vorgehen »in unserer Leiblichkeit an Perspektiven gebunden« (Meyer-Drawe 2000, S. 24) bleibe und durch die das »Eingeflochtensein in konkrete Konfigurationen« gerade nicht negiert werde (ebd., S. 11). Ein solches Denken führt zu ganz anderen Ordnungen, die nicht mehr in überschaubaren und einfachen Dualismen aufgehen, sondern stattdessen zwielichtig (vgl. Waldenfels 1987, S. 28 ff.), ambivalent, zweifelhaft und mehrdeutig erscheinen. Ein solches Denken nimmt Abstand von einem souveränen und insularen Subjekt (vgl. ebd., S. 18) und dessen imperialer Geste, sich Kraft der eigenen Vernunft die Welt *aneignen* zu können. Stattdessen tritt ein Subjekt in Erscheinung, das dezentral, heteronom und in Paradoxien **82** verstrickt ist. In Abgrenzung zu cartesischen Vorstellungen geht es stattdessen um ein dialektisches Denken (vgl. u. a. Adorno), das sich als »nicht-hermetisch« begreift und Mehrdeutigkeiten und Unvereinbares aufzudecken sucht (vgl. Meyer-Drawe 2000, S. 19) – »ein Denken in Horizonten« (Merleau-Ponty), ein Denken in Konstellationen (Adorno), in Formationen (Foucault), in Konfigurationen (Elias)« (ebd., S. 23). Einem solchem Denken, in dem die Gebundenheit an den Leib und in dem jede Gewissheit immer auch von Ungewissheit begleitet wird, lässt sich insbesondere am Werk von Maurice Merleau-Ponty konturieren. In besonderer Weise spitzt sich darin das Bemühen darum zu, die genannten Dualismen zu überwinden und den Leib auch in seiner Bedeutung für Sinnstiftung in den Blick zu nehmen. So beschreibt Merleau-Ponty den Zugang zur Welt nicht als eine Trennung von Ich und Welt, sondern im Gegenteil als eine laterale Bewegung, die sich aus der

»Verflochtenheit meines Lebens mit den anderen Leben, meines Leibes mit den sichtbaren Dingen, aus der Überschneidung meines Wahrnehmungsfeldes mit dem der Anderen, aus der Verquickung meiner eigenen Dauer mit der Dauer der Anderen« vollzieht (Merleau-Ponty 2004 [1986], S. 73).

Die von Descartes zu Grunde gelegte Zentralstellung des Subjekts und die damit einhergehende Distanzierung von der Welt wird in Frage gestellt, um sie stattdessen in die Idee einer relationalen Eingebundenheit in die Welt zu überführen. Sinnstiftung und die Produktion von Erkenntnis kommen hier nicht mehr einem von seiner Umwelt autonomen und körperlosen Ich zu, sondern dem in der Welt situierten und an den eigenen Leib gebundenen Subjekt. Merleau-Ponty betont, dass der Leib eine unhintergehbare Konstante menschlicher Wahrnehmung und damit auch des Denkens sei:

82 Husserl hat sich mit dieser Paradoxie beschäftigt. Meyer-Drawe schreibt: »Die Doppelstellung des Menschen – als Subjekt und Objekt –, die Husserl als ›Paradoxie der menschlichen Subjektivität: das Subjektsein für die Welt und zugleich das Objektsein in der Welt‹ (Husserl, *Krisis*, S. 182 ff.) thematisiert und zugunsten der ›absoluten Einzigkeit des Ego und seiner zentralen Stellung für alle Konstitutionen‹ (ebd., S. 190) unterdrückt, konturiert unterschiedliche Muster von Erkenntnisanstrengungen.« (Meyer-Drawe 2000, S. 16 f.)

> »Der Leib ist also nicht lediglich einer unter anderen äußeren Gegenständen, der allein dadurch sich auszeichnete, stets da zu sein. Seine Ständigkeit ist eine absolute, die jederlei relativer Ständigkeit der eigentlichen, stets der Abwesenheit fähigen Gegenstände erst den Grund gibt.« (Merleau-Ponty 1966 [1945], zitiert von Wiesing 2012, S. 95)

Meyer-Drawe, die sich selbst in vielen Texten auf Merleau-Ponty bezieht, schreibt dem Leib ein eigenes, ein »inkarniertes Bewusstsein« zu – ein »intentionales Leben, das nicht mit Begriffen der Vorstellung zu erfassen ist, und ein Verstehen, das noch kein intellektuelles Begreifen ist« (Meyer-Drawe 2000 [1990], S. 109). Das Verstehen setzt in der Theorie Merleau-Pontys mit der Wahrnehmung und dem Leib ein. Der Leib und die daran gebundene Wahrnehmung seien »das Fundament aller reflexiven Akte« (Peters 1996, S. 52). **83**

Mit den Positionen von Descartes und Merleau-Ponty werden zwei komplementäre Vorstellungen von Reflexion und Denken ins Spiel gebracht. Während in dem Verständnis von Descartes die eigene Wahrnehmung grundsätzlich angezweifelt wird und vor allem als trügerisch gilt, wird sie in der Arbeit von Merleau-Ponty geradezu zum Ausgangspunkt jeden Verstehens. Es ist nachvollziehbar, dass Descartes' Streben nach »Wahrheit« bei Merleau-Ponty kein Ziel mehr sein kann. An einem einfachen Beispiel der Mehransichtigkeit einer Lampe und eines Würfels und den damit verborgenen Seiten der Objekte macht er dies deutlich:

> »Wenn ich zum Beispiel einen Würfel anschaue und die Struktur des Würfels kenne, wie sie der Geometer definiert, kann ich die Wahrnehmungen vorwegnehmen, die ich von diesem Würfel haben würde, wenn ich um ihn herumgehe. Unter dieser Annahme würde ich die nicht gesehene Seite als Folge eines bestimmten Gesetzes der Entwicklung meiner Wahrnehmungserlebnisse kennen. Wenn ich mich aber an die Wahrnehmung selbst halte, kann ich keine solche Deutung vornehmen, denn diese Analyse sieht folgendermaßen aus: Es ist *wahr,* dass die Lampe eine Rückseite hat und der Würfel eine weitere Fläche hat. Aber diese Formulierung ›es ist wahr, dass‹ entspricht nicht dem, was in meiner Wahrnehmung gegeben ist. Diese gibt mir keine Wahrheiten wie die Geometrie, sondern Gegenwärtigkeiten (présences).
>
> Die nicht gesehene Seite wird von mir als gegenwärtig erfasst, und ich behaupte nicht, dass die Rückseite der Lampe in dem Sinne existiert, indem ich sage: Die Lösung des Problems existiert. Die verborgene Seite ist auf ihre Weise gegenwärtig. Sie ist in meiner Umgebung.« (Merleau-Ponty 2012 [1946], S. 29 f.).

Ausgehend von der »Appräsentation der Rückseite« von Dingen (vgl. Wiesing 2012, S. 113) zeigt sich in einfacher Weise, dass der Mensch alles stets nur von einem bestimmten Standort aus wahrnehmen kann und sich jene Seiten, die außerhalb der Wahrnehmbarkeit liegen, zwangsläufig der Wahrnehmung entziehen und ihm

83 Maria Peters hat die Bedeutung des Leibes für Sinnstiftungsprozesse im kunstpädagogischen Kontext untersucht, genauer in Prozessen der ästhetischen Wahrnehmung von Skulpturen. In: Peters, M. (1996): *Blick – Wort – Berührung.*

verborgen bleiben. Alles ist »nur in Perspektiven gegeben«, hebt Lambert Wiesing hervor und zitiert aus Merleau-Pontys *Primat der Wahrnehmung:*

> »Das Ding stellt sich nicht schlechthin als wahr für jedes erkennende Wesen dar, sondern als wirklich für jedes Subjekt, das meine Wahrnehmungssituation teilt.« (Merleau-Ponty 2012 [orig. 1946], S. 36)

Das Denken, das in der leiblichen Wahrnehmung seinen Anfang nimmt, beschreibt Meyer-Drawe als ein »wildes Denken« (Meyer-Drawe 1986, S. 269). **84** Peters wiederum deutet dieses ›wild‹ als »unbeständig, krisenhaft, heterogen, prozessorientiert«, eine »Art von Reflexion, in der sich Autonomie und Abhängigkeit, Undurchdringlichkeit und Transparenz miteinander verknüpfen« (Peters 1996, S. 59). Paradoxerweise scheine gerade im Entzug, im Nicht-Verstehen, in einem in die Verunsicherung geratenen Denken die Möglichkeit zur Entstehung von Sinn und Verstehen auf. Wahrnehmung wird nicht als trügerisch ausgeschlossen und disqualifiziert, sondern als unhintergehbarer Zugang zur Welt in das Verständnis von Reflexion integriert. So betont Wiesing, dass das »Primat des Reflexions-Ichs« in der Moderne in eine Krise geraten sei und Merleau-Ponty dieser Vorstellung das »Primat der Wahrnehmung« entgegengesetzt habe (vgl. Wiesing 2012, S. 114 ff.).

Die beiden Positionen stehen exemplarisch für ein Spannungsfeld und einen grundlegenden Paradigmenwechsel innerhalb philosophischer Diskurse, die auch für Vorstellungen von Reflexion von zentraler Bedeutung sind. Anhand des kurzen Aufrisses deutet sich an, dass mit dem ›Denken über das Denken‹ nicht nur über Reflexion in einem engeren begrifflichen Sinne verhandelt wird, sondern damit auch grundsätzlichere Fragen zum Subjektverständnis, zu dessen Autonomie oder Abhängigkeit, zum Selbst-Welt-Verhältnis, zu Möglichkeiten und Grenzen des Verstehens und der Erkenntnis tangiert werden. *Die* Reflexion gibt es nicht, denn das Verständnis davon, was Reflexion sein kann und wie sie sich im Verhältnis zum Leib, zu den Anderen, zur Welt vollziehen sollte, basiert auf sehr unterschiedlichen und zum Teil miteinander konkurrierenden, einander widersprechenden Vorstellungen.

2.2.2 Reflexion als aktuelles Thema in der Lehrer_innenbildung: Konzepte und Tendenzen

Die Kontroversen, die in der Philosophie ausgetragen werden und die Reflexion zu einem umkämpften Begriff werden lassen, schlagen sich im aktuellen Professionalisierungsdiskurs der Erziehungswissenschaft überraschend wenig nieder. Obwohl vielfach angemerkt wird, dass es sich um einen Begriff aus dem Bereich der Philosophie handle und es kein neu erfundener Begriff von Erziehungswissenschaftler_innen sei (vgl. z. B. Wyss 2013, S. 38), wird kaum Bezug genommen auf dessen philosophische Tradierung und auf die grundlegenden Fragen, die damit zusammenhängen. **85** Stattdessen scheint insbesondere im englischspra-

84 Zitiert in Peters 1996, S. 58.
85 Außer in den schon zitierten bildungsphilosophischen (vgl. Meyer-Drawe), pädagogisch-phänomenologisch (Agostini, Engel, Brinkmann,

chigen Raum die Psychologie als Bezugsfeld eine wichtige Rolle zu spielen, um den Begriff zu verhandeln (vgl. z. B. Braun/Crumpler 2004; Bowman/Galvez-Martin/Morrison 2005).

Mein Forschungsanliegen, Formen der Reflexion zu beschreiben, die dazu beitragen, pädagogisches und insbesondere kunstpädagogisches Handeln insbesondere in seinen Widersprüchlichkeiten, seinen pathischen Seiten und damit auch in seiner konstitutiven Unverfügbarkeit verstehen zu lernen, führt zwar in der Erziehungswissenschaft auf den ersten Blick in einen bemerkenswert vielfältigen Diskurs (vgl. Wyss 2013, S. 37). Dieser beruht jedoch auf den zweiten Blick vornehmlich auf Paradigmen, die recht wenige Anknüpfungspunkte für das oben genannte Forschungsanliegen anbieten. Während sich das Reflexionsverständnis vielfach auf pädagogische Diskurse bezieht, die sich um Leistungsorientierung und Kompetenzmessungen bemühen, sind phänomenologisch argumentierende Diskurse und damit Begriffe wie Pathos, Unverfügbarkeit, die Fremdheit des Anderen, die Grenzen des eigenen pädagogischen Wissen-Könnens und so weiter eher weniger relevant. Allenfalls taucht das Kontingente und Unverfügbare als Problemstelle auf, die es reflexiv zu erklären und schließlich didaktisch zu *lösen* gilt. **86**

Um meine kritische Einschätzung, die aus einem responsiven Bildungsverständnis hervorgeht (vgl. Kap. 1), nachvollziehbar zu machen, werden zunächst einige wichtige Grundbegriffe und dominierende Vorstellungen von Reflexion beschrieben. Da die Erziehungswissenschaft gegenwärtig jener Diskursraum ist, in dem der aktuelle Reflexionsbegriff inhaltlich stark bestimmt und theoretisch seine Ausrichtung erfährt und die Fachdidaktiken diesbezüglich bisher noch eine eher untergeordnete Rolle (vgl. Engel/Böhme 2015, S. 14 ff.) spielen, beziehen sich die folgenden Ausführungen zunächst auf Diskussionen in der Erziehungswissenschaft. Diese werden seit einigen Jahren sowohl auf internationalen Großkongressen **87** geführt als auch in einschlägigen Fachzeitschriften (vgl. Fichten 2012; Wildt 2005; Etscheidt/Curran/Sawyer 2012) und Einzelpublikationen (vgl. z. B. Wyss 2013, Schön 1983) veröffentlicht.

Ausgehend von einigen Beispielen werden in den folgenden Abschnitten zumeist unausgesprochene Implikationen herausgearbeitet, die mit dem aktuellen Reflexionsbegriff, mit Reflexionsmethoden und als gelungen geltenden Reflexionsprozes-

Westphal u. a.) und bildungstheoretischen Positionen (z. B. Wimmer, Ricken, Dörpinghaus).

86 Dies kann sich in der Reflexion von Unterrichtssituationen beispielsweise in folgenden Fragen niederschlagen: Woran hat es gelegen, dass es nicht wie geplant geklappt hat und das Unterrichtsziel nicht erreicht wurde? Was müsste methodisch anders gemacht werden, damit es beim nächsten Mal funktioniert? Es wird weniger gefragt: War dieses vermeintliche Scheitern der Planung eine notwendige und gar produktive Entwicklung für die Schüler_innen und die gesamte Situation? Was nehmen wir warum überhaupt ›als Scheitern‹ oder ›als gelungen‹ im Unterricht wahr? Wie lässt sich eine unerwartete Abweichung vom Plan noch deuten? Welche Potenziale und Bedeutsamkeiten haben sich erst im Laufe der Stunde gezeigt?

87 Vgl. z. B. IGSP Kongress *Lernen in der Praxis* (2015, 2017, 2019, nächster Kongress findet vom 22.–24.03.2021 an der Universität Osnabrück statt: https://www.igsp-kongress-osnabrueck-2021.de/, aufgerufen am 9. 9. 2020).

sen zusammenhängen. Daran wird sich zeigen, dass es ein mangelndes Passungsverhältnis gibt zwischen dem Bemühen, sich den pathischen Seiten des Lehrens reflexiv anzunähern und den Reflexionsweisen, wie sie aktuell im erziehungswissenschaftlichen Diskurs diskutiert werden. Vor dem entfalteten philosophischen Theoriehintergrund wird deutlich, dass es basale Unvereinbarkeiten gibt, die dazu führen, (kunst)pädagogische Reflexion, die sich den pathischen und unverfügbaren Seiten von Unterricht widmet, sowohl methodisch als auch methodologisch anders auszurichten.

Reflexion als aktueller, aber unscharfer Begriff in der Lehrer_innenbildung

Angesichts der Kontroversen, die dem Begriff *Reflexion* vom philosophischen Standpunkt aus anhaften, und angesichts der komplexen Fragestellungen, die er mit sich bringt, verwundert die folgende Kritik an der Verwendung des Begriffs im pädagogischen Kontext wenig:

> »Reflection is today on everybody's lips, and this has created the paradoxical situation that ›reflection‹ is often used in an unreflected manner.« (Bengtsson 2003, S. 295 zitiert in Wyss 2013, S. 37)

Dass es sich bei *Reflexion* schon fast um ein Modewort im Professionalisierungsdiskurs bzw. sogar um eine »Leerformel« (Fichten 2012, S. 20) handle, kritisierten schon zu Beginn der 1990er Jahre die amerikanischen Forschenden Jennifer Gore und Kenneth Zeichner **88**: »In some extreme cases, the impression is given that as long as teachers reflect about something, in some manner, whatever they decide to do is acceptable, since they have reflected about it." (zitiert in Fichten 2012, S. 20) **89** Die Vorstellungen darüber, was reflektiert werden soll, **90** welche Anlässe geeignet sind, welche Funktion Reflexion in der pädagogischen Professionalisierung zukomme und wie das Reflektieren im Lehramtsstudium idealerweise gefördert werden könne, **91** zeichnen sich durch eine große Heterogenität aus. Walter Herzog, der sich schon in den 1990er Jahren umfänglich mit Reflexion in der Lehrer_innenbildung beschäftigt hat, leitet einen Artikel über Reflexion im Schulpraktikum damit ein, gerade diese Weitläufigkeit aufzublättern:

88 Die Autor_innen beziehen sich auf den angloamerikanischen Diskurs. Da wird der Professionalisierungsdiskurs schon früher mit Reflexion verknüpft als im deutschsprachigen Diskursraum.

89 Zugespitzt formuliert Elizabeth McKay 2008: »Reflecting on performance and acting on reflection is a professional imperative« (Elizabeth McKay 2008, Reflecting practice). In dem Zitat wird die zyklische Verkettung zwischen Reflexion pädagogischer Praxis und dem sich darauf aufbauenden pädagogischen Handeln angesprochen. McKay stellt ausgehend von diesem aktuell dominanten Zusammenhang geradezu einen Imperativ zur Reflexion fest.

90 Z.B. Unterrichtskonzeptionen, Aufgabenstellungen, die eigenen pädagogischen Kompetenzen, Lernprozesse von Schüler_innen, die spezifischen Bedürfnisse von Kindern, das Feedback von Schüler_innen zum eigenen Unterricht usw.

91 Beim 2. Internationalen Kongress *Lernen in der Praxis* spielte der Begriff ›Reflexion‹ eine wichtige Rolle. Unterschiedliche Verfahren wurden vorgestellt und diskutiert, wie die Reflexion von Studierenden angeregt werden könne: U.a. ging es um spezifische Gesprächsformate (»reflective teams«, Gruppendiskussion, »hybride Seminarsitzungen« mit Studierenden, Lehrpersonen und Hochschullehrenden), schriftliche Formate (Fragebögen, Portfolio, Tagebücher), videogestützte Formate) und E-Learning-Plattformen. Weitere Hinweise zu Formen der Reflexion in: Wyss 2013, S. 69 ff.

> »Einige meinen damit [mit Reflexion **KB**] das schlichte Nachdenken über irgendetwas, wozu auch die eigenen Erziehungsvorstellungen gehören können, andere grenzen die Reflexion auf ein Nachdenken über Verhaltensweisen ein. Einige sehen als Themen von Reflexion zeitlich enge Einheiten (wie Handlungen), andere denken an zeitlich ausgedehnte Einheiten (wie biographische Abläufe, Lebensphasen etc.). Einige konzentrieren die Reflexion auf (akute) Probleme, andere vertreten einen problemunabhängigen Ansatz, bei dem auch über unproblematische Verhaltensweisen nachgedacht wird. Einige meinen mit Reflexion einen Prozess, der solitär durchgeführt wird, andere verstehen darunter ein kommunikatives Geschehen, das nur im Gespräch mit anderen stattfinden kann. Einige grenzen die Reflexion auf das Feld des Bewusstseins ein, andere denken auch an die Aufdeckung unbewusster oder (bisher) unartikulierter Wissensbestände oder Handlungsmotive. Einige sind eher deskriptiv ausgerichtet und beschränken den reflexiven Prozess auf die möglichst genaue Analyse, andere verstehen unter Reflexion ein normatives Unterfangen, das kritisch orientiert ist und unreflektierte Werte hinterfragen soll. Einige sehen die Reflexion als einen Akt, der stattfindet, wenn nicht gehandelt wird, andere gehen davon aus, dass die höchste Form von Reflexion im Handeln selbst stattfindet (›reflection-in-action‹).« (Herzog 1995, S. 253 f.)

Trotz der Unschärfe des Begriffs sei schon vor über zwanzig Jahren im deutschsprachigen und vor allem im englischsprachigen Raum »der kompetente und reflexive Praktiker [...] zu einem neuen Ziel der Lehrerinnen- und Lehrerbildung geworden« **92** (Herzog 1995, S. 253; vgl. auch Messner/Reusser 2000). Herzog spricht sogar von einer »reflexiven Wende« (Herzog 2005, S. 253), die unter anderem von Schöns viel zitiertem Ansatz des ›reflective practitioners‹ (Schön 1983) befeuert wurde.
1983 veröffentlichte Schön das Buch *The reflective practitioner: how professionals think in action*. Darin werden zwei Formen der Reflexion unterschieden: ›reflection in action‹ und ›reflection on action‹. Praktiker_innen, sagt Schön, professionalisieren sich durch Reflexion, die sich einerseits unmittelbar in der Praxis selbst ereigne (reflection *in* action) und die andererseits rückblickend stattfinde (reflection *on* action). Diese Unterteilung erweist sich als wegweisend für viele aktuelle Konzepte von Reflexion. **93**

92 Herzog bezieht sich in dem Text *Reflexive Praktika in der Lehrerinnen- und Lehrerbildung* in: www.bzl-online.ch auf Hatton/Smith 1995. Siehe dazu: Herzog 1995, S. 253.

93 Donald Schön wird in vielen Publikationen erwähnt, in denen es um Reflexion in der Lehrer_innenbildung geht, u. a. Stein, S. (2005): *Professionalisierung zwischen Hochschule und Schule. Eine empirische Studie über reflexive Lehrerbildung;* Fichten, W.: *Forschendes Lernen in der Lehrerbildung;* Fichten, W. (2012): *Über die Umsetzung und Gestaltung Forschenden Lernens in der Lehramtsausbildung;* Herzog, W. (1995): *Reflexive Praktika;* Wyss, C. (2013): *Unterricht und Reflexion* (S. 41–46).

Reflexion und Standards pädagogischer Professionalität

Häufig ist von »Reflexionskompetenz« (vgl. Helmke 2010, S. 118; Bromme/Haag, 2008, S. 811; Leonhard, T./Rhim, T. 2011) als einer Fähigkeit die Rede, durch die »zielgerichtet« bestimmte Problemstellen im Unterrichtsprozess »erkannt« (vgl. Hullfish/Smith (1961), »definiert« (Schön 1983) und letztlich »effektiv« (vgl. Etscheidt/Curran/Sawyer 2012) »gelöst« (vgl. Wyss 2013, S. 38 ff.) werden können. In zahlreichen Stufenmodellen **94** beziehungsweise in Zirkelstrukturen (vgl. Hullfish/Smith 1961, S. 43 f.; Schön 1983; Altrichter/Posch 2007) bildet sich ab, dass es sich bei Reflexion um einen Prozess handelt, der einer »Verbesserung« und »Optimierung« des eigenen Unterrichts (vgl. Wyss 2013, S. 66) und der »Evaluation« und »Überprüfung« von gesetzten »Unterrichtszielen« dient (vgl. ebd., S. 67 sowie S. 283). Corinne Wyss, die 2013 eine Promotion über die Reflexionskompetenz von Lehrer_innen veröffentlichte, fasst im Fazit ihrer Arbeit wesentliche Zielsetzungen, die mit Reflexion verbunden seien, folgendermaßen zusammen: **95**

> »Eine Reflexion sollte möglichst adäquat sein und sowohl die positiven wie auch die kritischen Aspekte des Unterrichts und das, was dieser bei den Schülerinnen und Schülern bezogen auf das zu erreichende, letztlich individuelle Lernziel des Schülers und der jeweiligen Schülerin zu bewirken oder eben nicht zu bewirken vermochte, thematisieren. Schliesslich sollten die Überlegungen möglichst unter Einbezug von persönlichen und theoretischen Erkenntnissen, klaren Lernprozess bezogenen Begriffen und Konzepten, fachspezifischen Kenntnissen sowie unter Berücksichtigung übergreifender Leitvorstellungen wie moralisch-ethische und gesellschaftliche Gesichtspunkte vorgenommen werden und in der Planung von unterrichtlichen Handlungsfortsetzungen oder Handlungsalternativen münden, die umgesetzt und daraufhin erneut reflektiert werden sollten.« (ebd., S. 283 f.).

Reflexion wird als ein regel- und kriteriengeleiteter Prozess verstanden, in dem theoretisches Wissen, Fachbegriffe, eigenes pädagogisches Handeln und Zielvorstellungen, die mit einer Unterrichtssituation verbunden sind, ins Verhältnis gesetzt werden. Theoriebezüge und Standards für professionelles Lehrer_innenhandeln werden dabei zu bedeutsamen Bezugspunkten, um Reflexionsprozesse inhaltlich auszurichten und zu strukturieren. Standards zum professionellen Lehrer_innenhandeln, die im Diskurs über Reflexion anzutreffen sind, werden von verschiedenen Seiten in den Diskurs getragen. Unter anderem hat das *National Board for Teaching Standards* 2002 fünf Aspekte pädagogischer Professionalität entwickelt (vgl.

94 Z. B. das Modell von Hullfish/Smith (1961):
1. Presence of a problem situation
2. Clarification of the problem
3. Hypotheses formed, tested, modified
4. Action taken on the basis of the best-supported hypothesis (in: Wyss 2013, S. 42).

Oder das Modell von Schön (1983):
1. Entstehung einer problematischen Situation
2. Problemdefinition
3. Verwirklichung der ersten Problemdefinition

4./5. experimentelle Überprüfung

6. Bewertung der Problemdefinition (in: Wyss 2013, S. 43).

95 Sie bezieht sich in diesem Punkt unter anderem auf Veröffentlichungen von Zeichner/Liston (1996), Schön (1983), Jay/Johnson (2002) und Etscheidt/Curran/Sawyer (2012).

Baumert/Kunter 2006, S. 3 f.), die auch beim Thema ›Reflexion‹ aufgegriffen werden und für pädagogische Reflexionsprozesse orientierenden Charakter haben:

> 1. Teachers are committed to students and their learning.
> 2. Teachers know the subjects they teach and how to teach those subjects to students.
> 3. Teachers are responsible for managing and monitoring student learning.
> 4. Teachers think systematically about their practice and learn from experience.
> 5. Teachers are members of learning communities.« (Wyss 2013, S. 27)

Auch Ewald Terhart beschäftigt sich im Professionalisierungsdiskurs vielbeachtet mit der Formulierung von pädagogischen Kompetenzen und fordert dazu auf, dass sich pädagogische Professionalisierung an klar definierten Kompetenzstandards zu orientieren habe – nicht zuletzt auch deshalb, weil es sich um ein öffentliches Amt handle, das rechenschaftspflichtig sei (vgl. Terhart, S. 275 f.). Er formuliert Folgendes:

> »Professionell ist ein Lehrer dann, wenn er in den verschiedenen Anforderungsbereichen (Unterrichten und Erziehen, Diagnostizieren, Beurteilen und Beraten, individuelle Weiterbildung und kollegiale Schulentwicklung, Selbststeuerungsfähigkeit im Umgang mit beruflichen Belastungen etc.) über möglichst hohe bzw. entwickelte Kompetenzen und zweckdienliche Haltungen verfügt, die anhand der Bezeichnung ›professionelle Handlungskompetenzen‹ zusammengefasst werden.« (Terhart 2011, S. 207 zitiert in Wyss 2013, S. 27 f.)

Reflexionsprozesse, wie ich sie aktuell in der Erziehungswissenschaft im Bereich der Lehrer_innenbildungsforschung und im Professionalisierungsdiskurs konzipiert und diskutiert werden, richten sich unter anderem an solchen Professionsverständnissen und Kompetenzkatalogen aus (vgl. z. B. die Modelle von Baumert/Kunter 2006 sowie Frey/Jung 2011). Vor dem Hintergrund psychologischer Theorie (Wyss 2013, S. 53) tauchen in Publikationen über Reflexion wiederholt Begriffe wie *Effektivität, Optimierung, Evaluation* und *Systematisierung* auf. **96** Aspekte von pädagogischer Professionalität, wie sie im ersten Kapitel vor phänomenologischem und bildungstheoretischem Hintergrund entfaltet habe, bleiben hier weitgehend unberücksichtigt: Momente des Pathischen; ein responsives Lehrverständnis; die Schüler_innen als Andere, die sich dem Blick von Lehrer_innen entziehen und stattdessen Unverfügbarkeit und Fremdheit mit sich bringen; eine pädagogische Praxis, die sich in Teilen jenseits von Steuerbarkeit und Verfügungsmacht von Lehrenden ereignet; Störungen und Brüche als konstitutive Momente im Bildungsprozess und so weiter.

Vorstellungen von einer effizienten und den Unterricht optimierenden Reflexionspraxis schlagen sich auch auf Vorstellungen davon nieder, wie Reflexionsprozesse methodisch gestaltet werden und wie sie idealerweise *beginnen*. Die Diskus-

96 Wyss definiert Reflexion in Anlehnung an Schön (1983), Zeichner/Liston (1996) und Jay/Johnson (2002) folgendermaßen: »Reflexion ist ein gezieltes Nachdenken über bestimmte Handlungen oder Geschehnisse im Berufsalltag. Individuell oder im Austausch mit anderen Personen werden die Handlungen oder Geschehnisse systematisch und kriteriengeleitet erkundet und geklärt.« (Wyss 2013, S. 55).

sionen darüber, welche Anlässe für pädagogische Reflexion besonders produktiv seien, zeugen von einer Wertschätzung standardisierter und kriterienorientierter Verfahren, bei gleichzeitiger Abwertung des Affektiven (vgl. ebd.).

Zum Anlass von Reflexionsprozessen

Während Reflexionsprozesse in der Tradition von John Dewey und Donald Schön sehr unmittelbar bei einem als problematisch wahrgenommenen Ereignis einsetzen und das, was zum Gegenstand von Reflexion wird, aus dem Bedürfnis des pädagogisch Handelnden hervorgeht, zeigt sich in aktuellen Debatten über die Auslöser von Reflexion auch ein anderes Bild:

> »Reflexion kann durch eine bestimmte Situation im Unterrichtsalltag ausgelöst werden, die von der Lehrperson als ungewöhnlich oder besonders wahrgenommen wird. Bei solchen Gelegenheiten findet Reflexion allerdings unbeabsichtigt und häufig wohl auch unsystematisch statt.« (ebd.)

Eine Reflexion, die da beginnt, wo etwas der eigenen Erwartung zuwider läuft, wird negativ eingeschätzt. In dem Zitat wird eine Abwertung darüber zum Ausdruck gebracht, dass erste Eindrücke ein produktiver Anlass für Reflexionsprozesse sein können. Dinge, die als »ungewöhnlich oder besonders wahrgenommen« werden, werden als »unbeabsichtigt« und »unsystematisch« bezeichnet. Unausgesprochen zeugt das Zitat von der Vorstellung, dass es eines bewussten Anfangs bedarf, um systematisch und absichtsvoll reflektieren zu können. An späterer Stelle wird die These, dass persönliche Anlässe für Reflexionsprozesse eine Einschränkung darstellen, nochmals zugespitzt:

> »Wenn sich Lehrpersonen individuell der Reflexion widmen, besteht die Gefahr, sich lediglich auf ausgewählte Kriterien zu beschränken. [...] Oder es wird versäumt, die wichtigen und zentralen Kriterien zu finden und auszuwählen (Akbari 2007). In jedem Fall resultiert daraus eine verzerrte Wahrnehmung und damit ungünstige Voraussetzungen für einen effektiven Reflexionsprozess. Denkbar ist in diesem Fall sogar, dass die Handlungsentscheidungen, die auf Grund der verfehlten Reflexion getroffen werden, einen negativen Effekt auf die Unterrichtspraxis haben (Benke 2010).« (Wyss 2013, S. 74).

Hier werden Reflexionsprozesse problematisiert, die »individuell« (wahrscheinlich ohne ein systematisches, methodisches Instrumentarium) durchgeführt werden. Es ist von der »Gefahr« die Rede, mit einem eingeschränkten Fokus die Situation unzureichend zu reflektieren und die entscheidenden »Kriterien« zu »versäumen«. »In jedem Fall«, folgert Wyss, gehe daraus eine »verzerrte Wahrnehmung« hervor. Eine »verfehlte Reflexion« mit »negativem Effekt« auf den Unterricht wären dadurch zu befürchten. Die Wahrnehmung könne durch »negative Gefühle« (ebd. S. 75) beeinflusst werden und zu »falschen Interpretationen« (ebd. S. 75) von pädagogischen Situation führen. In den Zitaten schwingen einige bemerkenswerte Annahmen mit: Es wird im Grunde davon ausgegangen, dass es eine objektive und unverfälschte Wahrnehmung geben kann, die zum Gelingen von Reflexionsprozessen beiträgt.

Wahrnehmungen sind offenbar dann unverzerrt, wenn sie sich an vermeintlich wichtigen Kriterien orientieren. Ein »effektiver Reflexionsprozess« zeichne sich dadurch aus, kriterienorientiert, strukturiert und methodisch kontrolliert abzulaufen. Um Reflexionsprozesse gezielt anregen und damit eine systematische und bewusste Reflexion auslösen zu können, wird es als hilfreich erachtet, steuernde Zugänge zur Unterrichtserfahrung zu entwickeln (vgl. Moon 2004, S. 166 f.). Diese Annahme spiegelt sich in der Vielzahl an Reflexionsformaten wider. Gezielte Schreibaufträge können ein Anlass sein: beispielsweise Lernjournale (vgl. ebd.), Tagebücher (vgl. Altrichter/Posch 2007, S. 26–50), Portfolios oder Essays. Auch mündliche Formate werden vorgestellt: z. B. angeleitete Diskussionsformate im Seminarkontext oder kollegiale Coachingstrukturen zwischen Lehrer_innen und Studierenden (vgl. u. a. Staub 2004).

Methoden der Reflexion und der darin verborgene Blick auf die Anderen

Wolfgang Fichten hebt mit Blick auf die Lehrer_innenbildung und das *Forschende Lernen* hervor, dass die methodische Gestaltung von Reflexionsprozessen insbesondere angesichts der Methodenvielfalt eine besondere Herausforderung in der Lehrer_innenbildung darstelle. Er plädiert daher dafür, gängige und einschlägige Methoden im Lehramtsstudium zu vermitteln und zu praktizieren (vgl. Fichten 2012, S. 23). Er lehnt sich an Methoden der qualitativen Sozialforschung an:

> »Es gibt viele Forschungsmethoden (über 300), beim Interview allein werden mehr als 10 verschiedene Typen unterschieden. Diese Methodenvielfalt zu vermitteln, ist unmöglich. Es kommt auf die Vermittlung besonders häufig eingesetzter und praktikabler Methoden an (in unserem Methoden-Reader sind das: Beobachtung, Gruppendiskussion, Fragebogen und Interview).«

Da der Fragebogen eine der am häufigsten verwendeten Methoden zur Reflexion von Unterricht zu sein scheint, greife ich diese Form exemplarisch heraus (vgl. bspw. Wyss 2013, S. 118), **97** um methodische Tendenzen zu beschreiben und zu problematisieren, die sich auch in anderen Reflexionsformaten, insbesondere in standardisierten Formaten, zeigen. Fragebögen werden im Kontext der pädagogischen Reflexion gerne eingesetzt, da sie den Vorzug bieten, vermeintlich unkompliziert, d. h. mit wenig Zeit- und Materialaufwand, nicht nur einzelne Personen, sondern auch Gruppen zu befragen. Je nachdem, wie offen oder geschlossen der Fragebogen gestaltet ist, werden zuvor festgelegte Dimensionen von pädagogischer Praxis per Kreuz oder in offener Beschreibung eingeschätzt. Fragebögen werden meist *nach* dem Unterricht von Schüler_innen oder auch zur »Selbstevaluation« von Lehrenden ausgefüllt. Der folgende Fragebogen von Wyss (2013) kann beispielhaft für viele andere Fragebögen stehen, die für die alltägliche Evaluationspraxis im Schulalltag von Lehrer_innen, im Referendariat oder im Schulpraktikum von Lehramtsstudierenden verwendet werden. **98** Es handelt sich um einen Fragebogen, der für Lehrer_innen zur Reflexion einer einzelnen Unterrichtsstunde entwickelt worden ist (vgl. Wyss 2013, Anhang 3). Mit Blick auf mein Forschungsinteresse greife ich einzelne Items

heraus, an denen besonders deutlich werden kann, welche impliziten Vorstellungen von Lehren und Lernen mit Reflexion aktuell verbunden sind und inwiefern sich diese aus meiner Perspektive als problematisch erweisen. Ein genauerer Blick auf die Formulierung einzelner Items soll einen konkreten Eindruck von der spezifischen Sprachlichkeit und Qualität eines Reflexionsprozesses vermitteln, der mit dieser Methode verbunden ist.
Zu Beginn des Fragebogens **99** sollen die Lehrer_innen unmittelbar nach einer Unterrichtsstunde die Verteilung der Gesprächsanteile einschätzen:

> Schätzen sie bitte den Anteil der Stunde in Prozent, in dem Sie mit der ganzen Klasse im Klassenunterricht gearbeitet haben: ___________% (die gesamte Lektion wäre 100%).
>
> Schätzen Sie bitte ein, wie viel Prozent der Stunde
> Sie selber gesprochen haben: ______________%
> Ihre Schülerinnen und Schüler gesprochen haben: _______________%
> Niemand gesprochen hat: ______________%
> (Die gesamte Lektion wäre 100%)

Die einführenden Fragen, die einer Tabelle mit weiteren Items vorangestellt sind, beziehen sich auf die Arbeit und Kommunikation der Lehrer_in mit der gesamten Klasse. In Prozenten soll die Lehrperson quantifizieren, wie viel sie selbst, wie viel die Schüler_innen und wie viel Prozent im Verlauf der Stunde niemand gesprochen habe. Diese Einschätzungen sollen nummerisch, d.h. in Prozentangaben in den Bogen eingetragen werden und insgesamt 100% ergeben.

	Trifft überhaupt nicht zu					Trifft voll und ganz zu
1. In der Unterrichtsstunde habe ich mich wohl gefühlt.						
2. Die Unterrichtslektion ist mir gut gelungen.						
3. Für diese Lektion habe ich mich überdurchschnittlich vorbereitet.						
4. Die Ziele der Lektion waren für meine Schüler/innen klar.						
5. Methoden und Sozialformen habe ich angemessen variiert.						
6. Ich achtete auf eine positive Fehlerkultur.						
7. Die Schüler/innen arbeiteten konzentriert und motiviert.						
8. Ich lobte und ermutigte meine Schüler/innen.						
9. Mein Unterricht war für die Schüler/innen interessant.						
10. Ich achtete darauf, dass die Schüler/innen immer etwas zu tun hatten.						
11. Ich kontrollierte laufend, was die Schüler/innen können.						
12. Bei Fragen und Problemen konnte ich den Schüler/innen helfen.						
13. Bei Unterrichtsstörungen konnte ich gleich eingreifen.						
14. Die Schüler/innen hatten die Gelegenheit, selbstständig zu arbeiten.						
15. Meine Anweisungen und Aufträge waren klar formuliert.						
16. Die Unterrichtszeit konnte ich effektiv nützen.						
17. Die Abfolge der Unterrichtsphasen war logisch und kohärent.						
18. Ich schätze mein Fachwissen im unterrichteten Fach als gut ein.						
19. Der Unterricht wurde durch die Anwesenheit der Kamera beeinflusst.						
Allgemeine Fragen						
20. Ich reflektiere meinen Unterricht bewusst und regelmässig selber.						
21. Unterricht wird in meinem Lehrerkollegium häufig gemeinsam reflektiert.						
22. Ich würde gerne häufiger über Unterricht reflektieren.						
23. Gefilmte Unterrichtslektionen können hilfreich für die Reflexion sein.						
24. Selbstreflexion von Unterricht hilft, den eigenen Unterricht zu verbessern.						

Tabelle I

97 Ein Beispiel für einen Reflexionsbogen für Lehrer_innen hat Wyss (2013) entwickelt. U.a. werden folgende Items darin aufgeführt, die auf einer sechsstufigen Skala beurteilt werden sollen: 1. In der Unterrichtsstunde habe ich mich wohlgefühlt. 2. Die Unterrichtslektion ist mir gut gelungen. 3. Für die Lektion habe ich mich überdurchschnittlich vorbereitet. 4. Die Ziele der Lektion waren für meine Schüler_innen klar. ...
98 Den Fragebogen hat Corinne Wyss auf der Grundlage existierender Reflexionsinstrumente entwickelt. Sie bezieht sich u.a. auf den *LDK – Linzer Diagnosebogen zur Klassenführung*. Der Fragebogen stellt in dem Forschungsdesign von Wyss eines von mehreren Erhebungsinstrumenten dar, um die Reflexionskompetenz von Lehrer_innen zu beforschen.
99 Ich habe die Typografie, wie sie auf dem Reflexionsbogen in Erscheinung tritt, übernommen.

Daran anschließend werden 24 weiterführende Aussagen zur Unterrichtsstunde formuliert, die von der Lehrperson auf einer sechsstufigen Skala eingeschätzt werden sollen (von »trifft überhaupt nicht zu« bis »trifft voll und ganz zu«). **100** Diese beziehen sich auf den_die unterrichtende_n Lehrer_in selbst, auf die beteiligten Schüler_innen und auf den Verlauf des Unterrichts. Im Folgenden habe ich einzelne Punkte herausgegriffen, die mir besonders vor dem Hintergrund meines Forschungsinteresses interessant erscheinen, weil sie sich explizit auf die Reflexion von Aspekten beziehen, die ich selbst zum Teil im ersten Kapitel als unverfügbar und als nicht unmittelbar einsehbar beschrieben habe:

Fragen zur Lehrperson [Überschrift **KB**]
2. Die Unterrichtslektion ist mir gut gelungen.

Fragen zu den Schüler_innen [Überschrift **KB**]
4. Die Ziele der Lektion waren für meine Schüler/innen klar.
7. Die Schüler/innen arbeiten konzentriert und motiviert.
9. Mein Unterricht war für die Schüler/innen interessant.

Fragen zum Unterrichtsverlauf [Überschrift **KB**]
10. Ich achte darauf, dass die Schüler/innen immer etwas zu tun hatten.
11. Ich kontrolliere laufend, was die Schüler/innen können.
13. Bei Unterrichtsstörungen konnte ich gleich eingreifen.
15. Meine Anweisungen und Aufträge waren klar formuliert.
16. Die Unterrichtszeit konnte ich effektiv nützen.
17. Die Abfolge der Unterrichtsphasen war logisch und kohärent.

Die Lehrer_innen sind aufgefordert, den eigenen Unterricht mithilfe der einzelnen Items auf einer Skala von 1 bis 6 einzuschätzen. Die Skala, mit welcher der Unterricht reflektiert werden soll, gleicht in der Anzahl der Stufen der schulischen Noteneinteilung. Eine der Fragen, die die Lehrperson direkt anspricht (Frage 2), bezieht sich auf eine Einschätzung des Unterrichts als »gute Praxis«. Es wird explizit danach gefragt, ob es sich um eine gelungene Unterrichtssituation gehandelt habe. Die Frage verlangt nach einer Einschätzung, ob der Unterricht »gut gelungen« ist und impliziert damit auch das andere Ende der Skala, ob der Unterricht »schlecht« gelaufen ist – der Fragebogen fordert eine Bewertung im Sinne einer Evaluation des Unterrichts ein. Wyss selbst spricht hinsichtlich des Fragebogens davon, dass Unterricht »beurteilt« werden soll.
Die Fragen, die die Schüler_innen betreffen (Fragen 4–9), richten sich auf deren Interesse, Motivation und Konzentration. Die Lehrer_innen sollen Angaben dazu machen, ob sie ihre Aufgaben »klar« formuliert haben, ob der Unterricht für die Schüler_innen »interessant« gewesen ist und ob die Schüler_innen »motiviert« mitgearbeitet haben. Die Lehrperson wird durch die Fragen dazu herausgefordert, nicht nur die eigene Perspektive auf den Unterricht zu thematisieren, sondern auch die Schü-

100 Die Tabelle hat eine spezifische Ästhetik, die in ihrer abstrakten Form einen eigenen Beitrag dazu leistet, eine zugrunde liegende Vorstellung von Reflexion zu vermitteln (siehe Wyss 2013, Anhang 3).

ler_innenperspektive nachträglich (treffend) einzuschätzen. Dass es aber durchaus schwierig ist, Aussagen über die Perspektive von Schüler_innen zu machen und dass es sich dabei lediglich um Versuche handeln kann, die Perspektive von Anderen einzuschätzen, deutet sich in der Weise, wie die Fragestellungen formuliert sind, nicht an. Die Fragen suggerieren, dass es möglich ist, klare Aussagen darüber zu treffen, wie der eigene Unterricht auf die Anderen gewirkt hat, was sich bei den Anderen im Unterricht ereignet hat, wie sie auf den Unterricht geantwortet haben. In den Fragen, die sich auf den Unterrichtsverlauf allgemein beziehen (Fragen 10–17), schwingen gleichfalls unausgesprochene Bedeutungsdimensionen mit. Es werden implizite Vorstellungen davon kommuniziert, was als »gute« Unterrichtspraxis gilt: dazu gehört unter anderem die Fähigkeit der Lehrperson, Schüler_innen andauernd zu beschäftigen **101** und fortlaufend ihr Können »kontrollieren« zu können. Auch die Identifizierung von »Unterrichtsstörungen« und das unmittelbare »Eingreifen«, eine »klare« Formulierung von »Anweisungen und Aufträgen«, die »effektive« Nutzung der Unterrichtszeit und eine als »logisch« und »kohärent« bezeichnete Abfolge von Unterrichtsphasen werden als Bestandteil professionellen Handelns kommuniziert und im Fragebogen abgeklopft. Der Fragebogen legt nahe, dass der Unterricht dann als gelungen gilt, je positiver diese Items eingeschätzt werden. **102**

Bei dem Fragebogen handelt es sich um ein Beispiel für ein standardisiertes Verfahren zur Reflexion von Unterricht, das durch Auswahl der Items schon von vornherein bestimmte Foki dessen vorgibt, was reflektiert werden soll. Die Formulierung der Items impliziert zudem spezifische Vorstellungen von gelungener pädagogischer Praxis und zeugt von einem dahinter liegenden, nicht explizit kommunizierten Professionsverständnis. Die Formulierung der Items wird im Fragebogen selbst nicht zur Diskussion gestellt.

101 Wann Schüler_innen tatsächlich in einer Weise beschäftigt sind, in der sie bildende Erfahrungen machen, ist von außen nur schwer einzusehen. Das zeigt sich zum Beispiel in der Studie von Georg Breidenstein *Teilnahme am Unterricht – Ethnographische Studien zum Schülerjob* (2006), in der deutlich wird, dass es Schüler_innen verstehen nach institutionellen Erwartungen zu handeln und sich als geschäftig zu inszenieren (siehe auch Lundberg 2013: *Will We be Tested on This?: Schoolgirls, Neoliberalism and the Comic Grotesque in Swedish Contemporary Youth Theatre).* Ebenfalls macht die Bildkonfiguration in der vorliegenden Forschungsarbeit *Die machen gar nichts* (siehe Kap. 5, S. 301–324) auf dieses Problem aufmerksam. Etwas kann nach Beschäftigung aussehen, ohne dass Schüler_innen sich am Unterrichtsgeschehen beteiligen. Genauso können Schüler_innen völlig teilnahmslos erscheinen und dennoch in bildende und ästhetische Erfahrungsprozesse verwickelt sein.

102 Dies zeigt sich auch anhand der Auswertung der Fragebögen. Wyss kommt auf der Grundlage der Fragebögen zu der Schlussfolgerung, dass die Mehrheit der befragten Lehrer_innen ihren Unterricht »positiv« einschätzen, denn »mit durchschnittlichen Werten von 3.4 bis zu 5.3 liegen die Werte durchweg in der oberen Hälfte der 6-stufigen Skala.« (Wyss 2013, S. 148). Lediglich ein Item fällt heraus: »Für diese Lektion habe ich mich überdurchschnittlich vorbereitet.« Diese Frage wird von allen Fragen am niedrigsten bewertet. Im Grunde ist dies nicht verwunderlich: eine geringe Bewertung an dieser Stelle ist – im Gegensatz zu den anderen Items – kein Ausdruck für ein Defizit, sondern fügt sich gerade gegenteilig in ein professionelles Selbstbild ein. Nach dem Motto: Die Unterrichtsstunde wird als positiv bewertet, obwohl keine besondere Vorbereitung vorausgegangen ist. Dass mit den Items spezifische Vorannahmen verknüpft sind, wird von Wyss nicht dekonstruiert.

Reibungspunkte: Kritische Anmerkungen

Zu Beginn des vorherigen Unterkapitels (vgl. Anfang Kap. 2.2.2, S. 67 ff.) habe ich angemerkt, dass die aktuellen Vorstellungen von Reflexion, wie sie prominent in der Erziehungswissenschaft im Bereich der Lehrer_innenbildung diskutiert werden, kaum Anknüpfungspunkte für mein Forschungsinteresse an den pathischen Seiten des Lehrens und der Unverfügbarkeit von Lern- und Lehrprozessen bieten. Vor dem Hintergrund der vorangestellten Ausführungen über pädagogische Reflexion (d. h. ihre Ziele, Methoden, Anlässe usw.), werde ich in den folgenden Abschnitten markante Stellen hervorheben, an denen deutlich wird, dass mit dem aktuellen Verständnis von Reflexion Voreinstellungen und Setzungen verbunden sind, durch die es geradezu zu einer Unvereinbarkeit mit einem responsiven Lehrverständnis kommt. Die Markierung dieser Widersprüche dient der Begründung, warum es anderer methodischer und methodologischer Orientierungen bedarf, um sich den pathischen und unverfügbaren Momenten von Lehre reflexiv annähern zu können.

Während *Reflexion* in den Diskursen der 1990er Jahre seine Legitimation in besonderer Weise aus der Ungewissheit pädagogischer Situationen und pädagogischen Handelns schöpfte (vgl. Wimmer 1996; Helsper 1996; Herzog 1995; Combe/Kolbe 1996; Helsper 2003), hat Anfang der 2000er Jahre eine grundlegende Verschiebung in Richtung Kompetenzorientierung stattgefunden (vgl. Terhart 2012, S. 53 ff.) **103** – seitdem ist vielfach von ›Reflexionskompetenz‹ die Rede (vgl. u. a. von Felten 2005; Korthagen/Vasalos 2005; Jay/Johnson 2002). Diese Verschiebung fällt mit Reformen zusammen, die durch die erste PISA-Studie ausgelöst wurden. Während die Ungewissheit pädagogischen Handelns marginalisiert und sogar zum Teil als Kompetenzdefizit disqualifiziert wurde (vgl. Wimmer 2014), wird auch Reflexion zunehmend als ein an bestimmten Standards auszurichtendes, zielführendes, kontrolliertes Handeln konzipiert (vgl. u. a. Moon 2004). Reflexion zeigt sich vom Pragmatismus beeinflusst: Pädagogische Reflexion erscheint als ein Prozess, in dem Problemstellen im Unterricht definiert, erklärt und schließlich didaktisch gelöst werden sollen. Reflexion wird zum zyklischen Prozess, der auf Evaluierung und Optimierung von Unterricht und auf die Überprüfung von Lernzielen ausgerichtet ist (vgl. u. a. Altrichter/Posch 2007).

Dabei scheint ein Lernverständnis zugrunde gelegt zu werden, in dem Lernerfolg auch darüber definiert wird, dass Schüler_innen fortlaufend beschäftigt sind und die Unterrichtszeit effektiv genutzt wird. Darin spiegeln sich Vorstellungen vom »hochtourigen Lerner« (vgl. Meyer-Drawe 2012a, S. 125–155) wider, der alles andere als »opak« **104** und »unverfügbar« (Wimmer) **105** erscheint. Im Gegenteil: Schüler_in-

103 Eine kritische Analyse des »Reformgewitters« kann in *Verstehen lehren* von Andreas Gruschka (2011) nachgelesen werden (siehe S. 7–19).

104 Der Begriff ist der Kulturtheorie von Edouard Glissant (2005) entlehnt: *Kultur und Identität. Ansätze zu einer Poetik der Vielheit.*

105 Eine theoretische Grundlegung über die Unverfügbarkeit des Anderen entwickelt Wimmer 1988 in: *Der Andere und die Sprache. Vernunftkritik und Verantwortung.* In der Einleitung wird »der Andere als Problem der Moderne« und »als pädagogisches Problem« beschrieben (siehe S. 1–10).

nen werden kaum in ihrer Unverfügbarkeit thematisiert, sondern sie werden im Reflektieren von Lehrpersonen (z. B. durch den beschriebenen Fragebogen) nicht nur zu sichtbaren, sondern zu *einsehbaren Anderen* gemacht.

Das beschriebene Bemühen um Erklärungen, Problemdefinitionen und deren Lösung spiegelt sich auch auf sprachlicher Ebene wider: Reflexionsprozesse sollen sich durch eine präzise Fachsprache, klare Strukturen und methodische Systematik auszeichnen. Es ist von Kohärenz, Stringenz, Verifizierung und Effizienz die Rede. Brüche in der Erfahrung und Risse im Verstehen, von denen Meyer-Drawe und Waldenfels als Teil sowohl im Lernen als auch im Lehren sprechen (vgl. Kap. 1), werden weitgehend ausgeblendet und in der Weise des Reflektierens, des Sprechens und Schreibens nicht kultiviert. Stattdessen werden Lehrende aufgefordert, in standardisierten Reflexionsformaten ihre Wahrnehmungen in mitunter nummerische Formen zu übersetzen. Affektionen, Unbehagen, Erfahrungen des Unverfügbaren werden durch bestimmte Versuche der Objektivierung nahezu pauschal disqualifiziert, anstatt sie als erkenntnisstiftende Anteile anzuerkennen.

Um einer noch grundlegenderen Ebene der Problematik dieses Reflexionsverständnisses auf die Spur zu kommen, wende ich mich wieder an die Philosophie. Die Kritik von Lévinas, dass Descartes' Denken eine »Philosophie der Macht« darstelle (vgl. Lévinas 1987, S. 55), eröffnet auch für den hier aufgeblätterten Kontext interessante Perspektiven. Nach Lévinas wohne der kartesischen Vorstellung von »Ich denke« nämlich auch ein »Ich kann« inne, gibt Norbert Ricken zu bedenken (vgl. Ricken 1999, S. 49). Damit sei eine Vorstellung von Machbarkeit und Potenz verbunden, die darauf beruht, dass dem reflektierenden Subjekt eine souveräne und von der Welt distanzierte Position zugesprochen werde. Lévinas schreibt:

> »›Ich denke‹ läuft auf ›Ich kann‹ hinaus – auf eine Aneignung dessen, was ist, auf eine Ausbeutung der Wirklichkeit.« (Lévinas TU, S. 55, zitiert von Ricken 1999, S. 49)

Im pädagogischen Kontext kann die Reflexion von pädagogischen Phänomenen und Situationen zu einem ähnlichen Versuch des Verfügbarmachens führen. Dies spiegelt sich beispielsweise darin wider, wenn eine kompetente Reflexionspraxis von Lehrenden auf ein Wissen darüber abzielt, ob die eigenen »Anweisungen und Aufgaben« im Unterricht für die Schüler_innen »klar formuliert« gewesen sind. Dies ist zwar nur ein kleines und auf den ersten Blick möglicherweise auch unscheinbares Beispiel, doch deutet sich daran dennoch in mehrfacher Hinsicht die von Lévinas problematisierte Vorstellung von »Ich kann« an: Die Frage suggeriert nämlich, dass Lehrende nicht nur *erahnen,* was für Schüler_innen »klar« und somit verständlich gewesen ist, sondern dass sie es *wissen können*. Reflektieren, das durch solch eine Frage angeregt wird, scheint mit keinerlei Verunsicherung einherzugehen, beziehungsweise wird die Verunsicherung automatisch negativ belastet. Die »Bodenlosigkeit« (vgl. Meyer-Drawe 2011), denen Lernende ausgesetzt sind, wird im Reflektieren von der Lehrperson nicht geteilt. Lehrende treten in einem solchen Reflexionsverständis stattdessen als kompetente und wertende Personen auf, denen die/der Andere und dessen Lernen mittels Reflexion verständlich werden kann und das sie zu steuern in der Lage sind. Es ist kein ausgewiesenes Ziel von pädagogischer Reflexion, sich als Lehrperson im produktiven Sinne verunsichern zu lassen – der Blick auf die eigene Praxis in Abhängigkeit zu den Anderen scheint bemerkenswert wenig fragwürdig zu werden.

Durch den kurzen Blick in die Philosophie kann deutlich werden, wohin das aktuelle Reflexionsverständnis im aktuellen Professionalisierungsdiskurs tendiert: Reflexion bewegt sich in einem Spannungsfeld von Selbstsicherung/Vergewisserung und Verunsicherung/ Befragung (je nach zugrunde liegender Subjekttheorie). Ich habe versucht nachzuzeichnen, inwiefern Vorstellungen von Reflexion im aktuellen Professionalisierungsdiskurs auf die Steigerung an pädagogischer Souveränität, die Erweiterung professionellen Expert_innenwissens und die Verfügungsmacht über das Lernen der Anderen abzielen (vgl. Ricken 1999, S. 58). Den pathischen Momenten Aufmerksamkeit zu schenken, sich um die Grenzen und um die Einklammerung des eigenen Wissens zu bemühen und sich den unauflösbaren Ambivalenzen und Widersprüchlichkeiten pädagogischer Beziehungsstrukturen zu widmen – dies fällt weitgehend aus der Ordnung aktueller Diskurse zum Thema *Reflexion*. Anstatt eines »Anderswerdens«, das zwangsläufig auch vom Anderen herrühre und von der Durchkreuzung der eigenen Perspektive und des eigenen Verstehens lebt, scheint es im Reflektieren um ein »Selbstwerden« zu gehen, das sich auf sich selbst besinnt und die Verstrickung mit dem Anderen marginalisiert (vgl. Meyer-Drawe, zitiert von Ricken 1999, S. 16). Die »labile Vernunft« (Meyer-Drawe 2000, S. 11), die nämlich dann ins Spiel komme, wenn Sinnstiftung nicht mehr an die »insulare Auffassung des Subjekts als *cogito*« (vgl. ebd. S. 18) gebunden, sondern auch im Leib, dem Perspektiviert-Sein und in der Wahrnehmung gesucht werde, bleibt in den aktuellen Debatten über Reflexion weitgehend außen vor. Eine Beobachtung von Lynch, die er im gesamten Wissenschaftsbetrieb macht (also nicht im engeren Sinne der Pädagogik), lässt zu den Debatten über Reflexion durchaus Parallelen entdecken: Reflexiv-Sein gehe laut Lynch mit der Erwartung einher, eine zuvor unreflektierte Situation so verwandeln zu können, dass sie anschließend mit »kritischer Potenz« und einem »emanzipatorischen Potenzial« ausgestattet werde (Lynch 2004, S. 286). Sich reflexiv auf etwas zu beziehen, zeige sich verknüpft mit Vorstellungen einer »Ermächtigung« und »Enthüllung« (vgl. Lynch 2004, S. 287).

Es gilt daher, produktive Unterbrechungen herbeizuführen, durch die sich diese Machtansprüche in Frage stellen lassen. Dann kann sich eine Aufmerksamkeit für die Facetten von Lernen und Lehren entwickeln, die sich jenseits von Steuerung und Verfügungsmacht ereignen. Eine Reflexionspraxis, die diese pathischen Seiten systematisch vernachlässigt oder ausgrenzt, blendet viel aus, was für pädagogische Situationen von großer Bedeutung ist (z. B. *Stimmung* vgl. Pazzini 2015; *Leiblichkeit, Blicke* vgl. Agostini 2016; *Berührungen* vgl. Peters 1996, *ästhetische Erfahrungen* vgl. Engel 2011a usw.). Diesen Dimensionen ist jedoch nicht durch Verifizierung, Überprüfbarkeit und Kontrollierbarkeit beizukommen. Damit Reflexion nicht der Verfügbarmachung des Unverfügbaren, der Auflösung von eigentlich unauflösbaren Widersprüchen (vgl. Lampert 1985) **106** dient und in vereinfachenden Dualismen endet, die insbesondere der Responsivität von pädagogischen Situationen kaum gerecht werden können, gilt es Weisen der pädagogischen Reflexion zu kultivieren, in denen auch den prekären »Zwischenlagen«, dem »Übergängigen« (vgl. Waldenfels 2013a, S. 165 ff.), dem Mehrdeutigen von Unterricht und den Ambivalenzen von Lehre, von Selbst und Anderen Aufmerksamkeit geschenkt werden kann. Um hier fruchtbare Orientierungen zu finden, wende ich mich anderen Diskursen zu: der kunstpädagogischen und der phänomenologischen Forschung. Anhand von zwei Forschungs- und Professionalisierungsansätzen, in denen die pathischen Seiten des Lehrens und dessen responsive Struktur in den Blick geraten, lassen sich wichtige Parameter für eine Reflexion herausarbeiten, durch die das Unverfügbare im Pädagogischen auf verschiedene Weise besondere Achtung erfährt. Aus der Analyse zweier Beispiele – *Erinnerungsbilder* (vgl. Engel 2011a) und *Vignetten* (vgl.Agostini 2016a) – geht die methodologische Grundlegung der vorliegenden Studie hervor.

2.3 ›Andere‹ Formate der pädagogischen Reflexion

In den beiden folgenden Unterkapiteln werden zwei Formate vorgestellt, in denen es einerseits um die (Lern-)Erfahrung als Phänomen der Reflexion geht und – das ist das Besondere daran – Erfahrung andererseits zum Grundmoment der reflexiven Praxis selbst wird. Erfahrungen und all ihre unverfügbaren und pathischen Seiten werden nicht nur als eine inhaltliche Fragestellung behandelt, sondern sie führen auch zu methodologischen Diskussionen und zu methodisch innovativen Vorgehensweisen. Insofern werde ich einen besonderen Fokus auf das WIE legen, das heißt darauf, wie es gelingen kann, insbesondere zu den Seiten pädagogischer Praxis einen Zugang zu finden, die sich als ephemer und schwer zugänglich erweisen. In den beiden genannten Formaten spielt dabei die Sprachlichkeit eine wichtige Rolle. Sowohl in Erinnerungsbildern als auch in Vignetten bekommen wir es mit einer literarischen und bemerkenswert dichten, »bedeutungsschwangeren« (Meyer-Drawe 2016a, S. 16) Sprache zu tun, die sich jenseits eines Definieren- und Erklären-Wollens formiert.

Dies kommt der mit meinem Forschungsanliegen verbundenen Herausforderung entgegen, der Komplexität und Mehrdeutigkeit pädagogischer Prozesse zu begegnen. Die zwei Formate versprechen wichtige Hinweise für eine vorsichtige und taktile Annäherung an die unverfügbaren Seiten des Lehrens und Lernens – insbesondere wenn diese Annäherung sich im Umgang mit fotografischen Bildern ereignet. Um einen Eindruck von dieser spezifischen Sprachlichkeit vermitteln zu können, werde ich beide Reflexionsweisen in längeren Passagen zitieren.

106 Lampert, M.: *How Do Teachers Manage to Teach? Perspectives on Problems in Practice.* Harvard Educational Review, 55, 1985, S. 178–194 (zitiert in Herzog, 1996, S. 260).

Erinnerungsbilder als reflexiver Zugang zur eigenen pädagogischen Praxis

Die eigene Erinnerung als Anlass und Gegenstand einer Reflexion zu nutzen, könnte fast nicht weiter von dem Reflexionsverständnis wegführen, wie es im vorherigen Unterkapitel dargestellt worden ist. **107** Nachträglich und ohne die vorherige Bestimmung von zentralen Kriterien wird dasjenige zum Gegenstand der Reflexion, was rückblickend in der Erinnerung haften geblieben ist. Anders gesagt: was *sich zeigt*. Die Erinnerung zum Anlass einer pädagogischen Reflexion zu nehmen, taucht besonders in Diskursen und Publikationen auf, in denen Unvorhersehbarkeit und Unverfügbarkeit der Anderen und von Lehr-Lernprozesse als konstitutiver Teil eines pädagogischen Geschehens wertgeschätzt wird. Ein interessantes Beispiel stellt Danja Ernis Artikel *Geschmacks(um)bildungen im Schulalltag* dar (2015). Darin wird ein von ihr spontan ausgesprochenes Verbot im Kunstunterricht zum Anlass, um den verborgenen Verknüpfungen von pädagogischem Handeln, künstlerischem Selbstverständnis und Vorstellungen von ›guter‹ Gegenwartskunst auf die Spur zu kommen. Als im Kunstunterricht eine Schülerin fragt, ob sie sich künstlerisch-praktisch mit Seidenmalerei beschäftigen könne, antwortet Erni als Lehrerin: »In meinem Unterricht wird nicht gebastelt!« (ebd., S. 1) Selbst erschrocken von diesem Verbot, beginnt sie rückblickend kritisch die Hintergründe dieser Abneigung zu beleuchten und wird im Verlauf des Textes auf einen Widerspruch zwischen ihrer künstlerischen und ihrer pädagogischen Praxis aufmerksam:

> »Wie kann ich mich als Künstlerin für Kunstformen des Craftivism interessieren und als Pädagogin jemandem das Seidenmalen untersagen?« (Erni 2015, S. 1 f.)

Eine ähnliche kritische Reflexion des eigenen pädagogischen Handelns findet sich in einer verschriftlichten Erinnerung von Stephanie Mian, Lehrerin an einem Gymnasium in Bozen (in: Agostini/Schratz/Risse 2018, S. 38–40). Wie in dem Fall von Erni wird auch hier eine erinnerte Situation zum Anlass der Reflexion, die der Lehrerin völlig überraschend *widerfahren* ist. Sie beschreibt eine kurze Begegnung mit einem Schüler, der während der Korrektur einer Übung ein Arbeitsblatt aus einem anderen Unterrichtsfach auf seinem Tisch liegen hat. Auf die Frage der Lehrerin, was das sei, antwortet der Schüler, dass er das Blatt eh nicht mehr brauche. Müde und genervt habe sie es daraufhin genommen, es plötzlich zusammengeknüllt und in den Papierkorb geworfen:

> »Ich konnte Matthias Reaktion nicht sehen, doch während dieses Vorgangs war es mir, als ob ich kopfschüttelnd neben mir stünde und mir zuraunte: ›Was machst du denn da?‹ Ich selbst habe vor allem noch das Zerknüllen des Blattes in Erinnerung, welches mir gewaltsam, willkürlich und ›falsch‹ vorkam. Doch konnte ich nicht zurück. […] Der Vorfall dieser Unterrichtsstunde ließ mich nicht mehr los […] Während der nächsten Deutschstunde ging ich zu Matthias, entschuldigte mich für mein Verhalten und erzählte ihm, dass ich müde, genervt

107 Denn darin kamen der Objektivierung der Anderen, der Anwendung standardisierter Verfahren der Unterrichtsevaluation zur Identifizierung und didaktischen Lösung von Problemen eine wesentliche Bedeutung zu.

> und gereizt gewesen sei […] Ich fragte ihn, ob ich ihm das Blatt von einem Mitschüler kopieren könnte. […] Mir schien, als ob er mich verblüfft anschauen würde, und ich hatte das Gefühl, dass er meine Entschuldigung schätzte […]« (Mian 2018, S. 39 f.).

Die erinnerte Szene wird als eine »prägende Erfahrung« (Mian 2018, S. 40) empfunden, die zum Anlass wird, um über pädagogische Verantwortlichkeit, über die Berührung zwischen Lehrperson und Schüler_innen, über Grenzen und deren Überschreitung nachzudenken. Mithilfe der erinnerten Situation wird es der Lehrerin möglich, über eine »veränderte Art des Mich-Einlassens« (Mian 2018, S. 40) nachzudenken.

Das Erinnern als ein reflektierter Zugang zur pädagogischen Erfahrung wird in dem Buch *Spürbare Bildung* (2011a) von Birgit Engel explizit thematisiert. In der Doppelrolle als Lehrer_in und Forscherin wird der Frage nachgegangen, welcher Sinn dem Ästhetischen fachübergreifend im Unterricht zukomme und wie dieser Sinn forschend zugänglich werden könne. Wenngleich die Arbeit ursprünglich nicht im pädagogischen Professionalisierungsdiskurs verortet wurde, stellt die darin entwickelte Methode des ›Erinnerungsbildes‹ eine Form der pädagogischen Reflexion dar, die Engel in aktuelleren Texten selbst auf die Kunstlehrer_innenbildung bezieht (vgl. Engel 2017a, 2017b, 2019, 2020). Im Gegensatz zu den beiden anderen Positionen (Erni 2015, Mian 2018) werde ich diesen Ansatz ausführlicher darstellen und diskutieren, weil er über die Produktivität vereinzelter und spontaner Erinnerungen hinausgeht und das Erinnern selbst als einen reflektierten Zugang zur pädagogischen Praxis methodisch systematisiert und methodologisch begründet. Dabei scheinen insbesondere das eigene Involviertsein als Reflektierende und das Stolpern über die eigene Wahrnehmung und Deutung wichtige Elemente dieser Reflexionsweise zu sein. Damit – so meine Einschätzung – geht eine Verletzlichkeit der Reflektierenden und eine Sensibilität für Details einher, die einen anderen Blick auf das Geschehen und sich darin manifestierende pädagogische Verhältnissetzungen eröffnet. **108**

Das Erinnerungsbild ist als Methode deshalb so spannend für mein Forschungsanliegen, weil sich im Erinnern die Reflexion einer pädagogischen Situation nicht löst von dem eigenen Blick und der Wahrnehmung der Lehrperson. Die Lehrperson tritt erinnernd als *Involvierte* eines Unterrichtsgeschehens auf, wodurch insbesondere auch dem Unverfügbaren, das heißt dem, *was plötzlich trifft und vom Anderen herrührt,* besondere Aufmerksamkeit geschenkt wird bzw. werden kann. Ausgehend von einem Auszug aus einem Erinnerungsbild (vgl. Engel 2011a, S. 101–104) werden in den folgenden Abschnitten wichtige methodische und methodologische Besonderheiten dieses Vorgehens beschrieben. Dabei gilt es besonders darauf zu achten, inwiefern das Erinnerungsbild responsive Strukturen des Lehrens zugänglich

108 Diesen Aspekt, d. h. die Bedeutung der Verletzlichkeit für Reflexionsprozesse im pädagogischen Kontext, taucht in meinen empirischen Fallbeispielen immer wieder in unterschiedlicher Weise auf. Ich greife diesen Aspekt im Schlusskapitel nochmals auf (Kap. 6, S. 401 f.; 426 f.).

→

macht und wie jenseits von methodischer Determinierung Neues und Unerwartetes in den Blick geraten kann.

Auszug aus einem Erinnerungsbild

Zunächst werden mehrere Auszüge aus einem Erinnerungsbild zusammengestellt, um einen ersten Eindruck von dieser spezifischen Textform zu vermitteln. **109** Es handelt sich um eines von insgesamt drei Erinnerungsbildern aus dem Buch *Spürbare Bildung* (2011a, S. 101–104). In dem ausgewählten Erinnerungsbild geht es um eine Kunststunde in einem Leistungskurs, die nach den Abiturklausuren am Ende der Schulzeit stattfindet. In der Stunde steht die Frage im Raum, wie die Abiturzeit nun gemeinsam abgeschlossen werden könne. Engel wünscht sich als Lehrerin eine Ausstellung mit den Schüler_innenarbeiten, die im Laufe der zwei Jahre entstanden sind. In dem Erinnerungsbild zeigt sich, dass sich das Gespräch trotz ihrer Begeisterung und den wiederholten Bemühungen, die Schüler_innen für diese Idee zu mobilisieren, nur schleppend entwickelt – bis zu dem Moment, in dem sich die Lehrerin zurückzieht und eine unerwartete Dynamik eintritt:

> ***»Der nähere Kontext***
> *Ich sitze mit den zwölf Schülerinnen und Schülern meines Leistungskurses in unserem bekannten, relativ kleinen Klassenraum. Der Raum und wir sind uns vertraut. Hinter uns liegen fast zwei Jahre gemeinsamer Arbeit, fünf Stunden wöchentlich. Die Jugendlichen haben das schriftliche Abitur hinter sich und werden in etwa fünf Wochen die Schule für immer verlassen. In der heutigen Situation geht es um die Entscheidung, wie die uns verbleibende Zeit am sinnvollsten genutzt werden kann. Ich würde mir wünschen, dass die Schülerinnen und Schüler sich für die Idee einer Abschlussausstellung begeistern lassen würden. [...]*
>
> ***Die Situation***
> *Die Schülerinnen und Schüler machen einen etwas erschöpften, müden und lustlosen Eindruck, wenn ich sie so betrachte, wie sie auf ihren Stühlen mehr hängen als sitzen, so, als ob sie sich die letzten Wochen hier jetzt am liebsten noch sparen würden. Sie sitzen mir an ihren Tischen, die im U gestellt sind gegenüber und ich sitze auf einem Stuhl vor ihnen, ohne Tisch. Ich beginne damit, Vorschläge zu machen, argumentiere für die Idee der Ausstellung und versuche sie vielfältig zu begründen. Andere inhaltliche und praktische Vorschläge als Alternative deute ich an. [...] Das Gespräch bleibt insgesamt zäh [...] Je länger das Gespräch dauert, desto mehr habe ich den Eindruck, aus den Beteiligten jeden Vorschlag und jedes Argument einzeln herauslocken zu*

109 Ich habe verschiedene Auszüge zusammengestellt, die einen Eindruck von dem gesamten Text vermitteln.

müssen und ich spüre, wie meine anfängliche Begeisterung für die Idee dieser Ausstellung zunehmend schwindet. […]

Innehalten

Noch einige Zeit versuche ich den Prozess voranzutreiben, aber mit jedem weiteren Moment wird meine eigene Freude und Energie mehr und mehr von der Situation geschluckt und mir wird zunehmend bewusst, dass die Gruppe nicht wirklich bei der Sache ist. Schließlich entscheide ich, nicht in der beschriebenen Weise weiterzumachen, höre auf, das Gespräch weiter voranzutreiben und zu lenken und bleibe einfach nur auf meinem Stuhl sitzen. […] Ich selbst spüre in diesem Augenblick, wie angenehm es ist, einfach nur gemeinsam zu sitzen und meine innere Ausrichtung auf ein gemeinsames Ausstellungsvorhaben weicht zunehmend einer offenen Aufmerksamkeit für die Schülerinnen und Schüler und das gemeinsame Geschehen. […]

Später

Wir befinden uns im Materialraum und ordnen die Werke. Es sind sehr viele plastische Arbeiten dabei, die wahllos zusammengedrängt in den Glasschränken liegen. Hier ein Haufen kleiner rötlich gebrannter Tonskulpturen, dort die Specksteinskulpturen, die sich schon etwas einfacher ihren ›Schöpferinnen‹ und ›Schöpfern‹ wieder zuordnen lassen. In einer anderen Ecke entdecken wir die schon fast in Vergessenheit geratenen Gips- und Tonmasken, die wir ganz am Anfang unseres Kurses gemacht haben. […]« (Engel 2011a, S. 101–103, Hervorhebungen BE).

Es handelt sich um ein Erinnerungsbild an eine Unterrichtssituation aus der »persönlichen Berufsbiographie« (Engel 2011a, S. 82): Engel hat den Leistungskurs zwei Jahre als Lehrerin begleitet und beschreibt die Situation aus ihrer eigenen Perspektive. Vorstellbar wird zunächst in den Kontext der Situation eingeführt, im Anschluss werden wichtige einzelne Momente des Geschehens herausgegriffen, das Handeln der Schüler_innen, deren Gesten treten erinnernd in Erscheinung, das Unterrichtsgespräch wird in kurzen Auszügen zitiert. Das Erinnerungsbild orientiert sich am zeitlichen Verlauf der Situation und vermittelt sprachlich einen lebendigen Eindruck vom Geschehen. Sehr genau werden Details wie Blicke und Körperhaltungen oder die Materialität der Dinge beschrieben, sodass neben der Abfolge des Geschehens auch Atmosphärisches (vgl. Pazzini 2015 zu *Stimmungen*) aufscheint. Obwohl es sich um eine Erinnerung handelt, ist das gesamte Erinnerungsbild erstaunlicherweise durchgehend in der Gegenwart geschrieben und vermittelt dadurch den Leser_innen, die selbst nicht dabei gewesen sind, eine spürbare Nähe zum Geschehen. Erinnernd wird die vergangene Situation *vergegenwärtigt*. Dabei fließt in das Erinnerungsbild nicht nur das ein, was im Klassenraum sichtbar gewesen ist und von dem Standort der Lehrerin aus beobachtet werden konnte, sondern immer wieder richtet sich der erinnernde Blick der Lehrerin auf sich selbst, auf eigene Wahrnehmungen, auf Irritationen und Fragen, die sich ihr in der Situation stellen. Die Beschreibung der anwesenden Schüler_innen, des Raumes und der Dinge ist dabei ganz eng verbunden mit der Wahrnehmung der Lehrperson. Lesende können Anteil nehmen an der Erinnerung, in der eine ungewohnte und durchaus auch konflikthafte Situation vergegenwärtigt wird.

Im Erinnern eine Aufmerksamkeit für das Singuläre und Unverfügbare entwickeln
Erinnerungsbilder sind besonders bedeutsam für mein Forschungsinteresse an Reflexionsweisen, die im Kontext der Lehrer_innenbildung auf die Wahrnehmung des Singulären und Unverfügbaren abzielen, weil sie sich in ihrer speziellen Ausrichtung auf *den Sinn des Ästhetischen im Unterricht* (Untertitel des Buches) auch mit dessen Entzug konfrontieren. Wir bekommen es mit einem Zugang zur Praxis zu tun, in dem dieser Entzug explizit thematisiert wird:

> »Eine an der Erfahrungswirklichkeit orientierte Forschungsarbeit, die über den Sinn des Ästhetischen im Unterricht reflektiert, steht vor dem grundsätzlichen Problem, wie sich der empirische Zugang zum Phänomen des Ästhetischen finden lässt. Der mehr oder weniger großen Distanz des Blicks der Forscherinnen und Forscher, der methodisch festzulegenden Verifizier- und Evaluierbarkeit der Verfahren sowie der Isolierung des Phänomens scheinen sich die mit dem Ästhetischen verbundenen Wahrnehmungen, Empfindungen und Entäußerungen systematisch zu entziehen.« (Engel 2011a, S. 166)

Hier wird eine Herausforderung zur Sprache gebracht, die – wie bereits dargestellt – im aktuellen Diskurs über Reflexion in der Erziehungswissenschaft kaum problematisiert wird: Beispielhaft wird am Ästhetischen gezeigt, dass sich der Gegenstand von Reflexion gerade im pädagogischen Kontext einem operationierbaren und instrumentellen Zugriff entziehe. Es seien die Distanz des Forscher_innenblicks, die im Vorhinein »methodisch festzulegende[n] Verifizier- und Evaluierbarkeit der Verfahren« und die »Isolierung des Phänomens«, die dazu beitragen, dass gerade die Bedeutungen des reflektierten Phänomens drohen, aus dem Blick zu geraten. **110** Vor allem drei Aspekte am Erinnerungsbild erscheinen mir mit Blick auf die Reflexion der pathischen Seiten des Lehrens und an dessen responsiver Struktur besonders bedeutsam:

— Erinnern wird als ein **spezifischer Modus der Reflexion** beschrieben, in dem der Entzug der reflektierten Phänomene besonders berücksichtigt wird,
— Reflexion wird als **Prozess der Anschauung und Anschaulichkeit** verstanden, der eng gebunden ist an die Aufmerksamkeit der Reflektierenden,
— dies spiegelt sich in der **intersubjektiven Selbstverortung** der_des Forscher_in/Lehrer_in wider. Die_der Reflektierende ist stets Teilhabende_r am Geschehen.

Die genannten Aspekte kommen dem Anliegen, sich auf die pathischen Seiten des Lehrens und Lernens einzulassen, entgegen.

Erinnern als spezifischer Modus der Reflexion Engel hat sich zu Beginn ihrer Forschungsarbeit nicht (wie oftmals üblich in empirischen Studien) für eine existierende Forschungsmethode entschieden und diese auf ihr Feld angewendet (vgl. ebd., S. 173), sondern sie hat in der Auseinandersetzung mit »der Bedeutung des Ästhetischen im Rahmen einer ›intersubjektiven Konstitution des Bildungsgeschehens im Unterricht‹« einen eigenen »Zugang zur Erfahrungswirklichkeit« (Engel ebd., S. 173) entwickelt. Dabei spielte die Eingebundenheit in die Situation als Lehrerin eine elementare Rolle. Ausgehend von eigenen Lehrerfahrungen wird ein Zugang zum Feld im Modus einer »teilhabende[n] Erhebung« (ebd., S. 83) vorgestellt. Dieser Zugang zeichnet sich dadurch aus, sich den eigenen pädagogischen Erfahrungen erinnernd zuzuwenden, die im Laufe einer mehrjährigen Tätigkeit als Lehrerin gemacht worden sind **111** – in Anlehnung an Hans-Georg Gadamers Philosophie (insbesondere *Wahrheit und Methode)* wird versucht, dem »Bleiben wichtiger Wahrnehmungen« (Gadamer zitiert in Engel 2011a, S. 83) **112** auf die Spur zu kommen:

> »Als leicht verdichtete Form der Situationsbeschreibungen dienen sie [Erinnerungsbilder **KB**] nicht nur dazu, die entscheidenden Informationen über die jeweiligen Situationen mitzuteilen, sondern auch der spürbaren Vermittlung einer inneren Qualität des Geschehens sowie dessen Vergegenwärtigung.« (Engel 2011a, S. 82)

Im Erinnern treten nicht alle Einzelheiten einer Situation in Erscheinung, sondern es zeigen sich vor allem bedeutsame Erfahrungen (vgl. Engel 2011a, S. 173 und 83; Engel 2018a, S. 4 f.), die auch nach längerer Zeit noch im Gedächtnis haften geblieben sind und in gewisser Weise geradezu nach Vergegenwärtigung drängen. Es ist keine »automatisierte Wahrnehmung« (vgl. Rumpf, zitiert in Engel 2011a, S. 85) **113** und kein »registrierender Blick« (Meyer-Drawe 2015a, S. 122), der sich im Erinnern auf das vergangene Geschehen richtet und der versucht, das erlebte Geschehen lückenlos und minutiös zu dokumentieren. Es ist vielmehr ein »*Aufspringen* der Erfahrung« (Engel 2020, S. 110) im Sinne eines Aufmerkens, das sich im zeitlichen Innehalten ereigne (vgl. ebd. u. S. 114) und mit einer Verzögerung einhergehe. In Erinnerungsbildern gehe es darum, »das, was sich in der zurückgewandten Wahrnehmung zeigt, zur Anschauung kommen zu lassen und damit auch mitteilbar zu machen«

110 Indem sich Engel der Frage widmet, welche Bedeutung dem Ästhetischen im Unterricht zukomme, geht es um einen Forschungsgegenstand, der per se mit einem Entzug konfrontiert und im aktuellen Professionalisierungsdiskurs der Erziehungswissenschaft nach wie vor marginalisiert wird (vgl. Kap. 2, S. 77 ff.).

111 Als Promovendin im Bielefeld-Kasseler Graduiertenkolleg *Schulentwicklungsforschung an Reformschulen* wurde sie gefragt, ob sie im Rahmen ihrer Promotion nochmals empirisches Material in der Schule erheben würde. Daraufhin habe sie geantwortet, dass sie das empirische Material nach über zehn Jahren Unterrichtserfahrung doch in sich trüge. Die Fülle an Erfahrungen und an erlebten Situationen im Unterricht haben Engel dazu angeregt, sich gerade nicht nochmals der Schule als empirisches Feld zuzuwenden, sondern die eigenen erinnerten Erfahrungen genauer in den Blick zu nehmen, um die darin verborgenen Bedeutungen des Ästhetischen für den Unterricht aufspüren zu können.

112 Gadamer, H.-G.: Wahrheit und Methode, Tübingen 1965, S. 334.

113 Rumpf, H.: *Die unbekannte Nähe – Über Entautomatisierung,* in: Zacharias: Sinnenreich, Hagen 94, S. 95.

(Engel 2011a, S. 174). Das Erinnern fordere eine ästhetische Wahrnehmung ein, das heißt ein Erinnern, das sich seiner selbst gewahr wird, ein »Erzählen des Erzählens« (ebd., S. 115, zitiert Waldenfels 2010a, S. 384). Im Innehalten werde es möglich, sich erinnernd aus den Bahnen »vermeintlich vertrauter Erfahrungen« heraus zu begeben (Engel 2018b, S. 147 ff.). Sich der eigenen Wahrnehmungen *im Erzählen* bewusst zu werden (vgl. Engel 2020, S. 109), wird dabei als ein zentrales Moment im Verstehensprozess herausgestellt:

> »In ihrem ›vorbewussten Charakter‹ sind sie [die Erinnerungsbilder **KB**] dem diskursiven Verstehen vorgelagert und somit weder durch dieses ersetzbar, noch selbst dieses ersetzen könnend. Ein Verstehen aber, das auf diese Vorstruktur verzichtet, berücksichtigt zumindest nicht diejenigen Einflüsse, die über die ins Spiel kommenden Vorurteile auch immer wirksam sind.« (Engel 2011a, S. 176)

Die Bedeutsamkeit der Wahrnehmungen hänge davon ab, schreibt Engel in Bezug auf Dagmar Weber, »dass wir begreifen, was uns ergreift« (Weber 1983 zitiert ebd., S. 173 f.). **114**

Im Erinnerungsbild wird genau das versucht: es wird versucht, der eigenen Wahrnehmung und den eigenen Vorannahmen, der eigenen Erfahrungen »spürend auf die Spur zu kommen«. Im »Verweilen« (vgl. Seel 1997, S. 30) und in der »Vergegenwärtigung« einer erinnerten Situation, könne etwas »in die Anschauung treten«, was sich unter Umständen einer nur diskursiven Annäherung entziehen würde und vielmehr auf eine Systematik angewiesen ist, die sich erst im Prozess selbst zu erkennen gibt (vgl. Engel 2011a, S. 176). Diesen Verstehensvorgang grenzt Engel bewusst von Forschungsmethoden ab, in denen es vor allem um »die empirische Wirklichkeit des Unterrichtsgeschehens« im Sinne eines von außen zu beobachtenden Geschehens gehe (ebd., S. 173). **115** Stattdessen werde geradezu ein umgekehrter Weg gegangen:

> »Dieser Zugang zur Erfahrungswirklichkeit macht die empirische Erschließung dann aber nicht zu einer Erhebungsmethode, die sich auf die Zukünftigkeit eines Unterrichtsgeschehens richtet, und sich dabei einer gewissen Zufälligkeit von Wahrnehmbarem und Beobachtbarem ausliefert, sondern man kann sagen, es geht im Blick auf den Sinn und die Bedeutung, die ein Geschehen ausmachen, gerade den umgekehrten Weg. Im Innehalten und in der sich dabei vollziehenden zurückwendenden Öffnung wird zunächst zugelassen, dass die Erfahrungswirklichkeit aus dem Sinn und den Bedeutungen heraus, die sie charakterisiert, in die Sichtbarkeit tritt.« (ebd., S. 173)

In der erinnernden Bezugnahme auf eine vergangene Praxis verhält sich Engels Zugang zum Feld fast gegenläufig zu vielen empirischen Forschungsmethoden. Während diese zumeist entwickelt werden, um ein noch *bevorstehendes Ereig-*

114 Weber, D. (1983): *Zum Problem des ästhetischen Erkennens bei W. Dilthey.* Ein Beitrag zu einer Theorie der Poetik als einer sich in sich entwickelnden Wirkungseinheit; Köln.

115 Hier geht es im Grunde um verschiedene Verständnisse des Empirischen. Auch Erinnerungen sind insofern empirisch, als dass sie sich auf ein stattgefundenes Geschehen beziehen.

nis möglichst systematisch zu erfassen, wird hier ein Zugang vorgestellt, um sich *rückblickend-narrativ der eigenen Erfahrung* und einem damit verknüpften *Erfahrungssinn* widmen zu können. Die zeitliche Distanz zum Geschehen und die damit verbundene Schwierigkeit, sich einem vergangenen Geschehen nochmals zuzuwenden und darüber einen Text zu schreiben, spielt eine entscheidende Rolle für den Erkenntnisgehalt dieses Vorgehens. Denn im Erinnern und in dem Versuch, die eigenen Erfahrungen treffend und anderen vorstellbar mitzuteilen, werde es möglich, »die Eigendynamik einer flüchtigen reflexiven Bewegung auszubremsen« (Engel 2020, S. 114) und auf die »Vorstruktur des eigenen Verstehens« (Engel 2018a, S. 112) aufmerksam zu werden. In der *Verzögerung* liege ein bildendes Potenzial, wie unter Bezug auf Andreas Dörpinghaus (2015) **116** und Hans-Georg Gadamer (1965) **117** begründet wird.
Doch das Schreiben des Erinnerungsbildes reiche allein noch nicht aus, um sich reflexiv auf eine erlebte Situation beziehen zu können. Dies wird an der Unterscheidung zwischen »Anschauung« und »Anschaulichkeit« deutlich (Engel 2020, S. 115). Das Erinnerungsbild selbst sei zunächst als eine »anschauende Vergegenwärtigung« zu verstehen, das heißt eine »zeigende Wirklichkeit einer konkreten Erfahrung« (Engel 2011a, S. 179). Diese müsse dann unter einigem Aufwand in eine »Anschaulichkeit« (ebd.) überführt werden.

Von der ›Anschauung‹ zur ›Anschaulichkeit‹: Theoretisierung und Kontextualisierung von Erinnerungsbildern Um einen Eindruck davon zu vermitteln, wie mit dem Erinnerungsbild vertiefend weitergearbeitet werden kann, zitiere ich nochmals einen längeren Auszug, der sich in dem Buch *Spürbare Bildung* (2011a) an das Erinnerungsbild über den Leistungskurs anschließt. Darin wird die ambivalente Position als involvierte und sich zurückziehende Lehrerin mithilfe theoretischer Bezüge reflektiert:

> »Dieser Moment einer sich seiner selbst bewusst werdenden Teilhabe an einem Vorgang in einem Moment des ›Innehaltens‹ und ›Aufmerkens‹ kann auch hier als mimetischer Impuls verstanden werden, den Chr. Wulf mit einem spontanen Einhalten der Aktivität charakterisiert. **118** Wichtig ist nun für den hier

116 Bezogen auf Dörpinghaus wird hervorgehoben, dass die Erfahrung einen eigenen Sinngehalt habe (Engel 2020, S. 112): »Dörpinghaus (2015) schreibt einem Wissen, das dem Singulären der Erfahrung entspringt, einen empirischen Gehalt zu, der sich allerdings von dem einer nomologisch ausgerichteten Empirie unterscheiden würde. Bildung habe über die ihr zugrunde liegende Erfahrung einen reflexiven Raum des Sinns und der Bedeutung, der nicht so ohne Weiteres mit dem des Empirisch-Nomologischen kompatibel sei« (vgl. ebd., S. 467).

117 Bezogen auf Gadamer schreibt Engel (Engel 2020, S. 112): »Erst in der Berücksichtigung dieser *Vorstruktur des Verstehens* und seiner *verhüllten Grundlagen* könnten auch die eigenen *Vorurteile*, die auf diesen Vorerfahrungen beruhen, wirklich ins Spiel gebracht und aufs Spiel gesetzt werden. Nur hierdurch könne es weiter zu einer Erhellung der hermeneutischen Situation als Ganzes kommen« (vgl. Gadamer 1965, S. 285 ff., Engel 2011a, S. 170 f.).

118 Fußnote in Engel 2011, S. 109: »Er bezeichnet ihn als ›... Überbrückung der Kluft zwischen Innen und Außen ... In dieser Bewegung gibt es einen Moment der Passivität, ein Innehalten der Aktivität, das für den mimetischen Impuls charakteristisch ist.‹ Wulf, Chr.; Gebauer, G.: *Mimesis.*

geschilderten Zusammenhang, dass sich in diesem Moment der innehaltenden Aktivität etwas vollzog, was für die weitere Entwicklung des Geschehens von entscheidender Bedeutung werden sollte. Rudolf zur Lippe hat solche Art des mimetischen Innehaltens auch in der ›Posa‹ des italienischen choreographierten Tanzes des Quattrocento wiedergefunden. Der Vorgang, der sich innerhalb der Posa vollzog, weist hinsichtlich der inneren Qualität des mimetischen Impulses Korrespondenzen zu dem hier geschilderten Geschehen auf, allerdings mit dem Unterschied, dass es sich im Tanz um einen geplanten Vorgang innerhalb eines metrischen Systems handelte, wohingegen es in der beschriebenen Stunde eher um eine spontane Antwort auf den relativ offenen Verlauf eines gemeinsamen Geschehens ging. Dennoch zeigt sich innerhalb der Posa ein anthropologisches Potential, das dabei behilflich sein kann, diesen Moment innerhalb des Geschehens in seiner Bedeutung für den weiteren Verlauf noch besser zu verstehen. ›In dem Innehalten der Tanzenden als ›Posa‹ wird Tanz seiner selbst gewahr. Es fällt nicht als bloßes Anhalten aus dem Fortgang heraus. Die Pausen sind präzis bestimmte Teile der rhythmischen Folge ... Sie stellen der Form eingeschriebene Freiräume dar, dieser sich integrierend durch einen Bezug, der nicht der Zufälligkeit eines bloßen Kontrastes entlehnt wurde. Aus solcher Unbestimmtheit wird es in den bestimmenden Zusammenhang gezogen, da es die Bedeutung gewinnt, den Augenblick der Sammlung am Ende eines Schrittes und der inneren Vorbereitung auf den nächsten zu bilden ...‹ **119**
Bedeutsam für ein mögliches Verstehen der von mir erinnerten Unterrichtsstunde ist, dass sich in diesen tänzerischen Momenten der ›Posa‹ nicht nur ein konkreter Bewusstseins- und Handlungsbezug der Tänzerinnen und Tänzer auf die Bewegungsfolge ihrer eigenen Tanzschritte im Ganzen und im Bewusstsein des Ganzen eines vorab festgelegten ›metrischen Systems‹ **120** vollzog, sondern dass sich in ihr zugleich eine grundsätzliche Möglichkeit als menschliche Disposition zeigte, in diesen Momenten des Innehaltens Bewusstes und Unbewusstes, Vorbewusstes, körperliche und geistige Gegenwärtigkeit, Vergangenes und Zukünftiges sich so in ein Vorstellungsganzes integrieren zu lassen, dass sich ein neuer, qualitativ veränderter Handlungsimpuls daraus entwickeln konnte. So war das Innehalten nicht bloß Unterbrechung des festgelegten Ablaufs im Sinne einer formalen Vergewisserung der tänzerischen Figuren, oder Pause im Sinne eines Abbruchs und eines Neubeginns, sondern ein Ruheimpuls gegen die vorangegangenen Bewegungsimpulse, als ›gefüllte Leere‹, in die hinein sich erst ein geistiges Bild des soeben Erlebten niederschlagen und zur Grundlage eines neuen Impulses für die folgenden tänzerischen Figuren werden konnte.« (ebd., S. 108–110)

Hamburg 1992, S. 395, Vgl. Kapitel III. 1 sowie IV in dieser Arbeit.«

119 Fußnote in Engel 2011a, S. 109: »Zur Lippe, R.: *Vom Leib zum Körper*, Reinbeck bei Hamburg 1988, S. 102«.

120 Fußnote Engel 2011a, S. 109: »Vgl. a.a.O. hierzu insbesondere das Kapitel über: ›Die Möglichkeit einer Einheit von Metrik und Mimesis‹, S. 95 ff.«.

Während es im Erinnerungsbild selbst darum geht, eine Situation rückblickend zur »Anschauung« kommen zu lassen, siedelt sich dieser Textauszug auf einer anderen Ebene an. Hier vollzieht sich der Übergang zur »Anschaulichkeit«, die aus dem »Verständnis eines umfassenderen, auch auf andere Unterrichtssituationen übertragbaren theoretischen Zusammenhangs« (Engel ebd., S. 179) hervorgehe. Engel interpretiert unter Bezug auf Christoph Wulf ihr Innehalten als eine mimetische Bewegung, in der Vergangenes und Zukünftiges zugleich präsent werden können. Aus leibphänomenologischer Perspektive **121** habe sich ein neuer Blick auf das gemeinsame Geschehen eröffnet, denn erst im Innehalten habe sich die leibliche Präsenz der Schüler_innen auf andere Weise zeigen können. Diese Präsenz sei Anlass zu einem anderen Verstehen der Schüler_innen gewesen (vgl. ebd., S. 110), ein Fremdverstehen, das seinen Anfang im »Ineinander« **122** genommen habe. Die Anschaulichkeit des Erinnerungsbildes wird aus seiner theoretischen Kontextualisierung und dem übergreifenden Vergleich verschiedener Erinnerungsbilder gewonnen. Theoretische Bezüge und Vergleiche **123** regen dazu an, die »Komplizenschaft mit der Erfahrung« **124** im produktiven Sinne brüchig werden zu lassen, um zu einem Bewusstsein für die »eigene[n] biographische[r], gesellschaftliche[r] und historische[r] Situierung« zu gelangen (Engel 2020, S. 118). Durch den Prozess des Vergleichens unterschiedlicher Erfahrungsbezüge schälen sich die Zusammenhänge heraus und vollzieht sich eine Distanzierung. Die Distanzierung stellt einen notwendigen Schritt dar, um den eigenen, oftmals verborgenen Vorannahmen und Vorurteilen, die sich in den eigenen Blick auf Praxis einschreiben, auf die Schliche kommen zu können. Doch das, worum es geht, bleibt unauflösbar mit der eigenen Erfahrung verbunden. Die Theorie dient einem differenzierteren Verständnis der eigenen Wahrnehmung und des eigenen pädagogischen Handelns. Dass dem Innehalten und der Vergegenwärtigung eine mimetische Dimension innewohnen und erst dadurch ein neuer Raum entstehen kann, an dem auch die Schüler_innen in anderer Weise teilhaben können, zeigt sich in der theoriegestützten Analyse des Erinnerungsbildes.

Zur intersubjektiven Selbstverortung der reflektierenden Lehrperson Mit dem Erinnerungsbild wird eine Reflexionsweise vorgestellt, die sich nicht um ein von den Anderen losgelöstes Verstehen einer pädagogischen Situation bemüht, sondern in der im Reflektieren selbst explizit Fragen zur Subjektivität des pädagogischen

121 Engel bezieht sich auf Meyer-Drawe (2002): *Leiblichkeit und Sozialität*, München, S. 134.

122 Engel bezieht sich auf Lippitz (1993): *Phänomenologische Studien in der Pädagogik*, Weinheim.

123 Im Vergleich verschiedener Erinnerungsbilder können »verallgemeinerbare Entwicklungsstrukturen« (Engel 2011a, S. 178) entdeckt werden (die folgenden Stichworte entsprechen den einzelnen Kapitelüberschriften, vgl. Engel 2011a, S. 10): *(1) Das Verstehen beginnt mit dem Anderen; (2) Ankommen am gemeinsamen Ort und Öffnung zur neuen Erfahrung; (3) Verstehen heißt Nachvollziehen und Vorstellen, was der Andere meint; (4) Vermitteln heißt Spürbar- und Sichtbar-Werden-Lassen, worum es geht; (5) Sinnentdeckung und neues Verstehen im Blick zurück; (6) Gelingender Unterricht heißt, gemeinsam an einer neuen Entwicklung teilhaben* und so weiter.

124 Engel bezieht sich auf Waldenfels (2010a): *Sinne und Künste im Wechselspiel. Modi ästhetischer Erfahrung*, Frankfurt a. M., S. 181.

Blicks und des pädagogischen Ethos berührt werden. Pädagogisches Verstehen wird im Erinnerungsbild nicht von der eigenen Teilhabe der Lehrenden am Geschehen entkoppelt. Mehr noch: Die Verwobenheit der reflektierenden Lehrperson in die pädagogischen Prozesse wird selbst zum Gegenstand und zum Movens der Reflexion. Im Erinnern vollzieht sich ein Innehalten, das sich nicht nur in einem methodischen Sinne dafür bedeutsam zeigt, sich den eigenen und flüchtigen Unterrichtserfahrungen überhaupt annähern zu können, sondern das Innehalten hat ganz unmittelbar auch mit der pädagogischen Verantwortung der reflektierenden Lehrperson zu tun. Denn die Teilhabe am Geschehen (das wird besonders in dem zitierten Erinnerungsbild deutlich) sei Grundlage dafür, dass sich überhaupt mit Schüler_innen eine »gemeinsame[n], wahrnehmungsoffene[n] Handlungs- und Lernsituation« (Engel 2011a, S. 82) entwickeln könne und so die potenziellen Bedürfnislagen der Schüler_innen ernstgenommen werden können.

Dass in der Reflexion das eigene Involviertsein nicht ausgegrenzt, sondern im Gegenteil zu einem konstitutiven Moment gemacht wird, erscheint mir auch für mein Forschungsinteresse an den pathischen Seiten des Lehrens von wesentlicher Bedeutung: Denn vom Pathos (vgl. Waldenfels) zu sprechen, bedeutet, insbesondere denjenigen Momenten Aufmerksamkeit zu schenken, in denen sich etwas ereignet, das vom Anderen herrührt und von woanders herkommt (jenseits der eigenen Absicht und Steuerung). Pathisches ist immer dann im Spiel, wenn etwas affiziert und ganz unvermittelt trifft. Sich für die pathischen Seiten am Lehren zu interessieren, diese reflexiv zugänglich zu machen und in ihrer pädagogischen Bedeutung erkunden zu wollen, kann im Grunde nicht losgelöst von den Schüler_innen als Gegenüber und von dem Eingebettet-Sein in die Situation und Kommunikation als Lehrperson gedacht werden. So erscheint es mir besonders fruchtbar, sich die Grundlage des Erinnerungsbildes – nämlich das Bewusstsein der Intersubjektivität in pädagogischen Praxiszusammenhängen – noch etwas genauer anzuschauen.

Vor allem im erinnernden Innehalten werde es möglich, dass die Anderen jenseits einer absichtsvollen Bezugnahme in den Blick geraten:

> »Den Blick auf das Vermittlungsgeschehen als ein intersubjektives Erfahrungsgeschehen zu richten, bedeutet […], dass die pädagogisch-didaktische Intentionalität im Bewusstsein der eigenen Teilhabe einen Schritt zurücktritt und sich damit nicht mehr ungebremst und direkt auf die zu Belehrenden und ihre zu entwickelnden Kompetenzen – als personaler Zugriff – richtet, sondern auf die Lern- und Vermittlungssituation als eine gemeinsame Lebenssituation und ihr Gelingen.« (Engel 2011a, S. 82)

Die Forscherin, gerade weil sie auch Lehrerin ist, verortet sich selbst als Teilhabende *im* pädagogischen Geschehen. Die sprachliche Form des Erinnerungsbildes, die aufscheinenden Unsicherheiten und Fragen zeugen von einem hohen Maß an »Einlassung« auf die Anderen und die gesamte Situation. Die Reflexionsarbeit, wie sie im Erinnerungsbild performativ wird, entsteht mit dem Bewusstsein, als Lehrer_in in ein intersubjektives Geschehen eingebunden zu sein (vgl. ebd., S. 191):

> »In dem Bewusstsein, sich aus dieser Situierung grundsätzlich nicht entlassen oder befreien zu können, bleibt der Vorgang des Fremdverstehens damit grundsätzlich mit dem Vorgang des Selbstverstehens verbunden. Dieses bewusste Gegründetsein des Verstehens in der Intersubjektivität des eigenen Seins bedeutet, dass sich hermeneutisches Verstehen nicht ausschließlich auf ein scheinbar isolierbares und vermeintlich vollständig erschließbares Objekt der Erkenntnis, sondern immer auf das Ganze einer zu ›erhellenden Situation‹ zu richten hat. Erst damit erschließt sich auch die Chance zu einer hermeneutischen Erschließung des Objektes durch eine Differenzierung zwischen dem Eigenen und dem Anderen zu gelangen.« (ebd., S. 169)

Sowohl die Schüler_innen als auch die Lehrerin tauchen im Erinnerungsbild als Beteiligte auf, die an der Entstehung und an dem Verlauf der Situation Anteil tragen. In der Auseinandersetzung mit der eigenen Erfahrung und der eigenen Teilhabe am Geschehen, anders: »im Aufmerken« auf das eigene Erleben, können Spuren zu einer reflexiven pädagogischen Praxis entdeckt werden (Engel 2020, S. 113). Damit wird Reflexion zur Voraussetzung eines pädagogischen Handelns, das sich als Wechselspiel zwischen Lehrenden und Schüler_innen begreift. Engel spricht von »intersubjektiv«, mit Waldenfels könnte diesbezüglich auch von »responsiv« gesprochen werden. **125**

Für Reflexionsprozesse im pädagogischen Kontext sei es besonders fruchtbar, diese Eingebundenheit der Reflektierenden in die zu reflektierenden Zusammenhänge zu berücksichtigen. Sie sollten gerade nicht aufgelöst werden, da es in erziehungswissenschaftlicher Forschung und Reflexion mehr als in anderen Disziplinen auch um Fragen einer »ethisch zu verantwortenden Handlungspraxis« gehe (Engel 2019, S. 50). Diese Teilhabe am Feld werde methodologisch insbesondere dann relevant, wenn die Forschenden bzw. Reflektierenden selbst in der Praxis pädagogisch-didaktische Verantwortung tragen (vgl. ebd., S. 50). Durch eine Reflexion, in der die Bezugnahme auf die Anderen nicht von der eigenen Perspektive und Teilhabe der Lehrperson entbunden wird, kann sich eine Aufmerksamkeit für die Anderen und die gemeinsame Kommunikation entwickeln, die auch für ein aufmerksames pädagogisches Handeln selbst von grundlegender Bedeutung sei.

Vignetten als reflexiver Zugang zu pädagogischer Praxis

Bei dem zweiten bedeutsamen Beispiel im Rahmen des Forschungsstandes handelt es sich um sogenannte *Vignetten*. Vignetten als forschender Zugang zum Schulunterricht sind in den vergangenen Jahren vor allem an den Universitäten in Innsbruck, Bozen und Wien entwickelt worden (vgl. Schratz/Agostini/Risse 2018; Agostini 2016a). »Phänomenologisch orientierte Vignetten« **126** können verstanden

125 Engel verwendet diesen Begriff selbst auch in aktuellen Publikationen (siehe u. a. Engel 2019, S. 49; Engel 2020, S. 115).

126 Diese Ausrichtung ist eine spezielle methodisch-methodologische Ausrichtung, die vor allem an den Universitäten in Bozen und Innsbruck entwickelt wird (vgl. Agostini 2016a; Agostini 2017; Agostini/Schratz/Risse 2018).

werden als »kurze prägnante Erzählungen, die (schulische) Erfahrungsmomente fassen« (Schratz/Schwarz/Westfall-Greiter 2012, S. 34). Vignetten erscheinen mir deshalb wichtige Einsichten in eine Reflexionsweise zu eröffnen, die sich auf die pathischen und unverfügbaren Seiten am Lehren bezieht, weil sowohl beim Verfassen als auch bei ihrer Lektüre auf eine sehr vorsichtige und behutsame Weise versucht wird, den Schüler_innen als Andere und ihren eigenen Ansprüchen auf die Spur zu kommen. Vignetten gründen auf einem responsiven Lehrverständnis, das sich einem »gemeinsamen Erfahrungsvollzug[s]« verpflichtet sieht und »auf schulische Situationen antwortet«, in die man selbst als Lehrperson verwickelt ist (ebd.).
Wie Erinnerungsbilder wurden Vignetten zunächst als eine Methode im Forschungskontext entwickelt. Aktuell werden sie zunehmend auch als Reflexionsmöglichkeit in der Lehrer_innenbildung und der Lehrer_innenfortbildung untersucht und etabliert (vgl. Agostini 2017; vgl. Agostini/Schratz/Risse 2018; Agostini/Bube 2021). Die methodische Arbeit mit Erinnerungsbildern und Vignetten hat große Schnittmengen, da der Umgang mit beiden Textformen auf den Potenzialen der sinnlich-leiblichen Erfahrung für pädagogisches Verstehen aufbaut und sich durch eine besondere sprachliche Dichte und Intensität der Situationsbeschreibung auszeichnet.
Gleichzeitig unterscheiden sie sich in einigen Punkten signifikant, was beispielsweise die Positionierung der Schreibenden betrifft. Anders als in Erinnerungsbildern ist es nicht die Stimme der sich erinnernden Lehrer_in, die einer haften gebliebenen Erinnerung verhilft, in Erscheinung zu treten, sondern Vignetten werden von Forschenden verfasst, die am Unterricht einer anderen Lehrperson wahrnehmend teilhaben. Umso erstaunlicher ist es, dass auch hier aus einem für das pädagogische Geschehen im Grunde externen Blickwinkel ein derart »stimmungsvoller« (Meyer-Drawe 2016a, S. 16) Text entsteht. Vor dem Hintergrund von Beobachtungsprotokollen und Feldnotizen, wie sie in der qualitativen Sozialforschung zu finden sind, deutet sich in der Vignettenforschung an, wie eine Methode aussehen kann, durch die sich außenstehende Forschende den Erfahrungen von Anderen auf intensive Weise, teilhabend und wahrnehmend annähern können.

Bevor also die Analogien und Differenzen zwischen den beiden Formaten genauer in den Blick genommen werden, soll zunächst der Fokus auf die Vignetten selbst und ihre Spezifika gerichtet werden. Auch hier zitiere ich einführend eine Vignette in ihrer gesamten Länge, um einen anschaulichen Eindruck von dieser Weise der Annäherung an die Erfahrungen Anderer vermitteln und anschließend mit Blick auf mein Forschungsanliegen diskutieren zu können.

Beispiel einer Vignette 127

»Pako, Frau Prinoth
Schnellen Schrittes betritt Frau Prinoth das Klassenzimmer. »Please, take your workbooks out!«, ordnet sie an die Klasse gewandt an. Die Schüler ziehen ihre Übungshefte aus ihrem Ablageheft unter dem Tisch oder der Schultasche hervor. Mit gebeugtem Rücken und gesenktem Kopf zieht Frau Prinoth ihre Runde durch die Klasse und wirft einen schnellen Blick in die geöffneten Hefte. Am Tisch von Pako angelangt, richtet sie sich kerzengerade auf: »Nicht schon wieder!«, seufzt sie laut. Auf dem Tisch von Pako liegt kein Heft. Ratlos löst Pako die Augen von seiner Schulbank und sieht Frau Prinoth an. »You are at two point five. Next time it's five!«, stößt sie mit schriller Stimme aus. An die Klasse gewandt erklärt sie: »We correct it very quickly, so we start now with number ten.« Einige Arme schnellen in die Höhe. Frau Prinoth ruft unterschiedliche Schüler auf, und diese lesen abwechselnd Sätze des Lückentextes vor. Pako nicht. Er sitzt zusammengesunken auf seinem Stuhl, hat die langen Beine angezogen und die Hände unter der Schulbank versteckt. »Pako, you can do it, even if you don't have the homework«, hallt es durch die Klasse. Pako schreckt auf und versucht, einen Blick in das Heft seines Mitschülers zu erhaschen. Eilig nimmt er sein Workbook aus der Schultasche und löst stockend eine Übung. Nach der Verbesserung der Hausaufgabe gibt Frau Prinoth noch einige Hinweise für die bevorstehende Klassenarbeit: »Damit sich die schwachen Schüler besser vorbereiten können«, betont sie mit einem Seitenblick zu Pako. Pakos Augen kleben an seinem Tisch. Er rührt sich nicht. Erst als die Lehrerin Anweisungen für eine Übungsaufgabe gibt, die in der Klasse gelöst werden soll, nimmt auch er ein weißes Blatt aus seiner Mappe, legt es vor sich auf den Tisch und überträgt eine Übung aus dem Buch auf sein Blatt. Eine weitere Runde in der Klasse drehend wirft Frau Prinoth von hinten einen Blick auf Pakos Blatt. Erneut stößt sie einen tiefen Seufzer aus: »Nicht bei jedem Satz eine neue Zeile nehmen, ansonsten gibt's eine Einkaufsliste!«, ruft sie genervt aus. Nach einer kurzen Pause fügt sie für alle hinzu: »Ist das klar?« (Baur/Peterlini 2016, S. 125 f.)

Die zitierte Vignette beschreibt eine Szene aus einer Englischstunde und fokussiert dabei die Interaktion zwischen der Lehrerin und einem Schüler. Es wird eine Begebenheit im Englischunterricht beschrieben, in der eine Lehrerin genervt auf einen Schüler reagiert, der offenbar zum wiederholten Mal seine Hausaufgaben

127 Es gibt auch eine Vignette aus dem Kunstunterricht, die ich aber mit Blick auf mein Forschungsinteresse für nicht so interessant halte, weil es darin nur am Rande um die Lehrperson und ihr pädagogisches Antworten auf die beteiligte Schülerin geht (vgl. Agostini 2016a, S. 254). Daher habe ich mich hier für eine ›fachfremde‹ Vignette entschieden, in der eine konflikthafte Situation zwischen einer Lehrerin und einem Schüler zur Sprache gebracht wird. Daran lassen sich besonders gut wesentliche Grundmomente der Vignette entfalten.

vergessen hat. Mehrfach wendet sich die Lehrerin im Verlauf des Unterrichts an den Schüler und gibt offenkundig zu verstehen, dass sie von seinem Verhalten enttäuscht und verärgert ist. Die Verärgerung spiegelt sich nicht nur darin wider, *was* sie sagt, sondern vor allem auch dadurch, *wie* sie es zum Ausdruck bringt: mit »schriller« Stimme, »seufzend« und in »kerzengerader« Körperhaltung. Die Lehrerin reagiert »auf alle Handlungen von Pako in einer ablehnenden Art und Weise« (Agostini/Schratz/Risse 2018, S. 34). Neben wortwörtlichen Zitaten der Lehrerin zeugen auch ihre leiblichen Artikulationen davon: stimmlich, gestisch, anhand ihrer Blicke und Körperhaltung schlägt sich in unterschiedlicher Form ihre wiederholte Kritik an dem Schüler nieder. Der Schüler selbst tritt in der Vignette ausschließlich über die Beschreibung seines Leibes in Erscheinung – anders als von der Lehrerin taucht kein Zitat seinerseits auf. Sehr detailliert wird beschrieben, wie er »zusammengesunken« auf dem Stuhl sitzt, wie er »aufschreckt«, als er aufgefordert wird, sich am Unterrichtsgespräch spontan zu beteiligen, wie er »eilig« sein Workbook herausholt, wie »seine Augen auf dem Tisch kleben« und »er sich nicht rührt«. Der Schüler, um den es in dieser Vignette geht, wirkt angesichts der Adressierung durch die Lehrerin beschämt und verunsichert.

Anhand dieser Vignette – und dabei ist es unerheblich, ob es sich um eine fachfremde Vignette handelt – lassen sich wichtige Merkmale dieses reflexiven Zugangs zu pädagogischer Praxis thematisieren. Ähnlich wie beim Erinnerungsbild ermöglichen Vignetten eine Bezugnahme auf das Geschehen in zwei Schritten: zunächst durch das **Schreiben der Vignette** und anschließend durch die **Lektüre der Vignette**, das heißt durch die theoriegestützte und interpretative Begegnung mit der beschriebenen Situation. Dazwischen findet eine untersubjektive Validierung statt, indem gemeinsam mit anderen Forschenden nachgespürt wird, ob der wahrgenommene Erfahrungssinn der schreibenden Person sprachlich zum Ausdruck gebracht werden kann. Ein (weiterer) anderer Blick kommt hinzu. Zunächst soll kurz in den Begriff *Vignette* eingeführt werden, um daran anschließend das methodische Vorgehen genauer zu beschreiben.

Vignetten: Anmerkungen zum Begriff und zu Zielvorstellungen

Der Begriff ›Vignette‹ leitet sich aus dem Französischen ›vigne‹ und ›vignette‹ ab. Der Begriff wird in unterschiedlichsten Bereichen verwendet: Er taucht im Weinhandel auf und bezeichnet dort bestimmte Rebsorten und die ausgeschmückten Etiketten von Weinflaschen. In der Kunstgeschichte wird der Begriff zur Bezeichnung von ornamentalen Gebilden aus der Buchkunst sowie für Miniaturmalereien aus dem 19. Jahrhundert verwendet. In der fallorientierten Ethnografie werden unter dem Stichwort der ›Fallvignette‹ (vgl. Wernet 2006) vielfach Kurztexte und kurze Situationsbeschreibungen bezeichnet (vgl. Agostini 2016a S. 56; Agostini 2020b, S. 153 u. 158 f.). Im Folgenden beziehe ich mich auf ein spezifisches Verständnis von Vignetten, wie es der »Brixener und Innsbrucker Vignettenforschung« zugrunde liegt: In dieser Verwendungsweise sind Vignetten zu verstehen als »kurze, prägnante Erzählungen«

(Schratz/ Schwarz/Westfall-Greiter 2012, S. 34) mit szenischem, beispielhaftem, narrativen und ästhetischem Charakter. Sie handeln von »alltägliche[n] und scheinbar unscheinbare[n] Ereignissen« (Agostini 2016a, S. 56). Sie werden als »Anekdoten erlebter Erfahrung« (ebd., S. 57) beschrieben, deren »anschauliche Dichte« (ebd.) sich aus »protokollierten Erfahrungen *in medias res*« speise und daher auf »*tatsächlichen* Erfahrungen« beruhe (ebd.). Schratz, Schwarz und Westfall-Greiter heben hervor:

> »Sie [Vignetten **KB**] gleichen Schnappschüssen, die dynamisches Handeln von Personen in konkreten Situationen herausnehmen und im Festhalten fixieren. In unserem Fall ist das ein Aufschreiben und erzählendes Beschreiben. Erst im Benennen rückt das Erfahrene als Gegenstand der (wissenschaftlichen) Betrachtung ins Licht, aber auch Unbekanntes und Überraschendes geraten dadurch in den Blick. [...] Gleich einem Photo halten die Vignetten einen Erfahrungsmoment fest und fixieren ihn sprachlich in seiner bestechenden Wirkung.« (Schratz, Schwarz und Westfall-Greiter 2012, S. 35)

Vignetten **128** werden als ein »erzählendes Beschreiben« (Agostini 2016a, S. 55) charakterisiert. Wie das zitierte Beispiel über den Schüler Pako sind auch andere Vignetten zeitlich in der Präsenzform geschrieben, um eine »besondere[...] ästhetische[...] Bedeutungsfülle« zu erzielen (Agostini 2016a, S. 55). Die Schreibenden selbst tauchen dabei nicht in der Ich-Form auf, sondern schreiben über ihre eigenen Wahrnehmungen und Beobachtungen in der dritten Person. Es ist nicht immer ausgewiesen, wer Urheber_in einer Vignette ist **129** (anders ist das bei der Interpretation). In Vignetten wird versucht, parallel laufende Geschehnisse in ihrer Dichte und Simultanität darzustellen. Es geht um den Versuch, »die Gleichzeitigkeit von erlebten Erfahrungen« (ebd.) wiederzugeben. Die Vignette entsteht im Verhältnis zum eigenen Leib und der Situiertheit im Geschehen.

Vignetten sind für meine Forschungsfrage bezüglich einer reflexiven Annäherung an die pathischen Seiten des Lehrens von großer Bedeutung. Gerade weil sie sich durch eine besondere »Vieldeutigkeit und Dichte« (Agostini 2017, S. 25) auszeichnen und weil versucht wird, auf häufig »vernachlässigte Vollzüge« (ebd.) im Lehr-Lernprozess zu fokussieren, widmen sie sich Bedeutungsebenen im Unterricht, die sich jenseits von Verfügungsmacht, Planung und pädagogischer Steuerung ereignen. In der Arbeit mit Vignetten (sowohl beim Schreiben als auch bei ihrer Lektüre)

128 Hier ist die Rede von einem phänomenologisch orientierten Verständnis von Vignetten. Es sind nicht Vignetten gemeint, wie sie beispielsweise in der Ethnografie Verwendung finden (vgl. Schulz 2010, S. 171 ff. zitiert in Agostini 2016a, S. 58). Auch unterscheide sich das Verständnis von Vignetten von anderen ähnlichen Formaten wie der »dichten Beschreibung« (vgl. Geertz 1999, S. 9). Bei der dichten Beschreibung gebe es – anders als bei den Vignetten – beispielsweise eine klare Schrittigkeit (vgl. Geertz 1999, S. 20 ff.). Zudem heben sich Vignetten von »dichten Beschreibungen« ab, indem sie intersubjektiv entstehen, d. h. im Austausch mit anderen.

129 In dem Buch *An der Seite des Lernens* (2016) von Siegfried Baur und Hans Karl Peterlini sind zahlreiche Vignetten versammelt, die in der Forschungsgruppe um Michael Schratz und Siegfried Baur entstanden sind. An der Forschungsgruppe hatten Evi Agostini, Doris Kofler, Helmuth Màtha, Barbara Saxer und Gerda Videsott teil. Während die Vignetten jeweils nicht namentlich gekennzeichnet werden, werden die dazu entstandenen Lektüren immer einer Autor_in zugeordnet.

werden Ebenen von pädagogischen Situationen aufgedeckt, die sonst dem gewohnten Blick von Lehrer_innen im Unterricht häufig verborgen bleiben und die in bemerkenswerter Weise mit pathischen Dimensionen pädagogischer Praxis zu tun haben. Besondere Aufmerksamkeit kommt dabei den leiblichen Dimensionen des Unterrichtsgeschehens zu, um die darin eingeschriebenen Sinnüberschüsse für die Reflexion der jeweiligen Situation zugänglich und nutzbar zu machen. Evi Agostini bemerkt, dass es die »Choreografie der Blicke und die leibkörperlichen Bewegungen der Handelnden im Raum und Zeit [sei], die eine Polyfonie freizusetzen vermögen und die einen zweiten oder dritten Blick verdienen« (ebd.). Mit der Vignettenforschung ist das Ziel verbunden, »eindrückliche Physiognomien« und »die Bindung an vertraute Prämissen« zu befragen. Auf routinierte Verweisungszusammenhänge, so eine zentrale These, soll mithilfe von Vignetten anders geblickt werden können. Doch damit sich diese Seiten an pädagogischen Situationen überhaupt zeigen und sich darüberhinaus auch in der Vignette niederschlagen, bedürfe es, bemerkt Meyer-Drawe, einer besonderen »Sprachkunst« (2012c, S. 14). **130** Das Vignetten-Schreiben gestaltet sich alles andere als einfach, denn es kann nicht auf eingeschliffene Sprachroutinen und Floskeln zurückgegriffen werden, um das zu beschreiben, was sich unerwartet ereignet und was plötzlich berührt. Vielmehr gehe es darum,

> »Vignetten [...] aus der Perspektive dessen [zu schreiben], der miterfahren möchte, was er gerade selbst nicht erlebt. Es geht um die Erfahrungen von Lernenden, wie sie in der Erfahrung der Vignettenschreiber/innen gegeben sind.« (Meyer-Drawe 2016a, S. 16)

Vignetten schreiben

Sprachlich bewegen sich Vignetten jenseits »eines definitorischen Anspruchs« (Meyer-Drawe 2012c, S. 14) und fordern zu einer »Präzision« auf, durch die nicht nur Aussagen und Geschehensverläufe im Unterricht »rekonstruiert« werden können, sondern durch die darüber hinaus auch eine *»sinnliche Beteiligung«* (Agostini 2016a, S. 57) widergespiegelt werden könne. Mithilfe eines variantenreichen und bildhaften Vokabulars ziele das Schreiben von Vignetten darauf ab, *»(vor-)reflexive ›Widerfahrungen‹* mit all ihren pathischen Elementen in den Mittelpunkt der Betrachtungen [zu] rücken« (ebd., S. 58). »Präzision« bezieht sich in diesem Verständnis also nicht darauf, eine stattgefundene Situation möglichst genau im Sinne eines Ablaufs wiederzugeben, sondern Vorstellungen von Präzision haben hier vor allem damit zu tun, möglichst dicht und präsentisch die »Vielschichtigkeit, Fülle und Lebendigkeit gelebter Erfahrungen und die Gestimmtheit der Situation« zu vermitteln sowie die für die Szene notwendigen Kontextinformationen bzw. direkte Reden präzise wiederzugeben (ebd., S. 58). Die Vignette wird als »Klangkörper gelebter

130 Meyer-Drawe hat der Forschungsgruppe um Michael Schratz beratend zur Seite gestanden. Umfänglich wird auf die Texte Meyer-Drawes Bezug genommen (Agostini 2016a, 2017), wie auch Meyer-Drawe selbst Texte im Kontext der Vignettenforschung veröffentlicht hat bzw. auf Vignetten in ihren Texten Bezug nimmt (z. B. Meyer-Drawe 2013a).

Erfahrungen« (ebd., S. 55) beschrieben, die darauf abziele, in ihrer spezifisch metaphorischen Sprachlichkeit »Sinn- und Bedeutungsüberschüsse« (ebd., S. 58) pädagogischer Situationen hervortreten zu lassen und diese damit auch sowohl den Forschenden selbst als auch den Lesenden zugänglich zu machen – erst dadurch, so die zentrale These, öffnen sich Perspektiven auf Phänomene, die sonst im alltäglichen Unterricht weitgehend verborgen und unbeachtet bleiben (vgl. Schratz/Schwarz/Westfall-Greiter 2011, S. 32 f; auch Agostini 2016a, S. 58):

> »Besondere schulische Erfahrungsmomente, in denen im leiblichen Respondieren auf das Wahrgenommene der Erfahrungshorizont irritiert, durchkreuzt und enttäuscht wird, werden von den Erfahrenden in Vignetten sprachlich verdichtet.« (Agostini 2017, S. 26).

Um auf diese Erfahrungsmomente als Schreibende_r überhaupt aufmerksam werden zu können und einen damit verbundenen Überschuss zu Tage fördern zu können, kommt es auf die Position der schreibenden Person und ihr Verhältnis zur Situation sowie zu den Anderen an. Obwohl es sich um eine forschende Perspektive handelt, wird die Teilhabe der Forschenden am Unterricht im Vignettenschreiben nicht getilgt oder methodisch objektiviert, sondern sie wird zur Grundvoraussetzung dafür, sich überhaupt aus forschender Sicht einem pädagogischen Geschehen und den darin involvierten Personen annähern zu können. Diese Annäherung vollzieht sich über die eigene Erfahrung:

> »Je nach Standort oder Interessen, je nach Wahrnehmungs- und Erfassungsmodus, aus der Nähe oder aus der Ferne, erscheint die in den Vignetten verdichtete Erfahrungssituation dabei jeweils anders. Auch wenn das gelungene Werk der Vignette zur Vervielfachung von Wahrnehmungs- und Erfahrungsmöglichkeiten führt, zeigt sich durch die Komposition der Erfahrung anhand des Handlungsgeflechts doch, woraus der/die Vignettenschreiber/in im pädagogischen Feld den Blick gerichtet hat und worauf nicht.« (ebd., S. 25)

In Vignetten richtet sich der Blick immer auf »bestimmte schulische Erfahrungen« (ebd., S. 25) **131** – meist handelt es sich um Situationen, in denen die Vignettenschreibenden selbst gelernt haben. Dabei gerät neben der Situation immer auch der Blick der Person ins Bild, die die Vignette geschrieben hat. Kern des Vignetteschreibens ist nicht der Versuch, ein Phänomen im Unterricht *als solches* sprachlich zu erfassen oder ein Problem zu identifizieren und zu erklären (vgl. Meyer-Drawe 2016a, S. 16), sondern zuallererst dem auf die Spur zu kommen, *wie etwas als etwas Bestimmtes* in Erscheinung tritt (vgl. Agostini 2017, S. 25). Jenseits der Erfassung eines objektiven Ist-Zustandes oder bestimmter »Bestände« (vgl. Meyer-Drawe 2010a) gehe es darum, wie im Blick des Wahrnehmenden Etwas zu einem bestimmten Etwas *wird*. Noch anders formuliert: Vignetten können nachvollziehbar machen, wie eine Begebenheit im Unterricht einen *Sinn empfängt* (vgl. Agostini 2017, S. 25

131 Zunehmend werden auch außerschulische soziale Erfahrungssituationen in den Blick genommen. Beispielhaft steht dafür die Zusammenarbeit von Evi Agostini und Agnes Bube, bei der Vignetten im Museum verfasst werden (vgl. Agostini/Bube 2020).

in Bezug auf Waldenfels 2004a, S. 813 ff.) und *als Lernerfahrung* einer Schüler_in beispielsweise in die Aufmerksamkeit gerät. Auch Meyer-Drawe merkt bezogen auf Vignetten an, dass diese »nicht nur eine differenzierte Beschreibung einer Szene [sind], sondern die Auswahl, Präsentation und Darstellungsweise verrät die Lesart der Forschenden« (Meyer- Drawe 2012c, S. 13). Ziel ist es, als Vignettenschreiber_in der Situation, den daran Beteiligten, den wahrgenommenen Bewegungen und Artikulationen in ihrer Vielschichtigkeit nachzuspüren. Dieses Nachspüren führt auf sprachlicher Ebene dazu, weniger eine »adäquate Explikation von Begriffen« anzustreben, sondern vielmehr »assoziativ[e] Bedeutungskonnotationen freizusetzen« (Agostini 2017, S. 27). Das erfordert, sich selbst von der Situation berühren und anstecken zu lassen und diese »miterfahrene Erfahrung« (Peterlini 2016, S. 23) zu verschriftlichen. Diese Art des Schreibens brauche Übung und gelinge meist erst nach einer Reihe von Schreibversuchen, Umformulierungen (vgl. Agostini 2017, S. 27) und im Austausch mit Anderen. Eine Herausforderung sei es insbesondere auch deshalb, weil es einer Sprache bedarf, die dafür geeignet ist, sich der Vielfalt sinnlicher Phänomene anzunähern und die hilft, »Nuancen des Wahrnehmens, Sprechens und Denkens« in geeigneter Weise wiederzugeben (ebd.). So verwundert es nicht, dass Vignetten beschrieben werden als ein produktives »Ringen mit der Sprache«, einer »widerborstigen und knotigen Sprache« (ebd.), durch die Lernen in seiner Komplexität und seiner »Verstrickung mit der Welt« beschreibbar werden kann:

> »Derjenige Sprachgebrauch muss aufgesucht werden, der es erlaubt, sich den an- oder abwesenden Dingen diskret aufmerksam und behutsam zu nähern, mit Respekt vor dem, was die Dinge wortlos mitteilen.« (ebd. S. 27, Agostini zitiert Calvino 2012, S. 96).

Hier wird es schwierig, denn Vignettenschreibende müssen dasjenige mit Sprache zu erfassen versuchen, was sich im Grunde einem propositionalen Wissen und einer begrifflichen Aufschlüsselung entzieht. Eine mögliche Perspektive für diese knifflige Herausforderung bieten »Sprachbilder« (Agostini 2017, S. 28) an, die immer mehr Bedeutungen enthalten als sie explizit und wortwörtlich zur Sprache bringen. Für das beschriebene Problem des Entzugs und der Mehrdeutigkeit von pädagogischer Praxis enthält eine bildhafte Sprache einen interessanten »sinnlichen Überschuss«, indem eine »Entfaltung von Nebenvorstellungen« kultiviert werden kann. Vignetten bringen »markante und einprägsame Bilder« (ebd.) hervor, durch deren »Vergegenwärtigungsleistung« eine Verbindung geschaffen werden könne zwischen einer anwesenden Sache und ihren verborgenen Seiten (ebd.). Diese Verbindung entstehe, indem Sprachbilder nicht in erster Linie von Faktischem *berichten,* sondern indem sie aufscheinen lassen, welche ganz anderen Bedeutungen mit einer Situation möglicherweise auch noch zusammenhängen (vgl. Meyer-Drawe 2016a, S. 16). Sprachbilder erzählen nicht nur von einem WAS, sondern gleichermaßen auch von einem WIE. In ihnen schwingen vielschichtige Bedeutungsebenen mit, sodass spürbar werden kann, wie etwas wahrgenommen wurde und wie es affiziert hat.

Meyer-Drawe führt dies an sprachlichen Variationen des »Blickens« und »Schweigens« beispielhaft vor Augen:

> »So kann ein Blick ruhen, aber auch umherschweifen. Es gibt verlorene Blicke, klebende, flackernde. Blicke können erwidert werden, sich kreuzen. Sie können voller Bitterkeit sein, zum Schweigen bringen. Die Klasse kann still sein oder verstummen. Ein Schweigen kann drückend sein. Ein Verstummen ist meist jäh. Stets ändern sich die Szenen.« (ebd., S. 17)

Es entstehe eine anschauliche und zugleich »zerbrechliche« Sprache, die die unüberwindbare »Kluft zwischen sprachlichem Ausdruck und sinnlicher Erfahrung« (Agostini 2017, S. 28) nicht aufzulösen sucht. Es werde kein »fester«, »endgültiger« Sinn erfasst und keine Erklärung abgegeben, sondern es zeigt sich im sprachlichen Nachspüren der Situation ein Sinn, der im Anschluss an das Schreiben der Vignette immer wieder zu neuen Lesarten und Deutungen anstiften kann. Wenn diese sprachliche Übersetzung der »miterfahrenen [...] Erfahrung[...]« (ebd.) gelinge, dann können sich Vignetten diesen »Überschuss an Erfahrungssinn« bzw. ihr »Surplus« (Meyer-Drawe 2016a, S. 17) bewahren. Indem Vignetten nicht auf Vereindeutigung abzielen, bleibt die Komplexität der beschriebenen Situation erhalten. Dadurch eröffnen sich Perspektiven, an der einzelnen Vignette etwas sichtbar und reflektierbar werden zu lassen, was über eine einzelne Bedeutung der beschriebenen Situation hinausweisen kann:

> »In der Vignette tritt damit eine neue Erfahrungsdimension hervor und lässt die affizierenden Momente der erlebten Situation *neu erfahrbar machen.*« (Agostini 2016b, S. 338)

Das reflexive Potenzial von Vignetten ereignet sich also schon im Schreibprozess, das heißt in der Suche nach einem geeigneten Ausdruck für jene Erfahrungen, die im Unterricht von den Forschenden gemacht werden und im Austausch mit den Anderen, die nötig sind, um gemeinsam nach Worten zu ringen. Doch über das Schreiben hinaus bietet der entstandene Text selbst weitere Möglichkeiten an, sich reflexiv auf die beschriebene Situation beziehen zu können. Die *Lektüre der Vignette,* das heißt das Lesen des Textes, seine Analyse und Theoretisierung, können zum Anlass werden, um in einer eigenen oder in einer fremden Vignette dem eigenen Blick auf pädagogische Situationen auf die Spur zu kommen und damit auch auf verborgene Vorannahmen aufmerksam zu werden. Während die Reflexivität des Vignetten-Schreibens darin liegt, ein prägnantes Beispiel zu geben und dafür »bedeutungsschwangere« Sprachbilder zu finden (vgl. Meyer-Drawe 2016a, S. 16), vollzieht sich in der Vignetten-Lektüre ein »Beispiel-Verstehen« (Agostini 2017, S. 29).

Vignetten lesen

Zur reflexiven Arbeit mit Vignetten gehört nicht nur das Schreiben, sondern auch das Lesen und daran angeschlossen ihre schriftliche Analyse. »Lektüre« bezeichnet die analytische, theorieorientierte Arbeit mit einer fertig geschriebenen Vignette. Die Vignette könne erst im Rahmen ihrer Lektüre auseinandergefaltet werden. Im

Nachhinein könne immer mehr zum Vorschein kommen, als die Vignette zunächst erahnen lasse (vgl. Baur 2016, S. 13). Erst im Lesen einer Vignette eröffne sich ein reflexiver Zugang zu eigenen und fremden Wahrnehmungen, indem die Vignette immer vor dem Hintergrund eigener Erfahrungen und gelebter Gewohnheiten gelesen werde (vgl. Baur 2016, S. 12 f.). Sie kann sich in ein bestehendes Vorverständnis nahtlos einfügen, sie kann bisherigen Erfahrungen widersprechen oder sogar zu Irritationen und Erstaunen führen. Insbesondere dann, wenn Vignetten sich als widerständig dem bisherigen Verstehen gegenüber erweisen, provozieren sie Affekte, die eine Reflexion befeuern können. Beim Lesen von Vignetten treffen verschiedene Blick- und Wahrnehmungsweisen aufeinander: die Wahrnehmung der Schreiber_in, die Artikulation der Schüler_innen und Lehrpersonen, von denen die Erzählung handelt, die eigene Wahrnehmung der Leser_in während der Lektüre, die sich als Irritation, als ein Sich-darin-Wiederfinden oder ähnliches bemerkbar machen kann. **132** Daher liegt ein besonderes Potenzial der Vignette darin,

> »dass die konkrete und besondere Erfahrung, die an der Vignette zur Darstellung kommt, auf eigene vergangene Erfahrungen verweist, zugleich aber auch über diese hinausweist« (Agostini 2017, S. 29 bezogen auf Buck 1989, S. 157).

Die Vignette verhält sich quer zu dem »Wissen« und der »Überzeugung«, dass es »eine zutreffende und ›richtige‹ Sicht auf einen Sachverhalt, eine einzig mögliche Perspektive auf Gegenstände, auf Schüler/-innen oder die Schule selbst« gibt (ebd., S. 24). Indem sie potenziell den eigenen Blick und das pädagogische Verstehen irritieren könne, verharren Leser_innen nicht darin, bisherige Erfahrungen, vermeintliches Wissen und Routinen lediglich zu bestätigen.

Methodologisch gefragt: Was passiert also während der Lektüre und worin besteht dabei der Erkenntniswert für die Lesenden? Die Differenzen, die im Lesen immer dann aufklaffen können, wenn eine bestehende Erwartung enttäuscht wird und sich etwas als etwas ganz anderes entpuppt, können die Lesenden nicht nur auf ihr bisheriges pädagogisches Verstehen und auf eingeschliffene Deutungsgewohnheiten aufmerksam machen, sondern sie auch darüber hinaustreiben und neue Deutungen einer Situation entdecken lassen. Im Lesen einer Vignette und im Bemerken ihrer Vieldeutigkeit könne sich zeigen, dass sicher Geglaubtes und vermeintliches Wissen weitaus unsicherer und vager sind, als es im Alltag oftmals den Eindruck macht. Am Beispiel einer konkreten Situation, wie sie in der Vignette zum Ausdruck kommt, kann für Lesende deutlich werden, wie vielschichtig sogar die alltäglichste und auf den ersten Blick verständlichste Situation im Unterricht sein kann. Indem sowohl eigene als auch fremde Vignetten nie ohne den eigenen Erfahrungshintergrund gelesen werden (wie auch nie ganz neu und ohne Bezug zu bisherigen Erfahrungen gelernt werden kann), **133** bringen sie immer auch das eigene Vor-

132 Leser_in und Schreiber_in können natürlich auch dieselbe Person sein. Vignetten können aber auch gelesen und gewinnbringend analysiert werden, wenn sie nicht selbst geschrieben worden sind.

133 Meyer-Drawe versteht Lernen als die Um-

verständnis ins Spiel und regen dazu an, den eigenen Blick auf eine Situation zu verschieben und eine vermeintlich verstandene Situation »neu und anders sehen und verstehen [zu] können« (Agostini 2017, S. 31 zitiert Meyer-Drawe 1996, S. 88 ff.). Meyer-Drawe spricht diesbezüglich von »Erfahrungen über die Erfahrung« (Meyer-Drawe 2012a, S. 15) und meint damit eine reflexive Rückwende, durch die die eigenen Erfahrungen und das eigene Vorverständnis selbst thematisch werden.

Dabei könne etwas gelernt werden (Agostini 2016b, S. 340), das ganz unmittelbar Relevanz habe für das eigene pädagogische Handeln: Sich selbst als Lehrperson zu thematisieren, ermögliche es nämlich, Prozesse im Unterricht und damit auch die Perspektive von Schüler_innen tiefergehender verstehen zu können. Gerade weil Lernprozesse von Schüler_innen auf offene Momente und produktive Brüche jenseits bestehender Routinen angewiesen sind, braucht es Lehrpersonen, die bereit sind, über bestehende Erwartungen, Planungen und eingeschliffene Deutungsmuster hinauszudenken und neue Perspektiven auf ein Geschehen einzunehmen. Den eigenen Blick zu befragen und im Lesen von Vignetten zu bemerken, dass sich eine Szene doch anders darstellt als erwartet, kann dazu beitragen, gerade diesen fragilen und fruchtbaren Momenten (vgl. Copei 1966 [1959]) auch im Unterricht mehr Aufmerksamkeit zu schenken. Die Lektüre von Vignetten kann dabei unterstützen,

> »... den Blick auf die produktive Vieldeutigkeit der Dinge zu lenken, die Entstehung von Sinn zu provozieren und die Schüler/-innen im Überschreiten ihrer Erfahrungsgrenzen zur Ausbildung einer neuen symbolischen Gestalt zu bewegen...« (Meyer-Drawe 1996, S. 88).

Vignetten können also helfen, der »messy complexitiy« (Schratz 2016, S. 202) von Lehr-Lernprozessen auf die Spur zu kommen und insbesondere jene mitunter kleinen Momente zu beachten und in ihrer pädagogischen Bedeutung auszuloten, in denen sich für die Schüler_innen womöglich gerade wichtige »Widerfahrnisse« und »Frakturen« (vgl. Baur 2016, S. 14) ereignen. Besonders in der Vignetten-Lektüre als *»erfinderische[n] Verschriftlichung* der neuen Erfahrung« bekommen Reflektierende die Möglichkeit, »sich zu ihrer Erfahrung erfahrend zu verhalten« (Seel 1997, S. 281, zitiert in Agostini 2017, S. 32). Die Erfahrung, schreibt Agostini, werde so als eine *bestimmte* Erfahrung überhaupt erst zugänglich und verschaffe damit neue Erkenntnisse über sich selbst, den Anderen und die Welt (Agostini 2017, S. 33). Vignetten-Lektüren können im Grunde als ein »Fremdwerden des Eigenen im Angesicht des Fremden und Anderen« verstanden werden. Gerade darin, das heißt im Abrücken vom Gewohnten und im »anders Wahrnehmen« (ebd., Titel des Textes), lagere ihr besonderes Potenzial. Dadurch könne die Vignetten-Lektüre die Lesenden sogar selbst überraschen: nicht nur, weil rückblickend ein Randgeschehen und das vielleicht üblicherweise Nicht-Bemerkte ins Blickfeld geraten können, sondern auch

strukturierung eines (lebensweltlichen) Auskennens zu einem (wissenschaftlichen) Erkennen (vgl. Meyer-Drawe 1996, S. 88). Wissen könne nicht vom Vorwissen gelöst werden. Damit wird dem Umstand Rechnung getragen, »dass wir schon wissen müssen, um zu lernen, als auch, dass wir gerade insofern auch nicht wissen, als wir ja lernen« (Buck 1989, S. 31).

weil sich in der Lektüre besonders deutlich zeigt, woran der eigene Blick überhaupt hängen bleibt und was im Zuge der theoretischen »Erkundung« (Baur 2016, S. 13) herausgegriffen und vertieft wird:

> »Damit ist mit jeder schöpferischen Lektüre zugleich eine unvermeidbare Reduktion und Auswahl verbunden. Es ist dieser aus der Distanz auf die Situation gerichtete Blick eines leiblichen Wesens, der das Sehen bestimmter Zusammenhänge allererst ermöglicht, jedoch auswählend und perspektivisch ist. Aufgrund dieser Perspektivität verschließen, aber eröffnen sich auch immer bestimmte Möglichkeiten. Gerade in der Distanz dieses Nachvollzugs und dieser perspektivischen Reflexion des Geschehens öffnet sich ein Spalt, der einen *neuen* pädagogischen Sinn stiftet.« (Agostini 2017, S. 34)

Wie dieser neue pädagogische Sinn in der Lektüre gestiftet werden kann, lässt sich an der zu Beginn zitierten Vignette aus dem Englischunterricht nochmals etwas veranschaulichen: Anhand der Vignette aus dem Englischunterricht wird deutlich, wie die Lehrerin dem Schüler wiederholt mit bestimmten Zuschreibungen begegnet. Aus der Perspektive der Lehrerin wird Pako immer wieder als »schwacher Schüler« adressiert (vgl. Agostini/ Schratz/Risse 2018, S. 37), sodass sich ein bestimmtes, negatives Bild von ihm manifestiert. Mit Blick auf die Vignette und die darin auftauchende Perspektive des Schülers steht die Frage im Raum, ob die Lehrerin, wenn sie ihre eigenen Urteile und Annahmen in Frage gestellt hätte, den Schüler auch anders wahrgenommen hätte? Agostini, Schratz und Risse (2018) vermuten, dass die Lehrerin mithilfe der Vignette »hinter der trotzigen Reaktion auch einen Anflug von Traurigkeit oder Verzweifelung« hätte entdecken können (vgl. ebd., S. 36). Möglicherweise, lässt sich ergänzen, hätte sie auch die Beschämung des Schülers gespürt, die ihre Zuschreibungen vor der Klasse bewirken. Hierfür eine Sensibilität zu entwickeln und den leiblichen Artikulationen des Schülers mehr Aufmerksamkeit zu schenken, könnte zu einer anderen Betrachtung und Einschätzung von Pakos Rückzug im Unterricht führen, denn es würde nötig werden, seine Verweigerung und sein Schweigen in Relation zur Klasse und vor allem auch zur Lehrperson selbst zu setzen. Es sei gerade »die leibliche Betroffenheit der Schüler«, die als Spuren zu verborgenen und nicht zur Sprache gebrachten Bedeutungen im Unterrichtsgeschehen führen können (vgl. ebd., S. 41).

2.4 Erinnerungsbilder und Vignetten: Methodologische Parameter einer erfahrungsorientierten Reflexionspraxis

Mit Erinnerungsbildern und Vignetten habe ich zwei Reflexionsformate im pädagogischen Kontext vorgestellt, die in vielerlei Hinsicht miteinander verwandt scheinen. Obwohl sie sich in einigen Grundlagen unterscheiden, lassen sich im Vergleich dennoch elementare Schnittmengen ausmachen, die sich eignen, um daraus methodologische Parameter einer in thematischer und methodischer Hinsicht an der Erfahrung orientierten Reflexionspraxis herauszuarbeiten. Ich werde versuchen, punktuell Querverbindungen zu knüpfen, durch die meiner Meinung nach basale methodologische Orientierungen beschreibbar werden, die für meinen Forschungskontext – *Reflexion der unverfügbaren und pathischen Seiten von Lehr-Lernprozessen mithilfe fotografischer Bilder* – bedeutsam erscheinen:

- die **Verortung** der Reflektierenden als Teilhabende (Erinnerungsbild) und Miterfahrende (Vignette),
- das Bemühen um **Vergegenwärtigung** und **Verdichtung,**
- ein an der **Narration und Interpretation** ausgerichtetes Empirieverständnis und
- die **Bildhaftigkeit** beider Formate.

2.4.1 Differenzen

Um trotz meiner Aufmerksamkeit für die Querverbindungen zwischen beiden Formaten die spezifischen Akzentuierungen nicht zu verwischen, fasse ich zwei prägnante Unterschiede einführend nochmals kurz zusammen, die mit der Perspektive der Reflektierenden und der unterschiedlichen Entstehung der Texte zu tun haben: Erinnerungsbilder und Vignetten werden aus unterschiedlichen Perspektiven und damit auch **in unterschiedlicher zeitlicher Distanz zum Geschehen** geschrieben. Im Erinnerungsbild ist es die Lehrperson selbst, die aus ihrer eigenen Perspektive einige Momente aus dem Geschehen, in das sie sonst als Handelnde involviert ist, *rückblickend* beschreibt. Im Unterricht selbst war wahrscheinlich noch nicht zu erahnen, ob diese oder eine andere Situation später in der Erinnerung haften bleiben und sich als derart bedeutsam zeigen wird, dass sie sich deshalb für eine Verdichtung eignet. Das Erinnerungsbild bedarf dieser zeitlichen Distanz zwischen Geschehen und Schreiben, da sich erst aus dieser Distanz heraus und im Innehalten die Dinge in ihrer Relevanz offenbaren können. Im Erinnern treten Lehrpersonen aus der Kontinuität des schulischen Alltags heraus und verlassen den »pädagogischen Handlungsdruck« (vgl. Helsper 2003, S. 153), um sich reflexiv der eigenen Praxiserfahrung und damit auch den Schüler_innen annähern zu können.
Anders verhält es sich mit Vignetten, die nicht aus der Sicht der handelnden Lehrpersonen verfasst, sondern aus der Perspektive von Forschenden geschrieben werden, die dem Unterrichtsgeschehen wahrnehmend beiwohnen.**134** Vignetten werden zwar auch im Nachhinein etwas überarbeitet, d. h. mit einem zeitlichen Abstand zum Geschehen, doch das Aufmerken und Aufspüren bedeutungsvoller Momente und ein wesentlicher Teil des Schreibprozesses findet *während des Unterrichts* selbst statt. Vignetten entstehen in ihrer Rohversion sozusagen *in medias res* (vgl. Peterlini 2016, S. 23), enthalten zahlreiche mitgeschriebene Zitate der verschiedenen Akteur_innen und beschreiben das Handeln von Schüler_innen und

134 Das bedeutet natürlich nicht, dass nicht auch Lehrer_innen Vignetten verfassen können. Aber es ist eben nicht der eigene Unterricht, der dann beschrieben wird. Pädagogisch involviert zu sein und gleichzeitig eine Vignette zu schreiben, schließt sich aus.

die Interaktion mit Lehrpersonen aus der Perspektive einer Person, **135** die nicht aktiv in das Geschehen als pädagogisch Verantwortliche involviert ist.
Auch der **Schreibprozess** unterscheidet sich: Sich an etwas zu erinnern, erfordert die Vergegenwärtigung des Gewesenen, das zum Zeitpunkt des Schreibens als Spur in der Erinnerung der reflektierenden Person haften geblieben ist. Im Erinnerungsbild zeichnen sich daher wichtige Erfahrungen einer bestimmten Person ab, die sie selbst erlebt hat. Diese selbstbezügliche Rückkehr zu einem vergangenen Geschehen und einer womöglich nur noch schemenhaft in der Erinnerung auftauchenden Erfahrung bedarf der Konzentration und Ruhe.
Anders als Erinnerungsbilder, die aus einer individuellen Textproduktion hervorgehen, geht das Schreiben einer Vignette bis zu einem gewissen Grad mit einer kollektiven Autor_innenschaft einher. **136** Die Rohversion einer Vignette wird zwar im Unterricht von einer forschenden Person geschrieben (die natürlich auch konzentriert dem Unterrichtsgeschehen folgt), diese Rohversion wird im weiteren Forschungsprozess jedoch mit anderen Forschenden, die nicht zwingend im Unterricht dabei gewesen sein müssen und für die die Vignette fremd ist, diskutiert. Im Nachhinein können gegebenenfalls gemeinsam prägnantere Ausdrücke für bestimmte Wahrnehmungen gefunden und die Vignette so der eigenen Erfahrung näher gebracht werden.

Obwohl eine »rückblickende Besinnung« (vgl. Engel 2019, S. 43) einen anderen Reflexionsprozess initiiert als eine »miterfahrende Erfahrung«, lassen sich trotz oder gerade *innerhalb* der skizzierten Unterschiede auch grundlegende Schnittmengen ausmachen. Schnittmengen, in denen Erinnerungsbilder und Vignetten nicht deckungsgleich sind, aber doch einander ähneln und methodologische Verwandtschaften aufweisen. Diese Schnittmengen hängen nicht zuletzt damit zusammen, dass es in beiden Formaten darum geht, sich als reflektierende Person auf die eigenen Wahrnehmungen und Erfahrungen zu stützen, um der Bedeutung dessen auf die Spur zu kommen, was sich in der erlebten Situation ereignet (hat). In beiden Fällen – das zeigt sich für die vorliegende Forschungsarbeit bedeutsam – geht es im Grunde um eine kritische Auseinandersetzung mit der Frage, wie eine Annäherung an das Unverfügbare stattfinden kann: das Unverfügbare zeigt sich in Erinnerungsbildern und in Vignetten auf unterschiedliche Weise, sei es als die Einsicht, dass die Wahrnehmung und die (Lern-)Erfahrungen der Schüler_innen von außen kaum einzusehen sind oder als die Akzeptanz dafür, dass sich Unterrichtssituationen in ihrer Komplexität oftmals als unverständlich und mehrdeutig zeigen. Vor diesem

135 Vignetten werden aus der Perspektive einer Beobachter_in geschrieben. In der Vignettenforschung selbst wird dieser Begriff nicht verwendet. Statt »teilnehmender Beobachtung« wird von »teilhabender Erfahrung« gesprochen (vgl. u. a. Agostini 2016a, S. 48–55). Damit wird eine Distanzierung von einem bekannten Paradigma vorgenommen, nach dem Forschende als externe Beobachter_innen im Forschungsfeld auftreten.

136 Konsequenterweise werden die einzelnen Vignetten den Autor_innen nicht namentlich zugeordnet (siehe z. B. in der Veröffentlichung von Baur/Peterlini/Risse 2016).

Hintergrund spielt in beiden Formaten das Affiziert-Werden der Reflektierenden und deren Betroffenheit eine basale Rolle, um ein *vorsichtiges Verstehen vom Anderen* und ein Verständnis für eben diese Komplexität entwickeln zu können. Beide Formate zielen darauf ab, pädagogische Praxis als ein pathisches Geschehen in den Blick zu nehmen und das Verstehen vom Anderen an die eigene Wahrnehmung, den eigenen Blick und an die persönlichen Deutungen zu binden, die daraus hervorgehen. Gerade weil sich die pathischen Seiten von Unterricht im Wechselspiel vom Fremdem und Eigenem ereignen (vgl. Waldenfels 2016a), verspreche ich mir von beiden Formaten weiterführende methodologische Orientierungen für eine Reflexionspraxis, die sich insbesondere den Momenten im pädagogischen Geschehen widmet, die jenseits von Steuerung und pädagogischer Verfügungsmacht stattfinden – Momente also, die weniger vom Lehrenden als von den Anderen herrühren, die im Unterricht anwesend und an dessen Verlauf beteiligt sind. Hier können beide Methoden fruchtbare Einblicke liefern, die im aktuellen Reflexionsdiskurs im Zuge der Bemühungen um Objektivierung und Standardisierung weitgehend ausgeblendet werden.

2.4.2 Berührungen beider Formate

Zum Perspektiviert-Sein der Reflektierenden: Wahrnehmung als Zugang zum pädagogischen Geschehen in seiner Responsivität

Sowohl in der Arbeit mit Erinnerungsbildern als auch in der Vignettenforschung spielt die Präsenz der Reflektierenden eine bemerkenswerte Rolle. Erinnerungsbilder stellen Manifestationen eigener Erfahrungen und gelebter Unterrichtspraxis dar. Aus der Ich-Perspektive geschrieben, zeugen sie von Situationen, in die die reflektierende Person verwickelt und an deren Verlauf sie als verantwortende Lehrperson aktiv beteiligt gewesen ist. Auch in Vignetten wird eine Involviertheit spürbar, die daher rührt, dass die Forschenden sich selbst dem Geschehen »mit-erfahrend« (vgl. Meyer-Drawe 2016a, Agostini 2016a, 2017) zur Verfügung stellen und versuchen, kleinste Gesten und Artikulationen aufzuspüren, die für das Geschehen aus *ihrer eigenen Perspektive* bedeutsam erscheinen.

Sowohl im Erinnern als auch in der »miterfahrenden Erfahrung« bringen die Reflektierenden nicht nur sich selbst, ihre eigene Betroffenheit und Affizierung zum Ausdruck, sondern dies wird zum Ausgangspunkt und zum Anlass für das pädagogische Verstehen. Das Verstehen des Anderen zeigt sich in der Arbeit mit Erinnerungsbildern und Vignetten aufs Engste verknüpft mit der Wahrnehmung der Reflektierenden: Spontane Fragen, in der Situation entstehende Blickpräferenzen, die eigene Aufmerksamkeit für das, was sich ereignet und die dabei zwangsläufig entstehenden blinden Flecken und Unaufmerksamkeiten werden als wertvolle Spuren erachtet, anhand derer nicht nur etwas über den Reflektierenden selbst sichtbar wird, sondern vor allem auch etwas über die Situation und die daran beteiligten Anderen in Erfahrung gebracht werden kann. So spielt in beiden Formaten der »intersubjektive Charakter der Erfahrung« (vgl. Agostini 2017, S. 34; auch Engel 2019, S. 53) eine zentrale Rolle für das Erkenntnispotenzial der jeweiligen Methode. Beide Methoden initiieren einen Reflexionsprozess, der in seiner Intersubjektivität und relationalen Bezugnahme auf das zu reflektierende Geschehen einem pädagogischen Ethos verpflichtet ist (vgl. Engel 2020, S. 108; Agostini/Schratz/Risse 2018, S. 34–43). Die Eigenheit von pädagogischen Situationen, stets in Beziehung zu anderen zu stehen (vgl. Künkler 2011), und die Herausforderung, sich ins Verhältnis zu Anderen setzen zu müssen, spiegelt sich in solchen Reflexionsweisen wider. Eine Reflexionspraxis, die den Reflektierenden nicht zum Außenstehenden macht, sondern zum Teilhabenden und Mit-Erfahrenden, nimmt ein wesentliches Grundmoment pädagogischer Praxis auf: als Lehrperson nämlich intersubjektiv im Wechselspiel mit Schüler_innen verortet zu sein. Im Erinnern und im Schreiben von Vignetten gibt es keine Position außerhalb des Geschehens, auf die sich die reflektierende Person zurückziehen könnte. Es gibt sozusagen keine sichere Komfortzone außerhalb des Geschehens. Beide Formate regen vielmehr dazu an, sich als Teil des Geschehens zu begreifen und sich wie alle pädagogisch Handelnden mit der eigenen Perspektive auf das Geschehen und die Anderen sowie mit eigenen Erwartungen und Deutungen auseinanderzusetzen. Da es nicht nur um die Reflexion einer Sache geht, sondern immer auch um die Beziehung, die sich zur Sache entwickelt, verwundert es nicht, dass beide Methoden in den vergangenen Jahren mehr und mehr in der Lehrer_innenbildung angewendet und vor dem Hintergrund der pädagogischen Professionalisierung begründet werden (vgl. z. B. Engel 2020; Agostini/Bube 2021).

Mit Blick auf standardisierte Testverfahren, wie sie beispielsweise in Form von Fragebögen, tabellarischen Beobachtungsprotokollen **137** oder gelenkten Beobachtungsmethoden (vgl. Weigert/Weigert 1993, S. 14, 86; Martin/Wawrinowski 2014, S. 35 ff.) oftmals auch im Kontext der Unterrichtsforschung und Lehrer_innenbildung zu finden sind, **138** können die hier deutlich hörbaren Stimmen der Reflektierenden ungewohnt subjektiv anmuten. Während viele wissenschaftliche Methoden in sowohl quantitativen als auch in qualitativen Bereichen (auch im Kontext der Lehrer_innenbildung) eine vermeintliche Objektivität an den Anfang setzen, noch bevor

137 In dem Buch *Schülerbeobachtung. Ein pädagogischer Auftrag* (Weigert/Weigert 1993) finden sich anschauliche Beispiele für vorgefertigte Tabellen zur Beobachtung von Schüler_innen (siehe S. 94–100). Diese dienen der Feststellung der Schulfähigkeit im Grundschulalter. Zudem wird ein »Rasterentwurf zur schnellen Fixierung von Schülerbeobachtung« (S. 111) vorgestellt, mit dem die Kriterien »Selbstständigkeit«, »Ausdauer«, »Arbeitsgenauigkeit«, »Sozialverhalten« und »Kreativität« beurteilt werden sollen. Diese Beispiele stehen symptomatisch für eine Evaluations- und Testkultur im Schulalltag, wie sie auch in der Lehrer_innenbildung zu finden ist.

138 Mit der Einführung des Praxissemesters werden Forschungsmethoden verstärkt auch in der Lehrer_innenbildung eingesetzt. Studierende sollen im Praxissemester nicht nur praktische Unterrichtserfahrungen sammeln, sondern Unterrichtsprozesse auch beforschen. Es überwiegen dabei Methoden aus der Qualitativen Sozialforschung und der Psychologie. Ansätze der künstlerischen Forschung beziehungsweise Ansätze, in denen das Ästhetische in seinem Erkenntniswert ernst genommen wird, spielen außerhalb der Kunstlehrer_innenbildung bisher kaum eine Rolle.

sie sich in der Qualifizierung entwickeln kann, ist das in den beiden vorgestellten Formaten augenscheinlich anders.

In den folgenden Abschnitten werde ich die deutliche Positionierung der Forschenden/Reflektierenden und das damit verbundene Erkenntnisinteresse genauer in den Blick nehmen, um das reflexive Potenzial dieser besonderen Nähe zum Geschehen genauer fassen zu können. Die deutliche Positionierung der Reflektierenden in beiden Formaten hängt unmittelbar mit dem Bemühen zusammen, sich den pathischen Seiten von pädagogischen Prozessen anzunähern. Denn pathische Seiten von Lehr-Lernprozessen (also jenes, was von den Anderen, den Dingen und der Welt im Sinne eines ›Aufforderungscharakters‹ unerwartet entgegenschlägt und nicht von einem selbst herrührt) machen sich in der eigenen Wahrnehmung bemerkbar, indem sie affizieren und persönlich treffen. Das, was vom Anderen herkommt und damit grundsätzlich auch die unverfügbaren Seiten pädagogischer Praxis spürbar werden lässt, ist nicht einfach wahrnehmbar oder ohne Weiteres über einen standardisierten Zugriff zugänglich, sondern dies tritt als *etwas* (vgl. Waldenfels), z.B. als Irritation (vgl. Sabisch 2018b) oder Staunen (vgl. Meyer-Drawe 2011a), für jeden einzelnen Menschen in anderer Weise in Erscheinung. Es liegt also im Auge des Betrachters, welche Momente es sind, die im Unterricht der eigenen Planung oder Erwartung widersprechen, die anrühren und ganz plötzlich affizieren. Um sich diesen Dimensionen pädagogischer Praxis überhaupt reflexiv annähern zu können, erscheint es von grundlegender Bedeutung, eine unumgängliche Affiziertheit einer ›vermeintlichen Neutralität‹ gegenüberzustellen.

Die eigene Perspektive performativ zu machen und sie gerade nicht als ein Hindernis, sondern als wesentliche Grundlage einer forschenden Annäherung an die Anderen und an deren Erfahrungsprozesse zu verstehen, lässt sich in ganz unterschiedlichen Forschungstraditionen ausmachen: Zu nennen ist hier beispielsweise die Ethnografie und insbesondere die Richtung der Autoethnografie (vgl. Podler/Stadlbauer 2013). **139** In der Autoethnografie versuchen Forschende, im Schreiben »ihre eigene gelebte Erfahrung [zu beschreiben und zu analysieren], um auf diesem Weg soziale und kulturelle Phänomene zu verstehen« (ebd., S. 376). Dahinter steht »die Überzeugung, dass Lebensgeschichten niemals nur von der Person handeln, die sie schreibt, sondern dass jede Geschichte Anschlussmöglichkeiten für die Geschichten anderer bereithält« (ebd.). Auch in Texten der Postcolonial Studies lässt sich ein besonderes Bemühen um die kritische Reflexion der eigenen Stimme und des eigenen Blicks erkennen. So bezieht sich zum Beispiel die Kunstpädagogin Nanna Lüth auf das Konzept der *Critical Whiteness* und argumentiert, dass gerade »auf Seiten von privilegierten, nämlich weißen Menschen ein ›ständiger Prozess von

139 Podler/Stadlbauer sehen das Spezifische der Autoethnografie darin, dass »an den Erfahrungen und dem subjektiven Erleben der ForscherInnen« angesetzt wird und sie vornehmlich »zur Bearbeitung von Themen herangezogen [wird], zu denen die ForscherInnen ein biographisches Naheverhältnis haben. [...] Ein weiteres Anwendungsfeld sind Forschungsgegenstände, bei denen die Auseinandersetzung mit (eigenen und fremden) Gefühlen unvermeidlicher und unverzichtbarer Bestandteil des Forschungsprozesses ist.« (Ploder/Stadlbauer 2013, S. 374 f.)

Dialog und Selbstreflexion [...] nötig [sei] sowie die Bereitschaft, Macht, Privilegien auszuhalten und zu respektieren und sich in bestimmten Situationen zurückzuhalten und zuzuhören‹« (Lüth 2017, S. 229 zitiert Iris Rajanayagam 2015, S. 51). Schon 1988 habe Gayatri Spivak angemerkt, dass insbesondere Lehrende sich ihrer eigenen Situierung bewusst sein müssen und ein »verlernender« Einsatz der eigenen Privilegien nötig sei, um überhaupt über Veränderungen in den Institutionen der Kunst und des Lernens nachdenken zu können (vgl. Lüth 2017, S. 229). Die Reflexion der eigenen Position und der eigenen Blickweise hat hier vor allem damit zu tun, implizite und in die eigene Wahrnehmung eingeschriebene Rassismen offen zu legen und sich bewusst mit den eigenen Privilegien kritisch auseinanderzusetzen (vgl. Lemmle 2015, S. 53). Damit wird ein Forschungsgegenstand nicht als gegeben angesehen, sondern als ein Feld, das sowohl von Zugänglichkeiten als auch von Ausschlüssen bestimmt wird.

Neben den beiden genannten Diskursfeldern wird das Paradigma des Perspektiviert-Seins grundlagentheoretisch besonders ausführlich in der Philosophie diskutiert. Vor allem im Bereich der Phänomenologie nehmen traditionellerweise Fragen der Wahrnehmung und Leiblichkeiten einen großen Raum ein. **140**

Die Figur des Involviertseins beziehungsweise des Perspektiviert-Seins spielt für die Konzeption von phänomenologischen Verstehens- und Erkenntnisprozessen eine elementare Rolle, denn der Mensch sei in allem, was er reflektiert und reflektieren könne, stets an seinen eigenen Körper gebunden. Da beide Formate (Erinnerungsbild und Vignette) auf einem phänomenologischen Theorieverständnis gründen, werde ich das phänomenologische Verständnis von Perspektiviert-Sein etwas ausführlicher darstellen. Beiden Formaten, sowohl der Arbeit mit Erinnerungsbildern als auch mit Vignetten, liegt die Annahme zu Grunde, dass es sich bei Reflexion um einen an die Wahrnehmung des Reflektierenden gebundenen Vorgang handelt. **141**

Dass es hierbei insbesondere um Formen der ästhetischen Wahrnehmung im engeren Sinne geht, wird in den folgenden Absätzen genauer erläutert. Wenn es um das Perspektiviert-Sein als Grundlage von Reflexionsprozessen geht, kann auf Maurice Merleau-Ponty Bezug genommen werden. Er hat besonders ausführlich herausgearbeitet, wie eng der Leib und das Denken miteinander verbunden seien (vgl. Merleau-Ponty 1966) und wie sehr jegliche Form des Verstehens auf die sinnliche

140 Eine interessante Verknüpfung von phänomenologischer und postkolonialer Blickweise wird von Sara Ahmed in dem Buch *Queer Phenomenology: Orientations, Objects, Others* (2006) entwickelt.

141 Innerhalb des weiten Spektrums von Reflexionsverständnissen, das ich zu Beginn des zweiten Kapitels mithilfe der Positionen von Descartes und Merleau-Ponty als ein polares Feld kurz skizziert habe (vgl. Kap. 2, S. 66–73), distanzieren sich die beiden vorgestellten Reflexionsformate merklich von Descartes' Bild eines »insularen Subjekts« und wenden sich vielmehr der Vorstellung zu, dass der Mensch und damit auch alle Möglichkeiten der Genese von Sinn und Bedeutung auf einem Eingebettet-Sein in die Welt beruhen.

142 In der Philosophie haben unter anderem Bernhard Waldenfels und Lambert Wiesing umfänglich an die Leibphänomenologie von Merleau-Ponty angeschlossen. In der Bildungsphilosophie wird Merleau-Ponty unter anderem von Käte Meyer-Drawe diskutiert, im Bereich der ästhetischen Bildung und Kunstpädagogik nehmen Kristin Westphal, Birgit Engel und Maria Peters ausführlich auf die Leibphänomenologie Bezug.

Wahrnehmung angewiesen sei. **142** Reflexion beschreibt Merleau-Ponty als einen unhintergehbar perspektivischen Akt, gebunden an den Leib des Wahrnehmenden einerseits und an die daraus resultierende Anwesenheit und notwendigerweise gleichzeitige Abwesenheit des Wahrgenommenen andererseits. Die Alltäglichkeit dieses Perspektiviert-Seins hat Merleau-Ponty anschaulich an dem Beispiel des eigenen Blickfelds verdeutlicht, das sich zwischen den eigenen Augen und einem wahrgenommenen Gegenstand aufspannt:

> »[…] der Tisch vor mir [unterhält] eine eigenartige Beziehung zu meinen Augen und zu meinem Leib: ich sehe in der Tat nur, wenn er in deren Reichweite gerät; über ihm gibt es die undurchdringliche Masse meiner Stirn, unter ihm die undeutlicheren Umrisse meiner Wangen; beides ist gerade noch so sichtbar und imstande, den Tisch zu verdecken, gerade so, als würde meine Sicht auf die Welt von einem bestimmten Punkt der Welt aus entstehen.« (Merleau-Ponty 2004 [1986], S. 22)

Das Besondere an diesem Beispiel ist, dass sich Merleau-Ponty selbst als Wahrnehmender in den Blick nimmt und sich dabei der eigenen Leiblichkeit als Grundlage des Weltzugangs gewahr wird. Dabei wird das Moment der Intersubjektivität, das auch in den beiden Formaten (Erinnerungsbild und Vignette) bedeutsam ist, explizit zum Thema: In Merleau-Pontys Beispiel entspinnt sich ein Wechselspiel zwischen leiblich situiertem Subjekt und einer Welt, die sich immer nur als eine an die eigene Perspektive des Subjekts gebundene zeigt. Die eigene Wahrnehmung wahrzunehmen, das heißt über die eigene, oftmals flüchtige und unbewusste Wahrnehmung und Leiblichkeit selbst nachzudenken, konfrontiert dabei in mehrfacher Hinsicht mit einem Entzug. Denn weil sich das Wahrnehmen in der Gegenwart ereigne und ohne prädikatives Bewusstsein ablaufe (vgl. Peters 1996, S. 56), bekommt es die sich daran anschließende Reflexion zwangsläufig mit Unmöglichkeiten und Unzugänglichkeiten zu tun. Die Reflexion muss sich auf etwas beziehen, von dem rückblickend nur eine *Spur* übrig bleibe und dessen eigentlicher Vollzug uns stets im Rücken liege (vgl. ebd.). Anders ausgedrückt: In der Reflexion könne nie die eigene Wahrnehmung als originäre Erfahrung eingeholt werden – wir kommen uns selbst, betont Meyer-Drawe, immer zu spät (vgl. Meyer-Drawe 2002, S. 167). Nach Merleau-Ponty finde in der Reflexion also eine »Übersetzung« (Merleau-Ponty 2004 [1986], S. 57) statt, indem die »rohe Wahrnehmung« zu einer »reflektierten Wahrnehmung« (ebd., S. 60) werde. Wird die Wahrnehmung zum Gegenstand von Reflexion, entstehe eine andere Form von Wahrnehmung, die Merleau-Ponty als »reflektierte Wahrnehmung« (ebd.) bezeichnet. Im Anschluss daran geht Maria Peters von einer grundlegenden »Nicht-Koinzidenz« (Peters 1996) zwischen originärer und reflektierter Wahrnehmung aus und betont, dass die Reflexion der Wahrnehmung stets eine mühevolle Arbeit der »gedanklichen Rückgewinnung« (ebd. S. 58) darstelle. In diesem Entzug, d. h. der Unmöglichkeit, originäre Wahrnehmungen reflexiv einzuholen und im Grunde immer zu spät kommen zu müssen, liege paradoxerweise – gerade für ästhetische Bildungsprozesse – ein reflexives Potenzial. Peters schreibt dazu:

»Dieses Denken geht nicht von einer Koinzidenz des Verstandes mit sich selbst aus, d. h. es sieht das Gedankengut nicht als Selbstbesitz an, sondern versucht, in Bezug auf die Selbst- wie auch die Ding- und Welterfahrung, die ständigen Veränderungen, Verschiebungen der eigenen Gedanken mitwahrzunehmen. Die ›rohe Wahrnehmung‹ und das ›rohe Ding‹ im Denken nicht zu übergehen, mag bedeuten, sich die Unvollständigkeit und Brüchigkeit des Selbst wie der Welt in der Reflexion zu vergegenwärtigen. [...] In diesem Denken hat das Allgemeine dem Besonderen noch nicht den Rang abgelaufen [...]« (ebd., 59 f.).

Der Entzug, der mit der reflexiven Bezugnahme auf die Welt einhergeht, zeigt sich nicht nur als ein zeitliches Problem, sondern darüber hinaus auch als ein *Selbstentzug.* Schon die basale Erfahrung, das eigene Gesicht und die eigenen Augen nicht sehen zu können, macht darauf aufmerksam, dass es Leerstellen gibt, die der Mensch nicht wahrnehmen kann und die derart auch einem Zugang und einer Reflexion notwendigerweise zumindest in Teilen entzogen bleiben. Um beispielsweise das eigene Gesicht sehen zu können, ist der Mensch auf Hilfsmittel wie Spiegel und fotografische Bilder angewiesen. Und dennoch, gibt Meyer-Drawe zu Bedenken – trotz technischer Hilfsmittel bleibe die Wahrnehmung lückenhaft, denn wir können uns auf einem Foto oder im Spiegelbild nie wirklich in Aktion sehen. So können »wir [...] nicht sehen, wie wir blicken, wenn sich unsere Aufmerksamkeit, unser Zorn, unser Begehren auf den anderen richten« (Meyer-Drawe 2000 [1990], S. 108). Wir können uns nie so sehen, wie andere uns sehen.

Erinnerungsbilder und Vignetten arbeiten mit einem phänomenologisch orientierten Reflexionsverständnis, in dem diese Ambivalenz von Bezug und gleichzeitigem Entzug nicht aufgelöst, sondern als methodologische und damit auch als methodische Grundbedingung von Reflexion ernst genommen wird. Sich dieser Ambivalenz bewusst zu sein, ist insbesondere für die Reflexion von Fragen und Dimensionen im pädagogischen Kontext wichtig, die sich selbst durch Unverfügbarkeit, Unschärfe und Mehrdeutigkeit auszeichnen. Die pathischen Seiten von Lern- und Lehrprozessen fallen in diesen Bereich des Unverfügbaren. In dem vielfältigen Bemühen darum, sich dem Vergangenen beziehungsweise dem Abwesenden (Erinnerungsbild) und dem kaum Wahrnehmbaren und sich vielmehr im Leiblichen zeigenden Bedeutungen (Vignetten) anzunähern, wird deutlich, dass die »Rückgewinnungen der Wahrnehmung« (vgl. Peters 1996, S. 58) alles andere als leicht und reibungslos ablaufen. Daher spielt auch die Frage nach der *Vergegenwärtigung und Verdichtung der flüchtigen Erfahrung* eine wesentliche Rolle bei der Charakterisierung einer erfahrungsorientierten Reflexionspraxis.

Vergegenwärtigung und Verdichtung

Beim Lesen von Erinnerungsbildern und Vignetten fällt auf, wie anschaulich die Texte sogar unwissende Leser_innen in die beschriebenen Situationen einführen und wie sie dazu anregen, die Situationen vor dem inneren Auge zu vergegenwärtigen, obgleich man selbst gar nicht dabei gewesen ist. In beiden Fällen, d. h.

bei Erinnerungsbildern und Vignetten, handelt es sich um Texte, die in besonderer Weise von einer Verdichtung des Wahrgenommenen und dadurch von der Vergegenwärtigung des Vergangenen und eines mittlerweile Abwesenden zeugen. Im folgenden Unterkapitel wird es um die spezifische Qualität der Vergegenwärtigung und Verdichtung gehen und um Potenziale, die darin für die Öffnung von Deutungsprozessen lagern. Dabei erscheinen mir insbesondere die folgenden Punkte besonders relevant: *Verlangsamung von Deutungsprozessen durch Viel- und Mehrdeutigkeiten, ästhetische Wahrnehmung als Grundlage von erfahrungsorientierten Reflexions- und Verstehensprozessen sowie die phänomenologische Reduktion als eine offene Anschauungsform.* Das Bemühen, eine Beschreibung so zu gestalten, dass sie eine vergegenwärtigende Qualität bekommt, hängt mit der besonderen Herausforderung zusammen, sich Wahrnehmungen und Erfahrungen trotz ihrer Flüchtigkeit rückblickend anzunähern. Unter Bezugnahme auf Merleau-Ponty hebt Peters hervor, dass die Übersetzung der Wahrnehmung in Sprache und damit das »Denken der Wahrnehmung« ein unmögliches Unterfangen darstellen:

> »Eine Reflexion der sich konstituierenden Wahrnehmungserfahrungen ist unmöglich, da im Denken von der Wahrnehmung selbst nur eine ›Spur‹ übrigbleibt. Der eigentliche Vollzug liegt uns im ›Rücken‹. […] In der Auseinandersetzung mit den Dingen und den anderen können wir unsere Wahrnehmung nicht beschreiben als ›eines unter den Fakten, die in der Welt vorkommen‹ (Merleau-Ponty, S. 244). Indem wir wahrnehmen, tun wir dies ohne prädikatives Bewusstsein. Wir können nicht die ›leere Stelle‹ (Merleau-Ponty, S. 244) unterdrücken, die wir selbst sind und in der die Wahrnehmung erst dazu gelangt, Sinn zu konstituieren. Ein vollständiges Erfassen unserer Selbst, der Dinge und der anderen bleibt uns versagt.« (Peters 1996, S. 56) **143**

In mehrfacher Hinsicht scheint ein Entzug im Spiel zu sein, der zum einen damit zusammenhängt, dass Wahrnehmungen zumeist präreflexiven Charakter haben und gerade nicht ohne Weiteres in den Bereich der sprachlichen Zugänglichkeit fallen. Zum anderen macht sich hier ein Entzug insofern bemerkbar, da die Reflexion von Wahrnehmungen und Erfahrungen (nicht nur in pädagogischen Situationen) immer mit einer zeitlichen Verzögerung konfrontiert ist (vgl. Meyer-Drawe 1984, S. 253 ff.). Es ist also nicht nur die Flüchtigkeit der gemachten Eindrücke selbst und ihr »prädikativer« Charakter, der zu der Schwierigkeit führt, Wahrnehmungen sprachlich zu fassen, sondern es ist auch die zeitliche Distanz zum erlebten Geschehen, **144** die dazu beiträgt, dass es besonderer Bemühungen bedarf, um die eigenen Wahrnehmungen einer vergangenen Situation zum Gegenstand von Reflexion zu machen. In Erinnerungsbildern und Vignetten wird dieser Herausforderung über eine dichte und bemerkenswert »bedeutungsschwangere« (vgl. Meyer-Drawe 2016a, S. 16)

143 Peters bezieht sich auf Merleau-Pontys *Phänomenologie der Wahrnehmung* (1966 [1945]).

144 Der zeitliche Abstand zum Geschehen kann ganz unterschiedlich lang sein: In Vignetten sind die Schreibenden im Unterricht anwesend und folgen schreibend direkt dem Geschehen, während Erinnerungsbilder mitunter erst mehrere Jahre später entstehen.

Sprache begegnet. Diese dichte Sprache ermöglicht eine Annäherung an jene Wahrnehmungen und Bedeutungsebenen, die sich einem allzu schnellen Zugriff entziehen, indem sie in mehrfacher Hinsicht zu einer Verlangsamung führt: So werden im Schreiben vorschnelle Urteile ausgebremst, indem das Schreiben selbst eine sprachliche Genauigkeit erfordert, die nicht schnell einzulösen ist und die ein Ringen um möglichst prägnante Begriffe und Metaphern verlangt. Ein derart dicht geschriebener Text kann wiederum auch im Lesen insofern zu einer Verlangsamung der Reflexion beitragen, indem sich durch dessen Dichte verschiedenste Bedeutungsebenen gleichzeitig entfalten können und vorschnelle Interpretationen dadurch im produktiven Sinne erschwert werden. Dass »Formen eines *Anhaltens* der Aufmerksamkeit« entscheidend dafür seien, dass »der gewohnte Blick und das eingeübte Ohr nicht nur finden, was sie suchen« (Waldenfels 2015a, S. 285) beschreibt Bernhard Waldenfels anhand der Bewegungen des Körpers:

> »Gefördert werden Unterbrechungen der gewohnten Aufmerksamkeit durch Bewegungsarten wie den zögernden Schritt, das Herumschlendern, das Herumwandern oder Spazierengehen, die – anders als das Walking oder Jogging – ungezielt ablaufen, doch getragen werden von einem Rhythmus, der eine untergründige Ordnung erzeugt. Daß unsere Gedanken und Gefühle umherschweifen, ist mehr als eine gewöhnliche Metapher.« (ebd., S. 284)

Nicht nur im Alltag, sondern gerade in den Künsten seien Praktiken der »Verformung, Verdichtung, Beschleunigung oder Verlangsamung« zu finden, die in besonderer Weise für »Unauffälliges empfänglich machen« (ebd., S. 285).

Auch wenn Waldenfels hier von Gangarten spricht, lassen sich seine Überlegungen mit Vignetten und Erinnerungsbildern durchaus in Verbindung bringen. Beide Textformen provozieren eine »radikale Besinnung« (Engel 2019, S. 48), die mit dem »Anhalten der Aufmerksamkeit« vergleichbar ist, wie dies von Waldenfels beschrieben wird: Vignetten tun dies, indem sie sich auf kleinste Momente, auf flüchtige Bewegungen und kaum Bemerktes beziehen und dadurch Möglichkeiten eröffnen, aus gewohnten Bahnen der Wahrnehmung und Deutung sowie aus bestehenden und eingeschliffenen Aufmerksamkeitshaltungen sowohl im Schreiben als auch im Lesen herauszutreten. Das vermeintlich Nebensächliche rückt in den Fokus, was wiederum Anlass bietet, rückblickend auf unerwartete Momente im Unterricht aufmerksam werden zu können. Erinnerungsbilder befördern auf andere Weise ein Innehalten, indem sich im Prozess des Erinnerns, d. h. im Rückbezug auf Vergangenes, notwendigerweise ein Heraustreten aus der zeitlichen Kontinuität eines Handlungs- und Wahrnehmungszusammenhangs ereignet. Die Vergegenwärtigung, die sich im Erinnern vollzieht, beschreibt Engel als Gelegenheit, einer Wahrnehmung, Situation und einem vergangenen Handeln nochmals nachspüren zu können (vgl. ebd., S. 48). Im Innehalten kann das vergangene Geschehen erst so betrachtet werden, dass daran auch ein anderer oder neuer Sinn entdeckt und reflektiert werden könne (vgl. ebd.).

Beide Methoden zielen darauf ab, dass sich auf unmittelbare Weise zeigen beziehungsweise spürbar werden kann, wie und *als was* etwas in Erscheinung tritt. Damit wird ein zentrales Paradigma der Phänomenologie aufgegriffen, das unter dem Begriff der *phänomenologischen Reduktion* bekannt ist. Um Dinge nicht vorschnell zu interpretieren und einzuordnen, gilt es, sich in der eigenen Deutung und Interpretation zunächst zurückzuhalten und die Sache möglichst so zu *beschreiben,* wie sie erscheint und eben nicht zügig zu schlussfolgern, was sie *bedeutet.* Selbstverständlich schreibt sich der eigene Blick und die eigene Aufmerksamkeit unweigerlich in jede Beschreibung mit ein und die Dinge können nie neutral wiedergegeben werden. Doch vielmehr geht es bei der phänomenologischen Reduktion darum, der eigenen Wahrnehmung von *etwas als etwas* überhaupt Ausdruck zu verleihen, um möglichen *anderen* Bedeutungen, die sich erst jenseits einer schnellen Einordnung entfalten lassen, den nötigen Raum zu geben. Edmund Husserl hat sich umfänglich mit dem Begriff der Reduktion beschäftigt. Entscheidend sei für Husserl, schreibt Waldenfels, eine *Epoché,*

> »die bestehende Vorurteile außer Kraft setzt und Vorannahmen in die Schwebe bringt, sie *suspendiert* und gleichzeitig damit unsere natürliche Blickbewegung *inhibiert.* **145** Mit bloßer Urteilsenthaltung ist es allerdings nicht getan, wenn unsere Erfahrung sich auf einer vorprädikativen und pränormativen Ebene formiert. Es genügt nicht, daß wir uns bewußter Stellungnahmen enthalten, sondern es geht darum, eine Bewegung anzuhalten, die auf den Bahnen der Normalität verläuft und auf dem Boden der vorgegebenen Welt verbleibt. Es geht gleichzeitig um ein ›Training ungekonnter Akte‹, die in dem Repertoire alltäglicher und professioneller Fertigkeiten nicht anzutreffen sind [...]« (Waldenfels 2015a, S. 285).

Das Motiv der »Enthaltung von einer Stellungnahme«, der »Einübung ins Unübliche« und des »Anhalten[s] einer Erfahrungsbewegung« (ebd., S. 286) seien in zahlreichen phänomenologischen Positionen zu finden, führt Waldenfels an späterer Stelle weiter aus (vgl. ebd., S. 286). **146**

Mit der phänomenologischen Reduktion ist also eine besondere Hinwendung zu einer Sache gemeint, die dem Ziel dient, sich dieser in neuer und ungewohnter Weise zu widmen. Husserls Impuls, sich bewusst um Formen dieser »Enthaltung« zu bemühen, liegt in der alltäglichen Wahrnehmung der Welt und der damit oftmals unbewusst verbundenen Vorurteile, Einstellungen und Interpretationen. Lambert Wiesing bezieht sich auf Husserl und betont, dass

> »[...] es gleichermaßen ein Merkmal von wissenschaftlichen wie auch des alltäglichen Umgangs mit und in der Welt [sei], daß die Welt als wirklich, als daseiend vorgefunden und angenommen wird« (Wiesing 2008, S. 210).

Husserl geht davon aus, dass es innerhalb der Bahnen des Gewohnten eine natürliche Einstellung des Menschen zu den Dingen gebe, durch die das Besondere und

145 *Hemmen, lähmen* (vgl. Duden online, Zugriff am 14.7.2018, https://www.duden.de/rechtschreibung/inhibieren), Fußnote hinzugefügt von KB.

146 Waldenfels (2015a, S. 286) bezieht sich explizit neben Husserl auch auf Blumenberg (2002, *Zu den Sachen und zurück,* S. 206) und auf Heidegger (1953, *Sein und Zeit,* S. 35).

Eigentümliche daran oftmals verdeckt und weitgehend unbemerkt bleibe. Vieles laufe ab, ohne dass sich die Aufmerksamkeit bewusst darauf richte beziehungsweise richten muss und ohne dass es einer besonderen Anstrengung bedarf. Nicht nur im normalen Lebensvollzug, sondern auch in der Wissenschaft bleiben dadurch implizite Bedeutungsebenen und weniger offensichtliche Facetten einer Sache nicht selten unbemerkt oder werden ausgeblendet.

Das Prinzip der phänomenologischen Reduktion setzt an diesem Punkt beziehungsweise diesem Problemzusammenhang an, indem versucht wird, diese »natürliche Einstellung künstlich aufzuheben, um so eine neue Sicht auf den Gegenstand zu ermöglichen« (ebd.). Dies stellt eine besondere Anstrengung dar, denn es wird eine Sichtweise auf die Dinge angestrebt, die dem Gang des Gewohnten im Prinzip entgegenläuft. Für diesen tiefgreifenden Einstellungswechsel findet Husserl den Begriff der *Epoché* (vgl. Husserl 1913, § 32) und zielt damit auf die »Einklammerung des natürlichen Seinsglaubens an die Welt« (Wiesing 2008, S. 211) ab. Im Zustand der Epoché gehe es weniger um »das Was der erkannten Gegenstände, sondern das Wie ihrer Gegebenheitsweise« (ebd.). Der damit verbundene Anspruch der Phänomenologie besteht in dem Versuch, »das Seiende in einer Weise schauen zu können, wie es noch nie wahrgenommen wurde« (ebd.). Husserl spricht diesbezüglich von einer »Blickwende« (ebd., §60).

Vignetten und Erinnerungsbilder können als solche Formen der Unterbrechungen und Versuche der »Blickwende« verstanden werden. Dies lässt sich an den beiden zuvor eingeführten Beispielen aus der schulischen Praxis veranschaulichen: So wird es durch die Vignette über Pako beispielsweise möglich, die Lehrer_innenperspektive zu verlassen beziehungsweise diese zu erweitern, indem ungewöhnlich detailliert die Leiblichkeit des Schülers in den Blick gerät. Mithilfe der zitierten Vignette wird die Beschämung des Schülers Pako geradezu spürbar und kann als eine Antwort auf die wiederholt negativen Adressierungen durch die Lehrerin gelesen werden. Durch die Vignette und ihre spezifische Perspektive auf den Schüler wird es möglich, das Verhalten des Schülers nicht aus der Perspektive der Lehrperson, **147** sondern vor allem auch aus der Perspektive des Schülers zu betrachten. Eine ähnliche Blickverschiebung und Unterbrechung wird auch in dem zitierten Erinnerungsbild nachvollziehbar. Darin wendet sich die verantwortliche Lehrerin einer Unterrichtssituation zu, die erinnernd gerade deshalb wieder auftaucht, weil sie irritierend und zunächst als misslungen und holprig erlebt wurde. Das Erinnerungsbild über die Begegnung mit den Schüler_innen des Leistungskurses, die zu Beginn des Unterrichts keine Lust auf eine gemeinsame Ausstellung haben, zeugt von einem Stolpern und einer Unterbrechung, die darin besteht, dass hier für die Lehrperson eine Diskrepanz zwischen den eigenen Erwartungen und den Antworten

147 Aus der Perspektive der Lehrperson könnte das Verhalten von Pako als Verweigerung gegenüber der Aufgabe, Überforderung durch die Unterrichtsinhalte, Unlust oder auch Faulheit interpretiert werden. Negativ konnotierte Interpretationen der Reaktionen von Pako, die nicht berücksichtigen, dass sich das Handeln des Schülers im Wechselspiel zur Lehrperson ereignet.

der Schüler_innen aufklafft. Diese Kluft wird nicht kaschiert oder übergangen (was angesichts der zahlreichen Best-Practice-Beispiele im Diskurs der Kunstpädagogik und der Kulturellen Bildung nicht verwunderlich wäre), sondern sie wird zum Anlass und zum zentralen Gegenstand des Erinnerungsbildes.

Vignetten und Erinnerungsbilder erzeugen so auf unterschiedliche Weise Unterbrechungen und Blickverschiebungen, indem sie sich dem Irritierenden, dem vermeintlich Nebensächlichen und schief Laufenden widmen. Sowohl das Schreiben als auch das Lesen von Vignetten und Erinnerungsbildern fordert dadurch zu einer anderen Aufmerksamkeit heraus: eine Aufmerksamkeit, die nicht nur berichteten Fakten, sondern auch Gespürtem, im Augenwinkel Wahrgenommenem und letztlich auch Unerwartetem gilt und mit einer Verlangsamung einhergeht. Die Schreibenden und die Lesenden der Texte können von diesen Unterbrechungen und ungewohnten Blickwinkeln getroffen und affiziert werden. Texte, in denen nicht nur von einem Geschehen *berichtet* wird, sondern in denen das Geschehen nochmals *vergegenwärtigt* und damit vorstellbar und wiederholt erlebbar wird, lassen in besonderem Maße eine Anteilnahme des Lesenden am beschriebenen Geschehen zu. Die Texte sprechen an, sie können berühren, sodass sich ein anderer, ein affektiver Zugang zum dargestellten Geschehen öffnen kann. Die Anfertigung von Erinnerungsbildern und Vignetten sowie die Arbeit mit ihnen laden Schreibende und Lesende zu einer Aufmerksamkeit ein, die sich mit dem Begriff der »ästhetischen Wahrnehmung« (vgl. Engel 2018a, S. 27; Böhme/Engel/Loemke 2020, S. 18 ff.) in Verbindung bringen lässt. Damit ist eine Wahrnehmung gemeint, die nicht absichtsvoll und gesteuert auf einen bestimmten Gegenstand, ein Objekt oder einen Menschen ausgerichtet wird, sondern die sich in einem anderen Modus, d. h. unter anderen zeitlichen und räumlichen Bedingungen vollzieht und von dem, was uns umgibt, angesprochen wird (vgl. Seel 1997, S. 17–38). In zweifacher Hinsicht geht es hier um eine ästhetische Wahrnehmung: zum einen regen Erinnerungsbilder und Vignetten zu einer gesteigerten Bereitschaft an, zu verweilen und sich das Geschehen auf der Grundlage der detaillierten Beschreibung selbst vorzustellen. Zum anderen geht es darum, die Wahrnehmungsprozesse, das heißt den Vollzug der Wahrnehmung, selbst mitzureflektieren. **148** Indem die Dichte der Texte, ihr narrativer Charakter zum Innehalten, zum genussvollen Lesen und Imaginieren einladen, regen sie gleichermaßen dazu an, Wahrnehmungen der Schreibenden, die sich in den Texten widerspiegeln und Wahrnehmungen, die beim Lesen ausgelöst werden, mitzubefragen.

148 An dieser Stelle geht es über das Verständnis von »ästhetischer Wahrnehmung«, wie es bei Seel nachzulesen ist, hinaus. Seel vertritt die These, dass ästhetische Wahrnehmung nicht unbedingt die Selbstbezüglichkeit braucht und daher nicht zwingend auch eine »Wahrnehmung der Wahrnehmung« sei. Er schreibt: »Ästhetische Wahrnehmung ist nicht generell in diesem Sinn reflexiv. Die ›Selbstbezüglichkeit‹ ästhetischer Wahrnehmung, von der ich gesprochen habe, schließt nicht notwendigerweise eine Selbst*rück*bezüglichkeit mit ein. Ästhetische Wahrnehmung reflektiert nicht notwendigerweise auf ihren eigenen Vollzug oder auf ihre eigenen Bedingungen. Reflexivität in dieser Bedeutung einer Selbst*rück*bezüglichkeit kommt lediglich einigen Formen ästhetischer Praxis zu. Die gleichsam vorreflexive Selbstbezüglichkeit, von der ich gesprochen habe, als ich sagte, ästhetische Wahrnehmung werde ›als‹ Wahrnehmung vollzogen,

So beziehen sich die hier vorgestellten Versuche, ein vergangenes pädagogisches Geschehen zu vergegenwärtigen, nicht nur auf die *Rekonstruktion* einer pädagogischen Situation oder bestimmter didaktischer Schritte, sondern immer auch darauf, *wie* etwas wahrgenommen worden ist und was sich jenseits von schneller und eindeutiger Identifikation (gerade beim Lesen) ereignet. Dass Sprache, insbesondere in diesem präsentischen und sinnlichen Modus, nicht lediglich eine Wiederholung der Welt darstellt, sondern zu ihrer Hervorbringung beiträgt, merkt Meyer-Drawe an:

> »Er [der sprachliche Ausdruck K.B.] steht nicht für eine Verdopplung von Welt, sondern für deren Hervorbringung im Spielraum zwischen Appell und Antwort. Außerhalb dieser Verflechtung laufen Erkennen, Wahrnehmen, Fühlen und Handeln ins Leere, und die Welt verstummt.« (Meyer-Drawe 2015b, S. 35)

Was für eine Welt wird also durch eine derart dichte und präsentische Sprache hervorgebracht? Es tritt eine Welt in Erscheinung, die von Sichtbarem und Beschreibbarem genauso bestimmt wird, wie von dem Flüchtigen, dem Affektiven und Spürbaren. Es handelt sich um Texte, in denen Stimmungen und Atmosphären ebenso ins Blickfeld geraten können wie Liminales und oftmals Unbeachtetes. In ihrer Nähe zur Wahrnehmung und Erfahrung zeugen sie von einem »Ethos der Sinne« (vgl. Engel 2018a, S. 31 ff.; Waldenfels 2010b, S. 388 f.; Agostini 2020a, S. 142 ff.). Mit »Ethos der Sinne« ist hier gemeint, dass die Texte beispielhaft für Versuche stehen, Prozesse der Wahrnehmung und des Verstehens nicht voneinander zu trennen. Rudolf zur Lippe hat sich umfänglich mit Fragen der sinnlichen Erkenntnis beschäftigt (vgl. zur Lippe 2003 und 1987). Mit Blick auf die kulturgeschichtlich andauernde Abwertung der Aisthesis als Grundlage von Erkenntnis **149** betont er, dass ein *Verstehen des Anderen* ohne die *Wahrnehmung des Anderen* und ohne eine »existentielle

meint eine spürbare Gegenwärtigkeit des Wahrnehmungsvollzugs, aber als solche keine Thematisierung der Wahrnehmungsleistung, ihrer Bedingungen oder Funktionen.« (Seel 1997, S. 34) Hier ist es jedoch genau diese Selbstbezüglichkeit, das heißt das Gewahrwerden der eigenen Wahrnehmung, die zum Anlass wird, um auf die eigenen Deutungsprozesse aufmerksam werden zu können und diese darüber hinaus auch in Frage zu stellen.

149 R. zur Lippe bringt die Abwertung der Wahrnehmung mit industriellen und ökonomischen Entwicklungen in Verbindung: »Für die lange und vielschichtige rigorose Geschichte der Ruinierung der Wahrnehmung durch Frohn und stumpfsinnigen Verschleiss menschlicher Vermögen durch entfremdete mechanische, repetitive Arbeit verweise ich auf die Kapitel meiner *Ökonomie des Lebens*. [...] die Zerstörung von Rhythmus, innerer Bewegung, Sensibilität durch die Industriearbeit.« (zur Lippe 2003, S. 216)

150 Beispiele anderer Positionen, in denen das Ästhetische explizit in seinen spezifischen Erkenntnispotenzialen befragt und diese didaktisch und forschungsmethodisch nutzbar werden, wurden im kunstpädagogischen Diskurs u. a. von Helga Kämpf-Jansen, Maria Peters, Birgit Engel, Christiane Brohl, Andrea Sabisch, Christine Heil, Kirsten Winderlich, Andreas Brenne vorgelegt – um nur einige wenige zu nennen. Die Reihung, die keinesfalls Vollständigkeit beanspruchen kann, kann vielmehr auf die verschiedenen Forschungs- und Anwendungskontexte aufmerksam machen, in denen Korrelationen zwischen Ästhetischem und Bildung sowie Ästhetischem und Reflexion in der Kunstpädagogik untersucht werden. Während sich die Arbeiten von Helga Kämpf-Jansen und Maria Peters bspw. auf die ästhetische Erkenntnispraxis von Kindern und Jugendlichen beziehen, entwickeln Kirsten Winderlich und Christiane Brohl ästhetisch-experimentelle Verfahren zur Beforschung künstlerischer Arbeiten im öffentlichen Raum. Andrea Sabisch und Christine Heil beziehen sich auf die Hochschuldidaktik und beleuchten Bildungspotenziale, die sich aus ästhetischen Erfahrungen und künstlerischen Praxen für Lehramtsstudierende ergeben können.

Betroffenheit« und »Begegnung« gar nicht möglich sei (vgl. zur Lippe 1987, S. 20). 150
Durch Formen der Vergegenwärtigung, wie sie in den beiden vorgestellten Methoden vorkommen, werden verschiedene Zeitebenen miteinander verknüpft. Es geht keineswegs nur darum, das Vergangene isoliert zu verstehen, sondern die Vergegenwärtigung des Vergangenen tangiert auch die Gegenwart und darüber hinaus das Kommende:

> »Vergegenwärtigung heisst, in einer Wahrnehmung werden in der Vergangenheit Aufgenommenes, jetzt sich Einprägendes und Ahnungen künftig sich daraus abzeichnender Bilder in einer Gegenwart zusammengebracht.« (ebd., S. 20)

Vergegenwärtigung ist also nicht das Heraufbeschwören des Vergangenen zum Zweck seiner Rekonstruktion, sondern die Präsenz des Vergangenen justiert den eigenen Blick auf pädagogische Praxis neu aus und tangiert dadurch ganz unmittelbar die Wahrnehmung der Gegenwart und die Antizipation des Zukünftigen. Über die Vergegenwärtigung des Vergangenen wird es möglich, Erfahrungen aus neuer, auch theoriegestützter Perspektive zu betrachten. »Erfahrungssinn« und »Erkenntnissinn«, schreibt Engel (Engel 2019, S. 42, S. 45), können in Berührung kommen. So erweisen sich die Versuche, ein vergangenes Unterrichtsgeschehen vorstellbar zu machen, gerade nicht als eine nur rückwärtsgewandte Reflexionsbewegung, sondern sie kann auch zum Anlass werden, den eigenen Blick für das Kommende neu auszurichten. Das pädagogische Verstehen, das auf diese Weise entsteht, ist eng an Erfahrungen und damit an eine empirische Grundlage gebunden. Dass hiermit ein besonderes Empirieverständnis zusammenhängt, wird im folgenden Unterkapitel beleuchtet.

Narrative Empirie

Die Einführung des Praxissemesters an vielen lehramtsausbildenenden Hochschulen in Deutschland hat dazu beigetragen, dass Methoden der Forschung auch in der Lehrer_innenbildung verstärkt diskutiert und angewendet werden. Im Zuge des *Forschenden Lernens* (vgl. u. a. Fichten 2012) bzw. des *Forschenden Studierens* (vgl. Kunz/Peters 2019) als ein zentrales hochschuldidaktisches Prinzip sind Lehramtsstudierende dazu herausgefordert, sich nicht nur praktisch im Unterricht zu erproben, sondern sie sollen sich darüber hinaus auch forschend-reflexiv mit dem schulischen Handlungsfeld und ihrer eigenen Tätigkeit als angehende Lehrpersonen beschäftigen. Im aktuellen Diskurs rund um die Frage des Forschenden Lernens zeigt sich auffällig, dass empirisch ausgerichtete Methoden der Beforschung pädagogischer Praxis dominieren. Auch die Arbeit mit Erinnerungsbildern und Vignetten, die in den vergangenen Jahren verstärkt in der Lehrer_innenbildung eingesetzt und theoretisch an den pädagogischen Professionalisierungsdiskurs angeschlossen wurden (vgl. Agostini 2017; Agostini/Bube 2021; Engel 2020, 2019, 2017a, 2017b), fügt sich in diese Entwicklung ein. Erinnerungsbilder und Vignetten beruhen auf eigenen Erfahrungen und Eindrücken, die im Unterricht von Forschenden und Lehrenden gesammelt und verschriftlicht werden. Wie viele andere Forschungsmethoden bauen sie also auf einer empirischen Grundlage auf. Doch erscheint gerade vor dem Horizont standardisierter Methoden (wie z. B. Frage- oder Beobachtungsbögen) die Art und Weise spezifisch, wie in der Erzählung ein Bezug zu den beforschten Unterrichtssituationen hergestellt wird. Im Kontrast zu standardisierten, evaluativen und auf die Testung ausgerichteten Verfahren (siehe Kap. 2, S. 73 ff.) macht der explizite Einbezug des Sinnlich-Ästhetischen und Leiblichen schnell darauf aufmerksam, dass im Diskurs über pädagogische Reflexion ganz unterschiedliche Auffassungen davon im Spiel sind, wie und mit welchem Zweck ein Bezug zu pädagogischen Situationen hergestellt werden kann. Unter dem Stichwort der »narrativen Empirie« (vgl. Larcher/Larcher 2006) [151] möchte ich das in Erinnerungsbildern und Vignetten verhandelte Verständnis von Empirie genauer in den Blick nehmen. Das folgende Unterkapitel beleuchtet daher das Narrativ in seiner besonderen empirischen Qualität. Dies erscheint nicht nur deshalb wichtig, da der Erzählung häufig eine eigene, wissenschaftliche Erkenntnisfunktion abgesprochen und sie stattdessen in den Bereich des Literarischen und des Romans eingeordnet wird (vgl. Merleau-Ponty 2012 [1946], S. 59 f.), sondern es erscheint auch deshalb nötig, um genauer fassen zu können, was Erinnerungsbilder und Vignetten von jenen Erzählungen unterscheidet, wie sie in der Pädagogik schon lange im Rahmen der Arbeit mit Fallbeispielen bekannt sind (vgl. Wernet 2006). Erzählungen haben in der Pädagogik eine lange Tradition. Dies spiegelt sich nicht nur historisch unter anderem in Jacques Rousseaus bekanntem Bildungsroman *Emile* wider (Rousseau 2019 [1762]), sondern auch an dem gegenwärtig starken Interesse an der pädagogischen Kasuistik, die gleichsam auf der Erzählung einzelner Fallbeispiele beruht. Während die Erzählung bei Rousseau vor allem der Diskussion von Erziehungsfragen dient, stehen in der kasuistischen Fallerzählung heute zumeist die Betrachtung und vor allem die *Lösung von Problemen* in pädagogischen Situationen im Zentrum (vgl. Wyss 2013, S. 53 f.). Mithilfe von Wernet, der sich eingehend in dem Text *Hermeneutik – Kasuistik – Fallverstehen* mit der Spezifik der Fallforschung beschäftigt, [152] lässt sich das Anliegen der kasuistischen Erzählung prägnant herausstellen:

> »Pädagogische Probleme sollen [möglichst plastisch] aufgezeigt werden, eine gelungene pädagogische Praxis soll dargestellt werden, pädagogische Ideale sollen praktisch anschaulich geschildert werden« (Wernet 2006, S. 88).

Nadia Bader (2019) stellt an Wernet anknüpfend heraus, dass Falldarstellungen oftmals weniger darauf ausgerichtet seien, »Vorgefundenes und Beobachtetes genauer zu betrachten, sondern vielmehr prospektiv zur Verbesserung pädagogischer Praxis beizutragen, auch im Sinne einer Vorführung von »best practice« (vgl. ebd., S. 72). Die Erzählung diene der Optimierung von pädagogischer Praxis und bestehenden Handlungsoptionen. Wernet, lässt sich bei Bader nachlesen, kritisiert,

151 Larcher/Larcher (2006) werden von Peterlini (2016, S. 25) zitiert.

152 Nadia Bader bezieht sich ausführlicher auf Wernet in ihrer Dissertation *Reden – Zeichnen – Zeigen* (2019, S. 88 ff.).

dass durch eine solche Herangehensweise die Komplexität und die Unverständlichkeit von pädagogischen Situationen sowie die damit zusammenhängende Unverfügbarkeit der handelnden Akteur_innen in der Fallforschung weitgehend ausgeschlossen und unreflektiert bleiben. Dies sei insofern nicht verwunderlich, da eine eingehende und kritische Betrachtung von Fällen immer auch Irritationen, Enttäuschungen und persönliche Kränkungen hervorrufen könne (vgl. Wernet 2006, S. 176 zitiert in Bader 2019, S. 74).

Die kasuistische Erzählung und insbesondere die damit verbundenen Ziele unterscheiden sich bei genauerem Blick stark von jenen Erzählungen, wie sie im Erinnerungsbild und in der Vignette zu finden sind (vgl. Agostini 2020b). Denn in den Erzählungen, die Erinnerungsbilder und Vignetten bieten, geht es genau darum: zuzulassen, dass sich der eigene Blick auf das Unerwartete richtet, womöglich auch am Ungewollten und Unbequemen hängenbleibt. Aufgrund dieser Differenz verlasse ich den Diskurs der Kasuistik und widme mich stärker einem Verständnis von Erzählung, wie es in der phänomenologischen Forschung tradiert ist. Einige Aspekte, die im Folgenden beschrieben werden, gelten sicher auch für die Erzählung in der Kasuistik. Doch markiere ich hier dennoch explizit einen Blick- und Diskurswechsel, da in den folgenden Absätzen die Erzählung in einen besonders engen Zusammenhang mit dem Sinnlichen und Leiblichen gestellt wird, wie er in der Kasuistik nicht in derselben Ausgeprägtheit zu finden ist.

In dem Text *Über die Kunst des Erzählens* macht Käte Meyer-Drawe (2016a) auf eine für die folgenden Überlegungen entscheidende Differenz zwischen *Information* einerseits und *Erzählung* andererseits aufmerksam (ebd., S. 15). Anders als die Erzählung verknüpft Meyer-Drawe die Information bzw. die wissenschaftliche Erkenntnis mit dem Versuch des Erklärens (vgl. ebd., S. 16), mit ihrem Neuigkeitswert (ebd., S. 15), ihrem faktischen Charakter (vgl. ebd.) und ihrer »logischen Präzision« (ebd. S. 15, Meyer-Drawe zitiert Gabriel 2010). Die Erzählung hingegen sei vielmehr eine »Kunst« (ebd., S. 15; vgl. auch Benjamin 1980, S. 437), sie appelliere an »unsere sinnlichen Wahrnehmungen und Gefühle« (Meyer-Drawe 2016a, S. 16) und ziele auf ein »Verstehen, das nicht in ein mitteilbares Wissen mündet« (ebd., Meyer-Drawe zitiert Gabriel 1990, S. 10). Erst über die Erzählung werde es möglich, sich nicht nur den eigenen Erfahrungen, sondern auch den Erfahrungen von Anderen anzunähern:

> »Sie [Narrationen] informieren uns nicht über Tatbestände. Sie suchen nicht nach Definitionen, die sie auch angesichts der Brüchigkeit konkreter Situationen nur auf Kosten eines vielsagenden Kontextes finden könnten. [...] Was vom Standpunkt einer Definition als bloße Verworrenheit und aus dem Blickwinkel einer propositionalen Aussage als ungenau erscheint, erweist sich in der Hinsicht einer literarischen Erzählung als mehrdeutig, als vielsagend, insgesamt nicht als Mangel, sondern als Überschuss, als Reichtum an Bedeutung.« (ebd., S. 16)

Anders als Tatbestände, Informationen und Definitionen können Erzählungen anderes vermitteln. Sie zeugen von Stimmungen und zeigen, wovon die Schreibenden und gleichsam die Handelnden affiziert worden sind. In Erzählungen wird einer »Zwischenleiblichkeit« (vgl. ebd. S. 17) Raum gegeben, die sich zwischen Forschenden/Lehrenden und Schüler_innen aufspannt. Jenseits eines registrierenden Blicks (vgl. Peters 1996, S. 321) können dabei leibliche, performative Ebenen von Unterricht in der Narration zur Sprache kommen:

> »So ist von ›leuchtenden Augen‹ und ›breitem Lächeln‹ oder von einem ›erwartungsvollen Blick‹ zu lesen.« (Meyer-Drawe 2016a, S. 17, bezüglich Vignetten)

Unterrichtliche Interaktionen werden im Erzählen nicht auf das »gesagte Wort« (ebd.) reduziert und lediglich protokolliert (vgl. ebd.), sondern die spezifische »Artikulation einer Situation« (ebd.), das heißt ihre Tönung und Atmosphäre, ihre leiblichen Facetten, können in der Narration aufgenommen werden – natürlich immer im Spiegel des_derjenigen, der_die schreibt.

Damit werde nicht zuletzt der Erfahrung und ihrem spezifischen Empiriegehalt Rechnung getragen, denn Erfahrungen können nicht gezählt, gemessen oder überprüft werden. Sie sind singulär, nicht vollkommen in Sprache zu übersetzen und stets individuell erlebt. Sich forschend Erfahrungen anzunähern – nicht nur den eigenen, sondern auch denen der Anderen – erfordere daher vielmehr Formen der *sinnlichen Erkenntnis* (vgl. Merleau-Ponty). Diese seien jenen Zugängen verwandt, wie sie auch in der Philosophie, der Ästhetik und den Künsten zu finden seien (vgl. Meyer-Drawe 2016a, S. 18). Ähnliches klingt an, wenn Hans-Georg Gadamer vom »Erfahrungssinn« (Gadamer 1965) und Rudolf zur Lippe vom »Sinnenbewusstsein« (zur Lippe 1987) sprechen. Entgegen einer in der Wissenschaft tradierten Trennung von Wahrnehmung und Erkenntnis (vgl. zur Lippe 1987, S. 17 f.), **153** die auch heute noch wirksam sei, geht es den genannten Autoren um eine Erkenntnisweise, die die »Leiblichkeit nicht ausgrenzt, sondern insbesondere die spürbare pathische Dimension der lernenden und bildenden Erfahrung ernst nimmt« (Engel 2019, S. 41). Es geht um eine Erkenntnispraxis, die der Singularität der Erfahrung stattgibt. In der Singularität der Erfahrung liege ihr spezifischer Empiriegehalt. Andreas Dörpinghaus schreibt dazu:

153 Zur Lippe hat diese Trennung sehr genau nachgezeichnet und in ihrer anthropologischen Bedeutung beschrieben. Er markiert drei verschiedene Entwicklungen und Strategien, die zu einer Marginalisierung des Ästhetischen in Wissenschaft und Leben geführt haben: (1) *Substraktionsanthropologie:* Darunter versteht zur Lippe die Tendenz, dass seit der Antike systematisch versucht werde, Leib und Geist voneinander zu trennen und dabei der Vernunft die Höherwertigkeit zuzusprechen. (2) Damit geht in der Wissenschaft eine *Geometrisierung* einher, unter der eine Stillstellung des Lebens und der Bewegung zu verstehen seien. Erkenntnis werde in der Trennung von Verstand und Leib durch eine »Fixierung auf das nachweisbar Sichere und Unerschütterliche« erlangt (vgl. zur Lippe 1987, S. 18, zitiert in Engel 2019, S. 40). (3) Es sei schließlich dadurch eine *Theoretisierung der Erkenntnis* zu beobachten. Erfahrungen werden als Täuschungen herabgestuft, um in Abgrenzung zur Erfahrung und zu den Sinnen die Objektivität anderer Wissenschaftsformen behaupten zu können (vgl. zur Lippe 1987, S. 19 ff., zitiert in Engel 2019, S. 41). Alle drei Strategien tragen dazu bei, dass die Sinne im Erkenntisprozess marginalisiert werden. Die Phänomenologie stellt hierbei eine Ausnahme dar – sieht sich daher aber auch immer wieder mit dem Vorwurf konfrontiert, nur Literatur oder Roman zu sein (vgl. Merleau-Ponty 2012 [1946], S. 59 f.). Nach wie vor werde literarischen Formen immer wieder abgesprochen, zu Erkenntnissen führen zu können (vgl. Meyer-Drawe 2016a, S. 18).

> »Erfahrungen [...] verweisen auf einen empirischen Gehalt, der nicht zwangsläufig nomologisch, kausalanalytisch verstanden werden muss.« (Dörpinghaus 2015, S. 467)

Erfahrungen als Teil des Erkenntnisprozesses produktiv zu machen und sich vom Sinnlichen und der Wahrnehmung eben nicht zu Gunsten naturwissenschaftlicher Gesetze zu verabschieden, mache insbesondere deshalb Sinn, so Dörpinghaus, da jedes Verstehen auf die Widerständigkeit der Erfahrung angewiesen sei. Die Erfahrung sei der notwendige »Einspruch des Denkens« (ebd., S. 465), dem wir uns nicht entziehen können (ebd., S. 474). Es ist von einem Denken die Rede, das den Anschluss an das Empirische im Sinne des Sinnlichen nicht verloren hat:

> »In einer Trennung des Sinnlichen vom Intelligiblen, und zwar bei gleichzeitiger Reduktion des Sinnlichen auf den Raum eines Empirischen, der nur noch nach naturwissenschaftlichen Gesetzen formiert denkbar wird, bleibt das Intelligible zwangsläufig auf sich allein gestellt, es hätte lebensweltlich-sinnlich keinerlei wirksame Anbindung.« (ebd., S. 468)

Um diese Anbindung aufrecht zu erhalten, biete sich eine forschende Annäherung an die Erfahrung und ihre Bedeutung für Bildungsprozesse im Modus der Narration besonders an (vgl. Engel 2020, S. 110). Anders als das Auszählen und das Vermessen (beides steht hier stellvertretend für ein konträres, d. h. noematisches Wissenschaftsverständnis, vgl. Kraus 2015, S. 78–88) könne das Narrativ nicht nur sprachlich einen anderen Bezug zu Erfahrungen herstellen, sondern es werde im Erzählen auch eine andere Zeitlichkeit zum erlebten Geschehen hergestellt. Diesen Zusammenhang hat unter anderem Paul Ricœur ausführlich in den drei Bänden *Zeit und Erzählung* (2007) dargelegt. Ricœur habe, stellt Engel heraus, »eine Korrelation zwischen dem zeitlichen Charakter der menschlichen Erfahrungsbildung und dem Erzählen einer Geschichte heraus[gearbeitet]« (Engel 2010, S. 184). Er sieht das Spezifische des Narrativs und vor allem seine kultur-anthropologische Bedeutung darin, dass im Erzählen eine andere Form der Zeiterfahrung möglich werde (vgl. Ricœur 2007, S. 87), indem das Narrativ einen Riss in der Kontinuität der Gegenwart bilde. Dadurch bilde sich »ein Ort [...], durch den Vergangenes und Zukünftiges in eine neue Ordnung finden« (Engel 2010, S. 184 bezieht sich auf Ricœur 2007, S. 87). Narration stelle dabei eine »[...] schöpferische Leistung [dar], die eine neue und eigenständige Perspektive auf die Wirklichkeit erzeugt« (Meuter 2004 S. 143). Dieses Moment des Schöpferischen betont auch Peterlini (2016, S. 26), wenn er bezogen auf Vignetten schreibt:

> »Es ist ein Forschen ohne die Sicherheitshaken behaupteter Objektivität, das sich nur durch die selbstkritische und selbstreflexive Redlichkeit seines Suchens, durch das immer neue, intersubjektive Prüfen der Anschauung, durch die Enthaltung von Letzgültigkeiten und das Aushalten stetiger Verunsicherung verantworten kann. Die Vignette zeigt weder die Erfahrung noch Lernen in reiner Essenz, sie zeigt Abschattungen dessen, was sich im Feld – in diesem Fall im Unterricht – ereignet; es ist nicht zwingend mehr, aber auch nicht

> weniger als sich durch Tests, Messmethoden, Befragungen, Ausforschungen, Video- und Tonaufnahmen, Computertomographien über Lernen erfahren lässt. Es ist etwas anderes als gemeinhin getestet wird […].« (Peterlini 2016, S. 26)

Anders als im Vermessen und in der Erfassung unterrichtlicher Situationen durch standardisierte Tests sei im Narrativ der Spürsinn der Forschenden gefragt. Die Erzählung fordert dazu heraus, jene Momente im Unterricht erst zu *entdecken,* in denen sich möglicherweise etwas für die Beteiligten Bedeutsames ereignet. Die Erzählung richtet den Blick nicht von vornherein mithilfe eines methodischen Instrumentariums auf etwas Spezifisches im Unterricht aus. Sie verlangt vielmehr nach einer ›Findigkeit‹. Bernhard Waldenfels versteht darunter eine besondere Form der suchenden Bewegung, in der sich »die Wahrnehmung mit der leiblichen Bewegung« verbinde. Es gehe dabei nicht um die bloße Wahrnehmung einer Bewegung, »sondern eine Wahrnehmung in Bewegung« (Waldenfels 2004b, S. 49):

> »Ein solches Sichbewegen, das nicht bloß Orte wechselt, sondern Orte generiert, ist geeignet, Positionen und Konstellationen auszuprobieren und sie nicht nur per Feedback zu verstärken. Entdeckungen sind dort angesiedelt, wo der Regelkreis sich nicht völlig schließt.« (Waldenfels 2004b, S. 49)

Erzählungen können als solche Bewegungen verstanden werden. Im Erzählen von Erinnerungsbildern und Vignetten können Eindrücke und Wahrnehmungen zur Sprache gebracht werden, die sich eng verknüpft zeigen mit der Leiblichkeit der Verfasser_innen. Ihre Aufmerksamkeit und leibliche Anwesenheit in der Situation ist kein methodisches Manko, sondern sie bilden die Grundlage der Erzählung und eröffnen zuallererst neue Perspektiven auf eine miterfahrene Unterrichtssituation. Anders als das Ankreuzen auf einem Fragebogen, der zumeist hinsichtlich vorgegebener Kriterien eine Einschätzung auf einer vorgegebenen Skala verlangt, fordert die Erzählung einen Spürsinn und lädt zur Befragung der eigenen Wahrnehmungen ein. Das Erzählen und damit auch das Schreiben verlangen danach, passende Worte dafür zu suchen, zu finden oder zu erfinden, die das Erfahrene möglichst treffend umkreisen.

Anja Kraus **154** bringt mit dem Begriff der ›Findigkeit‹ noch einen weiteren Begriff in Verbindung, der meiner Meinung nach auch für das Erzählen und damit für die Klärung des hier verhandelten Empirieverständnisses relevant ist: »phronesis« (vgl. Kraus 2015, S. 56 f.). Das auf Aristoteles zurückgehende Konzept der *phronesis* **155**

154 Kraus hat 2015 in dem Buch *Anforderungen an eine Wissenschaft für die Lehrer(innen)bildung. Wissenschaftstheoretische Überlegungen zur praxisorientierten Lehrer(innen)bildung* die Frage untersucht, welche forschenden Praxen sich insbesondere in der Lehramtsausbildung eignen, um eine reflektierte Lehrpraxis zu entwickeln. »Findigkeit«, »Phronesis« und »Kairos« werden hier als zentrale Figuren einer Reflexions- und Erkenntnispraxis genannt, die Implizites, Nicht-Gesagtes, Leibliches und Antinomien einschließt. Die Einmaligkeit, so eine zentrale These, erfordere auch ein anderes Wissenschaftsverständnis (vgl. Kraus 2015, S. 34–58). In den Ausführungen zum Begriff »phronesis« bezieht sie sich auf Gadamer (vgl. Gadamer 1986), der Begriff »Kairos« wird mithilfe von Theunissen eingeführt (vgl. Theunissen 2000, siehe insbesondere S. 804).

155 Griechisch φρόνησις, phronesis bedeutet Klugheit, unter der Berücksichtigung aller relevanten Faktoren in einzelnen Situationen handeln zu können.

sei als eine »auf konkrete Situationen ausgerichtete Einsichtsfähigkeit« mit »eigener Rationalität« zu verstehen (vgl. ebd.). *Phronesis* entziehe sich zuvor festgelegten Regelsystemen, sei einer Theoretisierung von Welt vorgeschaltet und könne nicht direkt vermittelt werden (ebd., S. 56 f.). Vielmehr handele es sich um die Fähigkeit, sich *in situ* auf einen konkreten Fall, einen singulären Moment einzulassen. Anders als *epistéme*, die auf das Allgemeine ausgerichtet seien, stehe bei der *phronesis* zunächst die Begegnung mit dem Einzelnen und Konkreten im Vordergrund.

Dieser Bezug zum Singulären und die Bereitschaft, sich der spezifischen Eigenart und Einmaligkeit einer pädagogischen Situation *auszuliefern*, spielt auch in Erzählweisen wie dem Erinnerungsbild und der Vignette eine wichtige Rolle. Der Kairos (der unerwartete, erstaunliche und berührende Moment), der den Anfang von Bildungsprozessen darstellt (vgl. u.a. Peterlini 2016, S. 27; Kraus 2015, S. 57; Meyer-Drawe 2011a und 2012a, S. 143), kann in Erzählungen, die auf den Spürsinn und die leibliche Anwesenheit des Schreibenden angewiesen sind, gleichsam zum produktiven Anstoß von Forschungsprozessen werden. Dass dabei das Wissen, das aus einer singulären Erfahrung hervorgeht, anders beschaffen ist als jenes Wissen, das mit vielen gängigen Forschungsmethoden generiert wird, betont Dörpinghaus, wenn er der Erfahrung einen spezifischen empirischen Gehalt zuspricht, der gerade damit zusammenhänge, dass die Erfahrung nicht kausalanalytisch verstanden werden könne (vgl. Dörpinghaus 2015, S. 467).

Erfahrungen – und ich ergänze: auch die Erzählungen, die von Erfahrungen handeln – zeichnen sich geradezu durch ein ihnen »eigentümlicher empirischer Gehalt« (ebd., S. 467) aus, der wenig mit den zentralen Prämissen eines *noematischen* Wissenschaftsverständnisses gemein hat. Dieses sei nämlich gekennzeichnet durch »definitorische Klarheit«, »Objektivität« (vgl. Kraus 2015, S. 84), »Vollständigkeit«, »Geschlossenheit«, »Eindeutigkeit«, »Linearität« (vgl. Wulf/Zirfas 2007, S. 8), »analytische Kontrolle«, »Allgemeingültigkeit«, »Item-orientierte Studien« und »technologische Verkürzung« (vgl. Kraus 2015, S. 85 f.) pädagogischer Situationen. Das Bemühen darum, singulären Erfahrungen Ausdruck zu verschaffen und Erzählungen zum Ausgangspunkt einer empirischen Beforschung pädagogischer Situationen zu machen, führt in eine andere Richtung. Diese Richtung entspricht eher Vorstellungen von einer *noetischen* Wissenschaftspraxis (vgl. ebd., S. 89–93), die sich für »dynamische Spannungsverhältnisse«, »Uneindeutigkeiten«, »nicht vollständig Quantifizier- und Metrisierbares« (ebd., S. 89) interessiert und die den Vollzug des Verstehens selbst reflektiert. Die Erzählweise, wie sie in den beiden Beispielen kultiviert wird, trägt zu einem Verstehen bei, das sich in der Auseinandersetzung mit dem Singulären, der Einzigartkeit und dem Unvorhersehbaren pädagogischer Situationen einstellt. Es geht in besonderer Weise um Dimensionen des Pädagogischen, die sich einer direkten Messung, Zählung und Überprüfung weitgehend entziehen, aber eine wichtige Bedeutung haben – nicht nur vor theoretischem Hintergrund. Gerade deshalb sehe ich zwischen dem Empirieverständnis, wie es in Erinnerungsbildern und Vignetten zum Ausdruck kommt, einen Zusammenhang zu einer noetischen

Wissenschaftsauffassung. Im Erzählen geht es um ein pädagogisches Verstehen, das sich nicht loslöst von der konkreten Erfahrung des Forschenden und in dem das Allgemeine und die Bedeutung von etwas im Besonderen aufgesucht wird (vgl. Agostini 2017, S. 34). Damit sind zwangsläufig auch die Grenzen pädagogischen Verstehens im Spiel, an denen es im Grunde erst notwendig wird, neue Wege des Verstehens zu finden. Aus diesen Lücken, betont Meyer-Drawe, ergeben sich erst jene Möglichkeiten, die für die Reflexion pädagogischer Praxis produktiv seien (vgl. Meyer-Drawe 1984, S. 254 ff.). Vignetten und Erinnerungsbilder handeln insofern nicht nur von den Situationen, die sie beschreiben, sondern gleichfalls auch von der Herausforderung und der Einschränkung, sich dazu einen Zugang zu verschaffen. Das Empirieverständnis, mit dem wir es durch Erinnerungsbilder und Vignetten zu tun bekommen, ist also eines, das den Entzug des Empirischen, seine Fragwürdigkeit und Unverständlichkeit einschließt. Beide Methoden gehen mit dieser Negativität um, indem die Forschenden als Miterfahrende involviert sind und das empirische Feld aus ihrer Perspektive erschlossen wird. Die dabei entstehenden Narrationen zeichnen sich in beiden Formaten nicht nur durch eine Betonung leiblicher und sinnlicher Aspekte aus, sondern offenbaren auch eine signifikante Bildhaftigkeit – davon zeugen zuallererst die Begriffe Erinnerungsbild und Vignette. **156** Die Übersetzung der eigenen und der fremden Erfahrung in einen narrativen Text geht in beiden Fällen mit einer »Bildwerdung« (zu diesem Begriff siehe Sabisch 2018) **157** einher. Auf diesen Aspekt werde ich im folgenden Unterkapitel zunächst kurz eingehen. **158** Da die Bedeutung des Bildes für pädagogische Reflexionsprozesse einen eigenen Schwerpunkt der vorliegenden Studie bildet, wird dieser Aspekt im darauf folgenden dritten Kapitel ausführlich entfaltet.

Bildhaftigkeit (sprachlich)

Auf den ersten Blick handelt es sich bei Erinnerungsbildern und Vignetten um Texte, in denen die Situationen, von denen sie erzählen, zwangsläufig Satz für Satz in eine Linearität übersetzt werden. Umso bemerkenswerter ist es, dass in beiden Formaten explizit auf das Bild bzw. auf die *bildhafte Qualität erzählerischer Texte* rekurriert wird. Das ist insofern erstaunlich, da sich Texte – nicht nur beim Schreiben, sondern auch beim Lesen – anders als Bilder nicht ad hoc und visuell gesamthaft Preis geben, sondern es eine bestimmte Anordnung von Zeichen, Wörtern und Sätzen gibt, deren spezifische *Abfolge* sukzessiv Bedeutungen stiftet. Und obwohl es sich offensichtlich um Texte handelt, zeigt sich auf den zweiten Blick, dass Text und

156 Vignette hat im Weinbau als auch in der Buchkunst mit einer ornamentalen Gestaltung zu tun (siehe Näheres zum Begriff, S. 102 f.).

157 Grundzüge dieses Begriffs legt Andrea Sabisch in der Einleitung zu ihrem Buch *Bildwerdung* dar (vgl. 2018, S. 9–17).

158 Der Aspekt der ›Bildhaftigkeit‹ als eine spezifische Qualität und vor allem als eine methodologische Dimension von Erinnerungsbildern und Vignetten wurde bisher kaum explizit diskutiert. Daher versuche ich zunächst, deskriptiv verschiedene Aspekte beider Methoden zusammenzustellen, die mit Bild bzw. bildlichen Qualitäten zu tun haben. Im dritten Kapitel wird die Bedeutung des Bildes für eine forschend-reflexive Annäherung an pädagogische Praxis mithilfe theoretischer Bezüge vertiefend in den Blick genommen.

Bild in Erinnerungsbildern und Vignetten auf verschiedenen Ebenen eng verknüpft sind. Die narrative Struktur zeichnet sich durch eine Verwandtschaft zum Bild aus:

Zunächst hängt die bildhafte Qualität mit der **Sprache** selbst zusammen. In dem Abschnitt zur »Verdichtung und Vergegenwärtigung« (siehe Kap. 2, S. 118–125) ← wurde schon auf die besondere Präferenz für metaphorische Ausdrücke und prägnante Sprachbilder eingegangen. In beiden Formaten wird eine literarisch anmutende Sprache verwendet, in der immer mehr an Konnotationen und Implizitem mitschwingt, als explizit benannt wird. Dadurch zeichnen sich diese Texte – wie viele Bilder – auch durch eine bemerkenswerte Mehrdeutigkeit aus. Malte Brinkmann und Sales Rödel heben hervor, dass gerade die Mehrdeutigkeit und Polyvalenz zentrale Charakteristika von Bildern seien (vgl. Brinkmann/Rödel S. 531ff.).

Auch die **innere Logik der Texte** hat eine bildhafte Qualität. Die Beschreibungen folgen keiner strengen Chronologie, die von der miterlebten Unterrichtsstunde und den darin vollzogenen didaktischen Schritten vorgegeben würde, sondern einer relativen Zeitlichkeit. Die Texte entsprechen vielmehr den Wahrnehmungsbewegungen und Aufmerksamkeiten derjenigen, die die Texte verfasst haben. So entsteht eine andere Struktur, die nicht zwingend dem zeitlichen Stundenverlauf in seiner Dynamik und seinem Rhythmus entsprechen muss. Kleine Ausschnitte, die im eigentlichen Unterrichtsgeschehen womöglich keine große Bedeutung gespielt haben oder die von den Akteur_innen gar nicht bemerkt worden sind, können in den Erzählungen hervorgehoben und en détail beschrieben werden. Der Text kann den Anschein einer extremen zeitlichen Dehnung erwecken, obschon es sich im Rahmen der erinnerten oder wahrgenommenen Situation um einen sehr kurzen Moment handelte. So verwundert es nicht, dass Schratz, Schwarz und Westfall-Greiter eine Verwandtschaft zwischen der Vignette und dem fotografischen Bild erkennen:

> »Sie [Vignetten **KB**] gleichen Schnappschüssen, die dynamisches Handeln von Personen in konkreten Situationen herausnehmen und im Festhalten fixieren. In unserem Fall ist das ein Aufschreiben und erzählendes Beschreiben. Erst im Benennen rückt das Erfahrene als Gegenstand der (wissenschaftlichen) Betrachtung ins Licht, aber auch Unbekanntes und Überraschendes geraten dadurch in den Blick. [...] Gleich einem Photo halten die Vignetten einen Erfahrungsmoment fest und fixieren ihn sprachlich in seiner bestechenden Wirkung.« (Schratz, Schwarz und Westfall-Greiter 2012, S. 35; Querverweis: S. 94)

Folgt man dieser Argumentation, dann speist sich die andere Logik von Vignetten aus ihrer Schnappschussästhetik und dem damit verbundenen Potenzial, einen Überschuss zu produzieren und Unerwartetes dadurch zugänglich zu machen. Verschiedene Ereignisse, die im Unterricht zwar parallel laufen und oftmals nicht in einen direkten Zusammenhang gestellt werden, können in der Vignette und auch im Erinnerungsbild miteinander ins Verhältnis gesetzt werden. Denn wie in der Betrachtung eines fotografischen Bildes geht es auch in Vignetten und in

Erinnerungsbildern nicht nur um *ein* bestimmtes Hauptgeschehen, sondern auch um das Randgeschehen und Nebenschauplätze. Dadurch können unerwartete Verbindungen und Verweisstrukturen zwischen verschiedenen Ereignissen entstehen, die möglicherweise im Unterricht zeitlich und kausal nicht in einem offensichtlichen Zusammenhang gestanden haben. So lädt beispielsweise das Schreiben eines Erinnerungsbildes dazu ein, die vergegenwärtigte Situation im Unterricht mit dem vorherigen Geschehen und dem noch Kommenden in Beziehung zu setzen. Erzählungen offenbaren eine Zeitlichkeit eigener Art, die mit der Wahrnehmung der Verfasser_innen zu tun hat und die nicht unbedingt der messbaren Zeit und den operationalisierbaren Schritten des Unterrichtsverlaufs entsprechen muss. Die innere Logik, die hier beschrieben wird, weist eine dem Bild verwandte Simultanstruktur auf. Die Texte zeugen von einer Aufmerksamkeit in Bewegung: Jemand wurde spontan affiziert und folgt nicht ausschließlich einem von der Lehrperson oder von anderen Personen markierten Fokus. Wie der Blick beim Fotografieren und bei der Bildbetrach- tung von Bildern umherschweifen kann, so entsteht auch im Erinnerungsbild oder in der Vignette eine Situationsbeschreibung, die verschiedenste Aspekte einer Situation aufblättert und – sowohl beim Schreiben als auch beim Lesen – zum Entdecken von Verbindungen und Deutungen einlädt. Gerade in dieser besonderen Struktur entfaltet sich ein Überschuss, der nicht nur die Schreibenden sondern auch die Lesenden dazu anstiften kann, sich die beschriebene Situation anschaulich zu vergegenwärtigen und auch abseits eines bestimmten inhaltlichen Fokus jene Details zu entdecken, die für sie/ihn selbst bedeutsam sind beziehungsweise werden. Wie das Bild bzw. dessen Produzent_in nicht komplett darüber bestimmen können, was darin und vor allem wie es wahrgenommen und gedeutet wird, so fixieren die beiden Textformen auch nicht eine bestimmte Lesart. Erinnerungsbild und Vignette können vielmehr wie ein Angebot gelesen werden, in denen mannigfaltige Deutungen erst aufgespürt werden können/müssen und aus dem auch selektiv gewählt werden kann.

Schließlich ist es auch die **Prägnanz und Kürze der Erzählungen,** in der sich die Bildhaftigkeit der beiden Formate widerspiegelt. Die Texte sind allesamt nicht sehr lang, sodass es beim Schreiben als auch beim Lesen möglich ist, die beschriebenen Details im Kopf präsent zu halten. Es entsteht keine Auflistung und Zusammenstellung detaillierter Informationen über eine Unterrichtssituation und deren Ablauf, sondern ein stimmungsvoller Gesamteindruck.

2.5 Zwischenüberlegungen und Überleitung zum Verhältnis von Reflexion und Bild

Im Verlauf des zweiten Kapitels wurde gezeigt, dass der Reflexionsbegriff in unterschiedlichen Feldern (Philosophie, Erziehungswissenschaft, Kunstpädagogik) sehr verschieden ausgelegt wird. Dem aktuell in der Lehrer_innenbildung dominierenden Verständnis einer eher evaluativ ausgerichteten Reflexionspraxis konnte mithilfe von zwei phänomenologisch ausgerichteten Forschungszugängen (Erinnerungsbild und Vignette) ein konkreter Gegenhorizont gegenübergestellt werden, der insbesondere für die kunstpädagogische Lehrer_innenbildung aufgrund seiner Orientierung an der Erfahrung und Wahrnehmung interessante Perspektiven bietet. Dieser Gegenhorizont zeichnet sich durch Parameter aus, die auch für den weiteren Fortgang der Arbeit methodologisch bestimmend sein werden: Ausgehend von den beiden Ansätzen wurde ein Reflexionsverständnis skizziert, in welchem *der Bezug zur Erfahrung und damit auch zum Singulären, das Involviert-Sein der reflektierenden Person als unhintergehbare und produktive Voraussetzung von Reflexion sowie die ästhetische Wahrnehmung als deren Movens* in ihrer erkenntnisstiftenden Bedeutung ernst genommen werden. Es handelt sich um eine Reflexionspraxis, die immer wieder die Grenzen pädagogischen Verstehens und die Herausforderung bewusst macht, sich Bildungsereignissen in ihrer Unverfügbarkeit forschend anzunähern. Erinnerungsbilder und Vignetten sind aber nicht nur wegen des ihnen eingeschriebenen Bildungs- und Forschungsverständnisses relevant für meine Arbeit, sondern auch wegen ihres impliziten Bezugs zum Bild. An diese Verbindung, d. h. die Bedeutung des Bildlichen für pädagogische Reflexionsprozesse, knüpfe ich an. Dabei wird jedoch die sprachliche Ebene, wie sie in Erinnerungsbildern und Vignetten zu finden ist, zugunsten einer explizit bildlichen, d. h. fotografischen Ebene verlassen. Da dem (fotografischen) Bild durch seine Mehrdeutigkeit, Komplexität und Nicht-Sprachlichkeit eine ihm eigentümliche Reflexivität (vgl. Heßler/Mersch 2009) anhaftet, lässt sich vermuten, dass gerade das Bild reizvolle Potenziale insbesondere für die Befragung der pathischen und unverfügbaren Seiten pädagogischer Praxis bereithält.

Meine Untersuchung möglicher Potenziale des fotografischen Bildes für den forschend-reflexiven Zugang zu Fragen pädagogischer Praxis schließt also an einer eher impliziten Dimension von Erinnerungsbildern und Vignetten an. Um mein spezifisches Forschungsanliegen zu konkretisieren, wird dieser Verbindung – Reflexion und Bild – im nächsten Schritt ein eigenständiges Kapitel gewidmet. Dabei wird nicht nur auf Diskussionen über das (fotografische) Bild in der Phänomenologie zurückgegriffen (vgl. u. a. Flusser 1991, Wiesing 2010), sondern auch auf die Medienphilosophie (u. a. Heßler/ Mersch 2009, Alloa 2013, Schürmann 2013) und Kunstpädagogik (vgl. u. a. Sabisch 2018, Pazzini 2015).

KAPITEL 3

DEN PATHISCHEN UND UNERWARTETEN SEITEN PÄDAGOGISCHER PRAXIS MIT FOTOGRAFISCHEN BILDERN AUF DIE SPUR KOMMEN

—

Methodologische Grundlegung

DEN PATHISCHEN UND UNERWARTETEN SEITEN PÄDAGOGISCHER PRAXIS MIT FOTOGRAFISCHEN BILDERN AUF DIE SPUR KOMMEN

Im vorherigen Kapitel konnte anhand der beiden Forschungs- und Reflexionsansätze *Erinnerungsbild* und *Vignetten* herausgearbeitet werden, dass Formate zur Reflexion pädagogischer Erfahrungen mit einer impliziten Bildlichkeit einhergehen. Obwohl beide Ansätze sprachlich gefasst sind und eine Annäherung an pädagogische Fragen im Modus des Textes stattfindet, haben sie in ihrer Prägnanz, Kürze und Anschaulichkeit einen bildhaften Charakter.

In der Diskussion von Erinnerungsbildern und Vignetten deutet sich an, dass jene Momente, in denen sich etwas entgegen der eigenen Erwartungen im Unterricht ereignet und in denen spürbar wird, dass etwas außerhalb einer bzw. der eigenen pädagogischen Verfügungsmacht und vorangegangenen Planung passiert, auf besonders prägnante Weise im Modus des Bildlichen in Erscheinung treten können. Daran anknüpfend lässt sich vermuten, dass fotografische Bilder möglicherweise einen ganz eigenen Beitrag dazu leisten können, um sich im Zuge der pädagogischen Professionalisierung reflexiv den pathischen Seiten von Lehr- und Lernprozessen in ihren vielschichtigen Bedeutungen zuwenden zu können.

Das folgende Kapitel erkundet zunächst in der Theorie, welche Potenziale fotografische Bilder für diese Frageperspektive mitbringen und inwiefern sie sich anbieten, um ein pädagogisches Verstehen anzubahnen, das sich insbesondere um die unerwarteten, unbemerkten oder sogar unerwünschten Momente innerhalb pädagogischer Praxiszusammenhänge bemüht. Da es hierbei nicht um Qualitäten von pädagogischer Praxis geht, für die ein differenziertes Verständnis über eine Vermessung, Auszählung und Evaluation zu erlangen wäre, knüpfe ich an die methodologischen Orientierungen an, die aus der Diskussion von Erinnerungsbildern und Vignetten hervorgegangen sind: Grundlegend für eine kritisch-reflexive Bezugnahme auf pädagogische Praxis scheint dabei insbesondere die *Vergegenwärtigung des pädagogischen Geschehens vor dem Hintergrund der eigenen Erfahrung* zu sein. Das tiefergehende Verstehen jener Dimensionen von pädagogischer Praxis, das sich erst im zweiten oder dritten Blick entwickeln mag, ist auf die Bereitschaft angewiesen, rückblickend dem Geschehen wahrnehmend, spürend zu begegnen und ihm dadurch eine neue Präsenz zu verleihen.

Hier können fotografische Bilder einen besonderen Beitrag leisten – sofern sie nicht darauf reduziert werden, eine vermeintlich objektive und faktische Informationsquelle zu sein, sondern wenn sie vielmehr als *Spur einer Wahrnehmung* und *Geste* (vgl. Flusser 1991) an den Blick des Fotografierenden zurückgebunden werden. Statt in erster Linie die Frage danach zu stellen, WAS fotografische Bilder zeigen und was *vor* der Kamera passiert, bieten fotografische Bilder Gelegenheit sich dem WIE der fotografischen Darstellung zu widmen. Das *fotografische Bild als Ereignis* zu verstehen (vgl. Alloa 2013, Schürmann 2013) und damit die Frage zu stellen, WIE in fotografischen Bildern etwas *sichtbar wird,* scheint insbesondere vielversprechend, um sich den pathischen Seiten pädagogischer Prozesse anzunähern, da das Pathische erst in der Wahrnehmung in Erscheinung tritt. **159** *Wie geraten die Anderen in den Blick der Fotografierenden; zu welcher Präsenz gelangen sie dabei? Inwiefern deuten sich in fotografischen Bildern Spuren der Wahrnehmung der Fotografierenden und der Fotografierten an?*

Diese Überlegungen zum fotografischen Bild gilt es genauer in den Blick zu nehmen, um ein Verständnis davon entfalten zu können, unter welchen Vorzeichen fotografische Bilder zum Anlass einer Reflexion werden können, die insbesondere auch den unerwarteten, unverfügbaren Momenten von Lehr- und Lernprozessen Aufmerksamkeit schenken können.

Am Ende des dritten Kapitels wird deutlich, dass fotografische Bilder dann fruchtbare Impulse für Reflexionsprozesse anbieten, wenn sie nicht als objektivierbare Daten genutzt, sondern wenn sie an die Wahrnehmung des Fotografierenden rückgebunden und damit als Spur von Blicken und Aufmerksamkeiten interpretiert werden. Indem das fotografische Bild in phänomenologischer Tradition als *Spur* von Wahrnehmungen gefasst wird, bleibt das bildlich Sichtbare an den Fotografierenden und seine Leiblichkeit, seine Bewegungen durch den Raum, seine Bezugnahme auf die Anderen und das gesamte Geschehen, seine Empfindungen gebunden. Durch diese Verknüpfung kann das fotografische Bild zum Anlass werden, sich einem pädagogischen Geschehen nicht im Modus ›So ist es gewesen‹ anzunähern, sondern danach zu fragen, wie in einem bestimmten Augenblick fotografisch auf das Geschehen *geantwortet* wurde. Bilder zeugen dann nicht nur von dem Geschehen, sondern vielmehr von einer Weise, sich im Fotografieren auf das Geschehen wahrnehmend bezogen zu haben. Mithilfe fotografischer Bilder lassen sich einzelne Momente innerhalb der pädagogischen Prozesse tiefergehend erkunden, in denen das Pathische seine Spuren in der Erfahrung der Fotografierenden hinterlassen hat.

3.1 Bildung kommt nicht ohne Bilder aus: Einführende Überlegungen

Was mag nun eine Reflexion, die sich um ein Verstehen der pathischen und unverfügbaren Seiten pädagogischer Praxis bemüht, mit fotografischen Bildern zu tun haben? Andrea Sabisch beschreibt den Konnex zwischen Bildern und Bildung in folgender Hinsicht:

> »Die Frage, wie man die Entstehung des Neuen und Veränderungen denken kann, ist eng mit der Frage nach Bildung und Bilderfahrung verwoben. Bilderfahrungen stellen elementare Weisen des Bezugs zur Welt, zu Anderen und zum Selbst dar. Eingelassen in ein weites Feld des Sinnlichen, das nicht im Sichtbaren endet, aktualisieren sie sich, so könnte man vorläufig sagen, als performative Durchquerungen und Umwandlungen eines Ereignens *angesichts* von Bildern und *durch* Bilder.« (Sabisch 2018, S. 9)

Bildern wird eine fundamentale Bedeutung für Bildungsprozesse zugesprochen, insofern das eigene Sehbegehren und die Bildwirkung im Umgang mit Bildern nicht ausgeblendet werde, das Sehen sich nicht zu einem bereits Erkannten verfestige und die Sinnlichkeit diesseits und jenseits der Visualität nicht ausgespart werde (vgl. ebd., S. 11). Dann können Bilder über formale Bildanalysen hinaus zu weitreichenden Frage anstiften, die basal den Zusammenhang von Bild, Erfahrung und Bildung betreffen: »*Wie* etwas erscheint und *wie* etwas zum Bild wird, ist nicht unabhängig von der Frage zu betrachten, *für wen* es erscheint.« (ebd.) Bilder, wenn sie nicht in einer schlichten Aneignung des Sichtbaren aufgehen, sondern von der Berührung und Affizierung her gedacht werden, können – argumentiert Sabisch unter Bezug auf Waldenfels – zu einem »bildungsrelevanten Anders-Sehen« antreiben (ebd., S. 10). Eine ähnlich grundsätzliche Bedeutung spricht auch Käte Meyer-Drawe dem Bild im Bildungsprozess zu, wenn auch mit etwas anderer Akzentuierung. In ihrem Aufsatz *Die Macht des Bildes* (2010) betont sie:

> »Der Verzicht auf Bilder ist im Bildungsprozess unmöglich, weil uns unsere sinnliche Wahrnehmung mit Blick auf uns selbst im Stich lässt.« (Meyer-Drawe 2010b, S. 816)

Besonders eindringlich veranschaulicht Meyer-Drawe diese Leerstelle an dem Ereignis der eigenen Geburt, die sich unumgänglich einer bewussten Wahrnehmung und Erinnerung entziehe. **160** Dem Menschen sei die direkte Wahrnehmung seiner selbst – zumindest in Gänze – verwehrt. **161** Bilder, schließt sie daran an, können angesichts dieser Leerstelle eine » ... – wenn auch nur vorläufige – Antwort auf diesen provokativen Selbstentzug geben« (ebd.). Obwohl bestimmte Ereignisse nicht erinnert werden können und der geistigen Anschauung zwangsläufig entzogen bleiben, können Bilder doch zumindest von diesen *zeugen*. Auch wenn sie die jeweiligen Ereignisse selbst nicht erinnerbar werden lassen können und sie nie der eigenen Wahrnehmung vollkommen entsprechen können, können sie in ihrer Zeugenschaft dennoch einen ausschnitthaften Blick auf die im Grunde weitgehend oder ganz und gar entzogene Situation eröffnen. Bilder bieten, so die These, die besondere Gelegenheit, unhintergehbare Lücken der menschlichen Wahrnehmung – zumindest in kleinen Teilen – auszuleuchten und *neue* Perspektiven auf etwas zu öffnen, das eigentlich kaum zugänglich erscheint. Gerade indem Bilder mehr und *anderes* zeigen, als wir wahrnehmen können, **162** seien sie mit einer besonderen Macht und

159 Dies wurde ausführlich im ersten Kapitel dargelegt (siehe S. 38 ff.).

160 Meyer-Drawe geht auf die Entzogenheit von Geburt und Tod auch in dem Aufsatz *Wenn Blicke sich kreuzen* genauer ein (vgl. Meyer-Drawe 2016b, S. 40).

161 Anschaulich wird es auch an einem einfachen Beispiel: »Man kann zwar seine Augen sehen, sich aber nicht in die Augen *schauen*.« (Meyer-Drawe 2016b, S. 46)

162 Dieses ›andere‹, das von einem im Bild sichtbar werden kann und das sich der eigenen Wahrnehmung entzieht, ist etwas, das im Grunde nur die Anderen von einem wahrnehmen können: der eigene Blick auf die Welt, die Dinge und die Anderen. Zwar könne man sich selbst im Spiegel sehen, aber eben nicht in der Weise, wie andere uns wahrnehmen, wenn wir von etwas affiziert sind, wenn wir berührt werden und blickend auf die Welt antworten (vgl. Meyer-Drawe 2016b, S. 46). Dieser Blick des Anderen auf uns könne – ansatzweise – das Bild sichtbar machen.

einer ihnen eigentümlichen »Bannkraft« (Meyer-Drawe 2010b, S. 807) verbunden, die gleichsam auch Bildungsprozesse und ein Anders-Sehen (vgl. Sabisch 2018a) befeuern könne.

So ist es naheliegend, sich im Kontext einer Reflexion, die sich um ein differenziertes Verstehen der pathischen und unverfügbaren Seiten pädagogischer Praxis bemüht, mit fotografischen Bildern zu beschäftigen. Damit sich die in fotografischen Bildern enthaltenen Potenziale für eine Reflexion der pathischen Seiten von pädagogischen Prozessen entfalten können, muss ein geeignetes Bildverständnis zugrunde gelegt werden. Die Verwandtschaft von Bildern und Bildung, schreibt Meyer-Drawe, liege gerade in ihrer Widerständigkeit und Ungemütlichkeit:

> »Bilder durchkreuzen unsere Erfahrungswelten und Wahrnehmungskonventionen und stoßen uns dadurch allererst auf sie.« (Meyer-Drawe 2010b, S. 809)

Gerade eben die Durchkreuzung der Erwartung, die vom Bild ausgehen kann, beschreibt auch K.-J. Pazzini und hebt dabei ein darin innewohnendes Bildungspotenzial hervor:

> »Wenn man dann beginnt, die Uneindeutigkeiten wahrzunehmen, das Umkippen einer Deutung [...], dann ist die anfängliche Identifikationsfreude darüber, dass man genau zu wissen scheint, worum es da geht, dahin. Da bildet sich etwas.« (Pazzini 2012, S. 30) **163**

Damit Bilder dazu beitragen, Bildungs- und Reflexionsprozesse anzuregen, bedarf es geeigneter Vorstellungen vom (fotografischen) Bild und von Bildarbeit jenseits visueller Routinen und formaler Analysen, in denen das, was wir sehen, lediglich aufgezählt bzw. etikettiert werde (vgl. Sabisch 2018, S. 13) und Bilder unter pragmatischen Funktionszuschreibungen verwendet werden. **164** Es sollen stattdessen

Ein ähnliches Phänomen stellt die Befremdung dar, die das Hören der eigenen, aufgenommenen Stimme auslösen kann.

163 Pazzinis Aussage bezieht sich auf die Darstellung der Wunde in Caravaggios Malerei *Der ungläubige Thomas* (1602/03, 146 x 107 cm, Sanssouci Potsdam). Die Gestaltung der Wunde erinnere ihn an eine Vulva. Die Ausführungen von Pazzini zeigen, wie eine vermeintlich klare Deutung – zunächst Wunde – plötzlich kippen und völlig unerwartete Verknüpfungen und Assoziationen hervorrufen kann. Das Bild wird in neuer, anderer Weise gedeutet. (vgl. Pazzini 2012, S. 14–31).

164 In den Zitaten von Pazzini und Meyer-Drawe geht es vor allem um die Verunsicherung und die Irritation, die von der Betrachtung und der Arbeit mit Bildern ausgehen und mit denen ein Bildungsimpuls verbunden werden kann. Ein solchermaßen ausgerichtetes Verständnis eines dem Bild innewohnenden Bildungspotenzials scheint den Anspruch nach Objektivität und Wahrheit, der historisch tradiert an die Fotografie herangetragen wird, geradezu zu konterkarieren. Der Anspruch nach Objektivität, Rekonstruktion, Wissensproduktion, Technizität usw. ist ein historisch tradierter Anspruch: »Charakteristischerweise wurde gerade ein mechanisches Bild, die Photographie, zum Emblem für alle Aspekte der auf jeden Eingriff verzichtenden Objektivität; das fanden auch zwei Historiker 1984 ganz selbstverständlich: Die Photographie hat symbolischen Wert angenommen, und ihre Feinkörnigkeit und gleichmäßige Detailgenauigkeit gelten als Zeichen für Objektivität; der photographische Blick ist zur Metapher für objektive Wahrheit geworden.« (Daston/Galison 2017, S. 197) Momente der Unverfügbarkeit und Widerständigkeit treten historisch nicht als produktive Momente des fotografischen Bildes in den Vordergrund. Dies spiegelt sich auch an aktuellen Verwendungszusammenhängen fotografischer Bilder wider, wie zum Beispiel bildgegebende Verfahren in der Medizin, visuelle Software für selbstfahrende Autos, Drohnen im Bereich der Geopolitik, Gesichtserkennungssoftware in Überwachungssystemen, bildliche Dokumentationen in der Kriminalistik uvm.

Vorstellungen vom Bild zugrunde gelegt werden, in denen seine pathischen Dimensionen, seine Verwobenheit mit Wahrnehmungs- und Erfahrungsprozessen bedeutsam werden können.

Ein derartiges Verständnis vom fotografischen Bild, das zur *Vergegenwärtigung* eines vergangenen Geschehens anstiftet, indem es Dissonanzen zwischen Erinnerung einerseits und Bildbetrachtung andererseits erzeugt, wird prominent im Film *Blow Up* **165** inszeniert (Regie: Michelangelo Antonioni, 1963). An einer kurzen Filmszene kann besonders jene Bannkraft von fotografischen Bildern anschaulich werden, die Meyer-Drawe mit dem »[D]urchkreuzen unsere[r] Erfahrungswelten« (Meyer-Drawe 2010b, S. 809) und Pazzini mit dem »Umkippen einer Deutung« und dem Verlust einer »anfänglichen Identifikationsfreude« (Pazzini 2012, S. 30) in Verbindung bringen. Antonioni inszeniert darin die mühsame »Rückgewinnung der Wahrnehmung« (vgl. Peters 1996, S. 58), indem das fotografische Bild zum Rätsel wird und eigene Erfahrungen rückblickend plötzlich fragwürdig werden. Mithilfe des Films bzw. einer kurzen Szene daraus lassen sich elementare Aspekte einer bildgestützten Reflexionspraxis finden, die sich insbesondere für eine forschend-reflexive Annäherung an die pathischen Seiten pädagogischer Prozesse bedeutsam zeigen.

3.2 *Blow Up:* Beschreibung einer Filmszene 166

Tom, ein Londoner Modefotograf, steht in seinem Studio. An der Wand hängt eine Sequenz von großformatigen Schwarz-Weiß-Fotografien, die er kurz zuvor in einem Park aufgenommen hat. Im Zentrum der Bilderreihe stehen zwei einander umarmende und küssende Personen. Die Bewegung der Kamera schmiegt sich Toms Blick an und tastet die aufgehängten Bilder langsam nacheinander ab. Sie bleibt abrupt an einer Fotografie hängen, die das Gesicht der fotografierten Frau zeigt. Der Kamerablick verweilt dort in Nahaufnahme. Tom schaut genauer auf seine Fotografie: Während die Frau ihren Begleiter umarmt, ist ihr Blick auffällig abgewandt. Sie schaut offenbar auf etwas, das sich am Rand des Geschehens abzuspielen scheint. Die Filmkamera folgt ihrer Blickrichtung und führt die Zuschauer_innen zu einem Detail abseits der Szenerie, ein Detail, von dem auch Tom offenbar nichts geahnt hat und nun gebannt ist. Mit der Lupe in der Hand begutachtet er das, was auch die Frau in den Blick zu nehmen scheint. Es ist etwas Peripheres und von der Zuschauer_innenperspektive kaum Wahrnehmbares, auf das die Lupe gerichtet wird. Der Filmschnitt macht deutlich: Tom glaubt, in den Fotografien Personen ent-

165 *Blow Up*, Regie: Michelangelo Antonioni (1966). Der Film handelt von einem Londoner Modefotografen, der unerwartet und im Grunde zunächst vollkommen unbewusst Zeuge eines merkwürdigen Ereignisses in einem Londoner Park wird. Der Film rankt sich um diese Zeugenschaft, die Tom mithilfe seiner Fotografien aufzuklären versucht.

166 Teile des folgenden Unterkapitels (S. 141–145) wurden in dem Artikel *Was der Raum über den Anderen erzählt... Fotografische Darstellungen vom ›Räumen‹ als Grundlage einer Reflexion (kunst)pädagogischer Fragen* veröffentlicht. Der Artikel ist in dem Sammelband *räumen – Raumwissen in Natur, Kunst, Architektur und Bildung* erschienen, hrsg. von B. Engel, H. Peskoller, K. Westphal, K. Böhme, S. Kosica (2018), S. 125–153.

deckt zu haben, die er in der Situation zuvor selbst noch nicht bemerkt hatte. Hinter der Hecke taucht ganz plötzlich und schemenhaft etwas auf, das wie das Gesicht eines weiteren Mannes aussieht. In einer anderen Fotografie zeichnet sich im Bildhintergrund die Kontur eines auf dem Boden liegenden Menschen ab. Ein Toter? Die Bilder anblickend, gerät Tom ins Taumeln, ist eingenommen von seinen Fotografien, die ihm eine unerwartete Sicht auf das dokumentierte Geschehen eröffnen. Eine Sicht, die ihm in der Situation selbst ganz und gar verborgen geblieben ist. Wurde er als Fotograf, ohne es zu bemerken, Zeuge eines Mordes? Oder hat vielmehr die Kamera in seinen Händen ein Verbrechen dokumentiert, das er selbst nicht wahrgenommen hatte? **167**

Zwischen der erinnerten Wahrnehmung und der Wahrnehmung der nun vor ihm liegenden Fotografien tut sich eine irritierende *Bruchlinie* **168** auf. Erst hier, in seinem Labor und anschließend im Studio, macht Tom diese Entdeckung und versucht dem, was sich plötzlich ausgehend von den Bildern in seine Aufmerksamkeit drängt, über wiederholte Vergrößerungen der entsprechenden Bildausschnitte auf die Spur zu kommen. Die fotografischen Bilder aber, je stärker er sie vergrößert, entziehen sich seinem Zugriff (vgl. Seelig 2014, S. 224). **169** Je größer die entscheidenden Ausschnitte werden, desto mehr verstellt die gröber werdende Körnung des Filmmaterials den Blick auf die fotografierte Szene. Anstatt den Blick auf das Geschehen freizugeben, gibt sich die Fotografie in ihrer Materialität selbst zu zeigen und irritiert die sicher geglaubte Deutung des Wahrgenommenen umso mehr. **170**

167 Bei der kursivierten Textpassage handelt es sich um meine Beschreibung einer Szene aus *Blow Up*.

168 Dies ist ein Begriff, den Waldenfels prominent verwendet, um die Diasthase zwischen Widerfahrnis und Response zu beschreiben (vgl. Waldenfels 2002).

169 Dass sich im Vergrößern, in der immer detaillierteren Betrachtung das Dargestellte verflüchtigen kann, beschreibt auch Roland Barthes eingehend am Beispiel eines fotografischen Bildes, auf dem seine Mutter zu sehen ist: »... ich zerlege, ich vergrößere und, wenn man so sagen kann, *retardiere*, um die Zeit zu haben endlich zu *wissen*. [...] Doch leider ist mein Forschen umsonst, ich entdecke nichts: was ich vergrößere, ist nur das Korn des Papiers: ich löse das Bild auf, und zurück bleibt allein sein Stoff [...]« (Barthes 1989, S. 110 f.).

170 Eine Filmszene, die ein vergleichbares Motiv in ganz anderer Weise behandelt, findet sich in in dem Film *Blade Runner* (1982, Regie: Ridley Scott): Rick Deckard (Harrison Ford) sitzt vor einem kleinen Bildschirm und schaut sich ein darauf projiziertes Foto an (siehe: https://www.youtube.com/watch?v=qHepKd38pr0, Zugriff: 25.09.2020). Durch gezielte sprachliche Anweisungen an einen Computer werden bestimmte Bildausschnitte derart stark vergrößert, dass Deckard auf kleinste Details im Bildhintergrund ohne jeglichen Qualitätsverlust aufmerksam werden kann. Dass sich wie in *Blow Up* die Materialität des fotografischen Bildes im Vergrößern in den Vordergrund schiebt und die Körnung des Bildes den Blick auf das Dargestellte schließlich immer mehr verstellt, ist hier nicht der Fall. Im Gegenteil: Deckard kann bei seiner detektivischen Suche die Aufnahme nahezu ohne Einschränkung digital vergrößern, ›schärfen‹ und sogar ›um die Ecke blicken‹ – eine Rekonstruktionsleistung, die ausgehend von ›normalen‹ Bilddaten (zumindest in den 1980er Jahren) noch nicht möglich wäre. Die Szene kann als Metapher für die Fiktion einer uneingeschränkten, technischen Sichtbarmachung gelesen werden. Diese Vorstellung von der Mächtigkeit der Bilder taucht als Thema immer wieder in Science-Fiction-Filmen auf. Beide Szenen verbindet, dass sie von dem Begehren nach Sichtbarmachung handeln, das von fotografischen Bilder ausgelöst werden kann. Der Vergleich macht darauf aufmerksam, dass es sich in *Blow Up* um eine spezifisch analoge Perspektive und in *Blade Runner* um eine digitale Vorstellung vom fotografischen Bild handelt. Beiderlei ist mit dem Paradigma und dem Anspruch nach Sichtbarmachung verbunden.

Es scheint, als ob die Bilder nicht das beantworten, was Tom fragend begehrt, sondern als lassen sie in ihrer Mehrdeutigkeit die Situation vielmehr zuallererst *fragwürdig* werden. Für Tom wird das fotografische Bild zum Ausgangspunkt einer Suche, bei der er mehr sich selbst und der Einklammerung des eigenen Wissens auf die Spur kommt, als dass er *aufklären* kann, was sich *tatsächlich* in dem Park an jenem Nachmittag ereignete.

Obwohl es im weiteren Textverlauf nicht direkt um den Film gehen wird, bietet sich die beschriebene Filmszene an, um basale Fragen aufzuwerfen, die das Verhältnis von Reflexion und Bild betreffen und zu dem Problemfeld dieses Kapitels hinführen: *Wie sind die Betrachtung fotografischer Bilder und die Reflexion eines zuvor wahrgenommenen Geschehens miteinander verflochten?*

Vor dem Hintergrund der Frage erscheinen an der beschriebenen Szene zwei Aspekte besonders bemerkenswert:

Zum einen deutet sich an, dass fotografische Bilder die besondere Gelegenheit bieten, rückblickend auf etwas aufmerksam zu werden, das in der zuvor erlebten Situation selbst gar nicht in die eigene Wahrnehmung gedrungen ist. Angesichts seiner Bilder wird Tom in seinem Studio rückblickend mit einem **Überschuss** konfrontiert, der ihm völlig unerwartet entgegenschlägt. Seine Bilder machen ihm etwas zugänglicher, was vor der Betrachtung seiner Bilder noch unbemerkt gewesen ist und erlauben ihm, das vermeintlich Bekannte und Gewusste in neuem und anderem Licht zu sehen.
Zum anderen zeigt sich an der Szene, dass Fotografien zwar ein *Mehr* zeigen können, im gleichen Moment aber auch einen **Entzug** spürbar werden lassen. Sie füllen nicht nur eine bestehende Leerstelle aus, sondern sie können die eigene Wahrnehmung ebenso durchkreuzen und fragwürdig werden lassen. Am Beispiel der Szene wird deutlich, dass fotografische Bilder nicht nur dazu beitragen, ein zuvor erlebtes Geschehen besser zu verstehen, sondern sie führen im gleichen Moment paradoxerweise auch dazu, dass das vermeintlich Selbstverständliche zuallererst auf andere Weise erscheint. Die Fotografien werden zum Anlass für abgründige Ahnungen und Mutmaßungen, die sich durch die Vergrößerungen der einzelnen Aufnahmen nicht vollkommen auflösen. Die Fotografien selbst lassen ihn auf die Merkwürdigkeit der Szene im Park stoßen, sie nähren aber gleichzeitig auch den Zweifel daran, dass es sich lediglich um einen unbeschwerten Nachmittag gehandelt hat, an dem sich ein verliebtes Paar in einem Park umarmte.

Im Film *Blow Up* wird eine zutiefst ambivalente Begegnung mit fotografischen Bildern inszeniert: Die Bilder stiften zur *Vergegenwärtigung eines Geschehens* an und *entziehen sich gleichzeitig,* indem sie gerade nicht dazu beitragen, das fotografierte Geschehen restlos aufzuklären. Das fotografische Bild übernimmt widersprüchliche

Funktionen in dem hier inszenierten Reflexions- und Verstehensprozess, indem es unaufhörlich zwischen *Zeigen* und *Verbergen* changiert. Die im Studio nebeneinander aufgehängten Fotografien *zeigen,* wie sich Tom als Fotograf in einem bestimmten Moment im Park positioniert und ins Verhältnis zu dem fotografierten Paar gesetzt hat. Von einem bestimmten Standort, aus einem bestimmten Blickwinkel und durch bestimmte Kameraeinstellungen wird sichtbar, wie sich der Fotografierende im Moment des Auslösens auf die Situation, die Umarmung des Paares, den Raum bezogen hat. Dies ist jedoch im Nachhinein nicht mehr zu ändern. Insofern *verbergen* die Bilder auch etwas. Sie deuten allenfalls an, was sich im Hintergrund, hinter den Büschen und am Bildrand unerwartet ereignet haben könnte. Sie bilden jeweils Ausschnitte aus der zeitlichen Kontinuität der vergangenen Situation. Die Fotografien offenbaren Tom keine Fakten, sondern drängen ihm vielmehr Fragen auf.

Für mein Forschungsinteresse, d.h. die reflexive Annäherung an die pathischen Seiten von Lehr-Lernprozessen, erscheint beispielhaft dieser *Entzug,* den Tom angesichts seiner fotografischen Bilder erleidet, von grundlegender Bedeutung. Denn der Versuch, sich den pathischen Seiten von pädagogischen Situationen reflexiv anzunähern, konfrontiert immer auch mit der Herausforderung, sich mit etwas auseinanderzusetzen, das eher spürbare Qualitäten hat, als dass es sich direkt zeigt, unmittelbar zugänglich, greifbar oder dokumentierbar wäre.

In mehrfacher Hinsicht taucht in der beschriebenen Filmszene ein Bildverständnis auf, in dem das Verhältnis von fotografischem Bild und Welt *brüchig* geworden ist:

— Im fotografischen Bild, wie es von Antonioni inszeniert wird, dokumentiert sich nicht das Gewesene selbst, sondern vielmehr **Spuren der Wahrnehmung des Fotografierenden.** Das fotografische Bild geht aus Verhältnissetzungen zwischen Fotografierenden und Welt bzw. Fotografierten hervor. Dieser Gedanke soll im ersten Abschnitt des dritten Kapitels theoretisch mithilfe der Theorie von Vilém Flusser (1991) erläutert werden.
— Der fotografische Apparat hat eine Eigenlogik und kann entgegen einer bestimmten Darstellungsabsicht Unerwartetes, Hintergründiges und Abseitiges zum Erscheinen bringen. Mit diesem Aspekt beschäftigen sich u.a. Emmanuel Alloa (2013) und Eva Schürmann (2013), die das fotografische Bild gerade nicht als Produkt menschlicher Wahrnehmung, sondern als **Erscheinung des Apparates** untersuchen. Dies bildet den zweiten Abschnitt des vorliegenden Kapitels.
— Das fotografische Bild selbst zeichnet sich durch einen unauflösbaren Chiasmus zwischen Etwas-Zeigen und Sich-Zeigen aus. Im Zwischen von **Zeigen und Sich-Zeigen** wird jeweils anderes, zum Teil sogar Widersprüchliches sicht- und wahrnehmbar. Inwiefern die spezifische Materialität des fotografischen Bildes zu seiner Mehrdeutigkeit und Reflexivität beiträgt, wird unter Bezug auf Dieter Mersch und Martina Heßler (2009) im letzten Abschnitt des Kapitels dargelegt.

Die genannten Aspekte strukturieren das folgende Kapitel. Es handelt sich um drei verschiedene Argumentationslinien, die versammelt werden, um ein Verständnis vom fotografischen Bild zu konturieren, das sich im Spannungsfeld von Wahrnehmung und Unverfügbarkeit verortet und insofern eine geeignete Rahmung anbietet, um sich insbesondere dem, was sich der eigenen Wahrnehmung entzieht, rückblickend fragend und in aller Vorsicht auf die Spur zu kommen.

3.3 Das fotografische Bild als Spur von Wahrnehmungen (Flusser)

Ausgehend von der Grundannahme, dass das fotografische Bild als Spur der Wahrnehmung aufgefasst werden kann, soll im Folgenden die Verknüpfung zwischen dem Bild und der Aufmerksamkeit des Fotografierenden theoretisch beleuchtet werden.

Gerade dem fotografischen Bild, schreibt Helmut Lethen in dem Buch *Der Schatten des Fotografen,* hafte etwas Präsentisches an, indem es nicht nur ein zurückliegendes Ereignis, sondern vor allem den Blick des fotografierenden Menschen mit sichtbar mache (vgl. Lethen 2014, S. 18). Das fotografische Bild zeichne sich durch etwas merkwürdig Unmittelbares aus, was mit dem Umstand zusammenhänge, dass jemand zu einem bestimmten Zeitpunkt an einem bestimmten Ort gewesen sei und auf den Auslöser gedrückt habe. Diese Unmittelbarkeit bleibe im fotografischen Bild erhalten, halle in gewisser Weise auch bei seiner späteren Betrachtung noch nach.

Ohne hier in die kontroverse Debatte um die Authentizität des fotografischen Bildes und den, so Peter Geimer, im Grunde veralteten Diskurs zum »Paradigma der Objektivität im digitalen Zeitalter« (Geimer 2007) einzusteigen, **171** erscheint an Lethens Überlegungen insbesondere der Aspekt wichtig, dass das fotografische Bild nicht von seiner Herstellung und damit von der Wahrnehmung des Fotografierenden entkoppelt wird. Ähnlich argumentiert auch Vilém Flusser: Das fotografische Bild zeige etwas und sei darin immer auch Ausdruck der Wahrnehmung desjenigen, der das Foto gemacht habe. Denn Fotos, wenn sie nicht gerade von einem feststehenden Stativ oder in anderer Weise automatisiert aufgenommen werden, **172** gehen aus Bewegungen im Raum und aus Interaktionen mit Menschen und situativen Gegebenheiten hervor. Jedes fotografische Bild fordere – bewusst oder unbewusst –

171 Inwiefern das fotografische Bild eine Spur zur fotografierten Wirklichkeit darstellt – das ist eine viel diskutierte Frage. Lorraine Daston und Peter Galison haben diese Debatte in ihren Kontroversen gut zusammengefasst und machen deutlich, dass das Paradigma der Objektivität im digitalen Zeitalter an Bedeutung verloren habe (vgl. Geimer 2007, S. 95 ff., S. 113). Ich gehe nicht näher darauf ein, da sich die Frage nach der Authentizität von fotografischen Bildern im Rahmen meiner Forschungsstudie nicht stellt. Bei der Frage, was wen warum in der Begegnung mit einem fotografischen Bild trifft und berührt, ist es weitgehend unerheblich, ob dies nun aufgrund einer möglichst wirklichkeitsnahen Abbildung des Geschehens passiert oder ob es ein verschwommener Schnappschuss ist, in dem das Geschehen eher verzerrt und unscharf dargestellt wird.

172 Wie zum Beispiel bei Überwachungskameras.

eine räumliche und zeitliche Setzung ein. **173** Flusser zeichnet dies an einer kurzen Begebenheit nach, in der ein Pfeife rauchender Mann fotografiert wird. In einem Auszug aus seiner Situationsbeschreibung deutet sich die beschriebene Herausforderung, sich als Fotografierende_r in bestimmter Weise zu positionieren bzw. positioniert zu werden, an:

> »Er [der Fotografierende **KB**] wollte den aus der Pfeife steigenden Rauch fotografieren und wurde, während er nach einem passenden Blickwinkel dafür suchte, durch den Ausdruck auf dem Gesicht des Rauchers überrascht.« (Flusser 1991, S. 138 f.)

Es spiele sich eine »doppelte Dialektik« (ebd., S. 139) ab, die von Flusser als eine Spannung zwischen dem, was dargestellt werden soll und der Situation selbst mit all ihren Unvorhersehbarkeiten beschrieben wird. Der Fotografierende bewegt sich im Raum auf der Suche nach einem geeigneten Standort, um eine bestimmte Ansichtigkeit der Situation ins Bild zu setzen. Doch plötzlich schiebt sich eine andere Facette der Situation in die Aufmerksamkeit, tangiert den Fotografierenden und fordert dazu auf, einen anderen Standort einzunehmen. Flusser beschreibt das Fotografieren und die damit einhergehende Veränderung des Standortes als eine unabschließbare Suche nach dem »vorzüglichen Blickwinkel [...], der aber gleichermaßen von der ›Gestalt‹ der Situation aufgedrängt wird« (ebd.). Fotografische Bilder erscheinen insofern als Produkt eines »methodischen Zweifels« (ebd.). **174** Über das Fotografieren schreiben sich notwendigerweise Wahrnehmungen der Fotografierenden in die fotografischen Bildern ein. Dies könne sich prägnant in der Weise widerspiegeln, *wie* die Kamera auf das Geschehen gerichtet werde: *Ist es ein Blick aus dem Augenwinkel, ein Starren, ein im Vorbeigehen geworfener Blick, ein seitliches Schielen, ein ruhender Blick?* (siehe z.B. Flusser 1991, S. 140; Flusser 1987, S. 135 f.).

173 Ulrike Pilarczyk und Ulrike Mietzner betonen in ihrem Buch *Das reflektierte Bild* (2005), dass eine fotografische Aufnahme mehr voraussetze, »als nur den Auslöser der Kamera zu drücken« (Pilarczyk/Mietzner 2005, S. 74): Es müsse ein geeigneter *Standort* gefunden werden (ebd., S. 76), es müssen ein Motiv, Aufnahmewinkel und Ausschnitt gewählt werden (S. 75), es müsse zu einem bestimmten Moment auf den Auflöser gedrückt werden (vgl. ebd.), die fotografische Situation müsse inszeniert werden (vgl. ebd. S. 77, z.B. durch die Aufforderung zum Lächeln). Diese Aspekte der Bildproduktion fassen sie unter dem Begriff der »Prä-Visualisierung« zusammen (im Gegensatz zur Post-Visualisierung bzw. Postproduction).

174 Es ist wichtig, im Hinterkopf zu behalten, dass Flusser von einer spezifischen Weise des Fotografierens ausgeht. Lambert Wiesing (2010) beschreibt dies folgendermaßen: »Flusser denkt ausschließlich speziell an die Art des Fotografierens, in der ein Fotograf durch das Objektiv schauend das zu fotografierende Objekt – in Flussers Beispiel ein Mann – umkreist, in der der Fotograf also angesichts des Objekts vor- und zurückgeht, und durch ein ständiges Sich-Bewegen, durch ein anhaltendes, probierendes Abtasten den geeigneten Punkt und Moment für das Drücken des Auslösers sucht; dabei immer mit dem Blick durch die Kamera, deren Objektiv zudem während dieses Vorganges ständig eingestellt wird. Man muss ganz klar sagen, dass es Flusser – wie er andernorts selbst bestätigt – in seinen Überlegungen zur Fotografie nicht um die Produkte des Fotografierens, also nicht um die fertigen Fotografien geht: »Ich habe mir weniger Fotografien angesehen als vielmehr versucht, mit den Apparaten zu sehen.« (Flusser 1996: S. 35) Für diese spezielle Art des bewussten Fotografierens, an welche Flusser denkt, hat der Fotograf – so beschreibt er es in der späten Bochumer Vorlesung von 1991 – »von Standpunkt zu Standpunkt zu springen« (Flusser 2005: 1b04) (Wiesing, Lambert (2010, S. 4).

Fotografische Bilder werden derart zu Spuren oder zum »Fingerabdruck« (vgl. Flusser 1991, S. 127), die zeitlich weit über die fotografierte Situation hinaus einen Eindruck davon vermitteln, was und vor allem *wie* etwas durch den Apparat erblickt, gesucht und wahrgenommen wurde.
Flusser löst fotografische Bilder nicht von dem Kontext ihrer Herstellung. Vielmehr versteht er sie als Ausdruck von Wahrnehmungen, Aufmerksamkeiten, Blicken und Bewegungen im Raum. Das fotografische Bild ist dabei kein Bild, das einfach so in der Welt ist, sondern es bleibt verbunden mit einem Menschen, der dieses Foto gemacht hat. Vor diesem Hintergrund wird nachvollziehbar, dass Flusser das fotografische Bild als eine leibliche »Geste« beschreibt und letztlich damit ein *performatives Bildverständnis* entwirft – eine Geste, die sich zusammensetzt aus der Suche nach einem geeigneten Standort (vgl. ebd., S. 132), dem dadurch entstehenden Eingriff in das Geschehen (Flusser spricht von *Manipulation,* vgl. ebd. S. 142 f.), dem Innehalten, das sich im Moment des Fotografierens ereigne und der schlussendlichen Betätigung des Auslösers (vgl. ebd., S. 136). Fotografieren bedeute, sich einer Situation anzunähern und sich gleichzeitig davon insofern zu distanzieren, als dass die Welt in einem bestimmten Moment von einem bestimmten Standpunkt durch einen Apparat innerhalb einer rechtwinkligen Rahmung erblickt werde (vgl. ebd., S. 135).
Unhintergehbar zeuge das fotografische Bild von dieser ambivalenten Bewegung, indem es nicht nur etwas sichtbar mache, sondern immer auch zeige, wie sich der Fotografierende im Moment seiner Aufnahme gegenüber dem Fotografierten positioniert habe. Die Duplizität und damit auch die Reflexivität des Fotografierens bestehe darin, einerseits auf ein Objekt zu achten und andererseits *im Fotografieren* auf sich selbst aufmerksam zu werden – das heißt, auf die Relation, die gegenüber einem Objekt oder den Anderen entstehe bzw. die im Moment des Fotografierens wahrnehmbar werde.
Diese leibliche Qualität des fotografischen Bildes hebt auch Eva Schürmann unter Bezug auf Vilém Flusser in besonderer Weise hervor, wenn sie schreibt, dass das fotografische Bild Zeugnis eines räumlichen Verhältnisses sei. Die Praxis des Fotografierens verlange es, sich angesichts eines Gegenstandes oder einer Person zu verorten, d. h. sich in ein (mitunter auch der gesamten Situation geschuldetes) spezifisches Verhältnis dazu zu setzen. In dem fotografischen Bild trete dieses Verhältnis dann in Erscheinung. So gesehen werde im fotografischen Bild nicht nur das sichtbar, was sich vor der Kamera im Moment des Auslösens ereignet hat, sondern gleichfalls erzählt das fotografische Bild auch etwas von denjenigen, die sich im Moment des Auslösens hinter der Kamera befunden haben. **175** In der »fotografischen Geste« (Flusser) könne die Aufmerksamkeit derjenigen_desjenigen performativ werden, die_der das Foto gemacht hat. So wird das Foto nicht als losgelöste Darstellung einer bestimmten Situation/ eines Gegenstandes oder einer Person betrachtet, sondern es mache immer auch den Blick des Fotografierenden auf das Fotografierte sichtbar:

175 In ähnlicher Weise argumentiert auch Rüdiger Müller, wenn er ein Familienfoto ausgehend von der Perspektive der Mutter analysiert, die das Foto aufgenommen hat (vgl. Müller 2013, S. 196 f.).

> »Das im Bild Dargestellte geht der Fotografie nicht in einem Sinne voraus, den diese nur aufzuzeichnen hätte, sondern ist in einem rätselhaften Sinne da, und wird in einem möglichen Aspekt realisiert. Das Foto hält insofern nicht fest, was ist, aber eine Version eines Sichtbarseins, es zeigt, wie jemand etwas sah, jemand, der sich dazu verhielt. Es ist das Bild eines Verhältnisses, des Verhältnisses nämlich von Sehendem und Sichtbarem, eines Sichtbaren, das seinerseits eine Konstellation ist von dem, was möglicherweise wahrgenommen werden könnte, und dem, was aktuell gesehen wird.« (Schürmann, S. 37 f.)

Angesichts dieser Herausforderung, sich beim Fotografieren in ein bestimmtes Verhältnis zur Welt zu setzen und sie aus der eigenen Perspektive auf spezifische Weise wahrzunehmen, erkennt Flusser eine strukturelle Ähnlichkeit zur Phänomenologie (vgl. Wiesing 2010, S. 4–6): Beides – Fotografieren und phänomenologisches Arbeiten im Sinne der Epoché – zeichnen sich durch eine Reflexion des eigenen »Ausgerichtet-Seins« aus. Es gehe in beidem nicht nur darum, einen Gegenstand zu thematisieren, sondern immer auch um die Frage, *wie* der Gegenstand in einem bestimmten Moment für jemanden gegenwärtig werde (vgl. ebd., S. 5). Ein Geschehen fotografisch ins Bild zu setzen, so Flussers Argumentation, führe zu einem besonderen Wahrnehmungsmodus, durch den nicht nur das Wahrgenommene, sondern auch das Wahrnehmen selbst in den Blick geraten könne. Der Fotografierende schaut durch den Sucher, lässt sich von der Situation ergreifen und verändert daraufhin seinen Blickwinkel. Der Versuch, etwas ins Bild zu setzen, ereigne sich im Wechselspiel von *Suchen* und *Finden,* von *absichtsvollem Darstellungswunsch* und *Einlassung* auf die unerwarteten Facetten einer Situation. Hier ist nicht nur eine pragmatische Zuwendung zur Welt im Spiel, sondern eine zweifelnde Bewegung, ein innehaltender Blick durch den Sucher, eine Aufmerksamkeit für immanente, mitunter flüchtige Qualitäten eines Geschehens (wie zum Beispiel ein plötzlicher Gesichtsausdruck, vgl. Flusser 1991, S. 138 f). Anlehnend an Wiesing ist nach Flusser der Akt des Fotografierens selbst eine Phänomenologie mit bildlichen Mitteln (vgl. Wiesing 2010, S. 1). Mit Flusser lässt sich ein performatives Verständnis vom fotografischen Bild entfalten, indem es als Produkt einer Bewegung im Raum und als Antwort auf die dargestellten Personen und Gegenstände verstanden werden kann. Aus kunstpädagogischer Perspektive argumentiert Ulrike Stutz (2006) in ähnlicher Weise, indem sie das Fotografieren als einen »beteiligten Blick« beschreibt. Fotografieren speziell in pädagogischen Situationen könne als »Transformation vom ›photo-logischen‹ zum performativen Medium« (ebd., S. 148) verstanden werden. Fotografieren erfordere, wie auch schon von Flusser thematisiert, die Bewegung des Körpers (vgl. ebd.) sowie die Interaktion zwischen dem Beobachteten und dem Beobachtendem (vgl. ebd., S. 149):

> »Die entstehenden Bilder dokumentieren so nicht nur die Szenarien vor der Kamera und die Konstruktion des Blicks des Beobachters, sondern geben zudem ein Zeugnis von der Interaktion der Beteiligten im Moment der Bilderstellung.« (ebd.)

Während sich Flusser gar nicht auf Schnappschüsse bezieht, spricht Stutz gerade einer spontanen Bildproduktion diese Qualität zu, denn insbesondere in nicht professionell aufgenommenen Fotografien können situative Bezugnahmen der Fotografierenden auf Andere sichtbar werden. **176**
Indem das fotografische Bild nicht nur Produkt einer absichtsvollen Bezugnahme darstellt, sondern auch aus einem Angesprochen-Werden von der Situation hervorgeht, vermag es, mit Blick auf pädagogische Reflexionsprozesse, in besonderer Weise eine Schnittstelle zu jenen Momenten im Unterrichtsgeschehen herzustellen, die jenseits der eigenen Verfügungsmacht liegen – Momente also, die nicht geplant hergestellt und mitunter auch nicht bewusst beobachtet werden können.
Ähnlich wie es (in jeweils unterschiedlicher Weise) im Verfassen von Erinnerungsbildern und Vignetten darum geht, sich einer pädagogischen Situation »auszusetzen« (vgl. Meyer-Drawe 2020), um sich auch jenen Facetten annähern zu können, die jenseits eines bewussten und intendierten Zugriffs liegen, können auch fotografische Bilder, die als Spur eines Wahrnehmungsprozesses gedeutet werden, möglicherweise einen Beitrag zur Annäherung an die pathischen Seiten von Lehr- und Lernprozessen leisten. Insbesondere auch deshalb, weil das fotografische Bild nicht nur aus einer bewussten und gekonnten Bezugnahme des Fotografierenden auf das Geschehen hervorgeht, sondern weil die Fotografierenden ebenso von der Situation selbst affiziert werden können. Neben einem Darstellungswunsch scheint oft auch das Geschehen selbst zu einer fotografischen *Antwort* aufzufordern, die zu unbeabsichtigten Bildern führen kann.

3.4 Das Erscheinen eines unvorhersehbaren Ereignisses durch den Apparat (Alloa, Schürmann)

Gerade in fotografischen Bildern komme es häufig zur Abbildung von unterwarteten Aspekten einer Situation, die mitunter quer zu eigenen Darstellungsabsichten liegen. Das hänge nicht nur mit der Wahrnehmung der Fotografierenden, sondern auch – ließe sich mit Eva Schürmann und Emmanuel Alloa ergänzen – mit der spezi-

176 Ein anschauliches Beispiel, das detailliert zeigt, wie sich ein fotografisches Bild als Produkt eines situationsspezifischen Wahrnehmungsprozesses verstehen lässt, findet sich in einem Text von Rüdiger Müller (2013). Anhand eines Familienporträts, das von der Mutter aufgenommen wurde, führt Müller vor, wie fruchtbar die Analyse und Reflexion des »Ausgerichtet-Seins« der fotografierenden Person sein kann, um dem abgebildeten Geschehen in seinen verschiedenen Bedeutungsebenen näher zu kommen (vgl. Müller 2013, S. 196 f.). Es geht ihm nicht nur um eine Rekonstruktion der unmittelbar sichtbaren Situation, sondern darüber hinaus auch um ein Verständnis von der Situation unter Einbezug der mütterlichen Perspektive. Ausgehend von der besonderen Weise, wie sich die Fotografierten gegenüber der fotografierenden Person anordnen, wie sie gestisch auf diese antworten und vor allem wie sich die Mutter selbst im Moment der Aufnahme gegenüber der Gruppe positioniert, nähert sich Müller Fragen der Erziehung und der Eltern-Kind-Beziehung an. Das Beispiel ist an dieser Stelle deshalb interessant, weil es deutlich macht, dass jedem fotografischem Bild ein eigentümlicher Wahrnehmungsmodus eingeschrieben ist, der – wenn auch implizit im fotografischen Bild präsent – für das Verstehen des Dargestellten produktiv sein kann.

fischen Technik der Kamera zusammen. Schürmann hebt die technische Eigenlogik der fotografischen Bildproduktion hervor:

> »Kein Foto zeigt genau das, ›was wir gesehen hätten, wenn wir im Augenblick der Belichtung an der Stelle der Kamera gestanden hätten‹. **177** Denn unser Sehen ist nicht durch einen rechteckigen Rahmen begrenzt, unser Gesichtsfeld ist meist umfänglicher als das Bildfeld, wir würden nicht in allen Teilen so gleichermaßen scharf sehen, wir sehen bewegt, wir sehen stereoskopisch, wir sehen farbig. […] Perspektiven werden eingenommen, Aufmerksamkeit wird gelenkt, angezogen, bestochen, im nächsten Moment, bei anderer Beleuchtung, aus anderem Rezeptionswinkel, vor anderem Hintergrund sähe es ganz anders aus, wäre buchstäblich nicht wieder zu erkennen.« (Schürmann 2013, S. 37)

Das fotografische Bild könne nicht lediglich als eine Ins-Bild-Setzung der Wahrnehmung des Fotografierenden angesehen werden (vgl. auch Alloa 2013), da es zwischen der menschlichen Wahrnehmung und der technischen Aufzeichnung zwangsläufig Brüche gebe und Unübersetzbarkeiten entstehen. Während sich die Aufmerksamkeit dadurch auszeichne, auf Einzelheiten gerichtet zu sein und dabei anderes ausgeblendet werde (vgl. Meyer-Drawe 2015a, S. 125), öffnen sich die Kamera und ihr lichtempfindliches Material (ob Film oder Chip) im Moment des Fotografierens für alles im Bildraum befindliche Sichtbare. **178** Die Kamera differenziere und selektiere nicht, sie werde nicht von bestimmten Details affiziert und habe keine Vorlieben. Gerade durch die Gleichgültigkeit, die die Technik mit sich bringe, können auch das Unbemerkte, das wortwörtlich Hintergründige und sogar Facetten einer Situation eingefangen werden, die der menschlichen Wahrnehmung zuvor möglicherweise entwischt seien und die vielleicht auch nicht wahrgenommen werden wollten oder sollten. Dies hat auch schon Fox Talbot in den Anfängen der Fotografie als ein Spezifikum der fotografischen Technik erachtet. Er bemerkt:

> »Es geschieht häufig – und macht einen Reiz der Photographie aus –, daß der Photograph selbst, und unter Umständen erst nach langer Zeit, bei der Nachprüfung entdeckt, daß er viele Dinge aufgenommen hat, die ihm seinerzeit gar nicht aufgefallen waren. Auf Gebäuden findet man manchmal Inschriften oder Jahreszahlen, oder man entdeckt auf ihren Mauern höchst belanglose gedruckte Anschlagzettel; und manchmal bemerkt man in der Ferne ein Ziffernblatt, auf dem – unabsichtlich – die Stunde der Aufnahme festgehalten ist.« (Talbot, *Der Zeichenstift der Natur*, S. 72 – zitiert in Geimer 2007, S. 112)

Dinge können potenziell im fotografischen Bild in Erscheinung treten, die zum Zeitpunkt der Aufnahme außerhalb der Aufmerksamkeit des Fotografierenden gele-

177 Schürmann, S. 37; zitiert Snyder (2002): *Das Bild sehen.*

178 Einen ähnlichen Gedanken, aber in anderen Begrifflichkeiten (»sehen« statt »blicken«), reflektieren Pilarczyk und Mietzner (2005): »Mittels des Sehsinns wird alles vor dem Auge Befindliche abgetastet, das für die Person Wesentliche wird sehr schnell von vielem unwesentlich Erscheinenden unterschieden. Der Sehsinn sorgt also für beides: für Sehen und Nicht-Sehen.« (Pilarczyk/Mietzner 2005, S. 45)

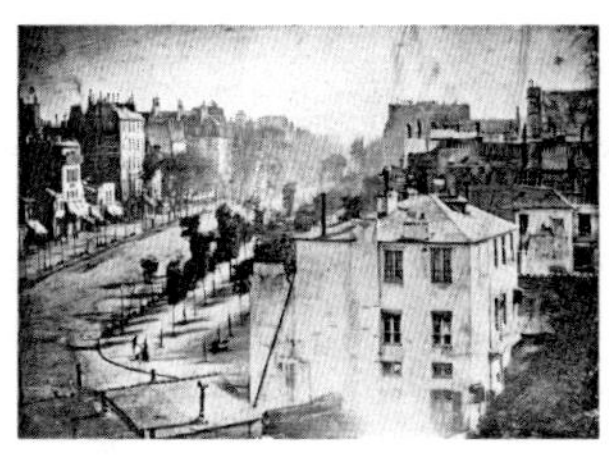
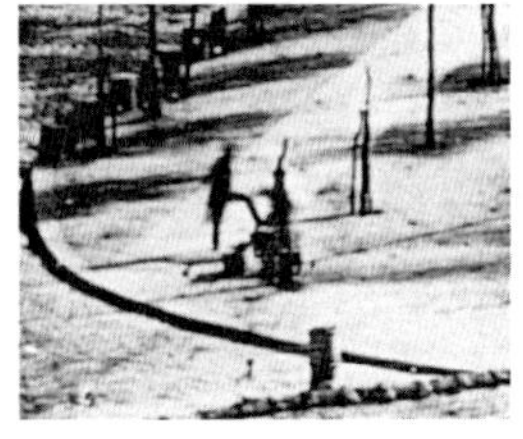

Abb. 1 Louis Jacques Mandé Daguerre: *Der Boulevard du Temple zur Mittagsstunde*, Daguerreotypie, Paris ca. 1839
Abb. 2 Ausschnitt Abb. 1

gen haben oder die für das menschliche Auge schlichtweg nicht sichtbar gewesen sind. **179** Alloa veranschaulicht diesen Gedanken anhand einer frühen Fotografie von Louis Daguerre, auf der eine große Straße in Paris zu sehen ist. Er zeigt, dass insbesondere im fotografischen Bild auch das Banale und Unerwartete in Erscheinung treten könne. Entgegen der im 19. Jahrhundert vorherrschenden Annahme, dass es die vornehmliche Aufgabe von Künstler_innen sei, das Besondere bzw. den einzig »fruchtbaren Augenblick« ins Bild zu setzen, **180** könne gerade im fotografischen Bild das Triviale, Banale, Nebensächliche und Unvorhergesehene ins Blickfeld geraten. Besonders deutlich werde dieser grundlegende Paradigmenwechsel an dem fotografischen Bild *Boulevard du Temple* (Abb. 1 und Abb. 2) aus dem Jahr 1839 – wahrscheinlich handelt es sich um das erste Foto, auf dem eine urbane Szene dokumentiert wurde. Die in dem Bild von Daguerre notwendigerweise minutenlang geöffnete Blende der Kamera führt dazu, dass alle sich bewegenden Passant_innen auf den Bürgersteigen und Fahrzeuge auf den Straßen durch die Bewegungsunschärfe verschwinden – nur eine Person, die sich wahrscheinlich die Schuhe putzen lässt und dadurch längere Zeit still steht, taucht gut erkennbar in dem Bild auf. Dieses fotografische Bild stehe, so Alloa, exemplarisch für einen durch die Fotografie eingeleiteten Paradigmenwechsel in der *Ordnung des Sichtbaren*. Indem sich das turbulente Treiben durch die Bewegungsunschärfe bis zum Verschwinden auflöse und stattdessen die Aufmerksamkeit auf namenlose Passant_innen falle, rücke plötzlich ein merkwürdig unscheinbares Detail der gesamten Szene in den Vordergrund:

> »Die Daguerrotypie [sic!] verewigt ein Ereignis, das kein Geschichtsbuch je vermerkt hätte, ein alltägliches, beliebiges Ereignis, dem jede Entwicklung und jede Peripetie fehlt.« (Alloa 2013, S. 8)

Der wirkmächtigen Ästhetik des »prägnanten Augenblicks« scheint die frühe Fotografie den Boden zu entziehen (vgl. Alloa 2013, S. 9), indem sie ihr eine neue Ordnung entgegensetzt:

179 Wie zum Beispiel Momente einer flüchtigen Bewegung oder Blickrichtungen, die sich erst in der eingefrorenen Momentaufnahme einer Fotografie zu zeigen geben.

180 Bezogen auf die Malerei bemerkt entsprechend Denis Diderot, dass der Künstler nur *einen* Augenblick habe: »In jeder Handlung lassen sich eine Vielzahl unterschiedlicher Augenblicke ausmachen und es wäre unschicklich, darunter nicht den interessantesten auszuwählen; je nach Art des Sujets kann es der pathetischste Augenblick sein, der fröhlichste oder der komischste.« (Diderot, Essais sur la Peinture, Paris 1955, zitiert und übersetzt von Alloa 2013, S. 9)

> »Die Blende über Stunden zu öffnen heißt, die lichtsensible Platte jedwedem Ereignis zu exponieren, und damit freilich auch dem Unvorhersehbaren oder gar Ungewollten, dem Unbedeutenden und Abweichenden.« (ebd.)

Mit der Fotografie sei so eine neue »Ordnung der Gleichgültigkeit« (ebd., S. 10) entstanden, durch die etwas ins Blickfeld gerückt werde, das sonst wohl kaum als bildwürdig erachtet worden wäre. Durch die Fotografie können Dinge in Erscheinung treten, die sich nicht in die »repräsentative Ordnung« und in bestehende Bedeutungshierarchien fügen. Fotografische Bilder befördern dadurch einerseits die Gleichstellung von Verschiedenem und andererseits die plötzliche Hervorhebung der Abweichung und des Singulären (vgl. ebd.). Auch Roland Barthes schreibt, die Fotografie sei

> »das absolute BESONDERE, die unbeschränkte, blinde und gleichsam unbedarfte KONTINGENZ, sie ist das BESTIMMTE (eine bestimmte Photographie, nicht *die* Photographie), kurz, die TYCHE, der ZUFALL, das ZUSAMMENTREFFEN [...]« und treibe in die »Unordnung der Dinge« (Barthes 1989, S. 12, 14).

Fotografische Bilder, schreibt Schürmann bezogen auf Barthes, bilden dadurch nicht nur etwas ab, sondern sie bringen gleichzeitig auch immer etwas Neues hervor: Das fotografische Bild sei zwar auf die Wahrnehmung des Fotografierenden angewiesen (vgl. dazu Flusser 1991), könne aber gleichzeitig durch die fotografische Technik ganz und gar Unbemerktes und Unerwartetes in Erscheinung bringen. Erst durch den Ausschnitt, vorgegeben durch die Kamera, füge sich eine disparate Vielheit zu einem Bildganzen zusammen. Das fotografische Bild könne daher als die Inszenierung des Sichtbaren auf spezifische Weise verstanden werden, d. h. als »eine neue Art, die Dinge zu sehen« (Schürmann 2013, S. 38): Dieses *andere Sehen im Modus des Fotografischen* zeichne sich dadurch aus, dass die fotografische Kameratechnik selbst nicht zwischen Bedeutungsvollem und Banalem unterscheide. Im Foto können uns die Dinge in neuer Art erscheinen, weil es eine *Differenz* gibt zwischen der Wahrnehmung des Fotografierenden, wenn er durch die Kamera schaut, und der Kamera selbst, die darüber hinaus auch alles Unbemerkte aufzeichnen kann. Das Bild vom Boulevard du Temple ist für diese neue Ordnung des Sichtbaren ein Sinnbild. Der unerwartete Überschuss von fotografischen Bildern, seine unvorhersehbaren Bedeutungsebenen (vgl. Alloa 2013) gehen aus einer dynamischen Bewegung hervor, in der sich intentionale Bezugnahme des Fotografierenden auf etwas, plötzliches Getroffen-Werden beim Fotografieren (vgl. Flusser 1991) und die Aufzeichnung des Unerwarteten durch den Apparat (vgl. Schürmann 2013, Alloa 2013) berühren.

Die beiden Argumentationslinien – das fotografische Bild einerseits im Sinne Flussers als Spur von Wahrnehmung zu verstehen und andererseits im Sinne von Schürmann und Alloa als Produkt eines Apparates – lassen sich verbinden, indem das *fotografische Bild als Produkt eines apparategebundenen Wahrnehmungsprozesses* beschrieben wird. Indem im Fotografieren keine 1:1-Übersetzung der leiblichen Wahrnehmungen in Bilder stattfinden kann, zeichnen sich Fotografien durch einen eigentümlichen Überschuss aus, der erst im Bild sichtbar wird. Auf vergleichbare,

aber medial in ganz anderer Weise, können sich solche Überschüsse auch in Erinnerungsbildern und Vignetten ergeben, wenn im Erinnern plötzlich vergessen geglaubte oder vermeintlich unwichtige Momente unerwartet deutlich in Erscheinung treten und nach Ausdruck verlangen oder wenn in der sprachlichen Überarbeitung der Vignetten im Austausch mit Anderen plötzlich neue Begriffe zur Umschreibung der eigenen Erfahrung aufscheinen, die viel prägnanter jene Bedeutungsnuancen hervorbringen können, als es die ursprünglichen Worte vermochten.
Entgegen der Vorstellung, dass in Fotos ein Geschehen und damit ein prädikativer Sinn dokumentiert wird, der wiederum rekonstruiert werden kann, führt ein an die Wahrnehmung gebundener Bildbegriff zu anders ausgerichteten Frageperspektiven: Anstatt danach zu fragen, WAS ein Bild zeigt oder wovon es handelt, geht es eher darum, WIE, d. h. auf welche Weise etwas in den Blick gerät, während anderes womöglich unscheinbar, unscharf, ausgeblendet, vom Bildrand angeschnitten geblieben ist. *Wie hat sich die fotografierende Person ins Verhältnis gesetzt zu den Anderen, zum Raum usw.? Auf welche Weise tritt dabei das Gezeigte in Erscheinung? Und welche Deutungen von der Situation drängen sich plötzlich – angesichts der Bilder – auf?*

Fotografische Bilder konfrontieren in besonderer Weise mit Mehrdeutigkeiten. Dass fotografische Bilder dies nicht nur aufgrund ihrer besonderen Verbindung zur Wahrnehmung und der spezifischen Aufzeichnungsweise der Kameratechnik tun, lässt sich auch mit Blick auf ihre Materialität begründen. Mit Dieter Mersch lässt sich nachvollziehen, inwiefern sich insbesondere (fotografische) Bilder einer Vereindeutigung entziehen und gerade dadurch eine eigene visuelle Reflexivität entfalten. Mersch charakterisiert das (fotografische) Bild als einen Anlass zur »Blickumkehr«, durch die auf sehr grundlegender Ebene fragwürdig werden kann, *als was etwas* wahrgenommen und gedeutet wird.

3.5 Blickumkehr: Der Anblick des Bildes als Anlass ästhetischer Wahrnehmung (Mersch)

Während mit Flusser der Akzent auf das fotografische Bild als Spur von Wahrnehmungen gelegt wurde und mit Alloa und Schürmann das Unbestimmte des fotografischen Bildes mit seiner Apparatur verbunden wurde, beschäftigt sich Mersch vor allem mit der Materialität und Nichtdiskursivität des Bildes. Sich diese dritte Argumentslinie und damit eine weitere Facette des Bildlichen anzuschauen, scheint sinnvoll, wenn sich pädagogische Reflexionsprozesse nicht im Fotografieren erschöpfen,[181] sondern in der Wahrnehmung des Bildmaterials eine Vertiefung erfahren sollen.

181 Siehe beispielsweise in dem Text *Sich ein Bild machen* von Kirsten Winderlich (2010). In dem Ansatz zur pädagogischen Reflexion, wie er von Winderlich diskutiert wird, wird der Fokus auf das Fotografieren als spezifische, aufmerksame Wahrnehmungsweise gelegt. Eine vertiefende Arbeit mit dem Bildmaterial, das von Lehrpersonen im Unterricht aufgenommen wird, kommt nicht zur Sprache.

Ein kurzer Rückbezug zur Filmszene in *Blow Up:* Während aus der Perspektive Flussers in der beschriebenen Szene vor allem die Wahrnehmung des Fotografen und damit auch die Unmöglichkeit ihrer nachträglichen Verschiebung in die Aufmerksamkeit gerät, lässt sich durch den Fokus auf die Materialität der Bilder eine andere Facette der Situation in den Blick nehmen; die Widerständigkeit des Bildmaterials, d.h. die Rahmung, die den Blick auf das Geschehen begrenzt, die grobe Körnung des Filmmaterials durch die starke Vergrößerung der Details, seine Unschärfe und so weiter. Tom ist nicht nur der eigenen Wahrnehmung auf der Spur, sondern ihm tritt auch das Bild als Widerstand und Störung entgegen. In anderen Worten: Während es einerseits die im fotografischen Bild performativ gewordene Wahrnehmung beim Fotografieren ist, die rückblickend die Reflexion des Geschehens befeuern kann, ist es auch die Materialität des fotografischen Bildes selbst, an der der Blick brechen und durch die der Betrachtende irritiert werden kann.
Um der materiellen Seite Aufmerksamkeit zu schenken, bietet sich besonders die Position von Dieter Mersch an. Mersch fragt aus philosophischem Blickwinkel nach den medialen Besonderheiten (fotografischer) Bilder. Die »Blickumkehr«, das »Anders-Sehen«, das auch in der Arbeit mit Erinnerungsbildern und Vignetten von großer Bedeutung ist, lässt sich – mit Mersch gesprochen – in besonders radikaler Weise an Bildern erfahren. Jenseits eines Verständnisses vom Bild als dechiffrierbare Informationsquelle argumentiert Mersch für ein Verständnis vom Bild als ein widerständiges, sperriges und unverfügbares Phänomen. Bilder *zeigen etwas* und geben im gleichen Moment sich selbst *als Bild* zu zeigen. Dieses Spiel zwischen Zeigen/Sich-Zeigen diskutiert Mersch in verschiedenen Veröffentlichungen **182** und stellt die These auf, dass Bilder – auch Fotografien – grundlegend anderen Logiken folgen als diskursive Medien wie z.B. Texte oder Zahlen. Die Frage nach der Reflexivität des Bildes wird nicht direkt erörtert, indem Strukturmerkmale benannt und klassifiziert werden, sondern indem eine Annäherung an das Phänomen des Bildes über den Blick stattfindet (vgl. Mersch 2007, S. 5).

Das Bild als aisthetisches Medium

Um sich der Reflexivität des Bildes anzunähern, ist es hilfreich, sich zunächst die Unterscheidung zwischen aisthetischen und diskursiven Medien genauer anzuschauen. Unter aisthetischen Medien versteht Mersch vor allem jene Medien, die sich auf die Wahrnehmung beziehen (vgl. Mersch 2003a, S. 153). Bilder fügen sich dabei neben anderen Systemen ein wie

> »Optik und Akustik, die Künste, Bildgebungsverfahren aller Art, die Erstellung von Musiken aber auch die unterentwickelten haptischen und olfaktorischen Medien, der Umgang mit Düften und taktilen Sensibilitäten. Durchweg gründen sie im Sinnlichen, während *diskursive Medien* sich auf Strukturen, Ordnungen, diskrete Einteilungen und Zäsuren beziehen« (ebd.).

Nach Mersch zeichnen sich aisthetische Medien durch einen ihnen eigentümlichen »Ereignischarakter« und spezifischen Bezug zu Zeitlichkeit und Räumlichkeit aus (vgl.

ebd., S. 159). Das Besondere aisthetischer Medien liege gerade in ihrer »Potenz zum Präsentischen« (ebd., S. 163), denn sie beziehen sich auf die Wahrnehmung, entfalten sozusagen erst *im Wahrnehmen* ihre Wirkung und erlangen darüber Bedeutung:

> »Weil es Wahrnehmungen darum auf besondere Weise mit Gegenwarten zu tun haben, haftet sowohl am Bild als auch am Ton ein *Ekstatisches*. Beide stellen sich selbst aus, bringen in die Anwesenheit, während Diskurse auf Zäsurierungen aufbauen, die den Systemen von Negation, Differenz und Iterabilität gehorchen. Ihnen eignet ›Nachträglichkeit‹«. (ebd.)

Mersch fächert diese Differenzierung zwischen diskursiven und aisthetischen Medien und deren disparaten Logiken am Beispiel des Bildes auf (vgl. Mersch 2003b, S. 169 ff.). **183** Das Bild tritt dabei im Vergleich zum Wort vor allem in seiner »Sperrigkeit« und der mit ihm verbundenen Unmöglichkeit der »diskursiven Übersetzung« (vgl. ebd., S. 171; Heßler/Mersch 2009, S. 9) in den Blick. Dem Bild sei die Unverfügbarkeit geradezu eingeschrieben. Das Besondere des Bildes bestehe darin, dass an ihm eine »Spur des Ungenügens« hafte (Mersch 2003b, S. 171). Dieser Entzug mache es unmöglich, das Spezifische des Bildlichen direkt zu definieren. Mersch und Heßler problematisieren diesen Umstand, indem sie das Bild nicht unmittelbar zu fassen suchen, sondern vielmehr an seinen Grenzen beschreiben. Eine besonders offensichtliche Grenze, über die sich auch weitere Aspekte des Bildes erschließen lassen, stellt unter anderem dessen *Rahmung* dar.

Rahmung

Die Rahmung tritt als ein Grundphänomen des Bildes in Erscheinung. Sie sei zunächst nichts anderes als eine

> »Grenze, eine elementare Differenzsetzung […], die Innen und Außen voneinander scheiden. Sie schränkt einen Bereich gegenüber einem anderen ein und grenzt damit ein Distinktes, eine Markierung oder Spur, eine Figur oder eine Linie von einem Hintergrund, einem Unbestimmten oder einer Exteriorität ab und bringt auf diese Weise allererst eine ikonische Bestimmung hervor« (Heßler/Mersch 2009, S. 18).

Die Kontur und die Umgrenzung seien Voraussetzung dafür, dass etwas überhaupt als Bild wahrgenommen werden könne (vgl. Mersch 2007, S. 4): »Sie [die Kontur, die Umgrenzung **KB**] lässt *etwas* zum Bild *werden*. Dasselbe geschieht mit Objekten, vor die ein Rahmen aufgestellt ist, und sei es nur ein Türrahmen, durch den wir etwas anschauend gewahren.« (Mersch 2003b, S. 173) Erst durch die Wahrnehmung einer Rahmung könne sich ein »ikonisches Als«, das heißt eine spezifische Form, herausschälen und von einem Hintergrund abheben (Heßler/Mersch 2009, S. 19).

182 Vgl. Mersch 2003, 2007 sowie Heßler/Mersch 2009.

183 In dem Buch *Kunst und Medium* wird nicht nur das Bild als aisthetisches Medium in den Blick genommen. Auch der Ton, wenngleich er einer anderen Logik als das Bild folgt (nicht spatial, sondern temporal), wird den aisthetischen Medien zugeordnet. Siehe Mersch 2003b, S. 189 ff.

Dieser Umstand lässt sich auch auf die beschriebene Szene aus dem Film *Blow Up* nochmals rückbeziehen: Die im Studio aufgehängten fotografischen Bilder erweisen sich als spezifische und im Nachhinein nicht mehr veränderbare Ansichten einer zuvor erlebten Situation (hier: die Begebenheit im Park). Während sich der Fotograf im Park bewegen und das Geschehen aus unterschiedlichen Perspektiven wahrnehmen konnte, begrenzt nun die Rahmung der entstandenen Fotografien unwiderruflich den Blick auf das Geschehen und bietet – anders als die Wahrnehmung vor Ort – nur noch eine spezifische Ansichtigkeit und Perspektive an. Im Studio stehend geht es daher nicht mehr allein um das Geschehen im Park, sondern um das Geschehen im Park, wie es durch die entstandenen Bilder *vermittelt* und durch den Rahmen *begrenzt* wird. Die Situation erschließt sich im Nachhinein über den Blick durch einen Rahmen. Die Unzufriedenheit des Fotografen, sein energischer Versuch, mehr im Bild sehen zu wollen beziehungsweise darin sichtbar zu machen, lässt die Rahmung besonders in ihrer begrenzenden Funktion hervortreten. Die Situation *als Bild* wahrzunehmen, bedeutet auch, der Grenzen des Bildes und damit auch der Unzugänglichkeit einer in der Vergangenheit stattgefundenen Situation selbst gewahr zu werden.

Der Chiasmus von Zeigen und Sich-Zeigen

Die aufgehängten Fotografien im Studio und die Problematisierung der Rahmung machen auch auf eine dem Bild eigentümliche *Duplizität* aufmerksam, die von Martina Heßler und Dieter Mersch als ein Spezifikum bildlicher Ordnungen hervorgehoben wird (vgl. Heßler/ Mersch 2009, S. 21; Mersch 2007, S. 2). Einerseits zeigt das Bild immer *etwas* – einen Gegenstand, eine Figur, eine Farbe oder wie in *Blow Up:* ein vermeintliches Liebespaar in einem Park in London – und gleichzeitig zeigt es auch *sich selbst als Bild* (vgl. Mersch 2007, S. 2, in *Blow Up:* die Körnung der Fotografien, ihre unscharfe Ästhetik usw.). Das Bild gibt dem Betrachtenden dadurch zweierlei zu sehen: einerseits eine spezifische Ansicht von etwas und andererseits potenziell immer auch seine eigene Machart, Materialität und Haptik. Bilder provozieren einen ›Umschlag der Aufmerksamkeit‹, indem sie gleichzeitig eine Ansichtigkeit *von etwas* darstellen und *sich dabei auch als Bild* selbst zu zeigen geben.
Diese Duplizität ist für die Reflexivität des Bildes von großer Bedeutung: Richtet sich die Aufmerksamkeit auf das Bild selbst und wendet sich der Blick in gewisser Weise von dem Dargestellten ab, lässt sich von einer »buchstäbliche[n] ›Reflexion‹ auf das Bild als Ding, seine Konstruktionsart, seinen Gebrauch, seine Hängung oder seine Materialität« (ebd.) sprechen. Gerade in diesem Changieren zwischen *Etwas-Zeigen* und *Sich-Zeigen* fordere das Bild zu einer beständigen *»Wendung der Sicht«* auf, durch die das Gesehene überhaupt erst *als* Bild empfunden werden könne (vgl. Mersch 2003b, S. 174). Dieses Changieren, das heißt die ständige Möglichkeit des Blickwechsels, mache eine Besonderheit bildlicher Wahrnehmung aus. Daher werden, schreibt Mersch, Bilder anders angeschaut als gewöhnliche Gegenstände (vgl. ebd.). Sie – und darin liege ein ihnen eigentümliches reflexives

Moment – provozieren eine *»Umkehrung der Sicht am Medium«* (ebd.). Es handelt sich um eine *»Doppelsichtigkeit«* (ebd., S. 175), die darin besteht, Gegenstand und Materialität gleichsam beziehungsweise im Wechselspiel wahrnehmen zu können. An Bildern entzünde sich daher ein »doppelter Blick« (Mersch 2007, S. 6), der sich zwischen »Bild und ›Abbild‹« bewege. Die Rahmung bilde dabei das »Prinzip einer Reflexivität«, indem buchstäblich am Rand des Bildes das Sehen umbrechen und sich die Aufmerksamkeit verschieben könne (vgl. ebd.). Bilder bringen insofern nicht per se eine Reflexivität mit, sondern sie fordern vielmehr in ihrer doppelten Ansichtigkeit zu einem reflektierten Blick heraus. Zwischen *etwas sehen* und die *Weise der Sichtbarmachung sehen* (vgl. Mersch 2003b, S. 178) spanne sich ein geradezu widersprüchlicher *Chiasmus* (ebd. S. 176) auf, der darin besteht, einerseits das Dargestellte wahrzunehmen und in gewisser Weise durch das Bild und seine Materialität hindurchzuschauen und andererseits eben gerade auf die Materialität selbst aufmerksam zu werden. Diese nicht aufzulösende Duplizität halte die Wahrnehmung in Bewegung und werde zur Voraussetzung eines reflektierten Blicks:

> »Erst wenn wir, wie in Träumen, uns versichern, *daß* wir träumen, oder wie in Filmen, *daß* wir eine Leinwand betrachten und uns in einem stabilen Raum befinden, tritt das Geschehen in seine Bildhaftigkeit zurück, hält sich das Gezeigte im Medialen auf. Deshalb die Bedeutung der Rahmung, der Materialität; sie bieten gleichsam den Anhalt zur Brechung, zur Reflexivität des Blicks.« (ebd., S. 177)

Heßler und Mersch betonen, dass diese Gleichzeitigkeit von *Zeigen* und *Sich-Zeigen* dazu führe, dass im Bild Erscheinen und Bedeuten in eins fallen (Heßler/Mersch 2009, S. 21). Bilder kommen nicht umhin, ihren Gegenstand zu vermitteln, ohne dabei auch ihre eigene Sichtbarkeit auszustellen.

Bilder als Spuren des Anderen

Die beschriebenen Qualitäten von Bildern (ihre Rahmung; der damit zusammenhängende Chiasmus zwischen *Zeigen* und *Sich-Zeigen)* führen zu einer Begegnung mit ihnen, die nicht vollkommen in der Hand der Betrachtenden zu liegen scheint. Dies wird beispielsweise immer dann besonders deutlich, wenn der Blick am Bildrand plötzlich und ohne, dass es gewollt wäre, umschlägt und man unvermittelt der Materialität eines Bildes gewahr wird. Unerwartet zeigt sich ein Bild augenblicklich in einer anderen Weise, schiebt sich seine Materialität oder ein Detail womöglich sogar störend oder irritierend in die Wahrnehmung. Mersch beschreibt Bilder in einer eigentümlichen Unverfügbarkeit, deren reflexive Potenz darin zu bestehen scheint, sich einem kontrollierten Blick des Betrachtenden in Teilen zu entziehen (vgl. Mersch 2007, S. 14). In Momenten, in denen sich das Bild als unverfügbar erweist und in denen es affiziert und in Bann schlägt, scheint die Spur eines *Anderen* auf, die es in sich trägt:

> »Nicht nur geben Bilder etwas zu sehen, vielmehr blickt, indem sie zeigen, *ein Anderes* an.« (ebd., S. 15) **184**

184 Hier lässt sich mit Georges Didi-Huberman anschließen, der gleichfalls das aktivische Moment von Bildern hervorgehoben hat, das jenseits der Verfügungsmacht der Betrachtenden liegt. In

Die Kraft von Bildern gehe aus dem Wechselspiel von *Zeigen* und *Verbergen,* von Darstellung und *Undarstellbarkeit,* von *Faktizität* und *Unbestimmtheit* hervor. Diese Momente offenbaren ihre Reflexivität vor allem darin, mit einer Blickwende einherzugehen, durch die sich der Betrachtende der Bildlichkeit des Wahrgenommenen bewusst werden kann. Bilder provozieren einen Blick, der auf keine routinierten, gewohnten Pragmatiken zurückgreifen kann. Sie fordern fortwährend zu einem »Umsprung« zwischen Blick und Bild im Sinne einer Umlenkung der Wahrnehmung heraus, die – schreibt Sabisch bezogen auf Mersch – »die Materialität erst erfahrbar werden lasse und gewissermaßen das dynamische Sprungseil der Reflexion darstelle« (Sabisch 2018, S. 389).

3.6 Fotografische Bilder als *spurhafte* Phänomene

Vor dem Hintergrund der drei Argumentationslinien wird deutlich, dass fotografische Bilder etwas *Spurhaftes* **185** an sich haben. Auf unterschiedliche Weise machen sich zwischen dem fotografierten Geschehen, der Entstehung des fotografischen Bildes und seiner Materialität verschiedene *Brüche* bemerkbar:

— Fotografische Bilder zeugen implizit davon, wie sich die_der Fotografierende in einem kurzen Augenblick im Geschehen positioniert und zu den Fotografierten in Beziehung gesetzt hat. In fotografischen Bildern hallt nach, wie das Geschehen wahrgenommen wurde.

— Die Kamera differenziert nicht zwischen Bedeutungsvollem und Marginalem. Sie zeichnet alles auf, auch Details, kaum Wahrnehmbares beziehungsweise jenes, was gar nicht wahrgenommen werden konnte. Spuren von flüchtigen Phänomenen oder unscheinbaren, beiläufigen Gesten können dadurch potenziell ins Bild geraten.

— Als aisthetisches Medium wohnen fotografischen Bildern spezifische Ambivalenzen inne, wodurch sie sich einem schnellen Verstehen versperren. Der Blick auf das fotografierte Geschehen kann durch fotografische Bilder paradoxerweise verstellt werden. Das, was im fotografischen Bild vom Geschehen sichtbar wird, hat dann eher den Charakter einer Spur.

dem Buch *Was wir sehen blickt uns an* (1999) ist direkt zu Beginn zu lesen: »Was wir sehen, gewinnt in unseren Augen Leben und Bedeutung nur durch das, was uns anblickt, uns betrifft.« (Didi-Huberman 1999, S. 11) Didi-Huberman betont jene Seiten am Bild, die sich dem Betrachtenden aufdrängen (vgl. ebd., S. 12) und die Menschen oftmals versuchen zu leugnen und zu verdrängen.

185 Ich spreche bewusst nicht direkt vom fotografischen Bild als *Spur,* sondern von einer ihm innenwohnenden ›Spurhaftigkeit‹. Damit versuche ich, den tradierten Diskurs zu umgehen, in dem die Fotografie als Spur, Abdruck, Nachhall usw. einer »realistischen und objektiven Aufzeichnung der sichtbaren Welt« diskutiert wird (vgl. Geimer 2007, S. 96). Geimer zeigt auf, dass die Annahme, Fotografien seien Spuren des Wirklichen, zu vielen Ungenauigkeiten geführt und im Grunde im digitalen Zeitalter an Bedeutung verloren habe (vgl. Geimer 2007, S. 96 f.). Kritisch dekonstruiert er diesbezüglich ein Zitat von Susan Sontag, wonach das fotografische Bild »eine Spur, etwas wie eine Schablone des Wirklichen, wie ein Fußabdruck oder eine Totenmaske« sei (Sontag, Susan: *Die Bilderwelt,* 1977, S. 147 zitiert in Geimer 2007, S. 95). Da es mir nicht darum geht, fotografische Bilder als Spuren einer Wirklichkeit zu interpretieren und sich das Spurhafte eben nicht auf das vermeintlich objektiv dargestellte Geschehen bezieht, grenze ich mich explizit von diesem Diskurs ab.

Im Hinblick auf die Herausforderung, sich insbesondere den pathischen Seiten von kunstpädagogischer Praxis reflexiv anzunähern, scheint es sinnvoll, diesen *spurhaften Qualitäten* des fotografischen Bildes besondere Aufmerksamkeit zu schenken. Denn wie die pathischen Seiten von pädagogischen Prozessen all jene Dimensionen im Unterricht umfassen, die sich einem pädagogischen Zugriff, einer gerichteten Aufmerksamkeit und Versuchen einer systematischen Verfügbarmachung weitgehend *entziehen,* **186** so ist auch für die Spur ein Entzug charakteristisch. Dem Spurbegriff, betont Sybille Krämer, sei geradezu »das kaum Wahrnehmbare [eingeschrieben] – situiert am Rande einer Unmerklichkeit« (Krämer 2007, S. 14). In Spuren kommuniziere sich ein Sinn, der immer auch anderes einschließe als erwartet. Es sei die Materialität des Mediums, argumentiert Krämer ähnlich wie Mersch, die die Grundlage bilde für den

> »›Überschuß‹ an Sinn, für diesen ›Mehrwert‹ an Bedeutung, der von den Zeichenbenutzern keineswegs intendiert und ihrer Kontrolle auch gar nicht unterworfen ist. Kraft ihrer medialen Materialität sagen die Zeichen mehr, als ihre Benutzer damit jeweils meinen« (Krämer 1998, S. 78 f.). **187**

Die Sichtbarkeit der Spur zeuge, schreibt Krämer, von der Abwesenheit dessen, was sie hervorgerufen habe (vgl. Krämer 2007, S. 14). Zwar lasse die Spur Rückschlüsse darauf zu, wie und von wem sie hinterlassen worden ist, doch könne dies niemals im Modus einer *Rekonstruktion* geschehen. Die »Unverfügbarkeit des Abgebildeten« bleibe der Spur stets eingeschrieben (vgl. ebd., S. 15). Die Spur zeige etwas, das zum Zeitpunkt der Spurenlese unwiderruflich vergangen sei. Sie sei Produkt eines nicht-intentionalen, unbeabsichtigten, unkontrollierten, unwillkürlichen Vorgehens (vgl. ebd., S. 16). Es sei gerade das an unserem Tun, das sich als Spur einpräge, was sich jenseits der Aufmerksamkeit, Kontrolle und Steuerung ereigne (vgl. ebd.).

Fotografische Bilder nicht als auszulesende Informationsquellen, sondern als *spurhafte Phänomene* zu verstehen, betont insbesondere ihr Potenzial, das kaum Merkliche, das Unscheinbare, das Unerwartete und Unbeabsichtigte zugänglicher

186 So können (und müssen) die Bedürfnisse der Schüler_innen von Lehrpersonen im Zuge einer didaktischen Planung antizipiert werden, aber *wissen* können sie dennoch nicht, wovon die Aufmerksamkeit der Schüler_innen tatsächlich geweckt wird, wovon sie berührt oder möglicherweise irritiert werden. Dies kann erahnt, nicht aber gewusst oder evaluiert werden (vgl. Wimmer 1996, *Nicht-Wissenkönnen).* So ereignet sich pädagogische Praxis notwendigerweise immer im Spannungsfeld zwischen einer Planung, die auf einem bestimmten Vermittlungsanliegen gründet, und einem unvorhersehbaren Verlauf, der von verschiedenen Akteur_innen mitbestimmt wird und der zu spontanen Antworten seitens der Lehrperson herausfordert (siehe Kap. 1).

187 Anschaulich werde dieser Überschuss und vor allem dessen unbeabsichtigte Entstehung, wenn man sich das Verhältnis von Stimme und Rede anschaut. Die Stimme kommentiere, so Manuel Zahn in Bezug auf Krämer, »mit ihrer ganzen Leiblichkeit des Aussagens das Gesagte [...]. Die Stimme deute das, was in der Rede zur Sprache komme. Sie steht keineswegs nur im Dienste einer intentionalen Rede, sondern zeigt sich widerständig, ja unkontrollierbar [...]« (Zahn 2012, S. 92). Die Stimme, hebt Krämer hervor, handele nicht selten überraschend, manchmal auch unangenehmerweise oder zu unserem Vergnügen unseren Absichten zuwider (vgl. Krämer 1998, S. 79). Spuren entstehen beiläufig, unbeabsichtigt und können – ähnlich wie die Stimme durch Tonlage oder Lautstärke – einen unerwarteten Bedeutungsüberschuss hervorbringen.

machen zu können. Indem fotografische Bilder in die Nähe von Spuren gerückt werden, geht es weniger darum, WAS sie zeigen, sondern vielmehr um ihre spezifische Materialität und die daran gebundene Frage, WIE etwas gezeigt wird bzw. auf welche Weise etwas bildlich in Erscheinung tritt. Fotografische Bilder als spurhafte Phänomene zu begreifen, ermöglicht es, auf die Brüche und Differenzen zwischen dem Geschehen selbst und seiner visuellen Präsenz im Bild aufmerksam zu werden. Damit geht eine grundlegende methodologische Setzung einher: Spuren zu finden und zu verstehen, fordert zu einer besonderen Aufmerksamkeit und Vorsicht im Umgang mit Bildmaterial auf, da sie sich einem schnellen Zugriff und einer auf Vereindeutigung abzielenden Interpretation beharrlich widersetzen. Fotografischen Bildern unter diesen Vorzeichen zu begegnen, hat daher weitreichende Konsequenzen für das Nachdenken über (Un-)Möglichkeiten, im pädagogischen Kontext mit Bildern zu arbeiten, sie auszulegen und als Anlass einer pädagogischen Reflexion zu nutzen. Sich auf fotografische Bilder zu beziehen, denen eine spurhafte Qualität zugesprochen wird, fordert zu einem Spürsinn seitens der Betrachter_innen heraus und bringt den wahrnehmenden Leib des Fotografierenden ins Spiel. Fotografien mit dem Spurbegriff in Verbindung zu bringen, wirft Fragen nach Formen der *Spurenlese* und der *Haltung der Spurenleser_in* auf. **188**

3.7 Überleitung: Von der Theorie zur Empirie

Die Verständigung über ein fotografisches Bildverständnis, in dem die pathischen Dimensionen in ihrer Reflexivität ernst genommen werden und das fotografische Bild in seiner Spurhaftigkeit das Gezeigte fragwürdig werden lässt, stellt an sich auf dem Feld der Hochschuldidaktik noch keine ausreichende Rahmung dar, die sowohl Lehrenden als auch Studierenden geeignete Orientierungspunkte für die Gestaltung von bildgestützten Reflexionsprozessen bieten kann. Die Auffächerung der verschiedenen Argumentationslinien und die Verknüpfung des fotografischen Bildes mit dem Spurbegriff können zwar dazu beitragen, auf sehr grundlegender Ebene den eigenen Blick auf fotografische Bilder zu justieren und eine Ahnung davon zu bekommen, was ihnen in pädagogischen Reflexionsprozessen abverlangt und zugetraut werden kann. Doch es bedarf der weiteren Konkretion. Eine Perspektive, um diesen Theoriehintergrund für den pädagogischen Professionalisierungsdiskurs fruchtbar zu machen, besteht darin, im empirischen Feld konkrete Möglichkeiten einer Bildarbeit zu entwickeln und zu erproben, in der das Bemühen um das Verstehen der pathischen Seiten von Lehren, Lernen und Forschen in ihr Zentrum gestellt wird. Das bedeutet, konkrete Konstellationen zu entwickeln, in denen fotografische Bilder entstehen, betrachtet und in denen mit ihnen im Sinne einer wahrnehmungsoffenen Reflexionspraxis gearbeitet werden kann. Eine solche Konstellation wird im Rahmen der vorliegenden Forschungsarbeit entwickelt und

188 Darauf wird im 4. Kapitel eingegangen
→ (siehe S. 200–209).

mit Lehramtsstudierenden an der Kunstakademie Münster erprobt. Das folgende Kapitel widmet sich der Darstellung dieses Vorhabens und der Reflexion einer damit verbundenen Methodik.

KAPITEL 4

EMPIRISCHE KONSTELLATIONEN IM ZWISCHENRAUM VON FORSCHUNG UND HOCHSCHULDIDAKTIK

EMPIRISCHE KONSTELLATIONEN IM ZWISCHENRAUM VON FORSCHUNG UND HOCHSCHULDIDAKTIK

Vor dem Hintergrund der vorangegangenen Überlegungen zur Reflexivität fotografischer Bilder und mit Blick auf das Forschungsanliegen, diese für das Feld der lehramtsbezogenen Professionalisierung und im engeren Sinne für die Reflexion von pädagogischer Praxis in ihren Antinomien, Komplexitäten und Unbestimmtheiten fruchtbar zu machen, widmet sich dieses Kapitel vier übergeordneten Aspekten:

Der Verortung der Studie im *Spannungsfeld zwischen Hochschuldidaktik und Forschung,* der Darstellung und Begründung des fotografischen Settings, in dem *mehrperspektivisches Fotografieren im Unterricht und Bildgespräche* aneinander anschließen, der Veranschaulichung des *kunstpädagogischen Vermittlungsprojektes,* auf das sich die untersuchten und methodisch zu vertiefenden Reflexionsprozesse beziehen sowie der Anbahnung einer *Methodik der Bildarbeit.*

4.1 Verortung des Forschungsanliegens auf zwei Ebenen: Hochschuldidaktik und Forschung

Das Kernvorhaben der Studie, hochschuldidaktische Orientierung für eine bildgestützte Reflexionspraxis zu entwickeln, die auf einem responsiven Bildungs- und Lehrverständnis gründet, erfordert nicht nur eine theoretische Klärung von Begriffen **189** und ein geeignetes Bildverständnis, **190** sondern es wird ebenso eine Bezugnahme auf die Hochschuldidaktik und ihre Praktiken herausgefordert. **191** Dies führt zur Verschränkung von zwei Ebenen: *Hochschuldidaktik* und *Forschung.* Um das im Rahmen dieser Studie entstandene fotografische Setting und damit zusammenhängende methodische und methodologische Entscheidungen und Setzungen nachvollziehbar begründen zu können, bietet sich eine vorangestellte Differenzierung dieser Ebenen und die Bedeutung ihrer Verschränkung für die vorliegende Studie an.
Sich im weitesten Sinne für die Frage zu interessieren, wie Lehramtsstudierende als Noviz_innen ein pädagogisches Geschehen *anders* verstehen lernen (vgl. Agostini 2017) und wie pädagogische Erfahrungen reflektiert werden können, führt auf das Feld der lehramtsbezogenen Professionalisierung. Diese entwickelt sich einge-

189 Kapitel 2 widmet sich *Diskursen des Reflektierens.*

190 Kapitel 3 diskutiert ein phänomenologisch orientiertes Verständnis vom fotografischen Bild.

191 Dass dieses Feld aktuell einen großen Entwicklungsbedarf in der hier eingeschlagenen Richtung aufweist, spiegelt sich in dem vielfältigen Bemühen um eine Implementierung von (empirischen) Forschungspraktiken in der Lehrer_innenbildung wider: »Forschendes Studierenden« (Kunz/Peters 2019), »Forschendes Lernen« (Fichte 2013, Wildt 2009), »Forschungsorientierung« (vgl. Novak/Schürch 2016).

bettet in unterschiedliche Lehrformate, in denen verschiedene Formen der Berührungen zum Praxisfeld Schule hergestellt und Reflexionsgelegenheiten angeboten werden. **192** Pädagogisches Verstehen lässt sich im Rahmen des Lehramtsstudiums in ganz unterschiedlichen Formaten und Konstellationen anbahnen. Sich für die Begleitung und Unterstützung von studentischen Reflexionsprozessen zu interessieren, bedeutet daher, sich auf das Feld der Hochschuldidaktik und der (Weiter-) Entwicklung von Lehre zu begeben. Da die vorliegende Studie darauf abzielt, ein Reflexionsformat zu entwickeln und zu erproben, in dem Studierende spontan auf fotografische Bilder aus dem Kunstunterricht antworten, bewegt man sich zwangsläufig auf einer experimentellen Ebene (vgl. Ahrens 2010).
Wenn das Forschungsanliegen zudem aus der eigenen hochschuldidaktischen Praxis erwächst und sich das Forschungsvorhaben auf ein Feld bezieht, in das man selbst involviert ist, bringt diese Doppelstruktur mehrere Überschneidungen im Forschungsprozess mit sich. Gängige Formulierungen der qualitativen Forschung, die der Abgrenzung zwischen Forschungsfeld und Forschenden dienen, erweisen sich als unscharf:

— Die *Erhebung des empirischen Materials* ist gleichzeitig Teil einer pädagogischen Interaktion zwischen Studierenden und Forschenden/Lehrenden,
— das *Forschungsdesign* steht Pate für ein daraus hervorgehendes didaktisches Setting,
— aus den *Untersuchungsinstrumenten* können potenziell didaktische Handlungsweisen und Orientierungen entstehen,
— die *empirischen Daten* sind sehr spezifische Weisen der Akteur_innen (hier: der Studierenden), auf ihre Umgebung und damit gegebenenfalls auch auf die Forschenden/Lehrenden zu *antworten*. Sie dienen nicht nur der wissenschaftlichen Erkenntnis, sondern gleichfalls auch den Studierenden als Grundlage ihrer Reflexionsprozesse.

192 Einen umfassenden Überblick über verschiedene Lehrformate, in denen eine forschende, reflexive Annäherung an pädagogische Praxis möglich werden kann, findet sich in dem Sammelband *Der professionalisierte Blick* von Ruth Kunz und Maria Peters (2019). In dem Sammelband werden verschiedene hochschuldidaktische Konstellationen versammelt und an Beispielen ausdifferenziert, in denen sich schulische Praxis, Hochschuldidaktik, Forschung berühren. U.a. sind dies:
Kunstpädagogische Praxisforschung (Peters 2019a, S. 136 ff.) und *Forschendes Studieren in der Berufspraxis* (Kunz/Peters 2019, S. 421 ff.), *Forschendes Studieren zwischen empirischen und ästhetischen Verfahren* (Peters 2019b, S. 174 ff.), *Forschendes Studieren in Projekten von Wissenschaftler*innen* (Kunz/Peters 2019, S. 509 ff.), *Forschendes Studieren in Bachelor- und Masterarbeiten* (Peters 2019a, S. 110 f. und Kunz/Peters 2019, S. 547 ff.) – dies setzt sich in der ›Dualen Promotion‹ fort, wie sie an der Universität Bremen angeboten wird (dazu auch Peez 2019, S. 270).
Unter Bezug auf Peter Tremp und Thomas Hildbrand (2012) stellt Ruth Kunz heraus, dass Vorlesungen, Seminare, Labore, Exkursionen, Praktika und Tagungen spezifische Beiträge leisten, um Lehramtsstudierende zu forschend-reflexiven Auseinandersetzungen mit dem schulischen Praxisfeld anzuregen (vgl. Kunz 2019b, *Kunstpädagogik im Spannungsfeld unterschiedlicher Forschungsbegriffe*, S. 246).

Indem sich Forschende auf das Feld beziehen, in dem sie auch lehrend involviert sind, diffundieren die Rollen der Forschenden und der Lehrenden. Sie treten auch als *Begleiter_innen* der Studierenden, als *Mitsehende* (im Rahmen des fotografischen Settings) und als interessierte und unterstützende *Mitreflektierende* auf. **193** Auch die Rolle der ›Beforschten‹ erfährt dabei eine Verschiebung. In hochschuldidaktischen Formaten, die neuartig sind und einen experimentellen Charakter haben, weil sie im Rahmen von Forschungsprojekten erst noch entwickelt werden müssen, **194** können Studierende als beforschte Akteur_innen nicht unbedingt auf vorhandenes Wissen oder schon angeeignete Fertigkeiten zurückgreifen. Sie sind vielmehr Akteur_innen, die bereit sind, sich auf neue und ihnen unbekannte Formen der Begegnung mit pädagogischer Praxis und auf unvorhergesehene Komplexitäten (vgl. Novak/Schürch 2016, S. 2 ff.) einzulassen. Sie werden dementsprechend zu *Wegbegleiter_innen, Mitstreiter_innen* der Forschenden und treten als »Mitforscher*innen« (Peters 2019c, S. 110) auf, indem sie neue und unerwartete Antworten in experimentellen Konstellationen hervorbringen. Aus dieser Bereitschaft der Akteur_innen im Feld, sich auf Versuche und experimentelle Formate einzulassen, können – wenn sie aus Forschungsperspektive betrachtet werden – neue methodisch-didaktische Perspektiven und Orientierungen hervorgehen. Gewohntes gerät dabei nicht nur durch die experimentelle Konstellation an sich in Bewegung, sondern auch durch die inhaltliche Ausrichtung auf das »Pathische[…] der Erfahrung« (Kunz 2019b, S. 248), die mitunter bei Studierenden zu Verunsicherung und Irritation führen kann. Es können Momente entstehen, in denen Studierende fotografische Bilder betrachten, dabei von etwas gebannt sind, ohne genau zu wissen wovon. Bilder können zum Blickfang werden. Das Sprechen kann ins Stocken geraten oder es kann einem ganz die Sprache verschlagen.

Werden Fragen und Methoden zur pädagogischen Reflexion im Rahmen eines experimentellen Formates untersucht, die auch solche Dimensionen mit einschließen, kann es nicht um die Beforschung und die systematische Erfassung von vorhandenen Reflexionskompetenzen der Studierenden im Sinne einer *Evaluation* (vgl. z. B. Wyss 2013) gehen. Vielmehr werden Konstellationen und damit Bedingungen inszeniert, unter denen Studierende etwas *Neues* ausprobieren und *Unvorhersehbares* erfahren können. Die dabei entstehenden reflexiven Bezugnahmen auf pädagogische Praxis lassen sich daher kaum mit zuvor festgelegten Fragebögen erfassen oder in messbaren Kompetenzen operationalisieren. Es handelt sich vielmehr um eine konkrete Versuchsanordnung, in der neue Wahrnehmungs- und Reflexions-

193 Die Rolle der Lehrenden in studentischen Reflexionsprozessen – insbesondere wenn es um pathische Formen der Erfahrung im schulischen Praxisfeld geht – wird im Schlusskapitel diskutiert (→ siehe S. 396 f., S. 401 f.).

194 Im Rahmen der Ausrichtung der Hochschuldidaktik auf Konzepte des ›Forschenden Studierens‹ beziehungsweise des ›Forschenden Lernens‹ gibt es zahlreiche neue didaktische Konzeptionen, um Studierende beim Beforschen kunstpädagogischer Praxis zu unterstützen (vgl. Kunz/Peters 2019). Doch dass hochschuldidaktische Settings explizit im Kontext von Forschungsprojekten entwickelt werden, ist eher die Ausnahme. Beispiele dafür sind u. a. das Konzept *Sprachstücke* von Judit Villiger (2019) oder das *KEPP* von Christina Inthoff (2019).

weisen aufscheinen können. Daraus können hochschuldidaktische Orientierungen hervorgehen, die selbst wiederum in die hochschuldidaktische Praxis, d.h. die Lehrer_innenbildung, zurückfließen können.
Hier ergibt sich eine besondere Nähe zur Methodologie der Praxisforschung, in der die enge Verwobenheit von Forschungsfeld und Forschenden sowie der Rücklauf der Ergebnisse in das Feld wesentliche Charakteristika darstellen (vgl. Altrichter/ Feindt 2007) **195** und die »Distanz von Theorie und Praxis« bearbeitet werde (vgl. Peters 2019c, S.110). Indem die eigene Lehrpraxis zum Forschungsgegenstand wird, sind Lehrende zwangsläufig in das involviert, was sie auch beforschen. Mehr noch: Ihre Bezugnahme auf das Feld, ihre Teilhabe daran und ihre Handlungsweisen darin bringen das Feld im Grunde erst hervor, das sie in den Blick nehmen. Im Sinne einer zirkulären Dynamik geht es schließlich darum, die eigene Praxis aus der forschenden Perspektive zu reflektieren und daraus Impulse zu ihrer Veränderung und Weiterentwicklung ziehen zu können. Interaktion mit den Akteur_innen im Feld und Teilhabe am beforschten Gegenstand sind im Kontext der Praxisforschung also keine notwendigen Begleiterscheinungen, sondern Gegenstand und Movens des Verstehensprozesses.
Dass diese besondere Verstrickung mit dem Forschungsfeld einen produktiven Beitrag für praxisbezogene Forschungsprozesse leisten kann, wird auch im Kontext der Ästhetischen Bildung und Kunstpädagogik unter etwas anderen Vorzeichen und mit besonderer Akzentuierung der Wahrnehmung diskutiert:

> »Forscher*innen, die etwas über die Bildungsqualität in einem Praxisfeld erfahren möchten, handeln und reflektieren eingebettet in ein konkretes Geschehen und in der leiblich-sinnlich-geistigen Begegnung mit dem Forschungsfeld. Bereits bei der Entwicklung und Entfaltung des Forschungsinteresses spielt dieser Hintergrund eine Rolle. Forscher*innen, die mit einem qualitativ offenen Forschungsinteresse ins Feld gehen oder auch im Feld arbeiten, können ihre Wahrnehmung deshalb nicht nur anerkennen und ausformulieren, sondern diesen Wahrnehmungsbezug für den Forschungsprozess selbst fruchtbar werden lassen.« (Böhme/ Engel/Loemke 2020, S. 22)

Insbesondere für die Beforschung von (ästhetischen) Bildungsprozessen wird die Bedeutung der leiblich-sinnlichen Nähe zum konkreten Geschehen, d.h. zum Forschungsfeld hervorgehoben. Wenn es sich bei dem Feld zudem um das eigene Praxisfeld handelt, in dem man selbst arbeite, werde für Forschende besonders spürbar, dass sie unhintergehbar eingebettet sind in ihr Forschungsfeld. **196** Dieses Eingebettet-Sein – so legt es der zitierte Auszug nahe – fungiere also nicht nur als Voraussetzung, sondern auch als Potenzial, um differenzierte Einblicke in »Bil-

195 Eine andere Spielart der Aktionsforschung stellt die Oldenburger Teamforschung »als teambasierter und auf die Lehramtsausbildung ausgerichteter Variante der Aktionsforschung« dar (vgl. Fichten/Gebken/Obolenski (2003); Fichten/ Meyer (2007); Novak/Schürch 2016).

196 In der vorliegenden Studie wurden die Interviews mit Studierenden geführt, die ich aus mehreren Lehrveranstaltungen kannte. Dies ist eine besondere Bedingung, weil sich Forschungsfeld und hochschuldidaktisches Praxisfeld überschneiden.

dungsqualitäten« erlangen zu können. Die eigene Perspektive und Wahrnehmung gilt es nicht nur anzuerkennen, um das methodische Vorgehen und die Ergebnisse für die Forschungscommunity nachvollziehbar zu machen, sondern die eigene Teilhabe am Feld könne für den Forschungsprozess selbst fruchtbar werden, indem Phänomene zugänglich werden, die erst wahrnehmend in Erscheinung treten: das »Pathische der Erfahrung« (Kunz 2019b, S. 248), »Gestimmtheiten eines Ereignisses« (Peters 2019b, S. 175), »Zwischentöne, [...] Ungesagtes und Überhörtes« (ebd.), »Ton, Tempo, Rhythmus, das begrifflich kaum Einzuholende [, das] als *Berührendes* aufscheint« (ebd.).

Diese Überlegungen scheinen in besonderer Weise für experimentelle Forschungssettings bedeutsam zu sein, wie es beispielhaft in der vorliegenden Studie entwickelt, erprobt und diskutiert wird: Nicht nur die teilnehmenden Studierenden, sondern auch die Forscherin können zu Beginn nicht wissen, wie die Studierenden und die Schüler_innen im Unterricht fotografieren werden, wovon die Studierenden zu späterem Zeitpunkt angesichts der Bilder berührt sein werden, wie sich der Umgang mit dem fotografischen Bildmaterial daraufhin entwickeln und wie sich eine vertiefende Befragung des eigenen Blicks an den Bildern ereignen wird. Innerhalb experimenteller Konstellationen kann kaum (oder zumindest nicht reibungslos) auf gekonnte Praktiken und eingeschliffene Gewohnheiten zurückgegriffen werden, die in anderen Kontexten schon eingeübt und reflektiert worden sind. Stattdessen bringen experimentelle Versuchsanordnungen neue soziale, räumliche und zeitliche Konstellationen hervor, die nicht nur seitens der Studierenden eine besondere Aufmerksamkeit für das Geschehen, sondern auch seitens der Forschenden dazu herausgefordert, die Anderen, d.h. die Studierende, aufmerksam wahrzunehmen und das eigene methodische Handeln und Forschungsanliegen immer wieder darauf abzustimmen.

Eine derartige Position inmitten eines mitzuentwickelnden Praxisfeldes führt dazu, dass sich Forschende nicht auf einen Standort außerhalb des beforschten Geschehens zurückziehen können, sondern dass methodische und methodologische Entscheidungen stets gebunden bleiben an die Rolle im Zwischen von Lehre und Forschung:

> »Ein solcher – sich der eigenen Teilhabe bewusst werdender – Bezug auf das empirische Feld kann einerseits zu neuen grundlagentheoretischen Erkenntnissen beitragen, die sich allein aus einer wahrnehmungsfundierten Perspektive auf die empirische Praxis erschließen lassen [...]. Es können darüber hinaus aber auch basale Anregungen für eine wahrnehmungsoffene (kunst)pädagogische oder (kunst)therapeutische Praxis entstehen, indem die jeweiligen Prozesse und pädagogisch-didaktischen Herausforderungen sehr konkret und praxisbezogen reflektiert werden.« (Böhme/Engel/Loemke 2020, S. 23)

Das gesamte Forschungsvorhaben, das in den folgenden Kapiteln dargestellt und begründet wird, spielt sich in dem beschriebenen Spannungsfeld ab.

4.2 Wenn Blicke sich kreuzen: Fotografische Mehrperspektivität als Kern des fotografischen Settings 197

Wie im vorangegangenen Kapitel dargestellt, führt das Forschungsanliegen auf das Feld der Hochschuldidaktik und ihrer Praktiken. Um hochschuldidaktische Orientierungen formulieren zu können, die dazu anregen, insbesondere die pathischen Seiten von Lehr- und Lernprozessen zu reflektieren und sich eigenen Erinnerungen und Erfahrungen in ihrer Brüchigkeit, Vorläufigkeit und Flüchtigkeit anzunähern, wird vor dem Hintergrund eines phänomenologischen Theorie- und Bildverständnisses ein Reflexionsformat entwickelt, das 2013–2014 mit Lehramtsstudierenden an der Kunstakademie Münster ausprobiert wurde. Das Bildmaterial wurde während eines kunstpädagogischen Projektes zeitgleich von zwei Personen – ein_e fotografierende_r Schüler_in und ein_e fotografierende_r Student_in – aufgenommen. Der im vorangegangenen Abschnitt dargestellte experimentelle Charakter der Studie rührt aus der Verschränkung zweier Blicke beim Fotografieren. Um zu diesem entscheidenden Moment des Formates hinzuführen (die *fotografische Zweiperspektivität)* und die damit verbundene visuelle Komplexität einzustimmen, bietet es sich an, sich zunächst unabhängig von dem konkreten kunstpädagogischen Kontext, den damit verbundenen Bedingungen und Voraussetzungen aus ästhetisch-künstlerischer Perspektive anzunähern.

Die im dritten Kapitel ausführlich nacherzählte Schlüsselszene des Films *Blow Up* ← (siehe Kap. 3, S. 141 ff.), in der Tom – der Fotograf – in seinem Studio steht und seine aufgenommenen Bilder betrachtet, dreht sich um einen Augenblick, in dem sich zwei verschiedene Wahrnehmungsperspektiven berühren: einerseits geht es um den Blick des Fotografen durch die Kamera, der in den aufgehängten Fotografien sichtbar wird, und gleichzeitig geht es um den Blick des Fotografen auf eben diese Fotografien, während er sie im Studio betrachtet. Die Blicke offenbaren eine irritierende Differenz, **198** die dazu führt, dass vermeintlich Selbstverständliches und bestehende Gewissheiten (im Park wurde ein sich küssendes Liebespaar fotografiert) in Frage gestellt werden. Die Ahnung, möglicherweise unwissentlich Zeuge eines Verbrechens geworden zu sein, das sich in den Bildern unscharf und im Hintergrund andeutet, bildet den Ausgangspunkt einer eindringlichen Suche, die im weiteren Verlauf des Films ausführlich inszeniert wird.

Dieses Moment der verschränkten Blicke, die insbesondere dann zu Fragen und Reflexionsbemühungen anstiften, wenn sie einander nicht entsprechen und von divergierenden Aufmerksamkeiten zeugen, wird in dem zu entwickelnden hochschuldidaktischen Reflexionssetting in etwas anderer Form aufgegriffen, indem zwei Personen gleichzeitig im Unterricht fotografieren: ein_e Schüler_in fotogra-

197 Die Formulierung lehnt sich an den Haupttitel eines Textes von Meyer-Drawe (2016b) an: *Wenn Blicke sich kreuzen: Zur Bedeutung der Sichtbarkeit für menschliche Begegnungen.*

198 Angesichts seiner eigenen Aufnahmen gerät Tom in Aufregung, da er glaubt, im Hintergrund einer Aufnahme einen toten Körper zu entdecken.

fiert im Unterricht immer dann, wenn etwas in ihre_seine Aufmerksamkeit drängt und ein_e Student_in begleitet diese_n Schüler_in und macht immer dann ein Bild, wenn diese_r fotografiert. Zwei Personen sind eingeladen, fotografisch auf das Geschehen bzw. auf die/den Anderen zu antworten. Während es im Film *Blow Up* selbst keine zwei Kameraperspektiven braucht, um angesichts der unerwarteten, grauenhaften Entdeckung die Verschiedenheit zweier Blickweisen spürbar werden zu lassen, kommt das Befremdliche, Unvorhersehbare und Widersprüchliche am mitunter alltäglichen und gewöhnlichen Unterricht ins Spiel, indem zwei Personen gleichzeitig fotografieren und sich Blicke kreuzen. **199**

Da dieses fotografische Setting einen experimentellen Charakter hat und sich nur in Teilen auf gängige und im pädagogischen Professionalisierungsdiskurs verhandelte Forschungsmethoden bezieht, wird zunächst mit der Beschreibung einer künstlerischen Arbeit eingestiegen, die sich besonders gut eignet, um einen wesentlichen Kern dieser experimentellen Konstellation und die damit verbundene bildliche Komplexität nachvollziehbar darzustellen: *die Verschränkung verschiedener Blicke*. In besonders dichter und prägnanter Form lässt sich das Spiel mit Perspektiven und der Verschränkung von Blicken in der zeitgenössischen Arbeit der Fotografin *Barbara Probst* finden. **200**

Zwei oder mehrere Kameraperspektiven, die ineinander verschränkt sind, weil sie sich im gleichen Augenblick von unterschiedlichen Standorten auf eine gemeinsame Situation beziehen, versetzt Betrachter_innen in eine anspruchsvolle Wahrnehmungssituation. **201** Sich zunächst aus einem künstlerischen Blickwinkel mit einer wesentlichen methodischen Setzung des hier entwickelten fotografischen Settings zu beschäftigen, bietet die Gelegenheit, insbesondere auf die ambivalenten und paradoxen Strukturen aufmerksam werden zu können, die mit einer solchen Wahrnehmungssituation verbunden sein können.

Da Fotografien, die im Unterricht beziehungsweise in einem pädagogischen Projekt aufgenommen werden, kaum ohne ihren Kontext auskommen (vgl. Altrichter/ Posch 1998) **202** und sich schnell die Befragung des pädagogischen Rahmens auf-

199 Details zu den fotografischen Aufträgen → siehe S. 180–187.

200 In meiner Recherche zu dem Film *Blow Up* von Michelangelo Antonioni bin ich auf die Arbeit von Barbara Probst gestoßen, die sich selbst immer wieder auf Antonionis Inszenierung einer fotografischen Reflexivität bezieht (siehe zum Beispiel *Exposure #50: N.Y.C., 555 8th Avenue, 07.02.07, 8:47 p.m. 2007)*.

201 Zwei Bilder nebeneinander zu legen, sei in der Kunstgeschichte ein tradierter Modus der Bildpräsentation. Nicht nur in kunstgeschichtlichen Vorlesungen werden oftmals zwei Bilder nebeneinander gezeigt, sondern auch die Präsentation im Buch mit seinen Doppelseiten lege das Arrangieren von Bildpaaren und ein vergleichendes Sehen nahe (vgl. Ganz/Thürlemann 2010, S. 26). Egal, welcher Zusammenhang den Bildern tatsächlich zugrunde liege, entstehe im Nebeneinanderlegen zweier oder mehrerer Bilder ein sogenanntes *Hyperimage* (vgl. Thürlemann 2013, S. 7–24) und damit eine komplexe Verweisstruktur. Mit *Hyperimages* sind Bildkonstellationen gemeint, deren Bedeutung nicht mehr im Einzelbild liege, sondern dessen Bedeutung im Arrangieren mehrerer Bilder zu einer Konfiguration entstehe.

202 Altrichter und Posch geben zu bedenken, dass »Fotos [...] vor allem in Zusammenhang mit anderen Datenquellen ihren Wert« haben (Altrichter/ Posch 1998, S. 140). Indem die Fotografie punktuell etwas dokumentiere und kein

drängt, 203 bietet die Arbeit von Probst im Gegensatz dazu die besondere Gelegenheit, sich zunächst auf die Spezifika der Bilder und ihre Verschränkung wahrnehmend einzulassen. Da im engeren Kontext der pädagogischen Forschung diese Form der verschränkten Blicke methodisch noch nicht erprobt ist, bietet sich mit der Kunst ein geeignetes Bezugsfeld an, 204 um sich tiefergehend auf die besondere visuelle Beschaffenheit von zweiperspektivischem Bildmaterial einzustimmen und ein präzises Vokabular zu entwickeln, das sich speziell auf verschränkte Blickverhältnisse und Wahrnehmungsprozesse bezieht.

Exposures: Perspektiven und Blickverhältnisse in der Arbeit von Barbara Probst

Probst beschäftigt sich seit vielen Jahren in der Werkreihe *Exposures* immer wieder mit dem Phänomen der Mehrperspektivität. 205 Mehrperspektivität ist nicht ein Thema unter anderen, sondern es ist der Gegenstand ihrer langjährigen künstlerischen Auseinandersetzung zu Fragen der fotografischen Reflexivität. Indem sie ein Geschehen mit verschiedenen Kameras fotografiert, die synchron auslösen, entsteht Bildmaterial, das – nicht in seiner Entstehung – aber in seiner Form eine besondere Ähnlichkeit zu dem Bildmaterial aufweist, das im Rahmen meines Forschungssettings aufgenommen wird.

Die Arbeiten von Probst werden meist mit Kameras auf Stativen gemacht und minutiös inszeniert. Mithilfe eines ferngesteuerten Auslösers können alle aufgestellten Kameras zum exakt gleichen Zeitpunkt ausgelöst werden. Die Vielzahl der zeitgleich fotografierenden Kameras erzeugen einen prismatischen Kamerablick, indem die dokumentierte Situation aus unterschiedlichen Blickwinkeln aufgenommen wird. In ihrer Dichte bieten sich die Arbeiten von Probst an, um sich für die visuelle Komplexität und die Frage der spezifischen Bilderfahrung zu sensibilisieren, wie sie in der Begegnung mit mehrperspektivischen Fotografien gemacht werden kann:

Vorher und Nachher zeige, sei sie mehr als andere Formate auf eine Kontextualisierung angewiesen (vgl. ebd.). Diese Argumentationsweise ist in Erziehungswissenschaften öfters anzutreffen – das fotografische Bild wird dabei anderen empirischen Materialien unter- beziehungsweise nachgeordnet. Um aber gerade dem Bild in seiner spezifischen Logik und seiner Weise der Reflexivität (vgl. Mersch 2003 und daran anknüpfend auch Sabisch 2018) Rechnung zu tragen, erscheint es gerade wichtig, sich dem fotografischen Bild selbst und nicht nur eingebettet in einen bestimmten Bedeutungszusammenhang zu nähern. *Was tritt uns in den Fotografien entgegen?* Probsts Arbeit hilft, sich dem Bildmaterial von einer anderen, stärker der Wahrnehmung verpflichteten Seite anzunähern.

203 Was war Gegenstand des Unterrichts? Wer hat hier wen genau fotografiert? Um welche Altersstufe handelt es sich? Um welche Schulform handelt es sich? Wer trägt für das Geschehen die pädagogische Verantwortung? In welchen Räumlichkeiten wird fotografiert – schulisch, außerschulisch? Wer ist in welcher Weise bezüglich des Fotografierens informiert? usw.

204 Interessante Verschränkungen finden sich beispielsweise in der folgenden Arbeit: *Zidane: A 21st Century Portrait* von Douglas Gordon und Philippe Parreno (2006, Videoarbeit). Als kunsthistorische und vielfach hinsichtlich der Inszenierung divergierender Blickrichtungen diskutierte Beispiele fungieren die Gemälde *Las Meninas* von Diego Velázquez (1656, Öl auf Leinwand, 318 × 276 cm Museo del Prado) und Jan van Eycks *Arnolfini-Hochzeit* (1434, Öl auf Holz, 81,8 × 59,7 cm, National Gallery London).

205 Eine umfangreiche Dokumentation ihrer Arbeiten kann online eingesehen werden, siehe: http://barbaraprobst.net/works/ (aufgerufen am 30.09.2020).

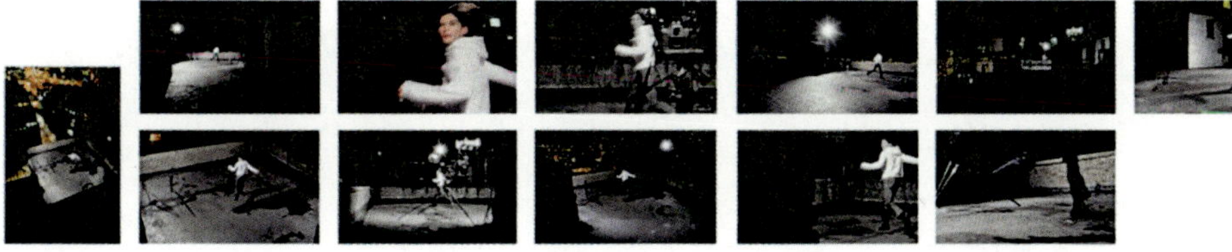

Abb. 3 *Exposure #1*: N.Y.C., 545 8th Avenue, 01.07.00, 10:37 p.m.

Was passiert, wenn wir mehrperspektivisches Bildmaterial wahrnehmen? Welches Blickszenario mag uns dabei begegnen? Welche Herausforderungen stellt dieses Material an die Wahrnehmung?

Die erste Arbeit in der Reihe der *Exposures* wurde 2000 in New York auf dem Dach eines 25-stöckigen Hochhauses aufgenommen. Mit zwölf Kameras fotografiert sich Barbara Probst selbst, wie sie nachts auf dem Dach im Dunkeln in die Luft springt. Die Kamerablenden aller zwölf Apparate sind geöffnet, als sie einen kurzen Moment von einem Blitzlicht angeleuchtet und ihr Sprung aus den verschiedenen Kameraperspektiven gleichzeitig fotografiert wird. Die Kameras, die zuvor unterschiedlich weit von Probst entfernt auf Stativen aufgestellt worden sind, werden mithilfe eines Radiotransmitters von Probst selbst synchron ausgelöst. Derselbe Moment wird also von unterschiedlichen Standorten aufgenommen (vgl. Hobbs 2016).

Obwohl es das gleiche Dach ist, das in den zwölf Bildern im gleichen Moment aufgenommen wird, ist es angesichts der nebeneinander gelegten Bilder bemerkenswert schwierig, die verschiedenen Perspektiven auf diesen Ort zu beziehen. Einige Aufnahmen zeigen das Geschehen in Nahaufnahme, haben dadurch Porträtcharakter oder sind derart nah aufgenommen, dass das Gezeigte auf den ersten Blick rätselhaft erscheint. Auf anderen Fotografien wird dagegen die gesamte Szenerie mit ihren aufgebauten Stativen und dem Blitzlicht sichtbar. Die Bewegung der Künstlerin wird in einigen Bildern en détail gezeigt, während sie sich in anderen Aufnahmen im nächtlichen Stadtraum verortet. Elf Aufnahmen sind im Querformat und eine Aufnahme im Hochformat aufgenommen. Acht Bilder sind farbig, vier wiederum schwarz-weiß. Die Differenz der Bilder scheint nicht nur mit den unterschiedlichen Standpunkten der Kameras zusammenzuhängen, sondern auch mit der unterschiedlichen Beschaffenheit und den Farbigkeiten der Fotografien selbst und den verschiedenen Referenzen und Assoziationen, die sie aufrufen.

Die erste Arbeit der *Exposures,* mit der Probst experimentell ihrem Interesse an einer Reflexion des fotografischen Mediums nachgeht, hat für die gesamte Serie exemplarischen Charakter und weist auf wichtige Aspekte hin, die auch in allen weiteren Arbeiten der Serie problematisiert werden. So bemerkt Probst, dass die verschiedenen Kameras, die ein Geschehen zeitgleich aus unterschiedlichen Blickwinkeln aufnehmen, zu einer grundlegenden Verschiebung eines gängigen fotografischen Paradigmas führen, indem im Nebeneinander verschiedener Blickweisen die *Kontingenz* des Fotografischen in Erscheinung trete: **206**

> »Bei der Betrachtung einer Fotografie denken wir [...] nicht mit hinein, dass jeder Moment unendlich viele Möglichkeiten der Auslegung birgt und dass wir in dieser oder jener Fotografie nur eine Möglichkeit von vielen des ›Es ist so gewesen‹ vor uns haben. Standpunkt, Ausschnitt, Tiefenschärfe, Licht und viele andere Einstellungen der Kamera bestimmen das Bild, seine Lesbarkeit und Stimmung. Eine bestimmte Kopfhaltung, ein Lichteinfall, eine Bewegung beispielsweise können von einem Standpunkt der Kamera aus wunderlich wirken, von einem anderen aus ganz alltäglich. Innerhalb dieser Überlegungen wird die Fotografie von ihrem markanten Schein des ›So ist es gewesen‹ entkoppelt. Es tut sich hier das ›So koennte es gewesen sein‹ auf. Dieses ›So koennte es gewesen sein‹ eröffnet ein Feld unendlicher Möglichkeiten. Möglichkeiten des Denkbaren und des Undenkbaren.« (Probst 2014a, S. 162 f.). **207**

Die zwölf, auf einer Fläche nebeneinander gelegten Bilder, **208** die alle im gleichen Augenblick entstanden sind und sich auf dieselbe Situation beziehen, zeigen dennoch jeweils *anderes*. Diese miteinander verbundenen und divergierenden Blicke rücken in die Aufmerksamkeit, dass fotografische Bilder stets immer als eine *Möglichkeit* des Gewesenen gelesen werden müssen. Durch die Differenz der einzelnen Fotografien werde der ihnen oftmals unterstellte Status »so war es« zu Gunsten einer Kontingenz »so ist es gesehen worden« aufgefächert (vgl. Probst 2014b, S. 30) – gerade dieser Aspekt scheint auch für ein Nachdenken über die Bedeutung von fotografischen Bildern im Kontext pädagogischer Reflexion wichtig, die sich dem Unbestimmten und damit dem Kontingenten verschreibt.

Auf dem Dach wird dieser Gedanke, dass jedes Bild *eine Möglichkeit* darstellt, die Situation wahrzunehmen, besonders deutlich, gerade weil sich der Eindruck aufdrängt, mehr als eine Person und mehr als einen Raum zu sehen. Die Differenz der Bilder erweist sich als sperrig und für die Wahrnehmung der Betrachter_innen als widerständig, da sich die Einzelbilder nicht ohne Weiteres zu *einer* Situation zusammensetzen lassen. In dem Wissen darum, dass es sich um denselben Zeitpunkt handelt, springt der Blick ruhelos zwischen den Bildern hin und her, ohne dass eine sofortige Orientierung im Bildraum möglich scheint. Probst hebt daher die Bedeutung der Bildzwischenräume als elementaren Bestandteil ihrer Arbeiten hervor:

> »The substance of the series exists not in the individual image but rather in the interrelations between the images. So, instead of judging the individual images, the viewer is invited to travel through the space they mark out, to take on different points of view and to see him- or herself looking. The space between

206 Johannes Meinhardt bezieht sich in einem Gespräch mit Barbara Probst auf Walter Benjamin, indem er die Kontingenz der Fotografie hervorhebt. Das Gespräch wurde am 27. Juli 2006 geführt und kann auf der Homepage der Künstlerin nachgelesen werden (siehe: http://barbaraprobst.net/press/gesprach-von-barbara-probst-und-johannes-meinhardt-am-27-juli-2006/, aufgerufen am: 29.09.2020).

207 Schreibweisen wurden aus dem Text übernommen.

208 Probst präsentiert die Einzelbilder auf ihrer Homepage jeweils in einer zusammenhängenden Konstellation auf einer Fläche. D. h. die Bilder werden nicht in einer fortlaufenden Reihe präsentiert. So werden andere, räumliche Bezüge zwischen den Bildern gestiftet.

the images is the space of this journey. Sometimes I think that the space between the images is the most important part of my work.« 209

Die Lücken zwischen den Einzelbildern in Probsts Arbeit werden immer wieder mit filmischen Jump Cuts verglichen (vgl. u. a. Hobbs 2016; Paul 2013), die ein Geschehen auf eine unterbrochene und dadurch irritierende Weise zeigen, indem sie die filmische Kontinuität des zeitlichen und räumlichen Zusammenhangs verletzen. 210 Eine fotografische Arbeit von Probst, in der dieser *Sprung* zwischen den Bildern besonders spürbar wird, ist *Exposure #39: N.Y.C., 545 8th Avenue, 03.23.06, 1:17 p.m.* (Abb. 4). Während in *Exposure #1* zwölf Kameras eingesetzt werden und die Szene wie durch ein Prisma vervielfältigt erscheint, gibt es in *Exposure #39* nur zwei gleichzeitig fotografierende Kameras – darin ähnelt es formal dem fotografischen Setting, das im Rahmen der vorliegenden Forschungsarbeit im Unterricht erprobt wird.

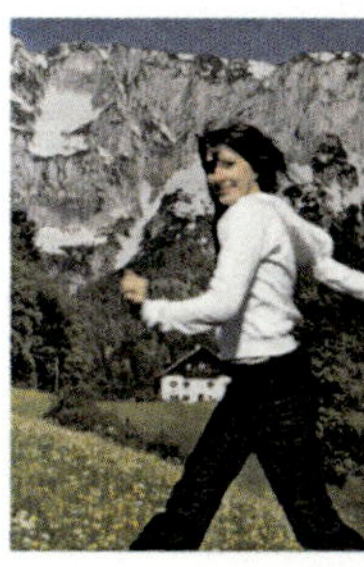
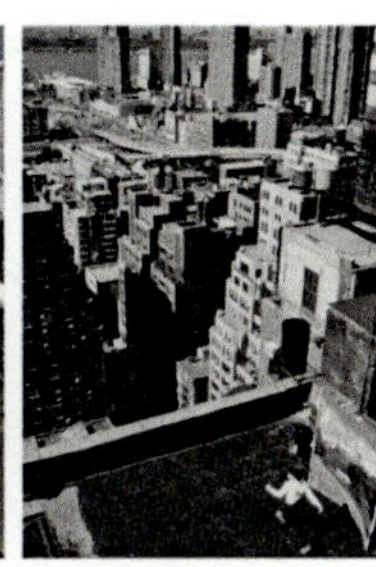

Abb. 4 *Exposure #39:* N.Y.C., 545 8th Avenue, 03.23.06, 1:17 p.m.

Auf dem linken Bild ist eine Person zu sehen, die scheinbar schnellen Schrittes durch die Natur läuft. Im Hintergrund eröffnet sich der Blick auf ein Bergpanorama. Die Sonne scheint, der Himmel im Hintergrund wirkt tiefblau.

Das rechte Bild, eine schwarzweiß Fotografie, zeigt ganz anderes: Prominent ist eine urbane Kulisse zu sehen, viele Hochhäuser stehen dicht gedrängt, Straßenzüge kreuzen quer. Im Schlagschatten der Sonne zeichnet sich eine kantige, gradlinige Architektur ab. Der Kamerastandort ist ein anderer, in dem sich die Kamera nicht mehr frontal und ganz in der Nähe der fotografierten Szene befindet, sondern gewissermaßen über dem Geschehen steht. Erst bei genauerem Blick mag in die Aufmerksamkeit geraten, dass eine Person auf dem Dach eines Hauses vor einem fotografischen Hintergrund entlangläuft und dass hier offenbar die gleiche Szene – aus anderem Blickwinkel – zu sehen ist. Die vermeintlich alpine Landschaft

209 Barbara Probst im Gespräch mit Johannes Meinhardt, in Probst 2007, S. 145.

210 Plötzlich andere Körperhaltungen oder sprunghafte Positionsveränderungen der Protagonist_innen im Raum können zu Irritationen führen und den Filmschnitt selbst spürbar werden lassen. Während Filmschnitte in erster Linie darauf abzielen, unterschiedliche Einstellungen und Sprünge möglichst unbemerkt und flüssig aneinander zu fügen, wird beim Jump Cut der Bruch zwischen den Einstellungen bewusst inszeniert und für die Betrachter_innen wahrnehmbar. Nicht nur die filmischen Bilder, die einander im Jump Cut berühren, sondern insbesondere auch die dabei entstehenden Leerstellen dazwischen, geraten in die Aufmerksamkeit und beeinflussen die Wahrnehmung und Deutung des Geschehens. Jump Cuts wurden erstmals von Jean-Luc Godard im Film *À bout de souffle* (1960) der Nouvelle Vague eingesetzt.

entpuppt sich in dieser Aufnahme als ein auf Papier gedruckter Hintergrund, der von zwei Personen im Moment der Aufnahme festgehalten und aufgespannt wird. **211** *Was bedeutet dies für Betrachter_innen?* Die beiden nebeneinander gelegten Aufnahmen zeigen zwei verschiedene Wahrnehmungsweisen: einerseits gibt es eine Nahsicht (der Blick auf die Gehende vor dem Bergpanorama), andererseits liegt ein zweites, aus größerer Distanz aufgenommenes Bild daneben (der Blick auf das Hochhausdach, auf dem das Foto vor dem Bergpanorama inszeniert wird). Das Schwarz-Weiß-Foto kontextualisiert das Foto in den Bergen auf eine unerwartete Weise und verortet es im Grunde neu. Es handelt sich – wenn das rechte Bild daneben liegt – nicht mehr um das *Bild in den Bergen,* sondern um das *Bild, das auf dem Dach eines Hochhauses vor einem Papierhintergrund mit gedrucktem Bergpanorama aufgenommen worden ist.* Das rechte Bild auf dem Häuserdach unterscheidet sich von dem anderen Bild daher grundlegend, indem es einen anderen Modus der Betrachtung einfordert, nämlich eine *Wahrnehmung der Wahrnehmung.* Es gerät nicht nur in die Aufmerksamkeit, was die Fotografien zeigen, sondern vor allem *wie* sie es zeigen.

Angesichts der beiden Bilder treten zwei verschiedene Blickweisen auf eine Situation in Erscheinung, die ineinander verschachtelt sind – und jeweils anderes von der Situation zu zeigen geben. Dabei kann keinem der beiden Bilder mehr Authentizität als dem anderen zugesprochen werden, vielmehr erzählen beide Bilder in unterschiedlicher Weise von der Situation auf dem Dach. Auch das Bild vor dem Bergpanorama, der vermeintlich in der Natur aus der Bewegung heraus aufgenommene Schnappschuss, ist eine *Möglichkeit,* die Situation auf dem Dach wahrzunehmen. Auch diese Ansicht – obwohl der urbane Raum in dieser Aufnahme komplett ausgeblendet wird – stellt eine ästhetische Facette dar, die der Gesamtsituation innewohnt. Die beiden Aufnahmen können daher als unterschiedliche *Möglichkeiten* gelesen werden, das Geschehen wahrzunehmen. Es entstehe eine Pluralität der Blicke, eine »kristalline Struktur« (Probst 2014a), die zu einer Mehransichtigkeit und Vervielfältigung der Interpretationen eines Augenblicks führe – »no single view is privileged as the actual and definitive one« (Hobbs 2016).

Indem zwei- oder mehrperspektivisches Bildmaterial nebeneinandergelegt wird, verweist es zwangsläufig aufeinander. Dabei scheint das fotografierte Geschehen nicht nur facettenreicher in Erscheinung zu treten, weil *mehr* gezeigt wird, sondern es kann ebenso spürbar werden, dass etwas *nicht gezeigt* wird. Was in einer Aufnahme als Hintergrund fungiert, ist in einer anderen Aufnahme und aus einem anderen Blickwinkel möglicherweise plötzlich im Vordergrund. Aus verschiedenen Blickwinkeln und durch unterschiedliche Distanzen zum Geschehen rücken verschiedene Aspekte in den Vorder-, Mittel- oder Hintergrund.

211 Die Schwarz-Weiß-Fotografie erinnert an berühmte Fotografien des urbanen, vor allem des amerikanischen Raums (wie zum Beispiel an die Aufnahmen von Alfred Stieglitz in New York oder Serien von Lee Friedlander). Die Ästhetik der Schwarz-Weiß-Fotografie unterstreicht zusätzlich den Raumwechsel.

Erst im Wechselspiel der Bilder kann sich zeigen, wie etwas aufgenommen und was dabei vom Rahmen beschnitten oder angeschnitten wurde, was im Moment der Aufnahme möglicherweise außerhalb des Kamerablicks gelegen hat und was nicht gezeigt wird. Nebeneinander gelegt, zeigen die Bilder nicht nur etwas, sondern im gegenseitigen Verweisen geben sich die Bilder auch als *Bilder,* d.h. als einen spezifischen Blick auf ein Geschehen zu zeigen (vgl. Schürmann 2013, S. 37f.). Nebeneinander gelegt scheinen die Bilder hin- und herzukippen zwischen Zeigen und Sich-Zeigen. Dies beschreiben Heßler und Mersch als ein wesentlichen Movens einer vom Bild ausgehenden Reflexivität (vgl. Heßler/Mersch 2009, S. 21). Eine Blickumkehr oder ein plötzliches Anders-Sehen könne sich insbesondere dann angesichts von Bildern ereignen, wenn sich deren Rahmung und damit ihre Materialität in die Aufmerksamkeit dränge.

4.3 Darstellung und Begründung des fotografischen Settings

Es gibt verschiedene Möglichkeiten, wie dieses Moment der Verschränkung von Blicken in ein konkretes fotografisches Setting hineinspielen kann, das im Unterricht durchgeführt wird. Bei der Konzeption eines fotografischen Settings, das darauf abzielt, Lehramtsstudierende dabei zu unterstützen, sich reflexiv mit den pathischen Seiten von Lehr- und Lernprozessen zu beschäftigen, müssen Parameter berücksichtigt werden, die in der Arbeit von Probst keine Rolle spielen. Denn anders als Probst, die ihre fotografischen Arbeiten minutiös planen und mithilfe von Kameras auf Stativen kalkuliert inszenieren kann, findet ein Fotografieren im Unterricht innerhalb einer responsiven Praxis statt (vgl. Kap. 1) und entwickelt sich im Zwischen von Vermittlungsanliegen und Begehren, Interesse und Betroffenheit, Planen und Antworten.

Während Probst die Möglichkeiten und Grenzen der fotografischen Mehransichtigkeit im Grunde unter Laborbedingungen auslotet, indem ein komplexes, statisches Blickszenario aufgebaut und ein bestimmter Augenblick absolut synchron dokumentiert wird, würde dieses technische Arrangement an der Spontaneität, Prozesshaftigkeit und Unvorhersehbarkeit pädagogischer Ereignisse vorbeigehen. Um sich pädagogischer Praxis in ihren responsiven Dimensionen fotografisch annähern zu können, müssen andere Parameter berücksichtigt werden: u.a. die Bewegung der Fotografierenden und Fotografierten, die Interaktion der Beteiligten, der zeitliche Verlauf und die Flüchtigkeit der dokumentierten Situation, der pädagogische Kontext.

Da das fotografische Setting eine spezifische Antwort auf ein bestimmtes Vermittlungsprojekt darstellt, das 2013/2014 in einer Kooperation zwischen der Kunstakademie Münster und der Kunsthalle Münster stattgefunden hat, wird zunächst das Projekt und damit bedeutsame Voraussetzungen des fotografischen Settings beschrieben. Daran anschließend wird das fotografische Setting vorgestellt und begründet.

Kontext: *SCHALTER!* – ein kunstpädagogisches Projekt zu dem Projekt *The Moon in Alabama* von Tobias Rehberger in Münster

Das fotografische Setting wurde speziell für ein kunstpädagogisches Vermittlungsprojekt **212** entwickelt und darin erprobt, das von September 2013 bis Februar 2014 unter dem Titel *SCHALTER!* in Münster stattfand. **213** Dieses Vermittlungsprojekt wiederum bezog sich auf ein Stadtentwicklungsprojekt der ISG e. V. (Immobilien- und Standortgemeinschaft Münster e. V.) und der Stadt Münster, in dem der Künstler Tobias Rehberger eingeladen wurde, elf Installationen für das Münsteraner Bahnhofsviertel zu entwerfen. **214** Eine kurze Beschreibung der Arbeit *The Moon In Alabama* **215** lässt die Installationen Rehbergers und die damit verbundene Idee vorstellbar werden:

> »Bunte Rohre brechen da unter dem Trottoir hervor und legen sich wie Raupen über die Kästen. Andernorts laden Rohrwülste oder -stümpfe zum Hinsetzen und Verweilen ein. Jede Station verfügt über eine Leuchtkugel, die nach Einbruch der Dunkelheit nicht nur wie der Mond erscheint – sie repräsentiert ihn auch. Rehberger hat elf Städte rund um den Globus ausgewählt, deren Mond in Liedern besungen oder in Romanen, Sagen und Gedichten gerühmt wurde. Die Auf- und Untergangszeiten des jeweiligen Mondes hat er mit seinen Leuchtobjekten in Münster synchronisiert: Geht der Mond etwa auf der Party-Insel Ibiza auf, so fängt auch sein Pendant auf Münsters Berliner Platz vis-à-vis vom Hauptbahnhof zu leuchten an. Weitere Stationen sind Lampertswalde, Alabama, Kyōto, Jökulsárlón, Taormina, Baku, Jericho, Goa und Wanne-Eikel.« (Büsing/Klaas 2014)

Die Installationen wurden um Stromverteilungskästen gebaut, die weitgehend unscheinbar und zahlreich im Stadtraum verteilt stehen. In ihrer Farbigkeit fallen sie im Stadtraum auf, laden mit ihren Rohren zum Sitzen ein und bieten Gelegenheit,

212 Da sich das Projekt *SCHALTER!* auf die künstlerische Arbeit von Tobias Rehberger bezog, wird es im Folgenden in Anlehnung an die begriffliche Definition von Eva Sturm als *kunstpädagogisches Vermittlungsprojekt* bezeichnet. Eva Sturm (2004) nimmt in ihrem Text *Kunst-Vermittlung ist nicht Kunst-Pädagogik und umgekehrt* dem Titel entsprechend eine Differenzierung vor. Sie schreibt: »Der Überschneidungsbereich zwischen der Tätigkeit von KunstvermittlerInnen und KunstpädagogInnen heißt ›Kunst‹. Nicht jede Kunstpädagogik ist Kunstvermittlung, sondern nur da, wo sie mit Kunst, von Kunst aus, rund um Kunst arbeitet. Das ist, was Museums- und andere PädagogInnen per se tun, die dort tätig sind, wo Kunst stattfindet – was immer diesen Signifikanten zugesprochen wird.« (Sturm 2004, S. 176). Da sich das Projekt einerseits als Teil des Kunstunterrichts verstand, der in einem außerschulischen Raum stattfand, und sich andererseits explizit auf eine künstlerische Arbeit bezog, die zum damaligen Zeitpunkt im Bahnhofsviertel aufgestellt wurde, ist es ein Projekt im Zwischenraum von Kunstpädagogik und Kunstvermittlung. Um diesem hybriden Status Ausdruck zu verleihen, wird das Projekt als *kunstpädagogisches Vermittlungsprojekt* bezeichnet.

213 Es ging aus einer Kooperation zwischen der Kunstakademie Münster, der Kunsthalle Münster, der Stadt Münster und der ISG Bahnhofsviertel Münster e. V. (Immobilien- und Standortgemeinschaft) hervor.

214 Eine Übersicht über alle Installationen der Arbeit *The Moon in Alabama* findet sich hier: www.bahnhofsviertel-muenster.de/fileadmin/Dateien/Daten/10_06_Projektgruppe_Schaltschraenke/Dokumentation_Schaltschraenke.pdf (aufgerufen am 29.09.2020).

215 Der Titel erinnere an die kapitalismuskritische Oper *Aufstieg und Fall der Stadt Mahagonny* von Bertolt Brecht (vgl. Büsing/Klaas 2014).

den Blick zu irritieren und den Stadtraum auf ungewohnte Weise wahrzunehmen. Die Arbeit könne – obwohl sie »poppig« bunt sei – als ein kritischer Kommentar zur Privatisierung des Stadtraums gelesen werden (vgl. ebd.).

Das kunstpädagogische Vermittlungsprojekt *SCHALTER!* fand im Kontext der künstlerischen Arbeit von Tobias Rehberger statt. An der Kunstakademie Münster ausgeschrieben, wurde es federführend von zwei Lehramtsstudierenden der Kunstakademie sowie einer ehemaligen Studentin (Referendarin an einem Gymnasium) durchgeführt. **216** Das kunstpädagogische Vermittlungsprojekt bezog sich im weitesten Sinne auf Rehbergers Arbeit *The Moon in Alabama*, indem der Gedanke einer veränderten Wahrnehmung und Erkundung des Stadtraums als Themen aufgegriffen wurden, um sie mit Schüler_innen zu bearbeiten. **217**

Das Projekt richtete sich an Kunstkurse der Oberstufe an Münsteraner Gymnasien und Gesamtschulen. Schüler_innen wurden für drei Treffen in einen Projektraum in Bahnhofsnähe eingeladen. Die Treffen dauerten jeweils drei Stunden und fanden zwischen September und Dezember 2013 statt. Das Projekt endete mit einer Ausstellung der entstandenen Arbeiten im Februar 2014. Insgesamt haben drei Kunstkurse des 10. und 11. Jahrgangs teilgenommen.

Das Vermittlungsprojekt fand in einem leerstehenden Bürogebäude statt. **218** Das gesamte Erdgeschoss mit insgesamt zehn Räumen und einem großen Foyer konnte von den Studierenden und den Schüler_innen benutzt werden. Die Büroräume waren zu Beginn des Projektes weitgehend leergeräumt. Die Räumlichkeiten bildeten ein wichtiges Element in der Planung und der Durchführung des Projektes. **219** Die Großzügigkeit der Räume ermöglichte es den unterschiedlichen Schüler_innengruppen, über alle drei Projekteinheiten hinweg an einem *eigenen Ort* zu arbeiten, Materialien dort über die Zeit des gesamten Projektes liegen zu lassen, anzusammeln und anzuordnen. Der Leerstand **220** hatte einen rohen Charakter und lud zudem dazu ein, ohne besondere Vorsicht darin zu arbeiten. Materialien und Dinge

216 Prof. Dr. Birgit Engel und Dr. Gail Kirkpatrick entwickelten gemeinsam die Ausschreibung. Studierende der Kunstakademie Münster konnten sich mit einem eigenen Konzept um die Durchführung und finanzielle Förderung des Projektes bewerben. Das Projekt war hochschulintern ausgeschrieben. Die Studierenden waren eingeladen, eigene Projektideen zu entwickeln.

217 Das Projekt von Tobias Rehberger wurde mit einer halben Million Euro vom Ministerium für Bauen, Wohnen, Stadtentwicklung und Verkehr des Landes NRW zusammen mit der ISG und Förder_innen aus der Privatwirtschaft finanziert. Für die Bereitstellung der öffentlichen Fördergelder wurde die Durchführung eines Vermittlungsprojektes zur Auflage gemacht. Dies teilte Dr. Gail Kirkpatrick in einem Planungsgespräch für das kunstpädagogische Projekt mit. Als Leiterin der Kunsthalle Münster begleitete sie das Projekt *The Moon in Alabama* kuratorisch.

218 Die Räumlichkeiten wurden von der ISG Münster e.V. für den Projektzeitraum kostenlos zur Verfügung gestellt. Spuren der vorangegangenen Nutzung waren noch sichtbar. Das obere Stockwerk sollte auf Wunsch des Besitzers nicht benutzt werden. Die Treppe, die in das erste Stockwerk führt, wurde daher durch ein Objekt verstellt. Im oberen Stockwerk befanden sich insgesamt 25 weitere Räume, darunter vor allem kleinere Büroräume, eine Küche, Heizungs- und Abstellräume.

219 In einem Informationsschreiben an die Schulen schreiben die Studierenden selbst zu den Räumlichkeiten: »Der Schalter ist ein temporärer Raum in direkter Bahnhofsnähe, der als temporäres Office für pädagogisch-künstlerische Bildungsarbeit fungiert.«

220 Es war zu Beginn des Projektes bekannt, dass die Räumlichkeiten Monate später sowieso renoviert werden sollten.

konnten ohne Weiteres an den Wänden befestigt, der Boden beklebt und mit Farbe gearbeitet werden. Die sorgfältigen Inszenierungen der Materialien, die die Studierenden in den verschiedenen Räumen ausgebreitet, sortiert, gereiht und gestaffelt hatten, bildete einen Kontrast zu den abgenutzten Räumen des leerstehenden Bürogebäudes.

Das Projekt war in drei Schritten aufgebaut, die in allen drei Kunstkursen in ähnlicher Weise abliefen:

Das erste Projekttreffen galt der Erkundung des Bahnhofsviertels. Die Schüler_innen bekamen ein Klemmbrett mit einer Karten vom Quartier, auf der alle Installationen von Rehberger und der Projektraum verzeichnet waren. Daran heftete ein Arbeitsauftrag:

> »Geht durch das Bahnhofsviertel und notiert euch spannende Stellen, macht vielleicht Fotos (Handy), sammelt Dinge, Gerüche, Eindrücke – was auch immer euch interessiert und ihr bisher noch nicht bemerkt habt... Sucht euch etwas, mit dem ihr euch das nächste Mal intensiv auseinandersetzen wollt.
> Notfallnummer: 0176 xxx xxxx xx«

In Kleingruppen gingen die Schüler_innen durch den Stadtraum. Das erste Projekttreffen schloss mit einer Diskussion der Eindrücke, der Sichtung gesammelter Materialien und dem Austausch über erste Ideen für die Weiterarbeit ab.

Das zweite Treffen begann mit einem gemeinsamen Frühstück auf dem Bahnhofsvorplatz. Die Studierenden verteilten Brötchen und antworteten mit dieser Aktion auf das erste Treffen, in dem viele Schüler_innen sich im Bahnhofsviertel etwas zu essen gekauft hatten. **221** Das Frühstück, bei dem die Schüler_innen auf Klappstühlen im Kreis vor dem Hauptbahnhof saßen, wurde zum Anlass, um über die Nutzung von öffentlichem Raum und das Verhältnis von gewerblichem und privatem Raum sowie Interventionen ins Gespräch zu kommen. Anschließend arbeiteten die Gruppen an ihren eigenen Projektideen weiter. Die Studierenden waren als Berater_innen ansprechbar.

Im dritten Projekttreffen ging es um die Vertiefung der gestalterischen Arbeit. Es wurden sehr unterschiedliche Ansätze von den Schüler_innengruppen verfolgt: Einige Gruppen arbeiteten im Projektraum, andere waren weiterhin draußen unterwegs. Es wurde zum Teil kritisch auf den Stadtraum Bezug genommen, andere beschäftigten sich eher mit ästhetischen Fragen und antworteten sehr direkt auf die Arbeiten Rehbergers, indem sie beispielsweise selbst eine Installation für einen Schaltkasten entwarfen. **222**

221 Das Treffen mit allen drei Kunstkursen fing so an, da diese Beobachtung sich auf alle Kurse bezog. In allen drei Kursen konnte unabhängig voneinander beobachtet werden, dass sich die Schüler_innen Essen kauften. Der gewerbliche Raum im Bahnhofsviertel ist sehr dicht.

222 Eine andere Gruppe brachte Aufkleber an alle möglichen Stellen im Stadtraum an, die vorgaben zu zertifizieren, dass der öffentliche Raum nicht gesundheitsschädlich sei – »dermatologisch getestet« klebte zum Beispiel auf dem Druckknopf der Fußgängerampel vor dem Bahnhof. Andere Schüler_innen führten Befragungen von Bahnreisenden durch und beschäftigten sich mit Formen der Bewegung und Eile im Bahnhofsraum. Wiederum andere bauten – angelehnt an Rehberger – ein Modell von einer eigenen Installation an einem Schaltschrank mit überlebensgroßem Fastfood-Menü. Es entstanden weitere Arbeiten, die zeigten, dass die Spannbreite an Fragestellungen und Arbeitsweisen sehr weit war.

Spezifik des Projektes im Kontext der Forschung

Dieses Projekt erscheint (mehr rückblickend als in der damaligen Gegenwart der Situation) in verschiedener Hinsicht geeignet, um ein Setting auszuprobieren, in dem Studierende mithilfe fotografischer Bilder den Bedeutungen der pathischen Seiten von Lehr- und Lernprozessen im Kunstunterricht reflexiv auf die Spur kommen können:

Das Projekt war inhaltlich offen angelegt. Es gab zwar vereinzelt Arbeitsaufträge und eine im Vorhinein geplante, didaktische Grundstruktur, die nicht nur den Studierenden selbst, sondern auch den beteiligten Schüler_innen Orientierung verschaffte. Doch was die Schüler_innen tatsächlich im Rahmen des Projektes erkunden, wofür sie sich im Stadtraum interessieren, zu welchen Fragen die Installationen von Rehberger sie anregen und welche Formen des Antworten sie finden würden, konnte vorher nur erahnt werden. Die Inhalte wurden in den drei aufeinander aufbauenden Projekteinheiten selbst erst ausgehandelt. Gerade diese offene Rahmung scheint für Reflexionsprozesse, in denen es um eine Befragung der pathischen Seiten von Lehr- und Lernpraxis geht, ein geeigneter Nährboden zu sein. Denn hier können sich in besonderer Weise Momente ereignen und spürbar werden, die mit der Unbestimmtheit pädagogischer Praxis und der Unverfügbarkeit von Schüler_innen zusammenhängen. Insofern bot das Projekt Bedingungen an, um sich differenziert mit Fragen auseinandersetzen zu können, die im Spannungsfeld von Planung und Unvorhersehbarem auftauchen.

Das Projekt bot **einen zeitlich überschaubaren Rahmen** (drei durchgeführte Projekteinheiten), in dem sich durch deren jeweilige Länge (jeweils drei Stunden) eine vielfältige kunstpädagogische Praxis zeigen konnte (Einführung in praktische Projektarbeit, Beratungsgespräche, Reflexionen und Diskussionen, eigenständige gestalterische Arbeit in Kleingruppen usw.).

Das Projekt fand im Innen- und Außenraum statt, sodass sich die teilnehmenden **Schüler_innen in einem großen Areal bewegen** konnten. Gerade für das Fotografieren ist dies insofern wichtig, weil es den Schüler_innen, die fotografiert wurden, die Möglichkeit gab, sich von der Kamera abzuwenden, aus dem Blickwinkel der Fotografierenden zu verschwinden und sich zu distanzieren, wenn sie nicht fotografiert werden wollten. Ein normaler Klassenraum würde dies nur eingeschränkt zulassen.

Indem die Durchführung des kunstpädagogischen Projektes in der Kunstakademie Münster ausgeschrieben wurde und sich Studierende mit einer eigenen Vermittlungsidee darauf bewerben konnten, ging das Vermittlungsprojekt aus einer besonderen Initiative von Studierenden hervor und war mit einem **großen fachdidaktischen Interesse seitens der Studierenden** verbunden. Aus Forschungsperspektive war damit die Hoffnung verbunden, dass die Studierenden, die in dem Projekt involviert gewesen sind, auch ein besonderes Interesse daran hätten, sich auf mein Forschungssetting (d. h. auf vertiefende Reflexionsprozesse) einzulassen.

Da es sich um ein studentisches Projekt handelte, waren mir die Studierenden aus meiner Lehre an der Kunstakademie Münster bekannt. An ein bestehendes **Vertrauensverhältnis** anknüpfen zu können, war eine wichtige Voraussetzung, um Lehramtsstudierende dabei forschend zu begleiten, wie sie erste pädagogische Praxiserfahrungen sammeln und diese versuchen zu reflektieren. Damit stand keine über mehrere Jahre im Berufsalltag gewachsene Praxis im Fokus, sondern mitunter verunsichernde Erfahrungen.

Es handelte sich um ein kunstpädagogisches Projekt, das zwar an einem außerschulischen Ort stattfand, das aber dennoch **Ähnlichkeiten mit schulischem Kunstunterricht** hatte (u.a. gewohnte Zusammensetzung der Gruppe im Kursverbund, wiederholte und aufeinander aufbauende Treffen, keine freiwillige Teilnahme, sondern Teil des regulären Kunstunterrichts). Um ein Setting entwickeln zu können, das Lehramtsstudierende dabei unterstützt, kunstpädagogische Praxiserfahrungen zu reflektieren, sind schulähnliche Parameter hilfreich. Die Reflexion des kunstpädagogischen Projektes stellte insofern keinen Sonderfall dar, sondern ein spezifisches Format, das in Bezug zum schulischen Praxisfeld stand. **223**

Dieses kunstpädagogische Vermittlungsprojekt bildet den Rahmen für die vorliegende explorative Studie. Das Vermittlungsprojekt selbst und die darin angewandten didaktischen Methoden sind nicht expliziter Gegenstand der Forschung, **224** sondern das Projekt ist der Anlass, um ein konkretes fotografisches Setting situationsspezifisch zu konzipieren und mit Lehramtsstudierenden zu erproben. Insofern stellt das Vermittlungsprojekt das nötige Praxisfeld zur Verfügung, um für den Kontext der Hochschuldidaktik ein *methodisches Setting zur Reflexion pädagogischer Prozesse* entwickeln zu können. Die fotografischen Aufträge sind daher kein Teil des kunstpädagogischen Vermittlungsprojektes, sondern sie sind Teil des Forschungsprojektes, das in der Hochschuldidaktik verortet ist. Unter Berücksichtigung der spezifischen Voraussetzungen des Vermittlungsprojektes sind sie gebunden an das Forschungsanliegen und das zu Grunde gelegte responsive Bildungsverständnis (vgl. Kap. 1). Inwiefern sich die fotografischen Aufträge professionstheoretisch und hochschuldidaktisch begründen, wird im folgenden Unterkapitel erläutert.

Im Tandem fotografieren

Jeweils ein_e Student_in und ein_e Schüler_in fotografieren während des beschriebenen kunstpädagogischen Projektes gleichzeitig: **225**

223 In vielen Rahmenlehrplänen im Fach Kunst sind Kooperationen mit außerschulischen Projektpartner_innen im Bereich der Kunstpädagogik und Kunstvermittlung als Bestandteil des Kunstunterrichts explizit vorgesehen. Im Rahmenlehrplan des Landes Berlin heißt es beispielsweise: »Außerschulische Lern- und Bildungsorte, wie Museen, müssen in das schulinterne Fachcurriculum einbezogen werden.« (Rahmenlehrplan 1–10, Berlin, S. 19, ähnlich auch im Lehrplan für Sek II, S. 7) Obwohl außerschulische Projekte und die Zusammenarbeit mit außerschulischen Kooperationspartner_innen einen festen Bestandteil des Faches darstellen, findet der größte Teil der kunstpädagogischen Praxis an der Schule im Regelunterricht statt. Daher wird – ausgehend von dem hier untersuchten Projektzusammenhang – an späterer Stelle zu diskutieren sein, wie das hier erprobte fotografische Setting und das Moment der Mehrperspektivität auch auf Bedin-

> **Auftrag Schüler_in:** »Nimm am Kunstunterricht/Projekt teil und mache immer dann ein Foto, wenn etwas für dich besonders spannend wird und etwas in deine Aufmerksamkeit drängt.«
> **Auftrag Student_in:** »Begleiten Sie die/den fotografierende/n Schüler_in und machen Sie immer dann ein Foto, wenn sie/er ein Foto macht.« 226

Ausgehend von den beiden Aufträgen entsteht eine Konstellation, durch die innerhalb *einer gemeinsamen* Situation Bilder aus *zwei* Perspektiven aufgenommen werden.

Perspektive der Schüler_innen: Der Auftrag für die fotografierenden Schüler_innen ist bewusst offen formuliert. Es wird kein spezifischer Fokus oder Rhythmus festgelegt. Die Schüler_innen sind eingeladen, wie ihre Mitschüler_innen dem eigentlichen Projektgeschehen zu folgen und währenddessen spontan zu fotografieren. Das Fotografieren derart an unerwartete Momente zu knüpfen, in denen die Schüler_innen spontan von etwas affiziert werden, begründet sich **didaktisch (1)** mit Blick auf das Vermittlungsprojekt und **hochschuldidaktisch (2)** mit Blick auf Forschungsanliegen und das zu Grunde gelegte Bildungsverständnis:
zu 1: Die offene Formulierung des fotografischen Auftrags berücksichtigt die didaktische Ausrichtung des Vermittlungsprojektes. In dem kunstpädagogischen Projekt ging es um die Erkundung und Beforschung von Raum, indem sich das Projekt im engeren Sinne auf die Installationen von Rehberger und im weiteren Sinne auf die Befragung des Münsteraner Bahnhofsviertels bezog. Die Schüler_innen bewegten sich viel im Stadtraum, wechselten oftmals zwischen dem Projektraum und dem Außenraum, sammelten Fundstücke im öffentlichen Raum usw. Bewegungen im Raum, lässt sich mit Kristin Westphal vermuten, sind nicht notwendige Begleiterscheinungen, um beispielsweise die verschiedenen Standorte der Installationen ablaufen zu können, sondern die Bewegungen der Schüler_innen im Stadtraum sind die Voraussetzung dafür, dass differenzierte Raumerfahrungen überhaupt erst möglich werden konnten:

> »Räume werden nicht von einem festen Ort aus erlebt wie im Kino oder Theater. Räume werden durchdrungen und zwar zunächst durch die eigene Bewegung. [...] Alle Sinnesorgane sind daran beteiligt.« (Westphal 1997, S. 65)

gungen des Regelunterrichts bezogen werden können (siehe Kap. 6, S. 420–427).
224 Im Sinne von Unterrichtsforschung.
225 Die fotografischen Aufträge habe ich auch in anderen Veröffentlichungen reflektiert: vgl. Böhme 2018, S. 132f.; 2019, S. 210; 2017, S. 106.
226 Die Übergabe der Kamera fand mündlich statt und war eingebettet in einen kommunikativen Austausch mit den Schüler_innen und Studierenden, flankiert von verschiedenen Formulierungen. Die Schüler_innen und Studierenden sollten die Kamera nicht als Fremdkörper und die ungewohnte, fotografische Konstellation nicht als verunsichernd wahrnehmen. Die Aufträge und deren Vermittlung sollte Lust darauf machen, sich auf die Situation einzulassen. Insbesondere der Auftrag an die Schüler_innen wurde dabei in ein variantenreicheres Begriffsfeld eingebettet: »Fotografiere, wenn dich etwas ergreift, berührt, (be)trifft oder wenn dein Blick plötzlich an etwas hängen bleibt.«

Die Formulierung des fotografischen Auftrags berücksichtigt das Vermittlungsanliegen, das dem kunstpädagogischen Projekt zugrunde lag, indem die Bewegungen der Schüler_innen im Raum durch das Fotografieren möglichst nicht gestört, gehindert oder eingeschränkt werden sollten.

zu 2: Darüber hinaus wurde der Auftrag auch vor dem Hintergrund des eigenen Lehrverständnisses und Forschungsanliegens formuliert, das sich auf den Anderen im Bewusstsein seiner Unverfügbarkeit bezieht: **227** Als Forschende konnte ich im Vorhinein nicht wissen, wovon die Schüler_innen im Laufe des Projektes berührt sein und wofür sie sich interessieren würden. Sich forschend jedoch gerade für diese Momente im kunstpädagogischen Geschehen zu interessieren, die sich einer pädagogischen Verfügungsmacht weitgehend entziehen, erfordert auch hinsichtlich der eigenen Methodik eine besondere Offenheit dafür, was die fotografierenden Schüler_innen erst im Laufe des Projektes an Bedeutungen und Spuren von Erfahrungen *hervorbringen werden*. Um dieser Ungewissheit pädagogischer Praxis Rechnung zu tragen und im Rahmen der Forschung entsprechend Gelegenheit zu bieten, dass sich Spuren der Wahrnehmung und Aufmerksamkeit in den fotografischen Bildern einschreiben können, war eine Formulierung des Auftrags für die fotografierenden Schüler_innen wichtig, die bewusst den Raum für eigene Antworten auf das Geschehen offen lässt. **228** Auch wenn (gerade) offen formulierte Aufgaben nicht verhindern können, dass Schüler_innen versuchen, die Erwartungen derjenigen zu antizipieren und zu erfüllen, die die Aufgaben stellen, so sollte der fotografische Auftrag dennoch dazu einladen, ihn nicht wie eine zusätzliche Verpflichtung im Sinne des »Schülerjobs« (vgl. Breidenstein 2006) zu erledigen, sondern *en passant* zu fotografieren und der eigenen Aufmerksamkeit einen Artikulationsraum zu geben. Die von Flusser (1991) beschriebene Dynamik des Fotografierens, das sich im Wechselspiel von Suchen und Finden geeigneter Blickwinkel und Standorte entfalte (← vgl. auch Kap. 3, S. 145–149), sollte durch den Auftrag und durch inhaltliche Vorgaben nicht eingeschränkt werden. Das Fotografieren war nicht an den Anspruch geknüpft, das Geschehen in seiner Chronologie nachvollziehbar zu dokumentieren, sondern es ging um den Versuch, dass Spuren von Wahrnehmungen in den Bildern performativ werden können – sei es beispielsweise über einen fotografischen Blick für Details, einem Zu- oder Abwenden, ein Hin- und Wegschauen. Mit Waldenfels gesprochen, geht es darum, in eigener Weise auf das Geschehen fotografisch zu antworten. **229** »Antworten«, schreibt Waldenfels, »bedeutet [...]

227 Das Lehr- und Bildungsverständnis, das dieser Forschungsarbeit zugrunde liegt und Ausgangslage für den Versuch darstellt, ein Format für eine kritische Reflexionspraxis zu entwickeln, die sich auf den Anderen in seiner Unverfügbarkeit und auf pädagogische Praxis in ihrer Unvorhersehbarkeit bezieht, habe ich ausführlich im ersten Kapitel dargelegt.

228 Eine Formulierung, die auf den ersten Blick offen erscheint, aber bei genauerem Blick dem Fotografierenden einen dokumentierenden Modus oder die Produktion einer von außen nachvollziehbaren Bildsequenz nahelegt, wäre zum Beispiel: »Nimm an dem Projekt teil und dokumentiere das Geschehen.«

229 Ausführlich habe ich das Fotografieren in seinen pathischen Facetten in Kapitel 3 dargestellt. Fotografieren, das lässt sich durch Vilém Flusser und im Anschluss daran auch durch Waldenfels zeigen, geht nicht nur aus einer aktiven

ein Eingehen auf einen Anspruch, der sich erhebt und von anderswoher kommt« (Waldenfels 2016b, S. 188).

Da im Rahmen des fotografischen Settings Bilder entstehen sollten, die eine reflexive Annäherung an die pathischen Seiten von Lehr- und Lernprozessen unterstützen sollen, lag es nahe, den fotografischen Auftrag für die Schüler_innen so zu formulieren, dass sich darin ihr spontanes Interesse an etwas, ihre Aufmerksamkeit und ihre Betroffenheit abzeichnen können.

Perspektive der Studierenden: Anders als der fotografische Auftrag der Schüler_innen, legt der Auftrag der Studierenden eine Fokussierung nahe. Im Gegensatz zu den Schüler_innen sollen die Studierenden nicht einfach fotografieren, was in ihre Aufmerksamkeit gerät bzw. drängt, sondern sie sind aufgefordert, eine_n bestimmte_n Schüler_in fotografisch innerhalb einer bestimmten Zeit zu begleiten und immer dann ein Foto zu machen, wenn die begleitete Schüler_in ein Foto macht. Der Auftrag gibt nicht vor, was oder wie fotografiert werden soll, sondern *wann* ein Bild gemacht werden soll – immer in den Momenten, in denen die/der Schüler_in fotografiert. **230**

Die Aufmerksamkeit der Studierenden ist auf die Bewegungen, Gesten und Artikulationen der fotografierenden Schüler_innen ausgerichtet. Sie können sich dabei nicht auf einen bestimmten Standort zurückziehen, der sich außerhalb des Geschehens befindet, sondern sie sind eingeladen, während des gesamten Projektzeitraums die/den fotografierende_n Schüler_in zu *begleiten, mitzulaufen, hinterherzugehen, zu folgen, dabei zu sein* usw. Dieser spezifische Modus der fotografischen Begleitung begründet sich auch wieder mit Blick auf das Forschungsanliegen, im Rahmen der Hochschuldidaktik ein geeignetes Format zu entwickeln, in dem sich Lehramtsstudierende insbesondere mit den pathischen Seiten von pädagogischen Prozessen auseinandersetzen können: Da es damit vor allem um jene Seiten von Unterricht geht, die nicht innerhalb der eigenen Verfügungsmacht liegen und die vom Anderen (d. h. von den Schüler_innen) herrühren, wurde ein fotografischer Auftrag formuliert, der in besonderer Weise Studierende dazu einlädt, sich auf das Andere, d. h. die Artikulationen von Schüler_innen, auf ihre Gesten, Bewegungen und Blicke einzulassen. Dass gerade einer leiblichen Verschränkung eine besondere Bedeutung zukomme, um sich ins Verhältnis zum Anderen setzen zu können, betont Kristin Westphal:

> »Menschen stellen in ihrer leiblichen Verschränktheit mit dem oder den Anderen immer wieder neue Verweisungszusammenhänge her. Das Sehen ist dann nicht mehr ein Akt eines Subjekts, sondern ein Geschehen, das sich zwischen

und internationalen Bezugnahme auf etwas hervor, sondern in gewisser Weise werde man auch von der Situation ausgelöst. Etwas berührt, gerät plötzlich ins Blickfeld, stört oder irritiert – der Auslöser wird manchmal gedrückt, ohne dafür den genauen Grund zu kennen.

230 Es zeigt sich in allen Bildsequenzen, dass die Studierenden immer mehr fotografieren als ihr Auftrag nahelegt. Sie fotografieren nicht nur in den Momenten, in denen die Schüler_innen fotografieren.

> Sehendem, Sichtbarem und Mitsehenden abspielt. Der Sehende sieht nicht nur etwas, er wird Mit-Sehender im kommunikativen Prozess des Sehens, der seine Initiative und Urheberschaft transzendiert.« (Westphal 2014).

Ein Sehen, das in ein leibliches Wechselspiel eingebettet wird, beschreibt Westphal nicht als einen Akt, der einem Subjekt zugeschrieben werden kann, sondern als relationales Geschehen, das sich zwischen Sehendem, Sichtbarem und Mitsehendem aufspannt.

Obwohl der Auftrag für die Studierenden eine klare Setzung enthält *(Fotografieren Sie, wenn die/der Schüler_in fotografiert.)*, sind die Studierenden dennoch in jeder Situation neu herausgefordert, sich zu der/dem begleitete_n Schüler_in leiblich in Beziehung zu setzen. Wie der Fotograf in Flussers Beispiel um den Pfeife rauchenden Mann kreist und vom eigenen Zweifel angetrieben nach dem geeigneten Standort sucht, so sind auch die Studierenden – obgleich unter anderen Vorzeichen – aufgefordert, sich im Moment des Fotografierens im Raum und im Verhältnis zum Anderen zu positionieren. Mit jeder Aufnahme muss der Zwischenraum, der sich zwischen der/dem fotografierenden Student_in und der/dem fotografierenden Schüler_in aufspannt, neu gestaltet und muss der eigene Leib mit der Kamera in der Hand neu ausgerichtet werden. Dass insbesondere der Leib einen eigenen Beitrag zu einer Sinnstiftung leisten könne, die mit dem Antworten auf den Anderen einsetzt, hebt Westphal unter Bezug auf Merleau-Ponty und Waldenfels hervor:

> »Der Leib reagiert nicht blickend auf Mechanismen – wie die Thesen des Behaviorismus, die einen kausalen Reiz-Reaktions-Schematismus postulieren, nahelegen – sondern antwortet auf den Anspruch einer Situation. Versteht man den Leib als Antwortgeschehen, so entsteht Neues in einer leiblichen Responsivität, die sich geltenden Regeln entzieht (Waldenfels 1992, S. 60). Für Merleau-Ponty ist die Wahrnehmung ein Grundphänomen, in der sich die leibliche Verbindung zur Welt ausdrückt. ›Was immer wir sagen und tun, stets haben wir schon Kontakt zur Welt, die sich jedoch nur in begrenzten Perspektiven und Horizonten erschließt.‹ (ebd., S. 60) Die Welt ist unfertig, unsere Erfahrung demzufolge unabgeschlossen. Verbunden ist die Wahrnehmung mit unserer Leiblichkeit. Der eigene Leib, in einem jeweiligen Hier und Jetzt verankert, öffnet sich verschiedenen Dimensionen der Erfahrung in synthetischen und kinetischen und medialen Spielräumen.« (Westphal 2014)

Der Leib könne nicht außerhalb gesellschaftlicher, politischer, physischer, psychischer und kultureller Ordnungen gedacht werden, da der Mensch immer schon in Kontakt mit der Welt, den Dingen darin und den Anderen stehe. In der Weise, wie wir uns leiblich artikulieren und damit auf Situationen antworten, könne nicht nur etwas über uns selbst, sondern auch über den Anspruch der Situation und der Anderen in Erscheinung treten. Die Studierenden sind eingebettet in ein Wechselspiel zwischen einer intentionalen, fotografischen Bezugnahme auf die Anderen (die Schüler_innen) einerseits und Momenten der plötzlichen Affizierung andererseits. Diese Doppelstruktur mag aufschlussreich sein, um sich pathischen Formen der

Erfahrung reflexiv annähern zu können, indem der eigene Blick auf den Anderen und das Geschehen immer wieder durch die Begleitung der/des Schülerin/Schülers abgelenkt, verschoben, neu ausgerichtet wird.

Perspektive Tandem: **231** Nicht Studierende *oder* Schüler_innen, sondern Studierende *und* Schüler_innen im Unterricht fotografieren zu lassen, hängt mit dem responsiven Bildungsverständnis zusammen, das im ersten Kapitel der Arbeit entfaltet wurde und dem fotografischen Setting zugrunde gelegt wird. Fotografieren als ein relationales Wahrnehmungsgeschehen zu inszenieren, basiert auf der Einsicht, dass

> »Prozesse und Produkte der Schülerinnen und Schüler nicht einfach Resultate einer eigenständigen und selbstreflexiv durchgeführten Auseinandersetzung mit Inhalten, Medien und Materialien sind, sondern, von Lehrenden *initiiert*, auch Resultat einer Interaktion« darstellen (Kunz 2019b, S. 250).

Vor diesem Hintergrund rücke die

> »arrangierte Situation selbst und nicht minder die Frage nach dem Austausch mit den Mitschüler*innen, mit den Lehrenden als Dialogpartner*innen in den Blick« (ebd.).

In Grundzügen scheint mit der fotografischen Konstellation (Schüler_innen fotografieren etwas und Studierende beobachten sie dabei) eine Blickbeziehung fortgeschrieben, wie sie oftmals in pädagogischen Zusammenhängen zwischen Lehrperson und Schüler_in performt wird (vgl. Bader 2019; **232** Meyer-Drawe 2015a; Heinzel 2012). Die Aufträge sind mit einer gewissen Asymmetrie verbunden, indem die Schüler_innen aufgefordert werden, anderes in den Blick zu nehmen als die Studierenden. Es wird ein mehrperspektivisches »Blickszenario« (vgl. Wiesemann 2010) **233** initiiert, das eine wechselseitige Wahrnehmung nicht grundsätzlich ausschließt. Mehr noch: Es sind die Schüler_innen mit der Kamera in der Hand, durch die m. E. die gemeinsame Bewegung durch den Raum choreografiert und der fotografische Rhythmus vorgegeben werden. **234**

231 Ich verwende den Begriff des ›Tandems‹, weil er sich auf das Zusammenspiel zweier Personen bezieht, die hintereinander angeordnet sind (das deutsche Wort ›Tandem‹ wurde aus dem Englischen *at lenght, lenghtwise* übernommen). Beide Aspekte, die Interaktion zweier Personen und ihre Anordnung, lassen sich mit meinem Setting in Verbindung bringen. Indem die Studierenden den Bewegungen der Schüler_innen folgen, gibt es in dem Zweiergespann eine Person, die vorausgeht, während die andere begleitet.

232 Die Schüler_innen nehmen am Unterrichtsgeschehen teil und beziehen sich wahrnehmend auf einen Unterrichtsgegenstand, während Lehrpersonen ihren Blick auf die Schüler_innen richten und sie versuchen, deren Perspektive zu antizipieren. Diese Konstellation wird zum Beispiel in besonders detaillierter Weise in der Dissertation *Reden – Zeichnen – Zeigen* von Nadia Bader (2019) untersucht.

233 Jutta Wiesemann zeigt in einer empirisch angelegten Studie zu Blicken im Unterricht (2010), dass einseitige Beobachtungsordnungen, wie sie häufig im qualitativen Forschungskontext im Feld der Erziehungswissenschaften zu finden sind, im Widerspruch stehen zu der komplexen und untersubjektiven Blickpraxis im Unterricht. Sie zeigt an videografischem Material, dass im Unterricht ein vielfältiges ›Blickszenario‹ von allen am Unterricht beteiligten Akteur_innen hergestellt wird.

234 Dass die fotografierenden Schüler_innen den Kamerablick der Studierenden nicht nur vollkommen bestimmen, sondern dass sie auch auf den Kamerablick der Studierenden antworten, sich inszenieren, verbergen und Strategien der Unsichtbarmachung anwenden, wird ausführlich in Bildkonfiguration 3 diskutiert (siehe Kap. 5).

→

Dieses Blickszenario ähnelt dem, was die Amerikanische Literaturwissenschaftlerin Mary Louise Pratt unter »contact zone« versteht. Sie bezeichnet damit ungleiche Machtverhältnisse, die pädagogischen Prozessen eingeschrieben seien und deren Problematisierung sehr gewinnbringend sein könne:

> »I use this term to refer to social spaces where cultures meet, clash, and grapple with each other, often in contexts of highly asymmetrical relations of power [...] Along with rage, incomprehension and pain, there were exhilarating moments of wonder and revelation, mutual understandig, an new wisdom – the joys of the contact zone. The sufferings and revelations were, at different moments to be sure, experienced by every student. No one was excluded, and no one was safe.« (Pratt 1991, S. 33–40)

Die Problematik ungleicher Machtverhältnisse, die diesem fotografischen Setting durchaus innewohnen, kann – in Anlehnung an Pratt – nicht nur einen möglichen Anstoß zu einer kritischen Reflexion der dokumentierten Prozesse bieten, ihm steht auch das Bemühen um die Transparenz der fotografischen Konstellation und die Freiwilligkeit der Fotografierenden gegenüber, sich in einem begrenzten Zeitraum darauf einzulassen. Zudem ereignet sich das Fotografieren im Rahmen des hier untersuchten Projektes nicht in einem Bewertungskontext. **235**

Wahl der Kamera: Die Wahl der Kamera begründet sich nicht nur in pragmatischer Hinsicht (einfaches Handling), **236** sondern vor allem auch durch inhaltliche Gesichtspunkte. Emmanuel Lévinas bezieht sich zwar nicht auf die Fotografie oder andere technische Medien, wenn er sagt *»›Anders‹ wahrnehmen ist Anderes wahrnehmen«* (Lévinas 2012, S. 156), doch lässt sich an das Zitat dennoch ein wichtiger Gedanke anschließen, der für die bedeutungsstiftende Relevanz der Kameratechnik aufmerksam macht: Die Wahl der Kamera, die Weise, wie mit ihr die Welt aufgezeichnet werden kann, entscheidet mit, wie etwas im Bild in Erscheinung treten kann. Wie im dritten Kapitel ausführlich dargestellt, betonen Alloa und Schürmann, dass durch die technische Logik der Kamera auch das Unerwartete ins Bild geraten und das vermeintlich Banale plötzlich eine besondere Prominenz erlangen könne. Um eben diese Bedeutungsebenen potenziell sichtbar werden zu lassen, bietet sich in be-

235 Würden die entstandenen fotografischen Bilder zu einem späteren Zeitpunkt als Grundlage einer Notengebung herangezogen werden, hätten wir es in der Tat mit einer problematischen Widersprüchlichkeit und Abhängigkeitsstruktur gegenüber der Lehrperson zu tun. Dann wäre der Auftrag nur ein vermeintlich offen formulierter Auftrag, verbunden mit einem paradoxen Anspruch und Imperativ zu Kreativität, wie er nicht selten im Kunstunterricht entsteht.

236 Die Entscheidung, *dass* überhaupt mit Kameras (und nicht mit Smartphones der Schüler_innen) gearbeitet wird, hängt mit Fragen des Datenschutzes zusammen. Bilder, die im Unterricht entstehen, stellen personenbezogene, sensible Daten dar. Möglichkeiten, die Kontrolle über ihre Verbreitung in sozialen Netzwerken zu behalten, sind – insbesondere wenn sie mit dem Smartphone aufgenommen werden – sehr beschränkt. Zwar bietet die Arbeit mit Digitalkameras natürlich auch keine vollkommene Kontrolle über das Bildmaterial (der Display der Kamera kann beispielsweise abfotografiert werden), aber die Daten verbleiben zumindest in hoher Auflösung auf dem Chip der Kamera. Zudem legt das Fotografieren mit der Kamera ein sofortiges Hochladen der Bilder, wie es mit dem Smartphone üblich ist, nicht nahe.

sonderer Weise eine Kamera an, die Details und Hintergründiges *mit*fotografiert. Eine Kamera, die mit einer Weitwinkeloptik und hoher Tiefenschärfe arbeitet, mag hier besonders passend sein. **237** Durch einen weit gefassten Blickwinkel und eine hohe Tiefenschärfe können auch Aspekte im Bildraum sichtbar werden, die außerhalb des scharf gestellten Suchfeldes liegen, die möglicherweise in der Situation selbst dem Fotografierenden verborgen geblieben sind oder die nicht explizit ins Bild gesetzt wurden. Ein Foto, das durch eine hohe Tiefenschärfe und eine Weitwinkeloptik potenziell mehr zeigt als vom Fotografierenden beabsichtigt, verspricht auch für die Betrachtung einen unerwarteten Überschuss. Die Wahl der Kameratechnik ist daher nicht nur eine Frage des Handlings, sondern auch eine inhaltliche Frage danach, was potenziell sichtbar werden soll, um sich später beim Reflektieren darauf beziehen zu können.

Fotografieren im Tandem: Zum Forschungsstand

Insbesondere in der Kunstpädagogik gibt es einige Beispiele, in denen Schüler_innen oder Studierende fotografisches Bildmaterial produzieren, das zur empirischen Untersuchung unterschiedlicher Forschungsfragen verwendet wird: **Jörg Grütjen** (2013) gibt Schüler_innen im Kunstunterricht eine Kamera mit der Bitte, alle drei bis fünf Minuten ein Bild zu machen. Mithilfe des entstandenen Bildmaterials untersucht er die Rezeption von künstlerischen Arbeiten, die im Unterricht als Projektionen an der Wand präsentiert und im Plenum besprochen werden (vgl. Grütjen 2013). **Ulrike Stutz** gibt ebenfalls Schüler_innen eine Kamera, damit diese innerhalb eines kunstpädagogischen Vermittlungsprojektes ihre Umgebung spontan darstellen und dadurch Momente im Geschehen sichtbar machen, die sich dem Lehrer_innenblick weitgehend entziehen (Stutz 2006, S. 150). Um Einblicke in kooperative Gruppenprozesse im Kunstunterricht »aus der Mitte heraus« zu erhalten, bekommen Schüler_innen auch in der Studie von **Miriam Schmidt-Wetzel** eine Kamera (Schmidt-Wetzel 2019). Allen Forschungsprojekten liegt die Annahme zu Grunde, dass insbesondere nicht professionell Fotografierende und Peers eindringliche und aussagekräftige Einblicke in ihre Community vermitteln können.

Nicht nur Schüler_innen, sondern auch Studierende bzw. pädagogisch Handelnde treten als Fotografierende im Kunstunterricht auf. Begleitet von **Ruth Kunz** fertigen Lehramtsstudierende im schulischen Praxisfeld »Forschungsminiaturen« an, anhand

237 Es wurde das Modell *Nikon Coolpix AW130* verwendet. Diese Kamera ist sehr klein, hat aber einen verhältnismäßig großen Display. Es handelt sich um eine vergleichsweise einfache Kamera, die intuitiv benutzt werden kann und die keiner technischen Einführung bedarf. Zudem fotografiert sie mit einer Weitwinkeloptik, die ein weites Blickfeld mit hoher Tiefenschärfe aufnimmt, sodass viele Details, auch im Bildhintergrund, scharf abgebildet werden. So kann – wie auch im zweiten Kapitel mit Schürmann und Alloa argumentiert – Unerwartetes und Nichtwahrgenommenes ins Bild treten. Das, was im Fotografieren selbst nicht fokussiert worden ist und was möglicherweise nicht in die Aufmerksamkeit des Fotografierenden gedrungen ist, kann bei hoher Tiefenschärfe und durch die Weitwinkeloptik im Bild sichtbar werden. Die Wahl der Kameratechnik ist daher nicht nur eine Frage des Handlings, sondern auch eine inhaltliche Frage danach, was potenziell sichtbar werden soll, um sich später beim Reflektieren darauf beziehen zu können.

derer sie spezifische Aspekte pädagogischer Praxis u.a. mithilfe fotografischer bzw. videografischer Bilder untersuchen (vgl. Affentranger 2019, **238** dazu Kunz 2019c, S.636). **Sabine Sutter** fotografiert selbst in der Rolle der Lehrperson über zwei Jahre hinweg im eigenen Kunstunterricht und blickt auf diese Bilder bewusst aus künstlerischer Perspektive, um auf von Schüler_innen verhandelte Sinnüberschüsse im Unterrichtsgeschehen aufmerksam werden zu können (Sutter 2017). **Kirsten Winderlich** stellt ein Konzept vor, in dem (angehende) Lehrpersonen ebenfalls im eigenen Unterricht fotografieren, um sich im Fotografieren wahrnehmungsoffen und reflexiv auf das Unterrichtsgeschehen beziehen zu können (vgl. Winderlich 2010). **Andreas Gruschka** lädt Lehramtsstudierende ein, bedeutsame pädagogische Erfahrungen in prägnanten Bildern fotografisch zu re-inszenieren und dadurch zu verdichten (vgl. Gruschka 2005). Fotografischen Bildern kommen in den genannten Studien unterschiedliche Funktionen zu (vgl. Böhme 2019, S. 209): Sie dienen der *Rekonstruktion* eines vergangenen Geschehens (insbesondere Grütjen 2013; Schmidt-Wetzel 2019; Sutter 2017); sie tragen dazu bei, auf sinnlich-ästhetische Weise eigene Beobachtungserfahrungen zu *visualisieren* (vgl. Affentranger 2019; Kunz 2019c) und zu *inszenieren* (vgl. Gruschka 2005); das Fotografieren selbst wird als *performative und intersubjektive Praxis* reflektiert (vgl. Stutz 2006; Winderlich 2010). Die Verwendung fotografischer Bilder öffnet im Forschungskontext ein Spannungsfeld: Einerseits treten Fotografien als Forschungsinstrumente in Erscheinung, die verschiedene Facetten pädagogischer Praxis bzw. Spuren ihrer Wahrnehmung sichtbar machen, andererseits werden sie selbst zum Forschungsgegenstand und in ihrer spezifischen Medialität in den Blick genommen (vgl. Böhme 2017, S. 118 f.).
Die zuvor dargestellten Aufträge (ein_e Schüler_in und eine_ Student_in fotografieren gleichzeitig im Unterricht) knüpfen formal in Teilen an die skizzierten Studien an, indem das pädagogische Geschehen von den Peers, d.h. ›aus der Mitte‹ heraus, dokumentiert wird und stellen gleichzeitig eine Erweiterung der fotografischen Ansätze dar, indem *zwei Akteur_innen gleichzeitig* fotografieren. Es kommt zur Verschränkung zweier fotografischer Perspektiven. Es entsteht eine fotografische Konstellation, die nicht nur im Kontext der Forschung einen experimentellen Charakter hat, sondern die in der Form auch nicht im alltäglichen Unterricht vorkommt. Stattdessen werden fotografische Bilder aufgenommen, die es unabhängig von dieser Konstellation nicht geben würde. **239** Obwohl das kunstpädagogische Vermittlungs-

238 Ein anschauliches Beispiel einer solchen »Forschungsminiatur« stellt die Arbeit von Flurina Affentranger (vgl. 2019, S. 620–635) dar. Ausgehend von einer kurzen Unterrichtssequenz im Fach Bildendes Gestalten wird ein videografisches Setting entwickelt, durch das sinnliche Tasterfahrungen im Umgang mit einem Stück Seife dokumentiert und beforscht werden können. Der Arbeit liegt das Interesse an »Prozessen des Suchens nach dem nicht Festgesetzten« (Kunz 2019c, S. 638 zitiert das unveröffentlichte Manuskript der Bachelorthesis von Florian Affentranger, 2014, Hochschule der Künste Bern) und dem »Zusammenspiel der Hände mit dem im Entstehen begriffenen Körper« (ebd.) zugrunde. Eine Reflexion und Einbindung der Forschungsarbeit in den hochschuldidaktischen Kontext findet sich in einem kommentierenden Text von Ruth Kunz (ebd.).

239 Vor allem die fotografischen Bilder der/des Studentin/Studenten können ohne die/den fotografierende_n Schüler_in nicht aufgenommen werden.

projekt selbst wenig durch die fotografischen Aufträge gestört werden sollte und die fotografierenden Schüler_innen am Unterrichtsgeschehen teilnehmen sollten, stellt die fotografische Konstellation dennoch einen Eingriff in das Projektgeschehen und die Blickbeziehungen der Teilnehmer_innen dar. Sowohl die fotografierenden Schüler_innen als auch die fotografierten Mitschüler_innen bewegen sich in einem Feld, in dem auf experimentelle Weise neue, ungewohnte Blickbeziehungen inszeniert und Sichtbarkeiten erzeugt werden.

Mit dem fotografierenden Tandem wird an interventionistische und performative Forschungsansätze angeknüpft. Im Gegensatz zu einer möglichst zurückhaltenden Beforschung eines Feldes, könne insbesondere ein Forschen im Sinne einer Intervention, betont Christine Heil, dazu beitragen, die Rahmung und grundlegende Bedingungen eines Feldes sicht- und spürbar werden zu lassen: **240**

> »Ein Erkenntnispotenzial liegt [...] darin, wie die Akteure und das Bezugssystem des beobachteten Feldes auf etwas reagieren.« (Heil 2012, S. 30)

Heil plädiert für ein Forschen im Unterricht, das sich als eine ästhetische und gleichermaßen sichtbare Handlung im Feld vollzieht (vgl. ebd.). Die Anwesenheit der Forschenden könne Handlungsweisen provozieren, die wiederum nicht als unerwünschter Nebeneffekt zu bezeichnen seien, sondern an denen sich etwas von dem Feld und den darin handelnden Akteur_innen *zeige*.

Indem sich das fotografierende Tandem nicht im Hintergrund bewegt, sondern als Teil des Geschehens für alle Beteiligten sichtbar ist, können die Anderen (d.h. die fotografierenden Schüler_innen und die fotografierten Mitschüler_innen) Spuren ihrer Wahrnehmung und Aufmerksamkeit in den entstehenden Bildern hinterlassen. Alle Beteiligten bewegen sich innerhalb oder außerhalb des Blickfelds der beiden Kameras und setzten sich dazu ins Verhältnis. Während des Fotografierens wird ein Blickszenario hergestellt, das dazu auffordert, sich zu positionieren, wegzugehen, sich im Kamerablick zu inszenieren, zurückzublicken usw. Dies mag dazu anregen, etwas von sich zu zeigen: ein Begehren, ein Interesse, eine Abneigung, eine Ergriffenheit. Das Fotografieren im Tandem bezieht sich auf die responsive Struktur pädagogischer Prozesse, indem sich die Bildproduktion im Wechselspiel aller Anwesenden ereignet.

Um diesen Gedanken der gemeinsamen Bildproduktion auch begrifflich aufzunehmen, werden die fotografierenden Studierenden in Anlehnung an Paul Mecherils Begriff der »Ko-Konstruktion« als »Ko-Fotograf_innen« bezeichnet. **241** Mecheril, der bezogen auf Interpretationsprozesse im Forschungskontext die Vorsilbe von »Re-

240 Christine Heil bezieht sich in dem Text *Beobachten, verschieben, provozieren. Feldzugänge in Ethnografie, Kunst und Schule* (2012) auf künstlerische Formen ethnografischer Forschung, die im Forschungsfeld intervenieren und gerade dadurch die Gegenstände der Forschung hervorbringen. Es handelt sich um ein performatives Verständnis von empirischer Forschung.

241 Es hat sich in zahlreichen Forschungskolloquien, an denen ich teilgenommen habe, und in Vorträgen, die ich auf Tagungen gehalten habe, als hilfreich erwiesen, nicht von ›den Fotografierenden‹ zu sprechen, sondern mit einem eigenständigen Begriff für die Studierenden zu arbeiten. Dadurch wird hervorgehoben, dass sie diejenigen sind, die sich fotografisch auf eine andere fotografierende Person beziehen.

Konstruktion« durch »Ko-Konstruktion« ersetzt (Mecheril 2003, darin insb. Kap. 2), hebt damit die wirklichkeitsgenerierende Bedeutung der Forschenden hervor und verabschiedet sich von der Annahme, dass es eine vorgängige Wirklichkeit gebe, die forschend rekonstruiert werden kann. Studierende in Anlehnung an Mecheril als Ko-Fotograf_innen zu bezeichnen, bietet sich nicht nur an, um begrifflich im Forschungsprozess differenzieren zu können, von welcher fotografierenden Person die Rede ist. Mit der Vorsilbe kann zudem darauf aufmerksam gemacht werden, dass die Studierenden nicht eine vorgängige Wirklichkeit fotografisch dokumentieren und fixieren, sondern dass erst in der fotografischen Interaktion mit dem/der Schüler_in neue Perspektiven auf das Geschehen und den Anderen entstehen. Erst im Fotografieren wird etwas sichtbar, was ohne diese Intervention im Alltäglichen wahrscheinlich in der Form nicht wahrnehmbar und dadurch auch nicht verhandelbar und reflektierbar werden würde.

4.4 Angesichts fotografischer Bilder sprechen

Fotografieren und fotografische Bilder betrachten: Zwei Zeitlichkeiten

Das Fotografieren einerseits, d. h. der Entstehungsmoment des fotografischen Bildes, und das Betrachten von fotografischen Bildern andererseits spannen, gibt Ruth Kunz zu bedenken, gänzlich unterschiedliche Zeitlichkeiten und dadurch verschiedene Möglichkeiten des Sehens und Wahrnehmens auf:

> »Im Umgang mit dem fotografischen Bild sind zwei Arten des Sehens und Erkennens im Spiel: Das Sehen im Prozess des *Machens* und das Sehen und Erkennen im Gegenüber des *Gemachten*.« (Kunz 2014, S. 39 f.)

Während das Fotografieren, insbesondere wenn es sich um Schnappschüsse handelt, von einer Schnelligkeit und mitunter einer Spontaneität gekennzeichnet sein kann, eröffne sich im Betrachten von fotografischen Bildern eine andere Bezugnahme auf das Geschehen, indem das Geschehen beziehungsweise Teile davon im Bild sichtbar werden. Im Betrachten der Bilder schiebt sich eine Distanz ein, indem es nicht mehr nur um das Geschehen selbst, sondern darum gehe, wie jemand (oder man selbst) das Geschehen zuvor ins Bild gesetzt habe. Während der kurze Augenblick, in dem der Auslöser gedrückt wurde, ephemeren Charakter hat und damit unwiderruflich vorbei ist, biete das fotografische Bild die Möglichkeit, einer anderen, verweilenden Betrachtung dieses Momentes. Im Gegensatz zu den »Vollzugsformen der Alltagswahrnehmung« beschreibt Kunz

> »[...] das *Bild* [als] ein überschaubares und geordnetes Feld, in dem die Bewegung der Welt zur Ruhe gefunden hat. Anders als das schweifende Sehen, das immerfort neue Ausschnitte in einem unendlichen Kontinuum hervorbringt, ist das Bildfeld ein abgeschlossener Zustand, den die Augen der Betrachter*innen in *Bewegung bringen*. Zwischen dem Bildganzen und seinen Teilen hin- und herwandern – das Sichtbare mit dem Erinnerten, das im Bild Gegebene mit dem Imaginierten verbindend – versuchen sie, das Bildzu erschließen.« (Kunz 2019a, S. 22)

Es werden zwei verschiedene Wahrnehmungsmodi beschrieben, die sich zwischen einem schweifenden Blick angesichts flüchtiger Phänomene einerseits und eines wandernden Blicks angesichts eines abgeschlossenen Bildfeldes andererseits aufspannen. Kunz' Anmerkung macht damit auf eine Differenz aufmerksam, die gerade für Reflexionsprozesse bedeutsam erscheint, die auf eine langsame und vorsichtige Annäherung an ein komplexes, flüchtiges und mitunter unverfügbares Geschehen abzielen. **242**
Um das Verweilen angesichts eines Augenblicks, der im Fotografieren selbst flüchtig gewesen ist und im Bild seine Spur hinterlassen hat, für eine vertiefende Reflexion fruchtbar machen zu können, in der sich Erinnerungen und Fotografien behutsam verknüpfen, reicht es nicht aus, die fotografischen Bilder lediglich aufzunehmen. **243** Um in eine andere Zeitlichkeit, wie sie Kunz beschreibt, eintreten zu können, braucht es Gelegenheiten, die entstandenen Bilder in Ruhe zu *betrachten*. Dies gilt in besonderer Weise für zweiperspektivisches Bildmaterial, das neben den eigenen auch fremde Bilder enthält, die erst im Nachhinein in Beziehung zueinander gesetzt werden können. **244**
Angesicht der fotografischen Bilder *Gespräche* zu führen, ist *eine* Möglichkeit, die entstandenen Bilder zu betrachten (vgl. Kunz 2010) **245** und eine damit verbundene andere Zeitlichkeit aufzuspannen. **246** Mit Blick auf das Forschungsanliegen, foto-

242 Die zeitliche Unterbrechung als elementare Voraussetzung jeglichen Verstehens heben ebenfalls Andreas Dörpinghaus und Ina Katharina Uphoff hervor: »Das Warten eröffnet Spiel, diesen Spalt, durch den die Zeit uns berührt. Warten heißt Sehen und Zuhören, heißt seine Aufmerksamkeit schenken und sich so einzulassen, dass Horizonte entstehen und verwehen.« (Dörpinghaus/Uphoff 2012, S. 117 zitiert in Loemke 2018, S. 54)

243 Dass auch das Fotografieren selbst schon eine reflexive Erfahrung sei, stellt beispielsweise Kirsten Winderlich (2011) zur Diskussion. Sie bespricht nicht die Notwendigkeit, entstandene Fotografien in weiterführende Formate der Bildbetrachtung einzubetten.

244 Während beim Fotografieren im Tandem die Möglichkeit besteht, die eigenen Bilder auf dem Display der Kamera anzuschauen und gegebenenfalls auch einzelne Aufnahmen zu löschen, ist von der/dem fotografierenden Anderen nur die Weise zu sehen, wie sie/er sich gestisch, körperlich und räumlich auf etwas fotografisch bezieht. Welche Bilder dabei tatsächlich entstehen, lässt sich möglicherweise aus begleitender Perspektive erahnen, doch die Bilder des Anderen bleiben dem Blick von außen weitgehend entzogen. Nur in wenigen Ausnahmen kommt es dazu, dass die Studierenden freien Blick auf das Display der Schüler_innenkamera haben: beispielsweise wenn die Studierenden hinter den Schüler_innen so stehen, dass sie im Moment der Aufnahme auf deren Display schauen können (siehe Böhme 2017, S. 107; siehe auch Bildkonfiguration 2, S. 302 ff.) oder wenn die fotografierenden Schüler_innen ihre Bilder den begleitenden Studierenden zeigen, indem sie ihnen den Display ihrer Kamera mit einem ausgewählten Foto hinhalten. Ein solcher Moment spielt in Bildkonfiguration 2 eine wichtige Rolle, siehe S. 316 f.

245 In dem Projekt *<<unterwegs>>* haben betreuende Lehrpersonen mit den fotografierenden Schüler_innen sog. *Bildgespräche* geführt. Die Auswertungen dieser Gespräche wurden in dem Heft *<<unterwegs>> Fotografische Bildfindungsprozesse von Jugendlichen in urbanen Lebenswelten* in Zusammenarbeit mit der Schule Im Birch Sekundarklasse 2 (Teil 3: Lehr-/Lernprozesse. Videogespräche beschreiben und interpretieren) veröffentlicht. Dieses Heft ist online auf der Homepage der Pädagogischen Hochschule Zürich nicht mehr verfügbar. Hier ist nur noch eine Kurzzusammenfassung des Forschungsprojektes zu finden: https://phzh.ch/de/Forschung/Forschung-auf-einen-Blick/projektdatenbank/projektdetail/?id=66 (zuletzt aufgerufen am 29.09.2020). Eine Zusammenfassung des Forschungsprojektes kann auch hier nachgelesen werden: Kunz, Ruth (2010): *‹unterwegs› – Urbane Lebenswirklichkeit in der Fotografie von Jugendlichen*, in: BDK Mitteilungen, Jg. 2010 (3), S. 30–33.

246 Im hochschuldidaktischen Kontext wären

grafische Bilder zu nutzen, um insbesondere den pathischen Seiten von Lehr- und Lernprozessen in ihren pädagogischen Bedeutungen auf die Spur zu kommen, wurde bewusst eine offene Gesprächsform gewählt, um Studierenden den nötigen Raum zu bieten, nicht nur von Erfahrungen zu berichten oder vermeintlich wesentliche Informationen zusammenzufassen, sondern von Erfahrungen zu *erzählen* und sich darüberhinaus beim Betrachten von den Bildern ansprechen zu lassen. Maria Peters grenzt diese Weise der Bildbetrachtung von einem »Signalsehen« (vgl. Böhme 1989, S. 53) ab und betont das Pathische am Bild:

> Um »ein Bedeutungssehen [zu vermeiden], in dem die Dinge nur einen ›Verweisungscharakter auf mögliche Handhabungen und Dienlichkeit‹ besitzen« bedürfe es einer paradoxen Anstrengung »›nämlich die Bemühung, sich möglichst von aktiver Wahrnehmung zu enthalten‹, [...] die alltägliche Wahrnehmungsweise umzukehren und sich ›quasi von den Dingen angeschaut [zu] fühl[en]‹« (Peters 1996, S. 87 bezogen auf Gernot Böhme 1989, S. 53 ff.).

Hinweise dafür, wie eine Gesprächssituation konkret inszeniert werden kann, sodass die Betrachtenden angesichts der Bilder affiziert werden, zeigt sich eindrücklich in der aktuellen Studie *Bildwerdung* von Andrea Sabisch (2018). Darin wird die These formuliert und empirisch untersucht, dass sich Bilder im Grunde erst *im Wahrnehmen* konstituieren. Unter Rekurs auf das Konzept der Responsivität von Waldenfels und der fundamentalen Bedeutung der Fremderfahrung für die Entstehung des Neuen deutet Sabisch Bilderfahrungen als ein *Antworten* auf etwas, das einem *in* und *durch* Bilder entgegenschlagen könne. Die detaillierten Fallanalysen machen deutlich, dass Bildmaterial – insbesondere solches, das irritiert und das sich einem schnellen Verstehen durch Widersprüchlichkeiten und Mehrdeutigkeiten entzieht – eine kommunikative Rahmung braucht, in der sich die Betrachtenden auf das Material in seiner Unbestimmtheit, Komplexität und seiner spezifischen Materialität einlassen können. Schaut man sich das Setting der Bildbetrachtung an, das Andrea Sabisch ihrer Studie zugrunde legt, spielen nicht nur die Dauer der Treffen, **247** sondern vor allem die Zurückhaltung der Forschenden eine wichtige Rolle. Sie tritt als zurückhaltende Zuschauerin, Mitsehende und behutsam Nachfragende auf, stellt Bildmaterial zur Verfügung, ohne dabei einen inhaltlichen Fokus vorzugeben. **248**

Es wird ein Rahmen aufgespannt, in dem es nicht sofort darum geht, das Sichtbare zu benennen, sondern in dem zu allererst Erfahrungen im Umgang mit dem Bildmaterial gemacht werden können. Dadurch kann schon auf einer vorsprachlichen, leiblichen Ebene eine Auseinandersetzung mit dem Bildmaterial stattfinden – unabhängig davon, ob die Schüler_innen ihre Eindrücke und Erfahrungen angesichts der

auch schriftliche Formate denkbar wie Hausarbeiten oder Qualifikationsarbeiten (vgl. dazu Forschungsminiaturen, z. B. von Flurina Affentanger 2019, S. 620–635).

247 Die Schüler_innen beschäftigen sich vergleichsweise lange mit den Bildern von zwei Künstlerbüchern: 78 Minuten (Fall 1, vgl. Sabisch 2018, S. 251 f.) und ca. 100 Minuten (Fall 2, vgl. Sabisch 2018, S. 305 f.).

248 Es handelt sich um zwei Graphic Novels (*Le Straniero* von Simone Kersting und *Le Visiteur* von Barbara Yelin), die sich beide durch eine unbestimmte Bildsprache auszeichnen.

Bilder verbal artikulieren können. Entsprechend werden verschiedene Weisen herausarbeitet, auf das Bildmaterial Bezug zu nehmen, die sich zumeist an der Grenze zur Sprache beziehungsweise Versprachlichung ereignen. Sich von einem Bild abwenden, weil es irritiert, Bilder übersehen oder abwehren, weil sie einem fremd sind – auch das sei ein Antworten auf Bilder. Sabisch zeigt, dass *Verkörperungen* als leibliche Modi des Antwortens auf Bilder verstanden werden können, die einen eigenständigen Beitrag zum Verstehen der Bilder leisten und macht damit auf die performative Ebene der Auseinandersetzung mit (befremdlichem) Bildmaterial aufmerksam.
Während sich Sabisch auf Bildmaterial bezieht, das den Betrachter_innen ganz und gar fremd ist (zwei Graphic Novels), werden in meinem Setting fotografische Bilder aus einer Unterrichtssituation angeschaut, die zuvor erlebt und nun im Gespräch erinnert wird. Dass trotz des anderen Bildmaterials die Zeit und die Zurückhaltung der Forschenden wichtige Voraussetzungen bilden, um sich nicht nur den *im Betrachten* entstehenden Bilderfahrungen, sondern auch den zurückliegenden Unterrichtserfahrungen annähern zu können, lässt sich mit Blick auf Erinnerungsbilder betonen: Die Vergegenwärtigung der Erfahrung, gibt Engel zu bedenken, sei auf ein »*Aufspringen* der Erfahrung« (Engel 2019, S. 43) angewiesen. Dieses Aufspringen, Engel spricht unter Bezug auf Gadamer auch vom »Erfahrungssinn« (vgl. ebd., S. 42), könne sich dann einstellen, wenn Verzögerungen und Unterbrechungen dazu verhelfen, sich aus den Bahnen »vermeintlich vertrauter Erfahrungen« heraus zu begeben (Engel 2018b, S. 151).

Bildgespräche: Aufbau

Die methodische Setzung, die Gespräche im Rahmen meiner Untersuchung inhaltlich möglichst offen zu gestalten und die Länge der einzelnen Gesprächsabschnitte an den Bedürfnissen der Studierenden zu orientieren, begründet sich mit Blick darauf, wie sich Bilderfahrungen konstituieren und wie Erfahrungen erinnernd vergegenwärtigt werden können. Die Gespräche, an denen jeweils ein_e fotografierende_r Student_in und die Forscherin teilnehmen, bauen sich in folgenden Schritten auf:

A Zunächst lädt ein **offener Impuls** dazu ein, von eigenen Erfahrungen, Erwartungen und Erinnerungen zu erzählen, ohne dass Bilder auf dem Tisch liegen *(Wie haben Sie/ hast du das Projekt erlebt?).*

B Anschließend richtet sich der Blick auf die **eigenen Fotos** *(Sichten Sie Ihre/ sichte deine Fotografien. Fallen bestimmte Bilder spontan ins Auge? Bleiben Sie/ bleibst du an einzelnen Bildern oder Bildreihen hängen?).*

C Darauf aufbauend werden die im Tandem entstandenen **Fotos der Schülerin/des Schülers** betrachtet *(Dies sind die entsprechenden Fotografien der/des von Ihnen/*

dir begleiteten Schülerin/Schülers. Fallen bestimmte Bilder spontan ins Auge? Bestätigen sich Ihre/deine Erwartungen? Tritt Unerwartetes in Erscheinung?).

Das Gespräch setzt mit einer offenen Frage ein, durch die möglichst keine spezifischen Erwartungen der Forschenden vermittelt oder Deutungen unterstellt werden sollen. **249** *Wie hast du das Projekt erlebt?* Die Frage lässt inhaltlich offen, wie die Gesprächsteilnehmer_innen darauf antworten können. Sie kann auf das kunstpädagogische Projekt oder im engeren Sinne auf das Fotografieren darin bezogen werden. Die Frage nach dem *Wie* **250** zu stellen, das heißt im phänomenologischen Sinne nach dem Modus der Erfahrung zu fragen, soll dazu einladen, von Erfahrungen zu *erzählen,* anstatt Sachverhalte zu argumentieren, zu erklären, zu deuten oder davon distanziert zu berichten usw. (vgl. Loemke 2019, S. 17, 28).
Auch die Weise, wie der Bezug zu den Bildern hergestellt wird, geht mit einer gewissen Langsamkeit einher. Sie werden nicht sofort auf den Tisch gelegt, um direkt als Gesprächsanlass zu dienen, sondern sie werden erst hervorgeholt, wenn sich der Erzählimpuls der Studierenden merklich erschöpft. Erst dann werden die Studierenden eingeladen, sich die eigenen Bilder anzuschauen, um darin den Spuren ihrer Erfahrungen und Erinnerungen weiter folgen zu können. Die Bilder der Studierenden werden auf den Tisch gelegt, wenn es sich sozusagen geradezu aufdrängt, die Erzählung und Erinnerung durch die Betrachtung der eigenen Bilder zu vertiefen. Auch die Schüler_innenfotos kommen erst dann auf den Tisch, wenn das Interesse an der verborgenen Perspektive des Anderen spürbar geweckt ist.
Dieses Vorgehen kann vorher nicht vollständig geplant werden. Es kann nicht festgelegt werden, wie lange welcher Gesprächsabschnitt dauern und wann welche Bilder in den Gesprächsverlauf einfließen werden. Denn um sich rückblickend einer Erfahrung oder einem Bildungsphänomen annähern zu können, bedarf es nach Engel »eine[r] gelingende[n] Erinnerung« (Engel 2010, S. 187). Dieses Erinnern könne nirgendwo anders als »vom Bildungssubjekt selbst ausgehen« (ebd.). Damit lässt sich nicht nur begründen, warum die Bilder langsam und nacheinander eingebracht werden, sondern warum das Gespräch überhaupt mit der Erzählung der Studierenden einsetzt, das heißt zunächst ohne inhaltliche Fokussierung und ohne Bildmaterial. Mit Blick auf das im dritten Kapitel entfaltete Verständnis vom fotografischen Bild als ein sperriges Phänomen mit spurhaftem Charakter, das sich einem schnellen und methodisch kontrollierten Verstehen-Wollen mitunter widersetzt, erscheint die hier skizzierte Rahmung sinnfällig. Fotografisches Bildmaterial (insbesondere zweiperspektivisches Bildmaterial), das als Spur von Wahrnehmungen fungiert und das eine mitunter irritierende, widersprüchliche und höchst komplexe Struktur aufwei-

249 Nichtsdestotrotz antizipieren Gesprächspartner_innen dennoch mögliche Erwartungen und Motivationen von Forschenden. Die Erzählungen können sich nicht ohne einen Bezug zum Kontext vollziehen. Es spielt immer auch eine Rolle, wie sich die Forschende beispielsweise vorgestellt hat, wie der Fokus der Forschung vermittelt wird, wo das Gespräch stattfindet, wer an dem Gespräch teilnimmt usw.

250 Die Frage zielte nicht darauf, *was* sie erlebt haben.

sen kann, bedarf in besonderer Weise einer eingehenden Betrachtung – einer Betrachtung, durch die die Bilder nicht zugerichtet oder klassifiziert werden, sondern durch die vergegenwärtigten Erfahrungen und Erinnerungen an ein vergangenes pädagogisches Geschehen einerseits geweckt und die mit Bilderfahrungen andererseits interagieren, die just im Moment der Bildbetrachtung gemacht werden. Bilder können »das Umkippen einer Deutung« bewirken und eine »anfängliche Identifikationsfreude« in Frage stellen (Pazzini 2012, S. 30). In diesen Momenten bilde sich etwas (vgl. ebd.). In den Gesprächen mit Studierenden über die Fotografien, die im Rahmen des kunstpädagogischen Vermittlungsprojektes entstanden sind, gilt es solche Momente der Verunsicherung und des Fragens zuzulassen und aufzuspüren. Die Bildgespräche ähneln daher in ihrer methodischen und inhaltlichen Öffnung der Form des narrativen Interviews (vgl. Mayring 2002, S. 72–76; Flick/Kardorff/Steinke 2004, S. 355–357; Küsters 2006), **251** das die »Befragten« dazu anregen soll, »frei [zu] erzählen« und »auch Gedanken und Erinnerungen preis[zugeben], die sie auf direkte Fragen nicht äußern können oder wollen« (Flick/Kardorff/Steinke 2004, S. 357). **252** Doch gehen sie auch über die gängige Form des narrativen Interviews hinaus, da die Gespräche eine gemeinsame, kommunikative und dialogische Betrachtungssituation einschließen. Der Begriff des »narrativen Interviews« scheint daher nicht für den gesamten Gesprächsverlauf passend zu sein. **253** Die Treffen, die zwischen den fotografierenden Studierenden und der Forscherin im Anschluss an das Vermittlungsprojekt stattgefunden haben, werden daher als »Bildgespräche« bezeichnet.

In den Bildgesprächen verwendetes Bildmaterial

Da die Schüler_innen und Studierenden fortwährend im Unterricht fotografiert haben, zeichnet sich nicht nur in Einzelbildern ab, wie sie sich im Geschehen positioniert und wahrnehmend dazu in Beziehung gesetzt haben, sondern insbesondere anhand der Abfolge der Bilder, d.h. an den Einzelbildern in ihrer Sequenzialität, kann nachvollziehbar werden, wie sich die Fotografierenden im Raum bewegt und

251 Narrative Interviews setzen sich zumeist aus drei verschiedenen, aufeinander aufbauenden Teilen zusammen (vgl. Riemann 2003), die sich auch in den Gesprächen wiederfinden, wie sie im Rahmen meiner Studie durchgeführt wurden:
(1) Ausgehend von dem offenen Gesprächsimpuls beginnt das Interview mit einer sog. Anfangserzählung, die möglichst von der interviewenden Person nicht unterbrochen wird.
(2) Es können Nachfragen folgen, die sich auf die Erzählung der Interviewten beziehen und dazu anregen, bestimmte Punkte und für die Forscher_in unverständlich gebliebene Aspekte zu vertiefen und weiter auszuführen.
(3) Schließlich kann das Gespräch mit Fragen enden, die sich nicht explizit auf die Erzählung der Interviewten beziehen, sondern die eher dem spezifischen Interesse der Forschenden folgen.

252 Es können insbesondere über die Erzählung – und eben nicht durch die Argumentation oder die Beschreibung – verborgene, *handlungsleitende Orientierungen* kommuniziert werden, die nicht nur den Interviewten selbst weitgehend unbewusst sind und impliziten Charakter haben, sondern die auch durch die Forschenden mühsam im Rahmen der Analyse und Interpretation herausgearbeitet werden müssen. Bohnsack unterscheidet hier zwischen formulierender Interpretation (Bohnsack 2006, S. 53) und »reflektierender Interpretation« (ebd., S. 54).

253 In der Gegenüberstellung von Interviewer_in und Interviewten wird der Intersubjektivität zu wenig Beachtung geschenkt, die sich im Betrachten der Bilder zwischen Forscherin und Studierenden aufspannt.

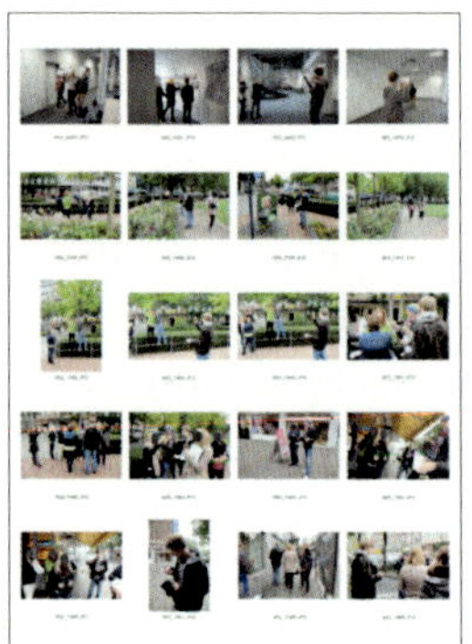
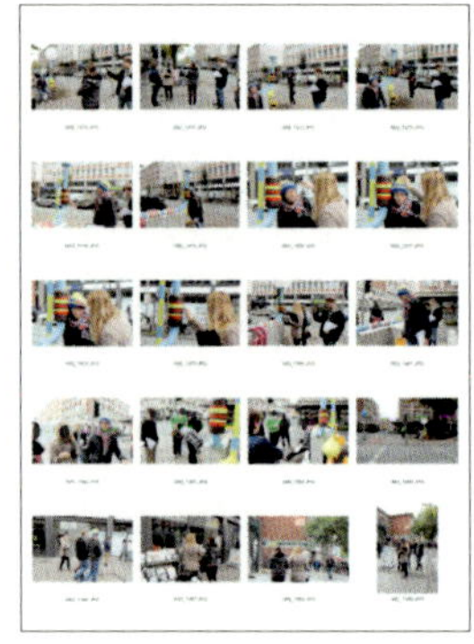
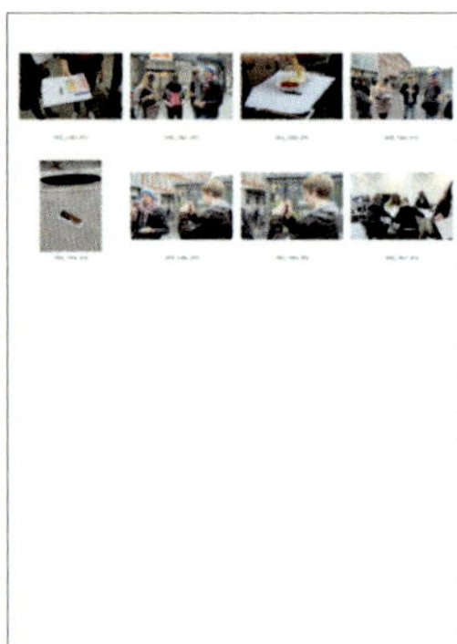

Abb. 5–7 Beispiel einer studentischen Bildsequenz, verteilt auf drei Kontaktbögen.

wie sich dabei die Aufmerksamkeit im Fotografieren auf etwas ausgerichtet hat. Die Chronologie der entstandenen Bilder, ihr Nacheinander in der Zeit erscheint daher auch für die Reflexion der pädagogischen Situation unter Berücksichtigung der zwei verschiedenen Perspektiven sehr aufschlussreich. In den Gesprächen wurde daher mit sogenannten *Kontaktbögen* gearbeitet. **254** Es handelt sich dabei um eine Anordnung von Einzelbildern in ihrer chronologischen Reihenfolge auf DIN-A4-Blättern (siehe Abb. 5–7). Die Bilder sind Zeile für Zeile fortlaufend in Leserichtung angeordnet. Unter jedem Bild ist der entsprechende Dateiname des Bildes vermerkt. Auf einer Seite sind jeweils bis zu zwanzig Einzelbilder präsentiert. Je nach Umfang der Gesamtsequenz ergeben sich daraus entsprechend viele Kontaktbögen. Die fotografischen Bilder der Studierenden und der Schüler_innen befinden sich auf getrennten Bögen. **255**

Kontaktbögen bieten vor diesem Hintergrund den Vorteil, dass sie einen Überblick über große Bildbestände in ihrer Chronologie vermitteln. Mehrere Aufnahmen werden auf einem Blatt präsentiert und können dadurch mitunter eine große Zeitspanne bündeln, in denen die Bilder aufgenommen wurden. Durch das direkte Nebenei-

254 Die Erstellung von Kontaktbögen kommt aus der Verarbeitung von analogem Bildmaterial. Da es vergleichsweise aufwändig und teuer war, Abzüge von analogen Negativen zu machen, war es wichtig, sich vorher möglichst unaufwändig und kostengünstig einen Eindruck vom gesamten Bildmaterial verschaffen zu können. Dazu wurden die Negativstreifen der Fotos eng aneinanderliegend direkt auf das lichtempfindliche Papier gelegt und belichtet. Die einzelnen Fotos auf dem Kontaktbogen hatten dann stets die Größe der jeweiligen Negative. Auf den Filmstreifen waren zudem die einzelnen Bildnummern zu sehen. Diese Bögen wurden mit der Lupe auf dem Leuchttisch angeschaut, um entscheiden zu können, von welchen Fotos größere Abzüge angefertigt werden sollen oder welche Ausschnitte ausgewählt werden. Kontaktabzüge, so Pazzini, Gottlob und Portal im Vorwort zum Buch *Kontaktabzug. Medien im Prozess der Bildung* (2001), können nur als »Übersetzungsprozeß« gedacht werden (ebd., S. 9), der von Verschiebungen gekennzeichnet sei (in der analogen Fotografie z.B. vom Negativ zum positiven Abzug). Anders als bei analogen Kontaktbögen, deren Form den Streifen der Negative entspricht, können Kontaktbögen (wie sie mit Adobe Bridge beispielsweise erstellt werden können) unterschiedliche Formen annehmen: die Anzahl der Bilder pro Seite, die Ausrichtung in Hoch- oder Querformate, ihre Größe und die Beschriftung der einzelnen Bilder usw. können individuell eingestellt werden.

255 So konnten den Studierenden zunächst die eigenen Bilder vorgelegt werden, um diese anschließend durch die Schüler_innenfotos zu ergänzen.

nander der Bilder in Reihen vermittelt sich über den Kontaktbogen ein Eindruck von Bewegungen der fotografierenden Person im Raum und von Blickweisen. Bilder, die aus der Sequenz ›herausfallen‹ **256** oder Motive, die wiederholt auftauchen, können gerade über die gesamthafte Anordnung aufgespürt werden. **257**
Doch der Kontaktbogen ist auch mit Einschränkungen mit verbunden: Die einzelnen Fotografien haben ein vergleichsweise kleines Format (4,5 x 3 cm). Wenn es einer an den pathischen Seiten von Lehr- und Lernprozessen interessierten Reflexion darum geht, potenziell auch unerwartete Details in Bildern entdecken zu können, die sich beispielsweise im Hintergrund, am Bildrand oder im Unschärfebereich befinden, dann eignet sich derart kleines Bildmaterial kaum. Ausgedruckt kann es zudem nicht spontan vergrößert werden. Da die Kontaktbögen jeweils nur die Bilder einer fotografierenden Person enthalten und diese in ihrer chronologischen Anordnung präsentieren, ist es nur eingeschränkt möglich, die parallel entstandenen Fotos der Schüler_innen und die Ko-Fotos der Studierenden in Beziehung zueinander zu setzen. Die Bögen können zwar direkt neben- oder übereinander auf den Tisch gelegt werden, sie können auch hin- und hergeschoben und an entsprechenden Stellen geknickt werden, doch zu einer systematischeren Gegenüberstellung lädt die statische, analoge Form des Kontaktbogens nicht ein.
Bildgespräche und dementsprechend auch das verwendete Bildmaterial sollte Möglichkeiten schaffen, um sich einem pädagogischen Geschehen in seiner responsiven Struktur annähern zu können. Dies setzt voraus, das pädagogische Geschehen nicht darauf zu reduzieren, Erfüllung oder Verfehlung einer zugrunde liegenden didaktischen Planung zu sein, sondern es als komplexes, wechselseitiges Wahrnehmungsgeschehen zu begreifen, in das alle Beteiligten (d. h. angehende Lehrperson und Schüler_innen) eingebettet sind und das immer wieder neu ausgehandelt wird. Um ein vertieftes Verständnis von einem derart ausgerichteten pädagogischen Geschehen entwickeln zu können, müssen Bildgespräche und das verwendete Bildmaterial dazu anregen, vielfältige und veränderbare Bildnachbarschaften (vgl. Richard 2004) zu legen und zu verschieben. Dabei müssten die zwei verschiedenen Perspektiven der Fotografierenden – den eigenen *Blick auf den Anderen* und der *Blick des Anderen* – in Beziehung gesetzt werden können. Das Bildmaterial müsste von Studierenden so verwendet werden können, dass ein Verstehen des pädagogischen Geschehens und der begleiteten Schüler_innen in der Verschränkung von fotografischen Blicken entstehen kann.

256 Zum Beispiel durch eine andere Ästhetik im Vergleich zu den restlichen Bildern oder weil sie plötzlich in einem anderen Raum aufgenommen wurden.

257 Judit Villiger hat mich in diesem Zusammenhang auf die Arbeit *Sichtbare Welt* von Peter Fischli und David Weiss aufmerksam gemacht. In dem dazugehörigen Buch werden 2.800 Fotografien präsentiert, jeweils 16 Bilder pro Doppelseite, ähnlich wie auf einem Kontaktbogen. Vermeintliche Wiederholungen erzeugen in der Masse der Bilder Spuren formaler Verwandtschaften. Motive treten in der Wiederholung als bedeutsam hervor. Bei genauerem Blick scheinen durch die Wiederholungen aber auch Differenzen auf (Fischli/Weiss 2000).

Methodischer Entwicklungsbedarf

Zum Zeitpunkt der Gespräche gab es noch keine Vorstellung davon, wie mit dem Bildmaterial entsprechend der vorherigen Aspekte systematisch gearbeitet werden kann. Obwohl die Studierenden vor dem Hintergrund des Interesses an den pathischen Seiten von Lehr- und Lernprozessen eingeladen waren, sich in den Gesprächen auf das Bildmaterial spontan zu beziehen und auf inhaltliche Vorgaben bzw. Akzentuierungen verzichtet wurde, stellte zum Zeitpunkt der Gespräche die Bildarbeit an sich noch eine *methodische Leerstelle* dar. Abgesehen von der inhaltlich bewusst offen gestalteten Gesprächsführung und der zeitlich nicht festgelegten Struktur der Gespräche, war methodisch weitgehend offen, wie die fotografischen Bilder eingebunden werden können, um insbesondere jene Momente tiefergehend reflektieren zu können, in denen die Studierenden angesichts der fotografischen Bilder plötzlich von etwas getroffen und berührt werden – Momente, in denen ihnen Unerwartetes entgegenschlägt, in denen ein fotografierter Augenblick ungeahnt fragwürdig wird, sich Widersprüchliches andeutet und die Schüler_innen als unverfügbare Andere (vgl. Kap. 1) in Erscheinung treten.

An diesen Momenten der Ergriffenheit und des (Noch-)Nicht-Verstehens, in denen jene Facetten des pädagogischen Geschehens spürbar werden, die vom Anderen herrühren und die deshalb insbesondere für eine reflexive Annäherung an die pathischen Seiten von Lehr- und Lernprozessen wertvoll sind (vgl. Kap. 2 zu Erinnerungsbilder und Vignetten), setzt die vorliegende Studie an.

Da aufgrund der beschriebenen methodischen Leerstelle weiterführende Perspektiven nicht (allein) aus den stattgefundenen Gesprächen entwickelt werden können, braucht es andere Möglichkeiten, um die reflexive Bildarbeit methodisch auszuloten. Es sind »Proben« (vgl. Sabisch 2018, S. 249) nötig, in denen Möglichkeiten aufscheinen und weiterentwickelt werden können, um jene Momente der Berührung und Ergriffenheit der Studierenden systematischer mit dem Bildmaterial verknüpfen zu können. Diese »Proben« müssen in dem Bewusstsein um die skizzierten methodischen Leerstellen auf das *Mögliche* der Bildarbeit ausgerichtet sein und haben insofern einen experimentellen, ergebnisoffenen Charakter (vgl. Ahrens 2010).

Während das fotografische Bildmaterial und die Gespräche in Praxisfeldern der Lehrer_innenbildung entstanden sind (Abb. 8: zwei Säulen links), wird im Rahmen der »Materialproben« und Theoriebildung (Abb. 8: zwei Säulen rechts) auf die methodische Leerstelle geantwortet und der Versuch unternommen, Ansätze der Bildarbeit, wie sie in den Bildgesprächen mit den Studierenden zu finden sind, aufzunehmen und weiterzuentwickeln.

Der Forschungsprozess ereignet sich auf zwei Ebenen: Einerseits gibt es das fotografische Experiment und daran anknüpfend die Bildgespräche mit den Studierenden, andererseits wird dieses Material zum Ausgangspunkt, zukünftige, mögliche Formen der Bildarbeit auszuloten, die es zum Zeitpunkt der Gespräche noch nicht gab. Hans-Christoph Koller spricht passenderweise von einer Forschung im Modus des *Potentialis* (Koller 2016, S. 144): Wie auch »Bildung etwas ist, was man gerade

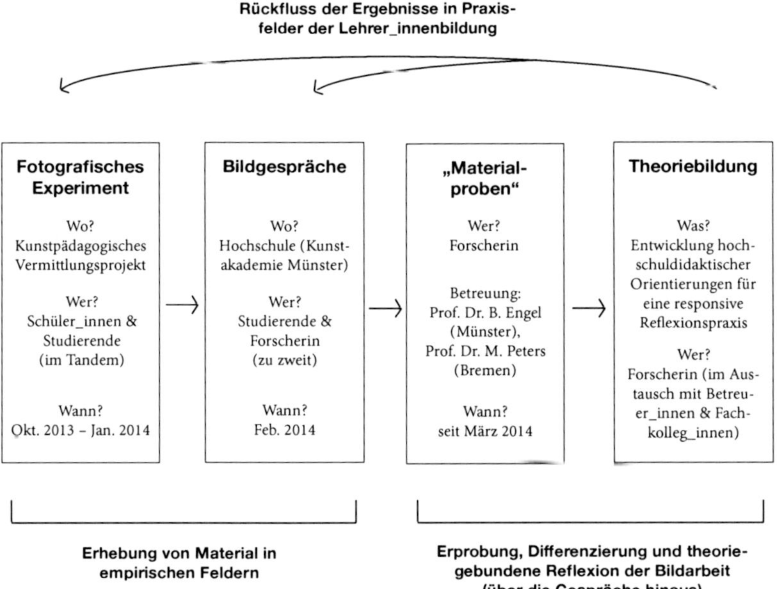

Abb. 8

nicht planbar herstellen oder bewirken, sondern allenfalls befördern und ermöglichen kann«, brauche es in der Beforschung von Bildungsprozessen in entsprechender Weise eine Diskursart im Modus des Möglichen und Hypothetischen (vgl. ebd. S. 142). Gerade weil sich Bildungsprozesse in dem Spannungsfeld zwischen didaktischem Plan und Vermittlungsanliegen der Lehrenden auf der einen Seite und Unvorhersehbarkeit sowie Unverfügbarkeit der Schüler_innen auf der anderen Seite zutragen, braucht es in der pädagogischen Forschung ein Vorgehen, in dem beides – Momente der Kontingenz und des Kalküls (vgl. Schürch 2020) – gleichermaßen in ihrem Verflochtensein reflektiert werden können. Gemeint ist damit eine Forschung in einem »hypothetischen Modus« (Koller 2012, S. 142), **258** durch den nicht nur das Faktische, sondern auch das Mögliche und Nicht-Verfügbare in den Blick geraten können.

Selbst als Forscherin mit den Bildern zu arbeiten und insofern über das hinauszugehen, was in den Gesprächen mit den Studierenden stattgefunden hat, gründet auf der Frage, *was die Bilder* ***potenziell*** *anbieten können, um die im Gespräch entstandenen Empfindungen, Deutungen und Einschätzungen der Studierenden sowie ihre aufscheinenden Vorverständnisse von Unterricht zu differenzieren?*

258 Koller beschreibt den »hypothetischen Modus« folgendermaßen: »[...] in der empirischen Bildungsforschung [wird] Bildung nicht mehr als hypothetischer Gegenstand bzw. als Möglichkeitskategorie behandelt [...], sondern vielmehr als empirisch identifizierbarer und d. h. prinzipiell in der Wirklichkeit auffindbarer Sachverhalt« (Koller 2012, S. 146). Mit dem Begriff des »Hypothetischen« wird ein Verhältnis zum Untersuchungsgegenstand beschrieben, in dem gerade nicht der identifizierende Zugriff gesucht wird. Koller geht es u. a. unter Bezug auf Adornos Figur des »Nichtidentischen« darum, »das Nichtidentifizierbare und Nichtmessbare von Bildungsprozessen zur Geltung zu bringen« (Koller 2012, S. 147).

An Momente im Gespräch anknüpfend, in denen Dringlichkeiten und Betroffenheit seitens der Studierenden spürbar werden, die also für *sie* eine besondere Relevanz haben, versuche ich auf die Deutungen der Studierenden zu antworten, indem ich selbst mit dem Bildmaterial arbeite. Dadurch wird ein möglicher, anderer Deutungsraum beschreibbar, der über das tatsächlich stattgefundene Gespräch hinausgeht, indem er Differenzierungen, andere oder sogar widersprüchliche Lesarten eröffnet. Aus Forschungsperspektive mit dem Bildmaterial zu arbeiten, zielt nicht darauf ab, zu zeigen, dass die Reflexionsprozesse der Studierenden oberflächlich oder unzureichend gewesen seien. Es geht vielmehr darum, mit wertschätzendem Blick den Vorverständnissen und Deutungen der Studierenden zu begegnen, **259** behutsam die Anliegen der Studierenden aufzugreifen und zu erproben, unter welchen Bedingungen die fotografischen Bilder zu einem Anders-Wahrnehmen anstiften können. Dies erfordert Zeit, fachwissenschaftlichen Austausch und eine intensive schriftliche Auseinandersetzung mit der Fragestellung und dem Forschungsgegenstand. Eine Forschung, die sich mit dem *Pathischen der Erfahrung* beschäftige, bringe – schreibt Kunz mit Blick auf Waldenfels – ein Paradox hervor: Einerseits müsse man sich dem Bruch der Erfahrung (Waldenfels 2002) aussetzen und gleichzeitig *wissenschaftlichen Ansprüchen* gerecht werden. Dieses Paradox lasse sich nicht »durch eine vorschnelle Amalgamierung auflösen« (Kunz 2019b, S. 248) und muss vielmehr selbst als Teil des Reflexionsprozesses fruchtbar werden können.

Das Ziel und gleichermaßen der methodologische Anspruch, der mit dem Forschungsvorhaben verbunden ist, lässt sich vor diesem Hintergrund folgendermaßen formulieren:

Ziel ist es, in den Gesprächen mit den Studierenden auf berührende, verunsichernde Momente, sich manifestierende Deutungen und pädagogisch relevante Fragen aufmerksam zu werden, um diese im Rahmen einer methodisch differenzierteren Bildarbeit aufzugreifen und zu vertiefen. Daraus sollen hochschuldidaktische Orientierungen für eine reflexive Bildarbeit hervorgehen, die über den spezifischen Kontext des hier vorgestellten Projektzusammenhangs hinausweisen und einen Beitrag dazu leisten, ein Reflexionsverständnis zu konturieren, das die Responsivität von Lehr- und Lernprozessen anerkennt.

4.5 Fotografische Bilder in Beziehung setzen: Mithilfe fotografischer Bilder den pathischen Seiten von Lehr- und Lernprozessen auf die Spur kommen

Im dritten Kapitel wurde vor phänomenologischem Theoriehintergrund ein Verständnis vom (fotografischen) Bild als spurhaftes Phänomen dargelegt. Diese spe-

259 Im 10. Forschungskolloquium *Kunstunterricht als Forschungsatelier* (7.–9. Februar 2020) merkte Prof. Dr. Käte Meyer-Drawe in der Diskussion meines Beitrags an, dass das vorprädikative Verständnis von Unterricht, d.h. das Vorverständnis von Studierenden, sehr wertvoll sei. Im Vorverständnis bahne sich ein Verstehen an, das noch nicht in Sprache zu übersetzen sei – »ein Sinn, der sich nicht sagen lässt« (Titel des Vortrags von Meyer-Drawe bei dem genannten Kolloquium).

zifische Vorstellung vom Bild als ein widerständiger und flüchtiger Gegenstand der Wahrnehmung, der potenziell *mehr* und *anderes* zeigt, als erwartet oder beabsichtigt, **260** begründet sich mit Blick auf die pathischen Seiten von Lehr- und Lernprozessen und den Entzug, der ihnen zu eigen ist. Um geeignete Perspektiven für den Umgang mit dem Bildmaterial entwickeln zu können, muss dieses Bildverständnis bedacht werden. Um die Bildarbeit an die Wahrnehmung, das Begehren und die Ergriffenheit der Betrachtenden zu knüpfen, bedarf es einer entsprechenden methodologischen Rahmung. Das Paradigma der ›Spurenlese‹ (vgl. Krämer 2007, S. 11–19) bietet sich an, um der zu entwickelnden Methodik im Umgang mit dem fotografischen Bildmaterial zugrunde gelegt zu werden – insbesondere kann dadurch auch der Bezugnahme der Forschenden auf das Bildmaterial ein Rahmen zugrunde gelegt werden, der die Möglichkeit der Affizierung und Berührung als sinnstiftende Momente im Forschungsprozess einschließt. Den Umgang mit fotografischen Bildern als einen Prozess des Spurenlesens anzulegen, der Gespür und Intuition verlangt, bietet die Möglichkeit, wissenschaftliches Verstehen an die Materialität und Präsenz der Bilder und damit an ihre Wahrnehmung zu binden. Mit dem Spurenparadigma lässt sich ein methodologischer Rahmen aufspannen, durch den nicht nur das fotografisch Sichtbare und vermeintlich Eindeutige im Fokus steht, sondern – darum eignet sich die Spur außerordentlich gut für das zugrunde liegende Forschungsanliegen – auch das Abwesende, das Angedeutete, das Mehrdeutige in die Aufmerksamkeit geraten kann. Hier mag sich ein Verstehen von pädagogischer Praxis anbahnen, das vom Anderen herkommt.

Die Überlegungen zur Spurenlese und zur Haltung der Forschenden als Spurenleser_innen dienen der Anbahnung einer Methodik im Umgang mit dem Bildmaterial, indem sie dazu beitragen, auf den paradoxen Anspruch eingehen, sich dem Pathischen der Erfahrung auszusetzen und gleichzeitig wissenschaftlichen Kriterien gerecht zu werden.

Spuren erfordern eine Spurenlese

Eine methodologische Figur, die eine grundlegende Orientierung bieten kann, um Wahrnehmung und Reflexion der pathischen Seiten von Lehr- und Lernprozessen miteinander zu verknüpfen, ist das *Spurenparadigma*. Die Beschäftigung mit Spuren, das heißt die Spurenlese, fordert zu dem Kunststück heraus, sich wahrnehmend auf etwas zu beziehen (die sichtbare Spur, der Abdruck von etwas), das im Grunde abwesend ist (das, was die Spur hinterlassen hat) (vgl. Krämer 2007, 18 ff.). Mit einem ähnlich paradoxen Anspruch wird man konfrontiert, wenn man versucht, sich den pathischen Seiten von Lehr- und Lernprozessen in ihren pädagogischen Bedeutungen reflexiv anzunähern. Auch hierauf kann nicht direkt zugegriffen werden. Pathische Seiten von Lehr- und Lernprozessen zeigen sich eher indirekt, in der

260 Sofern man das Bild selbst aufgenommen hat – vgl. beispielsweise die Filmszene in *Blow Up*, in der Tom plötzlich von den eigenen Aufnahmen erschüttert wird, in denen er einen Toten zu sehen glaubt. Dies steht im Gegensatz zu seiner Erinnerung an die Situation (Kap. 3, S. 140–143). ←

Wahrnehmung: im plötzlichen Aufmerken, einer Irritation oder Verunsicherung beziehungsweise Erleichterung darüber, dass sich ein Geschehen anders entwickelt hat als erwartet.

Das *Spurenparadigma* beschreibt Sybille Krämer (2007) als eine spezifische Orientierungstechnik, durch die stets ins Bewusstsein gerufen werde, dass ein restlos identifizierender Zugriff auf die Welt unmöglich sei. Sich auf Spuren als wissenschaftliche Orientierungshilfe zu beziehen, bedeutet, sich unaufhörlich in einem Wechselspiel von Wahrnehmbarkeit und Unmerklichkeit, von Bezug und Entzug, von Affizierung und Begehren zu bewegen (vgl. ebd. S. 14; auch Zahn 2012, S. 94).

Mit dem Spurenparadigma kann eine methodologische Grundlegung für eine »zarte Empirie« (vgl. Waldenfels 2010, S. 38; Zahn 2013, S. 109 ff., Brenne 2008) oder »indirekte Empirie« (vgl. Sabisch 2018, S. 67–81) formuliert werden, die nicht darauf abzielt, Phänomene zu identifizieren, sondern die deren Rätselhaftigkeit, Unverständlichkeit und Unverfügbarkeit ernst nimmt – ohne sich dabei jedoch von der Möglichkeit eines Verstehens vollkommen zu verabschieden. Waldenfels verwendet den Begriff des »Gespürs« und spannt damit einen Kontrast auf zu rationalen, diskursiven Verfahren der Erkenntnisgenese:

> »Indem wir einem Gespür folgen, sind wir den Dingen mit ihrem Fluidum, ihren sinnlichen Qualitäten, ihren konkreten Bedeutsamkeiten auf der Spur. Dinge werden hier im weiteren Sinne verstanden als etwas, um das es uns im Zuge der Erfahrung geht. Der Zugang zu ihnen ist noch nicht durch Sinn- und Regelstrukturen vorgezeichnet, er deutet sich höchstens an.« (Waldenfels 2010a, S. 20)

Spurenlese

Krämer schreibt Spuren eine »Orientierungsleistung« für das eigene Handeln zu (vgl. Krämer 2007, S. 15), sowohl alltagspraktisch als auch wissenschaftlich. Spuren werden vornehmlich unter »Bedingungen von Ungewissheit, Unsicherheit und vielleicht auch von Angst« (ebd.) gelesen, das heißt in Situationen, in denen wir uns nicht mehr auskennen. Spuren entstehen so gesehen erst aufgrund einer besonderen Bedürfnislage und Dringlichkeit und existieren nicht ohne denjenigen, der sie wahrnimmt. Sie werden erst »durch Interpretation hervorgebracht« (ebd., S. 17).

Indem Spuren erst in dem Moment entstehen, in dem sie gelesen werden, werde deutlich, so Krämer, dass *eine Spur zu sein* und *als Spur gelesen zu werden* nahezu ineinander fallen (ebd., S. 18). Was dabei unter *Lesen* der Spur verstanden werde, sei jedoch sehr verschieden. Gernot Grube, der sich umfänglich mit der Spurenlese als alternative Erkenntnistheorie beschäftigt, **261** merkt an, dass es im Grunde zwei verschiedene Interpretationen gebe: einerseits ein Lesen als gekonntes Auslesen im Sinne einer Rekonstruktion des verborgenen Referenten der Spur (Grube

261 Grube (2007, S. 222–253) bezieht sich auf das Spurenparadigma, um dem galileischen Wissenschaftsmodell eine Alternative gegenüberzustellen. Er knüpft an das Indizienparadigma nach Ginzburg an, erweitert dieses jedoch um eine nicht-semiotische Dimension. Während Ginzburg die Spur immer noch in die Nähe des Textes und damit des Zeichens setze, löst Grube diese Verbindung auf.

2997, S. 227 f.) und andererseits ein Lesen, bei dem die Spur zur Verunsicherung führen kann (vgl. ebd. S. 228 ff.) und die »Grenzen der Interpretierbarkeit und Verstehbarkeit des Anderen« bewusst werden (vgl. Zahn 2012, S. 105). Anschaulich werde die erste Perspektive beispielsweise an routinierten Jägern, die sicher und ohne Zögern eine Spur interpretieren:

> »Lesen in diesem Sinne ist erfolgreich, wenn man dem Zeichen sofort und ohne Zögern seine Bedeutung zuordnen kann, wenn man das Zeichen zugunsten einer Bedeutung zurücktreten lassen kann. Wenn man im idealen Fall durch das Zeichen hindurch direkt auf seine ›Referenz‹ sehen kann.« (Grube 2007, S. 231)

Die Spur rücke in die Nähe des Zeichens, das eine »feste und gesicherte Verweisstruktur« (ebd., S. 227) beanspruche. **262** Die Spur *repräsentiere* dann ihre nicht mehr wahrnehmbare, abwesende Ursache (vgl. Zahn 2012, S. 105).

Demgegenüber stehe ein anderes Verständnis von Lesen, das nach Krämer der *Vorgeschichte* des Textes angehöre und in seiner Unverfügbarkeit insbesondere für eine Annäherung an das Pathische der Erfahrung fruchtbar erscheint:

> »Denn bevor ›Lesen‹ die Wahrnehmungs- und Bearbeitungsform von Schrift bedeutet, meint es einfach nur das Aufsammeln, Zusammenlesen, Heraussuchen, Ordnen und Zurechtlegen. ›Spurenlese‹ ist ein mühevoller, komplizierter Vorgang, der seinen Gegenstand nicht einfach vorfinden und ihn ablesen kann, sondern durch Selektion zwischen dem, was in einem Wahrnehmungsfeld als Spur (wahrscheinlich) deutbar ist, und dem, was (wahrscheinlich) keine Spur ist, allererst hervorbringen muss.« (Krämer 2007, S. 18 f.).

Dieser Blickwinkel rückt einen ganz anderen Fokus in die Aufmerksamkeit: Spurenlesen gehe, bemerkt auch Grube, dann nicht im Zuordnen und der Rekonstruktion des Abwesenden auf, sondern beziehe auch das Entdecken und Auflesen mit ein (vgl. Grube 2007, S. 231). Spurenlesen umfasse dementsprechend auch das Finden einer Spur und ihr plötzliches Auffälligwerden. Krämer spitzt diese Facette der Spurenlese zu, indem sie diese »nicht-semiologisierbare Spur« (Krämer 2008, S. 285 ff.) als ein nicht auszudeutendes Zeichen charakterisiert. Der »authentischen Spur« wohne eine Opazität und Fremdheit inne, die sich hermeneutischen Verstehensbemühungen widersetzen. Dieser Entzug wiederum treibe das Verstehen paradoxerweise an, indem er zum Antworten »zwingt« (ebd., S. 292). **263**

Insbesondere das letztere Verständnis von Spur geht mit einem hohen Maß an Unsicherheit einher (vgl. Grube 2007, S. 232). **264** Es müssen Hypothesen aufgestellt

262 Grube arbeitet heraus, dass es die Tendenz gebe, Spuren in die Nähe von Zeichen (insbesondere Schriftzeichen) zu rücken (vgl. Grube 2007, S. 229). Er zeigt dies anhand der Positionen von Carlo Ginzburg *(Spurensicherungen. Über verborgene Geschichte, Kunst und soziales Gedächtnis,* 1979), Christoph Türcke *(Vom Kainszeichen zum genetischen Code. Kritische Theorie der Schrift,* 2005) sowie Umberto Eco *(Einführung in die Semiotik,* 1972).

263 Vgl. auch Zahn 2012, S. 105

264 Selbst eine vermeintlich eindeutige Zuordnung kann Unsicherheiten bergen, indem eine Zuordnung beispielsweise plötzlich neue Einsichten hervorbringt und damit neue Risiken eines Sachverhaltes vorstellbar werden. Diese müssten möglicherweise in anderen Spuren weiterverfolgt werden (vgl. Grube 2008, S. 233).

werden, Vermutungen formuliert und Deutungen ausprobiert werden. Indem sich die Spur einer kausalen Zuordnung entzieht, bleibe unauflösbar immer auch Raum für Irrtümer (vgl. ebd.).

Fotografische Spurenlese (Barthes)
Um diese Überlegungen stärker auf fotografische Bilder beziehen zu können, erscheint Roland Barthes' Abhandlung *Die helle Kammer* (1989) aufschlussreich, die als Beispiel für eine Spurenlese im Modus des Fotografischen gelesen werden könne (vgl. Zahn 2012, S. 112). Ausgangspunkt von Barthes' Beschäftigung mit fotografischen Bildern ist das, was ihn selbst daran besticht – dies nennt er *»punctum«*. Mit Barthes' Studie können Grundzüge einer Bildarbeit als Spurenlese vorstellbar werden, die nicht auf die interpretierende Aneignung von dem abzielen, was fotografische Bilder zeigen. Vielmehr schlägt in den Bildern etwas unerwartet entgegen, das nicht über eine übergeordnete und vorher bestimmbare Systematik oder Fragestellung zu erfassen und zu abstrahieren ist, sondern sich im Moment einer Berührung zu zeigen gibt.
Dieses Moment der Berührung scheint mit Blick auf mein Forschungsanliegen ein besonders sensibler Punkt zu sein: Denn die pathischen Seiten von Lehr- und Lernprozessen, die jenseits der Verfügungsmacht von Lehrpersonen liegen, liegen gleichermaßen jenseits der Verfügungsmacht derjenigen, die Bilder betrachten (vgl. Sabisch 2018). **265** Das, was sich einer intentionalen Bildbetrachtung entzieht und eher spürbare Qualität im Geschehen besitzt, zeigt sich eher im Wahrnehmen, im Innehalten (vgl. Engel/Loemke/Böhme 2020). Diesen Momenten, in denen fotografische Bilder bestechen und dadurch auf unerwartete Bedeutungen aufmerksam machen, ist Barthes auf der Spur.

Vom fotografischen Bild »punctiert« werden (Barthes) Barthes unterscheidet im Wesentlichen zwei grundlegend verschiedene Betrachtungsweisen: **das studium** und **das punctum** – wobei Letzterem seine besondere Aufmerksamkeit gilt, da es hier um eine Bilderfahrung jenseits von Identifikation, Bestimmung und Benennung geht und gerade den verstörenden und irritierenden Momenten im fotografischen Bild Beachtung geschenkt werden kann.
Da es jedoch im Hochschulkontext problematisch werden kann, sich ausschließlich auf die bestechende Qualität von Bildern als Movens der Reflexion zu verlassen → (siehe dazu Kap. 4, S. 209–211), wird die weniger affektbezogene Seite im Umgang mit Bildmaterial (*studium*) nicht von vornherein ausgegrenzt:

Das ***studium*** bezieht sich auf jene Facetten der Bildbetrachtung, die der Sprache zugänglich sind und die sich mithilfe geeigneten Wissens als decodierbar erweisen (Mersch 2007, S. 14). Es beinhalte all das, was wir über fotografische Bilder mittels

265 Sabisch spricht sich für eine indirekte Empirie aus (vgl. Sabisch 2018, S. 67–74) und schlägt vor, mit dem Begriff des »Symptoms« zu arbeiten (vgl. ebd., S. 75–81).

verschiedener Wissenschaften *sagen* können (vgl. Mersch 2003b, S. 181). Das *studium* stelle in gewisser Weise daher die identifizierbare, erlernbare (vgl. Mersch 2007, S. 14) und nüchterne Seite der Bilderfahrung dar:

> »Was ich für diese Photographien empfinde, unterliegt einem durchschnittlichen Affekt, fast könnte man sagen einer Dressur. [...] ›Studium‹ bedeutet, [...] die Hingabe an eine Sache, das Gefallen an jemandem, eine Art allgemeiner Beteiligung, beflissen zwar, doch ohne besondere Heftigkeit. Aus *studium* interessiere ich mich für viele Photographien, sei es, indem ich sie als Zeugnisse politischen Geschehens aufnehme, sei es, indem ich sie als anschauliche Historienbilder schätze [...].« (Barthes 1989, S. 35)

Die meisten Bilder wecken ein »vernünftiges« (ebd., S. 50) und »höfliches Interesse« – ein Gefallen oder Missfallen, ohne dass die Bilder den Betrachtenden tatsächlich treffen oder berühren (ebd., S. 36). Das *studium* **266** beziehe sich auf das Feld der »unbekümmerten Wünsche, des ziellosen Interesses, der inkonsequenten Neigung: ich mag/ich mag nicht, I like/ I don't« und gehöre daher zur »Gattung des to like und nicht des to love« (ebd.). Das *studium,* nach Barthes ein »oberflächliches, verantwortungsloses Interesse« (ebd., S. 37), diene vor allem dem Zweck, die Absichten und Vorgehensweisen des Fotografierenden nachzuvollziehen und zu rekonstruieren (vgl. ebd.). Barthes beschreibt das *studium* als »die tugendhafte Geste, mit der man sich der ›vernünftigen‹ Photos bemächtigt (auf die man ein einfaches studium verwendet)« (ebd., S. 59). Dies sei eine »faule Geste«, die sich in »blättern, rasch und flüchtig ansehen, trödeln und sich beeilen« erschöpfe (ebd.).
Fotografische Bilder, an denen sich diese Betrachtungsweise vollzieht, weil an ihnen nichts Bestechendes sei, interessieren Barthes wenig. Er kümmert sich nicht um die fotografischen Bilder, die einen vermeintlich eindeutigen und in Sprache zu übersetzenden Sinn versprechen, Bilder also, die eine bestimmte Botschaft zu vermitteln suchen (z. B. Presse- oder Werbefotos) oder ein spezifisches Begehren wecken wollen (z. B. pornografische Bilder). Vielmehr geraten insbesondere jene Bilder in seine Aufmerksamkeit, die ihn *nachdenklich* machen (vg. ebd., S. 49) – also nicht Bilder, die nur erschrecken oder schockieren, aufreizen oder gar stigmatisieren, sondern die subtiler wirken und einem schnellen Verstehen Widerstand bieten.

Diese Bilder können, so Barthes, ein ***punctum*** enthalten. Das kann zum Beispiel ein Detail sein (vgl. ebd., S. 53), das auf den ersten Blick völlig nebensächlich und unscheinbar wirkt und wie zufällig und zwecklos ins Bild gekommen scheint (S. 52). Das *punctum* löse kein wohlgefälliges Interesse aus, sondern es springe geradezu an, trete »blitzartig« in Erscheinung (vgl. ebd., S. 59) und besitze eine einnehmende, »expansive Kraft« (ebd., S. 55): »Wenn bestimmte Details, die mich ›bestechen‹ könnten, dies nicht tun, dann zweifellos deshalb, weil der Photograph sie mit Absicht platziert hat. [...] Folglich ist das Detail, das mich interessiert, nicht oder wenigstens nicht

266 Das *studium* könne als die gängige kulturwissenschaftliche Zugangsweise zu Bildmaterial bezeichnet werden (vgl. Gottlob/ Pazzini/Porath 2001, S. 11).

unbedingt beabsichtigt, und wahrscheinlich darf es auch nicht so sein; es befindet sich im Umfeld des photographierten Gegenstandes als zugleich unvermeidliche und reizvolle Zutat; es bezeugt nicht unbedingt die Kunst des Photographen; es besagt bloß, daß es sich dort befand, oder, noch dürftiger, daß er gar nicht anders konnte, als das Teilobjekt gleichzeitig mit dem Gesamtobjekt zu photographieren...« (ebd., S. 57).

Das *punctum* lässt sich als ein »Sprung«, eine »kleine Erschütterung« (ebd., S. 59) und als »Stich« beschreiben. Es könne nicht aktiv vom Betrachtenden »aufgesucht« werden, sondern es »schieße wie ein Pfeil aus seinem Zusammenhang hervor« (ebd., S. 35), um den Betrachtenden zu »durchbohren« (ebd.). **267**

Das *punctum* sei die »empfindliche Stelle« im fotografischen Bild und innerhalb des Bildganzen das »kleine Loch«, der »kleine Fleck«, der »Schnitt« (ebd., S. 36). **268**

Das Detail, das plötzlich in die Aufmerksamkeit drängt (beispielsweise eine leicht geöffnete Hand), müsse »nicht als Element einer Menge, als Exemplar einer Gattung, bestimmt sein, sondern kann gerade durch seine Disparatheit den (heraus-) springenden Punkt einer Photographie bilden« (Gottlob/Pazzini/Porath 2001, S. 12). In »beunruhigender Weise« scheint sich »das *punctum* der (begrifflichen) Aneignung durch das Subjekt zu entziehen und dieses aus der *Reserve* zu locken [...]« (ebd.). Barthes selbst ist beispielsweise in einer Fotografie von Robert Mapplethorpe von der leicht geöffneten Hand des fotografierten, nackten Mannes gebannt. Die Geste der Hand bildet jenes Moment im Bild, das seine Aufmerksamkeit auf sich zieht. Für andere Betrachter_innen ist es wahrscheinlich ein ganz anderes Detail, das trifft: vielleicht der direkte Blick, das Lächeln, die durch den Bildausschnitt angedeutete Nacktheit ... Vielleicht trifft aber auch nichts.

Fotografische Bilder konfrontieren auf verschiedenen Ebenen mit unauflösbaren Widersprüchen, indem sie das Abwesende in die Anwesenheit holen, das Tote verlebendigen, das Ungleichzeitige gleichzeitig und das Ungreifbare greifbarer machen (vgl. Schürmann 2013, S. 20). Diese Paradoxien und die dem Fotografischen dadurch eigentümliche Opazität tragen wesentlich dazu bei, dass fotografische Bilder bestechen, berühren und irritieren können. **269**

267 Dieses Moment der Punctierung, das vom Bild ausgeht und durch das der Betrachtende in Bann geschlagen wird, lässt sich an verschiedenen Beispielen nachvollziehen, die Barthes in dem Buch versammelt. So unter anderem an einer Fotografie von Robert Mapplethorpe, auf der ein junger Mann mit ausgestrecktem Arm zu sehen ist: »Das punctum ist mithin eine Art subtiles Abseits, als führe das Bild das Verlangen über das hinaus, was es erkennen läßt [...] dieser junge Mann mit ausgestrecktem Arm und strahlendem Lächeln verkörpert eine heitere Erotik, obwohl seine Schönheit keineswegs akademischen Maßstäben entspricht und er, an den äußeren Bildrand versetzt [wurde] [...] der Photograph hat die Hand des Jungen (ich glaube, es ist Mapplethorpe selbst) genau im richtigen Grad des Sich-Öffnens, in der Intensität der Hingabe festgehalten: ein paar Millimeter mehr oder weniger, und der Körper, den man erahnt, hätte sich nicht mehr wohlwollend dargeboten.« (vgl. Barthes 1989, S. 68)

268 Was Barthes zu dem Bild von Mapplethorpe schreibt, ist sein Versuch, der eigenen Berührung auf die Spur zu kommen. Andere Betrachter_innen werden dementsprechend von anderen Aspekten des Bildes berührt sein – oder möglicherweise auch gar nicht.

269 Das unerwartete Detail könne dabei ebenso bestechen, wie die eigentümliche *Zeitlichkeit* von fotografischen Bildern (vgl. Schürmann 2013, S. 18). Die sonderbare Verknüpfung von

Barthes' Überlegungen, bemerkt Mersch, läuten eine Wende ein, die sich für viele Bildtheorien als bedeutsam gezeigt hat. Das entscheidende Moment des Bildes lagert Barthes im Gegensatz zu semiotischen Bildtheoretikern aus, indem es nicht mehr ein identifizierbares oder diskursivierbares Element sei (Mersch 2003b, S. 182), das im Bild aufzufinden und zu benennen ist (vgl. ebd., S. 181), sondern das sich im Wechselspiel mit dem Begehren des Betrachtenden ereigne und sich weitgehend dessen Willen entziehe. Mit Barthes' Überlegungen zum *punctum* wird das fotografische Bild zum Anlass einer

> »Wendung des Blicks vom Intentionalen zum Nichtintentionalen, von der Identifizierung zur ›Gesichtlichkeit‹, zur Widerfahrnis einer anblickenden Alterität, und von der Lektüre zur *Aura*« (ebd., S. 182).

Das, was im Bild besticht, lasse sich nicht bewusst und gezielt aufsuchen und methodisch abgesichert herausfinden. Vielmehr komme es vom Bild und damit vom Anderen her (Barthes 1989, S. 62). Mit Verzögerung – Barthes selbst spricht von *Latenz* (ebd.) – können Details oder Aspekte im Bild aufscheinen, die plötzlich berühren, treffen oder auch erst viel später in der Erinnerung nachhallen. Diesen vom Bild ausgehenden Affizierungen könne sich eher mit geschlossenen Augen oder einem abgewandten Blick angenähert werden (vgl. ebd., S. 65), als dass ihnen mithilfe einer genauen Untersuchung und Instrumentarien beizukommen sei.

Wohin führen Barthes' Überlegungen? Ausgehend vom *punctum* lässt sich über einen Zugang zu fotografischem Bildmaterial nachdenken, der nicht ausschließlich kognitiv organisiert ist und mit dem nicht das Ziel verfolgt wird, Bildbetrachtung als methodisch kontrollierbaren und sprachlich zu abstrahierenden Prozess zu fassen. Stattdessen wird die Betrachtung von fotografischen Bildern in seinen *affektiven Dimensionen* ernstgenommen. Anstatt einer »formalen Ontologie (einer Logik)« (ebd., S. 30) zu folgen, zeigt sich in der *Hellen Kammer* immer wieder das Bemühen

Vergangenem und Gegenwärtigem, die im fotografischen Bild entstehe, könne etwas Verstörendes haben – denn es gelange ein Geschehen zu Präsenz, das zum Zeitpunkt der Betrachtung längst vorbei ist (oder nie existiert hat). Am Beispiel eines Porträts von Lewis Payne (1865), auf dem ein Gefangener auf seine Hinrichtung wartet, verdeutlicht Barthes diese zeitliche Paradoxie: »Das Photo ist schön, schön ist auch der Bursche: das ist das *studium*. Das *punctum* aber ist dies: er wird sterben. Ich lese gleichzeitig: *das wird sein* und *das ist gewesen;* mit Schrecken gewahre ich eine vollendete Zukunft, deren Einsatz der Tod ist [...] ich erschauere [...] vor einer Zukunft, die bereits stattgefunden hat.« (Barthes 1989, S. 106). Die »Präsenz des Gezeigten« im fotografischen Bild, das Wissen über dessen Vergangenheit und die »Gegenwart der Bildbetrachterin im Hier und Jetzt«, die »Gewissheit eines Anblicks« und gleichzeitig die »Ungewissheit des Ausdrucks« erzeugen, betont Schürmann, bemerkenswerte und für das Fotografische spezifische Paradoxien. Das fotografische Bild sei als ein Ineinandergreifen von *Mortifikation* und *Vivikation* zu verstehen: Mortifikation insofern, als dass etwas zuvor Lebendiges im Bild stillgestellt werde und Vivikation, indem etwas erst im fotografischen Bild selbst zur Erscheinung gebracht werden könne. Auch Walter Benjamin bemerkte im *Passagen-Werk,* dass das Besondere des fotografischen Bildes darin bestehe, das Gewesene blitzhaft mit dem Jetzt der Betrachtung in eine Konstellation treten zu lassen (Passagen-Werk, Bd. V.1, S. 578) und, wie Agamben betont, eine Zeit hervorzubringen, *die bleibt* (Agamben 2006). »Bleibendes und Vergehendes«, »Versteinerung und Verlebendigung« gehen eine chiastische Verbindung ein (vgl. Schürmann 2013, S. 28).

darum, innezuhalten und bewusst einen spürenden Zugang zu fotografischen Bildern zu finden:

> »[…] das Wesen der PHOTOS, so, wie von mir vermutet, ließ sich für mich vom ›Pathetischen‹, aus dem es besteht, nicht trennen, kaum daß ich es gesehen. […] Als *spectator* interessierte ich mich für die PHOTOGRAPHIE nur ›aus Gefühl‹; ich wollte mich in sie vertiefen, nicht wie in ein Problem (ein Thema), sondern wie in eine Wunde: ich sehe, ich fühle, also bemerke ich, ich betrachte und ich denke.« (ebd., S. 30).

Barthes' Überlegungen beziehen sich auf fotografische Bilder, die er selbst nicht aufgenommen hat. Dies, wie er schreibt, hänge vor allem damit zusammen, dass er kein guter Fotograf sei und kaum fotografiere. Dass aber auch das eigene Foto bestechen und irritieren kann, schließt Barthes keineswegs aus. **270**

Es wurden Grundmomente von Barthes' Argumentation dargestellt, weil darin dem »pathischen Charakter einer leiblich verankerten Bilderfahrung« (Waldenfels 2015a, S. 205) stattgegeben wird. Mit Barthes' Überlegungen zum *punctum* schiebt sich ein pathisches Moment in die Begegnung mit Bildern, indem etwas vom Bild ausgeht und affiziert, das gerade nicht zu planen und im Vorhinein zu bestimmen ist. Die Nähe zu jenen Seiten eines pädagogischen Geschehens, die sich jenseits der eigenen pädagogischen Verfügungsmacht ereignen und in denen Lehrpersonen ein unerwarteter Anspruch der Anderen entgegenschlagen kann, ist hier offensichtlich.

Die Haltung der Spurenleser_innen angesichts fotografischer Bilder

Mit dem Spurenparadigma und dem *punctum* als Beispiel einer fotografischen Spurenlese ist noch keine Methode gegeben. Vielmehr lassen sich damit günstige Umstände und eine Haltung seitens der Bildbetrachter_innen beschreiben, unter denen eine Spurenlese stattfinden könnte. Deutlich wird an den dargestellten Positionen, dass die Spur dann nicht unter einem identifizierenden Zugriff zu verschwinden droht, wenn sie in ihrer Mehrdeutigkeit als Widerfahrnis empfangen wird. Das heißt, wenn man nicht versucht, der Spur aktiv einen Sinn zuzuschreiben, sondern wenn vor dem Hintergrund der gewohnten Erfahrungen und bestehenden Erwartungen plötzlich etwas aufmerken lässt, weil das Andere und Fremde als Störung, Widerstand oder Rätsel in Erscheinung treten kann (vgl. Zahn 2012, S. 106). Das Aufspüren beginne immer

> »im Spüren von Anziehung und Widerstand, Lust und Unlust, etc. Im Wahrnehmen; es ist die Erregung der Aufmerksamkeit, mit der jede Spurenlese beginnt. Diese muss sich im weiteren Verlauf […] zu einem Zaudern auswachsen, will der Spurenleser das Unbestimmte, Rätselhafte, das im Blickgeschehen mit der Kunst erfahren wurde, aushalten und nicht wieder aneignen, als Fremdes, Anderes im eigenen ›Erfahrungshorizont‹ relativieren.« (ebd., S. 106)

270 Eingehend wird dies auch in dem Film *Blow Up* inszeniert (vgl. Kap. 3). Die Erschütterung, die von den Fotografien im Moment ihrer Betrachtung ausgelöst wird, scheint sogar gerade dem Umstand geschuldet zu sein, dass es sich um die eigenen Bilder handelt. Angesicht der Bilder die eigene Wahrnehmung in Frage stellen zu müssen und rückblickend das fotografierte Geschehen in ganz anderer Weise zu sehen, mag umso irritierender und verletzender sein.

Krämer charakterisiert die Spurenlese entsprechend als einen »mühevolle[n], komplizierte[n] Vorgang, der seinen Gegenstand nicht einfach vorfinden und ihn ablesen kann« (Krämer 2007, S. 18). Das Zaudern **271** ist daher die notwenige Zäsur, um über das plötzliche Aufmerken hinaus im »Verweilen vor der Unbestimmtheit« (Zahn 2013, S. 107), im »Innehalten« (Loemke 2018), »Warten« (Dörpinghaus/Uphoff 2012) und in der »Vergegenwärtigung" (Engel 2019), mögliche Bedeutungen von Spuren auffächern zu können. Manuel Zahn bemerkt, dass sich Spuren einem systematisierenden Zugriff entziehen, der sich an externen, formalen Kriterien ausrichtet. Stattdessen verlangen Spuren nach einem *a-methodischen Vorgehen* (vgl. Zahn 2012, S. 111). Spurenlesende seien – je nach Beschaffenheit der Spur – darauf angewiesen, Spuren mithilfe verschiedener Medien sichtbar und kommunizierbar zu machen. Sie können nach unterschiedlichen Formen der medialen Bearbeitung verlangen, um die Assoziationen, Aufmerksamkeiten und Deutungsansätze, die sie provozieren, nachvollziehbar kommunizieren zu können (vgl. ebd., S. 108).
Da die Spur jedem auf eigene Weise erscheint, dreht sich die Spurenlese um das *Singuläre*. Spurenlesen bezieht sich auf die Gegenwart, die mit einer Spur geteilt wird. Folglich haben auch die Instrumente der Spurenlesenden sehr spezifischen Charakter: »formbar auf sein einzelnes Objekt und folglich jeder Verallgemeinerung gegenüber widerspenstig« (ebd., S. 111 bezogen auf Henri Bergson).

4.6 Was, wenn nichts trifft? Markierung einer Stolperstelle

Mit der Verortung der Forschungsarbeit in der Hochschuldidaktik geht der Anspruch einher, seitens der Studierenden eine Bereitschaft und ein Verständnis anzubahnen, sich auch auf jene Momente im Unterrichtsgeschehen einzulassen, in denen sich das Geschehen und die Schüler_innen als unverfügbar und unvorhersehbar erweisen. Vor diesem Hintergrund wirft eine Spurenlese, die sich an dem nichtsemiologisierbaren Spurbegriff orientiert (vgl. Krämer 2008, S. 285 ff.) und die mit der Affizierung einsetzt, auch kritische Fragen auf: Insbesondere die formale und inhaltliche Dichte von zweiperspektivischem Bildmaterial, die langen Bildsequenzen mit ihren verborgenen Rhythmen, **272** die Ästhetik spontaner Bildproduktionen mit ihren unterbelichteten und teilweise unscharfen Bildern tragen dazu bei, dass es sich um besonders heterogenes und komplexes Bildmaterial handelt. Insofern in diesem Bildmaterial Aspekte aufscheinen, die für das tiefergehende Verstehen eines pädagogischen Geschehens relevant sein können, handelt es sich um Spuren, die mal mehr und mal weniger prägnant, visuell attraktiv und zugänglich erscheinen.

271 Zahn (2012, S. 102f) bezieht sich bezüglich des Zauderns auf Joseph Vogl (2007): »Im Zaudern verdichtet sich ein kritisches, krisenhaftes Verhältnis von Tat und Hemmung, Handeln und Grund, Gesetz und Vollzug; und dabei wird zwangsläufig der Boden aufgewühlt, auf dem überhaupt sich eine Welt, ein Weltverhältnis konstituiert.« (Vogl 2007, S. 25)

272 In welcher Frequenz eine Bildsequenz aufgenommen wurde, lässt sich nicht unbedingt an dem ablesen, was das Bildmaterial zeigt. Die Metadaten bieten hier mehr Aufschluss über die zeitliche Struktur einer Bildsequenz, müssen aber gezielt ausgelesen werden.

Barthes legt die Bilder, die ihn nicht punctieren, beiseite. Bilder, die ihn nicht berühren, tauchen in dem Buch *Die helle Kammer* nicht auf. Im hochschuldidaktischen Kontext, in dem Lehrende und Forschende in der Verantwortung stehen, Bildungsprozesse von Studierenden zu begleiten und zu unterstützen, und ein Interesse daran haben, dass Studierende sich auch mit jenen Momenten im Unterricht beschäftigen, die eher zu ihren blinden Flecken zählen und die ihnen wenig zugänglich erscheinen, steht eine Frage im Raum, die sich Barthes nicht stellen musste: *Was bedeutet es, wenn sich keine zwangsläufige »Aufdringlichkeit« seitens der Bilder einstellt, die es aber braucht, um eine Nachdenklichkeit anzustoßen? Oder wenn im Unterricht aufgenommene Schnappschüsse nichts Bestechendes haben?* Dass etwas trifft und zu etwas Neuem anstößt, lässt sich nicht didaktisch kontrollieren oder steuern.

Es stellt sich also die Frage, wie die skizzierten Überlegungen von Barthes und die vorangegangenen Überlegungen zur Spurenlese so aufgegriffen werden können, dass sie auch für den Kontext der Hochschuldidaktik (bzw. der Forschung im Bereich der Hochschuldidaktik) und dem damit verbundenen Anspruch, Studierende in ihren pädagogischen Professionalisierungsprozessen zu begleiten und zu unterstützen, zu einer brauchbaren methodologischen Grundlage führen können. Etwas konkreter formuliert: *Welche Methodik eignet sich für eine Arbeit mit fotografischen Bildern, die auch als Umgang mit deren affektiven und attentionalen Widerständen zu denken ist?* **273** Vor dem Hintergrund dieser Frage werden in den folgenden Unterkapiteln Zugänge zum Bildmaterial skizziert **(bildlich, sprachlich, grafisch, theoretisch)**, die im Sinne einer behutsamen Spurenlese das Bildmaterial auf verschiedenen Ebenen umkreisen. Die vier Ebenen gehen aus der Spezifik des entstandenen Bildmaterials hervor, d.h. seiner Sequenzialität, Zweiperspektivität und Mehrdeutigkeit. Dabei soll es nicht darum gehen, den fotografischen Bildern mithilfe bestimmter Methoden etwas Bestechendes *abzuringen*, sondern es geht zunächst um eine Sondierung möglicher Umgangsweisen mit Bildern, **274** die dem Modus einer Spurenlese entsprechen. Der Begriff *Methodik* wird daher in aller Vorsicht verwendet. Die verschiedenen Ebenen des Auslegens sollen nicht als feste Handlungsanleitungen missverstanden werden.
Das *studium*, das Barthes ablehnt, ist im Rahmen meiner Forschungsarbeit notwendigerweise nicht vom Tisch – nicht im übertragenen und nicht im wörtlichen Sinne. **275** Stattdessen wird versucht, *punctum* und *studium* nicht als einander ausschließende Modi der Bezugnahme auf fotografisches Bildmaterial zu verstehen. Es

273 Die Frage ist an eine Formulierung von Sabisch (2018, S. 30) angelehnt.
274 Wichtig ist hier der Plural, denn es geht nicht um Einzelbilder, sondern um die Frage, wie fotografische Bilder »vergesellschaftet« werden können (Pichler 2010, S. 11).
275 Auch Pilarczyk und Mietzner (2005) sprechen sich für eine Verknüpfung beider Modi aus: »Gerade beide Suchbewegungen zusammen machen die Fruchtbarkeit interpretierender Verfahren aus. Es ist das ›punctum‹, eine irritierende, oft verborgende Kleinigkeit, das bei vielen Fotografien nicht loslässt, aber um dies zu verstehen, bedarf es des ›studiums‹, eines Verfahrens, mit dem man variabel und kontrolliert zugleich die Sinnschichten der Fotografie freilegen kann.« (S. 113)

gilt, das punctum – d. h. die pathischen Dimensionen der fotografischen Bilder – mit einer an die Wahrnehmung gebundenen, vertiefenden Bildarbeit zu verbinden.
Jene Momente im Unterricht, in denen etwas passiert, was spürbar jenseits der eigenen Kontrolle liegt und sich als unverfügbar erweist, können Freude über eine willkommene Abwechslung ebenso auslösen, wie Verunsicherung und Unbehagen. Um ein möglichst breites Erfahrungsspektrum in seiner potenziellen Bedeutung für das pädagogische Geschehen befragen zu können, wird beides in den Blick genommen: Momente im dokumentierten Unterrichtsgeschehen, von denen sich die Studierenden positiv berührt zeigen, und ebenso Momente, denen sie zweifelnd und kritisch begegnen.
Mithilfe von Beispielen aus der Kunstpädagogik, Kunstwissenschaft und Kunst werden methodische Perspektiven für das Auslegen von Bildern auf einer Fläche entwickelt, die dieses Spektrum berücksichtigen.

4.7 Mögliche Ebenen einer fotografischen Spurenlese

Bildlich: Bilder in Beziehung setzen, Bildverkettungen und Bildzwischenräume

In mehrfacher Hinsicht handelt es sich bei dem fotografischen Bildmaterial, auf das sich die vorliegende Studie stützt, um sequenzielles Material – das heißt um Bilder, die nicht vereinzelt in Erscheinung treten, sondern im *Plural* vorliegen (vgl. Thürlemann 2013, S. 7; **276** Ganz/Thürlemann 2010, S. 14). Einerseits hängt dies unmittelbar mit der bildlichen Verhasstheit der menschlichen Erfahrung selbst zusammen, indem wir, schreibt Waldenfels, Bilder gar nicht isoliert und als Einzelne betrachten können, weil immer schon Vor- oder Nachbilder, Assoziationen und Wunschbilder im Spiel seien (vgl. Waldenfels 2015a, S. 206, 210). **277** Andererseits basiert die vorliegende Studie auf sequenziellem Bildmaterial, da die fotografischen Aufträge selbst eine sequenzielle Bildproduktion der Schüler_innen und Studierenden nahegelegt haben.
Der fotografische Auftrag, den die Schüler_innen bekommen haben, **278** führt zwangsläufig zu einer kontinuierlichen und das pädagogische Geschehen begleitenden Bildproduktion. Es werden keine einzelnen Bilder inszeniert, **279** die als

276 Thürlemann bezeichnet das »Bild im Plural« als *hyperimage* und versteht darunter eine »kalkulierte Zusammenstellung von ausgewählten Bildobjekten [...] zu einer neuen, übergreifenden Einheit« (Thürlemann 2013, S. 7).
277 Ganz und Thürlemann sprechen sich dafür aus, Bilder verstärkt in ihren pluralen Bildformen zu untersuchen. Bilder begegnen uns nicht nur in Ausstellungen in Reihen, sondern ebenso in Publikationen – besonders im Bereich der Kunstgeschichte. Es sei eher der Regelfall und damit auch Teil unserer alltäglichen Wahrnehmung, dass uns Bilder im Plural begegnen (vgl. Ganz/Thürlemann 2010, S. 7 ff.). Bilder im Plural entsprechen, bemerkt Christopher S. Wood (2010), dem »Fließen der Erfahrung«: »Wenn wir von einer Pluralität der Bilder sprechen, sollten wir uns in Wirklichkeit keine Sammlung von getrennten, vereinzelten Bildern vorstellen, sondern eine unermessliche Fülle, ohne Differenzierung [...].« (Wood 2010, S. 87)
278 Daran ist auch der Auftrag der Studierenden gebunden: Sie sollten die fotografierenden Schüler_innen begleiten und immer dann ein Foto aufnehmen, wenn diese ein Foto machen.
279 Wie zum Beispiel in dem hochschuldidaktischen Setting von Andreas Gruschka, in dem Studierende gemäß ihrer Erfahrungen im schuli-

singuläre Produkte für sich allein stehen, sondern es wird über einen bestimmten Zeitraum hinweg ein Geschehen verfolgt und aufgezeichnet. Dabei entstehen Aufnahmen, die an die Wahrnehmungsprozesse, die Bewegungen und das Handeln der Fotografierenden innerhalb eines bestimmten Zeitraums gebunden sind und insofern auch die Veränderungen und Entwicklungen der fotografierten Situation einschließen. Die einzelnen Aufnahmen, die zu bestimmten Zeitpunkten gemacht werden, sind daher chronologisch miteinander verbunden. Auf ein Bild folgt ein weiteres Bild, folgt ein weiteres und so fort.

Den Bildern, die prozessbegleitend entstehen, liegt eine »Konnektivität« **280** zugrunde. Die Tandempartner_innen fotografieren zwar innerhalb der gemeinsamen Situation, zeigen davon mitunter aber sehr verschiedene Ansichten. Auch wenn der zugrunde liegende Zusammenhang zwischen den Bildern sich nicht zwingend in visuellen Ähnlichkeiten widerspiegeln muss, spannt sich auch hier ein bildübergreifender Zusammenhang auf. Dieser ist weniger ein Zusammenhang, der sich aus der chronologischen Abfolge der Bilder ergibt, als vielmehr ein Zusammenhang, der mit der relationalen Bildproduktion selbst zu tun hat.

Auf mehreren Ebenen lassen sich »Bildverkettungen« (vgl. Sabisch 2018a, S. 232) in dem Bildmaterial finden, die auf der *Kontinuität von Wahrnehmungsprozessen* einerseits und auf dem *Wechselspiel zweier fotografischer Blickweisen* andererseits beruhen.

schen Praxisfeld einzelne Schlüsselbilder inszenieren und fotografisch festhalten (vgl. Gruschka 2005, S. 20–22), in denen sich wichtige Eindrücke verdichten.

280 Im Verknüpfen mehrerer Bilder entstehen u.a. Zusammenhänge zwischen den Bildern, die Sabisch als »Konnektivität« (vgl. Sabisch 2018b, S. 169) und »Kontinuierung« (vgl. Sabisch 2018c, S. 410, 413) bezeichnet.

281 Birgit Richard, die den Begriff der »Bildnachbarschaft« auf die Analyse von Musikvideos bezieht, betont, dass Bilder nicht ohne Weiteres aus ihrem Zusammenhang extrahiert werden können. In der Weise, wie und was einzelne Bilder zeigen, verweisen sie nicht nur formal in ihrer Chronologie aufeinander, sondern sie nehmen aufeinander Bezug, indem sie beeinflussen, wie und ob andere Bilder wahrgenommen werden. Bildsequenzen sind, schreibt Richard, mehr oder weniger offensichtlich von Bildhierarchien und Politiken des Zeigens durchzogen. Einzelne Bilder können durch andere Bilder verdeckt oder hervorgehoben werden. Es bedürfe daher insbesondere bei sequenziellem Bildmaterial eines »quasi archäologischen Prozess[es]« (Richard 2004, S. 33) um einen Umgang mit diesen Mechanismen zu finden, die innerhalb von Bilderverkettungen und Bilderreihen Aufmerksamkeiten von Betrachter_innen lenken.

282 Diese Notwendigkeit deutete sich auch in den *Exposures* von Barbara Probst an (Kap. 4, S. 154 ff.). Da Probsts Arbeiten jedoch auf Bildern basieren, die aus verschiedenen Blickwinkeln simultan mithilfe eines ferngesteuerten Auslösers aufgenommen werden, stellt sich die Frage der zeitlichen Abfolge und der Verkettung verschiedener fotografischer Gesten und menschlicher Wahrnehmungsprozesse mit ihrem Bildmaterial jedoch nicht. Es verwundert daher nicht, dass die Bildzusammenstellungen in Probsts Arbeiten nicht besonders hervorstechen. *Exposure #1* ist die einzige Serie (auf der Homepage der Künstlerin), in der die Bilder nicht nur neben-, sondern auch übereinander präsentiert werden.

283 Robert Hobbs spricht bezüglich der Arbeit von Probst passenderweise auch von Permutationen. Unter Permutationen wird in der Mathematik bzw. Kombinatorik die bestimmte Anordnung von Objekten verstanden.

284 Eine Ausnahme bildet *Exposure #1*. Hier handelt es sich um zehn Querformate und ein Hochformat. Das Hochformat liegt links außen, während die anderen Bilder eine geschlossene, zweireihige Form bilden (siehe https://barbaraprobst.net/works/exposure-1/, aufgerufen am 29.09.2020).

Dadurch macht es hinsichtlich einer reflexiven Bildarbeit wenig Sinn, die entstandenen Bilder zu isolieren. Sie stehen in unterschiedlicher Weise in Beziehung zueinander und sind in »Bildnachbarschaften« (vgl. Richard 2003) **281** eingebettet, die aufschlussreich sind, um sich dem fotografierten Geschehen und der sich darin zeigenden Relationalität der Fotografierenden anzunähern. Um auf das Geschehen aus den verschiedenen Perspektiven blicken zu können, müssen die Bilder nebeneinander gelegt und arrangiert werden. Die *simultane Bildproduktion* findet ihre Übersetzung in einer *simultanen Bildpräsentation.* **282**
Dies deutet sich auch in der künstlerischen Arbeit von Barbara Probst an, die sich stets aus mehreren Kameraperspektiven zusammensetzt. Die Einzelbilder der *Exposures* werden nebeneinander präsentiert und können *auf einen Blick* angeschaut werden. Beziehungen zwischen den Bildern werden geknüpft, indem die Fotografien auf einer Fläche angeordnet werden und der Blick der Betrachter_in zwischen den Bildern bzw. einzelnen Bildelementen hin- und herspringt. Die *Exposures* setzen sich aus Bildern zusammen, die mithilfe eines ferngesteuerten Auslösers und auf Stativen installierten Kameras exakt zum gleichen Zeitpunkt aufgenommen werden. Jede Kamera zeigt das dokumentierte Geschehen in demselben Moment aus jeweils anderer Perspektive. Probst selbst bemerkt, dass jede Perspektive eine spezifische Möglichkeit sichtbar mache, das Geschehen sehen zu können (vgl. Probst 2014a, S. 162). Die verschiedenen Perspektiven, Detailaufnahme oder Überblicksbild, stehen gleichberechtigt nebeneinander (vgl. Hobbs 2016): Kein Bild zeigt mehr oder besser das Geschehen als ein anderes, kein Bild zeigt das Geschehen etwas früher oder etwas später. **283** Es verwundert daher nicht, dass die einzelnen Bilder – die *Exposures* setzen sich aus bis zu dreizehn Einzelaufnahmen zusammen – einem einheitlichen Prinzip folgend auf der Fläche angeordnet werden. Sie bilden horizontale und vertikale Reihen, mit jeweils denselben Abständen dazwischen. Es entstehen kompakte und in sich geschlossene Reihen und Tableaus: **284**

Abb. 9–11

Abb. 12

Abb. 9 Bildpaar, im Hoch- oder Querformat
Abb. 10 Triptychon, im Hoch- oder Querformat
Abb. 11 Mehrteilige, horizontal angeordnete Reihe, unterschiedliche Länge

Abb. 12 Mehrreihiges Tableau, im Hoch- oder Querformat

In den *Exposures* **285** wird mit dem Wissen darum gespielt, dass alle Kameras exakt zum gleichen Zeitpunkt mithilfe eines Funksignals ausgelöst werden. Anders als in Probsts Arbeiten wird das zweiperspektivische Bildmaterial in meinem fotografischen Setting nicht *zeitgleich,* sondern *zeitähnlich* fotografiert, da die Bilder aus der Hand, d.h. ohne Stativ, spontan fotografiert werden. Es ergeben sich zeitliche Verschiebungen zwischen den Aufnahmen der Schüler_innen und der Studierenden und eine unvorhersehbare Verwendung der Kamera. **286** In der Anordnung der Studierenden- und Schüler_innenbilder muss daher nicht nur die räumliche Relation zwischen den einzelnen Aufnahmen, sondern vor allem auch deren zeitliche Relation berücksichtigt werden. Metadaten der Bilder (z.B. der gespeicherte Auslösezeitpunkt einzelner Aufnahmen) können Aufschluss bieten, um die einzelnen Bilder differenzierter zeitlich zueinander in Beziehung setzen zu können.

Während Barbara Probst mit der Anzahl der Kameras auch die Anzahl der Bilder festlegt, die später auf der Fläche angeordnet werden, gibt es diese Festlegung im Rahmen meines Settings nicht. Die fotografierenden Schüler_innen und Studierenden sind eingeladen, während der gesamten Unterrichtseinheit zu fotografieren, so oft, wie sie wollen. Indem sich der fotografische Blick der Schüler_innen spontan daran heften kann, was sie berührt und trifft und die Studierenden immer dann ein Foto machen, wenn die Schüler_innen auf den Auslöser drücken, ist unvorhersehbar, in welcher Weise, wie häufig und in welcher zeitlichen Relation zueinander die Tandempartner_innen während des Unterrichts fotografieren werden. Es ist möglich, dass sehr wenige oder sehr viele Aufnahmen innerhalb der dreistündigen Projekteinheiten entstehen.

Damit ist eine weitere methodische Herausforderung verbunden: das *Ausfindig-Machen und Arrangieren bedeutsamer Bilder* – insbesondere dann, wenn innerhalb der Projekteinheiten sehr viele Bilder aufgenommen werden. **287** Während der narrative Zusammenhang, den Probst in ihren mehrperspektivischen Bildarbeiten produziert, Teil einer kalkulierten Inszenierung ist, die mit dem Aufstellen der Kameras einsetzt, können die narrativen Zusammenhänge in dem Bildmaterial, das im Unterricht entsteht, erst im Auslegen der Bilder auf der Fläche *entwickelt* werden. Denn nicht nur für mich als Forscherin ist zuvor ungewiss, was auf den Bildern der Schüler_innen und Studierenden zu sehen ist und wie umfangreich es sein wird; auch

285 *Exposures* siehe: https://barbaraprobst.net/works/ (aufgerufen am 29.09.2020).

286 An späterer Stelle wird sich sogar zeigen, dass gerade diese Verschiebungen fruchtbar für differenzierte Reflexionsprozesse sein können. Gerade *Leerstellen,* wenn jemand länger nicht fotografiert, oder ein *Überschuss,* wenn jemand häufiger als der/die Tandempartner_in fotografiert, sind hinsichtlich des fotografischen Wahrnehmungsprozesses und des Umgangs mit der fotografierten Situation aufschlussreich (siehe dazu Kap. 6, S. 380–389).

287 Eine der umfangreichsten Serien in Probsts Werk umfasst dreizehn Bilder (vgl. *Exposure #85*). Dreizehn Bilder zu betrachten und einen bildübergreifenden Zusammenhang zu stiften, ist herausfordernd (siehe: https://barbaraprobst.net/works/exposure-85/ (19.05.2020). Bildsequenzen, die im Rahmen meines fotografischen Settings entstanden sind, umfassen teilweise weitaus mehr Bilder (bis zu 118 Fotos hat beispielsweise ein Schüler während einer Projekteinheit aufgenommen). Wenn 118 Bilder nebeneinander in einer Reihe ausgelegt werden, ist es kaum möglich, sie im Überblick anzuschauen.

für die Studierenden ist es in Teilen unbekannt. **288** Die Studierenden, die in meiner Studie mit dem Bildmaterial arbeiten, **289** sind mit Fotografien konfrontiert, die sie nicht bzw. nur teilweise kennen. Erst *im Auslegen* kann das Bildmaterial genauer betrachtet werden und können sinnstiftende Zusammenhänge in Erscheinung treten.

Eine zuvor festgelegte Systematik, nach der das Bildmaterial auf der Fläche angeordnet wird, scheint mit Blick auf die Unbestimmtheiten, die mit dem zugrunde liegenden Bildmaterial und der dargestellten Unterrichtssituation verbunden sind, wenig Sinn zu machen. Stattdessen braucht es Formen des Arrangierens von Bildern auf einer Fläche, durch die sich Bildzusammenhänge sukzessiv entfalten können. Besonders die Kunstpädagogik bietet hierfür in ihrem besonderen Interesse an Bildern und hybriden Formaten zwischen Forschung und Kunst fruchtbare Perspektiven an, um das Repertoire an »Auslegeprozeduren« zu differenzieren. **290**
Detailliert zeichnet Sabine Sutter in ihrer Arbeit *Rekonstruktion von Kunstunterricht* (2017) nach, wie mithilfe fotografischer »Cluster« Unterrichtsprozesse rückblickend in ihrer Mehrdimensionalität gedeutet werden können. **291** Die Verfahrensmöglichkeiten, die Sutter herausgearbeitet hat, bieten anschauliche Perspektiven, wie mehrere Bilder in Beziehung zueinander gestellt werden können, ohne dabei auf eine zuvor bestimmte Systematik festgelegt zu sein. Ausgehend von den »Bild-Cluster-Verfahren« u. a. von Hannah Höch *(Album)*, Peter Piller *(archiv peter piller)*, Wolfgang Tillmans *(If one thing matters, everything matters)* und Gerhard Richter *(Atlas 1962–2013)* werden verschiedene Weisen des Konstellierens von Bildmaterial auf einer Fläche beschrieben, die auch für mein Forschungsanliegen anregend sind:

Die Entstehung eines Bildclusters wird als eine Bewegung zwischen *initiierendem Zufall* und *disziplinierter Suche* beschrieben. **292** Das gefundene Bild oder ein Detail

288 Obwohl die Studierenden selbst fotografiert haben, enthält das aufgenommene Bildmaterial für sie Leerstellen. Insbesondere weil für die Studierenden die Fotos der Schüler_innen bis zum Bildgespräch nur eingeschränkt sichtbar gewesen sind, z.B. wenn sie einen Blick auf den Display der Schüler_innenkamera erhaschen konnten oder der/die begleitete Schüler_in den Studierenden ein Bild auf dem Display gezeigt hat. Die überwiegende Anzahl der Schüler_innenbilder ist den Studierenden aber bis zum Zeitpunkt des Bildgesprächs unbekannt.

289 Die Bildgespräche werden genauer in Kap. 4 erläutert (siehe S. 190–200).

290 Christine Heil entwickelt Formen des *Clusterns und Kartografierens* (vgl. Heil 2007). Auch Gunter Otto und Maria Otto beschreiben verschiedene, auch gestalterisch-praktische »Auslegeprozeduren«, in denen mehrere Bilder in Beziehung gestellt werden und in denen der ästhetischen Erfahrung von Schüler_innen besondere Aufmerksamkeit geschenkt wird (Otto/Otto (1987): z.B. 5. Kapitel: »Sammeln als Auslegungspraxis«, S. 106–132; Kap. 2: »Die Auslegungsprozeduren«, S. 40–57).

291 Grundlage sind fotografische Bilder, die Sutter selbst im Unterricht aus der Perspektive der Lehrperson über mehrere Jahre hinweg aufgenommen hat. Um sich den Bedeutungen der fotografierten Prozesse in ihrer Vielschichtigkeit annähern zu können, werden im Rahmen der Methodenentwicklung künstlerische Positionen einbezogen und adaptiert, in denen mehrteilige Bildformationen eine zentrale Rolle spielen.

292 Sutter bezieht sich auf die Arbeit *Album* von Hannah Höch und schreibt: »Hannah Höch produziert und provoziert in ihrer Arbeit *Album* (Bild-) Zusammenhänge. Initiationspunkt im Enstehungsprozess ist die Aufmerksamkeit der Künstlerin. Tagelang ist sie mit dem Durchsehen von Zeitschriften und Ausschneiden von Abbildungen beschäftigt; so hat sie es unter anderem in

werden genauso ernst genommen, wie die konzentrierte Suche nach bestimmten Motiven. Beides greife ineinander und könne eine initiierende Funktion bekommen: Der Zufall kann die Suche nach bestimmten Darstellungen motivieren, wie auch während der Suche plötzlich ein unerwartetes Bild in die Aufmerksamkeit drängen kann.

Insbesondere der **Kombination von vermeintlich abwegigen Bildkombinationen** komme eine wichtige Rolle zu, indem darüber neue Bildnachbarschaften erzeugt werden können, die auf »implizite Schnittmengen« zwischen mehreren Bildern (vgl. Sutter 2017, S. 173) aufmerksam machen. **293** In der Wiederholung vermeintlich gleicher Motive können beispielsweise plötzlich kaum merkliche Differenzen und unmerkliche Zusammenhänge in Erscheinung treten.

Kuratorische Praxen der Bildpräsentation im Kontext von Museen bzw. Galerien und Magazinen können für die Entstehung und vertiefende Ausarbeitung von Bildclustern anregend sein, indem sich daraus vielfältige Möglichkeiten entwickeln lassen (vgl. Sutter 2017, S. 176), Bildmaterial nicht nur parallel nebeneinander zu arrangieren, sondern entsprechend der Hängung im Ausstellungskontext oder der Präsentation in Magazinen bewusst mit der Fläche als Display, mit bedeutungsvollen Größenverhältnissen, Bildzwischenräumen und Kontrasten zwischen Bildern zu arbeiten.

Die **Kombination von unterschiedlichem Bildmaterial,** das heißt z. B. eigene und fremde Bilder oder Bilder aus dem Alltag und aus dem Kunstkontext, können anregend sein, um sich nicht nur mit dem zu beschäftigen, was Bilder zeigen oder mithilfe von Bildern ein bestimmtes Thema zu beleuchten, sondern es kann vor allem auch die *eigene Perspektive* darauf wahrnehmbar werden. **294**

Im Clustern von Bildern schält sich eine Praxis heraus, die eng an die Aufmerksamkeit derjenigen gebunden ist, die die Bilder auf der Fläche arrangieren. Insbesondere mit dem Anliegen, den pathischen Seiten von Lehr- und Lernprozessen und damit Phänomenen auf die Spur zu kommen, die begrifflich kaum einzuholen sind und vielmehr »als Berührendes« (vgl. Peters 2019b, S. 175) aufscheinen, bieten die skizzierten Umgangsweisen mit dem Bildmaterial Gelegenheiten, um sich *wahrnehmend* auf das Bildmaterial einzulassen und *im Auslegen* achtsam zu werden für die »Zwischentöne« des Gezeigten (vgl. ebd.). Auf unterschiedliche Weise spielt in den

ihrem Terminkalender vom 28. September 1939 notiert. Dann findet sie laut eigener Aussage ›[…] irgendwo eine Anregung und das zündet! Dann fängt eine seriöse und schwierige Arbeit an. Zu finden, was unbedingt dazugehört. Da ist nichts mehr Zufall. Dann heißt es diszipliniert suchen, zusammensetzen und wieder prüfen.‹ (Hannah Höch zitiert nach *Künstler*innenarchive der Berlinischen Galerie* (Hg.) 2001: 637, 136)« (Sutter 2017, S. 169)

293 Sutter bezieht sich auf die fotografische Arbeit von Peter Piller. Das *archiv peter piller* ist online zugänglich: http:// www.peterpiller.de (aufgerufen am 29.09.2020).

294 Sutter bezieht sich auf Gerhard Richters *Atlas* (1962–2013): Richter, der im *Atlas* mögliche Vorlagen für malerische Produktionen sammelt (vgl. ebd. S. 178), fügt darin »*Fotos aus Büchern* (Atlas Blatt 16–20) oder *Fotos aus Magazinen* (u. a. Atlas Blatt 21–23) […] oder Seestücke (Fotocollagen) (Atlas Blatt 184–198) […] [oder] *Ausschnittfotos von Farbproben* (Atlas Blatt 89–105)« zusammen (Sutter 2017, S. 179). Richters Umgang mit dem Bildmaterial mag Forschende zu einer Bildarbeit anregen – »Ohne Scheu vor der eigenen Perspektive, die sich selbstverständlich in das Material einschreibt.« (Sutter 2017, S. 179)

versammelten künstlerischen Positionen das Unvorhersehbare eine entscheidende Rolle: als initiierender Impuls, als plötzlich aufscheinende Schnittmenge zwischen Bildern aus unterschiedlichen Kontexten, als Teil eines gestalterischen Prozesses, als Spur einer persönlichen Perspektive. Ein solches Auslegen von Bildern bietet auf unterschiedlichen Ebenen Möglichkeiten, sich von den Bildern treffen zu lassen und im Arrangieren auf die Bilder zu antworten – damit wird eine Doppelstruktur angeregt, die auch den pathischen Seiten von pädagogischen Prozessen innewohnt.

Sprachlich: Der eigenen Affizierung und dem Blick auf das Bildmaterial eine sprachliche Form geben

Im Arrangieren von Bildern entstehen Bedeutungen. Es ist die Rede von Formen des visuellen Argumentierens (vgl. Heßler/Mersch 2009, S. 8 ff. und 23); Sabisch beschreibt assoziative Bildverkettungen, die ein »ebenbürtiges Pendant zur sprachlichen Verknüpfung der Narration« darstellen und »vielleicht sogar deren Initial« seien (Sabisch 2018c, S. 422).

Da sich meine Forschungsarbeit auf einen hochschuldidaktischen Kontext bezieht und es darum geht, studentische Bildungsprozesse zu begleiten und zu unterstützen, stellt sich neben dem (stillen) Auslegen der Bilder ebenso die Herausforderung, Erfahrungen, Fragen und Deutungen, die aus der Bildarbeit hervorgehen, mit anderen zu teilen und zu kommunizieren. In Hochschulseminaren können Bilder aus dem (Kunst-)Unterricht gemeinsam betrachtet und Aspekte in den Bildern einander gezeigt werden. Nebeneinander gelegte Bilder können Anlass zu Gesprächen oder auch im Rahmen von Hausarbeiten oder Abschlussarbeiten zu einer vertiefenden, schriftlichen Auseinandersetzung führen. Sprache ist auf unterschiedliche Weise im Spiel.

Dass es sich dabei nicht um eine Sprache handeln kann, die das Bildmaterial und das Gezeigte zu identifizieren versucht, ist vor dem Hintergrund der vorangestellten Überlegungen zum fotografischen Bild als spurhaftes Phänomen (siehe Kap. 3) und zur Mehrdeutigkeit von nebeneinander gelegten Bildern offenkundig. Egal, ob die reflexive Bildarbeit im hochschuldidaktischen Kontext in Gespräche eingebettet wird und mündlich stattfindet oder ob sie verschriftlicht wird, **295** bedarf es einer

295 Im Rahmen der vorliegenden Forschungsarbeit (eine gedruckte Dissertation) handelt es sich notwendigerweise um eine sprachliche Auseinandersetzung mit dem Bildmaterial, die größtenteils verschriftlicht wird (auch die mit Studierenden geführten Gespräche werden transkribiert und liegen daher als Text vor). Die Bildarbeit, die über die Gespräche mit den Studierenden hinausgeht, vollzieht sich ebenfalls im schriftlichen Modus: einerseits, um das methodische Vorgehen mithilfe mehrerer Fallstudien überhaupt erst entwickeln und grundlagentheoretisch reflektieren zu können und andererseits um das Vorgehen für Leser_innen zu dokumentieren und nachvollziehbar kommunizieren zu können.
Dass es im Rahmen von Seminarveranstaltungen auch andere sprachliche Spielarten einer der Wahrnehmung verbundenen Reflexionspraxis geben kann, deutet sich in den Gesprächen an, die ich mit Studierenden angesichts der fotografischen Bilder geführt habe. Gemeinsam Bilder betrachten, einander Dinge in den Bildern zeigen, Bilder durchblättern und nebeneinanderlegen usw. – das sind Teile einer reflexiven Bildarbeit, die sich in Gesprächen (zwischen Lehrenden und Studierenden oder zwischen Studierenden untereinander) entwickeln lassen und die nicht notwendigerweise auf eine Verschriftlichung

sprachlichen Begegnung mit dem Bildmaterial, die sich um eine Annäherung an die eigenen Wahrnehmungen und Erfahrungen bemüht. Zwei Aspekte scheinen dabei besonders relevant:

1. Möglichkeiten einer sprachlichen Annäherung an fotografische Bilder, die der Wahrnehmung nahestehen.
2. Möglichkeiten, sich nicht nur Einzelbildern, sondern Bildverkettungen anzunähern, die im Nebeneinanderlegen von Bildmaterial entstehen.

Insbesondere in der Phänomenologie und der Kunstpädagogik werden Sprachformen diskutiert, die der Wahrnehmung nahestehen. Sich hier auf möglichst anschauliche Beispiele einer derartigen sprachlichen Auseinandersetzung zu beziehen, dient der methodischen Vorbereitung der Bildarbeit, wie sie im fünften Kapitel erprobt wird.

zu 1: Wie schon beispielhaft an Erinnerungsbildern und Vignetten aufgezeigt (siehe ← Kap. 2), ist ein Sprechen und Schreiben, das der Wahrnehmung und Erfahrung nahesteht, auf Vergegenwärtigung, eine narrative Logik und eine bildreiche Sprache angewiesen. Es bedarf einer Sprache, die es erlaubt, Fragen zu stellen, mitunter unerwartete Details einer Szene zum Erscheinen zu bringen und Unsicherheiten sowie dem persönlichen Erstaunen Raum zu geben. In den Texten schreibt sich auf vielfältige Weise der eigene Blick mit ein. In der 1. Person (wie in Erinnerungsbildern) und der 3. Person (wie in Vignetten) werden Begebenheiten im Unterricht in der Präsenzform beschrieben. Dies sind keine bloßen stilistischen Entscheidungen, sondern es ist eine Sprache, die die Bindung an den eigenen Bildungsprozess bewusst werden lässt und durch die die Wahrnehmung präsent werden kann. Insbesondere jene Aspekte sind an der sprachlichen Gestaltung beider Formate interessant, die sich auch auf fotografische Bilder übertragen lassen, weil sie sich auf leibliche und räumliche Dimensionen des wahrgenommenen Geschehens beziehen:

> »Welche Verben geben den Ton wieder, in dem etwas gesagt, oder der Klang, in dem es hörbar wurde? Ist es ein Brüllen, ein Anschreien oder ein Aufschreien? Handelt es sich um ein Flüstern, ein Wispern, ein Tuscheln oder ein Murmeln? Zeigt sich ein Schweigen, ein Verstummen oder ein Stillsein? Gleiches gilt für das Nachzeichnen der Blickrichtungen, die zwischen einer Sache und einer Person hin- und herwandern oder das Versprachlichen ihrer Bewegungsnuancen: Ist es ein Schlurfen, ein sich Schleppen, ein Zögern, ein Innehalten oder ein Schlendern? Handelt es sich um ein Sprinten, ein Rasen oder ein Davonstürzen? Die verwendeten Worte müssen sorgfältig geprüft

angewiesen sind. Varianten einer reflexiven Bildarbeit werden im sechsten Kapitel aufgefächert. Dabei spielen mündliche Formen ebenso eine Rolle wie schriftliche Formen. Denn nicht nur im Rahmen der Promotion besteht die Herausforderung, sich schriftlich auf Bilder zu beziehen. Auch im Seminarkontext kann es beispielsweise in Hausarbeiten, Referatsausarbeitungen oder in Abschlussarbeiten Sinn machen, bestimmte Teile der Bildarbeit schriftlich festzuhalten.

werden. Tun sie ihren Dienst? Verlebendigen sie die Erfahrung und geben sie minutiös die wahrgenommene, leibliche Expression wieder oder werden sie zum Selbstzweck eines sich poetisch-literarisch gebenden Schreibens?« (Agostini 2016a, S. 71)

Meyer-Drawe gibt zu bedenken, dass eine Sprache, die sich auf die sinnliche Wahrnehmung bezieht und die nach »Erkenntnis auf Basis einer ästhetischen Prägnanz« strebe, sich von den »massiv aktivischen Formulierungen« und damit auch von den Vorstellungen eines »monströs starken Selbst« im Sinne eines »konstruierenden Sinnzentrums« verabschieden müsse. **296** Sinnlich wahrzunehmen sei gerade nicht, die »Welt zu inspizieren« oder »auszufragen«. Stattdessen brauche es eine Sprache, die Raum gebe, um sich in Bann schlagen zu lassen und durch die das unhintergehbar »konflikthafte Verhältnis zwischen Sprache und Wahrnehmung« nicht aufgelöst werde. Es sei eine Sprache gefragt, die die »Zudringlichkeit der Welt« und die Bedeutung des Leibes **297** anerkenne.

Daran lässt sich aus kunstpädagogischer Perspektive mit Maria Peters anschließen, die sich ebenfalls auf phänomenologische Theorie stützt und Sprachformen untersucht, die der Wahrnehmung und der leiblichen Erfahrung nahestehen (vgl. Peters 1996, 2005, 2016). Besonders dezidiert wird dieses Feld in dem Buch *Blick – Wort – Berührung* (1996) empirisch aufgearbeitet. **298** Peters geht es darin um ein Verständnis von Sprache als »vergegenwärtigende[m] Ausdruck von Wahrnehmungsmomenten« (ebd., S. 39). Sie grenzt sich damit von einer Sprache ab, deren vorrangige Funktion darin bestehe »eine auf letzte Transparenz abzielende Reflexion der Wahrnehmung zu sein« (ebd.). Auf Merleau-Ponty aufbauend wird Sprache als »unmittelbarer Sprach*ausdruck*« (ebd., S. 43) verstanden, d. h. als »›Rückbindung […] an den leiblichen Ausdruck, an eine *Sprach*geste, die vor aller begrifflichen Fixierung bereits einen Sinn in sich trägt[…]‹« (Zitat Waldenfels in Peters 1996, S. 43). Es wird die These zugrunde gelegt, dass Gedanken erst im Sprechen und im Schreiben produziert und deutlich werden. Das Wort sei keine Übersetzung eines schon gefassten, bestehenden Gedankens, sondern Sinn werde beim Sprechen und Schreiben gestiftet. Peters distanziert sich damit von einem »gewohnheitsmäßigen Sprachgebrauch, in dem Wortbedeutungen normenkonform in einem kulturell institutionalisierten, d. h. fertig-abgeschlossenen Sinne verwendet werden« (ebd., S. 44) und schließt an Merleau-Pontys Vorstellungen von einem *»sprechenden* Sprechen« an, das sich

296 Diese Überlegungen gehen auf eine Mitschrift zu einem Vortrag zurück, den Käte Meyer-Drawe am 10.02.2020 im Forschungskolloquium *Kunstunterricht als Forschungsatelier* unter dem Titel *Sinn, der sich nicht sagen lässt* an der Kunstakademie Münster gehalten hat. Die folgenden Formulierungen in Anführungszeichen sind meiner Mitschrift zu Meyer-Drawes Vortrag entnommen.

297 In ihrem Vortrag bezieht sich Meyer-Drawe ausführlich auf die Veröffentlichung *Über die Körperkraft von Sprache* von Petra Gehring (2004). Gehring stellt darin die These auf, dass Sprache Leib sei und selbst eine physische Qualität habe.

298 Dass dennoch das sprachliche Auslegen von Bildern im kunstpädagogischen Fachdiskurs ein tradiertes Desiderat darstelle und der ästhetischen Produktion innerhalb der Fachdidaktik nach wie vor mehr Aufmerksamkeit geschenkt werden müsse, wird ausführlich von Maria Peters erläutert (vgl. Peters 2016, Sprache in der Kunstpädagogik, S. 287 ff.).

dann zeige, wenn »Menschen, die etwas zum ersten mal sagen, noch tastend nach Bedeutungen suchen« (ebd., S. 44). **299** Entsprechend erfahren Sprachformen eine besondere Achtung, die vielfach (auch in pädagogischen Kontexten) als ungenau, vorläufig und »störendes Hindernis in einem zügig zu absolvierenden Verständigungsablauf« (ebd., S. 45) abgewertet werden: »unbeholfene, zögernde Ausdrucksbemühungen« (ebd.), kontingente Ausdrucksweisen, Mehrdeutigkeiten, Ausdrücke, in denen Gesagtes und Gemeintes auseinandertreten (vgl. ebd., S. 46). Dass genau darin besondere Potenziale liegen, um der Wahrnehmung Ausdruck zu verleihen und damit entsprechend auch ästhetische Bildungspotenziale verbunden sind, zeichnet Peters an ausgewählten Schüler_innentexten nach, die in der Begegnung mit Plastiken von Arp, Maillol und F. E. Walther entstanden sind. **300**

An einem kurzen Auszug aus einem Schülertext zu Arps Plastik *Muschel* können einige sprachliche Merkmale anschaulich werden, die mit der besonderen Nähe zur Wahrnehmung in Beziehung stehen und eine besondere taktile Qualität aufweisen. Der Text wird herangezogen, um vorstellbar werden zu lassen, wie eine sprachliche mehrdeutige Annäherung an einen visuell komplexen Gegenstand aussehen kann. Anders als Erinnerungsbilder und Vignetten, die geübte Verfasser_innen und pädagogisches Wissen voraussetzen, **301** werden die Texte in Peters Studie spontan von Schüler_innen verfasst. Die poetische und literarische Qualität der Sprache, der auch in Erinnerungsbildern und Vignetten eine erkenntnisstiftende Funktion zukommt, spielt in den Texten der Schüler_innen eine noch größere Rolle. Dies bietet Anregungen, um sich auf die Sinnüberschüsse von fotografischem Bildmaterial einzulassen und jenen Seiten der Bilder Aufmerksamkeit zu schenken, die mit den pathischen Seiten des dokumentierten Geschehens zusammenhängen.

> *»[...] Es ist gleich hinten über der abgezogenen rechten Kantenzuspitzung. – Doch plötzlich, dabei sehe ich einen kleinen Abbruch, eine Abschabung in der so feingedrehten, – gefühlten Kanten-Kurvenausformung – dort rechts hinter der jetzt neuerlich abenteuerlich zuvorkommenden Bahn auf der einen Schrägseite. Sie verweist, finde ich, obwohl vielleicht nicht beabsichtigt, auch wieder auf die Spur der Zeit in dieser irgendwie scheinbar vollkommenen, fragevollen Kurvensache (schlechtes Wort!), sachlich überzogenen Muschel, voll Perspektive steckendem Naturphänomen! [...]«* (Auszug aus einem Schülertext, Peters 1996, S. 222) **302**

299 Merleau-Ponty selbst spricht vom »Geheimnis des ersten Wortes« (Merleau-Ponty 1966 [1945], S. 211).

300 Die Schüler_innen sollten sich den Plastiken in einem Dreischritt annähern: 1) mit den Augen visuell abtastend, 2) ununterbrochen mit Worten abtastend und schließlich 3) die Form der Plastik zeichnend, ohne dabei auf das Blatt zu schauen (vgl. Peters 1996, S. 220). Das Schreiben lehnte sich an Gunter Ottos *Perceptbildung* an (vgl. Otto 1983, S. 19; 1991, S. 151; Otto/Otto 1987, S. 54 f., Beispiel für ein Percept siehe S. 56).

301 In aktuellen Veröffentlichungen tauchen zwar auch Studierende als Verfasser_innen von Erinnerungsbildern (vgl. z. B. Engel 2019, S. 38) und Vignetten (vgl. Agostini/Bube i. D.) auf, doch bedarf es einer vorherigen Einführung in die Methode und Schreibübung. Bei der Arbeit mit Vignetten im Hochschulkontext kann sogar ganz darauf verzichtet werden, dass Studierende die Vignetten selbst schreiben. Auch die Arbeit mit fremden Vignetten wird als fruchtbar angesehen, um pädagogische Fragen anhand konkreter Begebenheiten aus dem Unterricht mit Studierenden reflektieren zu können.

302 Es werden auch andere Schülertexte analy-

Peters charakterisiert den Schülertext, aus dem hier nur ein kurzer Ausschnitt präsentiert wird, als Ausdruck einer Bewegung (vgl. ebd., S. 224). Es werde ein »mehrperspektivisches Formengeschehen« beschrieben (vgl. ebd.), das aus »wechselnden Bewegungsrichtungen« und »unterschiedlichen Bewegungsdynamiken« hervorgehe (vgl. ebd.). Verschiedene Zeigegesten kommen zum Ausdruck und verweisen auf die taktile Qualität der zugrunde liegenden Beobachtung. Differenziert werden Formkontraste sprachlich beschrieben (Kantiges, Kurviges, Gedrehtes, Abgebrochenes). Peters betont die »Ballung von adjektivierten taktilen Handlungsverben« (z. B. feingedrehte, gefühlte, überzogene, abgezogene), die sie als ambivalente Ausdrücke interpretiert, in denen passivische und aktivische Handlungsformen aufeinandertreffen (vgl. ebd., S. 228). Dem Text sei ein »rhythmischer Sprachfluss« zu eigen (vgl. ebd., S. 229), was insbesondere auch mit der wiederholten und variantenreichen Verwendung von Präfixen zusammenhänge (z. B. abbrechend, abgezogenen/einengend, eingedrückte). Es werden »semantische Verdichtungen« beschrieben, die nicht nur durch die häufig wechselnden Präfigurierungen (d. h. Variationen von Vorsilben), sondern auch durch »rhythmische[n] Präfix- und Wortstammwiederholungen« sowie Wortneuschöpfungen (vgl. ebd., S. 233) sprachlich unterstützt werden (z. B. Rundung – verrundete; Kurve – Kanten-Kurvenausformung – Kurvensache; Kantenfolgen – Kantenzuspitzung – Kanten-Kurvenausformung).

Anhand des Schülertextes kommt Peters einer Sprache auf die Spur, die *zeigenden Charakter* habe. Zeitlich werde die Präsenzform verwendet, was eine Nähe und Vollzugsorientierung zum Ausdruck bringe (vgl. ebd., S. 230). Häufig verwendete zeitliche und örtliche Adverbien (auf einmal, doch plötzlich, jetzt, hinten, dort rechts) werden als »Zeigegesten« interpretiert, die kurze, momenthafte Wahrnehmungswechsel einleiten und Tempoveränderungen erzeugen (vgl. ebd.). Im Text trete nicht nur die Plastik von Arp, sondern auch ein Zeigen darauf und zugleich ein blickendes, wahrnehmendes, fragendes Subjekt in Erscheinung. Die »lokalen und temporalen Bezüge«, die in dem Text entstehen, bringen »mehrperspektivisch erscheinende Wahrnehmungsmöglichkeiten« zum Ausdruck (ebd., S. 231). Entsprechend sei dem Text ein »offener und fragmentarischer« Duktus anzumerken (vgl. ebd., S. 235) – je größer das Bemühen darum sei, die Plastik sprachlich genau zu erfassen, desto mehr entziehe sie sich:

> »Diese Suchbewegungen, in denen sich gefundene Benennungen immer wieder in ihrem Sinn verschieben und sich damit einem festschreibenden Zugriff entziehen, können auch als *Diskontinuitätserfahrung* bezeichnet werden. [...] die Plastik erscheint ›vollkommen‹, ist im Erfassen ihrer ›Ganzheit‹ aber sprachlich unerreichbar. – In der Sinnstiftung provoziert sie stattdessen textuelle Brü-

siert. Ich habe einen Auszug aus diesem Schülertext ausgewählt, da die Grundlage des Textes eine visuelle Beobachtung der Skulptur ist (vgl. Peters 1996, S. 232). Andere Schülertexte basieren z. B. auf Tasterfahrungen. Die visuelle Annäherung an die Skulptur scheint am ehesten mit dem Modus der Bildbetrachtung, wie sie den Bildgesprächen in meiner Studie zugrunde liegt, in Beziehung gesetzt werden zu können.

> che und Irritationen. Auf diese Weise verbleibt sie letztlich ›fragenvoll‹ und sprachlich fragmentiert.« (ebd.)

Im Schreiben entstehen »Sinnsprünge« (ebd., S. 46), die die Schreibenden und Lesenden erst im Prozess entdecken. Es ist diesbezüglich auch von einer »Rißbildung« (ebd.) die Rede als ein »langsames Auflösen und Umbilden einer sich sukzessiv installierenden innovativen Struktur« (ebd.).

In dem zitierten Schülertext werden Wahrnehmungen auf eine Weise in Sprache gefasst, die nicht der umfänglichen Erfassung und objektiven Registrierung dessen dient, *was* zu sehen ist, sondern die eindringlich auch vom *eigenen Blick darauf* und *Berührt-Werden davon* erzählt. Dass dadurch an die Stelle semantischer und syntaktischer Kohärenzen plötzlich Sprünge und Risse als sinnstiftende Elemente treten, erscheint – übertragen auf meinen Forschungskontext – insbesondere für die Arbeit mit zweiperspektivischem Bildmaterial bedeutsam. Denn um sich behutsam den verschiedenen Blickwinkeln in dem parallel aufgenommenen Bildmaterial in ihrer Fremdheit und ihren Widersprüchen annähern zu können, erscheinen fragmentarische, sprunghafte und brüchige Sprachformen vielversprechend.

Eine Sinnstiftung, die nicht auf sprachlicher Kohärenz und Vereindeutigungen aufbaut, sondern die sich einer Sprache mit taktiler, leiblicher und poetischer Qualität bedient, kommt nicht nur der fotografischen Zweiperspektivität, sondern dem grundlegenden Anliegen zugute, die pathischen Seiten von Lehr- und Lernprozessen in ihren pädagogischen Bedeutungen zu reflektieren. Es ist eine Sprache, die die/den Schreibende_n in Beziehung setzt zu dem Wahrgenommenen. Peters arbeitet Formen einer *zeigenden Sprache* heraus, durch die nicht nur eine Situation anschaulich wird, sondern die ebenso vom Blick des Schreibenden und der Weise erzählt, wie etwas für jemanden in Erscheinung tritt und mitunter sogar in Bann schlägt.

Insofern lässt sich an die bisherigen Ausführungen zu einer wahrnehmungsnahen Sprache, wie sie am Beispiel von Erinnerungsbildern und Vignetten aufgefaltet wurden, ergänzen: neben einer bildhaften, taktilen und vergegenwärtigenden Sprache erscheint auch eine *Sprache der Gesten* vielsagend, damit sich die Wahrnehmungen eines zeigenden und »wandernden Subjekt[s]« (ebd., S. 230) darin einschreiben können.

zu 2: Doch nicht nur der Sprachduktus selbst und die Herausforderung, eine Sprache zu finden, die sich vom Bild und dessen Mehrdeutlichkeit berühren lässt, spielen in meinem Setting eine wichtige Rolle. Das Bildmaterial, das von zwei Personen im Unterricht aufgenommen wird, zeichnet sich durch eine dem Unterrichtsverlauf folgende *Sequenzialität* und durch die *Relationalität zweier Wahrnehmungsprozesse* aus. [303] Neben der Frage nach einer der (Bild-)Wahrnehmung nahestehenden, sinnlichen Sprache geht es daher auch um die Herausforderung, eine Sprache zu finden, die sich auf *Bilderreihen, Bildzwischenräume* und *Bildübergänge* bezieht. Dazu braucht es entsprechende Formen des Beschreibens, die den Verknüpfungen von Bildern Aufmerksamkeit schenken und durch die Bewegungen von Körpern im Raum, Übergänge zwischen mehreren Bildern und mitunter Phänomene wahrnehmbar und beschreibbar werden, die sich erst in Bildreihen entfalten. Forschungsarbeiten, die ästhetische Handlungen mithilfe von sequenziellem Bildmaterial nachvollziehen, bieten sprachliche Anregungen, um das Einzelbild nicht aus seiner Bildnachbarschaft herauszulösen und als ein statisches Phänomen zu isolieren. Forschende, die ausgehend von aneinandergereihten Fotografien vor der Herausforderung stehen, ein zusammenhängendes Geschehen zu beschreiben, brauchen eine Sprache, die Verbindungen zwischen Bildern zuallererst stiftet und in der Verkettung von Bildern Spuren der Bewegung und Transformation zu entdecken hilft. Ich beziehe mich auf eine Studie, die vor diesem Hintergrund exemplarischen Charakter hat, weil sie sich in besonderer Weise mit der Frage der sprachlichen Gestaltung von Bildübergängen beschäftigt: die Fallstudie *Laras erstes Kritzeln* von Georg Peez (2007).

Laras erstes Kritzeln von Georg Peez (2007) In verschiedenen Publikationen beschäftigt sich Georg Peez mit zeichnerischen Bewegungen von Kleinkindern und untersucht diese mithilfe fotografischer Bilder, die er selbst als Forschender sequenziell aufnimmt. **304** Seinen Analysen und Interpretationen liegen sachlich dokumentierende Bilderreihen zugrunde, die innerhalb weniger Minuten in einer weitgehend gleichmäßigen Frequenz entstehen. Seine Studien sind für mich insofern interessant, da den Bildbeschreibungen besondere Aufmerksamkeit geschenkt wird. Peez beschreibt die Fotografien sehr ausführlich und benutzt angesichts der Sequenzialität seines Materials sprachliche Ausdrücke, die sich insbesondere auf Bildübergänge beziehen. Anhand seiner kurzen Studien lässt sich nachzeichnen, wie Bilder, die chronologisch aufeinanderfolgen, sprachlich in Beziehung treten. Dies lässt sich an der Gegenüberstellung von zwei aufeinanderfolgenden Bildbeschreibungen besonders gut veranschaulichen. Der erste Auszug bezieht sich auf das erste Bild der von Peez untersuchten Sequenz, der zweite Auszug ist der darauf folgenden Bildbeschreibung, also dem zweiten Bild, entnommen.

303 Die fotografischen Aufträge und die damit einhergehende Interaktion der Fotografierenden wird detailliert in Kapitel 4, S. 180ff. beleuchtet. Dies stellt eine Besonderheit meines Bildmaterials dar. In den meisten Studien, in denen im Unterricht fotografische Bilder entstehen, handelt es sich um Bilderreihen, deren verbindendes Element die Chronologie ist (vgl. z. B. Grützen 2013, Peez 2007, Peez 2006, S. 74–93). Sie sind zeitlich nacheinander entstanden und wurden von einer Person aufgenommen. Anders ist dies in meinem Bildmaterial, da die Beziehung zwischen den Bildern nicht nur chronologisch gestiftet wird, sondern auch intersubjektiv. Zwei Personen fotografieren im Tandem, was dazu führt, dass die Bilder sich nicht nur auf die gemeinsame Situation, sondern eben auch aufeinander beziehen. Die Verkettung der Bilder baut nicht nur auf ihrer zeitlichen Abfolge, sondern auch auf der Tatsache auf, dass zwei fotografierende Personen interagieren.

304 Das Kind *Lara* taucht mehrfach in seinen Publikationen auf. Peez untersucht Laras erste Schmierbewegungen mit dem Brei (2006, S. 77–94) und später ihre ersten Kritzeleien mit einem Stück Kreide (2007, S. 111–117).

Beschreibung des ersten Fotos:

> »Die knapp 13 Monate alte Lara sitzt auf dem Schoß ihrer Mutter an einem Tisch. Die Mutter hält das Kind mit ihrer linken Hand im Hüftbereich, gibt ihm auf diese Weise einen sicheren Halt. Zudem hat die Mutter ihren Mund ganz nah an der reichten Seite des Kopfes ihres Kindes. Mit offenem Mund, den Kopf leicht geneigt und nach rechts gedreht sitzt Lara aufrecht und hat ihren Blick auf ihre rechte Hand, mit der sie im Faustgriff ein weißes Stück Tafelkreide hält, sowie auf die Tischfläche nahe ihrer Hand gerichtet. Ihre linke Hand liegt, die Finger ebenfalls faustförmig aber entspannt, nahe der Tischkante auf der Tischfläche. [...]« (Peez 2007, S. 111)

Beschreibung zweites, darauffolgendes Foto:

> »Der Fotograf hat inzwischen seine Position gewechselt. Nun führt die Tischkante nicht mehr diagonal, sondern waagerecht durch das Foto, das freilich immer noch in zwei Hälften geteilt wird. Das Gesicht der Mutter ist nicht mehr im Foto zu sehen. Lara hat sich mit ihrem Kopf stärker über den Tisch gelehnt und hat die Kreide von der rechten in die linke Hand gewechselt. Wesentlich mehr – auch kräftigere – Punkte sind nun auf dem Papier zu erkennen. Nachdem Lara diese Punkte gesetzt hatte, ruht die Kreide in ihrer linken Hand. Ihre rechte Hand bleibt aber weiter aktiv [...]« (ebd., S. 112, Markierungen **KB**).

Während in dem ersten Auszug in das Forschungssetting und die räumliche Anordnung der Personen und Dinge eingeführt wird, baut die zweite Bildbeschreibung darauf auf. Die Markierungen im zweiten Auszug heben Formulierungen hervor, die beide Bilder in Beziehung setzen. Es handelt sich um Ausdrücke, durch die auf unterschiedlichen Ebenen das zweite Bild auf das erste bezogen wird:

- Wiederholt werden Adverbien genutzt, die ein temporales Verhältnis bestimmen (»inzwischen«, »nun«, »nicht mehr«), um den Zusammenhang zwischen den beiden Bildern als Prozess zu charakterisieren. Die temporalen Adverbien suggerieren, dass sich zwischen den Bildern eine Kontinuität aufspannt. Das zweite Bild erscheint im Verhältnis zum vorherigen Bild als Produkt einer Bewegung und Transformation. »Inzwischen« hat sich die Position des Fotografen geändert, ohne dass diese Veränderung selbst sichtbar wird. Die Tischkante läuft »nicht mehr« diagonal durch das Foto ›wie noch im vorherigen Bild‹ ließe sich ergänzen.
- Daneben werden auch Steigerungen verwendet (»stärker«, »wesentlich mehr«, »kräftigere«). Dass sich im zweiten Bild eine zeichnerische Geste fortsetzt und intensiviert erscheint, wird durch die Abgrenzung zum vorherigen Bild deutlich. Die Steigerungen nehmen unmittelbar auf das vorherige Bild Bezug (im zweiten Bild tauchen ebenfalls Punkte auf, die jedoch kräftiger sind) und grenzen sich gleichzeitig von diesem ab.
- Darüber hinaus tauchen im zweiten Auszug Verben auf, die ein Wissen um das vorherige Bild voraussetzen (»wechseln«, »aktiv bleiben«). Die Aussage, dass der

Fotograf seine Position gewechselt habe, ist nur mit Blick auf das erste Bild verständlich bzw. wird erst im Wissen um das erste Bild zu einer präzisen Angabe. Denn um nachvollziehen zu können, inwiefern sich die Position des Fotografen genau verändert hat, braucht es eine Vorstellung vom ursprünglichen Standort des Fotografierenden.

— Schließlich zeugt auch der Tempuswechsel vom Präteritum zum Präsenz davon, dass wir es mit zwei aufeinanderfolgenden Bildern zu tun haben, die unterschiedliche Zustände eines gestalterischen Prozessen dokumentieren (»Nachdem Lara diese Punkte gesetzt hatte, ruht die Kreide in ihrer linken Hand«).

— Dass das zweite Bild auf das erste Bild hin beschrieben wird, deutet sich auch an der Länge der beiden Beschreibungen an. **305** Während die Beschreibung des ersten Bildes deutlich ausführlicher ausfällt, weil die gesamte Szenerie detailliert eingeführt werden muss, kann die folgende Beschreibung darauf aufbauen. Vergleichend treten vor allem Wiederholungen, Veränderungen und Brüche zwischen den Bildern in die Aufmerksamkeit. Phänomene und Gesten, die anhand des zweiten Bildes beschrieben werden, werden nicht von dem vorherigen Bild isoliert, sondern sie treten als Teil einer *Entwicklung* in Erscheinung. Indem immer wieder auf das erste Bild Bezug genommen wird, kann das vorherige Bild während der Beschreibung des zweiten Bildes präsent bleiben.

Mit Blick auf Erinnerungsbilder (Engel) und Vignetten (Agostini u. a.) sowie vor dem Hintergrund der zitierten Studien von Peters (1996) und Peez (2007) kann ein Repertoire an sprachlichen Formulierungen versammelt werden, das dazu anregt, Bildübergänge und -zwischenräume zu beschreiben. Sich insbesondere um deren sprachliche Darstellung zu bemühen, ist mit dem Versuch verbunden, Ähnlichkeiten, Inkohärenzen, Wiederholungen und Widersprüchen, die im Zwischen von Bildern entstehen können (vgl. Sabisch 2018c, S. 413), behutsam und aufmerksam auf die Spur zu kommen. Es geht darum, dem Konstellieren, Montieren und Arrangieren von Bildern sprachlich möglichst präzise zu begegnen, um auf Bedeutungen des Bildmaterials aufmerksam werden zu können, die sich erst im Nebeneinanderlegen und im Verknüpfen erschließen lassen.

Grafisch: Bilder im Gesamtgeschehen zeitlich und räumlich verorten durch grafische Übersetzungen

Bildbezogene Forschungsprozesse seien, geben Heßler und Mersch zu bedenken, auf »Visualisierungsstrategien« angewiesen (ebd., S. 12). Denn Bilder konfrontieren nicht nur in erheblichem Maße mit Mehrdeutigkeiten und Unbestimmtheiten (vgl. ebd., S. 29 f.), sondern sie können »im Forschungsprozess kaum ›dingfest‹ gemacht [werden]; sie erweisen sich als prozesshaft, flüchtig, von geringer Stabilität, zuweilen sogar vagabundierend« (ebd., S. 12).

305 Dies deutet sich natürlich nicht an den Auszügen, aber an der Länge der vollständigen Beschreibungen an (siehe Peez 2007, S. 111–112). Die Beschreibung des ersten Bildes ist ungefähr dreimal so lang wie die Beschreibung des zweiten Bildes.

Um dennoch zeitliche, räumliche und narrative Zusammenhänge zwischen den fotografischen Bildern aufspüren zu können, die nicht unbedingt in den Bildern selbst wahrnehmbar werden, kann die Visualisierung von *Metadaten* hilfreich sein. Metadaten enthalten sowohl die Zeitangaben zu den einzelnen Aufnahmen, die jeweilige Brennweite, den eingestellten Kameramodus und Informationen über die Verwendung des Blitzlichts. **306** Diese Angaben geben nicht nur Aufschluss über den fotografischen Wahrnehmungsprozess einer Person, d.h. über Rhythmen, Frequenzen und Bewegungen während der Bildproduktion, sondern sie vermitteln auch einen Eindruck davon, wie sich die beiden fotografierenden Personen zueinander verhalten haben: *In welchem zeitlichen Verhältnis stehen die Aufnahmen der beiden fotografierenden Personen? Wie beziehen sie sich fotografisch auf die Umgebung bzw. aufeinander – hochfrequent oder mit längeren Pausen zwischen den einzelnen Aufnahmen, aus der Distanz oder Nähe? Und handelt es sich bei der Nähe, wie sie in den Bildern sichtbar wird, um eine räumlich-leibliche Nähe zwischen Fotografierendem und Fotografierten oder ist es eine »optische Nähe«, die durch den Zoom der Kamera entsteht?* Diese Fragen können für das Arrangieren des Bildmaterials auf einer Fläche, dessen Empfindung und Deutung aufschlussreich sein, um Zusammenhänge zwischen Bildern zu stiften, die sich nicht zwingend darüber ergeben, was die Bilder jeweils *zeigen*. **307**

Um jene Spuren der fotografischen Wahrnehmung in die Bildarbeit integrieren zu können, braucht es Formen, durch die die Metadaten für das Auslegen der Bilder auf einer Fläche zuallererst zugänglich werden. *Grafiken* (z.B. Timelines), **308** durch die sich jene Spuren visualisieren lassen, können hier produktiv sein. **309** Einzelne Aufnahmen lassen sich auf diese Weise einerseits an eine Bildsequenz zurückbinden und darin einbetten. Andererseits kann mithilfe der Visualisierung von Metada-

306 Diese Daten können in Programmen zur Bildverarbeitung (wie z.B. Adobe Bridge) ausgelesen werden. Bilder können darin auch entsprechend der Metadaten sortiert werden. So kann man sich beispielsweise alle Fotos einer Sequenz anzeigen lassen, in denen der Zoom benutzt wurde.

307 Das Bildmaterial, das meiner Studie zugrunde liegt, wird von zwei Personen aufgenommen, die im Unterricht im Tandem fotografieren (siehe zum Wortlaut und zur Erläuterung der fotografischen Aufträge Kap. 4, S. 180ff.). Wenn sie im gleichen Raum aufgenommen worden sind, wenn sie womöglich sogar die gleichen Personen zeigen usw. ist es durch ein aufmerksames Vergleichen oftmals möglich, die Bilder der beiden Personen zeitlich-räumlich einander zuzuordnen. Besonders körperliche Bewegungen und flüchtige Gesten der fotografierten Personen können hilfreich sein, um etwas über die zeitliche Relation der Bilder herauszufinden: wenn eine Person, die sich gerade bewegt, von beiden Personen fotografiert wird und in den entstandenen Bildern trotz der Bewegung in ähnlicher Körperhaltung zu sehen ist, kann von einer zumindest zeitähnlichen Bildproduktion ausgegangen werden. Und dennoch: Eine genaue zeitliche Verhältnissetzung zwischen den Bildern ist ohne die genauen Zeitangaben unmöglich. Die mit jedem Foto gespeicherte Zeitangabe kann eine hilfreiche Orientierung sein, um die Bilder zeitlich präzise nebeneinanderlegen zu können. Dies kann zu Verwunderung führen, wenn das, was die Bilder zeigen, zu einer anderen zeitlichen Zuordnung führen würde.

308 Jede Fallbildung enthält eine Timeline, um einen Einblick in die zeitlichen Relationen der Tandembilder zu erhalten.

309 Anschauliche Beispiele für die Arbeit mit Grafiken in bildbezogenen Forschungsprozessen und Visualisierungsstrategien, die der Sichtbarmachung von bildimmanenten Bedeutungen dienen, finden sich insbesondere in den Studien *Zeichnen – Reden – Zeigen* (Bader 2019), *Innehalten beim Begleiten künstlerischer Prozesse* (Loemke 2019) und *Bildwerdung* (Sabisch 2018a).

ten ein größerer Bildkorpus so in den Blick genommen werden, dass einzelne Bilder oder kurze Serien überhaupt erst in die Aufmerksamkeit der Betrachter_innen geraten, die sonst vielleicht übersehen werden würden – Bilder beispielsweise, die zunächst ästhetisch eher unscheinbar sind und stattdessen eine besondere Stellung innerhalb der zeitlichen oder räumlichen Strukturierung der Gesamtsequenz einnehmen. Metadaten in der Arbeit mit fotografischen Bildern zu berücksichtigen, kann dazu beitragen, das Bildmaterial in anderen Ordnungsgefügen und unter Berücksichtigung anderer, immanenter Qualitäten in Erscheinung treten zu lassen – möglicherweise sogar im Widerspruch zur eigenen Erinnerung.

Theoretisch: Deutungshorizonte mithilfe theoretischer Bezugnahmen entfalten

Die drei Ebenen der Bildarbeit, die bisher beschrieben wurden *(bildlich, sprachlich, grafisch)* können ihren jeweils eigenen Beitrag dazu leisten, auf jene Momente und Phänomene im fotografierten Geschehen aufmerksam zu werden, die für einen selbst (d. h. für die Studierenden) von Bedeutung sind. Im Auslegen des Bildmaterials auf einer Fläche, im wahrnehmungsnahen Beschreiben der Bilder und in der Visualisierung von Metadaten, geht es vor allem darum, sich die Situation rückblickend möglichst differenziert zu vergegenwärtigen und dabei auf Fragen zu stoßen, die persönliche Dringlichkeit und pädagogische Relevanz haben.

Um sich in das komplexe Bildmaterial »einsehen« zu können und um das Arrangieren von Bildern nicht auf die Illustration eines bestehenden (Vor-)Wissens oder einer schnellen Deutung zu verkürzen, sondern es als sorgfältiges Entfalten von differenzierenden und mitunter sogar unerwarteten Sinnzusammenhängen zu begreifen, steht bei den bisher beschriebenen Ebenen der Bildarbeit ein deskriptives, interpretativ zurückhaltendes Vorgehen im Vordergrund. Das Nebeneinanderlegen der Bilder auf einer Fläche, das wahrnehmungsnahe Beschreiben der Bilder und der Bildzwischenräume sowie die Berücksichtigung der Metadaten zielen vielmehr darauf ab, mithilfe der Fotografien rückblickend Momente aufzuspüren, die einen selbst berühren und deren tiefergehende Betrachtung verspricht, die Dinge anders und in pädagogischer Hinsicht differenzierter zu sehen: Dies können Momente sein, die irritieren, mit Unbehagen oder Verunsicherung verbunden sind oder auch Begeisterung und Staunen auslösen. Dass diese Affizierungen, die in der Praxis oftmals einen vor-reflexiven Charakter haben, Einfluss darauf nehmen, wie Lehrpersonen auf ein unerwartetes Ereignis oder einen unvorhergesehenen Anspruch im Unterricht eingehen, wurde im ersten Kapitel ausführlich diskutiert (siehe S. 50–56). ←

Im Umgang mit dem Bildmaterial geht es vor diesem Hintergrund um den Versuch, sich mit dem eigenen Blick auf die fotografisch begleiteten Schüler_innen und das Vermittlungsprojekt auseinanderzusetzen. Im Nebeneinanderlegen der Bilder und durch wahrnehmungsnahe Beschreibungen können rückblickend bemerkenswerte Eindrücke und Begebenheiten aus der Vermittlungssituation nochmals vergegenwärtigt werden und neue, möglicherweise sogar unerwartete Perspektiven darauf entstehen. Um dabei nicht in präreflexiven Sinnzusammenhängen, Ahnungen und heuristischen Deutungsansätzen zu verharren, bedarf es einer *vertiefenden Auseinandersetzung.* Erinnerungsbilder beispielsweise werden entsprechend durch eine ästhetisch-hermeneutische Deutung (vgl. Engel 2011a, S. 166–179), phänomenologisch orientierte Vignetten durch eine »Lektüre« ergänzt (Agostini 2016, S. 77–81). Ihre jeweiligen Erkenntnispotenziale entfalten sich durch eine kritische, *theoriegebundene Reflexion.*

Im Rahmen der vorliegenden Studie ist damit folgende Frage verbunden: *Wie kann eine theoriegebundene Reflexion aussehen, die sich auf fotografische Bilder bezieht, die von zwei Personen während eines pädagogischen Prozesses im Tandem aufgenommen wurden und die mit dem Anspruch verbunden ist, Studierende beim Aufspüren und Verstehen bedeutsamer pädagogischer Erfahrungen zu unterstützen?*

Die Frage nimmt auf unterschiedliche Weise Bezug auf das Verhältnis zwischen Studierenden und fotografischen Bildern, zwischen erinnerten Erfahrungen und Gegenwart der Bildarbeit, zwischen den Perspektiven der beiden Fotografierenden. Eine theoriegebundene Reflexion, die sich im zeitlichen, räumlichen und perspektivischen Zwischen entwickelt, muss sich einerseits auf die Erfahrungen der Reflektierenden beziehen und andererseits den verschiedenen Perspektiven, die im Bildmaterial zum Ausdruck kommen, Aufmerksamkeit schenken.

Im Antworten auf das Material und die eigene Erfahrung Theoriebezüge herstellen

Dass hier ein Vorgehen zur Einbindung von Theorie sinnvoll ist, das einen *antwortenden Charakter* hat, deutet sich in erfahrungsorientierten Reflexionsansätzen (wie Erinnerungsbilder oder Vignetten) an. Die Analyse und die theoretischen Bezüge, die zur Deutung herangezogen werden, gehen auf den Anspruch ein, den das Material bzw. den die eigenen Erfahrungen an die Forschenden stellt. Eine derartige theoriegebundene Ausarbeitung zielt nicht darauf ab, einem Anspruch auf Objektivierung oder Operationalisierung gerecht zu werden (vgl. Agostini 2016, S. 77), sondern es geht vielmehr darum, sich der eigenen Eingebundenheit als Forschende in die Entstehung, Formung und Deutung des Materials bewusst zu werden und damit einem phänomenologischen Grundparadigma – der Leibgebundenheit der menschlichen Wahrnehmung – zu folgen. Jene Spuren im Material, die theoretisch vertiefend ausgearbeitet werden, sind dann nicht das Resultat eines zuvor festgelegten theoretischen Frameworks, sondern sie gehen aus einem Wechselspiel zwischen dem Material als vieldeutigem Klangkörper und den Lesenden bzw. den Forschenden als Miterfahrende bzw. Erinnernde hervor. Agostini schreibt diesbezüglich zu Vignetten:

> »In der Lektüre respondieren die Lesenden auf die Aufforderungen, Affizierungen und Ansprüche von Erfahrungen, welche sich als Sinnüberschüsse des Zu-Verstehenden in den Vignetten zeigen und ihnen beim Lesen des Textes widerfahren.« (Agostini 2016, S. 78)

Dass sich theoretische Einlassungen nicht nur im Antworten auf das (Bild-)Material, sondern vor allem auch im Antworten auf die eigene Erfahrung begründen, wird an Erinnerungsbildern besonders deutlich.
Eine Reflexion, die darauf ausgerichtet ist, ein pädagogisches Geschehen vor dem Hintergrund der eigenen Erfahrungen und Erinnerungen theoriegebunden zu erkunden, ist auf ein vorsichtiges, fragendes und differenzierendes Vorgehen angewiesen. Damit Reflexionsprozesse über eigene Zuschreibungen und (Vor-)Annahmen hinausgehen können, ist es entscheidend, Deutungsprozesse nicht auf nur *eine* Lesart zuzuspitzen, sondern differente, kontroverse, unerwartete Deutungsmöglichkeiten aufzufächern (vgl. Agostini 2016, S. 79). Die Phänomenologie baut auf der Einsicht auf, dass etwas stets *als* etwas für jemanden in Erscheinung trete (vgl. Waldenfels 2016a, S. 34). Indem etwas in unsere Aufmerksamkeit dringt, seien wir immer schon in bestimmter Weise wahrnehmend darauf ausgerichtet (vgl. Meyer-Drawe 2015a) und deuten es entsprechend *als ein bestimmtes Etwas* (vgl. Lippitz 1987, S. 116 f.). Dies ist die Voraussetzung, um sich in der Welt orientieren zu können (vgl. Agostini 2016, S. 79). Im Forschungskontext bedarf diese Ausrichtung der Wahrnehmung auf etwas *als etwas* einer besonderen Aufmerksamkeit, denn es birgt die Gefahr für vorbewusste Deutungen. Im Rahmen einer theoriegebundenen Reflexion gilt es, das »Schöpferische« *als* (vgl. Agostini 2017, S. 79) im Sinne einer sinnstiftenden Fuge, möglichst differenziert zu beschreiben und in seinen vielschichtigen Bedeutungen zu erkunden.
Dass ein solcher Theoriebezug – d. h. auf das Material und die eigene Erfahrung antwortend, fragend, *andere* Verständnishorizonte entfaltend – dazu beiträgt, dass mehrere Lesarten ko-existieren, ist nicht überraschend und für Forschungsprozesse im Grunde nicht ungewöhnlich. Insbesondere in der qualitativen Forschung stelle die Pluralität von Deutungsperspektiven ein zentrales Paradigma für deren Nachvollziehbarkeit und Aussagekraft dar. Hans Christoph Koller hat dies sehr anschaulich als eine wesentliche Grundlage qualitativer Forschung in seinem Beitrag *Lesarten. Über das Geltendmachen von Differenzen im Forschungsprozeß* (1999) dargestellt. In dem Text beschäftigt er sich insbesondere mit der Herausforderung, die einander widersprechende Lesarten an Forschende stellen. **310**

Dem Anderen begegnen: Widersprüchliche Lesarten entwickeln Neben der Verknüpfung von Theorie und eigener Erfahrung, die in Anlehnung an das theoriegebundene Vorgehen in Erinnerungsbildern und Vignetten beleuchtet wurde, regen Kollers Überlegungen über das *Geltendmachen von Differenzen im Forschungsprozeß* insbesondere dazu an, sich auf die spezifischen Ansprüche des fotografischen Bildmaterials und seiner Zweiperspektivität einzulassen. Die fotografischen Bilder konfrontieren nicht nur mit der Herausforderungen, sich den eigenen Erfahrungen vertiefend und theoriegebunden anzunähern, sondern es gilt auch, den Bildern

310 Dieser Punkt erfährt in der Lektüre von Vignetten keine besondere methodische Aufmerksamkeit. Mit Koller lässt sich dieser Aspekt genauer beleuchten.

des Anderen und der damit verbundenen fremden Perspektive Aufmerksamkeit zu schenken. Kollers Vorschlag, im Rahmen von theoriebezogenen Deutungsprozessen nicht nur Differenzen herauszuarbeiten, sondern sich besonders um die *Widersprüchlichkeiten* zu bemühen, die zwischen verschiedenen Perspektiven und Lesarten aufscheinen, ist für eine Bildarbeit anregend, die sich im Zwischen zweier Blickweise aufspannt: zwischen dem *Blick auf den Anderen* und dem *Blick des Anderen*.

Ausgehend von dem Symposium *Migration und interkulturelle Kommunikation*, dass 1994 an der Universität Hamburg stattfand und auf dem Wissenschaftler_innen aus unterschiedlichen Disziplinen eingeladen waren, sich jeweils vor dem Hintergrund unterschiedlicher Theorieperspektiven die gleiche Sequenz eines Gesprächs anzuschauen (vgl. Koller 1999, S. 199, 202), zeichnet Koller an zwei Beispielen detailliert nach, wie sich dabei nicht nur differente, sondern sogar unvereinbare Lesarten entwickelten (vgl. ebd., S. 203 ff.). **311** Während es meistens als unproblematisch angesehen werde, differente Lesarten im Sinne eines »kaleidoskopartigen Bildes« (ebd., S. 199) koexistieren zu lassen und diese sogar als umfassender Blick auf eine Situation wertgeschätzt werden, sehe dies bei offensichtlich widersprechenden Lesarten anders aus. Diese lassen sich nicht im Sinne einer produktiven Ergänzung zu einem konsistenten Blick auf Praxis zusammenfügen. Von ihnen könne nicht behauptet werden, dass sie unterschiedliche Seiten eines Falls oder eines Ereignisses beleuchten. Unvereinbare, paradoxe Facetten eines Phänomens oder einer Situation verlangen – so eine zentrale These von Koller – nach einem Vorgehen, das sich explizit auf die Widersprüche bezieht und diese nicht aufzulösen oder zu negieren versucht. Mehr noch: Er gibt zu bedenken, dass zwei sich widersprechende Les-

311 Es handelte sich um einen kurzen Auszug aus einem Gespräch zwischen einem Promotionsstudenten afrikanischer Herkunft und einem deutschsprachigen Studenten, der mit ihm im Rahmen des Projektes *Wissenschaftliches Formulieren im Deutschen als Fremdsprache* den Text seines Dissertationsprojektes durchgeht. In dem Gespräch kommt es schließlich zu einer Auseinandersetzung über eine deutsche Übersetzung eines Zitates, die der deutschsprachige Student als grammatisch falsch abwertet und die der Promovend als verständlich verteidigt. Diese Auseinandersetzung wurde auf dem Symposium aus unterschiedlichen wissenschaftlichen Blickrichtungen interpretiert, mit sehr unterschiedlichen Ergebnissen, die – so zeigt Koller – zum Teil nicht zu vereinbarende Deutungen hervorbringen (vgl. dazu Koller 1999).
Um seine These an einem Beispiel zu verdeutlichen, greift er zwei Beiträge heraus: den Beitrag von Marek Czyżewski, einem Soziologen, der den Gesprächsauszug konversationsanalytisch untersucht und die Situation als »sprachliche Beratung« interpretiere, in der andere Prinzipien gelten als in alltäglichen Konversationen. Diesen Beitrag verknüpft Koller mit dem Text von Marion Hartung, einer Linguistin, die den Gesprächsauszug mit Blick auf die Debatte über Moralität und Literalität diskutiere. Während bei Hartung der Streit um die Übersetzung damit begründet wird, dass hier ein unterschiedliches Wissen und Können der akademischen Schriftkultur bestehe. Die Unvereinbarkeit der beiden Lesarten besteht nach Koller darin, dass sich Hartungs Deutung auf das (Nicht-)Wissen um institutionelle Vereinbarungen bezieht, während sich Czyżewski Deutung auf die jeweils spezifischen Interessen der Interaktionspartner an dem Gespräch bezieht. Es treffen, so Koller, zwei Lesarten aufeinander: eine, die sich um das Anliegen der Institution Universität und die Durchsetzung ihrer sprachlichen Standards dreht, während die andere das Gespräch als Aushandlung individueller Interessen der beiden Gesprächspartner in den Fokus stellt (vgl. Koller 1999, 204 f.). Die beiden Lesarten können ausführlich hier nachgelesen werden: Koller 1999, S. 196 und Kokemohr/Koller 1996, S. 439, 441.

arten sogar zum Anlass werden können, um zu einer dritten, neuen Lesart anzustiften (ebd., S. 205). In Anlehnung an Jean-François Lyotards *Philosophie des Widerstreits* **312** könne versucht werden, aus dem Widerspruch heraus eine dritte Lesart zu entwickeln, in der das zur Sprache kommen könne, was in den beiden anderen Lesarten unsagbar geblieben sei. Koller schreibt:

> »Im Blick auf den Umgang mit der Verschiedenheit der Interpretationen würde dies bedeuten, nicht nur die offen artikulierten Differenzen zwischen den verschiedenen Lesarten zu beachten und aufrechtzuerhalten, sondern auch, die vorliegenden Lesarten daraufhin zu prüfen, was in ihnen jeweils nicht artikuliert werden kann. Mit anderen Worten: Die Aufgabe angesichts der Vielfalt von Lesarten bestünde darin, zu fragen, welche Aspekte oder Momente des Falles einer jeweiligen Lesart entgehen, und anschließend eine neue Lesart zu entwickeln, die diesen Aspekt zur Sprache bringt.« (ebd., S. 202)

Man müsse sich die Arbeit machen, genau zu verstehen, worin die Unvereinbarkeit und der Widerspruch zwischen widersprüchlichen Deutungen bestehe. Sich nicht damit zu begnügen, dass zwei Deutungen unterschiedliche Facetten von etwas zeigen, sondern sich deren Unvereinbarkeit genau anzuschauen, könne darauf aufmerksam machen, was die jeweiligen Deutungen verschweigen bzw. was sich in ihnen lediglich andeutet. **313** Koller plädiert dafür, die Differenzen zwischen Lesarten durch die (Er-)Findung einer dritten Lesart nicht zu nivellieren, sondern »als *Divergenzen* herauszuarbeiten« (ebd., S. 205).

> »Und die Aufgabe, eine neue, dritte Lesart zu erfinden, die das zur Sprache bringt, was in den beiden widerstreitenden Lesarten nicht gesagt werden kann, heißt nichts anderes, als eine Lesart zu erfinden, die das zu artikulieren erlaubt, was auch im empirischen Material selbst nicht gesagt werden kann.« (ebd., S. 207)

312 Siehe dazu ausführlicher Koller 1999, S. 200–202.

313 »Dabei ginge es darum, die beiden Lesarten daraufhin zu prüfen, was in ihnen jeweils nicht artikuliert werden kann. Es liegt auf der Hand, daß dies in den beiden vorliegenden Beiträgen zunächst einmal das ist, was in der jeweils anderen Lesart besonders unterstrichen wird. In der ersten Lesart kommen etwa die Standards der akademischen Schriftkultur und das ›Anliegen‹ der Institution Universität nicht zur Sprache, während im zweiten Beitrag weder der Aspekt der Macht noch die Bedürfnisse der Interaktionspartner nach individueller Anerkennung Beachtung finden.« (Koller 1999, S. 205)
Koller arbeitet eine dritte Wirksamkeit der Sprachdifferenz heraus (vgl. Koller 1999, S. 206) und interpretiert ein längeres Schweigen des fremdsprachlichen Doktoranden nicht als eine Pause, die sich auf die Verhandlung eines Gesprächsinteresses bezieht, sondern als ein Hinweis auf eine biografische, leidvolle Erfahrung, die sich nun hier in dem Gespräch für den Doktoranden wiederholt: »Das neun Sekunden lange Schweigen Kalus auf Berts Frage, was mit dem Wort ›dadurch‹ gemeint sei, hatte CZYŻEWSKI als Reaktion auf die Verletzung alltäglicher Kooperationsprinzipien durch Bert interpretiert; bei HARTUNG dagegen wurde es u. a. darauf zurückgeführt, daß Kalu die Standards der akademischen Schriftkultur nur unzureichend beherrscht. Bedenkt man das eben über die Sprachendifferenz Gesagte, so könnte man dieses Schweigen auch noch auf eine dritte Weise deuten, nämlich als Hinweis auf etwas, was weder im Gespräch zwischen Kalu und Bert selbst noch in den beiden vorgestellten Lesarten zur Sprache gebracht wird. Dieses Schweigen wäre dann als Hinweis darauf zu verstehen, daß sich eine (möglicherweise leidvolle) biographische Erfahrung Kalus in der aktuellen Kommunikation im Arbeitsgespräch wiederholt, ohne dort in irgendeiner Weise thematisiert zu werden.« (Koller 1999, S. 206) Was beide Lesarten nicht explizit thematisieren, sind die biografischen Rahmenbedingungen des Gesprächs.

Deuten gerät als ein ambivalenter Prozess in den Blick, der von den Forschenden einerseits Entscheidungen verlangt (es kann ja nicht *alles mögliche* gedeutet werden) und der gleichzeitig genug Raum lässt für unterschiedliche und womöglich sogar einander widersprechende Lesarten. Sich auch um die differenten Lesarten zu bemühen, macht insbesondere mit Blick auf Bildmaterial Sinn, das auf Wahrnehmungen zweier Personen und dadurch auf unterschiedlichen Weisen beruht, sich fotografisch auf die Welt und die Anderen zu beziehen. Um die fotografischen Bilder der beiden Fotografierenden als Spuren unterschiedlicher Wahrnehmungsprozesse deuten zu können, dürfen sie nicht als zwei einander ergänzende Sichtweisen auf das Unterrichtsgeschehen vermengt werden. Die Lücken und gegebenenfalls auch die Unvereinbarkeit zwischen den Bildern, die aus der Zweiperspektivität des Bildmaterials potenziell hervorgehen, gilt es im Deutungsprozess offen zu halten. Das Abwesende der Bilder, d.h. das, was sich außerhalb des Fokus eher am Bildrand oder im Hintergrund befindet, was angeschnitten und unscharf ist, bietet Anlass, um allzu schnellen Deutungen Widerstand zu leisten und differente Lesarten zu entwickeln. In einer dritten Lesart, wie sie Koller im Sinn hat, gilt es das zur Sprache kommen zu lassen, was in den naheliegenden Lesarten verschwiegen wird oder was sich darin allenfalls nur andeutet.

4.7 ›Proben‹ der Bildarbeit: Überleitung zum fünften Kapitel

Im Verlauf des vierten Kapitels wurde das fotografische Setting der Studie, die konkreten Rahmenbedingungen innerhalb eines Kunstvermittlungsprojektes sowie der entstandene Materialkorpus beschrieben. Mit dem Ziel, ausgehend von den Spezifika des dabei entstandenen fotografischen Materials eine Bildarbeit vorstellbar zu machen, die sich um die affizierenden und pathischen Momente pädagogischer Praxis bemüht, wurde die Arbeit mit fotografischen Bildern als Spurenlese gefasst, die in einer mehrdimensionalen Analyse konkretisiert wurde:

BILDLICH — Fotografische Bilder auf einer Fläche nebeneinanderlegen	GRAFISCH — Bildimmanente Informationen visualisieren (Metadaten)
SPRACHLICH — Fotografische Bilder und ihre Zwischenräume wahrnehmungsnah beschreiben	**THEORETISCH** — Verschiedene Lesarten theoriegebunden aufblättern; »anderen« Deutungsraum öffnen

Abb. 13

Die verschiedenen Dimensionen im Umgang mit dem Bildmaterial stellen keine fertigen Methoden dar, die in einer bestimmten Reihenfolge eingesetzt werden können bzw. sollen. Vielmehr bereiten sie auf mögliche Umgangsweisen der Bildarbeit vor und sensibilisieren für verschiedene Ebenen:

— die Verkettung von Einzelbildern zu sinnstiftenden Bildverkettungen,
— das wahrnehmungsnahe Beschreiben der Bilder, das insbesondere auch zur Versprachlichung der Bildzwischenräume anregt,
— Möglichkeiten der grafischen Aufbereitung von Metadaten, um zeitlich-räumliche Verhältnissetzungen der Fotografierenden nachvollziehen zu können,
— die theoretische Differenzierung von Lesarten, die im Montieren und Arrangieren der Bilder entstehen und
— der Umgang mit differenten und widersprüchlichen Lesarten.

Das folgende Kapitel knüpft an dem vierten Kapitel an, indem mithilfe des entstandenen Bildmaterials mehrere konkrete *Bildkonfigurationen* auf einer Fläche ausgelegt, beschrieben und auftauchende Deutungsansätze theoretisch vertieft werden. Dieses Vorgehen geht über das, was in den Gesprächen mit den Studierenden tatsächlich stattgefunden hat, hinaus. Die im fünften Kapitel ausgelegten Bildkonfigurationen stellen vielmehr explorative ›Tiefenbohrungen‹ und ›Proben‹ einer bildgestützten Reflexion dar, die im Rahmen des Forschungsprozesses möglich und nötig sind, um daran anschließend hochschuldidaktische Orientierungen formulieren und methodische Variationen des fotografischen Settings entwickeln zu können (siehe Kapitel 6). →

KAPITEL 5

FALLBILDUNG UND BILDKONFIGURATIONEN

—

FALLBILDUNG UND BILDKONFIGURATIONEN

Beim folgenden Kapitel handelt es sich um den empiriebasierten Teil der Forschungsarbeit, in dessen Mittelpunkt *die Arbeit mit dem Bildmaterial* steht. Es werden insgesamt vier Bildkonfigurationen, d.h. auf der Fläche ausgebreitete Bilderordnungen, entwickelt und in Text und Bild dargestellt, um daran mögliche Potenziale fotografischer Bilder für eine Reflexion pädagogischer Prozesse ausloten zu können.

Die Bildarbeit baut auf Fotografien auf, die während eines kunstpädagogischen Projektes 2014 von Schüler_innen und Studierenden aufgenommen wurden (siehe Kap. 4, S. 180–190). Anschließend wurden die Bilder mit den Studierenden in Einzelgesprächen betrachtet und besprochen (vgl. Kap. 4, S. 190–197). Dass die Bildkonfigurationen, die im fünften Kapitel ausgelegt werden, auf empirischem Material aufbauen und gleichzeitig darüber hinausgehen, indem sie erst im Rahmen des Forschungsprozesses in dieser Form methodisch entwickelt werden (können), wurde ausführlich im vierten Kapitel dargestellt (siehe S. 198–200).

Um nun zur konkreten Bildarbeit hinzuführen, wird zunächst die Frage des ›Falls‹ gestellt: *Was wird wie und warum zum Gegenstand der Bildarbeit?* Die Auswahl der fotografischen Bilder, die auf einer Fläche arrangiert und in Beziehung gesetzt werden, ist keine (vorrangige) Frage der fotografischen Ästhetik oder übergeordneter Kriterien, sondern diese Auswahl begründet sich in erster Linie mit Blick auf jene Facetten von Unterricht, die im Zentrum der Reflexion stehen sollen: die Bedeutungen der pathischen Seiten eines pädagogischen Geschehens, d.h. all jene Momente, die vom Anderen herrühren und spürbar außerhalb der eigenen Verfügungsmacht liegen (vgl. Meyer-Drawe 2011a, S. 202). Sich im Rahmen der Bildarbeit um diesen Fokus zu bemühen, hat nicht nur Konsequenzen für das zugrunde liegende Verständnis vom fotografischen Bild (siehe Kap. 3) oder für die Entwicklung und Begründung des fotografischen Settings (siehe Kap. 4), sondern auch für die Konzeption der in diesem Kapitel ausgelegten Bildkonfigurationen. Zwei Aspekte erscheinen dafür besonders wichtig:

— Die Reflexion auf der Grundlage von Bildern zielt auf Phänomene ab, die erst in der Wahrnehmung der Reflektierenden in Erscheinung treten. Dadurch kann das, was zum Gegenstand der Reflexion wird, nicht vorher festgelegt werden, sondern Bedeutsames zeigt sich erst im Reflektieren (hier: im Umgang mit den fotografischen Bildern).

— Die pathischen Seiten von Lehr- und Lernprozessen werden besonders in jenen Momenten im Unterricht spürbar, die sich entgegen der eigenen Planung und Erwartungen entwickeln, die offensichtlich nicht vollkommen zu steuern und zu kontrollieren sind. Irritation, Staunen und Verwunderung, bis hin zu Unbehagen oder sogar Abwehr können mögliche Antworten auf das Unvorhersehbare und Unverfügbare im Pädagogischen darstellen (vgl. Kap. 1). Im Affiziert-Werden hinterlassen pathische Seiten von Lehr- und Lernprozessen ihre Spuren (vgl. Kap. 2).

Dies ist für die Bildarbeit und deren Organisation im Rahmen des Forschungsprozesses wichtig, denn es bedeutet, dass die Bildkonfigurationen nicht unabhängig von der Wahrnehmung der reflektierenden Studierenden entstehen können. Die stattgefundenen Bildgesprächen bilden daher die entscheidende Grundlage für die Entstehung der Bildkonfigurationen, d.h. für die Bildauswahl, die inhaltlichen Schwerpunkte und verfolgten Fragen. Das Verhältnis zwischen empirischem Material (Bildgespräche und im Unterricht aufgenommene Fotografien) und explorativer Methodenentwicklung (Bildkonfigurationen) wird in den folgenden Unterkapiteln genauer beleuchtet. Vor diesem Hintergrund lassen sich die vier Bildkonfigurationen als anschauliche ›Proben‹ einer Reflexionspraxis beschreiben, die auf die pathischen Dimensionen von Lehr- und Lernprozessen ausgerichtet ist.

5.1 Fallbildung

Um zu betonen, dass die Bildkonfigurationen aus den Bildgesprächen heraus gewachsene Strukturen darstellen, wird der Begriff »Fall*bildung*« verwendet, der anders als »Fall« die prozessuale Dimension eines auf das Singuläre ausgerichteten Forschens betont. »Fallbildung« ist der Studie *Bildwerdung* von Andrea Sabisch (2018a) entnommen. Sabisch, die sich mit Phänomenen der Bilderfahrungen beschäftigt und verschiedene Weisen in den Blick nimmt, wie Kinder und Jugendliche auf fremdes, irritierendes Bildmaterial sprachlich, körperlich, zeichnerisch *antworten,* verwendet den Begriff »Fallbildung«, um damit »Proben des Antwortens« (ebd., S. 249) zu fassen und Bilder als Teil von pathischen und performativen Prozessen – als Bild*werdungen* – zu beschreiben.

> »Für die Antworten auf Bilder bedeutet dies, eine *Form* der Darstellung zu suchen, die das Singuläre der Antworten in ihrer Eigenlogik ernst nimmt. Wenn ich also im Folgenden vorschlage, aus dem vielgestaltigen Material mehrstündiger Videografien einzelne Fälle zu *bilden* und sie in Falldarstellungen hinsichtlich unterschiedlicher Aspekte zu organisieren und zu beschreiben, geschieht dies aus der Vorstellung heraus, eine wissenschaftliche wie ästhetisch angemessene Übersetzung der Antwortweisen *in Text und Bild* zu finden und diese kritisch zu beleuchten.« (ebd., S. 245 f.)

Ein Fall, wie er hier beschrieben wird, nimmt Bezug auf Wahrnehmungsereignisse im fotografierten Unterrichtsgeschehen, von denen die Studierenden auch rückblickend noch angesprochen werden. Daran anknüpfend *entsteht* ein Fall in der Bearbeitung des visuellen Materials. Die Antwortweisen auf die Bilder, die videografiert wurden, erfordern geeignete Übersetzungen in Text und Bild. Im Umgang der Forschenden mit dem Material, Sabisch schließt auch ästhetische Verfahren darin ein, **314** können sich aussagekräftige Fälle herausschälen. Fälle liegen nicht einfach vor, sie verlangen nach geeigneten Formen der Darstellung: Audio- und Bildspuren im Video müssen in ihrer Synchronizität übersetzt werden, Bilddaten ggfs. anonymisiert, **315** bestimmte Aspekte durch Hervorhebungen und in Konstellationen von

Bildern zuallererst sichtbar gemacht werden. Fälle, das wird mit dem Begriff der Fall*bildung* betont, lassen sich nicht durch zuvor festgelegte Kriterien bestimmen, sondern müssen im Umgang mit visuellem Bildmaterial, d.h. durch mediale Übersetzungen, herausgearbeitet werden – *sich zeigen.* 316

Was wird hier zum Fall? Momente der Berührung und die Brüchigkeit der Erfahrung als Ausgangspunkte der Bildarbeit

Oftmals wird in der qualitativen Forschung das Verständnis davon, was der Fall sei, an die Beforschten, d.h. an einzelne Fokuspersonen und ihre spezifischen Umstände, Probleme und Praktiken gebunden (vgl. Fatke 1995, S. 677). Wäre meine Studie darauf ausgerichtet, studentische Reflexionsweisen oder -kompetenzen zu beforschen, wäre es sicher naheliegend, jeweils eine einzelne *Student_in als Fall* zu behandeln. Da es jedoch um die Frage geht, wie eine Annäherung an die pathischen Seiten von Lehr- und Lernprozessen gelingen bzw. wie dies durch hochschuldidaktische Formate unterstützt werden kann, geht es weniger um einzelne Personen im Sinne von »Reflexionstypen«, sondern vielmehr um verschiedene *Momente, in denen das Pathische spürbar* und dadurch für eine Reflexion zugänglicher werden kann.

Es stehen daher nicht die einzelnen reflektierenden Studierenden in ihrer Entwicklung oder ihren Kompetenzen im Vordergrund, sondern es werden in gewisser Weise aus der umgekehrten Richtung jene Momente des dokumentierten Geschehens beleuchtet, von denen die Studierenden rückblickend *angesprochen werden.* Insofern wird eine Kehrtwende vorgenommen, indem jene Momente genauer untersucht werden, die sich in die Aufmerksamkeit drängen. Der zu reflektierende Gegenstand tritt erst im Umgang mit dem Bildmaterial in Erscheinung, anstatt ihn durch zuvor festgelegte Kriterien aus dem Material zu extrahieren. Passend weist Georges Didi-Huberman einführend in seinem Buch *Was wir sehen blickt uns an* (1999) auf einen fundamentalen Zusammenhang hin, der auch für die vorliegende Studie und das skizzierte Vorgehen bedeutsam ist:

314 Es wird z.B. mit dem Verfahren gearbeitet, einzelne Videostills zu überzeichnen. Dadurch können die gezeigten Personen nicht nur anonymisiert werden, sondern es können auch Fokussierungen auf Gesten, Blicke vorgenommen werden (vgl. Sabisch 2018a, S. 258 f.). Diese Methode der zeichnerischen Bearbeitung von Videostills findet sich auch in der Arbeit *Zeichnen – Reden – Zeigen* von Nadia Bader (2019).

315 Eine interessante Position zur Anonymisierung von fotografischem Bildmaterial findet sich bei Sabine Sutter (vgl. Sutter 2017, S. 214–219). Sutter schlägt ein visuell progressives Vorgehen zur Anonymisierung vor, das formal jeweils mit dem Bildgeschehen zu tun hat. Anstelle einer zurückhaltenden Verdeckung des Gesichts arbeitet Sutter mit bunten Dots (Punkten), Smileys, die auf die Mimik der fotografierten Person hinweisen, mit Aussparungen, die bestimmte für die Deutung relevante Teile des Gesichts unbedeckt lassen. Dies ist nicht nur Anonymisierung, sondern gleichzeitig auch Teil der analytischen Arbeit mit dem Bildmaterial.

316 Mit diesem Begriff lässt sich auch ein Bezug herstellen zu den Reflexionsprozessen der Studierenden, die sich im Modus der Spurensuche vollziehen und bildende Funktion haben. Es gibt keine festgelegten Fragen oder zuvor vereinbarte Beobachtungsschwerpunkte, die die Wahrnehmung des Unterrichts oder der Schüler_innen lenken. Das, was zum Fall wird, zeigt sich erst im Umgang mit den fotografischen Bildern und sukzessiv im Aufblättern.

> »Was wir sehen[, sic!] gewinnt in unseren Augen Leben und Bedeutung nur durch das, was uns anblickt, uns betrifft.« (ebd., S. 11)

Das, was zum Gegenstand der Bildarbeit wird, wird nicht festgemacht an den Reflektierenden als Personen und nicht an externen, abstrakten Kriterien, sondern am Antworten auf das Bildmaterial. Dass sich *im Antworten* der Reflektierenden auf das Bildmaterial und im Erinnern des pädagogischen Geschehens Affekte und Betroffenheiten Weg bahnen, durch die bedeutsame Sinneinheiten zuallererst hervortreten, betont auch Antje Kapust:

> »[...] erst im Antworten auf das, wovon wir getroffen sind, tritt das, was uns trifft, als solches zutage« (Kapust 2007, S. 29 bezieht sich auf Waldenfels' *Bruchlinien der Erfahrung,* S. 59).

Doch nicht alle Wahrnehmungsereignisse, die von den Studierenden rückblickend erinnert und zur Sprache gebracht werden, eignen sich als Ausgangspunkt der Fallbildung. Es sind vorrangig jene Momente von Interesse, die einen irritierenden, insistierenden und fragwürdigen Charakter haben. **317** Dass insbesondere aus solch sperrigen und widersprüchlicher Wahrnehmungsereignissen neue Erfahrungen hervorgehen können, betont Maria Peters in ihrer Studie *Blick – Wort – Berührung:*

> »Problemlos sich zuordnende einzelne Wahrnehmungsereignisse konstituieren noch keinen Erfahrungsprozess, sondern erst eine sich ständig verändernde Prozessualität einzelner, widersprüchliche Wahrnehmungsmomente kann innovative Erfahrungen hervorbringen.« (Peters 1996, S. 54)

Die Fallbildung baut daher insbesondere auf solchen Momenten des Nicht-Verstehens, der Verunsicherung, der Widersprüchlichkeiten auf – Momente, von denen vermutet werden kann, dass sie in besonderer Weise einen Beitrag zu einer Reflexion leisten können, die auch den pathischen Qualitäten der Projektsituation Aufmerksamkeit schenkt.

Die Bildgespräche bieten hierzu einen Zugang, indem sie Momente enthalten, in denen die Brüchigkeit der Erfahrung aufscheint: eine ins Stocken geratene Erzählung, ein auf dem Bildmaterial verweilender Blick, ein plötzliches Verstummen, ein beiläufig mit dem Zeigefinger angetipptes Bild, ein geräuschvolles Herumblättern in den Kontaktbögen, ein unerwartetes Flüstern oder ein Ausruf des Erstaunens. Sich als Forschende diesen Bewegungen im Sprechen und Zeigen zuzuwenden, ist mit der Hoffnung verbunden, jenen Anliegen und Fragen in den Gesprächen auf die Spur kommen zu können, die mit einer besonderen Dringlichkeit *seitens der Studierenden* verbunden sind.

Indem wir nicht »auf das [antworten], was wir hören, sondern wir antworten, indem wir etwas hören« (Waldenfels' *Antwortregister,* S. 250, 259 zitiert in Kapust 2007, S. 27), sei nicht primär das *Was* als der nomadische Gehalt, sondern das modale *Wie* bedeutsam (vgl. ebd.). Daher spielt es in den Bildgesprächen keine Rolle, welche Bilder ins Spiel kommen, ob sie ästhetisch prägnant, bewusst inszeniert

317 Zur Bedeutung der Irritation in ästhetischen Erfahrungsprozessen, siehe Sabisch 2018 b, S. 261 ff.

erscheinen oder ob es sich um vermeintlich banale Schnappschüsse handelt. Entscheidend ist vielmehr, wie die Bilder ins Blickfeld der Studierenden treten und ob die Studierenden angesichts der auf dem Tisch ausgebreiteten Bilder von etwas eingenommen und berührt werden. Ausgangspunkt der Fall*bildung* sind daher Momente, von denen erstmal nur angenommen werden kann, dass sie mit einem besonderen Klärungsbedürfnis der Studierenden und mit einer Dringlichkeit verbunden sind, genauer hinzuschauen. Welchen Beitrag sie für ein differenzierteres Verstehen des Anderen oder der Projektsituation leisten (können) und welche bildungsbiografische Relevanz sie für die Studierenden entfalten können, kann sich erst im Verlauf der Bildarbeit zeigen.

Da die Gespräche zahlreiche solcher Momente enthalten, in denen die Studierenden erinnernd oder angesichts der fotografischen Bilder von etwas affiziert und getroffen werden, bedarf es einer *Auswahl.* Da das Pathische im pädagogischen Geschehen in seiner Unverfügbarkeit zu unterschiedlichen Antworten herausfordern kann (vgl. Kap. 1, S. 44 ff.), liegt es nahe, sich im Rahmen der Bildarbeit auf möglichst unterschiedliche Affizierungen einzulassen. Perspektivisch ist dies hochschuldidaktisch sinnvoll, um sowohl bestätigende als auch unangenehm empfundene oder irritierende Momente in der Reflexion zu berücksichtigen. Beides bedarf der Reflexion: Jene Momente, die vermeintlich klar, verständlich und als gelungen wahrgenommen werden, können mit Vorannahmen und Erwartungen verknüpft sein, die an der Schüler_innenperspektive vorbeigehen und eine differenziertere Befragung der Situation erschweren (vgl. u. a. Neuweg 2002, S. 22). Ebenso ist es wichtig, jenen Momenten im Unterricht rückblickend Aufmerksamkeit zu schenken, die ein Unbehagen oder eine Verunsicherung bewirken; denn gerade diese laufen Gefahr, didaktisch vermieden zu werden – unabhängig von ihren möglichen Bedeutungen für die beteiligten Schüler_innen (vgl. Pazzini 2015b, S. 108; siehe auch Kap. 1). Da das Pathische, das in pädagogischen Prozessen spürbar wird, sich auf unterschiedlicher Weise in die Erfahrung einschreiben und auf verschiedene Weise empfunden werden kann, wird dieses breite Spektrum auch im Rahmen der Fallbildungen aufgegriffen. Die vier Bildkonfigurationen basieren daher auf verschiedenen Formen der Affizierung (siehe Tabelle II, nächste Seite).

Die Affizierungen, die in den Gesprächen mit den Studierenden zum Ausdruck kommen, bilden die Ausgangspunkte der vertiefenden Bildarbeit. Die Bildarbeit zielt jedoch nicht darauf ab, zu *erklären,* warum etwas begeistert hat oder warum eine Situation als unangenehm empfunden wurde bzw. wird, sondern es geht vielmehr darum, aus der Forschungsperspektive dies als *eine mögliche Antwort* auf das pädagogische Geschehen nachzuvollziehen und unter Berücksichtigung weiterer Bilder (insbesondere der Schüler_innenbilder) zu tiefergehenden und vielschichtigen Deutungen des Geschehens zu gelangen. Innerhalb der vier Fallbildungen können dadurch Möglichkeiten herausgearbeitet werden, wie fotografische Bilder zu einem Anderssehen und zu neuen Deutungen anregen.

Fallbildungen	Affekt(e) der Studierenden im Bildgespräch
Fallbildung I ›Auf dem Dach‹ *Die Studentin beschreibt eine Situation, in der der begleitete Schüler aus dem Fenster geklettert sei. Dies hat sie als grenzüberschreitend und verunsichernd wahrgenommen. Angesichts ihrer eigenen Bilder und der Schülerbilder kommt sie sukzessiv einer anderen Deutung auf die Spur: einem ästhetischen Interesse des Schülers an Linien und Architektur.*	**von Verunsicherung zu Staunen**
Fallbildung II ›Wenn ich da wohnen würde‹ *Es wird eine Situation beschrieben, in der der begleitete Schüler der Studentin erzählt, wie er in den leeren Räumen des Bürogebäudes wohnen würde. Das Teilen seiner Vorstellungen und Wünsche wird von der Studentin als eine besondere Nähe erfahren. Die Bilder, die in dieser Situation entstanden sind, irritieren die Studentin: Während der Schüler zuvor immer nach draußen fotografiert habe, fotografiert er plötzlich in den Raum hinein. Die Studentin kann sich diese Blickumkehr nicht erklären.*	**von Faszination zu Irritation**
Fallbildung III ›Die machen nichts‹ *Im Mittelpunkt dieser Fallbildung steht ein Unbehagen. Es geht um eine Schülergruppe, die während des kunstpädagogischen Projektes offensichtlich untätig gewesen sei. Die Studentin scheint nicht nur ratlos angesichts der wahrgenommenen Untätigkeit zu sein, sie wiederholt mehrfach, dass sie sich unwohl gefühlt habe.*	**Unbehagen**
Fallbildung IV ›Diese Gruppe mit der Mütze war sehr offen‹ *Ausgangspunkt ist ein erinnertes Foto der Studentin, an dem eine uneingeschränkt positive Deutung festgemacht wird. Die Schüler_innen, die auf dem Foto zu sehen sind, werden als »sehr offen« charakterisiert. Eine Begeisterung ist dem Sprechen anzumerken.*	**Begeisterung**

Tabelle II

Zur Auswahl des Gesprächs

Während bisher immer von den Studierenden gesprochen wurde, gilt es an dieser Stelle eine wichtige Einklammerung hervorzuheben: Die vier Auszüge, die im vorliegenden Kapitel zum Anlass der vertiefenden Bildarbeit werden, sind alle einem Gespräch mit einer Studentin entnommen. Die Entscheidung, dass die vier Fallbildungen aus einem Gespräch hervorgehen, begründet sich mit Blick auf das Forschungsanliegen:

— Das Forschungsprojekt zielt nicht auf die **Typisierung** studentischer Reflexionspraktiken ab. **318** Dies würde dem singulären Charakter jener pathischen Momente widersprechen, die im Zentrum der Reflexionsprozesse stehen sollen. Die Annäherung an die pathischen Seiten von Lehr- und Lernprozessen ist keine Frage, die sich über eine bestimmte methodische Systematik vorab lösen lässt, sondern die nach Perspektiven für eine individuelle *Spurenlese* verlangt. **319** Der Argumentation von Krämer folgend, tritt die Spur immer erst im Auge des Betrachtenden in Erscheinung und erlangt im Wahrnehmen ihre spezifische Bedeutung. Die Spur sei nicht einfach da, sondern sie müsse zum Reden gebracht und in einen narrativen Zusammenhang eingebettet werden. Jede Reflexionsmethode, die sich um die pathischen Seiten des Pädagogischen bemüht und sich als Spurenlese versteht, verlangt von den Reflektierenden daher Adaptionen und Modifikationen. Sich im Forschungsprozess auf eine Vielzahl an Gesprächen zu beziehen, verringert diese Herausforderung nicht.

— Momente im Unterricht, in denen das Unverfügbare spürbar Wirkung zeigt, gehen mit einer besonderen Komplexität einher, da nicht nur das Offensichtliche, sondern auch das Verschattete, das Verborgene und das Unerwartete ins Spiel kommen. Um das Pathische der Erfahrung, dem eine gewisse Widerständigkeit und Sperrigkeit zu eigen sein kann, für die Reflexion zugänglich zu machen, ist ein **Auffalten der Wahrnehmung und Erfahrung** nötig. Dies ist nicht über einen Überblick, eine große Anzahl an Fällen und Kategorisierungen zu erreichen, sondern erfordert ein genaues *Hin*schauen, *Hin*hören und *Vertiefen* (vgl. Waldenfels 2015a, S. 66 ff.). Sich auf ein einzelnes Gespräch zu beschränken, bietet Gelegenheiten zu dieser Vertiefung, indem sich darüber die Menge an Bildern und die dem Gespräch zugrunde liegenden Kontextinformationen **320** begrenzen lassen. Dies ermöglicht eine detaillierte Arbeit an einzelnen Wahrnehmungsereignissen, ohne sie dabei voneinander zu isolieren, weil sie unterschiedlichen Gesprächen und Entstehungskontexten entnommen sind. Indem die einzelnen Wahrnehmungsereignisse in einen zusammenhängenden Gesprächsverlauf eingebettet werden können, zeigt sich das Pathische der Erfahrung nicht nur als eine spontane Ausrichtung der Aufmerksamkeit, sondern als Teil eines übergreifenden narrativen Zusammenhangs. Dies ist insofern wichtig, als dass sich darüber eine Annäherung an das pädagogische Geschehen

318 Hier wäre es in der Tat wichtig, dass es eine repräsentative Auswahl an mehreren Gesprächen gäbe, die durch Maximal- und Minimalkontraste ein möglichst breites Spektrum an Reflexionsweisen enthalten. Die dokumentarische Methode beispielsweise zielt darauf ab, anhand einer Auswahl repräsentativer Fallbeispiele Typisierungen zu entwickeln und handlungsleitende Orientierungen herauszuarbeiten (Bohnsack 2011, S. 19). Ein anschauliches Beispiel für eine Forschungsarbeit, in der ebenfalls Schüler_innen im Unterricht fotografieren und die – anders als ich – auf eine Typenbildung abzielt, wurde 2013 von Jörg Grütjen vorgelegt. Er untersucht mithilfe fotografischer Bilder, die Schüler_innen alle 3–5 Minuten im Unterricht aufnehmen, deren Rezeptionsverhalten im Klassenverband. Auf der Grundlage seiner qualitativ-empirischen Auswertung formuliert Grütjen verschiedene Rezeptions*typen:* »Der funktional Fachliche« (S. 300 f.), »Die sich Sorgende« (S. 301 ff.), »Die künstlerisch Interessierte« (S. 303 f.), »Die Kontaktfreudige« (S. 304 ff.) und »Der Beobachter« (S. 306 f.). Grütjens Forschung bezieht sich auf eine Alltagssituation im Kunstunterricht: die Wahrnehmung und Diskussion von reproduzierten Kunstwerken in der Gruppe. Obwohl die Studie auf einer meiner Forschungs- arbeit verwandten Methode beruht (Schüler_innen fotografieren begleitend im Unterricht), sind die damit verbundenen Forschungsanliegen und die Zielsetzungen vollkommen verschieden. Während Grütjen auf die Charakterisierung verschiedener Rezeptionstypen abzielt, die er aus seinem empirischen Material herausarbeitet, stellt das empirische Material in meiner Studie den Ausgangspunkt einer explorativen Methodenentwicklung dar. Es geht nicht um die Typisierung von studentischen Reflexionspraktiken angesichts fotografischer Bilder – für diese gilt es, erst noch geeignete methodische Orientierungen und hochschuldidaktische Perspektiven zu entwickeln.

319 Dass das Paradigma der Spurenlese eine sinnvolle methodologische Grundlegung darstellt, wurde in Kapitel 3 (bezogen auf das fotografische Bild) und Kapitel 4 (als Haltung der Reflektierenden) dargestellt und begründet.

320 Welche pädagogischen Erfahrungen bringen die Studierenden mit? In welchem Bezug stehen sie zu dem kunstpädagogischen Projekt, in dem sie fotografiert haben? In welchem Verhältnis stehen die Studierenden zur Forscherin?

in seinen zeitlichen Strukturen erreichen lässt. Um die herausgegriffenen Auszüge und die daran geknüpfte Bildarbeit aufeinander beziehen zu können, ist es nicht nur hilfreich, sondern elementar, dass sie alle aus *einem* Gespräch im Sinne einer zusammenhängenden Narration hervorgehen.

— Reflexion, wie sie hier im Mittelpunkt steht, bezieht sich insbesondere auf jene Momente, in denen rückblickend plötzlich etwas Unerwartetes in Erscheinung tritt. **Beiläufiges,** vermeintlich Nebensächliches, kann zum Anlass von Reflexionsprozessen werden. Die dafür notwendigen Gelegenheiten bietet ein einzelnes Gespräch umfänglich und variantenreich an – insbesondere dann, wenn es sich auf ein Vermittlungsprojekt bezieht, in dem es per se um Prozesse im Spannungsfeld von Rahmung und Offenheit ging. **321**

— Die Forschungsarbeit zielt unter anderem darauf ab, praxisnahe Orientierungen und Perspektiven für Hochschullehrende und Lehramtsstudierende zur Begleitung bzw. Durchführung von Reflexionsprozessen zu vermitteln, die die pathischen Seiten von Lehr- und Lernprozessen beachten. Sich im Forschungsprozess lediglich auf ein einzelnes Gespräch zu beziehen, bekommt vor diesem Hintergrund auch eine hochschuldidaktische Bedeutung, indem dadurch **punktuell aufscheinende Reflexionsbedürfnisse** und plötzliche Interessen verknüpft und zu größeren Sinneinheiten verbunden werden können. Nicht nur für Studierende ist es wichtig, auf hintergründige Reflexionsanliegen aufmerksam zu werden, auch für Hochschullehrende ist die Möglichkeit, sich auf einzelne Gesprächssituationen differenziert einzulassen, eine Voraussetzung, um prozessionsbezogene Bildungsprozesse im Modus einer Spurenlese begleiten zu können.

Die folgenden Überlegungen beziehen sich daher auf ein bestimmtes Gespräch. Aus Forschungsperspektive betrachtet, handelt es sich um ein besonders fruchtbares Gespräch, in dem die Studentin das Vermittlungsprojekt als ein herausforderndes Spannungsfeld beschreibt. Dies bringt verschiedenste Facetten von Betroffenheit hervor (siehe Tabelle S. 240), die von Begeisterung über Irritation bis hin zu Unbehagen reichen. Die Gelegenheiten, die so zum Anlass werden können, um mithilfe der Bilder ein differenzierteres Verständnis der eigenen Erfahrungen entfalten zu können, haben unterschiedlichste Qualitäten. Das macht dieses Gespräch mit Blick auf das Forschungsanliegen besonders fruchtbar, denn Affirmation *und* Entzug, Begeisterung *und* Verunsicherung können zum Ausgangspunkt der weiterführenden Reflexion werden. Daraus, so die Vermutung, können sich Perspektiven für Reflexionsprozesse entwickeln, die nicht auf Problemlösung oder Verstärkung des Gelungenen reduziert werden, sondern in denen potenziell auch andere, unbestimmtere Tönungen der Erfahrungen aufgegriffen werden können.

Sich auf die Perspektive der Studierenden einlassen

Eine Fallbildung, die an diesen Momenten studentischer Wahrnehmung ansetzt, setzt voraus, sich als Forschende auf die Perspektive der Studierenden einzulassen, d.h. die Betroffenheit der Studierenden möglichst differenziert nachzuvollziehen. *Wie kann dies auf der Grundlage des beschriebenen empirischen Materials gelingen?*

Das Bildgespräch, das mit der Studentin im Anschluss an das kunstpädagogische Projekt geführt wurde, bietet dafür eine wertvolle Grundlage. Im Erzählen setzt sich die Studentin in Beziehung zum erlebten Geschehen, indem sie es erinnernd und auf die fotografischen Bilder blickend vergegenwärtigt. **322** Aufgrund seiner offenen Struktur bietet das Gespräch Gelegenheiten, (Vor-)Annahmen und Deutungen zum Unterrichtsgeschehen zu entwickeln sowie Fragen, Unsicherheiten und ein mögliches Nicht-Verstehen zum Ausdruck zu bringen. Um als Forschende innerhalb der Bildgespräche jene Wahrnehmungsereignisse ausfindig machen zu können, die für die Studierende bedeutsam gewesen sein mögen, bedarf es einer besonderen Aufmerksamkeit für die Zwischentöne der Erfahrung. Neben dem Erzählten und darin aufscheinenden Schwerpunkten gilt es auch auf Gesten im Umgang mit dem Bildmaterial, auf die Stimme und Blicke zu achten.

Um die studentische Perspektive in die Arbeit mit dem Bildmaterial einbinden und auf jene kleinen, bedeutungsvollen Wahrnehmungsereignisse aufmerksam werden zu können, wird das empirische Material (d.h. das transkribierte Bildgespräch und zugrunde liegende Fotografien) mit zunehmender Detailliertheit betrachtet. Die folgenden drei Schritte spiegeln wider, auf welchen Ebenen ich mich als Forschende der studentischen Perspektive angenähert habe. Während diese drei Ebenen im Forschungsprozess immer wieder ineinandergegriffen haben, werden sie hier im Sinne der *Darstellung* einer nachvollziehbaren Fallbildung und der besseren Lesbarkeit als getrennte, aufeinander aufbauende Schritte beschrieben: **323**

A *Was wird von der Studentin zur Sprache gebracht?* Darstellung des Gesprächsverlaufs und Markierung zentraler Themen und Problemfelder.

B *Was zeigt sich in den fotografischen Bildern?* Beschreibung des gesamten Bildmaterials **324** als potenzielles Wahrnehmungsangebot, das dem Gespräch zugrunde liegt.

C *Wovon ist die Studentin berührt?* Vertiefende Analyse kurzer Gesprächssequenzen, in denen eine besondere Betroffenheit seitens der Studierenden zum Ausdruck kommt.

321 Die Spezifik und die Potenziale des kunstpädagogischen Projektes für das Forschungsvorhaben wurden in Kap. 4, S. 179f. erläutert. ←

322 Details zum Aufbau und zur methodischen Anlage der Bildgespräche siehe Kap. 4, S. 193–195. ←

323 Unabhängig von der Ausführlichkeit im Forschungsprozess werden nicht alle Schritte gleichermaßen ausführlich im Fließtext dargestellt. Zwecks besserer Lesbarkeit werden einige Erläuterungen in den Anhang gestellt. Dabei handelt es sich um Passagen, die für die Entstehung der Bildkonfigurationen im Sinne einer Vorarbeit nötig gewesen sind, die aber für die *Darstellung der Fälle* und für das Verständnis der Bildkonfigurationen nicht zwingend erforderlich sind. So ist die Beschreibung des gesamten Bildmaterials, das dem Gespräch zugrunde lag, im Anhang der Online-Publikation zu finden (siehe Link auf S. 457). →

324 Das Bildmaterial, das dem Gespräch zugrunde liegt, ist sehr umfangreich (Schülerbilder: 29; Studierendenbilder: 88). Wenn hier von der Beschreibung des *gesamten Bildmaterials* die Rede ist, kann dies natürlich nur mit Einschränkungen gemeint sein – unabhängig davon, dass ein Bild in seiner Komplexität sowieso kaum erschöpfend beschrieben werden kann.

Zu A: Zunächst wird versucht, den zentralen Themen und Fragestellungen der Studentin auf die Spur zu kommen: *Was wird im Rahmen der Bildgespräche zur Sprache gebracht?* Die Darstellung des gesamten Gesprächsverlaufs dient einerseits einer ersten inhaltlichen Orientierung und sie bildet andererseits die nötige Grundlage, um die kurzen Auszüge aus dem Gespräch (siehe C), in den größeren narrativen Zusammenhang des gesamten Gesprächs einbetten zu können. Dies erscheint insofern wichtig, um jene Momente im Unterrichtsgeschehen, von denen die Studentin in besonderer Weise ergriffen ist, nicht voneinander zu isolieren, sondern sie als Elemente einer übergreifenden Narration interpretieren und aufeinander beziehen zu können. Dies bietet Gelegenheiten, die einzelnen Bildauslegungen, die auf den ersten Blick ganz unterschiedliche Fragen oder Themen behandeln, in einen grundlegenderen Erfahrungszusammenhang zu stellen. **325** Insbesondere die Eingangssequenz der Bildgespräche wird ausführlich in Augenschein genommen, da dem Anfang in offenen Gesprächsformaten oftmals eine richtungsweisende Bedeutung zugesprochen werden kann und darin jene Aspekte in verdichteter Form problematisiert werden, die sich auch im weiteren Verlauf durch das Gespräch ziehen (vgl. Küsters 2009, S. 39 f.). Um einen lebendigen Eindruck vom gesamten Gespräch und der Auseinandersetzung der Studierenden mit dem Bildmaterial zu vermitteln, werden längere Passagen der studentischen Redebeiträge zitiert, während auf eine tiefergehende Analyse und die Herausarbeitung immanenter Zuschreibungen und Deutungen verzichtet wird. **326**

Zu B: Anschließend wird das Bildmaterial als Spur von Bewegungen und Wahrnehmungen beschrieben. Dies soll – mit Blick auf die spätere Bildarbeit – einen Eindruck davon vermitteln, welches *Wahrnehmungsangebot* mit den Bildern verbunden ist/sein kann, insbesondere auch mit jenen Bildern, die nicht im Gespräch aufgegriffen wurden. Die Beschreibung des gesamten Bildmaterials, das im Gespräch zur Verfügung stand, bildet den Horizont, vor dem die späteren Bildkonfigurationen entstehen können, denn sie beziehen sich potenziell auch auf Bilder, die im Gespräch selbst nicht thematisiert, gezeigt oder erinnert wurden.

Zu C: Ausgehend von der Darstellung des gesamten Gesprächsverlaufs und dem Versuch, sich dem Klärungsbedarf, den Themen und Fragen der Studierenden sowie ihrer Sprechweise anzunähern (siehe A), können jene Momente der Berührung in Erscheinung treten, die zum Ausgangspunkt der vertiefenden Bildarbeit werden. Es sind mitunter kurze ›Schnipsel‹ aus dem Gespräch, teilweise eher zeigende Gesten als gesprochene Worte, die aufmerken lassen und von denen vermutet werden kann, dass eine vertiefende und fortgesetzte Auseinandersetzung mit den Bildern fruchtbar sein kann, um zu einer differenzierteren Deutung – einem *Anders-Wahrnehmen* – beizutragen. Dabei muss es sich nicht um Stellen im Gespräch handeln, deren inhaltliche Bedeutung sofort ins Auge sticht, sondern es werden insbesondere auch ›leise‹ Momente ernst genommen, deren Reflexionspotenzial erst noch entfaltet werden muss. Um diese Momente, die im Gespräch und besonders im Gesprächstranskript oftmals an der Grenze des Wahrnehmbaren liegen, **327** berück-

sichtigen zu können, wird mit Transkripten gearbeitet, in denen die Ebenen *Zeigen, Reden* und *Gezeigtes* sichtbar und in ihrer Synchronizität dargestellt werden (vgl. z.B. Bader 2019, S. 489–506; Sabisch 2018, u.a. S. 260–263; Affentranger 2019, S. 624 f.). Ziel dieses Schrittes, der in seiner Detailliertheit deutlich über die Möglichkeiten im hochschuldidaktischen Alltag hinausgeht, **328** sind die Entfaltung eines genaueren Verständnisses davon, wie die Studierenden dem Bildmaterial im Gespräch begegnen und der Nachvollzug, wie Bild und Gesprächsanteile zusammenwirken (vgl. Sabisch 2018a, S. 256). In Anlehnung an Methoden zur Aufarbeitung von Gesprächen, in denen es um Bilder und damit auch um Gesten des Zeigens geht (vgl. u.a. Bader 2017, 2019), **329** werden jene Auszüge aus dem Gespräch detailliert transkribiert, die den Ausgangspunkt der Bildarbeit bilden:
Da jene Momente in den Bildgesprächen, in denen die Studierenden von etwas berührt werden, in ein komplexes Zusammenspiel von Reden und Zeigen eingebettet sind, enthält das Transkript vier Spalten. Mithilfe dieser Spalten kann ein differenzierter Blick auf jene, mitunter sehr kurzen Momente der Ergriffenheit geworfen werden:

325 Verbindungen zwischen den Bildkonfigurationen herzustellen, eröffnet nicht nur für den Forschungsprozess Gelegenheiten, auf bedeutsame Themen aufmerksam zu werden. Auch für Studierende ist dieser Schritt wichtig, um Themen und Fragestellungen entdecken zu können, die sie über einzelne Situationen hinausgehend beschäftigen. Insofern ist diesem methodischen Schritt potenziell auch eine professionsbezogene Bedeutung eingeschrieben.

326 Sich dem Gesprochenen zunächst deskriptiv anzunähern und zu versuchen, zentrale Themen und Fragen der Studierenden aufzumerken, lässt sich mit täglichen Herausforderungen in Verbindung bringen, denen auch Hochschullehrende als aufmerksame Zuhörer_innen von Studierenden gegenüberstehen: In der Begleitung und Unterstützung von Reflexionsprozessen (z.B. bei der Betreuung von Praktika oder Praxissemester) folgen sie den Erzählungen von Studierenden und versuchen nachzuvollziehen, was die Studierenden bewegt, welches Vorverständnis sie mit- und einbringen und welche Deutungsansätze spontan entwickelt werden.

327 Der Grad der Detailliertheit entscheidet darüber, ob Gesten, Nebengeräusche, körperliche Ausdrücke (wie Atmung) usw. auch im Transkript nachvollziehbar bleiben.

328 Dass hier eine methodische Aufarbeitung des Gesprächs in einer Weise stattfindet, die über die Kapazitäten im hochschulischen Alltag hinausgeht, bedeutet jedoch nicht, dass dieser Grad an Detailliertheit unbedeutend für den hochschulischen Alltag ist. Die systematische Verknüpfung von Bildern – Reden – Zeigen dient dazu, auf jene Bedeutungsebenen in den Gesprächen aufmerksam zu werden, die flüchtig, kaum merklich sind und daher im Alltagsgeschäft Gefahr laufen, übersehen bzw. überhört zu werden. Während eine Forschung zu bildgestützten Reflexionsprozessen eine systematische und detaillierte Annäherung an das Gespräch braucht, kann im Hochschulalltag seitens der Lehrenden und Studierenden schon eine gesteigerte Aufmerksamkeit für das komplexe Wechselspiel von Bild – Reden – Zeigen fruchtbar sein, um dabei entstehende Widersprüche beispielsweise zu bemerken und zu thematisieren.

329 Die Studie von Nadia Bader beruht auf der Pilotstudie *Zeichnen – Reden*, die 02/2012-07/2013 an der Pädagogischen Hochschule Zürich unter der Leitung von Ruth Kunz und der Mitarbeit von Simone Haug, Sarah Hostettler und Nadia Bader durchgeführt wurde. Darin wurde eine Systematik entwickelt, um die verschiedenen Ebenen des Gesprächs (Reden, Zeigen, Bilder) in ihrem wechselseitigen Verhältnis darzustellen. Die Dokumente können online abgerufen werden: www.nadiabader.ch/PDF_Download/ZePro7_Kunz_Bader_Haug_2013_Fall2_Dialoganalyse.pdf (abgerufen am 29.09.2020) Forschungsmethodische Überlegungen können in einem Artikel von Nadia Bader nachgelesen werden: http://kunst.uni-koeln.de/_kpp_daten/pdf/KPP37_Bader.pdf (S. 26 ff.) (abgerufen am 29.09.2020).

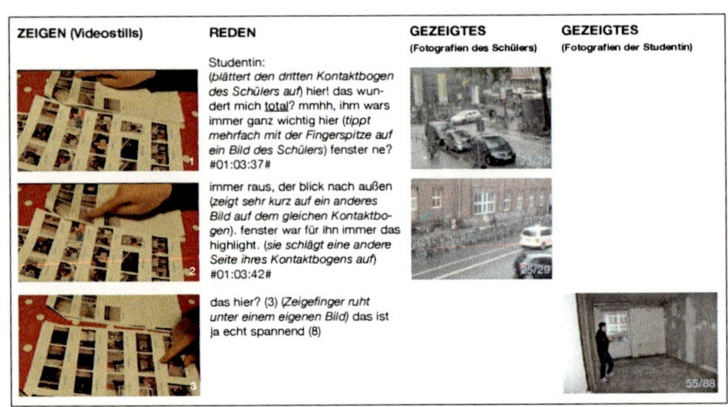

ZEIGEN (Videostills)	REDEN	GEZEIGTES (Fotografien des Schülers)	GEZEIGTES (Fotografien der Studentin)
	Studentin: *(blättert den dritten Kontaktbogen des Schülers auf)* hier! das wundert mich total? mmhh, ihm wars immer ganz wichtig hier *(tippt mehrfach mit der Fingerspitze auf ein Bild des Schülers)* fenster ne? #01:03:37#		
	immer raus, der blick nach außen *(zeigt sehr kurz auf ein anderes Bild auf dem gleichen Kontaktbogen)*. fenster war für ihn immer das highlight. *(sie schlägt eine andere Seite ihres Kontaktbogens auf)* #01:03:42#		
	das hier? (3) *(Zeigefinger ruht unter einem eigenen Bild)* das ist ja echt spannend (8)		

Abb. 14 Auszug aus dem Transkript in Fallbildung II (siehe S. 293) →

In der linken Spalte **ZEIGEN** befinden sich Videostills aus dem Gespräch. Diese visualisieren immer jene Momente im Gespräch, in denen gestisch (z.B. mit dem Finger zeigend, berührend, streichend usw.) **330** oder sprachlich (z.B. durch Wörter wie »hier«, »da«) auf Bilder Bezug genommen wird. Die Videostills sind manuell ausgewählt, um die jeweilige Geste in einem besonders aussagekräftigen Moment einzufangen (vgl. Sabisch 2018a, S. 258).
In der Spalte daneben **REDEN** steht die Transkription des Gesprochenen. Die Transkription und die Videostills sind synchronisiert. In Klammern wird das Transkript durch die Beschreibung von Gesten ergänzt. Dies macht insbesondere Sinn, da auch Videostills nur punktuelle Blicke auf die Gesten eröffnen. Zeigende Bewegungen zwischen Bildern, eine schnelle wischende Bewegung oder ähnliches können durch Videostills allein kaum zum Ausdruck gebracht werden. Beschreibungen der zeigenden Gesten reichern daher das Transkript an.
In den beiden rechten Spalten **GEZEIGTES** sind die Bilder abgebildet, auf die im Gespräch an entsprechender Stelle Bezug genommen wird. Diese werden nach fotografierenden Personen getrennt angeordnet (Schüler_in bzw. Student_in). Wenn auf einzelne Bilder wiederholt gezeigt oder über bestimmte Bilder mehrfach gesprochen wird, tauchen sie dementsprechend auch im Transkript wiederholt auf.

Die Beschreibung des Zeigens stellt nicht nur einen notwendigen methodischen Schritt dar, um das Gesagte besser verstehen zu können. Vielmehr – das deutet sich in der detaillierten Beschreibung der verschiedenen Gesprächsebenen (verbal, gestisch, bildlich) an – scheinen im Zeigen selbst Bedeutungen gestiftet zu werden, die in unterschiedlicher Weise mit dem Sprechen korrespondieren. Genau wie das Sprechen von Ergriffenheit und Betroffenheit zeugen können, bahnen sich auch im Zeigen Affizierungen und Momente der Berührung Weg. Ein schnelles Hinwegstreichen über mehrere Bilder ist etwas anderes als ein wiederholtes, vorsichtiges

330 Blickend wird auch auf die Bilder Bezug genommen. Da die Augen und damit auch nicht die Blickbewegungen der Studentin im Blickwinkel der Videokamera lagen, zeugt die Videoaufzeichnungen nur indirekt von einem Blicken auf die Bilder, z.B. wenn eine längere Pause des Sprechens zu vernehmen oder ein Blättern durch die Kontaktbögen zu hören ist.

Antippen eines einzelnen Bildes, ist wiederum etwas anderes als eine Fingerspitze, die mimetisch in einem Bildraum umherwandert.

Die beschriebenen Schritte, die im Rahmen der Fall*bildung* aufeinander aufbauen, sind in der nebenstehenden Grafik (Abb. 15) zusammengefasst (1–3). Sie bilden die Grundlage für die Entstehung der Bildkonfigurationen (4).

5.2 Bildgespräch

Nachdem in den vorherigen Abschnitten die Fallkonzeption dargelegt und begründet wurde, folgt nun die konkrete Arbeit am Material und das Auslegen der Bildkonfigurationen.

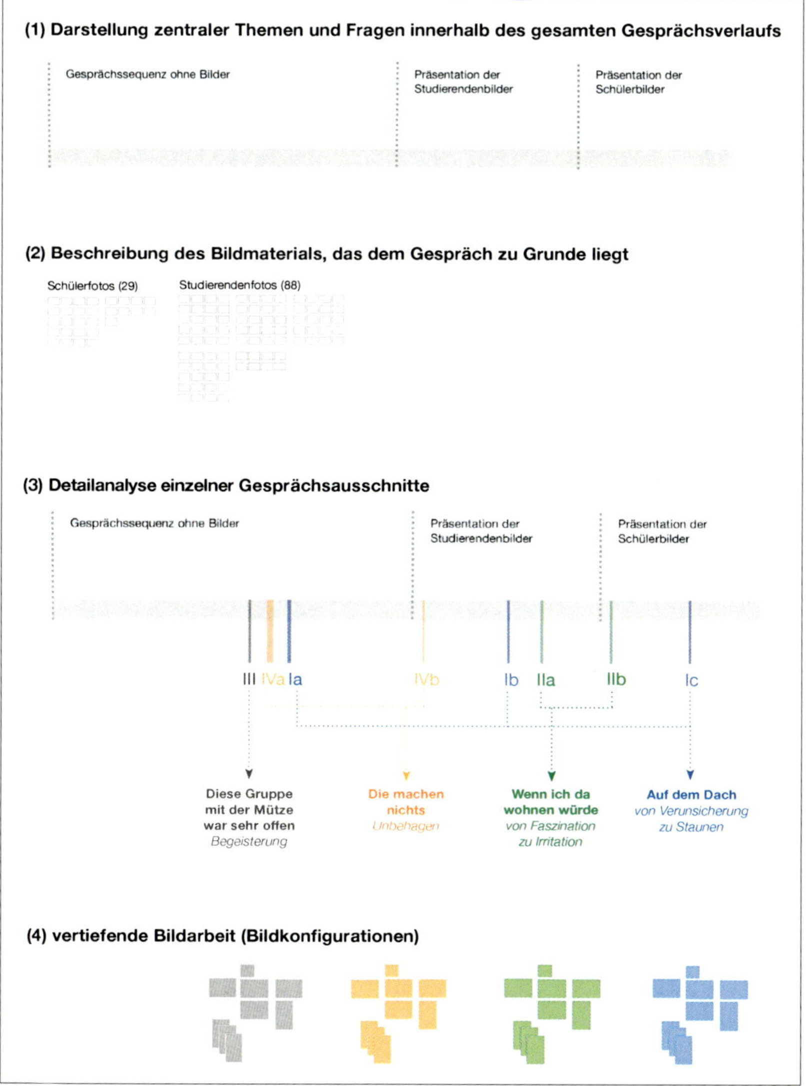

Abb. 15

Mit wem wird gesprochen?

Zum Zeitpunkt des Gesprächs war mir die Studentin bekannt. **331** In mehrfacher Hinsicht war die Studentin im Laufe ihres Studiums mit Themen konfrontiert, an Fragen interessiert und an der Hochschule in einen fachdidaktischen Diskurs eingebettet, in dem es immer wieder um kunstpädagogische Praxis im Spannungsfeld zwischen vorausgehender Planung und notwendiger Offenheit in der Begegnung mit Anderen ging. **332**

Über mehrere Semester hatte sie verschiedene Seminare besucht, die ich an der Kunstakademie im Bereich der Kunstdidaktik angeboten hatte. **333** Neben Seminaren besuchte sie zudem mehrmals das Forschungskolloquium *Kunstunterricht als Forschungsatelier*, **334** das seit 2012 jedes Semester an der Kunstakademie unter der Leitung von Prof. Dr. Birgit Engel stattfindet und nicht nur von Nachwuchswissenschaftler_innen, sondern auch von interessierten Lehramtsstudierenden der Kunstakademie Münster besucht werden kann. Die Studentin war an mehreren Kolloquiumstreffen beteiligt, in denen es ausgehend von Übungen zu den *One Minute Sculptures* Erwin Wurms beispielsweise um das Verhältnis von Handlungsanweisungen und Unbestimmtheit in kunstpädagogischen Prozessen ging. **335** Darüber

331 Dass wir uns zum Zeitpunkt des Gesprächs persönlich kannten und der Austausch im Rahmen meiner Forschung auf einem Vertrauen gründete, das in der gemeinsamen Seminararbeit gewachsen war, spiegelt sich nicht zuletzt auch darin wider, dass wir uns in den Gesprächen gegenseitig duzen.

332 Mit Prof. Dr. Birgit Engel habe ich mehrere Seminare zusammen im Kontext dieser Fragestellung an der Kunstakademie Münster angeboten. Aus den skizzierten Fragen und dem Bemühen um eine wahrnehmungsoffene Lehrpraxis ist 2017 eine weitere Tagung (gemeinsam mit Prof. Dr. R. zur Lippe und Prof. Dr. T. Loemke) hervorgegangen, sowie die Publikationsreihe *Didaktische Logiken des Unbestimmten* (vgl. Engel/Böhme 2014, 2015, 2018, 2020). Auch die Kolleg_innen in der Kunstdidaktik der Kunstakademie Münster, Stefan Hölscher und Antje Dalbkermeyer, thematisieren in ihren Seminaren, Schulprojekten und Publikationen immer wieder diese Frageperspektive.

333 Ein Seminarbeitrag der Studentin, in dem sie ihre Kommiliton_innen einlud, sich ohne zu sprechen mithilfe eines Geflechts aus Wollfäden aufeinander zu beziehen und sich im wörtlichen Sinne ineinander zu verstricken, taucht beim Lesen des transkribierten Gesprächs rückblickend besonders prägnant in meiner Erinnerung auf. Ausgehend von einem Text von Marie-Luise Lange gestaltete sie eine Aufgabe, die Anlass bot, um Fragen der Rahmung von offenen ästhetischen Prozessen diskutieren zu können. Sie selbst wählte folgenden Titel für die schriftliche Ausarbeitung des Seminarbeitrags: *Unterrichtsideen, Aufgaben, Situationen und Projekte zwischen Lenkung und Offenheit.*
Der Text von Marie-Luise Lange lautet: *Zum Spagat zwischen Aufgabe und offener ästhetischer Selbstbildung im Prozess kunstpädagogischer Arbeit*, in: Blohm, M. (Hg.), *LEERSTELLEN – Perspektiven für ästhetisches Lernen in Schule und Hochschule*, Köln, S. 199–216.

334 Es handelt sich dabei um ein (mittlerweile internationales) Format, das seit 2012 jedes Semester unter der Leitung von Prof. Dr. Birgit Engel stattfindet (aktuell in Kooperation mit Prof. Dr. Tobias Loemke und Dr. Kerstin Hallmann). Das Forschungsatelier richtet sich an Nachwuchswissenschaftler_innen, Lehrpersonen und Studierende. Es können Forschungsvorhaben und Vermittlungsideen vorgestellt und diskutiert werden. Im Zentrum steht die Frage, wie pädagogische Praxiserfahrungen forschend reflektiert werden können und welcher Bedeutung dabei der (ästhetischen) Wahrnehmung zukommt (vgl. Engel/Loemke/Böhme 2020). Es nehmen Studierende am Forschungskolloquium teil, die das Bedürfnis haben, eigene Praxiserfahrungen tiefergehend reflektieren zu können oder die über die Seminare hinausgehend weitere Gelegenheiten suchen, um sich über Vermittlungsideen auszutauschen. Im Wintersemester 2013/2014 hatte die Studentin, mit der ich das Gespräch führte, auch am *Forschungsatelier* teilgenommen.

335 Darauf beziehen sich zwei Artikel: Explizit

hinaus nahm sie im Sommersemester 2014 an der Tagung *Didaktische Logiken des Unbestimmten – Professionalisierungsprozesse in der Lehrerbildung im Fokus ästhetischer und künstlerischer Bildung* teil, die vom 16.–18. Mai 2014 an der Kunstakademie Münster stattfand (zur Tagung vgl. Engel/Böhme 2015). **336**
Inwiefern diese Auseinandersetzungen in das Gespräch mit der Studentin über das Vermittlungsprojekt und die fotografischen Bilder eingeflossen sind, lässt sich selbstverständlich nur erahnen.

Was kommt wie zur Sprache? Skizzierung der zentralen Themen, Fragen und Problemstellungen

Das Gespräch wurde mit einer Studentin geführt, die gleichzeitig auch als pädagogisch Verantwortliche an dem Vermittlungsprojekt beteiligt gewesen ist. Sie hat insgesamt *fünfmal im Tandem fotografiert* und war in dieser Zeit in Absprache mit den anderen Organisator_innen des Vermittlungsprojektes von ihren pädagogischen Aufgaben freigestellt. Im Gespräch bezieht sie sich auf eigenen Wunsch auf die fotografische Begleitung *eines* Schülers, die während der letzten von insgesamt drei Projekteinheiten stattgefunden hat. Diesen Schüler hat die Studentin einmalig im Tandem begleitet.
Das Gespräch dauert 1:21 Stunde (siehe Anhang, S. 430–453). Die Studentin bezieht sich vor allem im ersten Gesprächsabschnitt, in dem noch keine Bilder auf dem Tisch liegen, auf Erfahrungen, die sie im Rahmen des gesamten Projektverlaufs gesammelt hat (siehe Abb. 16, linker Abschnitt). Sie thematisiert aus ihrer Perspektive der pädagogisch Verantwortlichen nicht nur im engeren Sinne das Fotografieren im Tandem, sondern sie erzählt von einzelnen Schüler_innengruppen und problematisiert einzelne pädagogische Herausforderungen in dem Vermittlungsprojekt, die ihrer Meinung nach mit seiner offenen didaktischen Grundausrichtung zusammenhängen. **337**

reflektiert der studentische Beitrag *Skulptur als untersubjektive Erfahrung* (Clara Napp) diese Situation. Napp hatte, damals noch als Studentin, Übungen zu Erwin Wurm entwickelt und im Rahmen des Kolloquiums mit den Teilnehmer_innen erprobt und zur Diskussion gestellt. Der Beitrag erschien 2014 in dem Buch *Kunst und Didaktik in Bewegung* (hrsg. von Birgit Engel und Katja Böhme 2014, Bd. 1). Auch Stefan Hölscher nimmt in seinem Artikel *Unbestimmtheitsrelationen* (Hölscher 2015) in dem Buch *Didaktische Logiken des Unbestimmten* (hrsg. von Birgit Engel und Katja Böhme 2015, Bd. 2) auf die genannte Situation im Forschungskolloquium Bezug und charakterisiert das Spannungsfeld von Rahmung und Unbestimmtheit als ein Paradigma des Kunststudiums an der Kunstakademie Münster.

336 Die Tagung wurde von Prof. Dr. B. Engel und mir organisiert. Der Tagungsband *Didaktische Logiken des Unbestimmten. Immanente Qualitäten in erfahrungsoffenen Bildungsprozessen.* (Engel/Böhme 2015) ist daraus hervorgegangen. Die Tagung fand nach der Durchführung des Vermittlungsprojektes und nach dem Gespräch über die fotografischen Bilder statt. Die Studentin hatte kurz vor der Tagung ihr Referendariat an einer Schule bei Münster angefangen. Dennoch wird die Tagungsteilnahme erwähnt, da ihre Teilnahme das fortwährende Interesse an dem zuvor skizzierten Spannungsverhältnis pädagogischer Praxis zwischen Planung und Unvorhersehbarkeit hervorhebt (siehe E-Mail der Studentin vom 15.05.2014).

337 Zur didaktischen Ausrichtung des Projektes siehe Kap. 4, S. 179.

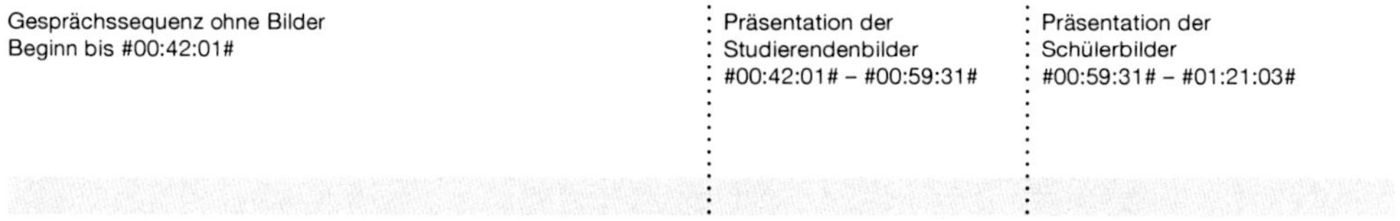

Abb. 16 Die Grafik zeigt die drei Abschnitte, in die das Gespräch aufgebaut gewesen ist. Der graue Balken steht für die Länge des gesamten Gesprächs, die Senkrechten markieren die Zeitpunkte, zu denen jeweils Bildmaterial hinzugenommen wurde.

Im Folgenden werden zunächst Fragestellungen der Studentin skizziert, denen eine besondere Bedeutung zuzukommen scheint, weil sie vergleichsweise ausführlich diskutiert oder weil sie wiederholt im Gespräch aufgeworfen werden. Dies soll mit Blick auf die Analyse der kurzen Gesprächsausschnitte eine Orientierung bieten.

— Ein immer wieder auftauchendes Thema – das unmittelbar mit den pathischen Seiten von Lehr- und Lernprozessen verbunden ist – stellt das **Verhältnis von didaktischer Planung** und einem damit verbundenen Vermittlungsanliegen einerseits und der Unbestimmtheit und Unkontrollierbarkeit der pädagogischen Situation andererseits dar. Dieses Thema taucht wiederholt als Ambivalenz in der Erzählung der Studentin auf: auf der einen Seite werden Momente, in denen sich das Vermittlungsprojekt in eine unerwartete Richtung entwickelt hat, als irritierend und verunsichernd wahrgenommen, auf der anderen Seite schreibt die Studentin eben gerade diesen Momenten eine besondere pädagogische Bedeutsamkeit und ein bildendes Potenzial zu (sowohl für sich selbst als angehende Lehrperson als auch für die Schüler_innen).

— Auch die **eigene Rolle** in dem Vermittlungsprojekt wird von der Studentin in ihrer Zwiespältigkeit beschrieben, indem sie diese als eine fluide Position im Zwischen von verantwortlicher Lehrperson und Novizin problematisiert. Sie habe sich als »komisches zwischending« #00:10:57-7# empfunden, d.h. nicht mehr als Schüler_in und noch nicht als Lehrer_in. Das Vermittlungsprojekt, an dessen Organisation und Durchführung die Studentin beteiligt gewesen ist, wird von ihr als ein »spielfeld« charakterisiert, auf dem sie sich ausprobieren und etwas über sich selbst in der Rolle der Lehrperson in Erfahrung bringen konnte #00:15:23-9#.

— **Die Schüler_innen** tauchen in der Erzählung der Studentin vor allem in ihrer Unvorhersehbarkeit auf. Anhand einzelner Schüler_innengruppen und konkreter Ereignisse aus dem Vermittlungsprojekt greift die Studentin Ereignisse heraus, in denen sie von den Handlungen der Schüler_innen überrascht gewesen sei. Erstaunlich scheinen für sie dabei in besonderer Weise jene Situationen zu sein, in denen die Schüler_innen plötzlich etwas »persönliches« #00:42:01-1# oder »privates« #00:08:03-5# ins Spiel bringen. Mehrfach wiederholt sich die Einschätzung, dass bestimmte Schüler_innen sehr »offen« gewesen seien #00:24:21-7#, #00:29:46-2#, #00:54:55-5#, während andere »nichts gemacht« hätten.

— Auf Nachfrage kommt auch das **Fotografieren** selbst zur Sprache #00:20:06-2#.

Das Fotografieren wird von klassischen Formen der Unterrichtsbeobachtung abgegrenzt, die die Studentin im Rahmen von Schulpraktika kennengelernt habe. Während sie die Erfahrung gemacht habe, dass Beobachtung mit Distanz zu den Schüler_innen einhergehe, erzählt sie, dass sie im Fotografieren einen anderen Zugang zu Schüler_innen erfahren habe. Sie beschreibt, dass sie sich im Fotografieren auf unerwartete Weise durch Räume bewegt und eine Ahnung davon bekommen habe, was die begleiteten Schüler_innen interessant finden, worauf ihr Blick fällt.
Nach der Hälfte der gesamten Gesprächszeit werden erstmals fotografische Bilder auf den Tisch gelegt (siehe Abb. 16, #00:42:16-2#). **338** Die Sichtung der eigenen Fotografien und die anschließende Hinzunahme der Schüler_innenbilder nimmt die zweite Hälfte des Gesprächs ein (siehe ebd.). Da die Studentin mehrmals im Tandem fotografiert hat und nicht alle Bilder im Rahmen des Gespräches gesichtet und besprochen werden können, kann sie zwischen verschiedenen Bildsequenzen auswählen. Sie entscheidet sich für die fotografische Begleitung eines Schülers während der letzten Projekteinheit. Dem Gespräch liegen insgesamt 29 Schülerfotos und 88 Ko-Fotos **339** zu Grunde.
Während sich der erste Gesprächsabschnitt auf das gesamte Vermittlungsprojekt bezieht (d. h. insgesamt neun Projekteinheiten mit jeweils drei Stunden), findet mit der Hinzunahme des Bildmaterial eine Fokussierung statt: Es geraten eine bestimmte Projekteinheit und ein einzelner Schüler in den Blick. Anhand der Bilder werden, anders als im ersten Gesprächsabschnitt, die Erinnerungen anhand bestimmter Situationen und kurze Begebenheiten konkretisiert.

— **Der begleitete Schüler** tritt in unterschiedlicher Weise in der Erzählung der Studentin in Erscheinung: als jemand, der mit der Kamera experimentiert (#00:46:34-8#, #00:54:55-5#, #00:56:27-1#) und sich insbesondere für Nahaufnahmen (#00:48:00-3#) und grafische, abstrakte Formen, Linien und Strukturen zu interessieren scheint (ab #01:18:58-8#) sowie als jemand, der zwischendurch raucht (#00:26:58-8#) und der für die Mitschüler_innen und die fotografierende Studentin zum Teil zu posen scheint (#00:51:56-8#, #00:48:00-3#, #00:50:53-1#, #00:51:56-8#).

— Ausführlich wird eine Szene beschrieben, die auf dem Dach des Gebäudes spielt und die die Studentin selbst als **Grenzerfahrung** bezeichnet (#00:50:53-1#). Diese Szene ist die einzige, die wiederholt in allen drei Abschnitten des Gesprächs auftaucht. Diese kurze Begebenheit wird nicht nur zu Beginn des Gesprächs beschrieben, sie wird auch angesichts der eigenen sowie der Fotos des Schülers von der Studentin besprochen. Dabei zeigt sie sich erstaunt darüber, welche unerwarteten Einblicke ihr durch die Bilder des Schülers vermittelt werden (#01:11:31-9#), denn im Gegensatz zu ihrer Erfahrung der Grenzüberschreitung deuten sie auf ein ästhetisches Interesse des Schülers hin.

338 Zu den genaueren Umständen, wie die Bilder auf den Tisch gelegt werden, siehe Kap. 4, S. 193 ff.
339 Das sind die Fotos, die die Studentin begleitend aufgenommen hat. Zu dem Begriff »Ko-Foto« siehe Kap. 4, S. 189 f.

— Das Gespräch schließt mit Überlegungen der Studentin darüber, wie das Fotografieren auch auf andere Situationen im schulischen Alltag übertragen werden könnte (ab #01:14:30-6#). Insbesondere die (Un-)Möglichkeit der Annäherung an die Perspektive des Schülers wird von ihr diskutiert. Die Fotos hätten dazu beigetragen, dass sie auf Dinge aufmerksam geworden sei, die sie sonst gar nicht mitbekommen hätte.

Wovon erzählt die Studentin zu Beginn des Gesprächs?

Um das Gespräch nicht nur im Überblick und in seiner Struktur zu charakterisieren, sondern um sich dem inhaltlichen Anliegen der Studentin differenzierter annähern zu können, wird im Folgenden die Eingangssequenz des Gesprächs genauer untersucht.

Gerade in narrativen Interviews **340** könne der Eingangssequenz eine besondere Bedeutung zugesprochen werden, da hier oftmals jene Themen direkt zur Sprache gebracht werden, die nicht nur eine besondere persönliche Dringlichkeit haben, sondern die sich thematisch oft auch für den weiteren Verlauf des Gesprächs als richtungsweisend zeigen. Da narrativ angelegte Interviews mit einem offenen Frageimpuls einsetzen und möglichst viel Raum lassen, zunächst ohne eine besondere Fokussierung von den gemachten Erfahrungen und Eindrücken zu *erzählen*, sind diese Passagen besonders aussagekräftig, was die Perspektive und das Mitteilungsbedürfnis der Befragten angeht.

Im folgenden Abschnitt wird daher der erste längere Redebeitrag der Studentin in den Blick genommen. Die Studentin antwortet auf die Frage: »Wie hast du das Projekt erlebt?« **341** Schon in dieser Eingangssequenz stehen Phänomene im Mittelpunkt, die mit den pathischen Seiten von Lehr- und Lernprozessen zu tun haben und richtungsweisend sind für die Bildarbeit:

> »also beim schalterprojekt hab ich gemerkt, dass mich das ehrlich gesagt so ganz schön oft so an ähm so ähm grenzüberfahr/ grenzerfahrungen ähm hat stoßen lassen. //F: mh// das war/ das hätt ich ehrlich gesagt vorher gar nicht irgendwie so eingeschätzt. und da mh und das ist so, wenn ich eben so an dieses schalterprojekt, was ja jetzt schon (unv.) zurück liegt, aber daran denke ich so zurück, dass ich immer wieder da so daran denken muss, dass mich das oft so überwindung gekostet hat, oft irgendwie (...) ich äh immer wieder überrascht worden bin. mhh. .) genau .) weil .) und dass ich einfach festgestellt hab,

340 Ich verwende den Begriff ›Interview‹ nicht, da das Gespräch mit den Studierenden eher dialogischen Charakter hatte und ich mich darin angesichts der Bilder als ›Mit-Sehende‹ und als interessierte Gesprächspartnerin verstanden habe. Doch insbesondere zu Beginn Gesprächs war es wichtig, den Studierenden genügend Raum für eigene Erzählungen zu lassen, sodass insbesondere der Einstieg formal eine große Nähe zum narrativen Interview aufweist (siehe u. a. Mayring (2002): *Einführung in die Qualitative Sozialforschung.* Weinheim/Basel, Beltz Studium, S. 72–76). Daher verwende ich in diesem engeren Kontext den Begriff des narrativen Interviews, sonst aber den Begriff ›Bildgespräch‹ (Details dazu siehe Kap. 4, S. 190 ff.). ←

341 Zur Formulierung der Fragen in den Gesprächen, die mit Studierenden geführt wurden, siehe Kap. 4, S. 193–195. ←

> also ne, du kannst im kopf dir so sachen irgendwie kannst genau durchgehen und kannst sie irgendwie planen und dir das genau vorstellen, aber (holt Luft) dieser faktor der schüler, die dann ja halt auch teil dieses projektes, die sprengen so oft den rahmen und machen daraus was völlig u und machen das zu ihrem ding, was ja eigentlich auch total, was ja auch richtig gut ist und was ja auch wichtig ist, aber ähm genau wo du halt einfach nicht mit rechnest und was ähm mich dann halt manchmal so ein bisschen hat ähm oder was einfach ne erfahrung für mich war. ..) und ähm ja halt eben nicht nur jetzt so positive erfahrungen, wie ja cool, ne, die, die die steigen voll drauf ein, sondern manchmal auch so: okay, wo geht das hin? also dieses gefühl, dass dir das ganze konzept oder so auch manchmal so .) aus den händen genommen wird und dass du jetzt so keine kontrolle hast so. .) und ähm das liegt vielleicht auch / vielleicht hängt das auch mit meinem typ zusammen. ich bin jemand, der sich sehr gerne sich ähm an so strukturen festhält und eben so gerne so ein gefühl hat, es ist alles in ordnung und hat man hat die kontrolle. und so ein kontrollverlust eben, der total fruchtbar sein kann ähm, der hat mich dann aber manchmal so ein bisschen geängstigt so (lacht). ähm genau. aber im nachhinein halt eben total positiv ne, das ist das ähm, was ich sachte, dass dieses ganze schalterprojekt, dass ich daran auch so persönlich gewachsen bin. und auch noch mal so neue perspektiven kennengelernt habe, wo ich sage, okay ..) man kann mit offenheiten total gut arbeiten und da steckt total viel potenzial drin, wenn man sich darauf einlassen kann und wenn man ähm .) genau, das macht .) ja, so vielleicht so zum einstieg. #00:02:44-9#

Wovon erzählt die Studentin gleich zu Beginn des Gesprächs? Die Studentin kommt direkt auf »grenzerfahrungen« zu sprechen, an die sie durch das Projekt »öfters« gestoßen worden sei. Dies habe sie vorher so nicht eingeschätzt. Rückblickend »muss sie immer wieder daran denken«, dass das Projekt sie oft »überwindung« gekostet habe. Es seien Dinge passiert, von denen sie »überrascht« gewesen sei. Sie habe festgestellt, dass man zwar alles »im kopf [...] genau durchgehen«, »planen« und sich »genau vorstellen« könne, doch die Schüler_innen hätten immer wieder »den rahmen gesprengt«, hätten das Projekt »zu ihrem ding« gemacht. Dies sei, erzählt sie, »ja eigentlich auch total [...] richtig«, »gut« und »wichtig« gewesen, aber dem zu begegnen, womit man nicht rechnet, sei trotzdem nicht nur eine »positive erfahrung« gewesen. Sie habe sich manchmal gefragt, wo das hingehe. Sie selbst beschreibt sich als jemand, die sich »gerne an strukturen festhält« und die »gerne das Gefühl hat«, dass »alles in ordnung« sei. Die Studentin spricht von »kontrollverlust«, der sie »ein bisschen geängstigt« habe – sie lacht. Erst im Nachhinein scheint sie für sich das Geschehen anders einschätzen zu können: Sie sei an dem Projekt »persönlich gewachsen« und habe »neue perspektiven kennengelernt«. Diese Einschätzung findet eine Zuspitzung am Ende des Gesprächseinstiegs, wenn die Studentin betont, dass man mit »offenheit total gut arbeiten« könne und darin »total viel potenzial« stecke. Für Letzteres müsse man sich in besonderer Weise auf den unvorhersehbaren

Verlauf eines Projektes »einlassen« – wahrscheinlich spricht sie hier aus der Perspektive, pädagogisch für die Planung und Durchführung des Vermittlungsprojektes mitverantwortlich gewesen zu sein.
Welche Themen werden zu Beginn des Gespräches eingeführt? Und in welchem Verhältnis stehen sie zum weiteren Gesprächsverlauf? Im Mittelpunkt der Eingangssequenz steht das Gewahrwerden einer Lücke, die zwischen der pädagogischen Absicht seitens der Lehrperson und den unvorhersehbaren, unberechenbaren Antworten seitens der Schüler_innen aufklafft. **342** Diese Lücke scheint für die Studentin einen ambivalenten Charakter zu haben, indem sie einerseits (im Projekt) mit dem Gefühl eines Kontrollverlustes verbunden ist und andererseits (nach dem Projekt) als ein Potenzial wahrgenommen wird, das mit der pädagogischen Situation und dem eigenen Professionalisierungsprozess als angehende Lehrperson verknüpft werden kann. Die Studentin scheint dieses Spannungsfeld mit ihrem Bedürfnis nach Ordnung, Struktur und Rahmung in Verbindung zu bringen, das dem Unvorhersehbaren entgegenzustehen scheint.
Im ersten Gesprächsabschnitt wird eine besondere Aufmerksamkeit den Schüler_innen geschenkt, die an dem Vermittlungsprojekt teilgenommen haben. Sie treten in der Anfangserzählung der Studentin als Handelnde mit eigenem Anliegen auf, die offenbar das Projekt in ihrem Sinne für sich adaptieren konnten. Die Studentin spricht vom »faktor der schüler«, durch den sich das Projekt stets unerwartet und mitunter entgegen der eigenen Planung entwickelt habe. Die Formulierung weist eine bemerkenswerte Abstraktion auf. Es schwingt darin mit, dass die Schüler_innen eine sehr grundlegend empfundene, unhintergehbare Unvorhersehbarkeit ins Spiel gebracht haben, unabhängig von dem Handeln einzelner Schüler_innen. Sie haben öfters den Rahmen gesprengt, sagt die Studentin und verwendet damit ein sehr kraftvolles Bild, um jene unerwarteten Transformationsprozesse zu beschreiben, die von den Schüler_innen in dem Projekt scheinbar ausgegangen sind. Die Studentin bringt damit die Erfahrung in Verbindung, dass Grenzen überschritten, Kontrolle verloren und das Projekt aus den Händen genommen wurde. Dennoch scheint die Studentin auch fasziniert zu sein von der Unvorhersehbarkeit der Schüler_innen. Pädagogisches Handeln, das sich auf unerwartete Prozessdynamiken und auf die Interessen von Schüler_innen bezieht, scheint von der Studentin hinsichtlich ihrer pädagogischen Aufgaben auch mit Überwindung verbunden zu sein. Dieses Thema, d.h. die Herausforderung, Prozesse mit offenem Ausgang zu initiieren, taucht auch an späterer Stelle im Gespräch eindringlich auf: **343**

> »als wir draußen waren mit den brötchen und ich wusste halt selber nicht, was das für eine aktion wird und ähm (2) dass man das sozusagen auch mit aushält

342 Diese Lücke habe ich ausführlich im ersten Kapitel als konstitutives Moment pädagogischer Praxis dargestellt.

343 Die Studentin bezieht sich hier auf die zweite von insgesamt drei Projekteinheiten. Die zweite Projekteinheit startete mit einem Stuhlkreis auf dem Bahnhofsvorplatz in Münster. Die pädagogisch verantwortlichen Studierenden verteilten an die Schüler_innen Brötchen und luden dazu ein, an einem gewöhnlichen Ort etwas Ungewöhnliches zu tun. Detail zur zweiten Projekteinheit siehe Kap. 4, S. 176–180.

und und und auch so reaktionen von schülern, dass man jetzt gar nicht weiß, wie nehmen die das jetzt auf? und wie nehmen das auch andere passanten jetzt auf? ist das jetzt eigentlich überhaupt legal, was wir da machen? *(lacht laut)* das sind alles so so so sachen, die einem dann im kopf rumschwirren, aber wo man selber im prinzip die person ist, die das initiiert.« #00:04:22-4#

Die Erfahrungen, die die Studentin im Rahmen des Projektes gemacht hat, scheinen immer wieder dazu zu führen, dass sie nicht nur den Verlauf des Projektes selbst infrage stellt, sondern dass sich auch eine Aufmerksamkeit für die eigene Perspektive auf das Geschehen entwickeln kann. Was zu Beginn in der Einschätzung mündet, dass die Studentin an dem Projekt »gewachsen« sei und »neue perspektiven« kennengelernt habe, findet im weiteren Gesprächsverlauf eine Fortsetzung:

»ähm genau und da hab ich dann noch mal sehr viel über mich selber so rausgefunden. also wann fühle ich mich wohl, wann fühle ich mich nicht wohl. was mache ich vielleicht gerne, was mache ich nicht so gerne.« #00:13:40-7#

Die gesamte Einstiegssequenz ist geprägt von der Herausforderung, sich als pädagogisch Handelnde in Spannungsfeldern zu bewegen: zwischen Plan schmieden und einen offenen Prozess zulassen, zwischen dem eigenen Vermittlungsanliegen und den Interessen der Schüler_innen, zwischen Grenzen setzen und Grenzen überschreiten, das Verhältnis von pädagogischer Verantwortung und Noviz_innenstatus auszuhandeln.

Was kommt in der Eingangssequenz nicht zur Sprache?

Was in der Eingangssequenz gar nicht zur Sprache kommt, ist das Fotografieren selbst. Obwohl die Studentin in fünf Projekteinheiten mit der Kamera jeweils eine_n Schüler_in begleitet hat, kommt sie erst auf das Fotografieren zu sprechen, als ihre eigenen Bilder auf den Tisch gelegt werden (siehe Abb. 16: mittlerer Abschnitt) und ich diesbezüglich nachfrage. Auch wenn die Studentin nicht von sich aus das Fotografieren thematisiert, fallen die Passagen, in denen sie schließlich auf Nachfrage darauf eingeht, vergleichsweise ausführlich aus. Schaut man sich die Auszüge aus dem Gespräch an, in denen die Studentin von ihren Erfahrungen beim Fotografieren erzählt, zeichnet sich darin eine bemerkenswerte Ambivalenz ab: Während sie das fotografische Begleiten zunächst eher als unangenehm empfunden habe, hebt sie an späterer Stelle im Gespräch hervor, dass im Begleiten mit der Kamera eine besondere Wahrnehmung des Anderen möglich geworden sei. An zwei Auszügen, zwischen denen elf Minuten liegen, lassen sich die verschiedenen Facetten des Fotografierens nachvollziehen:

»mhhh (..) am anfang ehrlich gesagt ähm (...) da war ich ziemlich ähm, wie nennt man das, ja unbeholfen vielleicht? oder auch ähm bisschen das war mir unangenehm? weil öhm .) ich denke immer sehr viel darüber nach, was andere leute denken könnten (lacht). und ich könnte mir das als schülergruppe eben sehr unangenehm vorstellen, wenn du die g a n z e zeit da jemand neben dir äh laufen hast ähm der eben so als aufpasser mitläuft. so. und ähm ich fands total unangenehm, weil ichs wie gesagt damals auch unangenehm ge(unv.) äh als unangenehm empfunden hätte. und deswegen ähm dann wusste ich auch nicht irgendwie so richtig mhh (.) in wieweit darf ich mich jetzt eben in diese gruppe einbringen oder inwieweit muss ich mich wirklich zurückhalten und sag einfach gar nichts? aber das hat sich dann zwischenzeitlich eben auch aufge also das ist das ist aufgeweicht ne? dann ja und ne? jetzt sag doch mal, warum isn das jetzt kunst von rehberger und darf man sich da jetzt draufsetzen? und dann verwickeln einen die schüler in son gespräch ähm was ja irgendwie schon mal cool ist.« #00:21:31-2#

[ca. elf Minuten später]

»(...) mhhh ja. das interessante (spricht langsam, überlegt) ist ja, dass du ja den blick von nem anderen einnimmst eigentlich [...] jedes mal, wenn er ein foto macht, nimmst du das ja wahr, was er wahrnimmt. und das ist schon <u>interessant</u>. das ist wirklich <u>interessant</u>. also ähm, <u>was</u> fotografieren schüler eigentlich? also wa .. wo fällt sozusagen die aufmerksamkeit drauf? und ähm (.) und manchmal hab ich mich so dabei <u>ertappt</u>, dass ich denke: oh <u>das</u> finde ich jetzt eigentlich sehr schön zu fotografieren, aber (lacht) die schüler fotografieren was <u>ganz anderes</u> und man versu.. man denk dann so okay ja also das ist schon ähm (.) sehr spannend irgendwie sich darauf einzulassen, was sozusagen eben schüler interessiert oder was die eigentlich wirklich für <u>würdig</u> erachten festzuhalten (spricht langsam, überlegt). [...]« #00:33:02-1#

Zu Beginn scheint das Fotografieren offenbar ein Unbehagen ausgelöst zu haben, weil sie sich in der Rolle der »aufpasserin« erlebt und sich aus Schüler_innenperspektive vorgestellt habe, dass es unangenehm sein könnte, die gesamte Zeit fotografisch begleitet zu werden. Zudem bestand offenbar zu Beginn des Fotografierens eine Unklarheit darüber, inwiefern sie sich in die Arbeit und die inhaltliche Auseinandersetzung der begleiteten Schüler_innen bzw. den Gruppen einbringen durfte oder inwieweit sie sich in der Rolle der Fotografierenden zurückhalten sollte. Erst im weiteren Verlauf der fotografischen Begleitung scheint sich dieser Konflikt etwas aufzulösen. Dabei mag die Interaktion mit den begleiteten Schüler_innen bedeutsam gewesen sein: Sie erzählt, wie sie in Gespräche der Schüler_innen über die künstlerische Arbeit von Rehberger involviert worden sei und sich dadurch bei ihnen willkommen gefühlt habe.

Im zweiten Auszug beschreibt sie ihren Blick auf die fotografierenden Schüler_innen und zeigt großes Interesse an der Differenz zwischen ihrer und der Wahrnehmung der begleiteten Schüler_innen. Sie habe sich beispielsweise manchmal dabei »ertappt«, wie sie etwas ganz anderes als die Schüler_innen fotografisch spannend gefunden habe. Sie habe es dann gerade interessant gefunden, zu bemerken, was Schüler_innen im Gegensatz zu ihr selbst als bildwürdig erachteten. Das Fotografieren im Tandem wird als eine Möglichkeit beschrieben, sich auf die Schüler_innen und deren unerwartetes Interesse einlassen zu können. Die Studentin grenzt die fotografische Begleitung von gängigen und ihr bekannten Formen der Unterrichtsbeobachtung ab und hebt eine besondere Nähe hervor, die im Fotografieren zwischen ihr und den Schüler_innen entstanden sei:

> »[...] das ist ja nicht so, dass du, wenn du jemand sozusagen fotografisch begleitest, dass du irgendwie ähm das wirklich nur so machst, du sagst nichts und bist einfach nur ähm stiller fotograf ne. du wirst einfach teil des prozesses. und ich glaube das ist was ganz and... das ist es vielleicht: du bist bei dem begleiten bist du irgendwie viel mehr teil des wahrnehmungsprozesses, als wenn du hinten einfach drin sitzt und passiv bleibst. [...] ich bin ja auch richtig gelaufen ja also, der hat sich bewegt, ich bin hinterhergelaufen. der ist, keine ahnung, in den oberen stock – johann – ich hinterher. oder ne? also du bist .) einfach in bewegung. du äh gehst ganz andere räume ab .) es verändert sich [...] in kunst hast du manchmal noch so das wenn freiarbeitsphase ist darfst du mal rumgehen und gucken, aber dann ist es ja auch eher so stippvisite bei jedem schüler so. [...]« #00:37:27-3#

Die Studentin erzählt, dass sie in ihren schulischen Praktika meistens hinten im Klassenzimmer gesessen und weitgehend bewegungslos von dort aus den Unterricht beobachtet habe. Diese Position verbindet sie mit einer Distanz zu den Schüler_innen und verdeutlicht dies mit dem sprachlichen Bild, dass sie sich wie durch eine »scheibe« vom Geschehen getrennt gefühlt habe. Zudem sei es ihr kaum möglich gewesen, in Kontakt zu den Schüler_innen, vor allem zu einzelnen Schüler_innen zu treten. Allenfalls die Phasen der Freiarbeit im Kunstunterricht scheinen ihr Gelegenheit geboten zu haben, im Klassenraum herumzugehen und den Schüler_innen über die Schulter zu schauen. Aber auch das sei, so die Studentin, eher bei kurzen »stippvisiten« geblieben. Die Distanz, die sie zu den Schüler_innen empfunden habe, habe auch vice versa gegolten: Sie habe den Eindruck gehabt, dass auch die Schüler_innen kaum von ihr als anwesende Studentin Notiz genommen haben.

Die Erfahrungen, die sie beim Fotografieren im Tandem gemacht habe, spannen einen Gegenhorizont auf. Im Fotografieren habe sie sich durch den Raum *bewegen* können, sei mit *einzelnen Schüler_innen* mitgelaufen, habe sich in »anderen räumen« bewegt, in die sie offenbar nur gegangen ist, weil sie den Schüler_innen gefolgt sei. Sie sei »richtig gelaufen«, die Schüler_innen vorneweg und sie »hinterher«. Mit dem Fotografieren im Tandem scheint sie eine »andere intensität« zu verbinden. Im Fotografieren könne man sich nicht als »stiller fotograf« zurückziehen, sondern man werde »teil des prozesses« – vermutlich, indem man beim Fotografieren zwangsläufig sicht- und wahrnehmbar für die Anderen wird und jedes Foto danach verlangt, einen bestimmten Standort einzunehmen. Das Fotografieren scheint für die Studentin »detailreichere« Einblicke in das Unterrichtsgeschehen zu ermöglichen. Auch an späterer Stelle im Gespräch ist von einem »tieferen verständnis« für die gestalterischen Prozesse jener Schüler_innen die Rede, die die Studentin fotografisch begleitet habe #00:42:01-1#. Insbesondere bei diesen Schüler_innen sei es möglich gewesen, etwas »persönliches« #00:40:41-2#, mitunter sogar »privates« #00:08:03-5#; #01:18:27-7# mitzubekommen.

Was gerät in das Blickfeld der Fotografierenden? Skizzierung des Bildmaterials

Bevor einzelne Gesprächsausschnitte herausgegriffen und mithilfe des ausführlichen Transkriptes genauer betrachtet werden, wird zunächst das *Bildmaterial, das dem Gespräch zugrunde liegt,* als Produkt eines fotografierenden Tandems beschrieben. **344** Dies macht nicht nur Sinn, weil das Bildmaterial die gemeinsam betrachtete Grundlage des Gesprächs mit der Studentin bildet, sondern es vermittelt sich darüber ein eigener, unter Umständen auch unerwarteter Eindruck davon, was und vor allem wie etwas während des Unterrichts in den Blick der beiden Fotografierenden geraten ist. Indem die Bilder mehr und anderes zeigen, als im Gespräch zur Sprache kommt, bietet es sich im Zuge einer differenzierenden Bildarbeit an, potenziell den gesamten Bildkorpus in die Auslegung der Bildkonfigurationen einzubinden – d. h. über die Bilder hinaus, auf die die Studentin im Gespräch selbst erzählend und zeigend Bezug nimmt.

Sich zunächst aufmerksam dem gesamten Bildmaterial zuzuwenden, das während des Gesprächs mit der Studentin betrachtet wurde, ermöglicht eine erste Orientierung, macht auf Aspekte aufmerksam, die im Gespräch (nicht) angesprochen werden und bereitet insofern das spätere Verknüpfen, Montieren und Arrangieren der Bilder auf einer Fläche vor. Die Kontaktbögen zeigen, dass dem Gespräch mit der Studentin insgesamt 117 Fotos zugrunde lagen. Davon stammen 29 Bilder von dem Schüler und 88 von der Studentin.

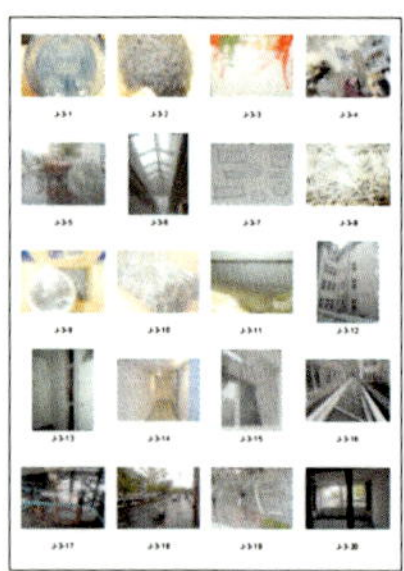

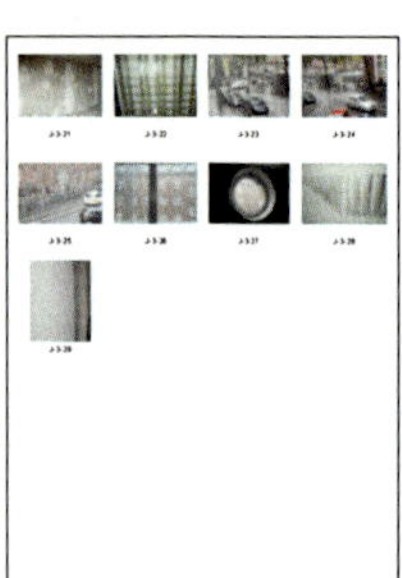

Abb. 17–18 Die Aufnahmen des Schülers sind auf zwei Kontaktbögen angeordnet (insgesamt 29 Fotos), siehe Anhang S. 457 →

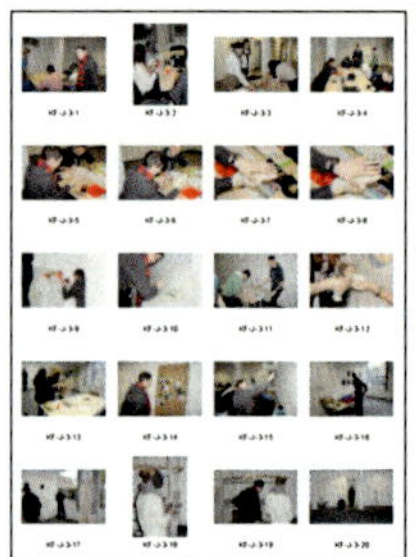

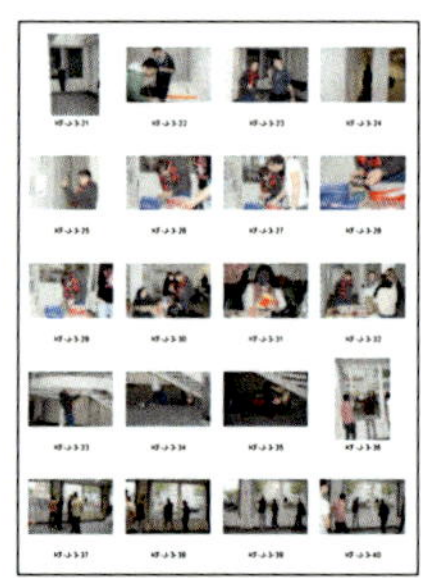

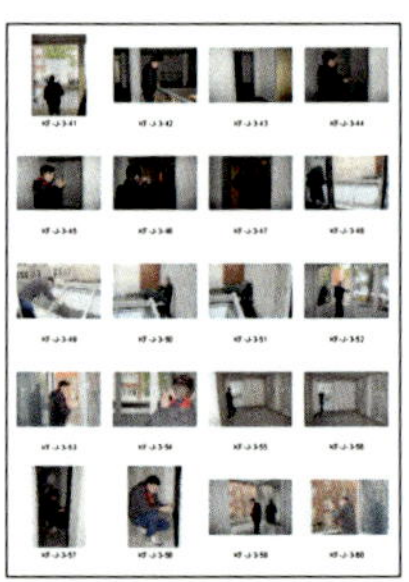

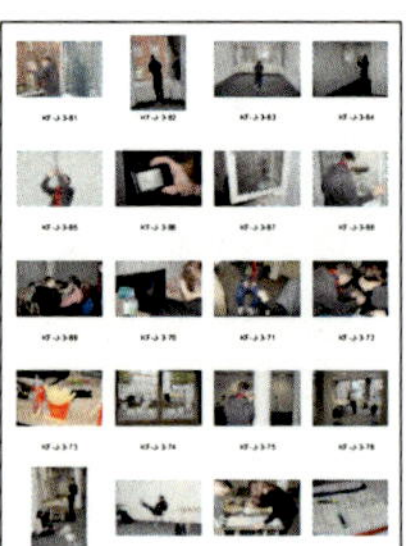

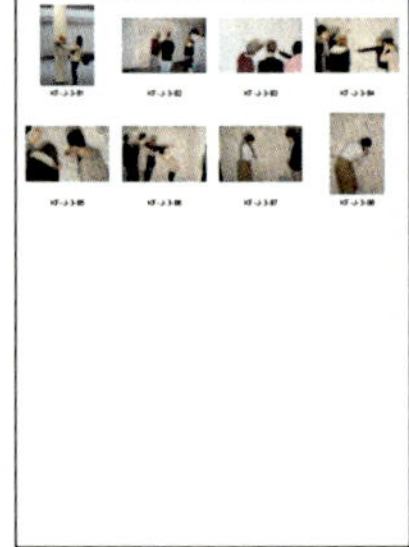

Abb. 19–23 Die Aufnahmen der Studentin sind auf fünf Kontaktbögen angeordnet (insgesamt 88 Fotos), siehe Anhang S. 457 →

Die **Bilder des Schülers** zeichnen sich durch eine vielfältige Ästhetik aus. Es gibt extreme Nahansichten (z.B. J-3-1, J-3-8), ungewöhnlichen Perspektiven (z.B. J-3-11), sich wiederholende Blicke aus verschiedenen Fenstern (z.B. J-3-18/-19 und J-3-23–26), sich überlagernde Bildebenen durch Glasscheiben (z.B. J-3-5) und Spiegelungen (J-3-15). Mitschüler_innen treten lediglich in zwei Aufnahmen in Erscheinung (J-3-2, J-3-4). Viele Bilder des Schülers können ohne die zeitgleich entstandenen Bilder der Studentin innerhalb des Projektraumes kaum genau innerhalb der Projekträume verortet werden (z.B. J-3-1 – 3, J-3-7, J-3-10, J-3-22). Unter Berücksichtigung der Metadaten und der gespeicherten Zeitangaben der Einzelbilder zeigen sich in der Abfolge der Schülerbilder zwei größere Leerstellen, in denen über einen längeren Zeitraum nicht fotografiert wurde: Zwischen dem zweiten und dritten Bild liegen ca. 20 Minuten und zwischen dem letztem Bild und dem Ende der Projekteinheit wurde 1:15 Stunden nicht fotografiert. Die Kamera wurde also nicht während der gesamten dreistündigen Projekteinheit benutzt. Der Verlauf der Projekteinheit, in der der Schüler mit der Kamera unterwegs war, lässt sich anhand der Schülerbilder nur in Teilen nachvollziehen.

Die **Bilder der Studentin** sind überwiegend in höherer Frequenz aufgenommen, als dies bei dem Schüler der Fall ist. Die Studentin fotografiert in weiteren Blickwinkeln und kleineren Brennweiten. In ihren Bildern wird nicht nur der Schüler, sondern es werden gleichfalls viele Kontextinformationen sichtbar, indem auch andere Mitschüler_innen, der Umraum, Materialarrangements und so weiter auftauchen. Detailaufnahmen kommen zwar auch vor (z.B. KF-J-3-28/-66/-80), sind aber auffällig seltener in der Gesamtsequenz zu finden als Weitwinkelaufnahmen. Die fotografischen Bilder der Studentin wirken im Gegensatz zu den Bildern des Schülers, ästhetisch weniger inszeniert und verrätselt. Selten wird aus einer anderen Perspektive als dem Stehen fotografiert. Die studentischen Fotografien erscheinen in ihrer Bildsprache auf den ersten Blick etwas nüchterner und haben einen stärker dokumentierenden Charakter als die Bilder der Schülers.

Werden alle Bilder der beiden Fotografierenden einander in ihrer Zeitlichkeit zugeordnet, fällt auf, dass es zu 24 Bildern des Schülers zeitähnlich entstandene Fotografien der Studentin gibt – die Studentin hat ihren Auftrag, den Schüler fotografisch zu begleiten und immer dann ein Bild zu machen, wenn dieser fotografiert, größtenteils erfüllt. **345** Um so bemerkenswerter ist die unterschiedliche Länge des Zeitraums, in dem fotografiert wird (siehe Abb. 24): Beide, Schüler und Studentin, beginnen fast zeitgleich zu fotografieren (der Schüler fünf Minuten früher als die Studentin), hören aber zu völlig unterschiedlichen Zeitpunkten mit einer zeitlichen Verschiebung von mehr als einer Stunde auf. Während der Schüler sein letztes Bild macht, nachdem er etwas mehr als eine Stunde fotografiert hat, fotografiert die Stu-

344 Die detaillierte Beschreibung des Bildmaterials befindet sich im Anhang der Online-Publikation (siehe Link auf S. 457). Im Fließtext werden vor allem die Bewegungen der Fotografierenden, sich wiederholende Motive und markante Raumwechsel beschrieben, die für ein grundlegendes Verständnis von der stattgefundenen fotografischen Interaktion elementar sind.

345 Bzw. jeweils mit einer zeitlichen Differenz von max. 5 Sekunden.

dentin noch über eine Stunde länger. In dieser Stunde, in der der Schüler nicht mehr fotografiert, macht die Studentin noch dreizehn weitere Aufnahmen. Ihr letztes Bild entsteht nach insgesamt mehr als zwei Stunden.

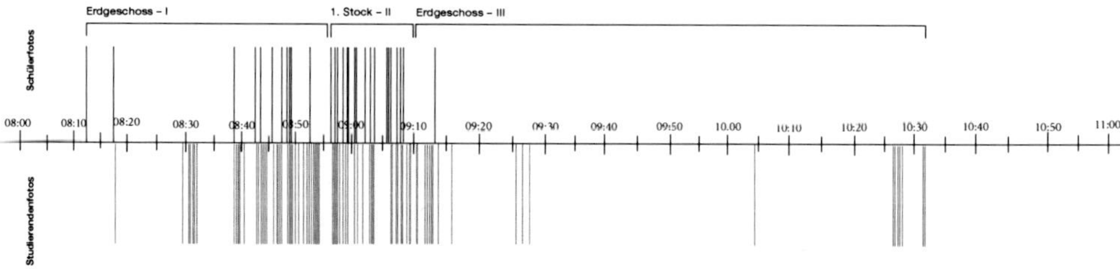

Abb. 24 Timeline, die die gesamte dreistündige Projekteinheit umfasst. Jeder Strich steht für ein aufgenommenes Foto (oben: Schülerbilder; unten: Studierendenbilder). Methodische Details zu Grafiken siehe Kap. 4, S. 225 f.

Die Bilder der beiden Fotografierenden zeugen von zahlreichen Raumwechseln: Während in den Schülerbildern 16 Raumwechsel dokumentiert sind, zeigen die Bilder der Studentin 26 Raumwechsel an. Bemerkenswert sind die Wechsel zwischen dem Erdgeschoss und dem ersten Stockwerk – insbesondere mit dem Hintergrundwissen, dass das obere Stockwerk im Rahmen des Vermittlungsprojektes von den Schüler_innen nicht betreten werden sollte. Wie Zäsuren fungieren die Wechsel zwischen den Etagen innerhalb der Bildsequenzen, indem das Tandem in den verschiedenen Stockwerken jeweils auf unterschiedliche Weise fotografiert. Mit dem Wechsel der Stockwerke lassen sich die Bildsequenzen des Schülers und der Studentin in drei Abschnitte strukturieren (siehe Abb. 24), die sich folgendermaßen voneinander abgrenzen: **346**

— Zunächst wird zu Beginn der Projekteinheit im Erdgeschoss fotografiert **(Teil I)**. Während die Bildsequenz des Schülers längere Pausen enthält, in denen nicht fotografiert wird, nimmt die Studentin dort zum Teil in hoher Frequenz Bilder auf. Hier entstehen die Bilder, die zum Ausgangspunkt werden, um dem Zusammenhang zwischen der vermeintlichen Untätigkeit einer Schülergruppe und einem Unbehagen seitens der Studentin auf die Spur zu kommen (Fallbildung 2: *Die machen nichts*).

— Mit dem Wechsel in das Obergeschoss des Projektraumes wird ein anderer Abschnitt der Fotosequenzen eingeleitet **(Teil II)**. Hier bewegen sich der Schüler und die Studentin abseits des eigentlichen Projektgeschehens. Beide Personen haben im oberen Stockwerk bemerkenswert häufig und vor allem synchron fotografiert. Hier entstehen die Bilder, auf denen die erste und zweite Bildkonfiguration *(Auf dem Dach* und *Wenn ich hier wohnen würde)* aufbauen. In beiden Fallbildungen spielt der Umstand, dass sich das fotografierende Tandem alleine im ersten Stockwerk abseits des Projektsgeschehens bewegt, eine zentrale inhaltliche Rolle. Es werden unter anderem Phänomene der Grenzüberschreitung, deren mögliche Bedeutung für ästhetische Bildungsprozesse und Fragen der pädagogischen Verantwortlichkeit diskutiert.

— **Teil III** ist wiederum im Erdgeschoss entstanden. Dorthin zurückgekehrt, nimmt der Schüler nur noch ein einziges Bild auf – welches das Kondensat seiner fotografischen Auseinandersetzung bildet (siehe Bildkonfiguration 2: *Wenn ich hier wohnen würde)*. Weitere Aufnahmen macht er nicht. Die Studentin hingegen fotografiert noch weiter und dokumentiert den Projektraum sowie fertige Projektergebnisse. **347**
Der fotografische Überschuss, der insbesondere am Ende der Projekteinheit entsteht und dem ein persönliches Darstellungsbedürfnis seitens der Studentin unterstellt werden kann, wird zum Anlass für eine repräsentationskritische Betrachtung der Fotografien (Bildkonfiguration 2: *Wenn ich hier wohnen würde)*. Die Bilder, die unabhängig vom begleiteten Schüler entstehen und insofern über den fotografischen Auftrag hinausweisen, bieten sich an, um über die fotografische Darstellung von Kunstunterricht impliziten Wünschen und verborgenen Vorstellungen von Kunstunterricht auf die Spur zu kommen, die oftmals unbewusst an die Schüler_innen herangetragen werden und mit unausgesprochenen Erwartungen zusammenhängen.

Zur unterschiedlichen Dramaturgie von Empirie und Forschungsprozess: Überleitung zu den vier Bildkonfigurationen

Das beschriebene Bildmaterial lag dem Gespräch vollständig zugrunde. Es ist wichtig, im Hinterkopf zu behalten, dass die Studentin das Bildmaterial vor dem Gespräch noch nicht angeschaut hatte. Während des Gesprächs fand sozusagen der ›Erstkontakt‹ mit den Bildern in ausgedruckter Form statt. Während sie sich an ihre eigenen Aufnahmen möglicherweise erinnern kann, werden die Aufnahmen des Schülers für sie erst im Gespräch einsehbar. **348** Wenn nun im Rahmen des Forschungsprozesses die Rückbeuge zum Gespräch stattfindet, geschieht dies unter anderen Voraussetzungen als es im Gespräch den Gesprächsteilnehmer_innen selbst möglich gewesen ist.
Diese Differenz ist der Dramaturgie des Forschungsprozesses geschuldet, die sich von der tatsächlich stattgefundenen Dramaturgie der Empirie zwangsläufig unterscheidet. Während es in dem Gespräch darum ging, einen geeigneten Rahmen zu schaffen, damit die Studierenden auch von unerwarteten Momenten in den Bildern plötzlich getroffen werden können, ist die vertiefende Bildarbeit, wie sie explorativ im Forschungsprozess entwickelt wird, auf die Wahrnehmung des gesamten Bildmaterials angewiesen, die über ein spontanes Anblicken und Aufmerken hinausgeht.

346 Eine ausführlichere Beschreibung der gesamten Bildsequenzen kann im Anhang der Online-Publikation nachgelesen werden (siehe Link → auf S. 457).

347 Der Raumwechsel dokumentiert sich in mehreren Treppenbildern, (KF-J-3-33–35; J-3-11), in Fotos, die auf dem Dach des Gebäudes (J-3-12, J-3-15–17; KF-J-3-48–51) und aus geöffneten Fenstern heraus entstanden sind (J-3-18–19, J-3-23–25; KF-J-3-53–55, KF-J-3-59–62, KF-J-3-67–68).

348 Außer natürlich bei den Bildern, die ihr während der Begleitung von dem Schüler explizit gezeigt wurden (KF-J-3-66) oder bei den Bildern, deren Entstehung sie über den Display der Schülerkamera mitverfolgen konnte (Blick über die Schulter des Schülers z.B. KF-J-3-75).

5.3 Bildkonfigurationen

5.3.1 ›Auf dem Dach‹ – Eine Bildkonfiguration zu Bedeutungen, Herstellung und Transformation von Grenzen und Schwellen in kunstpädagogischen Prozessen

Kurzporträt und Begründung der Bildkonfiguration

Ausgangspunkt der ersten Bildkonfiguration sind drei kurze Ausschnitte aus dem Gespräch, die sich allesamt auf dieselbe Begebenheit im Projektverlauf beziehen. Diese Begebenheit hat sich während der fotografischen Begleitung im ersten Stockwerk ereignet und spielt dort auf dem begehbaren Dach des leerstehenden Bürogebäudes. Die Studentin kommt im Gespräch dreimal auf diese Begebenheit zu sprechen (siehe Abb. 25).

Die Studentin erzählt zunächst davon, wie der Schüler plötzlich aus dem Fenster hinaus auf das begehbare Dach des Bürogebäudes geklettert sei. Das habe sie als eine »grenzerfahrung« wahrgenommen, die ihr auch im Gespräch noch sichtlich Unbehagen zu bereiten scheint. Als sie ihre eigenen Bilder betrachtet, kommt sie erneut auf dieselbe Situation zu sprechen, diesmal mit einer etwas anderen Akzentuierung: Sie erinnert sich an die Begeisterung des Schülers für die unbekannten Räume und sein Interesse daran, diese zu erkunden. Als die Bilder des Schülers schließlich auf den Tisch gelegt werden, gerät die Situation auf dem Dach nochmals in ihre Aufmerksamkeit und sie entdeckt angesichts der Schülerbilder sein Interesse an Linien und Architektur.

Inwiefern eignen sich diese Ausschnitte, um eine erste Bildkonfiguration zu entwickeln? Die Ausschnitte bieten sich besonders an, um die erste Bildkonfiguration ›prototypisch‹ auszulegen, weil sich die Studentin in allen drei Abschnitten des Gesprächs (siehe Abb. 25) wiederholt auf dieselbe Situation bezieht und sich dabei sukzessiv Verschiebungen ihrer Wahrnehmung und Deutung bemerkbar machen: Zunächst erzählt sie von einer *Grenzüberschreitung* und einem Unbehagen, dann entsteht angesichts der eigenen Bilder ein Erstaunen über die *Raumerkundungen* des Schülers und schließlich keimt in Gegenwart der Schülerbilder ein noch vages, aber doch perspektivisch vollkommen neu ausgerichtetes Verständnis vom Anderen und der Situation auf, indem die Studentin einem *ästhetischen Anliegen des Schülers* auf die Spur kommt. Diese Verschiebungen machen die drei Gesprächspassagen zu einem besonders wertvollen Ausgangsmaterial für die Bildarbeit, da sich hier im Gespräch andeutet, was möglich werden kann, wenn das *Erzählen aus der Erinnerung* durch die *Betrachtung fotografischer Bilder* ergänzt wird. Die drei Auszüge laden dazu ein, sich behutsam der Perspektive der Studentin, d.h. ihrem Getroffen-Werden von der erlebten Situation und den Bildern anzunähern. Da sich die Studentin in diesen drei Passagen selbst schon ausführlich auf die Erfahrungen bezieht, die sie in der Situation gemacht hat und sich vergleichsweise differenziert auf die entsprechenden Bilder einlässt, lassen sich ihr Anliegen, bestehende Fragen und vorgenommene Deutungen in einer hervorstechenden Vielschichtigkeit

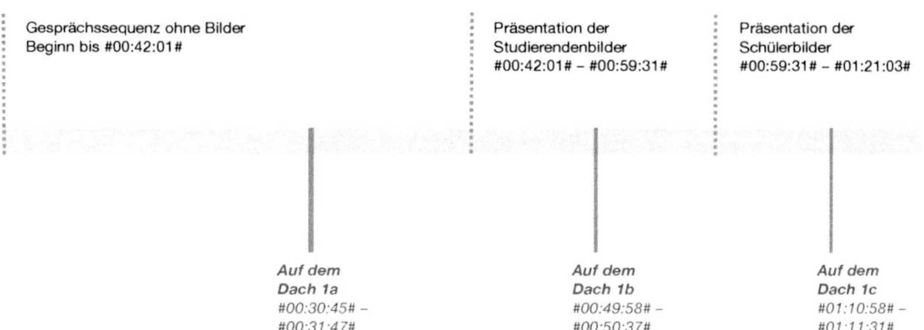

Abb. 25

beschreiben. Dies kommt der Herausforderung, eine erste Bildkonfiguration auszulegen, sehr entgegen, indem sich die Bildarbeit auf ein von der Studentin ausführlich kommuniziertes Reflexionsbedurfnis hin entwickeln kann. Anhand der drei Gesprächsauszüge kann nicht nur nachgezeichnet werden, wie sich die Studentin nach und nach dem erlebten Geschehen und der Wahrnehmung des Schülers annähert, sondern es lässt sich auch eine Vorstellung davon entwickeln, welche reflexiven Potenziale in dem Bildmaterial schon angelegt sind. Vor diesem Hintergrund können die Ausgangspunkte für eine vertiefende Bildarbeit differenziert beschrieben werden.

Darüber hinaus bieten sich diese drei Gesprächsausschnitte auch inhaltlich als Einstieg an, da mit ihnen die Bearbeitung eines zentralen Themas angestoßen werden kann, das dem gesamten Gespräch zugrunde liegt: kunstpädagogisches Handeln im Spannungsfeld zwischen Rahmung und Überschreitung; zwischen Grenze und Schwelle; zwischen pädagogischer Verantwortlichkeit und Kompliz_innenschaft usw. Dieses Spannungsfeld wird von der Studentin schon zu Beginn des Gesprächs ausführlich problematisiert (vgl. Kap. 5, S. 250, 252–255) und zieht sich wie ein roter ← Faden durch das gesamte Gespräch. Die drei Auszüge, die sich auf die Situation auf dem Dach beziehen, haben insofern für das gesamte Gespräch einen exemplarischen Charakter und können auch für die drei anderen Bildkonfigurationen zum verbindenden Element werden.

Doch obwohl die kurze Begebenheit wiederholt zur Sprache kommt und vergleichsweise ausführlich davon erzählt wird, finden die Bilder selbst, die in der entsprechenden Situation entstanden sind, eher wenig Beachtung. *Was und vor allem wie zeigen sie das Geschehen auf dem Dach?* Genau hier knüpft die Bildarbeit an, indem die entsprechenden Bilder als Spuren von Wahrnehmungen und Interaktion innerhalb des fotografierenden Tandems aufgefasst und genauer in den Blick genommen werden. **349**

349 Die folgenden Ausführungen wurden in Teilen schon in folgendem Artikel veröffentlicht: Böhme, Katja (2018): *Was der Raum über den Anderen erzählt ... Fotografische Darstellungen vom Räumen als Grundlage einer Reflexion (kunst-) pädagogischer Fragen.* In: Engel/Peskoller/Westphal/Böhme/Kosica (Hg.): *räumen – Raumwissen in Architektur, Natur, Kunst, Architektur und Bildung,* Weinheim/Basel: Beltz Juventa , S. 125–153. Für die Promotion wurden diese Passagen nochmals überarbeitet und größtenteils ausführlicher ausformuliert.

Der Perspektive der Studentin auf die Spur kommen

Um besser nachvollziehen zu können, wovon die Studentin in den drei kurzen Ausschnitten erzählt, ist es hilfreich, sich einige Kontextinformationen nochmals zu vergegenwärtigen: die Studentin bezieht sich auf eine Begebenheit, die im ersten Stockwerk des leerstehenden Bürogebäudes stattfand. Dort waren der Schüler und die Studentin für ungefähr fünfzehn Minuten zu zweit unterwegs. Im Erdgeschoss fand währenddessen das Vermittlungsprojekt statt, wohingegen der erste Stock eigentlich nicht genutzt werden sollte. Dies wurde den Schüler_innen zu Beginn des Projekts mitgeteilt. Die Situation, von der die Studentin erzählt, ereignete sich während des letzten von insgesamt drei Treffen. Während dieses letzten Treffens arbeiteten die Schüler_innen in Gruppen zusammen und waren überwiegend damit beschäftigt, ihre gestalterischen Projekte zu beenden. [350] Die entstandenen Projekte sollten einige Wochen später in dem leerstehenden Gebäude in einer Abschlussausstellung der Öffentlichkeit gezeigt werden. Der fotografierende Schüler fehlte während der zweiten Projekteinheit wegen Krankheit. [351] Während des Fotografierens löste er sich weitgehend von seiner Arbeitsgruppe und bewegte sich mit der Studentin durch die Projekträume im Erdgeschoss sowie durch das erste Stockwerk. Noch bevor in dem Gespräch das Bildmaterial auf den Tisch gelegt wird, spricht die Studentin die Situation auf dem Dach an (vgl. Böhme 2018, S. 134):

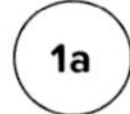

ZEIGEN (Videostills)	**REDEN**	**GEZEIGTES** (Fotografien des Schülers)	**GEZEIGTES** (Fotografien der Studentin)
Zu dem Zeitpunkt des Gesprächs lag noch kein Bildmaterial auf dem Tisch.	Studentin: […] der ist dann, der ist dann ja in die erste etage (*die Tonlage verändert sich*) und dann ist der da aus dem fenster raus? und offen aufs dach. und ich hab die ganze zeit nur gedacht: (atmet tief ein) °ach du scheiße° (*flüstert, lacht leise*) äh apropos grenzerfahrung ne? oh dann stehste da und dann klettert der da auf dem dach rum und du denkst nur so .) oh gott das .) eigentlich ist es nicht Sinn der sache draußen auf dem dach rumzuklettern. .) ja das war schon ähm (.) #00:31:08# Forscherin: bist du dann hinterher? #00:31:10# Studentin: (2) nee. der ist da aber auch ähm .) n u r im prinzip aufs dach? (.) ähm und z i e m l i c h **nah** am fenster geblieben, sodass ich aus dem fenster raus fotografieren konnte. aber das stimmt? ja genau .) ich bin nicht hinterher. das war für mich son (..) ich weiß auch nicht, das war für mich .) ah ich bin ja auch, ich gehör ja auch zur fraktion brav und keine ahnung (*lacht laut auf*). äh ja das war echt so (.) °wow° (*flüstert*) genau. er ist wie gesagt dann er ist sehr sehr nah am fenster geblieben so und deswegen war das jetzt für .) irgendwie keine .) äh aber das war dann schon erstmal so o k a y (*lacht*) schräger typ! (*lacht*) ja. #00:31:47#		

Abb. 26

Die kurze Sequenz, in der die Studentin erstmals auf die Situation auf dem Dach zu sprechen kommt, besteht aus zwei vergleichsweise langen Redebeiträgen der Studentin, verbunden durch eine kurze Nachfrage der Forscherin (vgl. ebd., S. 135 f.). Die Studentin beginnt zunächst davon zu erzählen, dass der Schüler »in die erste Etage«, dann »aus dem fenster raus« und »offen aufs dach« sei. Sie atmet tief ein, als sie von dieser Bewegung des Schülers erzählt und flüstert »ach du scheiße«. Eigentlich sei es »nicht sinn der sache« gewesen, dass der Schüler auf das Dach gestiegen sei. Sie habe angesichts des auf dem Dach herumkletternden Schülers »nur so oh gott« gedacht. »apropos grenzerfahrung? ne?« – die Studentin scheint sich auf den vorangegangenen Gesprächsverlauf zu beziehen, in dem das Thema *Grenzerfahrungen* innerhalb des Vermittlungsprojektes vor allem zu Beginn ausführlich von ihr zur Sprache gebracht wurde (siehe Kap. 5, S. 252 ff.). Bemerkenswert ist auf den ersten Blick die sprachliche Gestaltung. Diese zeichnet sich durch ein Sprechen aus, das wortwörtlich durch den Leib zu gehen scheint: Mehrere Begriffe werden in dieser kurzen Passagen sehr betont gesprochen, manches geflüstert, an einer Stelle wird leise gelacht und anderes wiederum bleibt im Grunde ungesagt und gelangt vielmehr als Pause und tiefes Einatmen zur Präsenz.

Bewegungen im Raum Die Bewegungen im und durch den Raum spielen in dieser Passage eine elementare Bedeutung. Gleich zu Beginn erzählt die Studentin, dass der Schüler auf das Dach gestiegen sei. Zweimal setzt sie an (»der ist dann, der ist dann ja«), um danach betont zu sagen, dass der Schüler »in die erste etage und dann [...] da aus dem fenster raus und offen aufs dach« gestiegen sei. Die Studentin nimmt direkt zu Beginn ihrer Erzählung auf die raumgreifende Bewegung des Schülers Bezug: »erste etage«, »aus dem fenster raus«, »offen aufs dach«. Aus ihrer Perspektive scheint der Impuls zur Bewegung im Raum und zum Raumwechsel vom Schüler auszugehen (»der ist dann, der ist dann ja«).

Einer unerwarteten Situation gegenüber stehen Während sich der Schüler auf dem Dach befindet, versucht die Studentin das Geschehen abzuwägen. Sie atmet tief ein, holt Luft, bevor sich ihre Einschätzung unmittelbar Weg bahnt: »und ich hab die ganze zeit nur gedacht (atmet tief ein): ach du scheiße (flüstert, lacht leise)«. Angesichts dessen, was der Schüler macht – nämlich aus dem Fenster auf das Dach zu steigen – scheint sie sich selbst in eine durchaus prekäre Situation versetzt zu sehen. Mithilfe einer umgangssprachlichen Formulierung scheint einer eindringlichen Erfahrung Ausdruck verliehen zu werden.**352** Besonders bemerkenswert an diesem Ausdruck ist die Weise, *wie* er ausgesprochen wird: geflüstert, gefolgt von

350 Eine genauere inhaltliche Beschreibung der letzten Projekteinheit findet sich hier: Kapitel 4, S. 178.

351 Er hatte in der ersten Projekteinheit schon fotografiert. Setzte dann einmal aus und fotografierte dann wieder in der dritten Projekteinheit.

352 Zumeist im familiären und privaten Umfeld genutzt, zeugt so ein Ausdruck wie ›ach du scheiße‹ in unmittelbarer Weise von der Konfrontation mit etwas Unerwartetem oder gar Unerwünschtem.

einem leisen Lachen. Es entsteht eine Widersprüchlichkeit zwischen der inhaltlichen Seite des Ausdrucks und der performativen Seite, dem Flüstern. Etwas wird dann geflüstert, wenn es nicht die breite Öffentlichkeit hören soll, wenn man etwas in einem bestimmten Kontext für nicht angemessen hält und man es sozusagen nur hinter vorgehaltener Hand jemandem zuraunt oder leise anvertraut. In der Ambivalenz scheinen verschiedene Deutungsperspektiven auf, die nicht nur das Gespräch selbst, sondern vor allem auch die Situation auf dem Dach betreffen:

Das Flüstern kann als *Antwort auf die Rahmung des Gesprächs* gelesen werden. Als Hochschullehrerin spreche ich mit der Studentin, spanne den Rahmen für diese Begegnung auf und achte selbst auf einen zugewandten, aber doch angemessenen formellen Charakter des Gesprächs. Der Ausdruck an sich wirkt hier verhältnismäßig grob; das Flüstern könnte als ein Gewahrwerden des situativen Kontextes verstanden werden.

Das Flüstern bietet aber auch die Möglichkeit einer Deutung an, die unmittelbar mit dem Geschehen *als pädagogisches Geschehen* zu tun hat. Die Gleichzeitigkeit des drastischen Ausdrucks und die zurückhaltende Geste des Flüsterns kann auch als das plötzliche Aufmerken eines spezifischen Spannungsfeldes gelesen werden, das gerade im pädagogischen Kontext eine zentrale und nicht selten auch prekäre Herausforderung darstellt – die *Verteilung und Übernahme von Verantwortung.* **353** In dem geflüsterten Ausdruck ›ach du Scheiße‹ scheint ein Spannungsfeld zu Tage zu treten – einerseits Verantwortung für Schüler_innen übernehmen zu müssen und sich angesichts einer unerwarteten Situation andererseits eben gerade diesbezüglich überfordert und verunsichert zu fühlen. Möglicherweise deutet sich in der Ambivalenz des Sprechens ein Konflikt an, der der Situation ›auf dem Dach‹ innewohnt. **354**

Dass die Studentin von der erinnerten Situation in Bann genommen ist, findet seine Fortsetzung im weiteren Verlauf des Gesprächs. »oh gott« sagt sie, ganz so, als ob etwas derart unerwartet und nicht nach Plan verlaufen sei, dass es einer höheren Anrufung und Unterstützung bedarf. »dann stehste da«, sagt sie und es vermittelt sich der Eindruck, dass sie sich selbst in der Rolle der Zuschauenden erfahren hat. Während der Schüler sich durch den Raum bewegt habe (»und dann klettert der da auf dem dach rum«), scheint sich in der Selbstbeschreibung der Studentin eine

353 Aufsichtspflicht, Schüler_innen im Blick behalten – das sind Bereiche, die im pädagogischen Kontext mit Verantwortung zu tun haben. Nicht ohne Grund wird von *Verletzung der Aufsichtspflicht* gesprochen, wenn eine Lehrperson ihrer Verantwortung für die Beaufsichtigung von Schüler_innen nicht nachgekommen ist.

354 Die Frage der Verantwortung führt zurück zum fotografischen Setting selbst – das, was die Studentin hier artikuliert, kann nicht ohne einen Bezug auf die Rahmenbedingungen der Situation selbst gedacht werden. Zu Beginn habe ich mit der Studentin als auch dem Schüler die jeweiligen fotografischen Aufträge geklärt. Beide, d.h. der Schüler als auch die Studentin, waren mit ihren Aufträgen, die sie von mir bekommen haben, einverstanden. Rückfragen gab es nicht. Der von mir kommunizierte Auftrag scheint eine Situation herbeigeführt zu haben bzw. es wird eine Situation fotografisch dokumentiert, in der die Frage nach Verantwortung und Aufsichtspflicht als Bestandteil pädagogischer Verhältnisse auf eindringliche Weise aufgeworfen wird. Das Prekäre der Situation, das sich in der Heftigkeit des sprachlichen Ausdrucks andeutet, wird anschließend durch ein Lachen der Studentin vorerst aufgelöst.

eher passive Beobachter_innenrolle auszudrücken. Am Ende dieser ersten Passage kann die Studentin dem Handeln des Schülers offenbar keinen eindeutigen Sinn zusprechen: »eigentlich ist es nicht sinn der sache draußen auf dem dach rumzuklettern«. Ein Bewusstsein für die Rahmung, dass es sich hier um ein Vermittlungsprojekt handelt und dieses mit bestimmten Zielen und Erwartungen verbunden ist, deutet sich darin an. Sich an einem Ort aufzuhalten, dessen Zugang untersagt ist und der obendrein durch seine Architektur eine gewisse Gefahr birgt, gehört wahrscheinlich nicht zu dem, was die Studentin mit »sinnvollem« Kunstunterricht zu verbinden scheint. Es artikuliert sich vielmehr eine Skepsis daran, was der Schüler auf dem Dach tut. Lediglich durch das eingefügte »eigentlich« wird der Aussage ihre Absolutheit und Unwiderruflichkeit genommen.
»ja das war schon ähm (...)« – der erste Abschnitt endet mit einem unvollendeten Satz. Die Satzkonstruktion verlangt nach einem Adverb. War es *verunsichernd, interessant, überfordernd, unerwartet,* was sich in der Situation ereignet hat? Es bleibt offen und unausgesprochen, die Studentin beendet den Satz selbst nicht.

Die Nachfrage #00:31:10-0# Nach einigen Sekunden fragt die Forschende nach: »bist du dann hinterher?« Mit dieser Nachfrage wird der Blick nochmals auf das konkrete Geschehen zurückgeführt. Erst bei genauerem Blick wird deutlich, dass diese Nachfrage nicht nur eine harmlose Nachfrage ist, die zu einer differenzierteren Beschreibung des Geschehens einlädt, sondern dass sie auch als eine Antwort auf den von der Studentin implizit zur Sprache gebrachten Konflikt der pädagogischen Verantwortung gelesen werden kann. Die Nachfrage impliziert nämlich, dass ein Hintersteigen zumindest denkbar gewesen wäre. Durch die Frage, insbesondere eingebettet in den vorherigen Gesprächskontext, wird das Hinausklettern, das bisher von der Studentin vor allem als ein Beobachtungsgeschehen beschrieben wurde, als leibliche und räumliche Handlungsoption zur Diskussion gestellt. Die kurze Nachfrage wirkt auf den ersten Blick beiläufig, thematisiert aber die Frage nach der pädagogischen Verantwortung und damit im Grunde den Kern dessen, wovon die Studentin zu erzählen versucht.

Die Antwort der Studentin Nach einer kurzen Pause antwortet die Studentin. Sie verneint (»nee«), denn der Schüler sei »nur im prinzip aufs dach« gestiegen. Er sei »ziemlich nah am fenster geblieben«, so dass die Studentin ihn auch aus dem Fenster heraus fotografieren konnte. »aber es stimmt? ja genau. ich bin nicht hinterher« gibt sie dann zu bedenken. Mehrfach scheint sie zu einer Erklärung anzusetzen: »ich bin nicht hinterher. das war für mich son (..) ich weiß auch nicht, das war für mich«. Sie selbst bezeichnet sich schließlich als »fraktion brav«, woraufhin sie laut lacht. Es entschlüpft ein geflüstertes »wow«, wobei offenbleibt, worauf sich dieser Ausspruch genau bezieht. Anschließend kehrt sie in ihrer Erzählung wieder zur Beschreibung dessen zurück, was der Schüler gemacht habe. Er sei »sehr sehr nah am fenster geblieben«. Sie kommt zu dem Schluss, dass es so in Ordnung gewesen sei: »deswegen war das jetzt für .) irgendwie keine .) äh aber das war dann schon erstmal so o k a y *(lacht)*«. Die Studentin bezeichnet den Schüler als »schrägen typen« und lacht daraufhin nochmals auf. Die Passage endet mit einer kurzen Bestätigung (»ja«). Der Abschnitt, der auf die Nachfrage folgt, zeichnet sich durch ein stockendes Sprechen aus. Es entstehen viele kurze Pausen, Sätze bleiben unvollendet, reihen sich zum Teil fragmentarisch aneinander. Mehrfach wird gelacht, einmal geflüstert, Satzteile werden wiederholt, einzelne Wörter hörbar gedehnt ausgesprochen (vgl. Böhme 2018, S. 135).

Das eigene Handeln rechtfertigen? Die Nachfrage der Forschenden, ob sie selbst hinterhergeklettert sei, verneint die Studentin. Da er »nur im prinzip« auf das Dach geklettert sei.

Wie kann man sich das vorstellen, »nur im prinzip« auf ein Dach zu klettern? Weil das, was hier als »dach« bezeichnet wird, im Grunde kein richtiges Dach gewesen ist? Weil der Schüler (gefühlt) so nah am Fenster geblieben ist, dass es gar nicht als ›Herausklettern‹ gewertet werden kann? Die Formulierung birgt Unschärfen.

Zunächst scheint sich die Studentin selbst nicht im Klaren darüber zu sein, warum sie dem Schüler nicht gefolgt ist. In mehreren Versuchen setzt sie an: »das war für mich son (..) ich weiß auch nicht, das war für mich« und sagt dann »ah ich bin ja auch, ich gehöre ja auch zur fraktion brav«. Sie zählt sich selbst zur »fraktion brav« – das Hinausklettern aus dem Fenster scheint offenbar keine für sie bestehende Handlungsoption (gewesen) zu sein. Dass sich die Studentin selbst mit dem Wort »brav« beschreibt, erscheint gerade im pädagogischen Kontext sehr interessant, weil sich die Studentin darüber implizit in ein Verhältnis zu dem begleiteten Schüler setzt. Im *Duden* heißt es zur Bedeutung von »brav«:

> »(von Kindern) sich so verhaltend, wie es die Erwachsenen erwarten oder wünschen; gehorsam; artig« *(DUDEN Onlinewörterbuch).*

Im Kontext von Schule sei ›brav‹ vor allem ein Begriff, der Mädchen und seltener Jungen zugeschrieben werde (vgl. u. a. Aktan/Hippmann/Meuser 2015, S. 11, 14 f.). Es handelt sich um einen Begriff, der vor allem zur Charakterisierung von kindlichem Verhalten verwendet wird und den vornehmlich Erwachsene Kindern zuschreiben. Mit ›brav‹ wird das Handeln von Kindern an bestehenden Erwartungen von Erwachsenen gemessen und am Grad seiner Konformität beurteilt. Die Studentin bedient sich also eines Begriffes, der sich auf regelhaftes Handeln und situative ›Passfähigkeit‹ (vgl. ebd.) bezieht. Das eigene Handeln als ›brav‹ einzuschätzen, setzt eine Vorstellung von der Konformität spezifischer Handlungsweisen voraus. Dass die Studentin nicht auch aus dem Fenster gestiegen ist, scheint sie ihrem ›braven‹ Verhalten zuzuschreiben.

In dem Begriff klingt nicht nur etwas von dem Selbstverständnis der Studentin an, sondern gleichfalls etwas von der Interaktion mit dem Schüler. Indem die Studentin sich selbst als ›brav‹ bezeichnet, scheint sie sich in ein unmittelbares Verhältnis zu dem Schüler zu setzen. **355** Bezogen auf die Situation auf dem Dach bringt die

Studentin einen Begriff ins Spiel, dessen Bedeutung aufs Engste mit regelhaften Ordnungen und vor allem mit dem Einhalten von Regeln verbunden ist. Dadurch gerät nicht nur die Studierende selbst, sondern gleichfalls auch das Handeln des Schülers in den Blick. Indem sich die Studentin selbst als ›brav‹ bezeichnet und dem Schüler eben gerade nicht auf das Dach folgt, scheint sie sich indirekt auch auf sein Handeln zu beziehen. Der Rückgriff auf die Bezeichnung ›brav‹ lässt vermuten, dass die Studierende die beschriebene Situation möglicherweise als einen *Regelbruch* erfahren hat. Sie lacht schließlich laut auf. Die Einordnung, die sie für sich selbst vorgenommen hat, verliert damit einen Teil ihrer Ernsthaftigkeit.

Den Anderen nicht verstehen (können) Der Eindruck, dass es sich aus der Perspektive der Studentin durchaus um eine brisante Situation gehandelt hat, stützt sich auch mit Blick auf die Art und Weise, wie sie im weiteren Verlauf über das Ereignis spricht. »äh ja das war echt so (.) wow *(flüstert)*«. Leise spricht sie es aus, scheinbar mehr zu sich selbst als zu ihrer Zuhörerin. Hier scheinen sich, anders als in dem bisherigen Abschnitt, nicht ausschließlich eine Überforderung, sondern auch ein Erstaunen, eine Verwunderung und womöglich auch eine Faszination auszudrücken. Anschließend setzt sie die Rechtfertigung für ihr eigenes Handeln fort, indem sie nochmals bekräftigt, dass sich der Schüler tatsächlich »sehr sehr nah« am Fenster aufgehalten habe. Die Studentin kommt zu der Einschätzung, dass die Situation »erstmal so o k a y« gewesen sei. Gedehnt gesprochen bekommt das Wort »o k a y« einen fragenden Charakter. Trotz dieser positiven Bilanz scheint eine Unsicherheit und eine Unabgeschlossenheit der Einschätzung darin auf. Ob das Handeln des Schülers und ihr eigenes Handeln angemessen gewesen sind, bleibt offen.
Dass die Studentin nicht zu einem abschließenden Urteil – sich selbst als auch dem Schüler gegenüber – kommt, lässt sich auch mit dem Ende dieses Gesprächsauszugs nochmals in Verbindung bringen: »schräger typ!« befindet sie und scheint sich nicht erklären zu können, warum der Schüler auf dem Dach Fotos gemacht hat. In der Bezeichnung »schräger typ« schwingt das Empfinden von etwas Merkwürdigem und Befremdlichem mit. Der »schräge typ« ist seltsam, quer und unangepasst. Die Studentin kann sich zu diesem Zeitpunkt des Gespräches das Interesse des Schülers und seine Motivation, auf das Dach zu steigen, offenbar nicht erklären. In der Verwendung des Wortes »schräg« scheint die fragende Haltung ihre Fortsetzung zu finden. Sie kann sich kein klares Bild vom Schüler machen. **356** Der gesamte,

355 Sich über die Selbstzuschreibung auf die Ebene des Schülers zu begeben, scheint symptomatisch für die gesamte Situation als *Übergang zwischen Hochschule und Schule* zu stehen, in der Studierende als Noviz_innen unterwegs sind. In dem Gespräch bringt die Studentin an anderer Stelle diese Erfahrung eindringlich zur Sprache: »da hab ich mich manchmal auch irgendwie schon mehr so als son ganz komisches zwischending gefühlt, eben zwischen den lehrern, die ja auch anwesend waren, und den schülern und jaaa und ich dann irgendwie dazwischen, schon irgendwie, aber ich hab schon noch gemerkt, dass ich noch nicht zu ner richtigen seite passe, man ist da noch irgendwie zwischen als student, zwischen den beiden (lacht) stadien.« #00:10:22#

356 Anders wäre es beispielsweise, wenn sie »blöder Typ« gesagt hätte. Dies wäre ein abschließendes, abwertendes Urteil gewesen.

erste Gesprächsausschnitt (1a) **357** vermittelt den Eindruck, dass die Studentin die Situation auf dem Dach als sehr aufregend bis überfordernd erlebt hat. Dass der Schüler auf das Dach gestiegen ist, scheint für sie unerwartet gewesen zu sein und bekommt in der Erzählung den Charakter eines Widerfahrnisses. Ein Verständnis für die Bewegungen des Schülers im Außenraum entwickelt sich noch nicht. Der Auszug zeigt, dass der Fokus der studentischen Erzählung eher auf ihrem eigenen Erleben liegt und die Perspektive des Anderen vergleichsweise wenig nachvollzogen wird. Das Handeln des Schülers wird vielmehr vor dem Hintergrund eigener Erwartungen in Frage gestellt.

Die Bilder der Studentin werden auf den Tisch gelegt Als ihre eigenen Fotografien auf den Tisch gelegt werden, blättert die Studentin durch die verschiedenen Kontaktbögen, zeigt auf einige Bilder bzw. Bildreihen und kommentiert diese. Plötzlich schnellen beide Zeigefinger unter ein bestimmtes Bild, begleitet von einem erstaunten Ausruf, um dort einen kurzen Augenblick zu verweilen. Unter Berücksichtigung der *zeigenden Gesten* und des *Gezeigten* ergibt sich folgendes Transkript des Gesprächsauszugs (siehe Abb. 27).

Beide Zeigefinger schieben sich gleichzeitig unter das Bild, auf dem der Schüler von der Seite zu sehen ist, wie er im Außenraum gerade selbst ein Bild macht – es handelt sich um eines der Bilder, das »auf dem dach« entstanden ist (siehe Gesprächsauszug 1a). Die Studentin scheint von dem Bild überrascht zu sein (vgl. Böhme 2018, S. 135). Noch bevor sie beginnt, von der entsprechenden Situation bzw. dem Bild zu erzählen, deuten ihre Finger mit Nachdruck auf diese Fotografie. »das ist die dachsituation!«, ruft sie angesichts der wiederentdeckten Situation aus, während beide Fingerspitzen immer noch unter dem Bild liegen. Sie faltet den Kontaktbogen auf, streicht das Blatt sorgsam glatt. Sie hält kurz inne und beginnt dann zu erzählen. Der Schüler sei, das wisse sie noch, von »den räumlichkeiten« »begeistert« gewesen. Sie versucht sich zu erinnern, wie der Schüler selbst in der Situation seiner Wahrnehmung Ausdruck verschafft hat und fragt sich, »wie […] er das noch formuliert« habe? Aus der Perspektive des Schülers spricht sie in veränderter Stimme: »ich bin jetzt hier, wo noch keiner war«. Sie selbst verbindet die Begeisterung des Schülers an dem Dach mit der Idee, »neuland [zu] entdecken«, d. h. sich an »orten« aufzuhalten, die nicht »so stark frequentiert sind«. »orte« spricht sie betont aus und zeigt währenddessen nochmals auf das gleiche Einzelbild. Ohne auf dieses Bild genauer einzugehen oder den fotografierten Raum zu beschreiben, schlussfolgert die Studentin, dass es um Orte gegangen sei, »wo er sozusagen ist« – *Wo er Platz hat, wo er allein ist oder wo er – im übertragenen Sinne – Raum hat, sich zu entfalten und seinen Interessen nachzugehen.*

357 Auszug 1a setzt sich zusammen aus einem Redebeitrag der Studentin, der Nachfrage der Forschenden und der Antwort der Studentin.

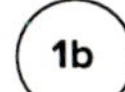

ZEIGEN (Videostills)	REDEN	GEZEIGTES (Fotografien des Schülers)	GEZEIGTES (Fotografien der Studentin)
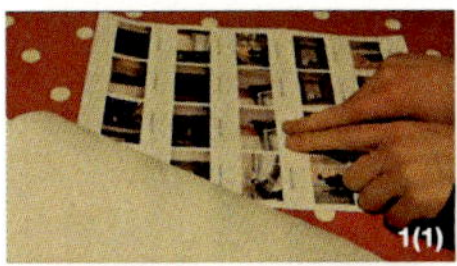	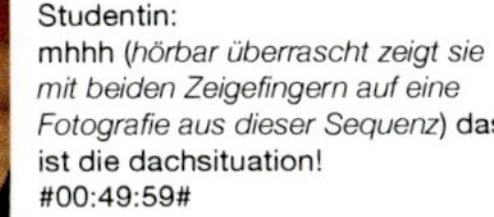 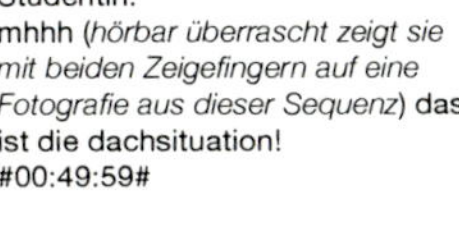 Studentin: mhhh (*hörbar überrascht zeigt sie mit beiden Zeigefingern auf eine Fotografie aus dieser Sequenz*) das ist die dachsituation! #00:49:59#		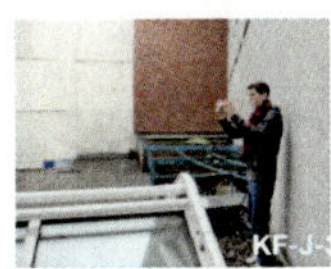
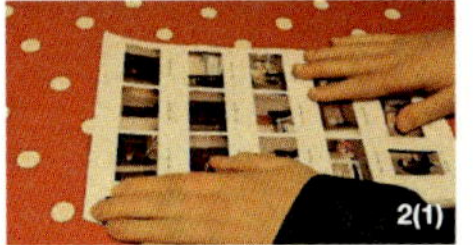	das hier (8) (*sie schlägt die Seite des Kontaktbogens gut sichtbar auf und streicht sorgsam das Papier glatt*) mhh, da weiß ich noch, da war der so begeistert davon da oben von den räumlichkeiten .) auch so dieses so .) ich weiß nicht (unv.) wie hat er das noch formuliert? mhh so dieses so: ich bin jetzt hier wo noch keiner war // mmhh// so n bisschen so diese Idee von neuland entdecken .) ähm (.)		
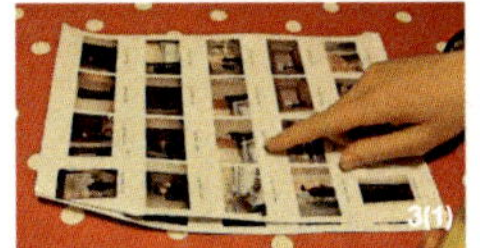	und auch so orte (*sie deutet nochmals auf die vorherige Fotografie*) wo .) die nicht //mmh// so stark äh .) frequentiert sind, sondern wo er sozusagen ist #00:50:37#		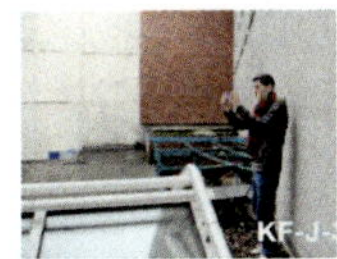

Abb. 27

Angesichts des aufgeschlagenen Kontaktbogens scheint sich die Weise, wie die Studentin auf die Situation und das Schülerhandeln Bezug nimmt, im Vergleich zu dem vorherigen Gesprächsausschnitt ohne Bildmaterial, etwas zu verschieben. Während in dem ersten Gesprächsauszug (1a) vor allem die Betroffenheit der Studentin spürbar wird, scheint hier nun (1b) eine stärkere Auseinandersetzung mit dem Interesse des Schülers stattzufinden. Die Begebenheit, die vorher vor allem als ›Grenzerfahrung‹ charakterisiert wird, wird nun als ›Dachsituation‹ bezeichnet. Während die Studentin zuvor selbst im Zentrum ihrer Erzählung in Erscheinung tritt, scheint nun die ›Dachsituation‹ und damit auch der fotografierende Schüler verstärkt in ihr Blickfeld zu geraten. Sie versucht sich daran zu erinnern, was der Schüler selbst in der Situation gesagt hat und vollzieht vor diesem Hintergrund seine mögliche Motivation nach, sich im oberen Stockwerk zu bewegen. Während zuvor vom ›schrägen Typen‹ die Rede gewesen ist, tritt der Schüler nun als ein Anderer in Erscheinung, dem eine nachvollziehbare Begeisterung unterstellt wird, einen für ihn unbekannten und den Mitschüler_innen weitgehend verborgenen Raum zu durchschreiten (vgl. Böhme 2018, S. 135). Während im ersten Abschnitt die eigene Ergriffenheit der Studentin im Vordergrund steht und die Frage der Verantwortung im pädagogischen Kontext problematisiert wird, versucht sich die Studentin angesichts ihrer Bilder nicht nur daran zu erinnern, was der Schüler dort oben in den Räumlichkeiten gesagt hat, sondern sie antizipiert darüber hinaus eine bestehende Begeisterung seinerseits. Obwohl die Studentin sich die Zeit nimmt, den Kontaktbogen sorgsam vor sich auf dem Tisch zu platzieren und wiederholt immer wieder dasselbe Bild in ihre Aufmerksamkeit zu geraten scheint, geht es in der Erzählung der Studentin nicht um den Raum, den das fotografische Bild selbst zeigt, sondern vielmehr um die Begeisterung des Schülers in den »räumlichkeiten« »da oben«.

Die Bilder des Schülers werden auf den Tisch gelegt Als die Fotografien des Schülers auf den Tisch gelegt werden, nimmt die Studentin noch ein drittes Mal Bezug auf diese Situation (1c, Abb. 28, 29).

Der Abschnitt setzt mit einem nachdenklichen »mmhh« ein, gefolgt von einer kurzen Pause und der Bemerkung, dass sie selbst »ja immer nur bedingt [sehe], was er eigentlich im fokus hat«. In einem eigenen Bild (siehe KF-J-3-50) wird der Zeigefinger von links nach rechts aus dem Bild geschoben. Die Studentin scheint damit die eigene Blickrichtung mit der Kamera in eine leibliche Bewegung zu übersetzen. »ich hab jetzt diese perspektive hier« kommentiert die Studentin angesichts der eigenen Geste die Ausrichtung ihres fotografischen Blicks. Anschließend wandert der Zeigefinger auf den anderen Kontaktbogen zum zeitgleich entstandenen Schülerbild und berührt es in ähnlicher Weise, indem ihr Finger über die schräge Kante der fotografierten Dachkonstruktion fährt. »und er hat diese hier« sagt sie währenddessen und grenzt die Perspektive des Schülers durch die Betonung von der zuvor markierten eigenen Perspektive ab.

Ihr Blick heftet sich anschließend nochmals auf ihren Kontaktbogen, während sie auf ein anderes Bild (KF-J-3-51) zeigt und anmerkt, dass sie »seine perspektive [...] ja jetzt in der tat nicht einsehen [konnte], ne« Ihr Finger liegt unter einem eigenen Bild, während sie zu Bedenken gibt, dass sie »ja jetzt im raum« gestanden habe. Plötzlich werden der Zeigefinger und der kleine Finger weit gespreizt, um in einer schnellen Hin- und Herbewegung die zwei zuvor separat gezeigten Bilder schwungvoll miteinander zu verbinden. Hin und her kippt die Hand – mit dem Zeigefinger auf das eigene Bild und mit dem kleinen Finger auf das entsprechende Bild des Schülers deutend. Sie bemerkt, dass es »einmal so über die achse im prinzip« sei und meint damit wahrscheinlich die beiden unterschiedlichen Blickrichtungen, die in den beiden Bildern sichtbar werden. Diese bilden gerade keine gemeinsame Blickachse.

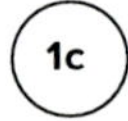

ZEIGEN (Videostills)	REDEN	GEZEIGTES (Fotografien des Schülers)	GEZEIGTES (Fotografien der Studentin)
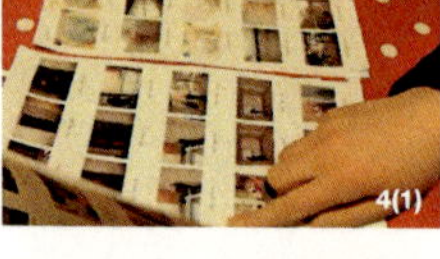 4(1)	mmhh (3) also (.) ich seh ja immer nur bedingt, was er eigentlich im fokus hat. zum beispiel (5) (*sie blättern in den Kontaktbögen*) das hier zum beispiel (*ihr Zeigefinger liegt unter einem eigenen Bild*), dieses hier // aus m fenster steigen// aus m fenster steigen, ja. #01:09:29#		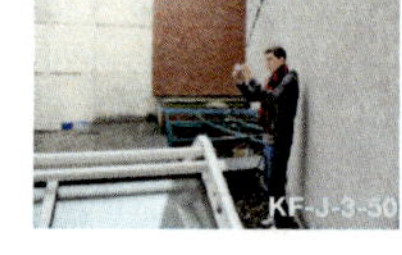 KF-J-3-50
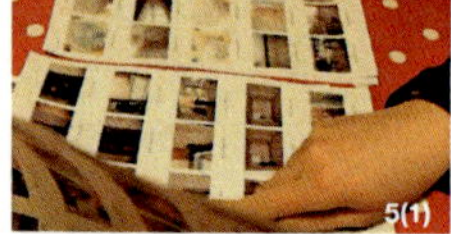 5(1)	also .) ich hab jetzt diese perspektive hier (*sie deutet nochmals auf das Bild...*		
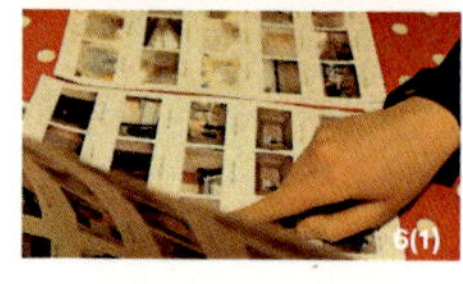 6(1)	*... der Zeigefinger ahmt die Richtung ihres Blicks nach...*		

Abb. 28

ZEIGEN (Videostills)	REDEN	GEZEIGTES (Fotografien des Schülers)	GEZEIGTES (Fotografien der Studentin)
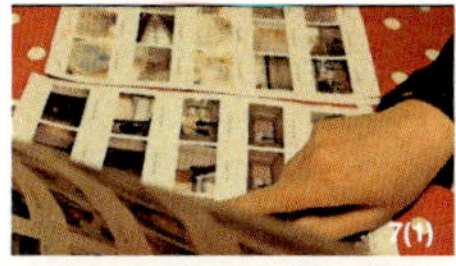 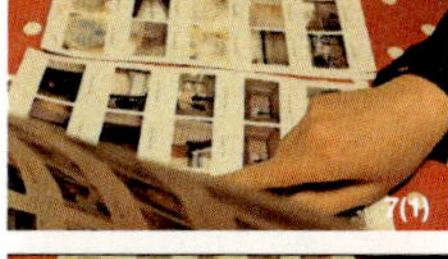	*... und schiebt sich von links nach rechts aus dem Bild heraus)*		
	und er hat diese hier (*sie fährt in dem zeitgleich entstandenen Bild des Schülers mit dem Finger über die Kante des fotografierten Oberlichts*) #01:09:33#	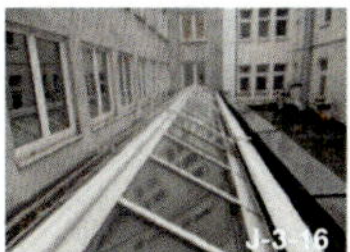 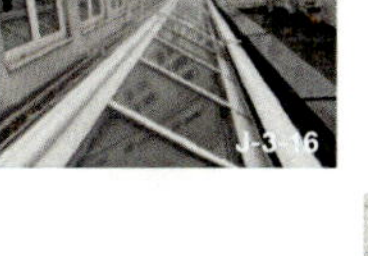	
	//mmhh// und die .) seine perspektive konnte ich ja jetzt in der tat nicht einsehen. ne? also ich stand ja jetzt im raum (*sie zeigt auf ein eigenes Bild*)		
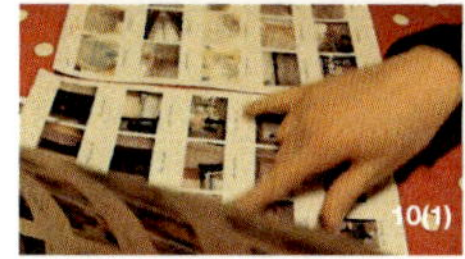	und er stand aus m raum (*mit gespreizter Hand zeigt sie abwechselnd, jeweiles zwei Mal mit dem kleinen Finger auf ein Bild des Schülers ...*	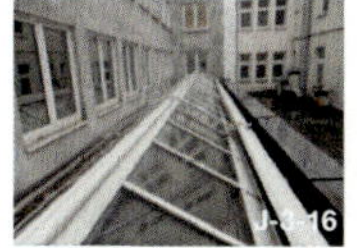	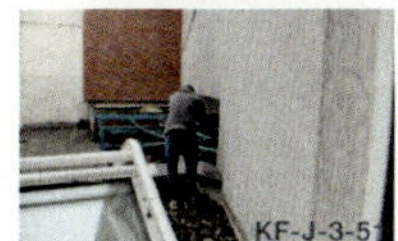
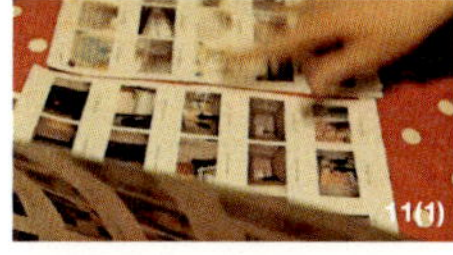	*... und mit dem Zeigefinger auf ein eigenes Bild*) (.) mhh .) und das ist einmal so über die achse im prinzip, das ist schon irgendwie spannend dann zu sehen, wie so was, wie (unv.). zum beispiel auch jeder blick aus dem fenster. ich seh, also ne? zu sehen, okay, was hat er da jetzt eigentlich festgehalten, das ist schon irgendwie	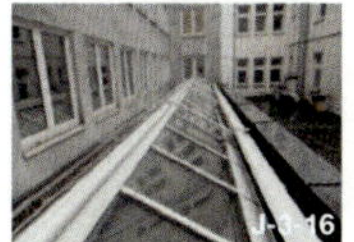	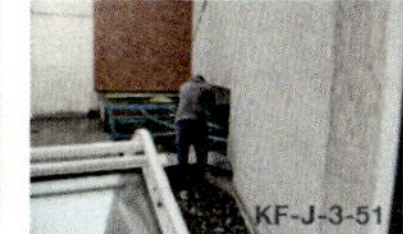
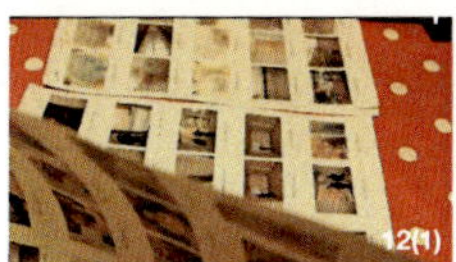		Die beiden gezeigten Bilder auf dem Kontaktbogen des Schülers liegen in dem Moment des Gesprächs außerhalb der Fläche, die von der Kamera gefilmt wird.	
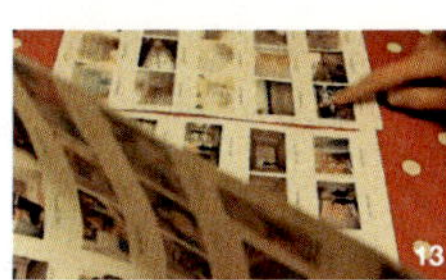	oder hier auch diese stangen (*der Zeigefinger fährt mehrmals an der Metallkonstruktion entlang*) weiß ich nicht, das find ich gerade ganz faszinierend. das erweitert noch mal so diesen .) was vielleicht auch nur so das interesse dahinter war, ne? (.) weil (*holt Luft*) ja, ich finde jetzt, so die fotos zeigen ähm, dass es irgendwie noch mal, also wenn man die fotos analysiert, kriegt man eigentlich noch n tieferen blick. also, ich sagte ja schon ne? wenn man sozusagen mitgeht, hat man ja schon so ne so ne ahnung, wos vielleicht hinausgehen äh drauf hinauslaufen sollte. aber ich finde, wenn man jetzt so die die bilder sieht, dann ähm .) wird so ein interesse des schülers spürbar irgendwie, was .) ich jetzt so auch ehrlich gesagt nicht so richtig vermutet hätte. also ich seh hier halt viel, was mit vielleicht (..) mit archi t e k t ur zu tun hat #01:11:14#	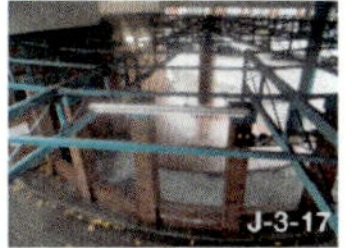	

Abb. 29

Es sei »schon irgendwie interessant« zu sehen, »was er [der Schüler KB] da jetzt eigentlich festgehalten [hat]«. Angesichts dieser Bilder habe sie das »gefühl«, dass er viel fotografiert habe, was mit »linien« zu tun habe. Ihrer Einschätzung ist eine besondere Vorsicht anzumerken. Sie selbst schränkt die Gültigkeit ihrer Bemerkung ein, indem sie betont, dass diese »völlig interpretiert« seien. Die entdeckte Spur, dass sich der Schüler offenbar für Linien interessiere, versucht sie in weiteren Aufnahmen des Schülers wiederzufinden. »oder hier auch diese stangen« bemerkt die Studentin, während ihr Zeigefinger mehrmals an der grünen Metallkonstruktion entlangfährt, die in einem Schülerbild prominent zu sehen ist (siehe J-3-17). Sie scheint von dem, was sie angesichts der Bilder von dem Schüler wahrnimmt, »fasziniert« zu sein. Sie holt tief Luft. Die Bilder, sagt sie, eröffnen ihr einen »tieferen blick«. Schon als sie mit ihm mitgelaufen sei, habe sie eine Ahnung davon bekommen, »wos vielleicht [...] drauf hinauslaufen sollte«, aber die Bilder vor sich liegend scheinen nochmals ganz andere Eindrücke entstehen zu lassen. Das Interesse des Schülers werde »spürbar irgendwie« und zwar in einer Weise, die sie »so auch ehrlich gesagt nicht so richtig vermutet hätte«. Sehr behutsam versucht sie dies noch etwas genauer zu beschreiben: »ich sehe halt viel, was mit vielleicht (..) mit archi t e k t ur zu tun hat«. Das Wort »architektur« wird bemerkenswert gedehnt ausgesprochen, wie als ob sich die Deutung just in diesem Moment langsam einen Weg bahnt.

In diesem dritten Abschnitt (1c), in dem schließlich auch die Bilder des Schülers auf dem Tisch liegen, scheint es vor allem um das Gewahrwerden einer unhintergehbaren *Differenz* zwischen dem Blick der Studierenden und dem Blick des Schülers zu gehen. Im Vergleich zu beiden vorherigen Gesprächsauszügen (1a und 1b) ereignet sich vor diesem Hintergrund nochmals eine markante Verschiebung der Deutung. Was zuvor als Interesse am unbekannten Raum gedeutet wurde, wird nun mit Blick auf die Bilder des Schülers als ein gestalterisches Interesse an Linien und Architektur interpretiert. Mehr noch: Die Studentin scheint in ihrer sicht- und spürbar werdenden Verwunderung mimetisch den Prozess des Staunens und Entdeckens des Schülers nachzuvollziehen.

Verschiedene Vorstellungen von Raum und verschiedene Deutungsansätze

In den drei Abschnitten des Gesprächs treten drei sehr verschiedene Vorstellungen von Raum in Erscheinung:

Zunächst **der Raum,** dessen Grenzen – aus Perspektive der Studentin – von dem Schüler überschritten werden und der zum Schauplatz von Grenzerfahrungen wird (1a), dann **der neue Raum** (das Neuland), der erkundet werden kann (1b) und schließlich **der gebaute Raum,** der zu einer ästhetischen Auseinandersetzung mit Linien und Architektur einzuladen scheint (1c).

Die Bilder drängen der Studentin geradezu auf, die zunächst dominierende Deutung zu verschieben. Schrittweise gerät der Schüler mehr und mehr in ihren Blick. Sie thematisiert innerhalb dieser drei Gesprächsauszüge nicht nur die Grenzen von Räumen und deren Überschreitung, sondern sie antizipiert auch mögliche ästhetische Erfahrungen, zu denen ein Raum einladen kann. Darin spiegeln sich nicht nur unterschiedliche Deutungsansätze wider, sondern auch die Bereitschaft der Studentin, sich angesichts der fotografischen Bilder auf die ihr verborgene Perspektive des begleiteten Schülers einzulassen.

Dass zwischen den verschiedenen Deutungsansätzen, die sie zur Sprache bringt, ein möglicher Zusammenhang besteht, wird im Gespräch selbst nicht befragt. Die verschiedenen Deutungen der Studentin können daher zu folgender Frage führen: *Wie kann das von der Studentin aufgedeckte Spannungsfeld von räumlicher Überschreitung einerseits und ästhetischer Erfahrung andererseits mithilfe des Bildmaterials filigraner und tiefergehend ausgearbeitet werden?* Sich diesen Zusammenhang differenzierter und vor allem unter Berücksichtigung der Schülerperspektive genauer anzuschauen, setzt eine Verschiebung des Standorts voraus, von dem ausgehend das Handeln des Schülers primär als Grenzüberschreitung gedeutet wird. Indem die Überschreitung einer vermeintlich eindeutig gezogenen Grenze in ihrer Bedeutung für ästhetische Bildungsprozesse untersucht wird, wird auch jenen Momenten im Unterricht eine besondere Aufmerksamkeit zuteil, die vom Anderen herrühren und insofern den pathisches Seiten von Lehr- und Lernprozessen zugehören. Ein Blick auf das Bildmaterial und im Speziellen der Blick auf den darin dokumentierten Raum können helfen, eine (im Vergleich zum Gespräch) andere Perspektive einzunehmen (vgl. Böhme 2018, S. 136). Sich in besonderer Weise auf den Raum zu fokussieren, macht zudem deshalb Sinn, weil die Deutungen, die von der Studentin zur Sprache gebracht werden, allesamt mit Raum zu tun haben: die wahrgenommene *Grenzüberschreitung;* die Vermutung, dass es dem Schüler um die Entdeckung eines *unbekannten Raumes* geht; die Feststellung, dass sich in den Bildern ein ästhetisches Interesse an *Architektur* zeigt. Der in den Fotografien sichtbar werdende Raum, so die naheliegende Vermutung, kann als Querverbindung fungieren, durch die sich die verschiedenen Deutungen der Studentin vertiefend miteinander verbinden lassen. **358**

Vertiefende Bildarbeit

Die Studentin zeigt in dem Gespräch nur auf wenige einzelne Bilder, die mit der Situation auf dem Dach spontan in Verbindung gebracht werden. Schaut man sich die Kontaktbögen an, wird jedoch deutlich, dass noch mehr Bilder in eben dieser Situation auf dem Dach entstanden sind. Die entsprechende Sequenz umfasst insgesamt sieben fotografische Bilder, die innerhalb einer halben Minute kurz nachein-

358 Es wäre auch möglich, im Rahmen der vertiefenden Bildarbeit andere Schwerpunkte zu setzen, die ebenfalls in dem Gespräch mit der Studentin eine Rolle spielen. So taucht in der Erzählung der Studentin beispielsweise das Thema *Geschlechterdifferenz* implizit auf, sodass die gesamte Situation auch vor dem Hintergrund der Genderstudies verhandelt werden könnte. In dieser ersten Auslegung wird diese mögliche andere Perspektive auf das Material nicht eingenommen, da Raum in der Situation »auf dem Dach« eine besonders vielschichtige Rolle spielt. Die Genderthematik, die im Gespräch mit der Studentin wiederholt anklingt, wird an späterer Stelle (in Bildkonfiguration 4) explizit aufgegriffen.

ander aufgenommen wurden. Vier Bilder stammen von der Studentin, drei Bilder hat der Schüler aufgenommen (vgl. ebd.). Die folgende Grafik vermittelt zunächst einen Eindruck davon, wie sich diese kurze Sequenz innerhalb des gesamten Bildmaterials zeitlich verortet (siehe verlängerte Linien):

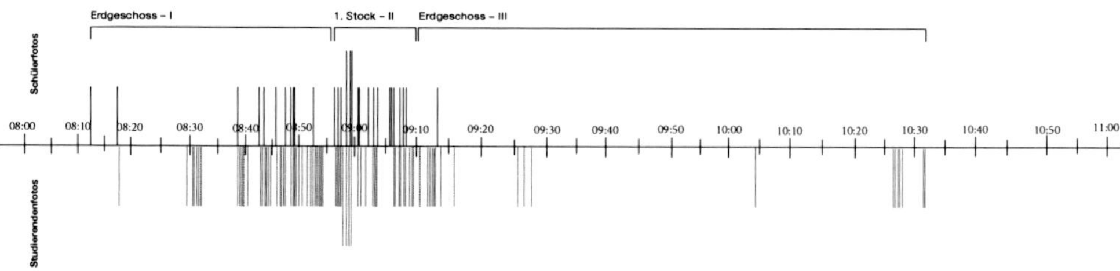

Abb. 30

Als die Sequenz ›auf dem Dach‹ entsteht, fotografiert das Tandem seit fast einer Stunde. Die Bilder werden aufgenommen, kurz nachdem die beiden Fotografierenden das Obergeschoss betreten haben. Die Bilder betten sich dort in einen Abschnitt ein, in dem beide Personen hochfrequent und weitgehend synchron fotografieren. Um auch einen Blick auf jene Bilder zu werfen, auf die die Studentin im Gespräch nicht zeigt, werden zunächst alle Fotografien, die sich auf die Situation auf dem Dach beziehen, in ihrer Chronologie auf einer Fläche einander zugeordnet **359** und anschließend kurz beschrieben. **360**

Was kann durch die Bilder der Studentin in die Aufmerksamkeit geraten? Prominent dokumentiert sich in den Fotografien der Studentin das geöffnete Fenster. Es werden zwei Räume sichtbar: ein Innen- und ein Außenraum. Während die Studentin vor allem innen und vor dem Fenster stehend fotografiert, schöpft der Schüler währenddessen im Außenraum seine Bewegungsmöglichkeiten aus. Mit jedem fotografischen Bild, das die Studentin von ihm macht, entfernt er sich weiter – die Grenze des Raumes, in dem er sich bewegt, verschiebt sich mit jedem Bild wortwörtlich weiter nach hinten. Bis zur Balustrade; weiter geht es nicht. Die Studentin klettert nicht auf das Dach. Lediglich die Ausrichtung ihrer Kamera verändert sich, indem sie in Schwenkbewegungen dem Schüler folgt (Böhme 2018, S. 139).

Obwohl in ihren Fotografien Bewegungen, Gesten und Positionierungen des Schülers sichtbar werden, zeichnen sie sich gleichzeitig durch einen Entzug aus – denn im Grunde zeigen ihre vier fotografischen Bilder in unterschiedlicher Weise, dass etwas aus ihrer Perspektive nicht einsehbar ist: Im ersten und zweiten Ko-Foto der Studentin ist nicht abzuschätzen, was der Schüler genau fotografiert (KF-J-3-48, KF-J-3-49); im dritten Ko-Foto entspricht seine Blickrichtung ganz und gar nicht ihrer Blickrichtung (KF-J-3-50); im vierten Ko-Foto ist der Schüler von hinten zu sehen

359 Zur Anordnung des Bildmaterials und zur Beschriftung der Einzelbilder siehe Kap. 6, S. 403.

360 Bildbeschreibungen siehe Böhme 2018, S. 137 f.; diese wurden hier leicht verändert.

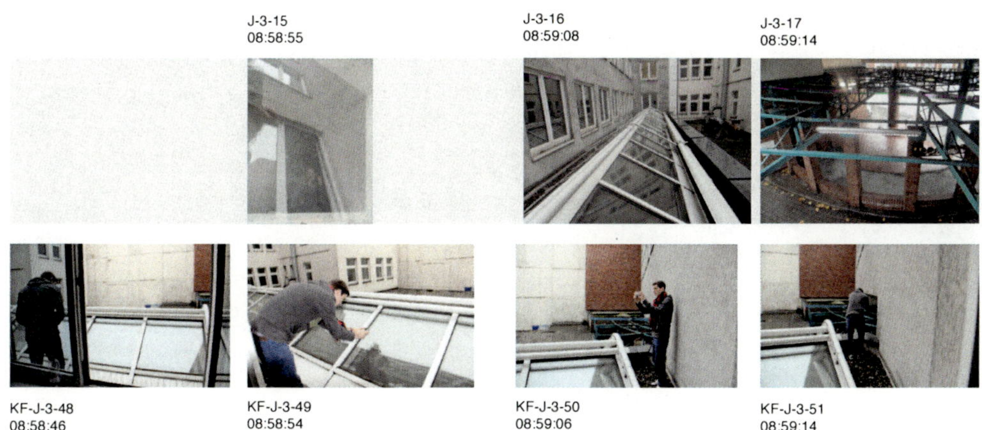

Abb. 31

(KF-J-3-51). Die Studentin steigt nicht mit auf das Dach, was zwingendermaßen zu einem distanzierteren Blick und zum Verlust eines gemeinsamen Sehens führt. Vielleicht hat das im Gespräch geäußerte Nicht-Verstehen (»schräger typ«) mit diesem Entzug zu tun (siehe ebd.).

Was kann durch die Bilder des Schülers in die Aufmerksamkeit geraten? Kommen die Fotografien des Schülers hinzu, so fällt zunächst die Gestaltung seiner Bilder ins Auge. Alle drei Fotos, besonders aber das erste, zeichnen sich durch eine komplexe und variantenreiche Bildsprache aus. Mit jedem Bild scheint eine andere Qualität des Raumes erkundet zu werden: die Überlagerung von Räumen durch Spiegelungen (J-3-15), die Ausdehnung des Raumes im Verhältnis zum eigenen Körper (J-3-16 u. Detail) und die Begrenzung bzw. Entgrenzung des Raumes (J-3-17). Der Raum scheint für den Schüler ein ästhetisches Potenzial anzubieten, auf das er fotografisch antwortet. Die Überschreitung kann dabei auch als emanzipatorischer Ausdruck gelesen werden – er erobert sich einen eigenen Raum nach dem Motto ›Ich sehe was, was du nicht siehst.‹ Mehr noch: ›Ich bin da, wo du nicht bist‹ (siehe ebd.). Diese raumgreifende Bewegung und der Raum, der sich in ein Außen und ein Innen aufteilt, lässt sich mit dem Unbehagen der Studentin in Verbindung bringen: In dem ersten Gesprächsauszug (1c) wird die Überschreitung des Innenraums vor allem als ein Risiko wahrgenommen – berechtigterweise: denn der Überschreitung im pädagogischen Kontext wohnt etwas Prekäres inne. Die Grenzüberschreitung (Er geht aufs Dach!) wirft die Frage nach der Verantwortlichkeit auf, die Lehrer_innen für Schüler_innen übernehmen (müssen). In dem Moment, in dem eine Ordnung überschritten wird, zeigt sich nicht nur ihre Kehrseite und damit eine andere Ordnung (vgl. Waldenfels 2013a, S. 171), sondern auch das Risiko pädagogischen Handelns, Kontrolle zu verlieren bzw. sie gar nicht haben zu können, schlägt uns entgegen. Die Überschreitung einer gezogenen Grenze lässt die Beschaffenheit pädagogischer Verhältnisse spürbar werden. Schaut man sich die Fotografien an, vor allem

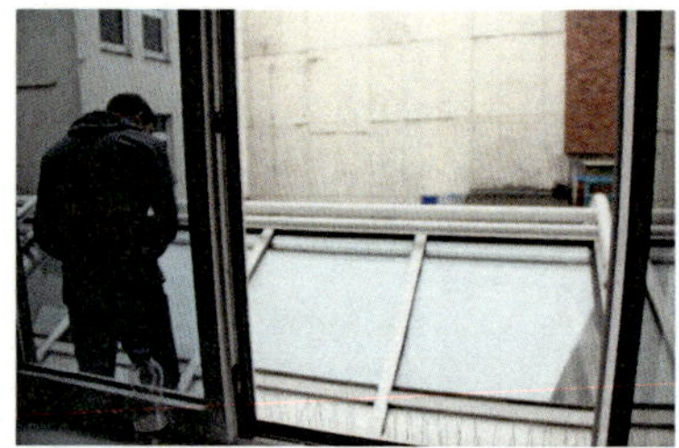

Abb. 32

KF-J-3-48 Die Studentin fotografiert durch ein geöffnetes Fenster nach draußen. Während der Schüler im Außenraum steht, fotografiert sie aus dem Innenraum hinaus. Dazwischen befinden sich der Fensterrahmen und eine Glasscheibe. Der Schüler, am linken Bildrand, ist von hinten zu sehen. Das geöffnete Fenster nimmt den größten Teil des Bildes ein und lässt vermuten, dass der Schüler zuvor hinaus geklettert ist. Entlang der Fensterbank sind aufgestellte Stacheln zu sehen. Ein Hinausklettern erfordert Vorsicht und Geschick.

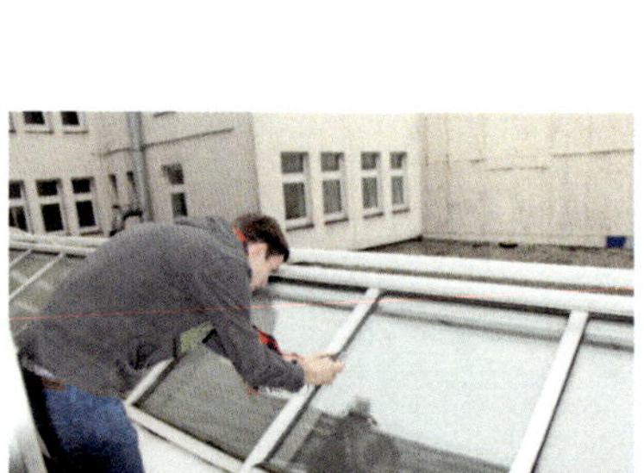

Abb. 33

KF-J-3-49 Acht Sekunden später fotografiert die Studentin von einem anderen Standort aus. Sie steht nun näher am geöffneten Fenster und fotografiert den Schüler von der Seite, wie dieser nach vorne geneigt gerade selbst etwas fotografiert. Was in sein Blickfeld geraten ist, ist von diesem Standort aus nur zu erahnen: die Spiegelung auf der Glasscheibe, ein Selbstporträt oder ein unter der Glasscheibe liegender Raum?

J-3-15 In dem Foto des Schülers taucht in der Spiegelung der Glasscheibe die Studentin auf. Schemenhaft ist sie mittig ins Bild gesetzt und zu sehen, wie sie an dem geöffneten Fenster steht, ihre Kamera in den Händen hält und den Schüler offenbar anblickt. Bei genauerem Hinschauen deutet sich unter der Glasscheibe ein weiterer Raum an. Ein filigranes Geflecht taucht auf, ähnlich einem Spinnennetz. Das Porträt der Studierenden und das Netz überlagern sich. Am linken Bildrand ist die Hand des Schülers mit der Kamera zu sehen, seine Fingerspitze auf dem Auslöser.

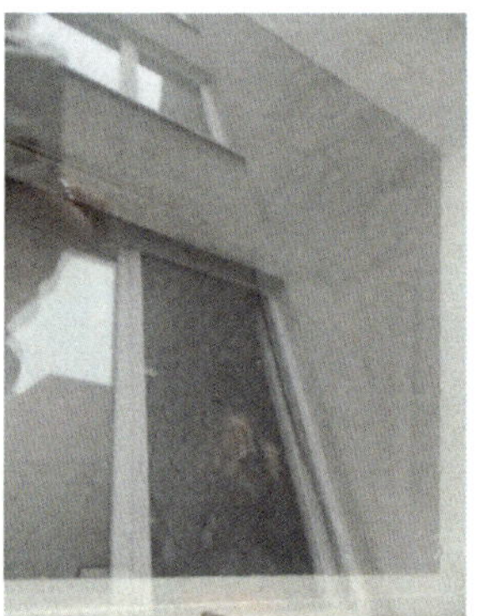

Abb. 34

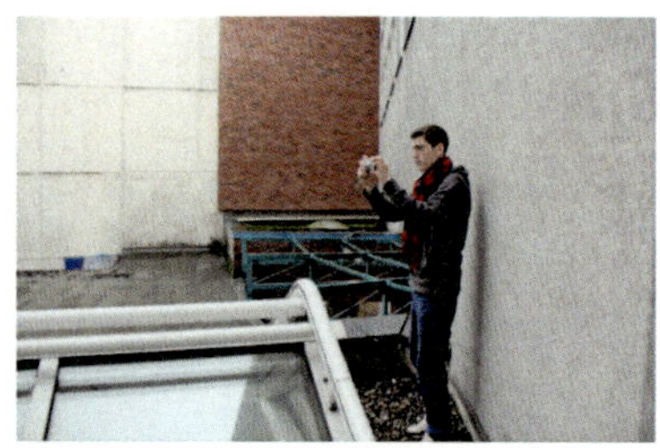

Abb. 35

KF-J-3-50 Auf dieses Bild hat die Studentin im Gespräch wiederholt gezeigt. Der Schüler ist hier schräg von der Seite zu sehen. Er hat sich im Vergleich zu ihrem vorherigen Bild bewegt und steht nun etwas weiter entfernt von der Studentin. Der Blick des Schülers ist auf den Display seiner Kamera geheftet. Er ist auf etwas ausgerichtet, das außerhalb des Blickfeldes der Studentin liegt. Im Vergleich zu ihrem vorherigen Bild hat sie ihren Standort im Raum kaum verändert. Die Kamera wurde lediglich entsprechend der Bewegung des Schülers nach rechts geschwenkt.

J-3-16 Zwei Sekunden nachdem die Studentin ihr Foto aufgenommen hat, entsteht das Bild des Schülers. Auch auf dieses Bild wurde im Gespräch eingegangen, indem die Studentin mit ihrem Zeigefinger über die Kante des Oberlichtes fährt und dabei feststellt, dass der Schüler beim Fotografieren in eine ganz andere Richtung geschaut hat als sie selbst. Im unteren Bildteil ist das Oberlicht zu sehen. In den Glasflächen spiegeln sich andere Fenster und perspektivisch kippende Hauswände. Das Fenster, an dem die Studentin steht, taucht in diesem Bild nicht auf. Das Bild macht darauf aufmerksam, dass sich der Schüler weiter in den Raum hineinbewegt hat und sich der Abstand zur Studentin etwas vergrößert. Im Gegensatz zu seinem vorherigen Bild erweckt diese Fotografie einen weniger bewusst gestalteten Eindruck. Erst bei genauem Hinschauen fällt auf, dass im Fenster gegenüber der Schüler selbst gespiegelt zu sehen ist (siehe Abb. 37: Detail). Die Spiegelung ist mittig im Bild positioniert. Die fluchtenden Linien des Daches laufen darauf zu.

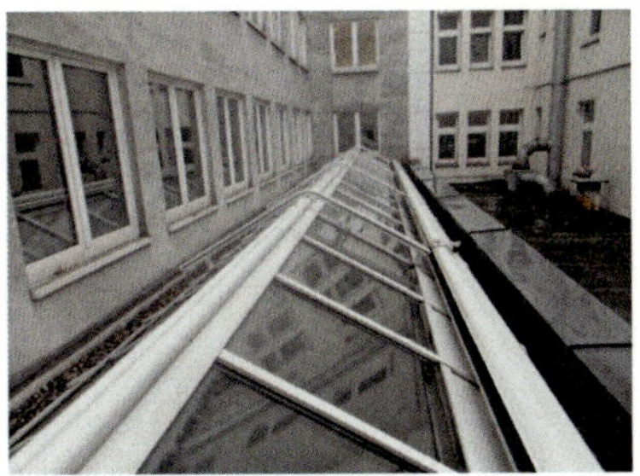

Abb. 36

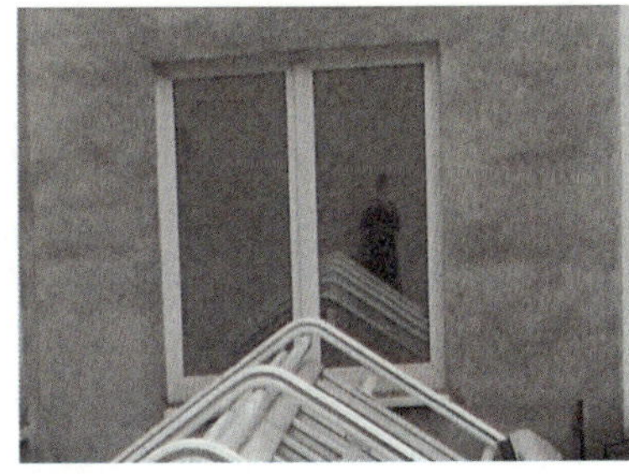

Abb. 37

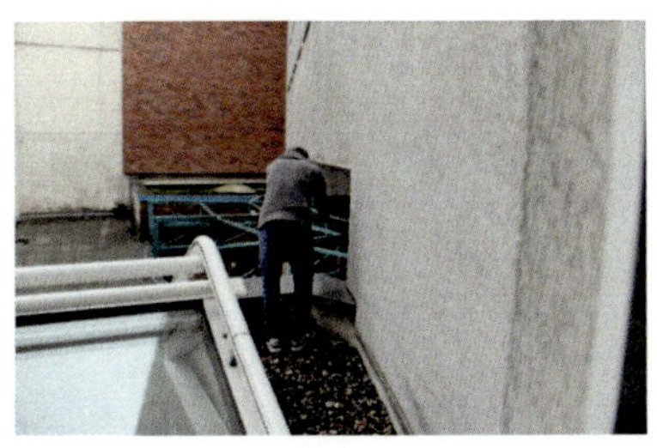

Abb. 38

KF-J-3-51 Der Schüler hat sich von der Studentin abgewendet und steht noch etwas weiter entfernt. Er ist nun von hinten dabei zu sehen, wie er sich leicht nach vorne über eine kniehohe Balustrade beugt, die das Dach begrenzt. Was er in dem Moment fotografiert, liegt ganz und gar außerhalb des Sichtfeldes der Studentin.

J-3-17 Der Schüler fotografiert einen architektonischen, sich nach unten öffnenden Raum. Eine türkise Metallkonstruktion bestimmt prominent sein Bild. Im Hintergrund ist eine Straße zu erkennen. Die Balustrade, die auf dem Foto der Studentin zu sehen ist und hinter der der Schüler steht, taucht hier nicht auf. Die Kamera scheint vielmehr meterhoch über dem Boden zu schweben.

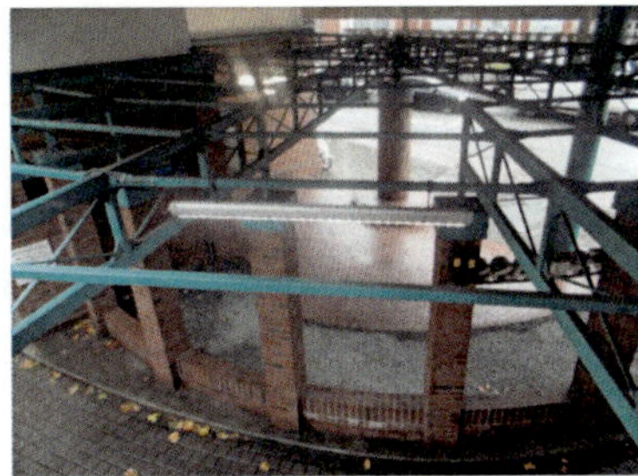

Abb. 39

die des Schülers, löst sich das Prekäre zwar nicht auf, doch lassen sich daneben noch weitere Lesarten auf die Situation entfalten, die gleichfalls ihre Berechtigung haben: die Überschreitung scheint auch ein gestalterisches Potenzial für den Schüler zu bieten. Dass er sich in verschiedener Weise mit dem Raum auseinandersetzt, wird vor allem erst durch seine Fotografien sichtbar. In jedem Bild inszeniert er eine andere Qualität des Raumes, was von außen für die Studentin kaum beobachtbar gewesen ist. Die Wahrnehmung des Anderen zeigt sich als unhintergehbare Leerstelle (siehe ebd., S. 139 f.).

Die Eindrücke der Studentin und die sich mit den Bildern sukzessiv entfaltenden Deutungen, die sich im Gespräch entwickeln, werden vor dem Hintergrund der Bilder nachvollziehbar und behalten ihre Plausibilität. Um den von der Studentin aufgespürten Zusammenhang zwischen räumlicher Grenzüberschreitung einerseits und ästhetischer Erfahrung andererseits präziser ausleuchten zu können, bietet sich eine weiterführende Bildarbeit an. Dies kann, wie schon erwähnt, dazu beitragen, das Geschehen vom Anderen herkommend zu denken. Um nicht bei der Einsicht stehen zu bleiben, dass hier zwei konträre Wahrnehmungsereignisse unverbunden nebeneinander existieren (Studentin erlebt das Geschehen als prekär, während der Schüler ein ästhetisches Interesse am Raum entwickelt), sondern um einem möglicherweise zugrunde liegenden Wechselspiel auf die Spur kommen zu können, bedarf es einer Fortsetzung der Bildarbeit, die das Geschehen noch differenzierter in den Blick zu rücken vermag.

Dazu wird nun das gesamte Bildmaterial zu Rate gezogen, das an jenem Tag im Laufe des Unterrichts von beiden Personen aufgenommen worden ist. Alle Fotografien (Schüler: 29; Studentin: 88) werden mit dem Interesse gesichtet, auf Bilder aufmerksam zu werden, die dazu beitragen können, die Situation auf dem Dach zu erhellen. Dabei entstehen Bezüge zwischen Bildern, die in dem Gespräch nicht geknüpft wurden, die aber neue Perspektiven auf die Situation und neue Perspektiven für die Deutung der Studierenden anbieten.

Weiteres Bildmaterial auslegen

Beim Blättern durch die Fotografien erscheint eine kurze Sequenz der Studentin bemerkenswert, die aus drei Bildern besteht (vgl. Böhme 2018, S. 141).

In diesen drei Bildern, die fast sieben Minuten vor der Situation auf dem Dach aufgenommen worden sind, ist der Schüler zu sehen, wie er unter der Treppe liegt, die in den ersten Stock führt. Formal sind die fotografischen Bilder auf den ersten Blick unspektakulär. Ohne die vorherige Beschäftigung mit der Szene auf dem Dach, sind sie zunächst nicht in besonderer Weise aufgefallen. Unterbelichtet, leicht schief aufgenommen, sind sie nicht gerade ein Blickfang. Nun aber geraten sie wegen des Ortes, an dem sie entstanden sind, in die Aufmerksamkeit. Zu sehen ist der Schüler, wie er zunächst stehend (KF-J-3-33) und dann liegend (KF-J-3-34 u. 35) die Treppe fotografiert. Interessant sind die Bilder deshalb, weil sie zeigen, dass sich der Schüler fotografisch schon vor der Situation auf dem Dach mit einem *Grenzraum*

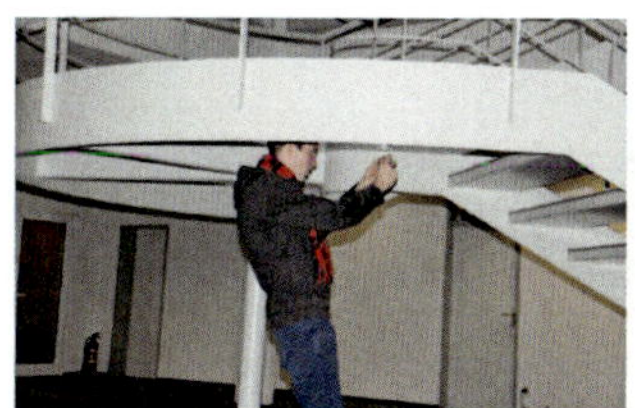

KF-J-3-33
08:52:07
44 mm

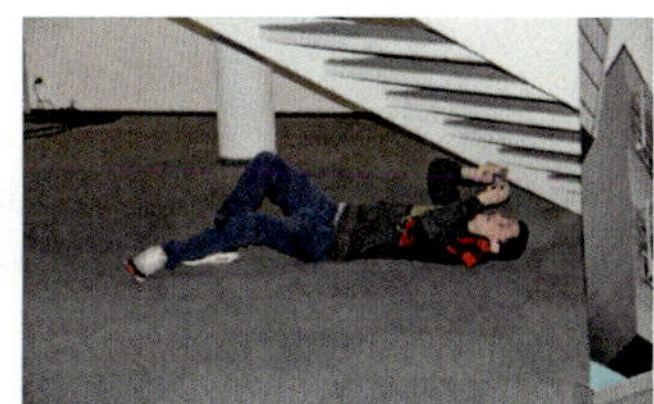

KF-J-3-34
08:52:22
52 mm

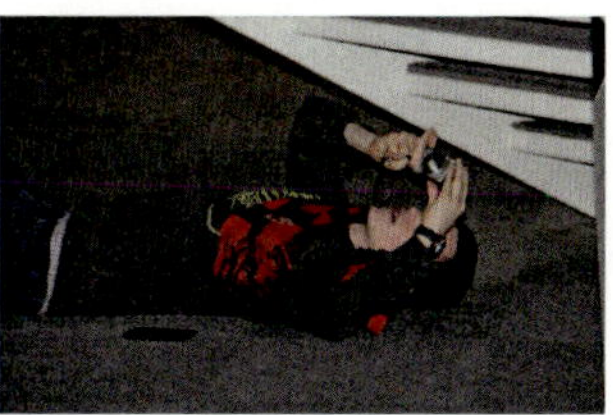

KF-J-3-35
08:52:28
135 mm

Abb. 40

auseinandersetzt – denn die Treppe führt in den ersten Stock. Kommt schließlich sein zeitgleich entstandenes Bild ins Spiel (J-3-11), zeigt sich, dass auch hier die formale Ästhetik einer architektonischen Form eine wichtige Rolle zu spielen scheint. Als freischwingende Konstruktion ist die Treppe ein markantes Element im Foyer. Der Schüler legt sich darunter und fotografiert sie von unten.
Die Treppe kippt und wird zu einer plastischen Form, die sich erst auf den zweiten Blick als Unterseite der Treppe zu erkennen gibt. Darstellungen von paradoxen, gedrehten und unbegehbaren Räumen und Treppen, wie sie beispielsweise in Arbeiten von M.C. Escher zu finden sind, können mit dem fotografischen Bild des Schülers assoziiert werden. **361** Die Treppe als architektonische Form und Grenze wird zum Anlass einer gestalterischen Auseinandersetzung (vgl. ebd., S. 142).
Dass der fotografierende Schüler nicht der/die Erste gewesen ist, der die Treppe zum expliziten Gegenstand einer künstlerisch-praktischen Auseinandersetzung gemacht hat, zeigt sich, wenn man sich eines der fotografischen Bilder der Studentin in starker Vergrößerung anschaut (Abb. 43, 44):

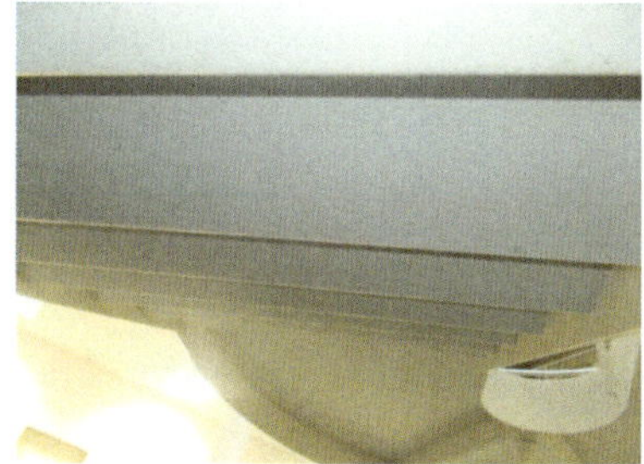

Abb. 41 Schülerfoto **J-3-11**

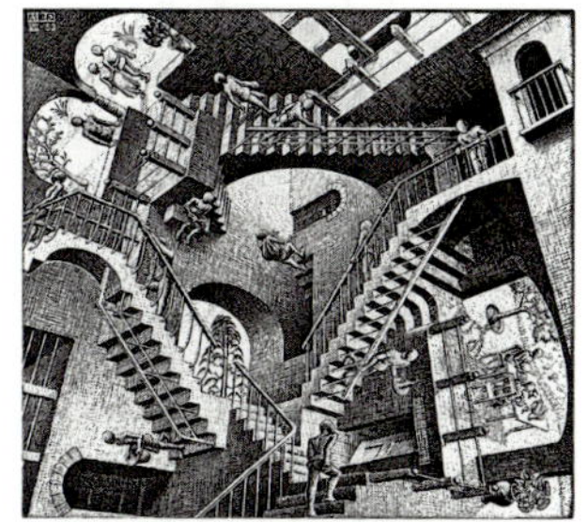

Abb. 42 *Relativity*, M.C. Escher, 1953

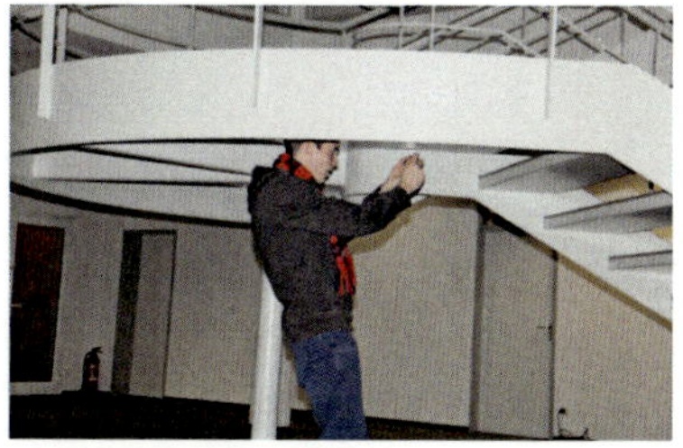

Abb. 43 / KF-J-3-33

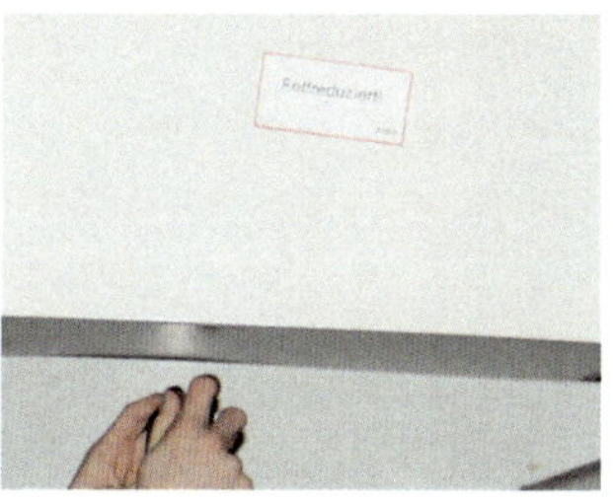

Abb. 44 Detail aus **KF-J-3-33**

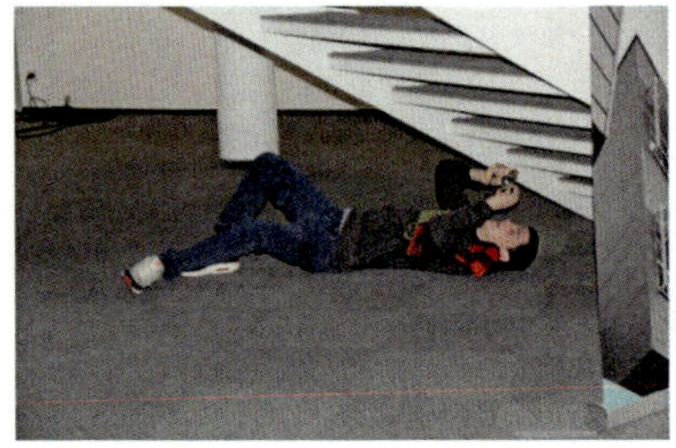

Abb. 45

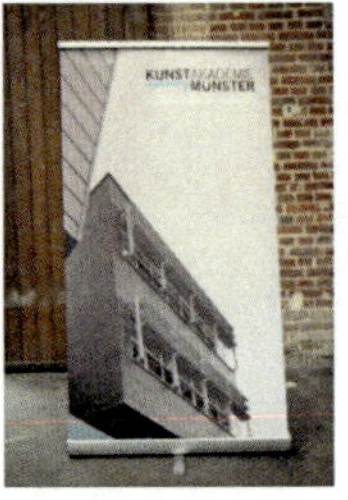

Abb. 46

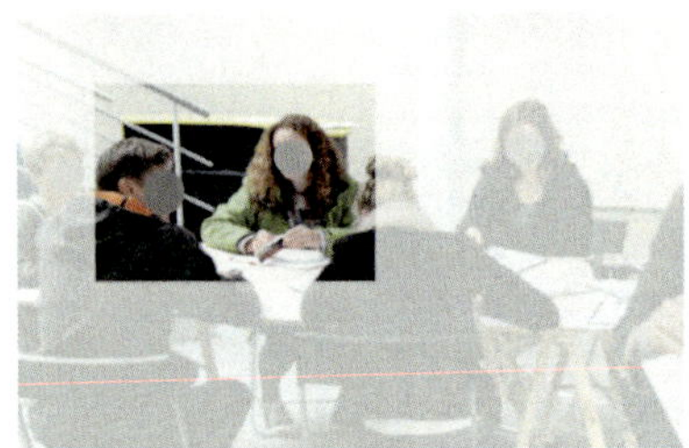

Abb. 47

Ein kleiner Aufkleber mit roter Umrandung und der Aufschrift »Fettreduziert! tested« klebt an der Treppe. Es handelt sich um die Spur einer anderen Schüler_innengruppe, die mit ihren Aufklebern auch an anderen Stellen im und außerhalb des Gebäudes absurde Kommentierungen des Raumes vorgenommen hat.
Tastet der Blick die Treppe und deren Umraum weiter ab, so fällt noch etwas anderes ins Auge (Abb. 45, 46): Am rechten Rand des Bildes ist der Teil eines Aufstellers der Kunstakademie Münster zu sehen, wie er bei öffentlichen Veranstaltungen (z. B. dem Hochschultag, Rundgang o. Ä.) genutzt wird. Auf dem Aufsteller ist eine Schwarz-Weiß-Fotografie vom Neubau der Akademie zu sehen. Es ist ein repräsentatives Architekturfoto, auf dem ein Teil des Gebäudes von unten vor wolkenfreiem Himmel zu sehen ist. Der Bau wird in seiner grafischen Struktur mit klaren Linien und reduzierten Formen gezeigt. In der oberen rechten Bildecke befindet sich das Logo der Hochschule. Dieser Aufsteller steht direkt vor der Treppe. Er wirkt neben der Treppe wie ein Fenster, das den Blick auf einen anderen Raum öffnet. Ein Raum, der etwas mit Gestaltung zu tun hat – das zumindest suggerieren das Logo und die Weise des fotografischen Blicks auf Architektur (vgl. ebd., S. 143).
Auf der Suche nach Details, die diesen Raum zu charakterisieren helfen, gerät noch etwas in die Aufmerksamkeit: ein Objekt, das vor der Treppe steht und den Aufgang in den ersten Stock versperrt (vgl. ebd.).
Auf der Grundlage der Projektbegleitung ist mir bekannt, dass es sich um ein Objekt handelt, das vor die Treppe geschoben wurde, um zu verhindern, dass Schüler_innen in die erste Etage gehen. Ein Objekt, das die Grenze sozusagen sichtbar machen und den Zugang nach oben blockieren soll. Auch hier lässt sich weiteres Bildmaterial hinzuziehen, um genauer beschreiben zu können, was sich in dem Foto der Studentin andeutet: Leicht gebogen, mit gelber Tischfläche und mit buntem Filz bespannt (Abb. 48), steht das Objekt direkt vor dem Treppenaufgang (Abb. 47). **362**
Es handelt sich um eine Art ›Theke‹. Ein Objekt, das gestaltet wurde, um Menschen in Empfang zu nehmen. Dieses Möbelstück ist so breit, dass es den Aufgang komplett verstellt (vgl. ebd.).

361 Z. B. M. C. Escher, *Relativität,* Lithografie, 1953.
362 Das Möbelstück wurde 2012 von Dirk Löbbert (Professor für Bildhauerei und Kunst im öffentlichen Raum an der Kunstakademie Münster) für das 25-jährige Jubiläum der Kunstakademie Münster entworfen.

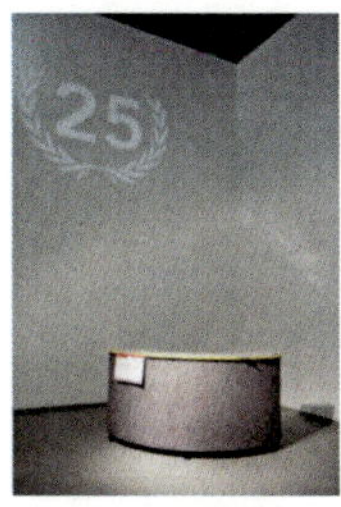

Abb. 48 Empfangstheke beim Jubiläum der Kunstakademie Münster

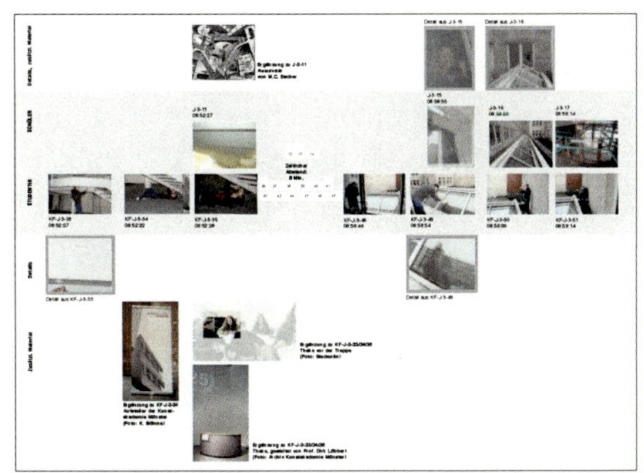

Abb. 49

Entstandene Bildkonfiguration im Überblick

Die Bilder der beiden Fotografierenden und das hinzugefügte Bildmaterial können im Textverlauf nur nacheinander beschrieben und gezeigt werden. Das *Aufblättern der Bilder auf einer Fläche,* das der Auseinandersetzung mit dem Bildmaterial zugrunde liegt, kann innerhalb der Linearität des Textverlaufs nur eingeschränkt sichtbar gemacht werden. Die Übersicht vermittelt einen Eindruck von der gesamten Bildkonfiguration, die sukzessiv im Laufe der letzten Unterkapitel entstanden ist (Abb. 49, siehe auch Buchklappe).

Um die Bilder des Tandems (hellgrau unterlegt) spannen sich verschiedene Bildebenen auf: Bilddetails einerseits (mittelgrau) und zusätzlich recherchiertes bzw. ergänzend produziertes Bildmaterial (dunkelgrau) andererseits. Ausgelassene Fotografien, die zwischen der Situation an/unter der Treppe und auf dem Dach entstanden sind, sind durch weiße Platzhalter markiert. Ausgehend von den vier Bildern, auf die die Studentin selbst im Gespräch mit dem Finger gezeigt und über die sie unterschiedlich ausführlich gesprochen hat (Studentin: KF-J-3-50 u. KF-J-3-51; Schüler: J-3-16, J-3-17), werden zum Ausgangspunkt, um weitere Bilder zu ergänzen und damit Spuren zur Erfahrung des Schülers und der Studentin verfolgen zu können.

Mögliche Lesarten aufblättern: Grenzen mit »Appeal« [363]

Die Beschreibung des Treppenraumes, der im Gespräch mit der Studentin noch nicht mit der Situation auf dem Dach in Verbindung gebracht wurde und den ich als Forschende in der Beschäftigung mit dem Bildmaterial als bedeutsam aufgemerkt habe, lässt auf drei zentrale Aspekte aufmerksam werden: Aspekte, die auf paradoxe Strukturmomente hinweisen, und in denen sich die pathischen Seiten von Lehr- und Lernprozessen in ihrer Bedeutung für das pädagogische Geschehen zeigen (vgl. Böhme 2018, S. 145).

363 Ein Begriff, den Käte Meyer-Drawe im Kolloquium *Kunstunterricht als Forschungsatelier* (Leitung: Prof. Dr. B. Engel, Dr. C. Brohl, 09.07.2016) bezogen auf mein Fallbeispiel eingebracht hat.

1. Die vermeintlich eindeutig kommunizierte Grenze ist viel weniger eindeutig, als sie auf den ersten Blick erscheint. Dies führt zu der Frage, *wie es dazu kommt, dass Grenzen überschritten werden? Und wer oder was ist im Unterricht daran beteiligt?*
2. Die ›Treppenfotos‹ regen dazu an, Überschreitungen nicht nur als ein räumliches, sondern – in Kombination mit den Fotografien auf dem Dach – auch als ein prozessuales Phänomen zu reflektieren. *Inwiefern hängen Überschreitungen mit vorherigen Ereignissen und (Raum-)Erfahrungen zusammen?*
3. Und schließlich: Die Überschreitung scheint auch eine Frage der Wahrnehmung zu sein. *Wann werden Bewegungen von Anderen im Raum als unerwartet und ggf. als überschreitend wahrgenommen? Inwiefern hängt das mit den Erwartungshaltungen von pädagogisch Handelnden zusammen?*

Zu 1: Wenn eine Grenze überschritten wird (vgl. ebd., S. 145–148) Die Fotografien zeigen, dass die Herstellung und Einräumung einer Grenze nicht ausschließlich den pädagogisch Handelnden vorbehalten ist. Auch die Gegenstände und Objekte, die zum Zweck der Grenzziehung positioniert werden und die zum Teil (zumindest bei der Theke) die Aufgabe haben, einen Raum nicht passierbar zu machen, haben eine eigene und zum Teil unerwartete Qualität und Wirkung. Dass diese Qualitäten und die in den Objekten eingeschriebenen Implikationen zur Nutzung mitunter der intendierten Grenzziehung widersprechen, lässt sich mithilfe der fotografischen Bilder und vor allem mithilfe des zusätzlich recherchierten Bildmaterials herausarbeiten. Es zeigt sich, dass die genutzten Gegenstände ein Eigenleben haben; sie zeichnen sich durch eine – vielleicht unterschätzte – visuelle Attraktivität (die Fotografie auf dem Aufsteller) aus und bringen spezifische funktionale Einschreibungen (die Theke als Empfangsraum) mit sich.
Die Treppe, die nicht betreten werden soll, erscheint hier als eine architektonisch auffällige Konstruktion. Eine Konstruktion, auf der schon andere Schüler_innen ihre Spuren hinterlassen haben. Auch solche, mitunter im Prozess für die Studierenden kaum wahrnehmbaren Eingriffe gestalten eine vermeintlich eindeutige Grenze mit. So scheint in dem Fallbeispiel eine räumliche Grenze mit »Appeal« (Meyer-Drawe) zu entstehen. Oder anders formuliert: Grenzen können zwar vermeintlich präzise versprachlicht werden (z. B. durch den Satz: *Das obere Stockwerk steht für das Projekt nicht zur Verfügung.),* werden aber darüber hinaus nicht nur von pädagogisch Handelnden, sondern genauso auch von Schüler_innen als auch durch die Haptik und Form der Dinge mitgestaltet.
Die Grenze ist nicht einfach da, sie wird *als Grenze* von jemandem wahrgenommen. Das *Als* verweist auf eine Differenz, die insbesondere in der Phänomenologie von grundlegender Bedeutung ist: die Dinge und Phänomene gibt es nicht an sich , sondern sie zeigen sich den Wahrnehmenden in je spezifischer Weise. Bernhard Waldenfels versteht das *Als* als eine »Fuge oder ein Scharnier der Erfahrung«, innerhalb derer Sinn und Bedeutung liegen (Waldenfels 2002, S. 378). Auf das Fallbeispiel bezogen, lässt sich anhand der Fotografien vermuten, dass die vermeintlich eindeutig

gezogene Grenze für den Schüler womöglich gar nicht *als Grenze* wahrgenommen wurde. Die Weise, wie er sich auf die Grenze bezieht, bringt vielmehr einen anderen Begriff ins Spiel: die *Schwelle*.

Grenzen markieren, schreibt Erika Fischer-Lichte (vgl. 2004, S. 356–359), eine deutliche Differenz zwischen zwei unterschiedlichen Räumen bzw. bringen eine Differenz zwischen Hier und Dort, Innen und Außen, Eigenem und Fremdem zu allererst hervor. Notwendigerweise wird durch Grenzziehungen etwas eingeschlossen und anderes ausgeschlossen. Grenzen zu überqueren, fordere Absprachen und das Einhalten bestimmter Regeln. Eine Grenze ohne Erlaubnis zu überqueren, stelle einen »gefährlichen, heimlichen, subversiven Akt dar, sie offen zu durchbrechen gar einen aufrührerischen, revolutionären, heroischen oder auch einen feindlich aggressiven von außen« (ebd., S. 357). Die *Schwelle* stellt Fischer-Lichte der Grenze gegenüber. Die Schwelle sei ein Zwischenraum, in dem sich alles Mögliche ereignen könne (vgl. ebd., S. 358). Sie sei verlockend und lade geradezu zur Überschreitung ein. Anders als die Grenze sei die Schwelle ein Ort der »Ermöglichung, Ermächtigung, Verwandlung« (ebd.). Ob es sich um eine Schwelle oder Grenze handele, sei in jeder Situation immer wieder aufs Neue zu verhandeln. Was der eine Menschen als unüberwindbare Grenze wahrnehme, könne im gleichen Moment ein anderer als eine Schwelle erleben, die ihn zum Überschreiten einlade (vgl. ebd.).

Die fotografischen Bilder zeigen, dass die Begrenzungen des Projektraumes von dem Schüler *erkundet* werden. Darauf machen die Fotografien aufmerksam, die bei der Treppe und im ersten Stockwerk entstanden sind. Während die Bilder an der Treppe zeigen, dass der Schüler die Grenze zwischen erstem und zweitem Stockwerk fotografisch erkundet, bezeugen die kurze Zeit später aufgenommenen Bilder auf dem Dach, dass sich der Schüler an der ›Theke‹, die den Treppenaufgang versperrt, vorbeigeschoben haben und die Treppe hochgelaufen sein muss. Ein – wie Fischer-Lichte fragt – aufrührerischer Akt der illegalen Überquerung? Mitnichten: Obwohl die Studentin selbst die Grenze zu Beginn des Projektes gezogen hat, hält sie den Schüler nicht zurück, als dieser nach oben geht. Man könnte denken, sie befolge lediglich sehr genau den fotografischen Auftrag, den Schüler zu begleiten. Sicher spielt auch das eine Rolle. Wirft man aber nochmals einen Blick in das Gespräch, stellt es sich darüber hinaus noch etwas anders dar:

> […] aber <u>eigentlich</u> spannend, find ich, als er dann <u>hoch</u> ging. das fand ich eigentlich am <u>spannendsten</u> bei ihm. weil da fing er an, sich so zu <u>lösen</u> von ›ich muss jetzt hier so n job erfüllen und möglichst so n bisschen rumlaufen, um nach coolen bildern suchen‹ […] #00:46:34-8#

War die Neugier darauf, was es oben zu entdecken gibt, stärker als das Bedürfnis danach, die Einhaltung einer zuvor vereinbarten Regel einzufordern? Oder hat die Studentin ein ernsthaftes Interesse des Schülers wahrgenommen, dem sie wortwörtlich nicht im Weg stehen wollte? Dass sie den Schüler nach oben gehen lässt, kann auch als ein auf den Schüler hin ausgerichtetes ›Gestimmtsein‹ gelesen werden. Eine ›Einlassung‹ auf den Anderen und dadurch auch als eine für pädagogi-

sches Handeln elementare Fähigkeit, auf ein gerade entstehendes Interesse oder eine Stimmung bewusst oder auch unbewusst antworten zu können (vgl. Engel/Böhme 2015, S. 25 bezogen auf Pazzini im gleichen Bd.). Sich einlassen, bedeute, als Lehrperson zum »bewegten Beweger« zu werden und zu stimmen als auch sich vom Anderen stimmen zu lassen (vgl. Pazzini 2015a, S. 106). Sich auf den anderen einzulassen, bedeutet dann, ihn in seinem Interesse ernst zu nehmen und eine Stimmung nicht als vorübergehende Laune abzuwerten. Indem die Studentin selbst mit nach oben geht und sich auch an der Barriere vorbeischiebt, trägt sie selbst zur Transformation der Grenze in eine Schwelle bei. Sie unterbricht die Bewegung des Schülers nicht und zeigt sich selbst dem gegenüber, was passiert, neugierig. Möglicherweise keimt hier eine Kompliz_innenschaft auf, die auch für die Situation auf dem Dach bedeutsam gewesen sein könnte. Davon zeugen die fotografischen Bilder nur indirekt – es sind vielmehr die Leerstellen, die zwischen den beschriebenen Fotografien bestehen, die diese Fragen aufwerfen.
Verknüpfung mit der Situation auf dem Dach: Vor dem Hintergrund dessen, was sich an der Treppe ereignet hat, ist es umso bemerkenswerter, was kurze Zeit später auf dem Dach passieren wird. Während die Treppe per se Begehbarkeit anbietet, bietet das Fenster zuallererst die Möglichkeit an, es zu öffnen. Ein Fenster – zumal mit Stacheln auf der Fensterbank – appelliert nicht daran, hinauszuklettern. Da sich der Raum hier weitaus eindeutiger als die Treppe in seiner Begrenzung zeigt, ist es umso erstaunlicher, dass der Schüler trotzdem hinaussteigt. Es scheint ein besonderes Interesse daran zu geben, auch gegen Widerständigkeiten einen *nicht begehbaren Raum* zu erkunden. Dies zeigt sich in besonderem Maße daran, wie der Schüler mit der Balustrade umgeht (J-3-17). Die Balustrade, anders als die Treppe und das Fenster, stellt eine absolute Begrenzung dar – einen dahinter liegenden begehbaren Raum gibt es nicht. Und dennoch: der Schüler überschreitet auch diese Raumgrenze, indem er seine Hände, in denen er die Kamera hält, über die Balustrade hinausstreckt. Nicht körperlich, sondern fotografisch überschreitet er die Begrenzung des Raumes und inszeniert dabei im Grunde einen unmöglichen Blick. Das Interesse an der Überschreitung scheint nicht nur mit der Ästhetik des Raumes, sondern auch mit seiner Nicht-Begehbarkeit zusammenzuhängen. Das zeigt sich an der Treppe ebenso wie auf dem Dach.

Zu 2: Überschreitung als raum-zeitliches Phänomen (vgl. Böhme 2018, S. 148 f.) Das Interesse an Grenzen und Nicht-Begehbarkeit ist kein Interesse, das bei dem Schüler erstmals auf dem Dach auftaucht. Es deutet sich schon in den Bildern an, die sieben Minuten zuvor entstanden sind. Vielleicht müsste eher von »überschreiten« gesprochen werden, als von »Überschreitung«, denn es handelt sich nicht um ein einmalig performtes Interesse, sondern um einen – sich zumindest über mehrere Minuten erstreckenden – Prozess. Die Situation auf dem Dach mit der Situation an der Treppe zu verknüpfen, ermöglicht es, das Handeln des Schülers zeitlich und räumlich zu kontextualisieren und nicht als ein singuläres und einmaliges Geschehen zu isolieren.

Auch wenn die Studentin zunächst das Schülerhandeln in erster Linie als Überschreitung und Überforderung beschreibt, so kann sein Handeln – ohne dass diese spezielle Situation damit verharmlost werden muss – vor bildungstheoretischem Hintergrund auch noch anders gedeutet werden: Überschreitungsprozesse setzen nämlich die Bereitschaft voraus, sich unvorhersehbaren Veränderungen und Unwägbarkeiten auszusetzen. Dies ist für ein tiefgehendes Erfahrungs- und Bildungsgeschehen unerlässlich. Eine prozessuale Offenheit und Empfänglichkeit für Neues seien, so Meyer-Drawe, geradezu die Grundlage für Lernen (vgl. 2005, S. 25 f.). Lernen beginne mit dem *Staunen*, d. h. in einem Moment der Unbestimmtheit, in dem eine gewisse Selbstverständlichkeit und Erwartbarkeit ins Wanken geraten. Ein neuer »Verständnishorizont« öffne sich dann, wenn das Unerwartete im Erwarteten auftauche, wenn wir irritiert werden und aus dem Trott des Gewohnten aufhorchen (vgl. Meyer-Drawe 2011a, S. 198).

Vor diesem Hintergrund kann die Bewegung des Schülers auch als eine Bewegung gelesen werden, aus der heraus eine bildende Erfahrung erwachsen kann. Im Erkunden mit der Kamera wird die Elastizität des Raumes und der bestehenden Ordnung auf die Probe gestellt. Der Schüler fordert die Verhandlung des Raumes und seiner Begehbarkeit geradezu heraus. In den Aussagen der Studentin hallt dieses Interesse des Schülers nach. Sie scheint aufmerksam dafür zu sein, was den Schüler umtreibt und lässt sich vielleicht auch deshalb auf seine Bewegungen ein. Möglicherweise erlebt sie auch deswegen die Umwidmung der Grenze in eine Schwelle nicht als einen Bruch, den es zu verhindern gilt.

Zu 3: Raum und Erwartungen (vgl. Böhme 2018, S. 149 f.) Die Studentin beschreibt das Geschehen als eine Grenzerfahrung. Dass bestimmte Bewegungen von Anderen im Raum als überschreitend wahrgenommen werden, hängt mit den eigenen Erwartungen zusammen. Diese werden an pädagogische Situationen herangetragen und schreiben sich auch in den Raum ein. Insbesondere im kunstpädagogischen Kontext werden Räume von Lehrpersonen bewusst so gestaltet, dass sie Anlass und Gelegenheiten für ästhetische Erfahrungs- und Bildungsprozesse anbieten. In dem Fallbeispiel kommuniziert der Raum, dass das obere Stockwerk verschlossen ist. Die Einräumung kommuniziert die Erwartungen derjenigen, die das Projekt betreuen. Die Fotografien dokumentieren aber nicht nur die intentionale und geplante Gestaltung des Raumes, sie zeigen darüber hinaus auch, wie die an dem Projekt Beteiligten mit Raum umgehen. Es wird deutlich – und das ist für Lehramtsstudierende und Lehrer_innen ein interessanter Aspekt – dass nicht nur die Schüler_innen entgegen der eigenen Erwartung den Raum nutzen, sondern es zeigt sich auch, dass sich die pädagogisch Handelnden selbst in der Weise, wie sie mit gesetzten Grenzen umgehen, widersprechen können. Als die Studentin dem Schüler in den ersten Stock folgt und zulässt, dass er nach oben geht, wird ihre selbst gezogene Grenze gewissermaßen fluid. Von außen betrachtet, könnte dies schnell *als inkonsequent* disqualifiziert werden. Es könnte aber auch ganz anders gelesen werden: als ein

Indiz für die Bereitschaft der Studentin, die Grenze mit dem Schüler zu *verhandeln* und die eigenen Erwartungen im Geschehen zur Disposition zu stellen.
Ausgehend von den fotografischen Bildern, insbesondere in ihrer Sequenzialität, erscheint der Raum nicht nur als ein Container, der durch sein Volumen mit bestimmten Bewegungs(un)möglichkeiten verbunden ist, sondern die Bilder laden dazu ein, Raum*erfahrungen* auf die Spur zu kommen. Sich mit Bewegungen im Raum, Blickrichtungen, Standorten, Nähe-Distanz-Verhältnissen usw. zu beschäftigen, bietet Gelegenheiten, um die dokumentierte Situation als Teil eines Wechselspiels zwischen Schüler und Studentin genauer zu beleuchten. Dass die erlebte Grenzüberschreitung nicht nur vom Anderen (d. h. vom Schüler) initiiert wird, sondern unerwarteterweise auch mit dem Handeln der pädagogischen Verantwortlichen (d. h. der Studentin) zu tun haben mag, stellt in der Auseinandersetzung mit den pathischen Seiten von Lehr- und Lernprozessen eine elementare Deutungsperspektive dar. Mit der Frage, wer darüber bestimmt, wie der Raum eingeräumt und vor allem, wie er *umgeräumt* wird, können Positionen, Handlungen der Beteiligten im produktiven Sinne fragwürdig werden.

Zwischenüberlegungen und Überleitung zur zweiten Bildkonfiguration
Die erste Bildkonfiguration hat sich, ausgehend von dem Reflexionsbedürfnis der Studentin, vor allem dem *Raum* gewidmet, wie er fotografisch in den Bildern in Erscheinung tritt. Der Raum wurde zur Querverbindung, um die verschiedenen, im Gespräch noch separat angelegten Deutungsansätze der Studentin aufeinander zu beziehen. Im Sinne Kollers Konzept der widersprüchlichen Lesarten (vgl. Kap. 4, ← S. 229–232) wurde ausgehend von den verschiedenen Deutungsansätzen der Studentin – *das Handeln des Schülers als Grenzüberschreitung, als Erkundung eines unbekannten Raumes und als ästhetisches Interesses an Architektur* – eine weitere Lesart entwickelt. Mit dieser Lesart, die aus einer differenzierten Wahrnehmung des Bildmaterials hervorgeht, konnten die Phänomene Grenze, Überschreitung und ästhetische Erfahrung in einen Zusammenhang gestellt und als eine übergreifende kunstpädagogische Frage diskutiert werden. Dabei trat ein paradoxes und konflikthaftes Moment zu Tage, das darin besteht, dass pädagogisch Handelnde nicht nur an der Herstellung von Grenzen, sondern ebenso an ihrer Transformation und Dekonstruktion beteiligt sind – zum Teil auch unwissentlich. Die fotografischen Bilder machen darauf aufmerksam, dass Raum in pädagogischen Prozessen von allen Beteiligten auf unterschiedliche Weise bespielt, gestaltet, genutzt und eingeräumt wird. Die Spur, dass darüber Momente der Interaktion und Verhandlung wahrnehmbar und reflektierbar werden, setzt sich in der folgenden Bildkonfiguration fort.

5.3.2 ›Wenn ich da wohnen würde …‹ – Eine Bildkonfiguration zu unterschiedlichen Raumvorstellungen in (kunst-)pädagogischen Prozessen

Kurzporträt und Begründung der Bildkonfiguration

Die folgende Bildkonfiguration knüpft in mehrfacher Hinsicht an die vorherige Bildkonfiguration an: einerseits *zeitlich* innerhalb des Gesprächsverlaufs, indem die Gesprächsauszüge, die beiden Bildkonfigurationen zugrunde liegen, im Gespräch unmittelbar aufeinanderfolgen. Sie schließen *inhaltlich* aneinander an, indem es auch um die Wahrnehmung und Bedeutung von *Raum* in (kunst-)pädagogischen Prozessen geht. Während in der ersten Bildkonfiguration speziell die Grenze in ihrer Ambivalenz von Überschreitung und Gestaltung in den Blick genommen wurde, können in der folgenden Bildkonfiguration andere Aspekte von Raum in die Aufmerksamkeit geraten. Ausgehend von der Erzählung der Studentin tritt Raum als *Vorstellungsraum* des Schülers, als *visuelle Repräsentation von Kunstunterricht* der Studentin und als Schauplatz von *Interaktion* in Erscheinung. Insbesondere der letzte Aspekt – d.h. das Bildmaterial als Spur von Interaktion zu beleuchten – eröffnet tiefere Einblicke bezogen auf die Wirkmacht, die Bewegungen im Raum und Blicke innerhalb pädagogischer Prozesse entfalten können. Auch hier erfahren jene Facetten von pädagogischer Praxis Beachtung, die in ihrer Flüchtigkeit oftmals außerhalb der pädagogischen Verfügungsmacht und Möglichkeiten der didaktisch methodischen Steuerung liegen.

Die Studentin bezieht sich im Gespräch zweimal auf dieselbe Situation, die ebenfalls im ersten Stockwerk des Gebäudes spielt (Abb. 50). Anders als bei der Situation ›auf dem Dach‹ (siehe vorheriges Unterkapitel), die schon in der Erzählung der Studentin auftaucht, noch bevor ihre Bilder auf den Tisch gelegt werden, bezieht sich die Studentin nun erstmals auf die Begebenheit, als ihre eigenen Fotos schon zehn Minuten ausliegen. Als die Bilder des Schülers hinzugelegt werden, kommt sie erneut auf die Situation zu sprechen. Während die Betroffenheit, Begeisterung und das Erstaunen, die mit der Situation »auf dem Dach« verknüpft sind, spürbar im Sprechen der Studentin nachhallen, kommen die Erfahrungen, die in dieser zweiten Situation im oberen Stockwerk gemacht wurden, auf den ersten Blick in einer weni-

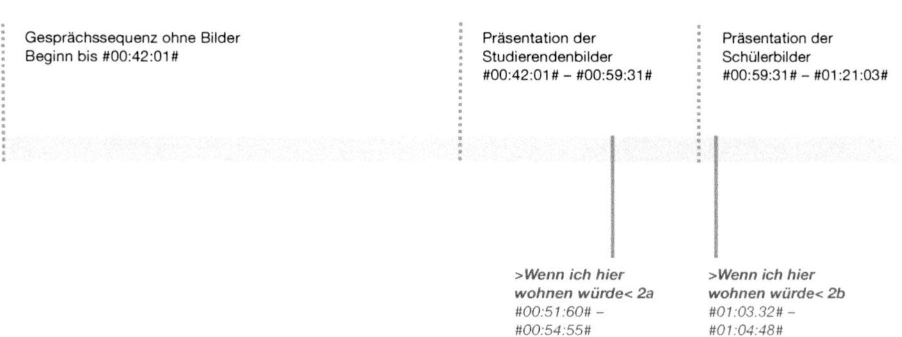

Abb. 50

ger eindringlichen Weise zur Sprache. Im Transkript deutet sich stattdessen an, dass die Betroffenheit verstärkt auf der Ebene der Gesten und des Zeigens verhandelt wird. In beiden Gesprächsauszügen (2a und 2b) wird ausgiebig gestikuliert und in unterschiedlicher Weise auf Bilder *gezeigt*. Die Auszüge bieten dadurch Einblicke in Sinnstiftungsprozesse, die nicht nur sprachlich, sondern auch leiblich konstituiert sind.

Der Perspektive der Studentin auf die Spur kommen

Die Bilder der Studentin liegen fast zehn Minuten auf dem Tisch, als sie sich daran erinnert, wie sich der Schüler vorgestellt habe, in den Räumen des leerstehenden Bürogebäudes zu *wohnen*. Unter Berücksichtigung der *zeigenden Gesten* und des *Gezeigten* ergibt sich folgendes Transkript des Gesprächsauszugs:

Der erste Auszug (2a: Abb. 51–52) setzt damit ein, dass die Studentin noch »nachhaltig« von einer »krassen erfahrung« eingenommen zu sein scheint. Sie erzählt von einer »krassen erfahrung, weil« – der Satz bleibt unvollständig – »so von ihm«. Es wird eine Situation geschildert, in der der begleitete Schüler offenbar begeistert davon erzählt habe, »was er beruflich machen will«. Plötzlich erinnert sie sich wieder daran, wie er damit angefangen habe, den Raum in seiner Vorstellung einzurichten: »ach ja genau! *(begeistert)* und dann kam das, ich weiß es wieder!« Mit verstellter Stimme spricht die Studentin aus der Perspektive des Schülers: »wenn das meine wohnung wäre« beginnt sie und erzählt davon, wie der Schüler sich die Einrichtung des »schlafzimmers«, des »wohnbereiches« und der »küche« vorgestellt habe.

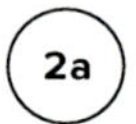

ZEIGEN (Videostills)	REDEN	GEZEIGTES	GEZEIGTES
	[...] es hat mich auch nachhaltig noch so, wo ich dachte, so hey, das war echt irgendwie ne, schon auch ne krasse erfahrung. weil .) eben so von ihm. er hat mir dann erzählt, was er beruflich machen will .) und ähm (..) warum er es eben so spannend findet, genau jetzt oben in diesen räumen zu sein. ach ja genau! (begeistert) und dann kam das, ich weiß es wieder! dann fing er an: wenn das meine wohnung wär, dann würde ich da das schlafzimmer machen, und dann würde ich, guck mal hier so n wohnbereich und dann wär hier so meine küche. boah das wäre, boah das ist, wär richtig - oder ah vielleicht doch besser hier oder (*bis hier spricht sie in verstellter Stimme*) ne? und dann hat er wirklich ne? sich vorgestellt, er würde da wohnen. und hierzu, warte mal, was war? (..) warte mal eben kurz. (.) wart mal, das war .)	(Fotografien des Schülers lagen während dieser Gesprächssequenz noch nicht auf dem Tisch)	(Fotografien der Studentin)
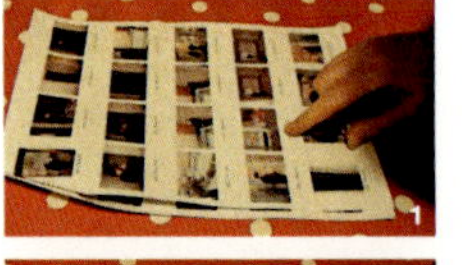	ja genau (*Sie zeigt auf ein Foto auf ihrem Kontaktbogen*) #00:52:55#		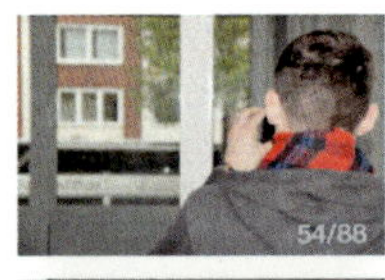
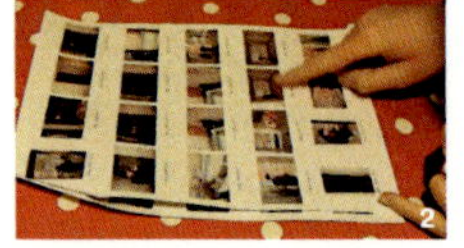	das war irgendwo hier bei diesen räumlichkeiten so (*Sie streicht ...*		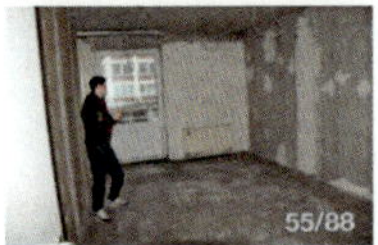

Abb. 51

2a

ZEIGEN (Videostills) | **REDEN** | **GEZEIGTES** | **GEZEIGTES**

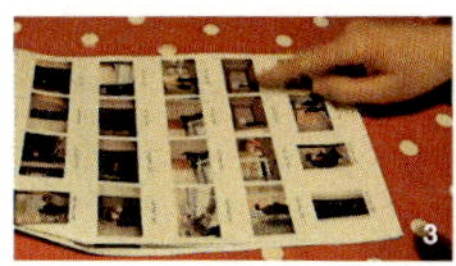

... über zwei weitere Fotos rechts daneben, hin und her) bei den so war das (*ihr Finger fährt nochmals über die Fotos*) wo er dann echt so anfing und dann mir genau erklärt hat, wo er was reinstellen würde, wie er wohnen würde (.) und das fand ich schon auch ziemlich i n t i m , also weil, wir kannten, wir kennen, also wir kennen uns nicht so krass, aber dann auch so offen, so ganz frei weg und ähm die überhaupt nicht cool oder so. #00:53:17#

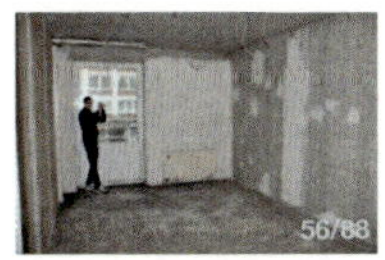

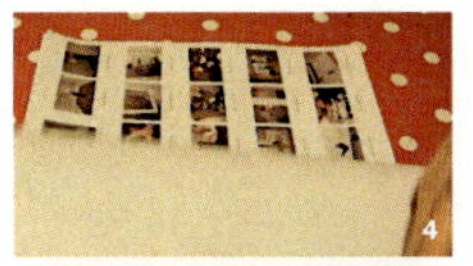

lass mal gerade gucken (3) (*sie blättert um auf die nächste Seite des Kontaktbogens*) ja genau (4) (*der Blick wandert über den Kontaktbogen*) #00:53:26#

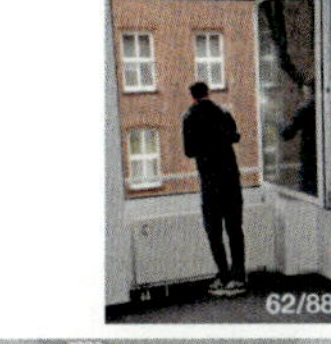

5

ja da hört's dann auf. (*der Zeigefinger wandert über eine Bilderreihe*) da sind wir dann in anderen räumen #00:53:28#

[...]

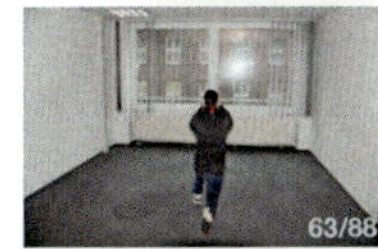

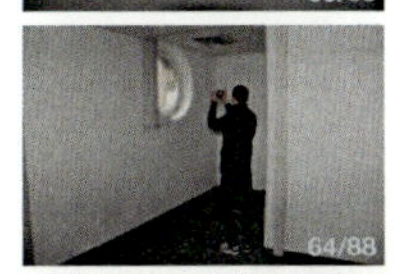

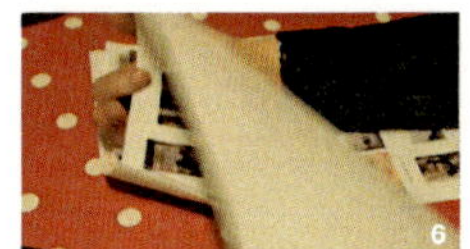

(*sie blättert zurück auf die vorherige Seite des Kontaktbogens und streicht über die Bilderreihe wie zuvor, bedächtig*)

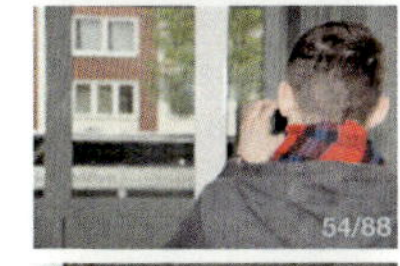

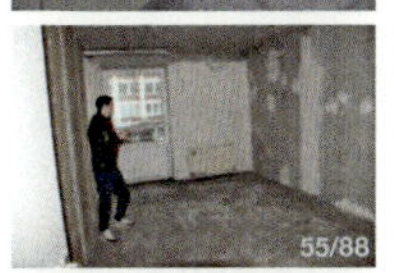

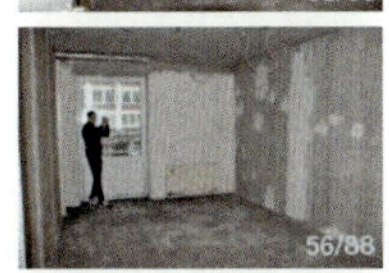

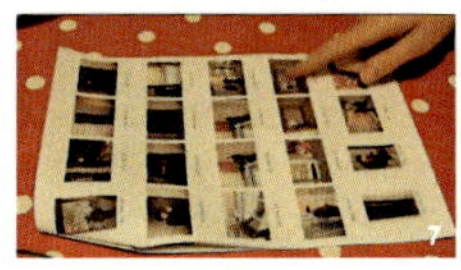

der ist ja auch richtig, irgendwie in diesen raum rein (*der Zeigefinger ahmt die Bewegung nach, in den Raum zu gehen*) und hat den so ertastet und man merkte, in seinem kopf arbeitet es, wie er das einrichten würde. (2) das war so cool! ja. (2) mhh und fragte auch immer ne? wie ich das finden würde und so. ob ich mir das vorstellen könnte .) guck mal, er würd das dann so und so machen und auf einmal warst du so richtig krass drin eingebunden. mhhh und es wurde richtig irgendwie (2) ne ganz andere ebene .) das ist total faszinierend eigentlich. (..) also (..) ja. das hat mich echt überrascht irgendwie. hätte ich irgendwie also deswegen fand ich das irgendwie am spannendes, weil ich das nicht gedacht hätte, weil er soviel von sich erzählt hat und so. (..) #00:54:25#

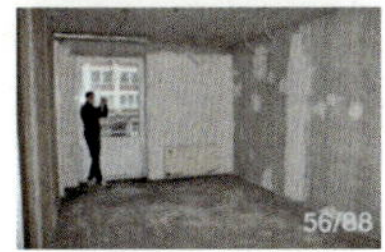

Abb. 52

Sie sucht nach den entsprechenden Fotografien, die zu ihrer Erinnerung passen und blättert in den Kontaktbögen herum. »warte mal«, »warte mal eben kurz«, »wart mal, das war« insistiert sie wiederholt, während sie versucht, die entsprechenden Aufnahmen auf den Kontaktbögen zu finden. »ja genau. das war irgendwo hier bei diesen räumlichkeiten so« kommentiert sie, während ihr Finger zunächst auf ein Bild (KF-J-3-54) zeigt und anschließend über zwei weitere Bilder mehrmals hin- und herstreicht (KF-J-3-55 u. KF-J-3-56). Angesichts der Bilder erzählt sie, dass sie die Situation »ziemlich i n t i m« gefunden habe, denn »wir kannten, wie kennen, also wir kennen uns nicht so krass«. Sie scheint erstaunt zu sein, wie »offen« der Schüler ihr gegenüber gewesen ist. Als »so ganz freiweg« und »überhaupt nicht cool« beschreibt sie ihn. Sie schaut nochmals auf den Kontaktbogen und markiert Bilder, die ihrer Meinung nach nicht mehr mit der erzählten Begebenheit zusammenhängen (KF-J-3-62 bis KF-J-3-64). Da seien sie dann in anderen Räumen gewesen. Bedächtig fährt der Zeigefinger nochmals über die ersten Bilder, um schließlich an einem Bild (KF-J-3-56) hängenzubleiben. Es ist das Bild, auf dem der Schüler in einem Raum steht, der an einen Rohbau erinnert, und in dem er selbst gerade fotografiert (KF-J-3-56). Da sei er »richtig in den raum rein« sagt sie, während ihr Zeigefinger die Bewegung des Schülers aufgreift, indem sich die Fingerspitze im Bildraum bewegt. Er habe den Raum »ertastet« und sie gefragt, wie sie das finde und ob sie sich das auch vorstellen könne. Es sei »so cool« gewesen, betont sie rückblickend im Gespräch. »auf einmal« habe sie sich auf eine neue Art »richtig krass drin eingebunden« gefühlt. »eine ganz andere ebene« sei das gewesen, »total faszinierend eigentlich« und »überraschend irgendwie«. Sie hätte nicht erwartet, dass der Schüler so viel von sich erzählen würde.

Im Vergegenwärtigen der erlebten Situation scheint der Studentin vor allem nochmals die besondere Nähe zu dem Schüler entgegenzutreten, die sie offenbar im Begleiten des Schülers wahrgenommen hat. Indem der Schüler sie an seinen Vorstellungen teilhaben lässt, wie er die leerstehenden Räume bewohnen würde, scheint für sie etwas ins Spiel zu kommen, das sie als unerwartet intim und persönlich empfindet. Diese besondere Qualität der Begegnung verknüpft sie mit bestimmten Räumen bzw. Bildern. Sie erlebt den Schüler als sehr offen und zeigt sich fasziniert und überrascht von einer plötzlichen entstehenden Eingebundenheit. Diese Situation, in der sich der Schüler ihr gegenüber scheinbar auf unerwartet persönliche Weise zeigt, nimmt sie als eine andere Ebene wahr.

Die Bilder des Schülers werden auf den Tisch gelegt Als die Fotografien des Schülers auf den Tisch gelegt werden, nimmt die Studentin erneut auf diese Situation Bezug (2b):

Die Studentin kommt in dem Gespräch nach fast neun Minuten nochmals auf dieselben Bilder zurück. Nun liegen auch die Fotos des Schülers auf dem Tisch. Sie blättert durch die Kontaktbögen. »hier! das wundert mich total?« sagt sie plötzlich und tippt mehrfach mit der Fingerspitze auf ein Bild des Schülers, auf dem eine Straßen-

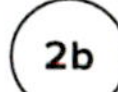

ZEIGEN (Videostills)	REDEN	GEZEIGTES (Fotografien des Schülers)	GEZEIGTES (Fotografien der Studentin)
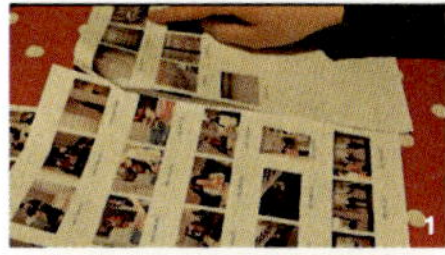 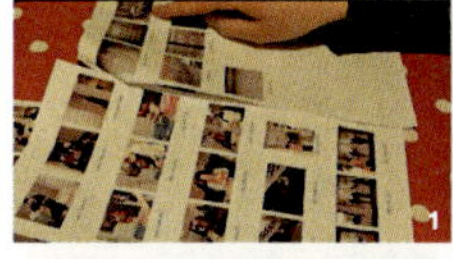	Studentin: (*blättert den dritten Kontaktbogen des Schülers auf*) hier! das wundert mich total? mmhh, ihm wars immer ganz wichtig hier (*tippt mehrfach mit der Fingerspitze auf ein Bild des Schülers*) fenster ne? #01:03:37#	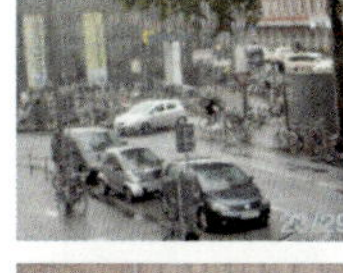	
	immer raus, der blick nach außen (*zeigt sehr kurz auf ein anderes Bild auf dem gleichen Kontaktbogen*). fenster war für ihn immer das highlight. (*sie schlägt eine andere Seite ihres Kontaktbogens auf*) #01:03:42#	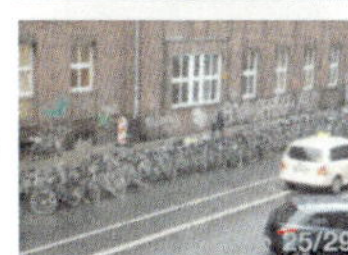	
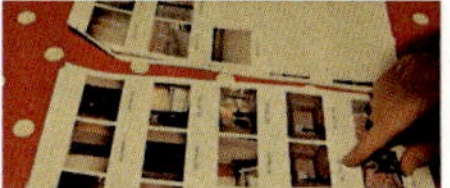	das hier? (3) (*Zeigefinger ruht unter einem eigenen Bild)* das ist ja echt spannend (8)		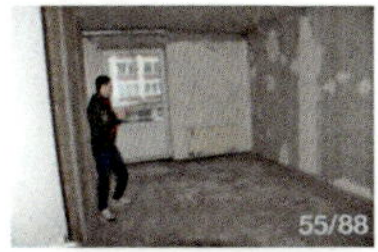
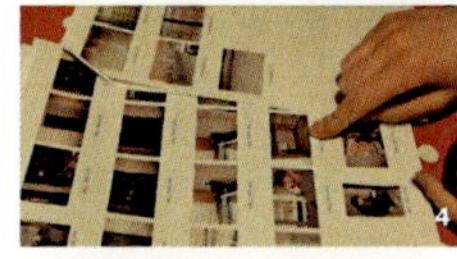	ich hätte gedacht hier (*Zeigefinger berührt den Bildrand der gleichen Aufnahme und tippt es vorsichtig an*) #01:04:08#		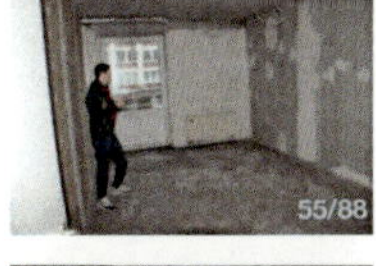
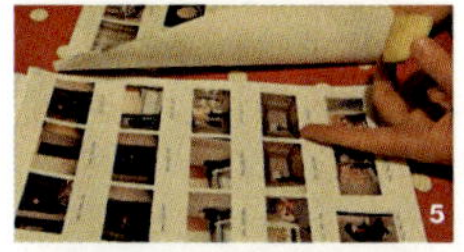	also, hier (*zeigt auf das Bild rechts daneben*) fotografiert er eigentlich in den raum rein, was sehr untypisch war für ihn (*umrandet das Bild einmal mit dem Finger*)		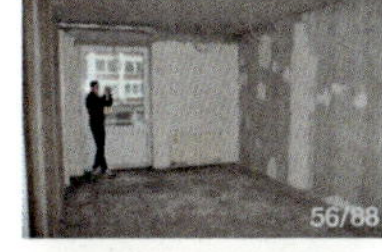
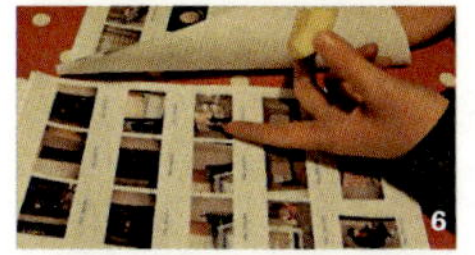	weil er ja eigentlich immer raus fotografiert. (*zeigt sehr kurz auf das darüber liegende Bild auf dem Kontaktbogen)* (.) #01:04:33#		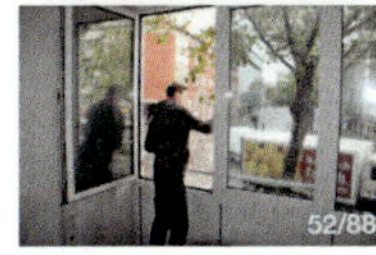
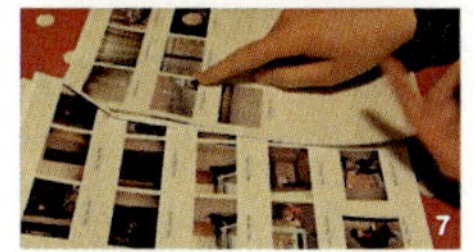	eigentlich erschließt sich bei ihm (*zeigt auf ein Bild des Schülers*)	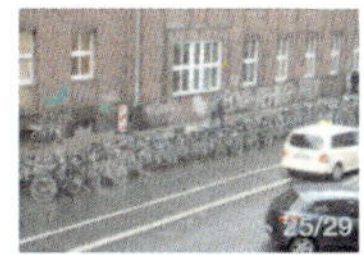	
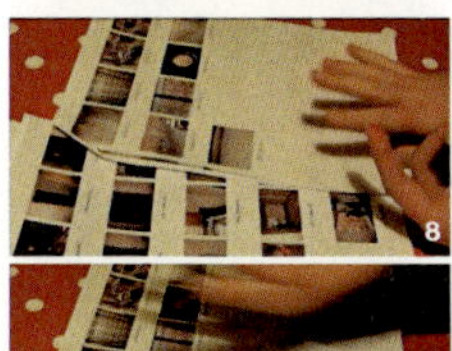	also bei ihm geht immer der blick aus dem gebäude halt irgendwie raus #01:04:39# (*die Finger der rechten Hand werden gespreizt ...*		
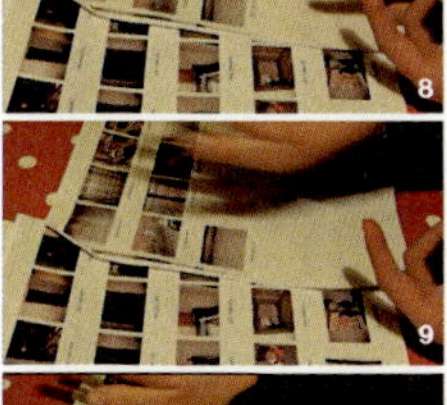	*... und die rechte Hand in schneller Bewegung zweimal über die obere Blattkante...*		
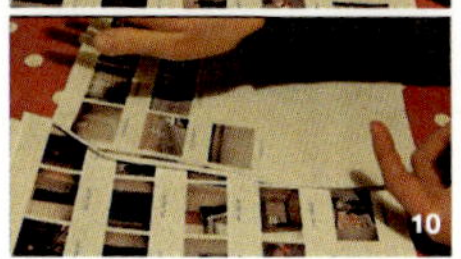	*... hinaus- und wieder zurückgeschoben*) und ich hätte ge d a c h t #01:04:41#		

Abb. 53

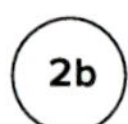

ZEIGEN (Videostills) | **REDEN** | **GEZEIGTES** (Fotografien des Schülers) | **GEZEIGTES** (Fotografien der Studentin)

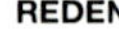

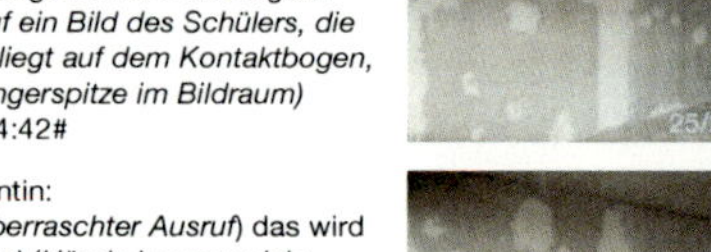

Forscherin:
hier ist eine innenansicht (*von der Seite zeigt sie mit dem Zeigefinger auf ein Bild des Schülers, die Hand liegt auf dem Kontaktbogen, die Fingerspitze im Bildraum*) #01:04:42#

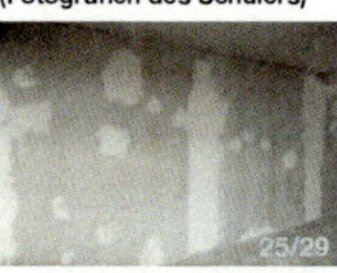

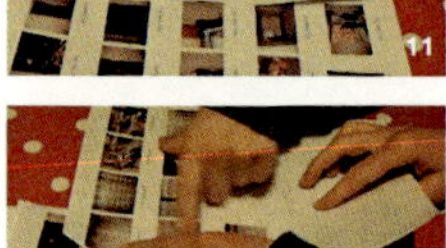

Studentin:
ah! (*überraschter Ausruf*) das wird sie sein! (*Hände kreuzen sich: während die Studentin auf das Schülerbild zeigt, deutet die Forscherin auf das Bild der Studentin*) #01:04:45#

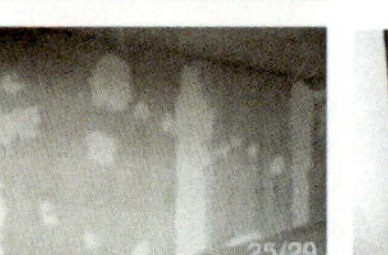

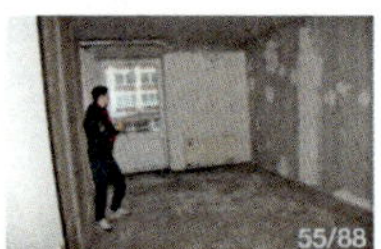

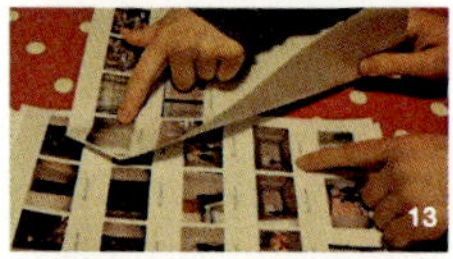

Forscherin:
das ist die (*ihr Finger wandert zurück zu dem zeitgleich entstandenen Bild des Schülers, währenddessen die Studentin auf ihr eigenes Bild zeigt*) das ist **die** Wand irgendwie, oder? #01:04:48#

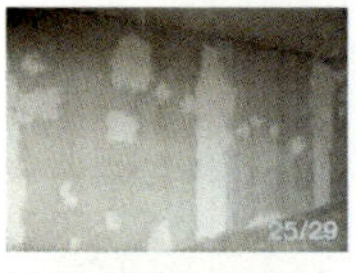

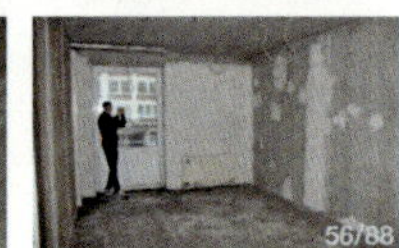

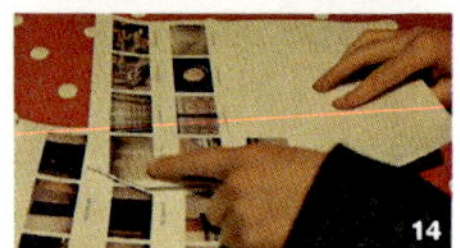

Studentin: ja! (*ihr Zeigefinger deutet wieder auf das Bild des Schülers und verweilt dort einen Augenblick*) mmhh #01:04:52#

Abb. 54

ansicht zu sehen ist (J-3-23). Sie zeigt auf ein zweites, ähnliches Bild des Schülers (J-3-25) und betont, dass ihm immer der »blick nach außen« wichtig gewesen sei. Sie wendet sich ihren eigenen Bildern zu und blättert die nächste Seite des Kontaktbogens auf. »das hier?«, sagt sie und verstummt einen kurzen Augenblick, während ihr Zeigefinger unter einem ihrer eigenen Bilder ruht (KF-J-3-55). Acht Sekunden sagt sie nichts, blickt das Bild wahrscheinlich an und äußert sich dann überrascht darüber, dass der Schüler hier »in den raum rein« fotografiert habe. Über den Blick in den Raum rein wundert sie sich »total«. Dies nimmt sie als »sehr untypisch« für den Schüler wahr. Fenster seien ihm immer wichtig gewesen, der »blick nach außen«, das Fenster als »highlight«. Ihre rechte Hand nimmt diese Bewegung auf und schiebt sich mehrfach über den Rand des Kontaktbogens hinaus und wieder zurück. Bei ihm sei es immer um den Blick »aus dem gebäude halt irgendwie raus« gegangen. Der Blick nach innen, den sie in ihren Aufnahmen aufmerkt, scheint zu irritieren und nicht ihren Erwartungen zu entsprechen. »und ich hätte ge d a c h t« sagt sie langsam und gedehnt. Es bleibt offen, was sie stattdessen erwartet hat.
Von der Seite blickend weist die Forscherin auf eine Innenansicht hin, die der Schüler aufgenommen hat (J-3-29). Ihr Zeigefinger markiert dasjenige Bild des Schülers, das zeitgleich zu dem gezeigten Bild der Studentin entstanden ist (KF-J-3-56): »hier ist eine innenansicht« betont die Forscherin, während ihre Fingerspitze im Bild des Schülers und ihre Hand quer auf dem Kontaktbogen liegen. Die Studentin scheint überrascht (»ah!«), als ihre Aufmerksamkeit auf dieses Bild gelenkt wird. Hände kreuzen sich im Zeigen auf die beiden Bilder. Während die Studentin auf das Schülerbild zeigt, wandert der Zeigefinger der Forscherin auf das Bild der Studentin. Das sei die Wand, oder? fragt sie die Studentin und deutet dann wieder zurück auf das Bild des Schülers, währenddessen die Studentin auf ihr eigenes Bild zeigt. »ja!«, antwortet

die Studentin und ihr Finger bewegt sich nochmals zu dem Bild des Schülers, um dort einen Augenblick zu verweilen. »mmhh« stimmt sie nachdenklich zu, mehr zu sich selbst als zur Forscherin gerichtet.
Dieser zweite Auszug aus dem Gespräch (2b: Abb. 53–54) setzt mit einer Verwunderung darüber ein, dass sich der Blick des Schülers in den Raum hinein richtet. Das nimmt die Studentin als »untypisch« für den Schüler war. Mehrfach bezieht sie sich auf Aufnahmen, die der Schüler an geöffneten Fenstern fotografiert hat (J-3-23 u. J-3-25) und spannt damit einen Erwartungshorizont auf, vor dem der Blick nach innen nicht nur als eine *Blickverschiebung* des Schülers oder als ein etwas anders gelagertes Interesse, sondern als *Bruch* in Erscheinung tritt. Angesichts der gespreizten Hand der Studentin, die sich in schneller Bewegung hin- und her über die Blattkante des Kontaktbogens schiebt und durch die gestisch der Blick nach außen nochmals betont wird, wird umso deutlicher, dass der Blick in den Innenraum von der Studentin geradezu als eine *Blickumkehr* wahrgenommen wird. Die Forscherin zeigt auf die Innenansicht des Schülers (J-3-21) und lenkt damit den Blick zurück auf das Bildmaterial. Sie stellt fest, dass beide Bilder offenbar dieselbe Wand zeigen. Forscherin und Studentin zeigen gleichzeitig mit einander kreuzenden Armen auf das entsprechende Bildpaar. Es ist ein Aufmerken, von dem in dem Augenblick noch nicht gewusst werden kann, womit oder mit wem sie es zu tun bekommen (vgl. Waldenfels 2016a, S. 92). Allein das Aufmerken selbst und das Staunen der Studentin angesichts der besonderen Blickrichtung des Schülers können bereits als eine »erste Antwort auf Fremdes« verstanden werden (vgl. ebd.).

Obwohl in beiden Gesprächsauszügen (2a, 2b) dasselbe Bildmaterial herangezogen wird, kommen sehr unterschiedliche Aspekte der dokumentierten Situation zur Sprache:
Im ersten Auszug (2a) geht es vor allem um den Raum als einen *Vorstellungsraum,* auf den der Schüler seine Wünsche und Phantasien projiziert, indem er sich vorstellt, dort zu wohnen. Der Raum scheint Anlass zu bieten, um etwas Privates und Intimes zu verhandeln.
Im zweiten Auszug (nun liegen auch die Schülerbilder auf dem Tisch) wird die Studentin auf eine unerwartete Blickrichtung des Schülers aufmerksam. Die Erzählung vom bewohnbaren Raum taucht hier nicht mehr auf. Stattdessen geht es um die Wahrnehmung einer irritierenden Blickumkehr des Schülers. Die Bilder, mit denen diese Blickumkehr verknüpft wird, werden nur kurz betrachtet und bleiben im weiteren Gesprächsverlauf unberücksichtigt.
Beide Auszüge bieten Anknüpfungspunkte, um die dargestellte Situation und insbesondere die rätselhafte Blickumkehr des Schülers mithilfe einer differenzierteren Betrachtung des Bildmaterials anders verstehen zu können. *Wie stellt sich der Raum aus studentischer Perspektive und wie stellt er sich aus der Perspektive des Schülers dar? Wie lässt sich das Geschehen womöglich noch deuten, wenn die Interaktion der beiden Fotografierenden berücksichtigt wird?*

Vertiefende Bildarbeit

Die Bilder, um die es wiederholt im Gespräch geht und anhand derer sich die beiden verschiedenen Deutungsansätze entwickeln, entstehen im Obergeschoss kurz nach der Sequenz »auf dem Dach«. Obwohl die Studentin auf verschiedene Aufnahmen in den Gesprächsauszügen Bezug nimmt, werden zunächst jene Bilder genauer in den Blick genommen, die in beiden Gesprächsausschnitten wiederholt thematisiert werden und die die Studentin selbst mit den Themen ›Wohnen‹ und ›Blick nach innen‹ verknüpft. **364**

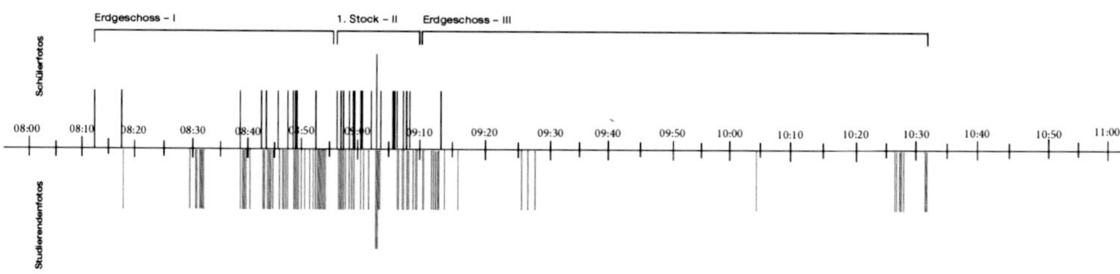

Abb. 55

Die drei Bilder stehen in folgendem chronologischen Zusammenhang (Abb. 56):

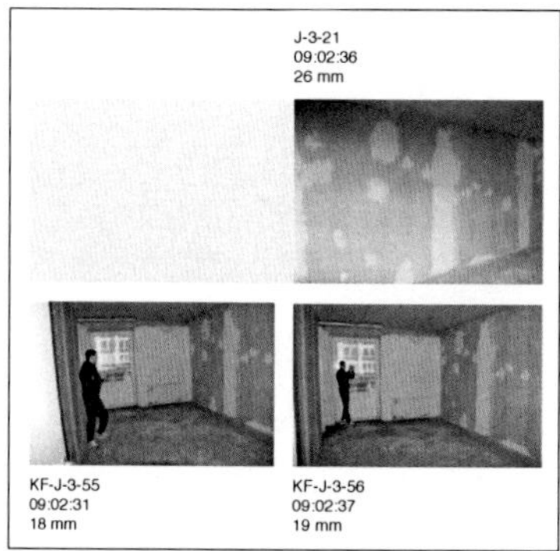

Abb. 56

Was kann durch die Bilder der Studentin in den Blick geraten? Der Raum, der sich in den Bildern der Studentin zeigt, erinnert an eine Baustelle. Unverputzt, mit blankem Estrich und herunterhängender Kabellage hat er einen unfertigen Charakter. Kaum etwas weist noch darauf hin, dass es sich um einen leerstehenden Büroraum handelt. Während in den anderen Räumen noch der alte Teppichboden mit den Druckstellen der verschwundenen Möbel liegt und an den Wänden die Verfärbun-

364 Die Bilder, die der Abgrenzung dienen, werden erstmal beiseite gelegt. So z. B. die Bilder, in denen es um den Blick nach draußen und um Fenster geht. Oder jene Aufnahmen, auf die sie deutet, um zu zeigen, dass der Schüler *dort* nicht mehr über seine Vorstellungen vom Wohnen gesprochen hat.

365 Belichtungszeiten bis 1/60 Sek. können gut ›aus der Hand‹ fotografiert werden. Bei längeren Belichtungszeiten wird es schwierig, auf Hilfsmittel wie ein Stativ zu verzichten.

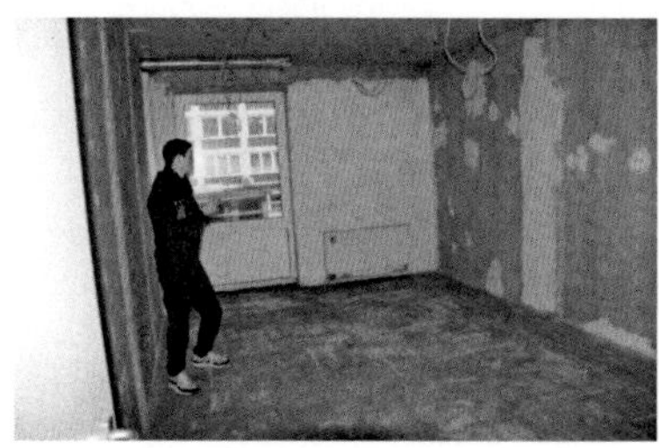

Abb. 57

KF-J-3-55 Auf dem Bild der Studentin ist der Schüler in einem Raum zu sehen, der einem Rohbau und einer Baustelle ähnelt. Der Bodenbelag ist entfernt, die Wände sind unverputzt, weiße Farbe bildet amorphe Flecken und Strukturen auf den Betonwänden. Kabel hängen in Schlaufen von der Decke herunter und Versorgungskanäle verlaufen sichtbar entlang der Decke im hinteren Teil des Raumes. Auf der gegenüberliegenden Seite befinden sich ein geschlossenes Fenster, an der Wand rechts daneben hängt ein Heizkörper. Der Schüler befindet sich nahe der linken Wand und ist von der Seite zu sehen. Die Füße in Schrittstellung scheint er sich gerade zu bewegen. Die Kamera hält er nach unten gerichtet mit beiden Händen fest; sein Blick scheint währenddessen auf die ihm gegenüberliegende, rechte Wand gerichtet zu sein. Am linken Bildrand ist eine Tür zu sehen, angeleuchtet vom Blitzlicht der Kamera. Die Studentin steht vermutlich im Türrahmen und fotografiert von dort in den Raum hinein. Das Bild kippt leicht nach links.

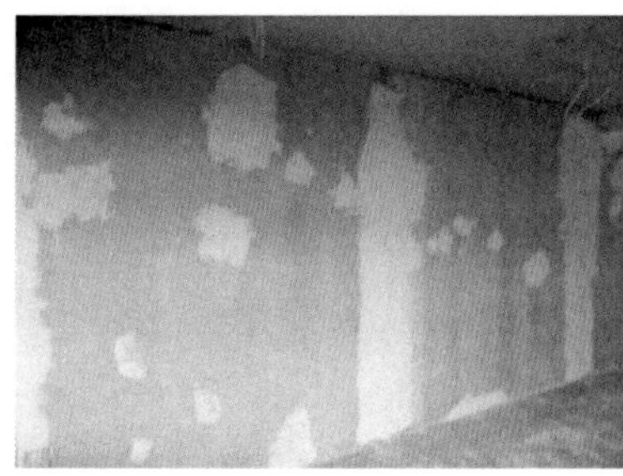

Abb. 58

J-3-21 Der Schüler setzt die Betonwand ins Bild, die fast den gesamten Bildraum seiner Aufnahme einnimmt. Die ›Einräumungen‹ (Heizung, Tür, Fenster, Versorgungskanäle), die in dem Bild der Studentin mitfotografiert werden, sind in seiner Aufnahme nicht zu sehen. Wand, Boden und Decke weisen eine ähnliche Farbigkeit und Verarbeitungsspuren auf. An der Wand befinden sich unterschiedlich große, weiße, sichtlich grob aufgetragene Farbflecken und -flächen. Einige Formen sind eher rund, andere erstrecken sich über die gesamte Höhe der Wand. Die amorphen Formen auf grauem Grund vermitteln einen malerischen Charakter, während die herunterhängenden Kabel eher mit filigran gezeichneten Linien assoziiert werden können.
Der Schüler positioniert sich schräg gegenüber der Wand, sodass die Kanten im Übergang von Wand und Boden bzw. Wand und Decke aufeinander zulaufen. Während die fluchtenden Linien räumliche Tiefe andeuten, wirkt die Wand selbst eher abstrakt und flächig. Es wird ohne Blitzlicht fotografiert, was die Gleichmäßigkeit der verschiedenen Oberflächen und Texturen betont. Die Metadaten zeigen, dass unter den Lichtverhältnissen mit einer vergleichsweise langen Belichtungszeit fotografiert wurde (1/8 Sek). **365** Um Verwackelungsunschärfe zu vermeiden, bedurfte es

einer sehr ruhigen Hand. Das Bild kippt nicht, es ist grade ausgerichtet.

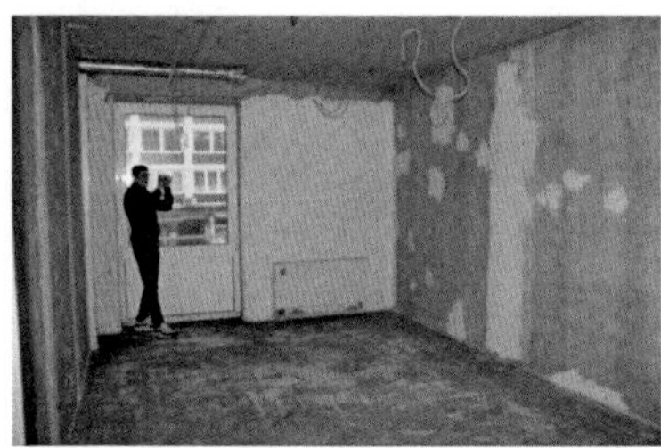

Abb. 59

KF-J-3-56 Nur eine Sekunde, nachdem der Schüler auf den Auslöser gedrückt hat, nimmt die Studentin dieses Bild auf. Der Schüler hat sich zwischenzeitlich in den Raum hineinbewegt und steht ihr nun zugewandt in der gegenüberliegenden Seite des Raumes. Im Vergleich zu ihrem vorherigen Bild wirkt diese zweite Aufnahme kontrollierter: Die Tür ist nicht mehr zu sehen, der Raum kippt nicht mehr nach links, Decke und Boden nehmen ähnlich viel Bildraum ein. Die Brennweite hat sich kaum verändert; die Studentin scheint etwas in den Raum hineingegangen zu sein. Während der Schüler in ihrem ersten Bild in Bewegung und von der Seite zu sehen ist, wird er hier in einem Moment der Ruhe fotografiert. Das Bild zeigt, wie sich der Schüler selbst gerade fotografisch auf den Raum bezieht.

gen durch ehemals aufgehängte Bilderrahmen zu sehen sind, erzählt dieser Raum kaum noch von seiner vorherigen Nutzung. Angesichts dieser Bilder spricht die Studentin mit verstellter Stimme aus der Perspektive des Schülers. Während sie im Erzählen auf den vorgestellten und potenziell bewohnbaren Raum des Schülers Bezug nimmt, zeigt sie auf Bilder, die im Grunde einen ganz anderen Raum sichtbar machen – weitgehend leer geräumt und einem Rohbau vergleichbar. Im Gespräch treten gleichzeitig zwei verschiedene Räume in Erscheinung: der virtuelle, bewohnbare Raum und der leiblich erfahrbare bzw. erfahrene Raum, in dem die Fotografien entstanden sind.

Dass die Studentin speziell die in diesem Raum gemachten Fotografien mit der Erzählung des Schülers über das Wohnen verknüpft, erscheint dennoch nachvollziehbar. Die Bilder der Studentin zeigen einen Raum, der nicht nur in seinen Proportionen an einen Wohnraum, sondern auch an Renovierungsarbeiten erinnert, wie man sie oftmals von Umzügen kennt. Mehr noch: Die Baustelle als ein Ort, der noch nicht fertig ist, öffnet womöglich gerade den nötigen Spielraum für Fantasien, Wünsche und auf die Zukunft ausgerichtete, persönliche Narrationen.

Obwohl im Gespräch gar nicht darauf eingegangen wird, zeigt das Bild der Studentin aber noch etwas anderes: die fast unmerkliche Korrespondenz zwischen dem Schüler und dem umgebenden Raum. Was auf den ersten Blick als senkrechte, weiße, zufällige Form auf der Wand identifiziert werden kann, kann nach längerer Betrachtung auch an die Silhouette eines menschlichen Körpers erinnern. In diesem kurzen Augenblick, in dem das Foto entstanden ist, mutet die weiße Fläche im Wechselspiel mit dem Schüler wie eine Spiegelung oder ein Schattenwurf an.

Was kann durch das Bild des Schülers in den Blick geraten? Während nicht nur ihre eigenen Bilder, sondern auch die Bilder des Schülers auf dem Tisch liegen, und die Studentin erneut auf diesen Raum Bezug nimmt, gerät plötzlich eine andere Facette der Situation in ihre Aufmerksamkeit: der in den Innenraum gerichtete Blick des Schülers. Sie staunt angesichts dieser Wende, da ihrer Wahrnehmung nach immer der Blick nach draußen für den Schüler besonders wichtig gewesen sei. Auch wenn im Gespräch die umgekehrte Blickrichtung aufgemerkt wird, wird dieser Verschiebung im Bild bzw. in den Bildern nicht weiter nachgegangen. Das Schülerbild, schaut man es sich genauer an, offenbart gerade für diese Spur interessante Einblicke, indem es von ästhetischen Qualitäten des Raumes zeugt, die in den Bildern der Studentin nicht auftauchen. Während die Bilder der Studentin den Raum aus größerer Distanz zeigen und dadurch einen Eindruck von den räumlichen Verhältnissen, d.h. seiner Höhe und Tiefe, den herrschenden Lichtverhältnissen, dem Zugang usw. vermitteln, zeichnet sich die Aufnahme des Schülers durch eine stärkere Fokussierung auf die ihm gegenüberliegende Wand und eine Position *im* Raum aus. Dadurch wird der Raum, wie er sich im Bild des Schülers zeigt, in seiner Ausdehnung, seinem Volumen und hinsichtlich der anwesenden Personen *unbestimmter*. Stattdessen tritt die Wand in ihrer malerischen Qualität in Erscheinung, in den verputzten Stellen kann plötzlich ein Pinselduktus entdeckt werden. Räumliche Tiefe deutet sich zwar an, sie löst sich aber gleichzeitig durch die Flächigkeit der Wand und die ebenmäßige Beschaffenheit des Bodens und der Decke teilweise auf. Es entsteht ein Vexierbild, das zwischen Tiefe und Fläche, zwischen Abstraktion und Gegenständlichkeit, zwischen malerischem Gestus und Spuren gewöhnlicher Renovierungsarbeit changiert.

Weiteres Bildmaterial auslegen

Mithilfe der fotografischen Bilder können die Deutungsansätze, die im Gespräch entstanden sind, ergänzt werden. Dabei erscheinen insbesondere die folgenden Blickschneisen fruchtbar, um sie vor dem Hintergrund des restlichen Bildmaterials differenzierter auszuarbeiten:

1. Ausgehend von dem Bild des Schülers lässt sich das Rätsel der Blickumkehr auch als eine Antwort auf die ästhetischen Qualitäten des Raumes beschreiben. *Wovon wird der Schüler im Moment des Fotografierens angesprochen? Was bietet der Raum seinem fotografischen Blick an?*
2. Die Studentin fotografiert in der Situation kurz nacheinander zwei ähnliche Bilder. Indem die Situation zweimal dokumentiert wird, rückt nicht nur das Geschehen selbst ins Blickfeld, sondern im Nebeneinander beider Bilder auch die Weise, wie das Geschehen gezeigt wird. *Drückt sich in den nacheinander aufgenommenen Bildern ein besonderes Darstellungsbedürfnis seitens der Studentin aus? Antwortet auch sie auf einen Anspruch der Situation?* Ausgehend von den beiden, sehr ähnlichen Bildern der Studentin können implizite Vorstellungen und Erwartungen befragt

werden, die möglicherweise unbemerkt ihre Wirkung entfalten und die Deutung der Situation und des Anderen mitbestimmen.
3. Was die skizzierten Deutungen weitgehend ausklammern, ist die Interaktion der beiden Fotografierenden. In den Bildern wird auch ein Blickgeschehen wahrnehmbar, das sich im Wechselspiel der beiden Fotografierenden abspielt. *Inwiefern hängen die Bilder beider Personen damit zusammen, dass sie gleichzeitig in diesem Raum sind und einander wahrnehmen?*

Die verschiedenen Deutungsansätze werden zunächst vor dem Hintergrund der drei beschriebenen Bilder so weit wie möglich entfaltet, um sie anschließend durch die Hinzunahme weiterer Bilder zu vertiefen.

Zu 1: Im Fotografieren auf den Raum antworten Die präzise Gestaltung, von der das Schülerbild zeugt, lässt sich inhaltlich mit der ersten Bildkonfiguration in Verbindung bringen. Darin wurde gezeigt, dass sich der Schüler mit architektonischen Formen und Linien auseinandersetzt. Das Schülerbild (J-3-21), um das es in dieser zweiten Bildkonfiguration geht, könnte in diesem Sinne als ein weiterer Ausdruck des Interesses an Architektur gedeutet werden. Doch während in der ersten Bildkonfiguration die Auseinandersetzung des Schülers mit verschiedenen Aspekten des Raumes als eine sich zunehmend differenzierende Bezugnahme auf den Raum und seine Begehbarkeit interpretiert wurde, scheint es sich angesichts des nun vorliegenden Schülerbildes anzubieten, **366** die Frage bezüglich des schülerseitigen Interesses etwas anders zu stellen: Anstatt explizit das *Darstellungsinteresse* des Schülers und seine raumgreifenden Bewegungen nachzuvollziehen, könnte auch gefragt werden, ob die von der Studentin bemerkte Blickumkehr als *Antwort* auf den Raum verstanden werden kann. Man mag denken, dass es sich doch um dieselbe Frage handelt. Doch während in der ersten Bildkonfiguration das Fotografieren im Raum als eine *Bewegung des Erkundens und Überschreitens* gedeutet wurde, die vom Schüler auszugehen scheint und die seinem Interesse zugeschrieben wird, steht nun der *Raum im Fokus, der Blicke auf sich zieht,* Aufmerksamkeiten weckt und Fotografierende ausrichtet. Das Schülerbild als eine Antwort auf den Raum zu befragen, führt zu einer etwas anderen Verhältnissetzung zwischen Raum und Fotografierenden. Die Frage bezieht sich nämlich nicht darauf, wie der Raum von dem Schüler *ins Bild gesetzt wird,* sondern auf welche Qualitäten oder Facetten des Raumes im Fotografieren eingegangen wird und welche möglicherweise ausgeblendet oder unbemerkt bleiben. Um das Schülerbild als eine spezifische, in die Situation

366 Während in der ersten Bildkonfiguration das Interesse des Schülers an der Begehbarkeit von Raum und an seinen Begrenzungen auf der Grundlage einer Bildsequenz als Bewegung interpretiert wurde, liegt der zweiten Bildkonfiguration ein Einzelbild zugrunde. Durch diesen Umstand bin ich darauf gekommen, die Frageperspektive etwas zu verschieben, und statt der Bewegung nunmehr die Frage zu stellen, was der Raum dem Blick des Schülers anbietet und worauf er fotografisch antwortet.

367 In der Übersicht der Kontaktbögen können diese Bilder angeschaut werden (siehe Anhang, S. 457.).

→

eingebettete Antwort auf den Raum befragen zu können, braucht es die Bilder der Studentin. Durch sie werden die Bilder des Schülers in einen größeren räumlichen Zusammenhang gestellt und können dazu beitragen, die Bilder des Schülers überhaupt in Beziehung zu bestimmten Ansprüchen des Raumes, der Dinge und Anderen zu setzen.

Ich kehre nochmals zu dem Bild des Schülers zurück (KF-J-3-21): *Auf welche Qualitäten des Raumes antwortet er fotografisch, auf welche nicht?* Die Tür, die anwesende Studentin, das Fenster, die Versorgungskanäle geraten nicht ins Bild. Der Boden, die Decke und die Heizung tauchen nur am Bildrand auf. Stattdessen geraten eine Wand, Texturen von Beton, verschiedene Strukturen (Putz, Gips, Reste des entfernten Bodenbelags), verschiedene Liniengeflechte, gerade Kanten und amorphe Formen sowie unterschiedlichste Grautöne in den Blick.

Im Bild taucht sozusagen eine *spezifische Ansichtigkeit des Raumes* auf, die sich durch eine farbliche Reduktion, das Wechselspiel von Tiefe und Flächigkeit und eine dynamische Anordnung der Formen auszeichnet. Der Schüler scheint von bestimmten Aspekten des Raumes angesprochen zu werden, während andere Aspekte, die vor allem Gegenstände betreffen und räumliche Orientierung verschaffen, im Bild nicht auftauchen. Der begehbare Raum wird in einen Bildraum mit malerischen Qualitäten übersetzt.

Diese Spur lässt sich im restlichen Bildmaterial weiterverfolgen. In verschiedenen Aufnahmen des Schülers scheint diese Ausrichtung auf die ästhetischen, malerischen Qualitäten des Raumes nochmals auf (z. B. J-3-22, J-3-28, J-3-29). **367**
Doch besonders die letzte Aufnahme des Schülers sticht hervor (siehe Böhme 2017, S. 107 f.):

J-3-29 Auf dem letzten Bild, das der Schüler aufgenommen hat, sind verschiedene, in unterschiedlichen Grautönen abgeschattete Elemente zu sehen, die senkrecht im Bildraum hintereinander, gestaffelt angeordnet sind. Das vordere Element nimmt den größten Teil der Bildfläche ein, während nur ein schmaler Streifen rechts im Bild den Blick auf einen dahinterliegenden Raum freigibt. Die Fläche des vorderen Elementes weist bei näherer Betrachtung eine unregelmäßige Oberflächenstruktur auf. Die vielen, kleinen Erhebungen werfen unruhige, kaum merkliche Schatten auf den gerundeten Körper. Dahinter, auf dunklem Grund stehend, befinden sich noch weitere Elemente. Weich zeichnen sich die Schatten darauf ab und modellieren deren runde Plastizität. Räumlichkeit deutet sich an, indem Licht und Schatten Tiefe erzeugen und senkrechte Objekte auf einem Grund zu stehen scheinen. Der größere räumliche Zusammenhang bleibt jedoch verborgen.

Abb. 60

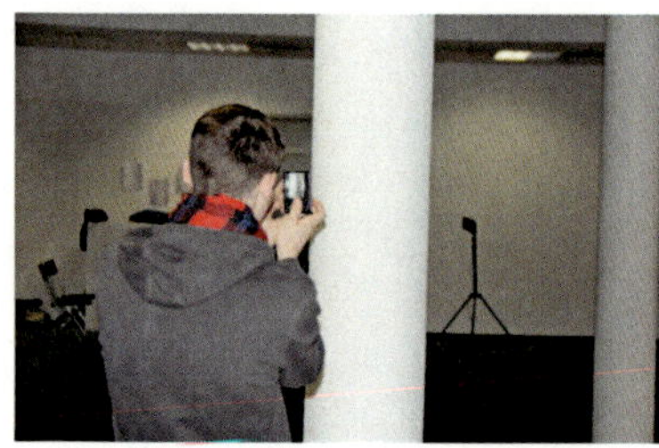

Abb. 61

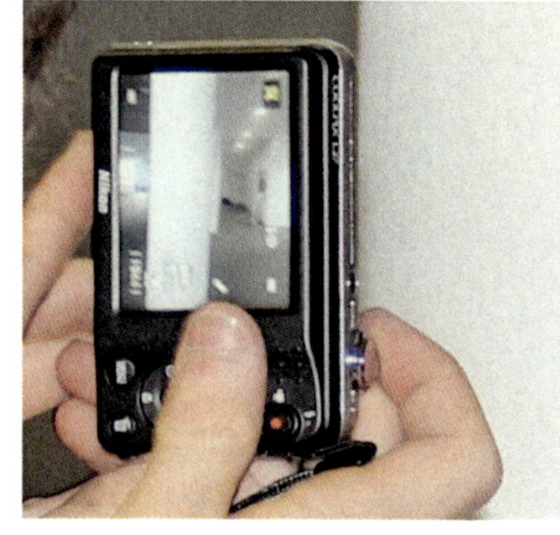

Abb. 62

KF-J-3-75 Zwölf Sekunden bevor der Schüler auf den Auslöser drückt, macht die Studentin eine Aufnahme. Darauf ist der Schüler von hinten zu sehen, wie er die Kamera in beiden Händen hält. Die Studentin steht vergleichsweise nah hinter dem Schüler und schaut ihm über die Schulter. Auf dem Display der Kamera taucht ein Bild auf – wahrscheinlich ist er gerade dabei, seine Kamera auszurichten. Vor ihm befindet sich ein vom Blitz angeleuchtetes Objekt, vermutlich handelt es sich – wie rechts daneben auch – um eine Säule. Im Hintergrund stehen weitere Dinge herum, darunter ein Stativ, zwei Klappstühle, ein Podest mit einer Tasche und einem scheinbar achtlos abgelegten Kleidungsstück. Drei Blätter kleben an der Wand darüber, während weiteres Material links auf dem Boden herumliegt. Der Raum wird von mehreren Lampen, die in die Decke eingelassen sind, beleuchtet. Ein interessanter Bezug zum Schülerbild lässt sich über seinen Display herstellen, der wie ein Bild im Bild in dem Foto der Studentin auftaucht. In starker Vergrößerung vermittelt der Display einen Eindruck davon, wie der Schüler den Raum, zwölf Sekunden bevor er selbst sein Bild macht, durch die Kamera wahrgenommen hat. Zwischen dem Schülerbild und dem Bild vom Display wird eine bemerkenswerte Differenz sichtbar: Auf dem Display (gerahmt von verschiedenen Symbolen) taucht zwar auch die Säule als bildbestimmendes Element im Vordergrund auf, doch wird weitaus mehr vom umliegenden Umraum gezeigt. Links scheint sich ein Durchgang zu einem angrenzenden Raum zu öffnen, während rechts im Bild Deckenlampen und der Boden auf räumliche Tiefe verweisen. Die Säule im Vordergrund ist leicht schräg ausgerichtet, die Staffelung ist (noch) kein bildbestimmendes Prinzip.

Die zwei Fotografien und insbesondere der Display werden ausführlich beschrieben, weil über die Differenz anschaulich werden kann, wie der Schüler hier auf den Raum eingeht. Das Bild der Studentin und vor allem auch der von ihr mitfotografierte Display zeigen einen Raum, in dem Dinge herumliegen bzw. abgestellt wurden, der von Kunstlicht beleuchtet wird und in dem mehrere schmale Säulen in einem vergleichsweise großen Raum stehen. In dem Bild des Schülers tauchen die herumliegenden Dinge, das Stativ usw. nicht auf; die Säulen werden zum zentralen Bildelement – der Raum wird aufgeräumt. Stattdessen treten in seinem Bild die Wand und Flächigkeit markant in Erscheinung, indem die räumliche Tiefe durch die Fläche im Vordergrund nicht nur konterkariert, sondern der Blick im Grunde geradezu verstellt wird. Der Raum selbst, darauf machen das Bild der Studentin und der Display des Schülers aufmerksam, scheint diesen Anblick nicht notwendigerweise nahezulegen. Es bedarf vielmehr eines engen Ausschnitts, einer Auswahl der angebotenen Gegenstände, um dem vorgefundenen Raum diese spezifische Perspektive und Abstraktion zu entlocken. Mehr noch: Der Raum bekommt in der Darstellung des Schülers etwas *Rätselhaftes* und wird in seinen räumlichen Dimensionen vage. *Wohin können diese Überlegungen führen?* Fotografische Bilder nicht nur als Produkt eines Interesses, sondern als Antwort auf einen Anspruch zu verstehen, der vom Anderen, vom Raum usw. herrührt, ermöglicht, fotografische Bilder als Ausdruck von Aufmerksamkeit und Wahrnehmung zu deuten (vgl. Kap. 3, insb. Flusser 1991). Sich genauer anzuschauen, wie sich der Raum dem Blick des Schülers anbietet und wie der Schüler fotografisch darauf eingeht, rückt in die Aufmerksamkeit, dass sich der Schüler hier auf mehr oder weniger verborgene Qualitäten des Raumes wahrnehmend einlässt. Im Bild des Schülers werden ästhetische Seiten des Raumes sichtbar, die dem Raum zwar innewohnen, die aber zuallererst aufgespürt und in dieser Weise ins Bild gesetzt werden müssen (vgl. Böhme 2017, S. 120).

Das, was im schulischen Kontext im Zuge der Diagnostik oder Unterrichtsplanung oftmals als Interesse oder Kompetenz von Schüler_innen beschrieben wird, kann aus anderem Blickwinkel auch als eine Bereitschaft gedeutet werden, *anders* und *anderes* wahrzunehmen. Damit wird eine Ebene angesprochen, auf der man sich nicht darauf beschränkt, zu fragen, *was* Schüler_innen interessiert, sondern die darauf abzielt, *Schüler_innen* und ihren gestalterischen Ausdruck im Zwischen von eigenen Vorlieben, Fähigkeiten und plötzlichem Getroffen-Werden zu verorten.

Ausgehend von der Arbeitsweise des Künstlers Till Krause spricht beispielsweise Eva Sturm in dem Text *Mit dem was sich zeigt (2008)* von einer ähnlichen Perspektive auf das ästhetische Handeln von Schüler_innen:

> »Till Krause, der Künstler [...] liegt auf der Lauer. Er konfrontiert sich mit der Welt, macht etwas aus dieser Konfrontation, und lädt SchülerInnen dazu ein, das gleiche zu tun. Er zeigt, wie man mit und aus dieser Konfrontation mit Welt heraus arbeiten kann, macht vor, wie er sich auf eine bestimmte Art und Weise, mit einer bestimmten Form der Aufmerksamkeit bewegen kann, dabei und darin Darstellungsformen entwickelnd [...] Man wird immer erst später sehen, was wohin geht, was taugt, was sich ausschließt, was trifft. Aber man braucht im Moment die Aufmerksamkeit und die Bereitschaft dafür, zu erahnen, was das sein könnte [...]« (Sturm 2008, S. 81).

Die Schüler_innen, betont Sturm, »müssen auf Empfang sein, sich den Ereignissen stellen, damit umgehen – auf Weisen, die erst erfunden werden müssen« (ebd., S. 81). Es gehe darum, sich auf etwas Wahrgenommenes so einzulassen, dass »ein Bruch, eine Krise, eine Veränderung im System des oder der betreffenden Person bewirkt werden« könne (ebd., S. 73). Sich auf Unvorhersehbares einzulassen, sei eine grundlegende Voraussetzung ästhetischer Erfahrungen (vgl. ebd.).

Wenn man sich ausgehend von dem vorliegenden Bildmaterial nochmals die Frage in Erinnerung ruft, was der Raum dem Blick des Schülers anbietet und worauf der Schüler fotografisch antwortet, dann können Aspekte in die Aufmerksamkeit geraten, die weit über die Feststellung hinausgehen, dass hier ein wirkungsvolles Foto gestaltet wurde. Dann können nämlich zugrunde liegende Wahrnehmungsverschiebungen entdeckt werden, die nicht nur die abstrakte Strukturierung des Bildraumes, sondern auch mediale Übergänge zwischen dem begehbarem Raum, Fotografie und Malerei betreffen.

Welche Anregungen ergeben sich daraus für die pädagogische Praxis? Für pädagogisch Handelnde bzw. Lehramtsstudierende kann diese Verschiebung der Perspektive durchaus bedeutsam sein, da Schüler_innen so nicht nur als kompetente Manager_innen ihrer Lern- und Gestaltungsprozesse auftreten (vgl. Meyer-Drawe 2012a, S. 208), die sie willentlich und aktivisch gestalten können, sondern sie geraten in ihrer *Ergriffenheit* in den Blick (vgl. Krenn 2018). Diese Perspektive führt von der Vorstellung weg, die Meyer-Drawe als die »insulare Auffassung des Subjekts« (Meyer-Drawe 2000 [1999], S. 18) bezeichnet. Auch jenen Erfahrungen von Schüler_innen Aufmerksamkeit zu schenken, die vom Anderen (oder wie hier: vom Raum) herrühren, mag Lehrende für die pathischen Seiten von Bildungsprozessen sensibilisieren. Daraus können auch für konkrete Ebenen des Unterrichtens Anregungen hervorgehen: beispielsweise für die Entwicklung von Aufgabenstellungen, die unter Berücksichtigung der unbeabsichtigten Facetten von Bildungsprozessen in anderer Weise formuliert werden können. Gängige Operatoren, durch die mitunter impliziert wird, dass Schüler_innen ihre Bildungsprozesse steuern können, können so umformuliert werden, dass das Spannungsfeld von *Bewegen* und *Bewegt-Werden, Suchen* und *Finden* usw. aufscheint. Anstatt beispielsweise danach zu fragen, was Schüler_innen auf einem Bild sehen, könnte danach gefragt werden, woran ihr Blick hängen bleibt. Anstatt einen vermeintlich kompetenten Umgang mit Bildern an möglichst elaborierten Bildbeschreibungen und Analysen festzumachen, könnten gerade auch jene Momente von Lehrpersonen in ihrer Bedeutsamkeit für Bildungsprozesse ernst genommen werden, in denen das Sprechen, Beschreiben, Erklären, Argumentieren usw. ins Stocken gerät und in denen Schüler_innen von dem, was sie wahrnehmen, in Beschlag genommen werden. **368** Es können Vorstellungen von Reflexions- und Gestaltungsprozessen kommuniziert werden, in denen Schüler_innen nicht in erster Linie in ihrem Können und ihren Kompetenzen adressiert werden, **369** sondern auch als *Wahrnehmende* mit einer unterschiedlichen Bereitschaft, sich auf Unvorhersehbares einzulassen.

368 Das müssen natürlich nicht nur positive Affekte sein, bei denen es leicht fällt, sie für das Unterrichtsgeschehen produktiv zu nutzen (z. B. Verwunderung, Erstaunen, Begeisterung). Es können genauso auch Ablehnung, Irritation, Unbehagen sein, die angesichts von künstlerischen Werken, Bildern usw. auftauchen. Dass aber auch diese Affekte ihre Berechtigung haben, wenn sie als Antworten verstanden werden, und auch in einem Abwenden eine Auseinandersetzung mit etwas stattfinden könne, zeigt beispielsweise Sabisch in ihrer Studie *Bildwerdung* (2018a).

369 Kritisch zum Begriff des ›Könnens‹ forscht Gila Kolb (vgl. Kolb 2011).

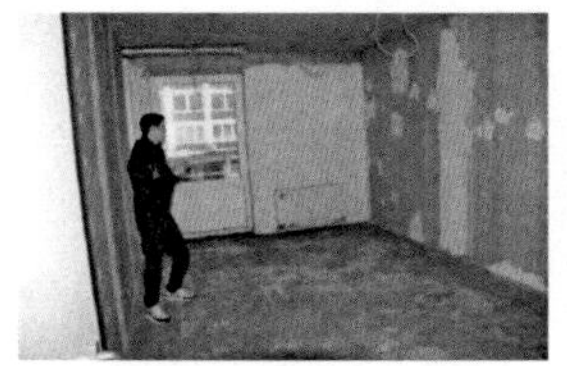
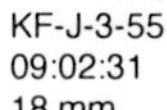

KF-J-3-55
09:02:31
18 mm

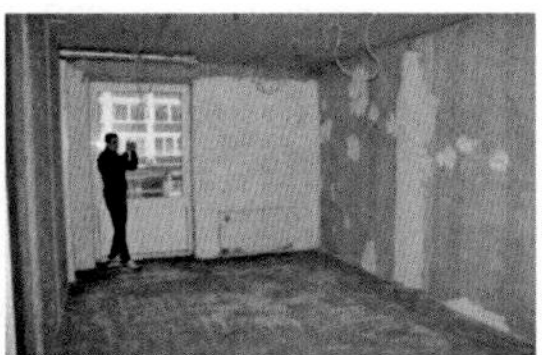

KF-J-3-56
09:02:37
19 mm

Abb. 63

Zu 2: Fotografische Darstellungen von gelungenem Kunstunterricht? Während bisher die Schülerperspektive im Fokus stand, geraten unter der folgenden Blickschneise die Perspektive der Studentin und ihre Erwartungen verstärkt in den Fokus, die möglicherweise mit der Situation und dem begleiteten Schüler verbunden sind. Zwischen den beiden Bildern der Studentin liegen sechs Sekunden. Auf den ersten Blick wirken die Bilder sehr ähnlich. Auf den zweiten Blick tauchen minimale Differenzen auf. Die Tatsache, dass in dieser Situation zweimal fotografiert wurde und dabei leicht unterschiedliche Bilder entstanden sind, rückt nicht nur das dokumentierte Geschehen selbst in den Fokus, sondern auch die Weise, wie es in den Fotografien in Erscheinung tritt. Da das zweite Bild zeitlich so unmittelbar auf das erste folgt, entsteht ein besonderer Bildzwischenraum, durch den das Fotografieren selbst in die Aufmerksamkeit geraten kann.

Die Studentin fotografiert zweimal den Schüler, wie er sich in diesem Raum aufhält – zunächst in Bewegung und anschließend selbst fotografierend. Zweimal wird derselbe Raum festgehalten: unfertig, an eine Baustelle erinnernd, kahl, ohne Mobiliar und – wie das Dach auch – in Teilen ungesichert (wie z. B. die Kabellage). Die Studentin fotografiert hier eine Konstellation von Schüler und Raum, die für schulischen Kunstunterricht und Schulbauarchitektur weitgehend untypisch ist. Bemerkenswert ist dabei die fast unscheinbare Verschiebung der fotografischen Geste: Während der Raum in der ersten Aufnahme etwas schief ins Bild gesetzt wird, die Tür im Anschnitt noch zu sehen ist und der gesamte Raum nach links kippt, wirkt das zweite Bild im Vergleich kontrollierter aufgenommen. Es ist gerade ausgerichtet, die Studentin ist so weit in den Raum hineingegangen, dass die Tür nicht mehr zu sehen ist, das Verhältnis von Decke und Fußboden wirkt ausgeglichener und der Boden stabilisiert. Das zweite Bild zeigt den Schüler im Moment des Fotografierens (das entspricht dem fotografischen Auftrag der Studentin), während das erste Bild mit Blick auf den Auftrag eigentlich zu früh entstanden ist (denn der Schüler fotografiert (noch) nicht). Es entsteht im Grunde ein *Überschuss*.

Die Konstellation der beiden Bilder – der Schuss im Verhältnis zum Nachschuss, das spontane Bild und seine Korrektur – rückt den Blick der Studentin auf das Geschehen in die Aufmerksamkeit. Beide Bilder laden in ihrer eigentümlichen Kombination dazu ein, über die Darstellung des Geschehens und damit über ein zugrunde liegendes *Darstellungsbedürfnis* nachzudenken. Diese Spur mag für eine Befragung der pathischen Seiten von Lehr- und Lernprozessen insofern bedeutsam sein, weil

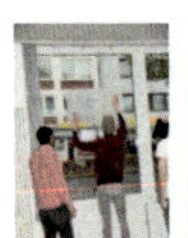
KF-J-3-36
08:53:21
53 mm

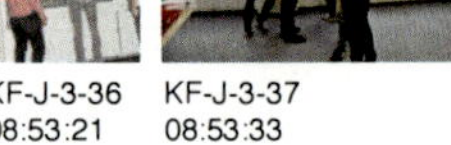
KF-J-3-37
08:53:33
18 mm

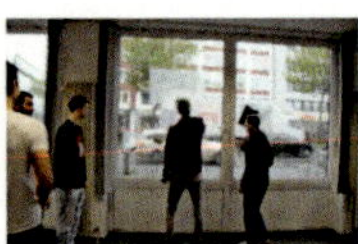
KF-J-3-38
08:53:55
18 mm

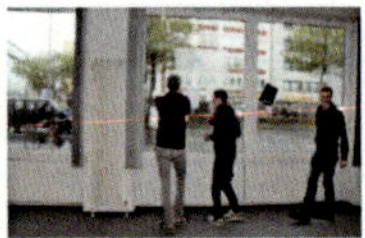
KF-J-3-39
08:54:09
18 mm

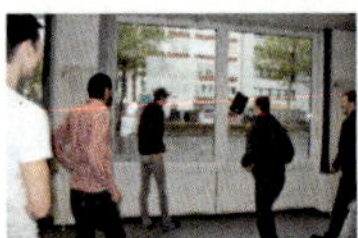
KF-J-3-40
08:54:21
18 mm

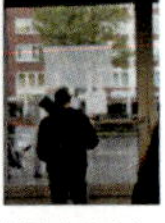
KF-J-3-41
08:54:51
33 mm

Abb. 64

sie auf implizite Erwartungen, Vorurteilen und Annahmen (vgl. Neuweg 2002, S. 22) aufmerksam machen kann, die wiederum das Verständnis vom Anderen (d. h. von Schüler_innen) betreffen. Innerhalb des studentischen Bildmaterials gibt es wiederholt Aufnahmen, die jenseits des fotografischen Auftrags entstanden sind und Gelegenheit bieten, nicht nur das Projektgeschehen selbst, sondern auch den Blick der Studentin auf das Geschehen zu reflektieren. **370**
Zwei weitere Aufnahmen können mit den hier aufgeworfenen Fragen im Sinne einer inhaltlichen Vertiefung verknüpft werden. Es sind jeweils die letzten Aufnahmen von bemerkenswert hochfrequent aufgenommenen Bilderreihen. Da in beiden Sequenzen der begleitete Schüler selbst nicht fotografiert, entsteht auch hier ein fotografischer *Überschuss*, dem ein eigenes Darstellungsinteresse der Studentin unterstellt werden kann.

Materialien an einer Fensterscheibe: Kurz bevor der Schüler und die Studentin in das obere Stockwerk gehen, taucht in den Fotografien der Studentin eine Sequenz auf, die zeigt, wie mehrere Schüler_innen verschiedene Materialien und Objekte an eine Fensterscheibe kleben. Die Bilder sind in dem Raum entstanden, in dem Materialien bereitstehen **371** und an denen sich die Schüler_innen bedienen können. Anders als in den vorherigen Bildern, die in dem leerstehenden Raum im ersten Stock aufgenommen wurden, ist dieser Raum sehr belebt. Die Sequenz, die die Studentin hier aufnimmt, besteht aus sechs Bildern, die in eineinhalb Minuten entstehen. Auf den Bildern ist zu sehen, wie Objekte und Materialien an einer Fensterscheibe befestigt werden. Im Hintergrund fahren Autos auf einer mehrspurigen Straße vorbei. Gegenüber befinden sich mehrstöckige Häuserfassaden. Während in den ersten fünf Bildern die Schüler_innengruppe in Aktion fotografiert wird, **372** fokussiert das

370 Zu dem Vermittlungsprojekt gehörte eine Homepage, auf der verschiedene Schritte des Projektgeschehens in Rücksprache mit allen Teilnehmenden veröffentlicht wurden. Diese Homepage diente nicht nur einer Veröffentlichung von Ergebnissen für ein interessiertes Publikum, sondern es war auch ein Archiv, auf das die Schüler_innen selbst zurückgreifen konnten.

371 Der Materialtisch ist in Bild KF-J-3-37 zu sehen. Expliziter kann das gesamte Materialangebot in dem Raum in folgenden Aufnahmen der Studentin angeschaut werden: KF-J-3-15 bis -19; KF-J-3-26 bis -31 (siehe Anhang, S. 457).

372 Der von der Studentin begleitete Schüler ist dabei, fotografiert aber selbst nicht.

→

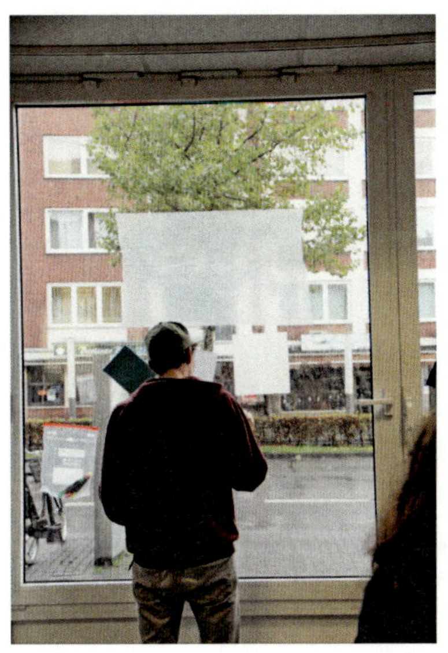

KF-J-3-41 Die Studentin fotografiert einen Schüler in Rückenansicht. An der Fensterscheibe stehend, klebt über seinem Kopf ein halbtransparentes, rechteckiges Material, möglicherweise ein Stück Luftpolsterfolie. Auf seiner Augenhöhe befinden sich verschiedene Blätter Papier, ein grünes, blickdichtes Rechteck und eine kleine Plastiktüte. Darunter ist eine verschließbare, durchsichtige Plastiktüte mit drei bunten Textmarkern darin zu sehen. Der Fensterrahmen sitzt leicht schräg im Bild. Rechts befindet sich eine weitere Person, weitgehend angeschnitten durch den Bildrand, lange Haare ragen in den Bildraum. Der Schüler steht mit dem Rücken zur Kamera. Seine rechte Hand befindet sich an der Glasscheibe, sein Blick scheinbar darauf geheftet. Was er macht, ist vom Standpunkt der Kamera nicht zu sehen.

Abb. 65

letzte Bild einen einzelnen Schüler, der mit dem Rücken zur fotografierenden Studentin vor der Scheibe steht. Das letzte Bild setzt sich von den vorherigen Aufnahmen ab, da es im Hochformat aufgenommen wurde und einen einzelnen Schüler zeigt.

Worauf macht das Bild aufmerksam? Der Schüler ist in Rückansicht zu sehen, der Blick auf das, was er gerade tut, ist verstellt. Das Foto zeigt sich darin durchaus einer alltäglichen Perspektive von Lehrer_innen im Unterricht verwandt. Doch trotz dieser markanten Leerstelle lässt sich bezüglich des Raumes vieles entdecken: In dem Bild der Studentin überlagern sich verschiedene Raumebenen. Es gibt einen *Innenraum,* in dem sich nicht nur der Schüler, sondern auch die Person befindet, die nahe der Kamera steht. Dem steht ein urbaner *Außenraum* gegenüber. Dazwischen befindet sich die transparente Glasscheibe. Auf dem Glas befinden sich Materialien, wobei das fotografische Bild nicht zu erkennen gibt, ob sie außen oder innen an der Scheibe befestigt worden sind. Ohne Spuren von Klebeband oder ähnlichem bleibt unklar, wie die Materialien dort angebracht sind. Die Objekte und Materialien scheinen zu schweben. Die Dinge machen nicht nur auf die Glasscheibe aufmerksam, die Dinge selbst – vermeintlich unspektakuläre Verpackungs- und Büromaterialien – geraten ins Blickfeld. Mehr noch: Sie treten in Korrespondenz zu dem Außenraum, indem das Format der Papierblätter beispielsweise den Fenstern auf der gegenüberliegenden Straßenseite entspricht oder indem die Knackfolie einen Teil der Fassade unscharf macht.
Dass sich hier etwas ereignet, von dem die Studentin gebannt gewesen ist, darauf verweist nicht nur die Tatsache, dass abseits ihres fotografischen Auftrags eine hochfrequente Bilderreihe entstanden ist (auch ohne dass der begleitete Schüler fotografierte) und hier komplexe, einander überlagernde Räume zum Vorschein kommen, sondern sie selbst kommt in dem Gespräch kurz auf diese Situation zu sprechen:

> »[...] sie machen eigentlich hier genau das, was wir von also im kleinen (zeigt auf Fotos KF-J-3-36 bis -41 und anschließend auf die gesamte Seite des Kontaktbogens.), was wir von denen verlangt haben, was die im großen machen sollen: material nutzen und auf raum reagieren. das machen die ja da genau. das fand ich irgendwie spannend. (...) das fand ich irgendwie ganz cool ... guck mal, die ham ganze klemmbretter (deutet auf KF-J-3-40) drangeklebt, ey.« #00:49:27-5#

In dem kurzen Auszug aus dem Gespräch deutet sich an, dass hier etwas passiert, das auf einen pädagogischen Grundgedanken verweist, den die Studierenden mit dem Vermittlungsprojekt verbinden: Die Schüler_innen sollten angebotenes Material nutzen, um auf den Raum einzugehen, der sie umgibt. In der Situation, die hier mehrfach fotografiert wird und am Ende mit einem Hochformat abschließt, scheint etwas stattzufinden, das aus Sicht der Studentin mit dem eigenen kunstpädagogischen Vermittlungsanliegen korrespondiert. Indem hier die Materialien an der Fensterscheibe befestigt werden, löst sich offenbar eine Idee, ein Vorhaben oder ein Gedanke ein, der dem Projekt zugrunde liegt.

Das beschriebene Bild zeigt noch mehr: Es macht insbesondere auf die Gleichzeitigkeit verschiedener Räume aufmerksam, d.h. auf die Überlagerungen von Innen und Außen. Es gibt einen Raum, der durch einen spontanen, gestalterischen Eingriff entsteht und es gibt den vorgefundenen Stadtraum. Es entsteht ein Raum, der plötzlich eine unerwartete ästhetische Wirkung hat und eingebettet ist in jene Räume, die einer eher funktionalen Struktur und Organisation folgen. Es öffnet sich ein Raum, in dem jemand Material arrangiert und der sich in unmittelbarer Nähe zu einem öffentlichen Raum befindet, den andere durchqueren und befahren. Dazwischen befindet sich die Glasscheibe – sie scheint zu einem transparenten Spielfeld zu werden, um diese unterschiedlichen Räume hervorzubringen und zu verbinden.

Die projizierte Karte Ähnliche Überlagerungen von Räumen und eine vergleichbare ästhetische Bildsprache lassen sich auch im allerletzten Bild der Studentin entdecken. Es bildet den Abschluss der insgesamt 88 Fotografien. Auch hier handelt es sich wieder um ein Hochformat, das am Ende einer siebenteiligen Bildsequenz entsteht (siehe Abb. 66).

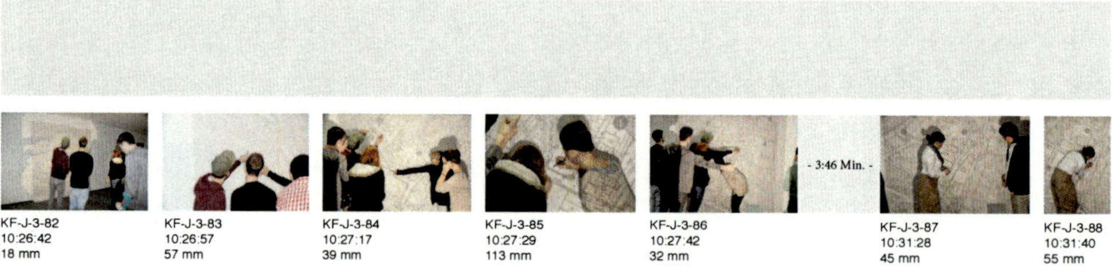

Abb. 66

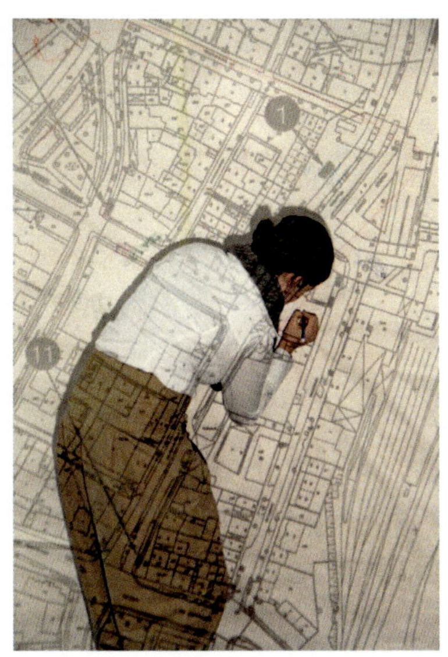

KF-J-3-88 Das letzte Bild der Studentin zeigt eine Schülerin, die vor einer Karte steht, auf der Linien, Markierungen und schriftliche Kommentare hinterlassen wurden. Die Karte ist überlebensgroß und reicht über die Ränder des Bildes hinaus. Leicht gebeugt steht die Schülerin in der unteren Bildhälfte vor der Karte und hält einen Stift in der Hand. Sie ist von schräg hinten dabei zu sehen, wie sie etwas mit dünner Linie in die Karte einträgt. Die Karte setzt sich aus vielen Linien und rechteckigen Formen zusammen. Straßennamen fehlen. Zahlen (1, 11) verweisen mit Pfeilen auf bestimmte Orte. Auf der Kleidung der Schülerin zeichnen sich Linien ab, ihr Körper wirft einen Schatten auf die Wand. Es handelt sich offensichtlich um eine projizierte Karte.

Abb. 67

In der Sequenz, die über fünf Minuten hinweg aufgenommen wird, sind Schüler_innen zu sehen, die vor einer projizierten Karte stehen. Mit Fingern zeigen sie auf bestimmte Bereiche der großformatigen Projektion und tragen an entsprechende Stellen Kreuze, Umrandungen und Kommentare ein. Das letzte Bild sticht hervor, indem es sich – wie das Bild an der Fensterscheibe – als Hochformat **373** von den vorangegangenen Querformaten abhebt und anstelle der Gruppe *eine* Person porträtiert wird.
Der begleitete Schüler fotografiert zu diesem Zeitpunkt nicht mehr. Er hat über eine Stunde, bevor diese Bilderreihe entsteht, sein letztes Foto aufgenommen. Während er in der vorherigen Bildsequenz noch in den Bildern zu sehen ist, taucht er in den letzten Bildern der Studentin nicht mehr auf. Ich greife das letzte Bild trotzdem heraus, da sich mit diesem Bild Aspekte, die in dem vorherigen Bild eine Rolle spielen und die mit den beiden Bildern im Obergeschoss verknüpft werden können, weiter differenzieren lassen.

Worauf macht das Bild aufmerksam? Auf den ersten Blick scheint das Bild mit der Aufnahme, auf dem die Fensterscheibe zu sehen ist, große Ähnlichkeit zu haben. Auch wenn hier keine Glasscheibe bearbeitet wird, haben wir es durch die Projektion ebenfalls mit räumlichen Überlappungen und Überlagerungen zu tun. Auf der Wand öffnet sich ein projizierter urbaner Raum, während der Körper der Schülerin

373 Von insgesamt 88 Bildern sind 10 Aufnahmen im Hochformat fotografiert. Die Kamera zu drehen und ein Hochformat zu machen, kommt seltener vor, als das Geschehen im Querformat zu fotografieren. Dabei muss bedacht werden, dass die Studentin auf Wunsch mit ihrer eigenen Kamera fotografierte. Es handelt sich um eine Spiegelreflexkamera, die ein anderes Handling hat als eine kleine Digitalkamera oder – mehr noch – als ein Smartphone. Insbesondere beim Smartphone erscheint das Hochformat als das naheliegendere Format, da diese Ausrichtung der Benutzeroberfläche des Smartphones entspricht. Bei einer Spiegelreflexkamera ist das anders.

von einem anderen, einem leiblichen Raum zeugt, der davor liegt. Wie in dem Bild mit der Fensterscheibe scheint auch hier die Schülerin in etwas vertieft zu sein, dem sie sich zuwendet. Bei genauerem Blick fallen aber auch Unterschiede auf – nicht nur zu dem Bild mit der Glasscheibe, sondern auch zu dem Bild, das im oberen Stockwerk entstanden ist: Anders als in den beiden vorherigen Aufnahmen wird der räumliche Kontext hier fast vollständig ausgeschlossen. Dass es sich um ein an der Wand befestigtes Papier handelt, vor dem ein Tageslichtprojektor steht, wird zwar in den anderen Bildern der Sequenz sichtbar (KF-J-3-82 bis KF-J-3-87), in der letzten Aufnahme durch den engen Ausschnitt jedoch nicht gezeigt. Die Projektion hat darin keine Begrenzung, die mediale Konstellation (Papier an der Wand, auf dem Boden stehender Projektor) bleibt den Betrachtenden in diesem Bild verborgen. Die Darstellung der Projektion als unbegrenzte Fläche und die Schülerin, die darin einzutauchen scheint, vermittelt eine immersive Qualität des Raumes – der Leib wird von der Projektion umschlossen, er *taucht in den projizierten Raum ein.*

Da es sich um eine projizierte Karte handelt, wird die Schülerin selbst auch angestrahlt. Mit dem Stift in der Hand und der Karte, die sich über ihren Körper legt, steht sie im Lichtkegel des Projektors. Den Kopf zur schreibenden/zeichnenden Hand geneigt, scheint die Schülerin aufmerksam der eigenen Spurbildung zu folgen. Die Handlung der Schülerin – für sie selbst vielleicht vollkommen unbemerkt – bekommt in dem Bild der Studentin eine sinnlich-ästhetische Dimension. Diese Facette des Geschehens, d.h. die Berührung von Leib und Projektion, das Wechselspiel von wahrnehmen und wahrgenommen werden, die Überschneidung von Leib und Bildwerdung usw., gehen über eine rein funktionale Einräumung der Situation im Sinne einer produktiven und sinnvoll strukturierten Lernumgebung hinaus. Das Bild der Studentin erinnert vielmehr auch an künstlerisch-performative Arbeiten wie beispielsweise von Joan Jonas **374** oder Shana Moulton. Jonas und Moulton, die beide immer wieder mit Projektionen in Verbindung mit ihren eigenen Körpern arbeiten, bieten spannende Anknüpfungspunkte, um sich insbesondere jenen Erfahrungsmöglichkeiten differenzierter annähern zu können, die mit der Verschränkung von Leiblichkeit, Projektion und Reflexion zusammenhängen – Verschränkungen, die auch in dem Bild der Studentin wahrnehmbar werden. **375**

374 Um die Komplexität der Arbeiten von Jonas nicht unangemessen zu vereinfachen, verweise ich lediglich auf ihre Arbeit als eine geeignete Referenz und empfehle die Forschungsarbeit von Notburga Karl über das Werk von Joan Jonas: *Stepping into the picture: Bild und Performance in Joan Jonas' The Shape, the Scent, the Feel of Things (2005–2012)* (vgl. Karl, unveröffentl. Diss 2019).

375 Die künstlerischen Arbeiten können zudem zu weiterführenden kunstpädagogischen Ideen inspirieren, in denen der immersiven Qualität des Raumes oder einem experimentellen Umgang mit (bewegten) Projektionen beispielsweise besondere Aufmerksamkeit zukommt. Das performative Spiel mit dem Projektor im kunstpädagogischen Kontext hat Stefanie Johns erprobt. Auf dem kunstpädagogischen Tag des Landesverbandes Berlin zum Thema ›Reflexionen‹ 2016 bot sie beispielsweise einen Workshop an *(OHP 2.0 – anamorphe Experimente)*, der sich um Performances mit dem Tageslichtprojektor drehte (siehe dazu: http://stefaniejohns.de/workshops/, 12.9.2020).

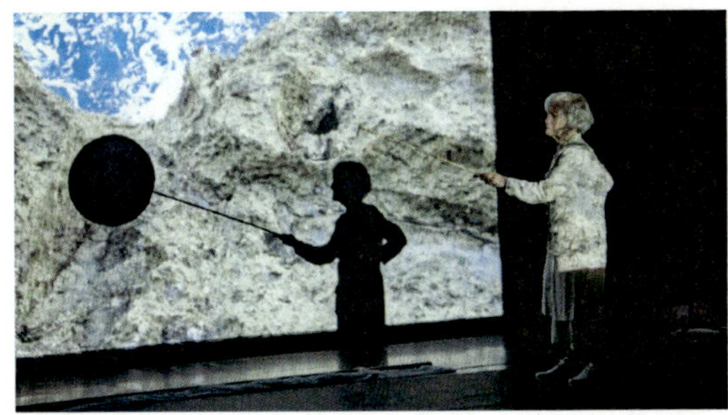

Abb. 68 Joan Jonas, *Moving Off the Land,* 2016–2018

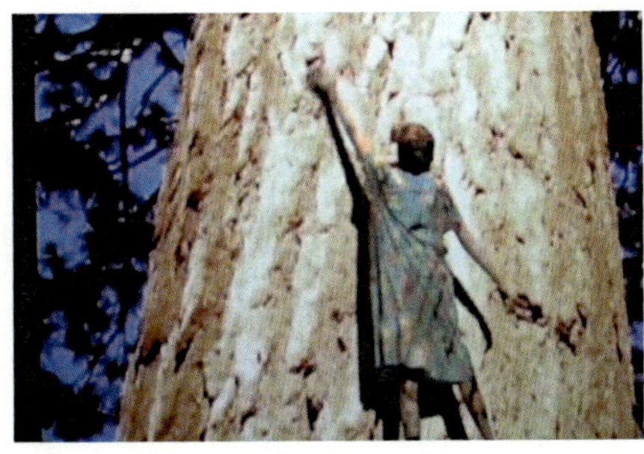

Abb. 69 Shana Moulton, *Whispering Pines 10,* (Foto: J. Oliphant) 2011 (Videostill: K. Böhme)

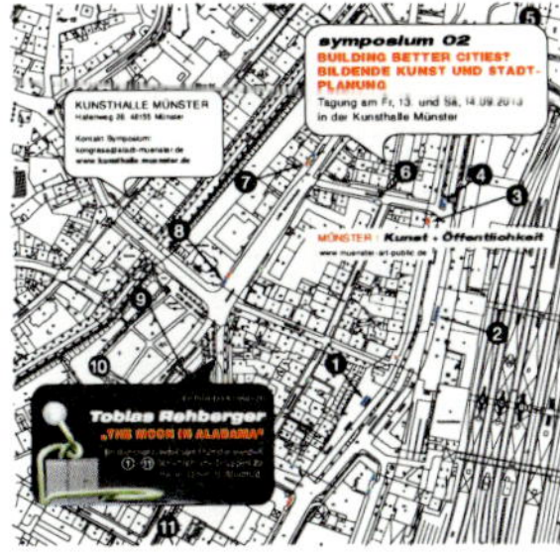

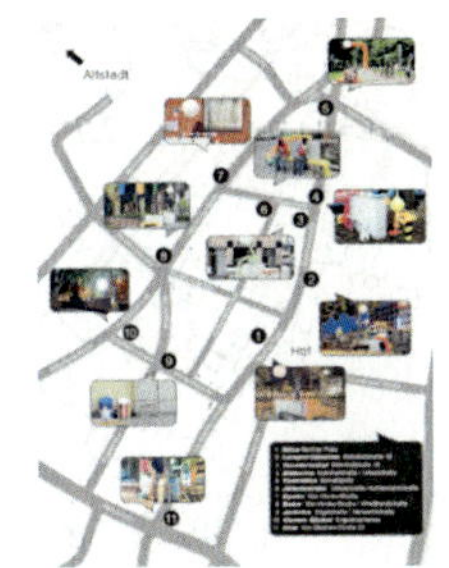

Abb. 70 Flyer von *Building better cities? Bildende Kunst und Stadtplanung*, Symposium am 13.–14.9.2013, Münster

Abb. 71 Pocketplan, Stadt Münster, 2013

Nicht nur die Projektion, wie sie sich über den gezeigten Körper legt, ist in der Aufnahme der Studentin bemerkenswert, sondern auch die Karte selbst lohnt eines genaueren Blicks. Es handelt sich nämlich um eine bestimmte Karte, die nicht nur in dem kunstpädagogischen Vermittlungsprojekt verwendet wird, sondern die auch in anderen Kontexten auftaucht.

Dieselbe Karte wurde zur Ankündigung des Symposiums *Building better cities? Bildende Kunst und Stadtplanung* verwendet, das am 13.–14.9.2013 in Münster stattfand (Abb. 70). Die Tagung befasste sich mit »wechselhafte[n] Verhältnis[sen] zwischen Stadtentwicklungsprozessen und zeitgenössischer Kunst.« **376** Das Projekt *The Moon in Alabama* von Tobias Rehberger wurde in diesem Kontext als ein Beispiel diskutiert. Die Karte wurde ebenfalls für die Öffentlichkeitsarbeit zu dem Projekt von Rehberger genutzt, u. a. in dem sogenannten *Pocketplan* (Abb. 71), der neben der Karte auch eine Kurzbeschreibung des Projektes enthält. **377**

Es handelt sich um eine Stadtplanungskarte des Katasteramts Münster, auf der Grundstücke und Bebauungen im Bahnhofsviertel eingetragen sind. Es wurden Nummernfelder ergänzt (Abb. 67: im Bild der Studentin sind 1 und 11 zu erkennen),

376 Expert_innen aus den Künsten, der Stadtplanung, Urbanismus und den Kulturwissenschaften diskutierten die Frage, inwiefern »spezifische künstlerische Vorgehensweisen – im Spannungsverhältnis von Recherche und Prozess – ein Potenzial für städtische Planungskonzepte« bergen. (https://www.kunstakademie-muenster.de/termine-news/? no_cache=1&tx_p2kams_pi1%5Bevent%5D=1034&tx_p2kams_pi1%5Bmonth%5D=9&tx_p2kams_pi1%5Byear%5D=2013&tx_p2kams_pi1%5Baction%5D=show&tx_p2kams_pi1%5Bcontroller%5D=Event&cHash=ae2e588cabfd1ec200c47e8c105dc4ce, 10.10.2020)

377 https://www.bahnhofsviertel-muenster.de/fileadmin/Dateien/Bilder/Fotos/11_0_Presse/Download_Pocketplan_The_Moon_In_Alabama.pdf (10.10.2020). In diesem Zusammenhang wurden allerdings große Straßen ergänzt.

die auf die Standorte der Installationen von Tobias Rehberger verweisen. Da Straßennamen fehlen, ist es keine Karte, die sich eignet, um sich schnell im Stadtraum zu orientieren. Trotzdem oder vielleicht gerade deswegen haben sich die Studierenden für diese Karte entschieden und die Schüler_innen eingeladen, Markierungen darin einzutragen. Es mag einerseits damit zusammenhängen, dass die Karte ein genaues Hinschauen herausfordert, um bestimmte Orte darauf lokalisieren und entsprechende Markierungen eintragen zu können. Es mag aber auch eine andere Absicht damit verbunden sein, die weniger mit fachdidaktischen Gründen, sondern mit dem öffentlichen Diskurs zu tun hat, an dem das Vermittlungsprojekt beteiligt ist. Mit der Karte (und auch mit dem Logo, das die Studierenden für das kunstpädagogische Vermittlungsprojekt gestaltet haben) wird das offizielle Corporate Design der kooperierenden Institutionen aufgegriffen (Kunsthalle, Stadtmarketing Münster und ISG e.V.). Die Verwendung desselben Kartenmaterials und derselben Typografie verknüpft das Vermittlungsprojekt auf visueller Ebene mit anderen öffentlichen Veranstaltungen, die im Kontext des Rehberger-Projektes zeitgleich stattgefunden haben. Während die Karte auf dem Cover des Programmheftes jedoch als Hintergrund für Schrift dient und in dem *Pocketplan* genutzt wird, um die Standorte der Installationen für ein interessiertes Publikum zu verzeichnen, taucht sie im Bild der Studentin in ganz anderer Weise auf: Als überlebensgroße Projektion wird sie von einer Schülerin *bespielt*. Das Bild der Studentin macht auf einen Aspekt aufmerksam, der in den anderen Verwendungszusammenhängen nicht zur Darstellung kommt: die Karte als Anlass zu Interaktion und Spurbildung sowie als ästhetisches Phänomen im Zwischen von topografischem und leiblichem Raum. *Welche(s) Bild(er) von Kunstvermittlung und Kunstunterricht entsteht durch die Zusammenstellung der drei Aufnahmen, die zu unterschiedlichen Zeitpunkten während der Projekteinheit entstanden sind?*

Die drei Aufnahmen der Studentin, die in der Durchsicht des gesamten Materials durch ihre besondere ästhetische Gestaltung auffallen, sind über einen Zeitraum von eineinhalb Stunden entstanden. Die Zusammenstellung der drei Bilder geht insofern nicht aus einem unmittelbar chronologischen Zusammenhang hervor, sondern stellt mit Blick auf das gesamte Bildmaterial die Pointierung eines spezifischen Aspektes dar. Die hier ausgebreiteten Bilder und die Blickschneise, die damit geschlagen wird, bieten *eine mögliche* Deutungsperspektive an, um sich dem Vermittlungsgeschehen rückblickend anzunähern. Wenn es also um den Aspekt der *bildlichen Darstellung von Kunstpädagogik* geht, dann beziehen sich diese Überlegungen auf ausgewählte Bilder der Studentin und nicht auf Muster, die ihrem gesamten Bildmaterial eingeschrieben sind. Die drei Bilder werden vielmehr als Anregung genutzt, um sich überhaupt repräsentationskritischen Fragen annähern zu können und damit die fotografische Darstellung von Körpern und Räumen vor dem Horizont impliziter Erwartungen kritisch zu lesen.

Am Beispiel der Kunstvermittlung im Museum hebt Stephan Fürstenberg in einem Artikel über visuelle und sprachliche Repräsentationen die Bedeutung dargestell-

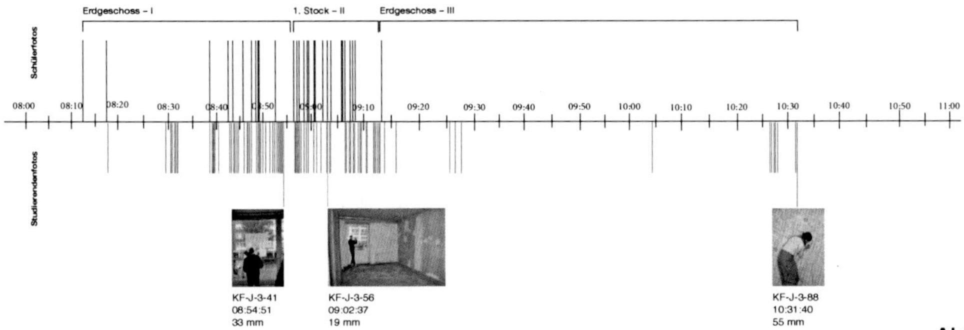

Abb. 72

ter Körper hervor. Obwohl sich Fürstenbergs Argumentation auf das Museum und daran gebunden um die Figuren der Kunstvermittler_in und des Publikums drehen, erscheint mir der Aspekt der bildlichen Darstellung von Körpern als Ebene, auf der implizite Bedeutungen und pädagogische Erwartungen visuell verhandelt werden, sehr anschlussfähig. Fürstenberg schreibt, dass Kunstvermittlung sowie diejenigen, die daran beteiligt sind, über »Körperbilder dar- und hergestellt werden«:

> »Der repräsentierte Körper fungiert dabei als ›Ort, Medium oder Materialisierung‹ (Schade 2002: 84), wo Bedeutungsproduktion und Subjektivierungsprozesse stattfinden bzw. sichtbar (gemacht) werden können.« (Fürstenberg 2013, S. 4)

Über Körper, d. h. über Bewegungen, Haltungen, Gesten, ihre Ausrichtungen im Raum, zu den künstlerischen Arbeiten, zu den Anderen usw. werden grundlegende Vorstellungen von Kunstvermittlung ausgehandelt. Insbesondere die Darstellung des Körpers trage dazu bei, Bedeutungen zu produzieren und sichtbar zu machen. **378** Die Weise, wie Körperlichkeit visuell und sprachlich inszeniert werde, könne Wünsche und Absichten zeigen, die mit Vermittlungsprozessen verbunden werden (vgl. ebd., S. 5).

Sich vor diesem Hintergrund die fotografischen Darstellungen der Körper anzuschauen, wie sie in den Bildern der Studentin sichtbar werden, und diese mit pädagogischen Vorstellungen in Beziehung zu setzen, rückt Aspekte in den Fokus, die bisher noch nicht diskutiert wurden:

— Alle Bilder zeigen einzelne Schüler_innen, die offenbar gerade mit etwas beschäftigt sind. Es werden *aktive Schüler_innen* gezeigt, die sich dem umgebenden Raum und dem angebotenen Material zuwenden. Mehr noch: die ihn ›ertasten‹ (KF-J-3-56) und in ihn eintauchen (KF-J-3-88). Auch wenn in den drei Bildern nicht genau zu

378 Fürstenberg zeigt dies an ausgewählten Fotografien verschiedener Museen und öffentlicher Institutionen, mit denen sich kunstpädagogische Bereiche vorstellen und Projekte der Kunstvermittlung angekündigt und beworben werden. Dabei sei beispielsweise auffällig, dass Kunstvermittler_innen und Publikum häufig in kreisförmigen Formationen gezeigt werden, wobei Kunstvermittler_innen oftmals den Raum zwischen Publikum und Kunstwerk besetzen und ihnen das Gestikulieren vorbehalten sei. Es zeige sich »der Wunsch bzw. die Absicht, einen Austausch mit dem Publikum zu sehen zu geben sowie dessen Aktivierung und stärkere Einbindung in Vermittlungsprozesse im visuellen wie auch geschriebenen Material zu belegen« (vgl. Fürstenberg 2013, S. 5).

erkennen ist, was die gezeigten Schüler_innen machen oder worauf ihr Blick genau geheftet ist, wirken sie durch ihre Körperhaltungen in etwas vertieft.

— In allen drei Bildern tauchen sowohl die Mitschüler_innen als auch die Vermittler_innen, die vor Ort gewesen sind, nicht auf. 379 Die dokumentierten Prozesse, in die die drei gezeigten Schüler_innen involviert sind, scheinen dadurch wie von selbst abzulaufen. *Was hat es mit der Abwesenheit der Anderen auf sich?* Fürstenberg spricht bezogen auf Darstellungen aus dem Kontext der Kunstvermittlung im Museum ebenfalls von einer Abwesenheit. Er stellt in seinem Bildmaterial beispielsweise fest, dass Kunstvermittler_innen selten exponiert dargestellt werden. Er deutet diese Zurückhaltung als eine »mögliche Entkräftung einer erzieherischen Absicht« (ebd., S. 3). Es seien Bilder, die von dem Wunsch nach einer »scheinbar ohne erzieherische Intention durchgeführten Vermittlung von Wissen« zeugen (ebd.). *Können die Bilder der Studentin in einer ähnlichen Richtung ausgelegt werden? Deuten sich darin spezifische Vorstellungen von ästhetischen Bildungs- und Subjektivierungsprozessen an, die an die Einlassung des Einzelnen auf Material und Raum gebunden sind und in die möglichst wenig seitens der Lehrpersonen eingegriffen wird?*

— Alle drei Bilder haben in ihrer Fokussierung auf einzelne Schüler_innen einen porträthaften Charakter. Auch wenn die Schüler_innen in zwei Bildern von hinten zu sehen sind und ihre Mimik den Betrachtenden verborgen bleibt, stehen die gezeigten Schüler_innen wortwörtlich im Zentrum der Aufnahmen. Von allen 88 Bildern der Studentin, die in dieser Projekteinheit entstanden sind, sind nur auf drei Bildern keine Menschen zu sehen. Das mag dem Auftrag geschuldet sein, einen Schüler fotografisch zu begleiten. Doch in den 48 Aufnahmen, die die Studentin macht, während der Schüler selbst nicht (mehr) fotografiert, machen drei Aufnahmen ohne Menschen immer noch eine vergleichsweise geringe Anzahl aus. Das Projektgeschehen wird weniger durch die Darstellung fertiger Arbeiten, der Räume oder durch das Arrangement von Material dokumentiert, sondern durch die Schüler_innen im Umgang damit.

— Dieser Umgang mit Material und Raum, das lässt sich anhand der drei Bilder differenzieren, scheint sich durch einen experimentellen Charakter auszuzeichnen. Die drei Aufnahmen zeigen, wie der Raum auf unterschiedliche Weise *erkundet wird:* Material wird an eine Scheibe geklebt, wodurch Innen und Außen ineinander übergehen; ein Raum wird in seiner malerischen und abstrakten Qualität inszeniert; der Projektor wirft nicht nur eine Karte an die Wand, sondern stellt im gleichen Augenblick auch eine Schülerin ins Scheinwerferlicht. Alle drei Bilder zeugen von Transformationsprozessen, durch die ästhetische Facetten der funktionalen Architektur wahrnehmbar werden.

— Alle drei Bilder können zudem jeweils mit unterschiedlichen Darstellungsinteressen verknüpft werden. In den Bildern der Studentin werden nicht nur Schüler bei der

379 Die hier ausgewählten Bilder stellen jeweils das letzte Bild einer mehrteiligen Bilderreihe dar. Während in dem letzten Bild jeweils nur eine Person gezeigt wird, sind in den vorherigen Bildern auch andere Schüler_innen zu sehen.

gestalterischen Arbeit gezeigt, sondern es deutet sich ebenso darin ein Angesprochen-Werden der fotografierenden Studentin von den ästhetischen Dimensionen des Geschehens an. Ausgehend von den Bildern lassen sich (kunst-)pädagogische und ästhetische Fragen gleichermaßen stellen.

Zu 3: Blickumkehr des Schülers als Teil der fotografischen Interaktion Auch wenn anhand der vorherigen Bilder betont wurde, dass einzelne Schüler_innen gezeigt werden, während die Mitschüler_innen und die Kunstvermittler_innen selbst unsichtbar bleiben, möchte ich dennoch versuchen, die von der Studentin angesichts der Bilder aufgemerkte Blickumkehr des Schülers (plötzlich in den Raum hineinzufotografieren) als einen Teil von *Interaktion* zu lesen. Aus zwei Gründen scheint es sinnvoll, die Perspektiven der Fotografierenden in Beziehung zu setzen: einerseits, weil das zugrunde liegende Bildmaterial im Tandem entsteht und der Modus der Bildproduktion daher per se schon als kommunikativ beschrieben werden kann. Andererseits, weil das *Fotografieren* selbst – wie Flusser schreibt – ein Blickgeschehen darstellt, das sich zwischen Fotografierendem und Fotografiertem aufspannt (vgl. Kap. 3, S. 145–149). Die von der Studentin bemerkte Blickumkehr des Schülers nicht nur als *seine* Antwort auf den Raum zu begreifen (Lesart I) und die in der Situation entstandenen Bilder der Studentin nicht nur als die Repräsentation *ihrer* Vorstellungen von Kunstvermittlung und Kunstunterricht zu deuten (Lesart II), sondern das Geschehen als Teil einer *Interaktion* in den Blick zu nehmen, eröffnet eine dritte Lesart, die insbesondere der Relationalität, die dem Fotografieren und damit auch den fotografischen Bildern zugrunde liegt, Beachtung schenkt.

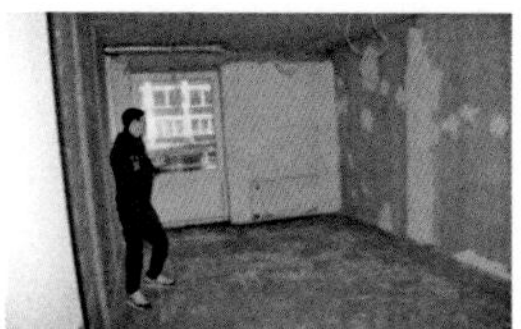

Abb. 73 / KF-J-3-55 Die Studentin steht im Türrahmen, die Tür ist geöffnet, sie fotografiert in den Raum hinein. Der Schüler ist von der Seite zu sehen. Angestrahlt vom Blitzlicht ihrer Kamera steht er in der Mitte des Raumes, nicht so nah und nicht so weit weg von ihr wie es in dem Raum möglich wäre.

Abb. 74 / J-3-21 Fünf Sekunden später macht der Schüler ein Foto, auf dem eine Wand schräg von der Seite zu sehen ist. Die Studentin, die rechts neben ihm steht, taucht nicht im Bild auf.

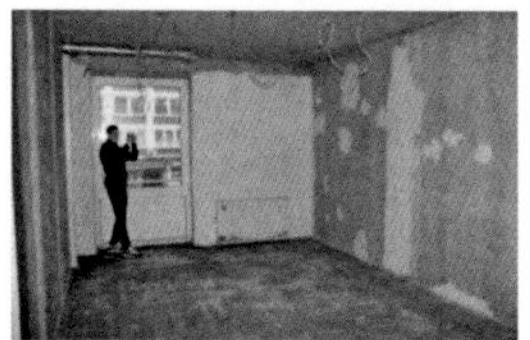

Abb. 75 / KF-J-3-56 Fast zeitgleich, nur eine Sekunde später, fotografiert die Studentin nochmals. Es ist der Schüler zu sehen, wie er die Kamera auf Augenhöhe in beiden Händen hält. Die Studentin hat sich etwas weiter in den Raum hineinbewegt. Der Schüler steht nun auf der gegenüberliegenden Seite des Raumes, hat sich ihr leicht zugewandt. Er wird vom Blitzlicht der Studentin angestrahlt. Während der Schüler stillzustehen scheint, um seine Kamera auszurichten, zeugt gleichsam auch das Bild der Studentin von einer kontrollierteren Aufnahme.

Um sich den Bildern als Produkt einer Interaktion annähern zu können, werde ich sie aus diesem Blickwinkel nochmals neu und unter Berücksichtigung der sich darin manifestierenden Nähe-Distanz-Verhältnisse beschreiben: **380**
Die Drehung des Schülers, die die Studentin im Gespräch als einen Blick in den Raum hinein wahrnimmt, korrespondiert in den Bildern mit einer Drehung zur Studentin: Indem sich der Schüler der Wand zuwendet, wendet er sich gleichzeitig auch der fotografierenden Studentin zu. Der Schüler macht nicht schnell von der Tür aus ein Foto (das wäre auch möglich gewesen), sondern er geht in den Raum hinein und nimmt schließlich einen Standort auf der gegenüberliegenden Seite des Raumes ein. Dort richtet er sich auf die rechte Wand aus und nimmt sein Bild auf. Das Bild der Studentin zeigt seinen konzentrierten Blick, sein Ausgerichtet-Sein auf die Wand und seine Kamera.
In dem Moment, in dem er die Wand ins Bild setzt, gibt er sich auch dem Blick der Studentin zu zeigen. Er fotografiert nicht nur selbst ein Bild, sondern er wird ebenfalls als Fotografierender von der Studentin ins Bild gesetzt. Dass er sich der Studentin zuwendet, mag der Wand geschuldet sein und der Notwendigkeit, sich ganz in die Ecke stellen zu müssen, um sie möglichst großflächig fotografieren zu können. Aber auch andere Zusammenhänge sind denkbar, um die Blickumkehr *anders* verstehen zu können:

Blickumkehr und Nähe Dass sich die Blickrichtung des Schülers plötzlich ändert und er nicht mehr aus dem Fenster hinaus, sondern in den Raum hinein fotografiert, mag auch mit der Anwesenheit der Studentin und der von ihr bemerkten *Intimität* ← (vgl. S. 289 ff.) zu tun haben, von der sie im Gespräch noch merklich berührt ist. Die Studentin und der Schüler sind gemeinsam in diesem Raum und bewegen sich damit abseits des eigentlichen Projektgeschehens. Der Schüler stellt sich vor, dort zu wohnen. Während sie in dem Raum sind, habe er davon erzählt, berichtet die Studentin im Gespräch. Während in vielen anderen Bildern der Studentin der Schüler in Rückenansicht zu sehen ist, stellt sich angesichts dieser Bilder die Frage, *ob die von der Studentin bemerkte Intimität bzw. das Gefühl einer Nähe und die Drehung des Schülers, d.h. sein plötzlicher Blick in den Raum hinein, in einen Zusammenhang gestellt werden können?*
Ein Bild, mit dem diese Spur verfolgt werden kann, ist eine Aufnahme, auf der der Schüler der Studentin ein Foto auf seinem Kameradisplay zeigt (KF-J-3-66). Dieses Bild ist fünf Minuten später entstanden.
Das Bild zeugt nicht nur von einer räumlichen Nähe im Moment der Aufnahme, sondern auch von einem kommunikativen Austausch zwischen der Studentin und dem Schüler während des Fotografierens im Tandem. Jemandem ein Foto zu zeigen (zumal ein eigenes) und diesen Moment wiederum fotografisch zu dokumentieren, setzt Kommunikation voraus – möglicherweise eine Aufforderung *(Was hast du gerade fotografiert? Zeig mal.)* oder ein Angebot *(Willst du sehen, was ich gerade fotografiert habe?)*. Obwohl sich dies an dem Bild allein nicht klären lässt, deutet

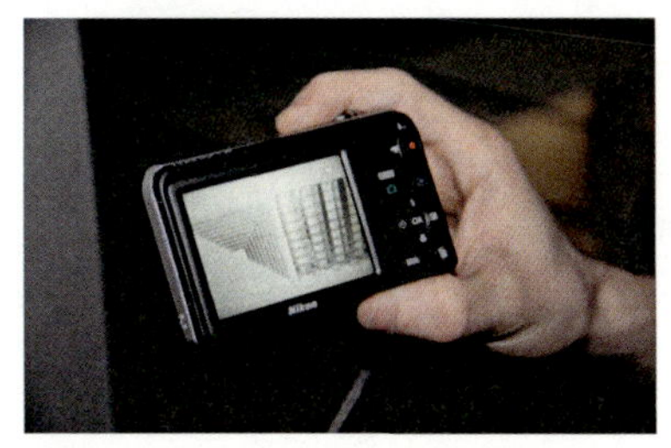

Abb. 76

KF-J-3-66 Eine Hand hält eine Kamera ins Bild. Die Kamera, von Daumen und Zeigefinger eingerahmt, präsentiert ein fotografisches Bild auf dem Display. Leuchtend hebt sich das gezeigte Bild vom umgebenden, dunklen Raum ab. In diesem ›Bild im Bild‹ sind geometrische Strukturen und Linien zu erkennen. **381** Die Brennweite (41mm), mit der die Studentin das Foto gemacht hat, deutet darauf hin, dass sie ihr Bild aus kurzer Distanz aufgenommen hat. Die Fotografierende und der fotografierte Gegenstand bzw. die fotografierte Person haben im Moment der Aufnahme nahe beieinander gestanden.

sich in dem Bild ein Dialog zwischen der Studentin und dem Schüler an. Dieser Dialog hat auf unterschiedliche Weise mit Bildern zu tun, indem das *gezeigte Bild* nicht nur Gegenstand, sondern gleichzeitig Modus ist. Im Abfotografieren des Displays entsteht ein Bild im Bild. Nicht nur das Bild des Schülers im engeren Sinne gerät in der Aufnahme der Studentin in die Aufmerksamkeit, sondern auch dessen Rahmung, die Geste und der Zeitpunkt des Zeigens, die Positionierung der beiden Personen usw. unabhängig davon, wie die Situation selbst abgelaufen ist, lädt das Bild der Studentin dadurch dazu ein, nicht nur in einen Austausch *über* das Bild, sondern gleichsam auch *durch* das Bild zu geraten.

Das mag insbesondere für kunstpädagogische Kontexte bedeutsam sein, da – das hat Bader umfänglich in ihrer Dissertation herausgearbeitet (vgl. Bader 2019) – die Begleitung von Gestaltungsprozessen im Kunstunterricht auf das Zeigen ebenso angewiesen ist, wie auf das Reden. Sich als Lehrperson explizit auch um eine visuelle, wahrnehmungsorientierte Ebene der Kommunikation zu bemühen und eine Sensibilität für das Zeigen bzw. vor allem auch für das Nicht-Zeigen-Können sowie die Widersprüche zwischen Zeigen und Reden zu entwickeln, erscheint für Interaktionsprozesse im Kunstunterricht von grundlegender Bedeutung. **382**

Blickumkehr und Aufmerksamkeit Möglicherweise ist für die Blickumkehr des Schülers auch bedeutsam, dass die Studentin ihn schon fotografiert, noch bevor er selbst ein Foto macht. Dies mag vielleicht als ein interessierter Blick oder eine Anerkennung wahrgenommen werden, nach dem Motto: *Du machst hier etwas, das ich dokumentierenswert finde.* Unter dieser Perspektive ließe sich die Deutung, dass

380 Da diese Bilder schon beschrieben und gezeigt wurden, werden sie hier nur in kleinem Format präsentiert.

381 Im Kontext der fotografischen Sequenzen der beiden Fotografierenden wird nachvollziehbar, wo und wie das Bild des Schülers entstanden ist. Der Schüler fotografiert die Belüftungsanlage und Neonröhren, die an der Decke nebeneinander montiert sind.

382 Auch das Projekt *«unterwegs» Fotografische Bildfindungsprozesse von Jugendlichen in urbanen Lebenswelten* von Ruth Kunz u. a. bietet vor diesem Hintergrund spannende Einblicke in die Gestaltung von Reflexionsgesprächen, in denen es nicht nur um fotografische Bilder geht, sondern in denen die Weise des Redens und die Gestaltung der Gespräche maßgeblich von den Bildern und ihrer Form mitbestimmt werden (vgl. Kunz 2010).

der Schüler hier auf den Raum antwortet, auch umdrehen: *Lässt sich der Schüler fotografisch auf den Raum ein, weil die Studentin ihn fotografiert und sich darin für den Schüler möglicherweise ein aufmerksamer Blick ihrerseits ausdrückt?* Noch etwas zugespitzter formuliert: *Entdeckt der Schüler die ästhetischen Qualitäten des Raumes erst, weil er sich dem Blick der Studentin ›als engagierter Schüler‹ zu zeigen gibt und motiviert ist, ein gutes Bild zu machen?*

In den Fragen schwingt das Thema der Anerkennung und Achtsamkeit mit, das in pädagogischen Prozessen von basaler Bedeutung ist. Als begleitende Lehrperson Schüler_innen wahrzunehmen und ihren besonderen Bedürfnissen, Blickweisen, Erfahrungen usw. Aufmerksamkeit zu schenken, gehört zum pädagogischen Ethos (vgl. Agostini 2020a). Pädagogisches Handeln, das die pathischen Seiten nicht ausklammere, sei auf die »Achtsamkeit fremde[r] Ansprüche [...], eine Umlenkung der Blickrichtung, eine Hin- oder Zuwendung« (ebd., S. 152) angewiesen.

> »Professionelle Lehrerinnen und Lehrer schauen hin, sie horchen auf und hören zu. [...] Die Kunst des Unterrichtens wird damit als Antwortgeschehen kenntlich, das Takt, Aufmerksamkeit und Achtsamkeit seitens der Lehrperson erfordert. Die Heranbildung eines pädagogischen Ethos besteht in diesem Zusammenhang darin, zu lernen genau hinzuschauen und hinzuhören, um sowohl im Hinblick auf die Sache als auch im Umgang mit den Schülerinnen und Schülern Bedeutungen zu vergeben, die über bereits Bekanntes hinausgehen.« (ebd.)

Dieser Gedanke der Zuwendung zum Anderen, d. h. als Lehrperson aufmerksam hinzuschauen und hinzuhören, lässt sich auch in Verbindung bringen mit dem Foto der Studentin, auf dem der Display des Schülers zu sehen ist. Es ist zwar nur eine kleine kommunikative Geste zu sehen, die nur einen kurzen, vielleicht sogar sehr flüchtigen Moment innerhalb des Gesamtgeschehens darstellt, doch deutet sich trotzdem darin ein wertschätzendes Hinschauen (und wahrscheinlich daran gebunden auch ein Hinhorchen) an. Indem der Schüler den Display zeigt und die Studentin ihn abfotografiert, können das Interesse der Studentin, ihr Blick auf sein Bild und ihre Aufmerksamkeit für sein Handeln für den Schüler wahrnehmbar werden. Vielleicht liegt darin ein spezifisches Potenzial des Fotografierens im Tandem – den Blick auf den Anderen und die damit verbundene Wertschätzung, das Interesse an dem Anderen performativ zu machen und rückblickend mithilfe der ausgebreiteten Bilder die Ruhe zu haben, diese Bedeutungsdimensionen diskutieren zu können.

Mithilfe der Bilder kann die von der Studentin bemerkte Blickumkehr des Schülers, die im Gespräch nicht tiefergehend gedeutet wurde, aus unterschiedlichen Perspektiven gelesen werden. Während die Blickumkehr in dem ersten Deutungsansatz mit der persönlichen Erzählung des Schülers und einer damit erfahrenen Nähe in Verbindung gebracht wird, steht in dem zweiten Deutungsansatz ein wirkmächtiges Blickgeschehen im Fokus, das den Bildfindungsprozess des Schülers möglicherweise befeuert hat. Blick, Achtsamkeit und Zuwendung werden schließlich vor dem Hintergrund eines pädagogischen Ethos' als Grundlage pädagogischer Professionalität beschrieben.

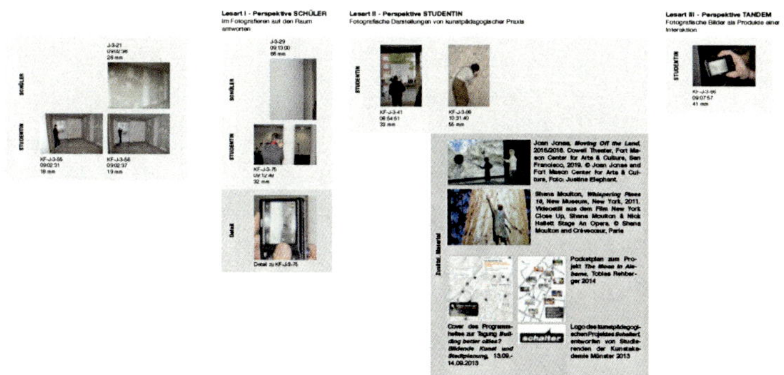

Abb. 77

Welche Verstrickung in der Situation tatsächlich eine Wirkung entfalten konnte, muss angesichts der Bilder natürlich offenbleiben. Die verschiedenen Fragen machen vielmehr darauf aufmerksam, *dass* dem Geschehen subtile Bezugnahmen zugrunde liegen, die in den Bildern zumindest in Ansätzen aufgespürt werden können.

Entstandene Bildkonfiguration im Überblick

Ausgehend von dem Gespräch und dem von der Studentin geäußerten Erstaunen angesichts der Blickumkehr des Schülers wurden drei Lesarten entwickelt, die verschiedene Bedeutungsdimensionen der dargestellten Situation auffalten. Mit den drei Lesarten werden drei verschiedene Perspektiven eingenommen:
Die **Perspektive des Schülers,** indem das Wechselspiel von Raum und Bildproduktion untersucht wird (Lesart I), die **Perspektive der Studentin** (Lesart II), indem der fotografische *Überschuss,* der in dieser Situation entsteht und über den fotografischen Auftrag im engeren Sinne hinausgeht, auf ein Darstellungsbedürfnis der Studentin verweist, das zu einer repräsentationskritischen Auseinandersetzung mit ›Bildern von Kunstunterricht‹ einlädt und die **Perspektive des Tandems** (Lesart III), indem das von der Studentin aufgemerkte Phänomen der Blickumkehr vor dem Hintergrund der fotografischen Interaktion befragt wird. Dass sich der Schüler in der Situation neu auf den Raum ausrichtet und plötzlich in den Raum hinein fotografiert, wird als Antwort auf die Interaktion gelesen und dadurch nicht nur als eine gestalterisch motivierte Zuwendung zum Raum, sondern auch als eine Zuwendung zum Anderen und ein Sich-Zeigen gedeutet.

Zwischenüberlegungen und Überleitung zur dritten Bildkonfiguration

Die drei Lesarten betonen unterschiedliche Aspekte und stellen daher verschiedene Blickschneisen dar, um die Situation mithilfe der fotografischen Bilder mit jeweils anderer Akzentuierung differenzierter nachvollziehen zu können. Je nachdem, welche Perspektive im Vordergrund steht (Schüler, Studentin, Tandem), treten entsprechend andere Bedeutungszusammenhänge hervor. Ohne festlegen zu können, welche Zusammenhänge tatsächlich in der Situation wirksam und für die Beteiligten relevant gewesen sind, lässt sich mit den drei Lesarten ein vielschichtiger, mitunter kontroverser Deutungsraum beschreiben, durch den insbesondere die Komplexität der Situation an sich hervortreten kann. Es kann beispielsweise nachvollziehbar werden, inwiefern unterschiedliche Darstellungsbedürfnisse und Aufmerksamkeiten ineinandergreifen, **383** korrespondieren **384** und sich mitunter widersprechen. **385** Angesichts der verschiedenen Deutungsansätze gilt es nicht, sich für einen Ansatz zu entscheiden und diesem mehr Gültigkeit als den anderen zuzusprechen, sondern vielmehr sensibel zu werden für die *Gleichzeitigkeit* verschiedener Wahrnehmungs- und Erfahrungsmöglichkeiten, die dem fotografierten Geschehen innewohnen. *Wie geht es nun weiter?* Während die erste und zweite Bildkonfiguration in einem unmittelbaren narrativen Zusammenhang stehen **386** und Vorstellungen, Darstellungen sowie Bewegungen im *Raum* einen gemeinsamen Bezugspunkt bilden, folgt nun eine dritte Bildkonfiguration, die sich in mehrfacher Hinsicht von den beiden vorherigen abhebt und die zusammen mit der vierten Bildkonfiguration einen anderen inhaltlichen Akzent setzt. Anstatt sich über den *Raum,* dem fotografierten Geschehen und damit auch den Anderen sowie der eigenen Wahrnehmung **387** anzunähern, geht es in den beiden folgenden Bildkonfigurationen um das Handeln von Schüler_innen, vermittelt über die fotografische Darstellung von Körpern. Anstelle des Raumes tritt der *wahrnehmende und wahrgenommene Leib* als zentrale Deutungsebene in Erscheinung.

5.3.3 ›Die machen nichts‹ – Eine Bildkonfiguration zum Schüler_innenhandeln in ästhetischen Prozessen zwischen Erfahrung und Erledigung

Kurzporträt und Begründung der Bildkonfiguration

In mehrfacher Hinsicht hebt sich die folgende Situation, die von der Studentin im Gespräch thematisiert wird, von den beiden vorangegangenen Situationen ab:
Sie ereignet sich nicht (wie in den beiden ersten Bildkonfigurationen) im oberen Stockwerk des Gebäudes, in dem die Studentin und der Schüler vorübergehend zu zweit unterwegs sind, sondern es wird auf eine kurze Begebenheit Bezug genommen, die im Erdgeschoss stattfindet, d.h. *inmitten des Projektgeschehens.* Daran ist nicht nur der fotografierende Schüler, sondern es sind auch mehrere seiner Mitschüler_innen beteiligt.

383 Der aufmerksame Blick der Studentin, der im Fotografieren für den Schüler wahrnehmbar werden kann, trägt möglicherweise produktiv zu seinem Bildfindungsprozess bei (Lesart III).

384 Während sich der Schüler für ästhetische Qualitäten des Raumes zu interessieren scheint, erwecken die Bilder der Studentin den Eindruck, an der Darstellung »gelungenen Kunstunterrichts« interessiert zu sein. Zwei unterschiedliche Darstellungsbedürfnisse stehen nebeneinander (Lesart I und II).

385 Dass der Schüler in den Raum hinein fotografiert, kann als Antwort auf den Raum oder auch als Antwort auf die Gegenwart der Studentin gedeutet werden (Lesart I und Lesart III).

386 Die Grafik auf S. 247 zeigt, dass die Bilder, um die es in den Bildkonfigurationen 1 und 2 geht, im Gespräch zeitlich nacheinander angesprochen werden. ←

387 Die eigene Wahrnehmung meint hier die Wahrnehmung der fotografierenden Studentin, die sich im Gespräch nicht nur die Bilder des Schülers, sondern auch ihre eigenen Bilder anschaut. Dass ich im Zwischen von Forschung und Lehre vor der Herausforderung stehe, die fremde Perspektive der Studentin immer wieder antizipieren zu müssen, wird in Kap. 5, S. 236–247 diskutiert. ←

Während der begleitete Schüler in den beiden vorherigen Bildkonfigurationen als aktiv, erkundend und ästhetisch interessiert in Erscheinung tritt, wird hier ein ganz anderer Aspekt problematisiert: ein *vermeintliches Nichtstun*.
Die kurze Begebenheit, die die Studentin rückblickend mit einem Unwohlsein verbindet und der sie zuschreibt, dass die Schüler_innen offensichtlich »nichts gemacht« haben, findet zu Beginn der letzten Projekteinheit statt. Die Projekteinheit, die sich um die Weiterarbeit und Fertigstellung der Gruppenarbeiten dreht, läuft seit 30 Minuten, als sich die Situation zuträgt, von der die Studentin im Gespräch erzählt: Mehrere Schüler_innen sitzen an einem Tisch, der in einem der zur Verfügung stehenden Arbeitsräume aufgestellt ist. In dem Gespräch kommt die Studentin zweimal auf diese Situation zu sprechen:

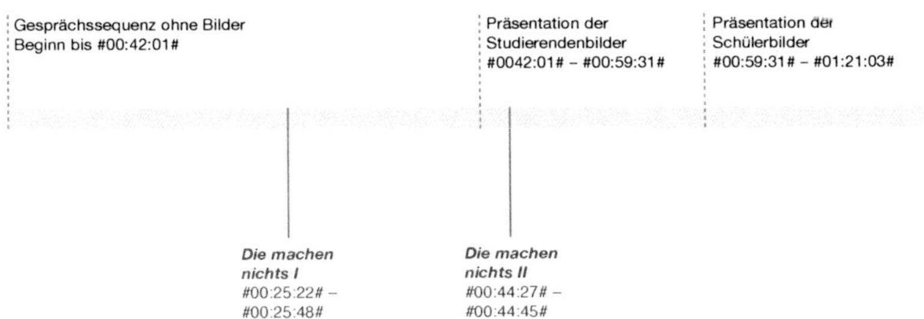

Abb. 78

Zunächst in dem Abschnitt, in dem noch keine Bilder auf dem Tisch liegen. Der herausgegriffene Auszug schließt an eine längere Passage im Gespräch an, in der die Studentin von verschiedenen Gruppen und ihren gestalterischen Arbeiten erzählt. U.a. berichtet sie in diesem Zusammenhang auch von Schüler_innen, die die Begehung des Stadtraums und die Erkundung der Installationen (erste Projekteinheit, siehe S. 178) für Besorgungen in Drogerien und für den Kauf von Fastfood genutzt haben. Daran anschließend erzählt sie, dass sie sich zu Beginn der dritten Projekteinheit nicht wohlgefühlt habe und sie äußert den Eindruck, dass die begleiteten Schüler_innen »nichts gemacht« haben.
Das zweite Mal wird diese Situation angesprochen, kurz nachdem die Fotos der Studentin auf den Tisch gelegt werden. Auf die Einladung der Forscherin, sich die eigenen Bilder anzuschauen und zu kommentieren, an welchen Bildern sie spontan hängen bleibe, deutet die Studentin mit Nachdruck *zuallererst* auf das Bild, das in der zuvor skizzierten Situation entstanden ist. Auch hier äußert sie nochmals, dass sie sich unwohl gefühlt habe.

Der Perspektive der Studentin auf die Spur kommen

Die Studentin spricht davon, sich »am anfang« »nicht so wohl gefühlt« zu haben. Sie sei bei den »jungs« gewesen und »du hast halt einfach gesehen«, dass sie »nichts machen«. Als »einzigstes mädel« habe sie dort »dazwischen« gesessen und sich gefragt, wie sie »jetzt darauf reagieren« soll und »was man jetzt so« sagen könne.
Zu Beginn braucht es drei Anläufe, um das eigene Unwohlsein zur Sprache zu brin-

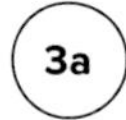

ZEIGEN (Videostills)	REDEN	GEZEIGTES (Fotografien des Schülers)	GEZEIGTES (Fotografien der Studentin)
Zu diesem Zeitpunkt des Gesprächs liegt noch kein Bildmaterial auf dem Tisch.	ja und also was mich auch, was ich ähm, wo ich mich auch nicht so wohl gefühlt hab, war bei ähm (.) bei dem johann zum beispiel am anfang. weil ähm (.), ne? wir waren bei den jungs und du hast halt einfach gesehen, die machen nichts .) und da sitzt du da als einzigstes mädel dazwischen und ähm dann weißt, jaa dann war echt so die frage, dass ich manch-mal eben genau nicht wusste so richtig, wie soll ich jetzt darauf reagieren. // mmh // also .) was sagt man jetzt so (..) genau. #00:25:48#		

Abb. 79

gen (»also was mich auch«, »was ich ähm«, »wo ich mich auch nicht so wohlgefühlt hab«). Die Studentin verknüpft dieses Gefühl mit einem bestimmten Schüler, den sie namentlich nennt (Johann). In Wir-Form erzählt sie, bei den Jungs gewesen zu sein, ohne genauer zu klären, wen das »wir«, von dem sie spricht, einschließt. Doch dass diese »jungs« nichts machen, scheint für sie mit einer gewissen Offensichtlichkeit verbunden zu sein (»du hast halt einfach gesehen«). In der zweiten Person spricht sie von ihrer Wahrnehmung, als ob es nicht nur ihr persönlicher Eindruck gewesen sei, sondern auch andere – potenziell auch ich, die Zuhörende – die Situation ähnlich einschätzen würden. »die machen nichts« sagt sie und der Satzteil, der syntaktisch eigentlich ein Nebensatz sein müsste, kommt grammatisch als Hauptsatzkonstruktion daher. Indem das Wort »nichts« ungewöhnlicherweise an das Satzende gestellt wird, erfährt es nicht nur inhaltlich eine besondere Betonung, sondern auch der gesamte Eindruck gleicht eher einer Feststellung als einer Einschätzung. Angesichts dieser Feststellung, dass die Schüler in der Situation offenbar untätig gewesen seien, deutet sich in der weiteren Beschreibung der Studentin eine gewisse Ratlosigkeit an: »und da sitzt du da als einzigstes mädel«. Es sei für sie unklar gewesen, wie sie darauf angemessen reagieren sollte und was sie hätte sagen können.

Indem hier von »jungs« die Rede ist und sie sich selbst als »einzigstes mädel« bezeichnet, wird diese Unsicherheit an eine paradoxe Konstruktion von Differenz und Gleichheit geknüpft: Die Trennung, die in der Erzählung zwischen den beteiligten Personen und der Studentin hervorgebracht wird, entsteht über eine Geschlechterdifferenz. Indem sich die Studentin selbst als »mädel« bezeichnet, grenzt sie sich von den »jungs« ab. **388** Indem sie das tut, wird gleichzeitig auf anderer Ebene eine Nähe bzw. Ähnlichkeit zu den Schülern hergestellt. Sie grenzt sich von den Schülern nicht ab, indem sie sich beispielsweise *als Studentin* zu ihnen ins Verhältnis setzt (etwa durch: *da sitzt du da alleine als Studentin dazwischen),* sondern sie stellt sich als »mädel« in bestimmter Hinsicht auf die gleiche Ebene mit den »jungs«. Auf die Rolle als angehende Lehrperson, die mit anderen Verantwortlichkeiten und Aufga-

388 Während in der ersten Bildkonfiguration auch schon eine Differenz zwischen den Rollen thematisiert wird (indem sich die Studentin der »fraktion brav« zuordnet, siehe S. 268), wird die Differenz hier vor allem über Geschlechtlichkeit hergestellt. ←

3b

ZEIGEN (Videostills) | **REDEN** | **GEZEIGTES** (Fotografien des Schülers) | **GEZEIGTES** (Fotografien der Studentin)

(Fotografien des Schülers liegen während dieser Gesprächssequenz noch nicht auf dem Tisch.)

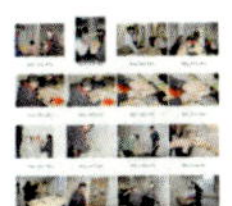

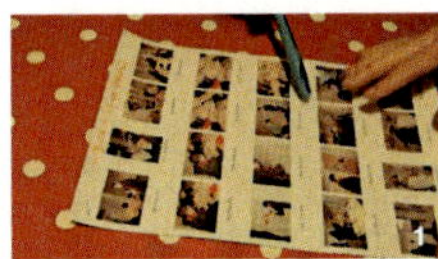

vielleicht ähm schaun wir mal und du guckst einfach was fällt dir so auf (*die Hand der Forscherin kreist den Stift haltend über den gesamten Kontaktbogen*). gibt es bilder, die (.) //mmhh// die ähm für dich nochmal besondere prägnanz haben oder #00:44:26-2#

(*die Studentin zeigt sofort auf ein eigenes Bild und tippt es wiederholt an*) ja, das war die situation, wo ähm ich mich so unwohl gefühlt hab ne? (*tippt nochmals das Bild an*)

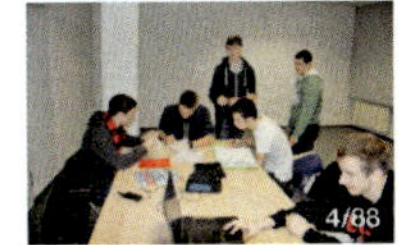

weil als er (*sie zeigt auf den Schüler links im Bild*) dann da so saß,

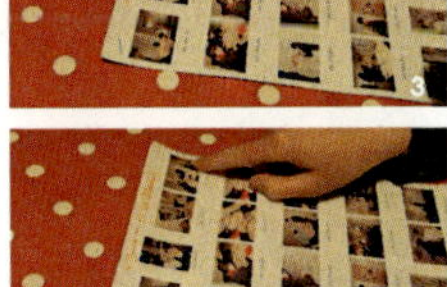

die jungs drum herum (*der Zeigefinger fährt über alle am Personen, die am Tisch sitzten, sie atmet tief ein*) und (*lacht*) er im prinzip da .) also (...)

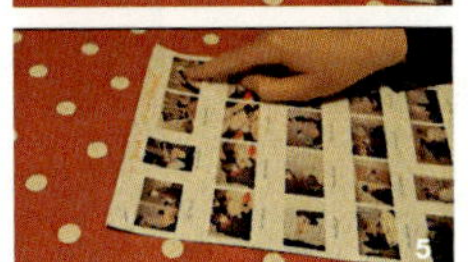

ja ich saß dann da irgendwie inmitten von diesen .) jungs rum (*tippt mehrmals mit dem Finger auf die Tischmitte*) und ich glaube die fanden das auch, weiß ich nicht, ob die das so cool fanden. örghhh (lacht) #00:44:45#

Abb. 80

ben verbunden ist, wird an dieser Stelle nicht Bezug genommen. Differenzpraktiken und Anähnelung an den Anderen scheinen in dieser kurzen Passage ineinander zu greifen.

Die Bilder der Studentin werden auf den Tisch gelegt

Als die Bilder der Studentin auf den Tisch gelegt werden und ich dazu einlade, alle Bilder auf den Kontaktbögen anzuschauen und zu kommentieren, was spontan auffalle, wandert der Finger der Studentin als erstes zu dem Bild, das in der beschriebenen Situation entstanden ist.
Sie tippt es mehrfach an. »ja«, bestätigt sie währenddessen, das sei die »situation, wo ich mich so unwohl gefühlt habe, ne?«. »er« – sie deutet kurz auf den begleiteten Schüler links im Bild – habe so dagesessen, umgeben von anderen »jungs«. Während ihr Zeigefinger über alle am Tisch sitzenden Personen fährt, atmet sie schließlich tief ein und lacht kurz. Sie habe »irgendwie inmitten von diesen jungs rum« gesessen, erzählt sie, und tippt mehrmals mit dem Finger auf die Tischmitte. Sie glaubt bzw. sie fragt sich, ob die Schüler das möglicherweise »auch« nicht »so cool« gefunden haben. Sie endet mit einem kurzen Lachen.
Wie im ersten Abschnitt, ist hier ebenfalls von einem Unwohlsein die Rede – ein Aspekt, der in beiden Gesprächsauszügen jeweils direkt zu Beginn zur Sprache kommt. Im zweiten Auszug kommt dem Wort »unwohl« zudem ein besonderes Ge-

wicht zu, indem es betont ausgesprochen wird, während die Studentin mit dem Finger mehrfach auf ein Bild zeigt (siehe Abb. 80: KF-J-3-4). Angesichts des Bildes wird eine Sitzordnung beschrieben, die zwei verschiedene Bereiche zu haben scheint: einerseits gibt es mehrere Jungen, die nebeneinander am Tisch sitzen, andererseits spricht die Studentin auch von sich selbst, wie sie »inmitten von diesen Jungs« gesessen habe. Während sie zunächst mit dem Finger über die Jungen fährt, die am Tisch sitzen und ihr Finger dabei eine kreisende Bewegung macht und über die Jungen hinwegstreicht, tippt sie anschließend auf die Tischmitte, als sie von sich selbst spricht. Während sie nachdrücklich von ihrem Unwohlsein berichtet, scheint sie sich zudem nicht sicher zu sein, wie die Schüler die Situation empfunden haben – ob sie es »so cool« gefunden haben. Worauf sich diese Frage genau bezieht, bleibt offen: Geht es um die Anwesenheit der Studentin vor Ort, inmitten der Gruppe gesessen zu haben und möglicherweise gefühlt in einen Bereich eingedrungen zu sein, der den Schülern vorbehalten gewesen ist? Sich in gewisser Weise in der fotografierten Situation als ein Fremdkörper wahrzunehmen, indem man als Lehrperson etwas beobachtet, das möglicherweise nicht beobachtet werden soll? Das Unwohlsein bezieht sich möglicherweise auch auf den Eindruck, dass die Schüler »nichts machen«, was gerade für pädagogisch Verantwortliche mit einem Unbehagen verbunden sein kann.

Während in dem ersten Auszug die Aussage, dass die Schüler »nichts machen« im Fokus steht, gerät angesichts des Bildes eher die Anordnung der Personen am Tisch in die Aufmerksamkeit. Die Studentin scheint sich selbst und den Schülern einen unterschiedlichen Bereich zuzuweisen: während die Schüler nebeneinander um den Tisch herum sitzen, markiert die Studentin im Sprechen über sich selbst die Tischmitte. Ähnlich wie im ersten Auszug taucht auch in dem zweiten Auszug nochmals die Differenz zwischen der Studentin und den Schülern als ein zentrales Thema auf. Differenz wird hier nicht nur über geschlechtsspezifische Bezeichnungen (Junge – Mädchen) hervorgebracht, sondern sie manifestiert sich auch mit dem Finger *zeigend* an der Positionierung der Anwesenden im Raum. Ausgehend von den Gesprächsauszügen deutet sich an, dass das von der Studentin wiederholt geäußerte Unwohlsein mit verschiedenen Dimensionen der Situation zusammenzuhängen scheint:

— mit dem Eindruck, dass die Schüler offensichtlich *»nichts machen«* – einem Thema, das im pädagogischen Kontext per se kontrovers ist; **389**

— mit einem Spannungsfeld, das die Rolle der Studentin zwischen Lehrperson und Schüler_innen betrifft und das im Gespräch sowohl über *Abgrenzungen der Studentin von den Schülern* als auch über *Annäherung* entsteht.

Obwohl auf das Bild mehrfach gezeigt wird und sich das *Erzählen über* die fotografierten Personen mit dem *Zeigen auf* die fotografierten Personen verschränkt,

389 Insbesondere gilt das dann, wenn Vorstellungen von Effektivität, das Einlösen von vorab festgelegten Unterrichtszielen und formulierten Kompetenzen usw. zugrunde liegen.

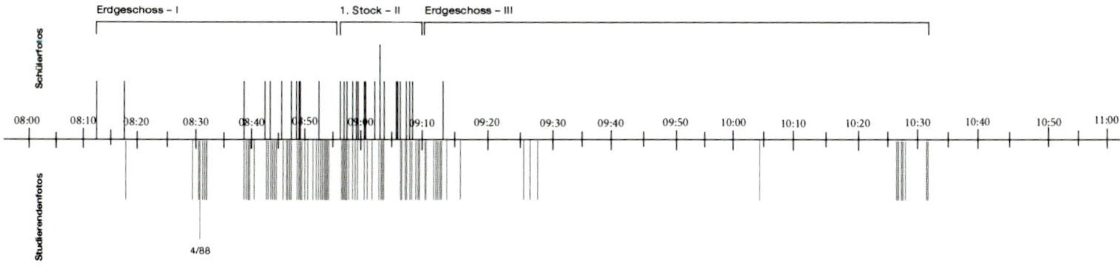

Abb. 81

geht die Studentin im Gespräch nicht weiter auf mögliche Zusammenhänge ein. Das Unwohlsein kommt zweimal zur Sprache; es werden verschiedene Einschätzungen und Aussagen formuliert, die die dokumentierte Situation betreffen, doch werden diese nicht mithilfe des Bildmaterials differenziert.

Vertiefende Bildarbeit

Das Foto, das in der erzählten Situation entstanden ist und auf das die Studentin im Gespräch Bezug nimmt, wird zu Beginn der dritten Projekteinheit aufgenommen, während der Schüler selbst gerade nicht fotografiert (siehe Abb. 81). Es handelt es sich um das vierte Foto der Studentin (KF-J-3-4), das innerhalb dieser Projekteinheit entsteht. Es ist Teil einer kurzen Sequenz, die sieben Bilder umspannt und innerhalb von zwei Minuten hochfrequent aufgenommen wird. Die Sequenz der Studentin bettet sich in einen Abschnitt ein, in dem der Schüler 20 Minuten nicht fotografiert. Dies ist die längste Pause seiner gesamten Bildstrecke.

Anders als im ersten Stockwerk, wo das fotografierende Tandem allein unterwegs ist, wird dieses Foto in Gegenwart einer *Schülergruppe* aufgenommen. Anstelle der Eins-zu-eins-Interaktion, die den beiden ersten Bildkonfigurationen und den daraus hervorgehenden Deutungen maßgeblich zugrunde liegt, rückt nun eine Gruppe und eine damit verbundene Gruppendynamik in den Fokus. Zunächst wird das von der Studentin gezeigte Bild genauer beschrieben:

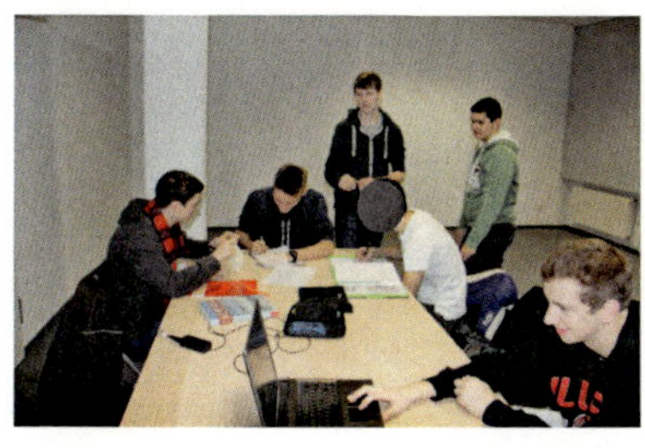

Abb. 82

KF-J-3-4 Das Bild der Studentin zeigt vier Schüler, die an einem Tisch sitzen und zwei weitere, die daneben stehen. Auf dem Tisch sind verschiedene Materialien und Dinge ausgebreitet, darunter ein Buch, Blätter, ein Heft, ein Ordner, ein aufgeklappter Laptop mit Ladekabel, Federtaschen.

Der Schüler, den die Studentin begleitet, sitzt links. Er selbst fotografiert gerade nicht und hält einen Plastikhandschuh in den Händen. Vor ihm liegt ein geschlossenes rotes Heft. Ein anderer Schüler sitzt in unmittelbarer Nähe rechts neben der fotografierenden Studentin im Vordergrund des Bildes. Er schaut auf einen aufgeklappten Laptop; sein Zeigefinger berührt gerade das Trackpad, er schmunzelt. Zwei weitere

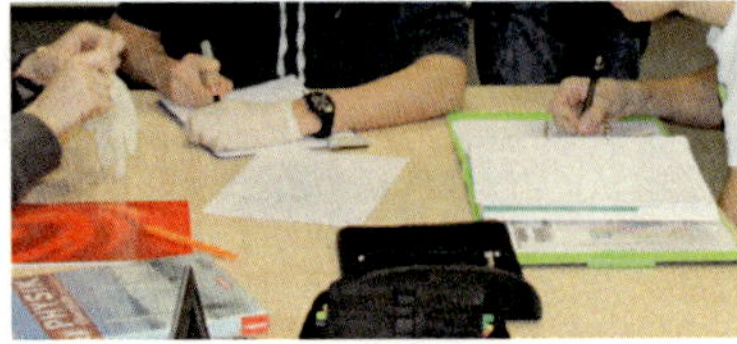

Abb. 83

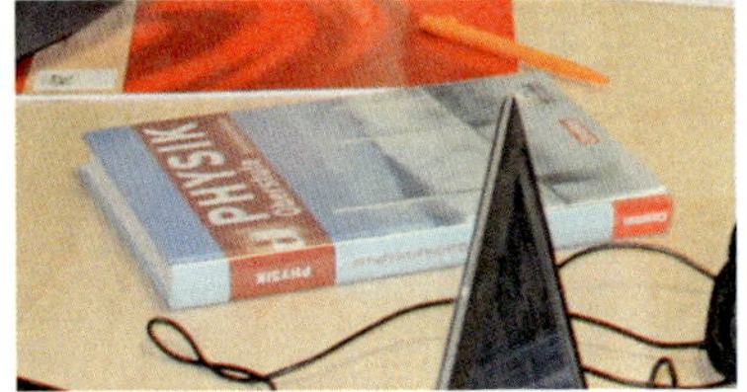

Abb. 84

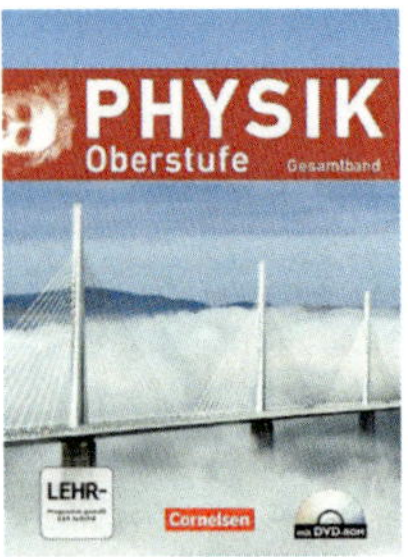

Abb. 85

Schüler sitzen an der gegenüberliegenden Seite des Tisches, beide halten einen Stift in der rechten Hand. Der Schüler, der gegenüber der Studentin sitzt, trägt an der linken Hand ebenfalls einen Plastikhandschuh (siehe Abb. 83). Sein Arm liegt quer über der Unterlage, auf die sein Blick geheftet ist und verdeckt damit weitgehend das Blatt, auf das er schreibt. Der Blick des anderen, der rechts daneben sitzt, scheint auf die vor ihm liegenden Unterlagen gerichtet zu sein, während der Stift in der Hand das Papier berührt. Beide Schüler scheinen auf ein einzelnes, kariertes Blatt mit Vierfachlochung ausgerichtet zu sein, auf dem Spuren von handgeschriebener Schrift zu erahnen sind. Das einzelne Blatt liegt schräg zwischen den beiden Schülern. Neben zwei Federmäppchen zeigt sich in der Vergrößerung (siehe Abb. 84) noch ein Buch, das geschlossen auf dem Tisch liegt. Dessen Titel *Physik Oberstufe* ist in der Vergrößerung des Bildes gut lesbar.

Im Hintergrund stehen zwei weitere Schüler, etwas unbestimmt in ihren Gesten und Blickrichtungen.

Die fotografierende Studentin nimmt eine Position mittig am anderen Kopfende des Tisches ein und fotografiert die Gruppe von einem leicht erhöhten Standort. Der Blitz der Kamera wirft Schatten. Keiner der Fotografierten schaut in die Kamera der Studentin.

Worauf machen das Bild der Studentin und vergrößerte Bildausschnitte aufmerksam? Auf den ersten Blick scheint das Bild dem Eindruck der Studentin, dass die Schüler »nichts machen«, zu widersprechen. Auf dem Tisch liegen verschiedene Materialien bereit, ein Laptop ist aufgeklappt, die Schüler sitzen einander zugewandt an der gegenüberliegenden Tischseite, andere stehen daneben, schauen zu, beobachten vielleicht. Die Schüler sitzen am Tisch, zum Teil mit einem Stift in der Hand, leicht nach vorne gebeugt und scheinen gemeinsam auf etwas ausgerichtet zu sein, das zwischen ihnen liegt: ein Blatt in ihrer Mitte. Nicht nur dieses Papier, sondern auch die zwei Plastikhandschuhe weisen auf einen kommunikativen Zusammenhang hin, der zwischen den Schülern besteht bzw. der sich vor der Aufnahme des Bildes möglicherweise ereignet hat. Es wird in der Aufnahme der Studentin also ein Arrangement sichtbar, das zunächst den Eindruck von Kommunikation und Betriebsamkeit weckt.

Für sich stehend, wirkt das Bild »unverdächtig« und regt auf den ersten Blick zu einer anderen Erzählung an, als sie von der Studentin zur Sprache gebracht wird: Anstelle der Deutung, dass die Schüler *nichts machen,* rückt der Eindruck, dass sie *anderes machen.* Es wird geschrieben, auf einen Laptop geblickt, ein Plastikhandschuh gehalten usw. – das Bild der Studentin zeigt, dass die Schüler nicht nichts machen. Sie machen vielmehr etwas, das von der Studentin erinnernd *als nichts* bezeichnet wird. *Womit mag diese Einschätzung bzw. diese Deutung der fotografierten Situation und das wiederholt ausgedrückte Unbehagen zusammenhängen?*

Weiteres Bildmaterial auslegen

Ein genauerer Blick auf die Aufnahme macht auf Aspekte aufmerksam, die mit dem Unbehagen der Studentin durchaus in einen Zusammenhang gebracht werden können. Da das Bild vergleichsweise kleinteilig aufgebaut ist, wird in den folgenden Abschnitten mit einigen starken Vergrößerungen gearbeitet.

Das Physikbuch Mittig auf dem Tisch liegt beispielsweise ein *Schulbuch* mit der Aufschrift *Physik Oberstufe Gesamtband*. Ohne zu wissen, warum es auf dem Tisch liegt, wirkt es im Kontext des kunstpädagogischen Projekts wie ein Fremdkörper. Insbesondere auch deshalb, weil die Aufnahme der Studentin während der letzten Projekteinheit entstanden ist, in der die Schülergruppen ihre gestalterischen Projekte fertigstellen (vgl. Kap. 4, S. 178). **390** Recherchearbeiten, zu denen womöglich auch ein Physikbuch und darin skizzierte Versuchsanordnungen sowie Abbildungen usw. hätten herangezogen werden können, sind zu diesem Zeitpunkt abgeschlossen. Wie, wann und von wem das Buch auf den Tisch gelegt wurde und ob es vor oder nach der Aufnahme der Studentin aufgeschlagen gewesen ist, kann mithilfe des fotografischen Bildes nicht geklärt werden. Aber *indem* es dort auf dem Tisch liegt, stiftet es dazu an, es mit dem Handeln der Schüler und der Deutung der Studentin in Verbindung zu bringen.
Während das Schreiben der Schüler, ihr Umgang mit den Plastikhandschuhen für sich genommen zum Beispiel auch als ein gemeinsames Brainstorming gelesen werden könnte, dessen Ergebnisse von zweien schriftlich festgehalten wird (der Schüler am Laptop führt womöglich gerade die entsprechende Internetrecherche durch), stiftet das auf dem Tisch liegende Physikbuch auch zu einer ganz anderen Lesart an, in der aus dem Schreiben plötzlich auch ein *Ab*schreiben werden kann. Das karierte, gelochte Blatt in der Mitte, vermutlich aus einem Ringblock entnommen, auf das sich die beiden schreibenden Schüler blickend beziehen, könnte möglicherweise die Vorlage sein, von der sie etwas (beispielsweise Physikaufgaben) abschreiben.
Aus dieser Warte das Bild zu betrachten, lässt auch andere Zusammenhänge in dem Bild in etwas anderem Licht erscheinen: So können die Gesten der drei Schüler, die an der gegenüberliegenden Seite des Tisches sitzen, nicht nur als Zuwendung zu ausgelegtem Material gedeutet, sondern auch als Gesten des *Verbergens* gelesen werden.

390 Dass die Schüler selbst noch nicht mit ihren Projekten fertig sind und sich deshalb einer anderen Aufgaben widmen, zeigt sich mit Blick auf das Bildmaterial der Studentin und des Schülers. In Bildern, die zu späteren Zeitpunkten während der Projekteinheit aufgenommen werden, tauchen die Schüler, die hier am Tisch sitzen, nochmals auf und werden bei der Gruppenarbeit gezeigt (siehe Bilder der Studentin: KF-J-3-11, -22, -27, -36–40, -69, -82–84, -86; Bild des Schülers: J-3-4).

Um dieser Spur zu folgen, lässt sich weiteres Bildmaterial einbeziehen, das zeitlich unmittelbar *nach* der Aufnahme der Studentin entstanden ist (siehe Abb. 86). Nachdem die Studentin den Tisch frontal fotografiert hat (KF-J-3-4), verändert sie ihren Standort merklich und nähert sich dem fotografierenden Schüler, der links am Tisch sitzt. Dort blickt sie ihm über die Schulter und nimmt weitere Bilder auf (KF-J-3-5 bis KF-J-3-8):

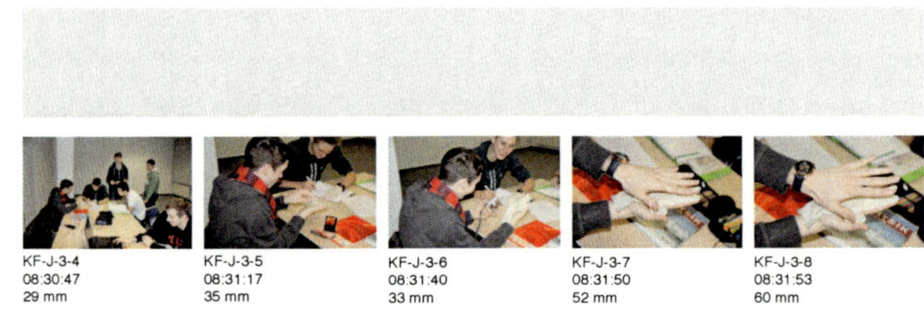

Abb. 86

Dieser *Schulterblick* erscheint aufschlussreich für das Verständnis der Situation, da das Geschehen aus einem anderem Blickwinkel gezeigt wird. Nicht nur die fotografierten Personen, sondern auch die Dinge können angesichts der Bilder dadurch in anderer Weise in die Aufmerksamkeit geraten.

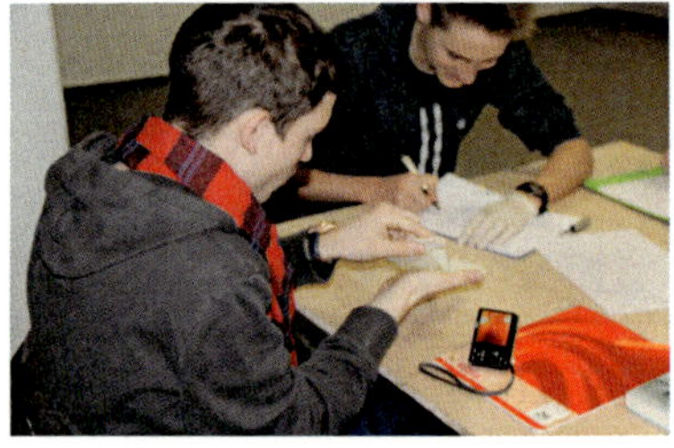

Abb. 87 / KF-J-3-5

Insbesondere die darauffolgende Aufnahme der Studentin, die 30 Sekunden später entsteht (KF-J-3-5), kann herangezogen werden, um ein differenzierteres Verständnis des Geschehens aufzublättern. Nicht nur der veränderte Standort der Studentin fällt in diesem Bild auf, sondern im Vergleich zur vorherigen Aufnahme springen plötzlich Veränderungen ins Auge, die sich innerhalb der kurzen Zeit zwischen den beiden Aufnahmen ereignet haben. Diese Veränderungen sind fast unmerklich [391] und werden erst über starke Vergrößerungen einzelner Bildausschnitte wahrnehmbar. Die folgenden Bildpaare setzen sich aus Details der ersten Aufnahme (KF-J-3-4, jeweils links) und der darauffolgenden Aufnahme (KF-J-3-5, jeweils rechts) zusammen. Die gestrichelte Linie zwischen den jeweiligen Bildausschnitten markiert den zeitlichen Abstand von 30 Sekunden, der zwischen Aufnahme KF-J-3-4 und KF-J-3-5 liegt:

391 Auf dem Kontaktbogen, wie er in den Gesprächen genutzt wurde, ist das noch schwieriger zu erkennen.

392 ›Q1‹ ist eine Abkürzung, die in Nordrhein-Westfalen in der Oberstufe zur Bezeichnung der Qualifikationsphase verwendet wird. ›Q1‹ ist im Gymnasium die Jahrgangsstufe 11, in der Gesamtschule die Jahrgangsstufe 12.

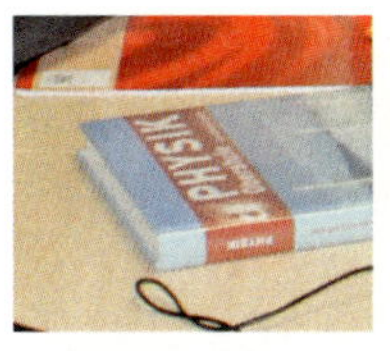

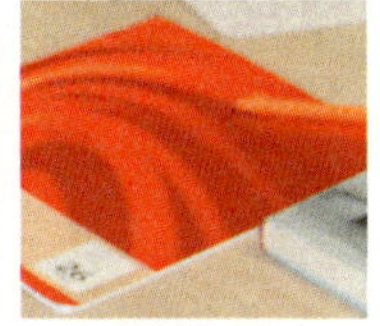

Während in der ersten Aufnahme der Studentin das Physikbuch schräg mittig auf dem Tisch liegt, hat sich seine Lage und Ausrichtung 30 Sekunden später sichtlich verändert. Es wurde um fast 180° gedreht und liegt nun neben dem Heft des fotografierenden Schülers.

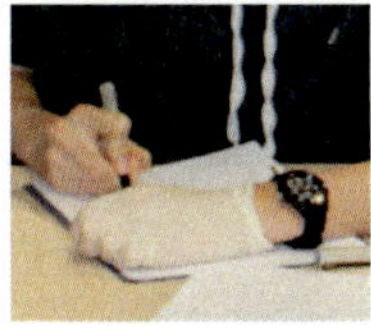
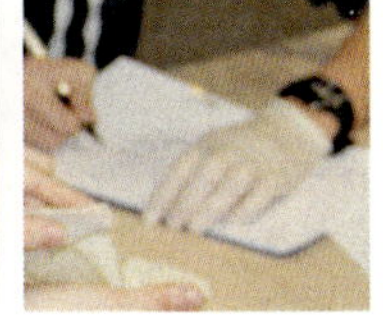

Während in der ersten Aufnahme der Studentin die Hand des Schülers, der am gegenüberliegenden Tischende sitzt, halbgeöffnet am oberen Rand des Blattes ruht, ist sie 30 Sekunden später geöffnet und zur Blattmitte gerutscht. So wird auch aus diesem Blickwinkel ein Großteil des Geschriebenen verdeckt.

Abb. 88–89

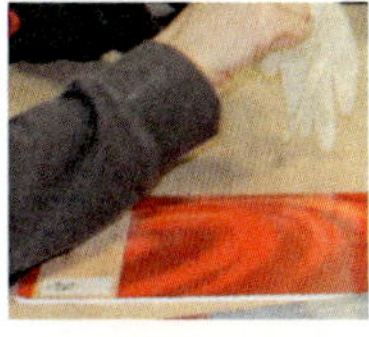
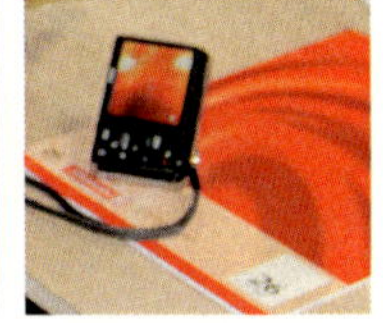

Während in der ersten Aufnahme der Studentin das geschlossene Heft vor dem Schüler liegt, taucht 30 Sekunden später seine Kamera auf. Sie liegt mit der Linse nach unten vor ihm und ist eingeschaltet. Zudem ist die Beschriftung des Heftes zu erkennen: *Name, Physik* und *Q1*. **392**

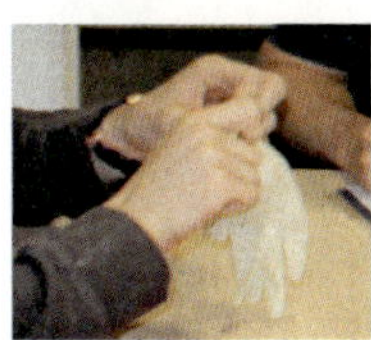
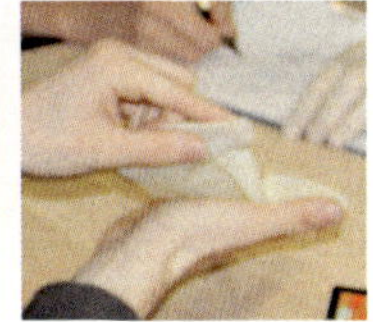

Während in der ersten Aufnahme der Studentin zu sehen ist, wie der Schüler einen Plastikhandschuh in beiden Händen hält, legt er ihn 30 Sekunden später auf seine geöffnete, rechte Handfläche.

Abb. 90–91

Es ist eine Betrachtung auf mikroskopischer Ebene. In der Gegenüberstellung der Details aus dem Bildmaterial tauchen Veränderungen des Geschehens auf, die in der Situation selbst möglicherweise für die Beteiligten weitgehend unbemerkt geblieben sind. Und doch zeigen sie etwas von der Situation und den Anwesenden:
Das Physikbuch wird nach dem ersten Foto der Studentin bewegt. Die nacheinander aufgenommenen Bilder lassen vermuten, dass es der Schüler mit der Kamera zu sich herangezogen hat. *Will er es vom Tisch nehmen und lässt es dann doch liegen, während sich die Studentin hinter ihn stellt?* Oder anders: *Richtet er das Buchcover so aus, dass es die Studentin von ihrem Standort hinter ihm betrachten kann?* Ob das Buch explizit von den Beteiligten in der Situation thematisiert wurde, ob es verdeckt oder gezeigt werden sollte, lässt sich anhand des Bildes nicht festmachen. Dass das Buch jedoch bewegt und neu auf dem Tisch ausgerichtet wird, zeigen die Bilder im Vergleich deutlich.

Interessant ist daher auch das, was sich im Hintergrund des Bildes abspielt: Die Hand des Mitschülers, die im ersten Bild der Studentin geschlossen am oberen Blattrand liegt, erscheint im darauffolgenden Bild plötzlich geöffnet und zur Blattmitte verschoben. Als ob die Hand mit der veränderten Position der Kamera ›mitgewandert‹ ist, verdeckt sie auch von dem neuen Standort der Studentin einen großen Teil des beschriebenen Blattes. Die Hand bietet Sichtschutz und versperrt der Studentin den Blick. *Soll nicht gesehen oder zumindest nicht fotografiert werden, was hier geschrieben wird?*

Mit der Veränderung des Standortes taucht plötzlich die Kamera des begleiteten Schülers auf. Während die Kamera im ersten Bild nicht zu sehen ist, liegt sie in der Aufnahme der Studentin, die 30 Sekunden später entsteht, prominent auf dem geschlossenen Heft vor dem Schüler. Offenbar hat er sie zwischenzeitlich herausgeholt und eingeschaltet. *Liegt sie plötzlich auf dem Tisch, weil die Studentin zu ihm kommt? Oder ist es umgedreht und die Studentin wird von der angeschalteten Kamera des Schülers angelockt, bereit zu fotografieren, wenn der Schüler fotografiert (gemäß ihres fotografischen Auftrags)?* Dass mit dem Blick durch die Kamera und dem Fotografieren nicht nur etwas fotografiert wird, sondern sich darüber auch Wertschätzung, Anerkennung und Interesse am Anderen vermitteln und Gestaltungsprozesse von Schüler_innen angeregt werden können, wurde in der zweiten Bildkonfiguration diskutiert (siehe Kap. 5, S. 297 f.). *Deutet sich hier ebenfalls ein Blickgeschehen an, durch das sich der Schüler aufgefordert fühlt, seine Kamera zu nutzen?*

Vor der Kamera der Studentin beginnt der Schüler schließlich, etwas mit dem Handschuh zu machen: Er legt den Handschuh flach auf seine rechte Handfläche (KF-J-3-5), nimmt die Kamera in die linke Hand (KF-J-3-6) und schließt den Handschuh dann zwischen beiden Händen ein (KF-J-3-7 u. KF-J-3-8). Eher spontan mutet diese Geste an, die hier den Blick der Studentin auf sich zieht. Im Hintergrund ist zu sehen, dass die beiden Mitschüler währenddessen weiterschreiben. Mit der Ausrichtung der Kamera auf die Hände des Schülers im Vordergrund treten die beiden Schreibenden unscharf in den Hintergrund. Während sich in der ersten Aufnahme alle anwesenden Schüler gleichermaßen im Blickfeld der studentischen Kamera befinden, scheint sich in der zweiten Aufnahme die Aufmerksamkeit der Studentin auf den von ihr begleiteten Schüler zu verschieben.

Auch der Schüler, der rechts am Tisch sitzt (KF-J-3-4), scheint in das komplexe Wechselspiel von Fotografieren und Verbergen involviert zu sein. Er beugt sich über einen Ordner und schreibt, während sich seine linke Hand unter der Tischplatte außerhalb des Blickfeldes der Studentin befindet. Ohne das erste Bild der

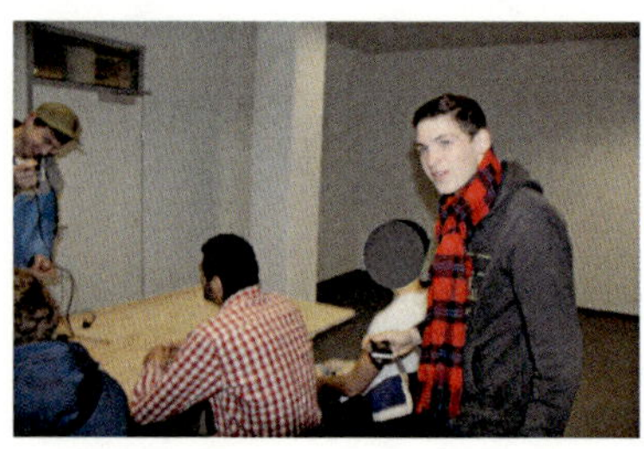

13 Minuten

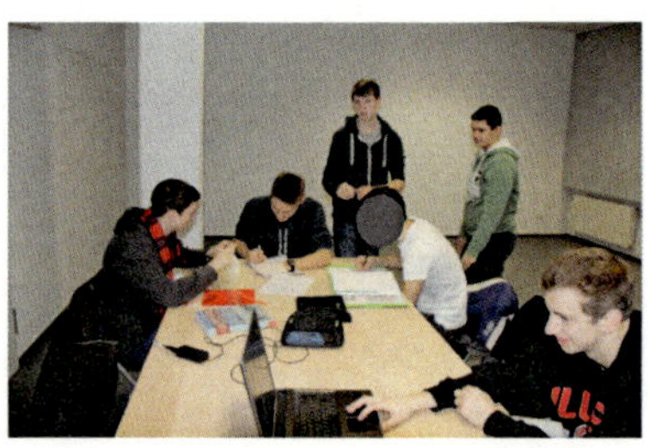

Abb. 92 / KF-J-3-1

Abb. 93 / KF-J-3-4

Studentin (KF-J-3-1), das dreizehn Minuten zuvor aufgenommen wurde, würde diese Geste kaum auffallen – es wäre lediglich ein Arm, der beim Schreiben unter dem Tisch ruht. Doch auf dem ersten Foto der Studentin ist dieser Schüler zu sehen, wie er an gleicher Position am noch leeren Tisch sitzt und ein Handy in den Händen hält. Die Schüler_innen **393** waren zwar eingeladen, ihre Handys im Rahmen des kunstpädagogischen Projektes zum Dokumentieren und Recherchieren zu benutzen, **394** doch galt gleichzeitig die im schulischen Alltag etablierte Regel, dass das Handy im Unterricht nicht privat genutzt werden dürfe. Vor diesem Hintergrund gerät der Arm des Schülers, der sich unter der Tischplatte außerhalb des Sichtfeldes der Studentin befindet, doch ins Blickfeld. *Hält er nach wie vor sein Handy in den Händen, verborgen vor dem Blick der Studentin?* (siehe KF-J-3-4)
Zurück zum Unwohlsein der Studentin: Indem das Physikbuch gut sichtbar auf dem Tisch liegt, wird – von den Schülern beabsichtigt oder unbeabsichtigt – ein Handeln ›abseits‹ des kunstpädagogischen Projektgeschehens markiert. Es eröffnen sich Lesarten, durch die die vordergründig dargestellte Betriebsamkeit der Schüler auch in *anderer* Weise gedeutet werden kann. Im Gespräch wählt die Studentin die Formulierung, dass die Schüler »nichts machen«. Dies erscheint angesichts der Bilder vergleichsweise vage. Durch die eingehendere Betrachtung des Bildes tauchen verschiedene Handlungsweisen, Materialien und Gesten auf. Dass die Studentin rückblickend davon spricht, dass die Schüler »nichts machen«, mag damit zusammenhängen, dass die Wahrnehmung von unerwartetem oder möglicherweise sogar unerwünschtem Verhalten von Schüler_innen zu kritischen Rückkopplungen führen kann, indem das eigene pädagogische Handeln **395** und Vermittlungsanliegen infrage gestellt werden können. Dass dies verunsichernd sein kann, deutet sich in dem Gespräch mit der Studentin an, wenn sie angesichts der erlebten Situation etwas ratlos scheint und sich fragt, was sie hätte sagen sollen.
Das Physikbuch wird zum Anlass, um das gezeigte Geschehen im Sinne eines Nebenschauplatzes *abseits* des Projektes zu verorten. Unabhängig davon, ob die Schüler in der dokumentierten Situation tatsächlich Hausaufgaben abgeschrieben bzw. Physikaufgaben bearbeitet haben oder ob das Physikbuch zufällig auf dem Tisch liegt, bietet diese Lesart die Gelegenheit, ein brisantes Thema der Kunstpädagogik ins Blickfeld zu rücken: *die Herausforderung, sich als Schüler_in auf offene Prozesse einzulassen bzw. die Ambivalenz, sich darauf einlassen zu müssen.*
Angesichts der vielfältigen Ansprüche, denen Schüler_innen im schulischen Alltag ausgesetzt sind, erscheint es durchaus legitim, dass sie sich selbstbestimmt Prioritäten setzen und soweit möglich, zur Verfügung gestellte Zeiträume ihren Bedürfnissen entsprechend gestalten und nutzen. Dies kann bedeuten, dass sie sich im

393 Nicht nur die Schüler_innen, die im Tandem fotografiert haben und dafür eigens eine kleine Kompaktkamera bekamen.
394 Mit dem eigenen Handy aufgenommene Fotos konnten die Schüler_innen an einem Arbeitsplatz mit PC auch ausdrucken.
395 Ich rufe in Erinnerung, dass die fotografierende Studentin hier zwar vorübergehend von ihren pädagogischen Aufgaben befreit ist, sie aber dann, wenn sie nicht fotografiert, pädagogisch Handelnde in dem kunstpädagogischen Projekt ist.

Unterricht beispielsweise von der vorherigen Sportstunde erholen, heimlich für den Test in der kommenden Stunde lernen oder Hausaufgaben machen, die sie noch nicht erledigt haben. Obwohl eine solche Prioritätensetzung und ›Zeitmanagement‹ im Schulalltag für einige (oder viele) Schüler_innen möglicherweise eine notwendige Strategie darstellen, den gestellten Anforderungen gerecht werden zu können, führt dies (nicht nur) im Kunstunterricht zu Spannungen – insbesondere dann, wenn es sich um ein außerschulisches Projekt handelt, das von Studierenden durchgeführt wird und in dem es um die Initiierung von offenen Prozessen geht, die möglichst zurückhaltend begleitet werden sollen. Eine auf offene Prozesse ausgerichtete Rahmung, in der Schüler_innen eingeladen werden, etwas *auszuprobieren,* zu *experimentieren* und zu *explorieren,* ohne dass dabei zu Beginn gewusst werden kann, was am Ende herauskommt, stellt im Grunde eine Antithese zum hochtourigen Schulbetrieb dar (vgl. Engel/Böhme 2015). Dies folgt anderen Logiken, als etwas zu erledigen, abzuarbeiten, abzuschließen. Dass ästhetische Erfahrungen Zeit brauchen und auf ein Durch- bzw. Innehalten angewiesen sind, haben Engel (2020), Loemke (2019, 2020) und Dörpinghaus (2020) in unterschiedlicher Weise erörtert.
Vor diesem Hintergrund hat das fotografische Bild der Studentin (KF-J-3-4), obwohl es auf den ersten Blick visuell nicht aus der Gesamtsequenz hervorsticht, eine elementare Bedeutung. Es macht auf eine Problematik aufmerksam, die insbesondere das Fach Kunst und die darin kultivierten ästhetischen, sinnlichen, künstlerischen Wahrnehmungs-, Erfahrungs- und Gestaltungsprozesse betreffen. Kunstunterricht zielt oftmals auf Wahrnehmungsprozesse ab, die anderen Logiken, einer anderen Zeitlichkeit und Räumlichkeit folgen (vgl. Peters 1996, Westphal 2015, 2019). Dadurch entstehen vielleicht mehr als in anderen Fächern Freiräume, die von Schüler_innen produktiv genutzt, aber eben auch zur Erledigung und Bearbeitung ganz anderer Aufgaben und Anforderungen *be*nutzt werden können. Es bedarf besonderer Bemühungen und Achtsamkeit, damit sich Schüler_innen – eingebettet in einen vielschichtigen und anspruchsvollen Schulalltag – auf offene Prozesse und unter Umständen ungewohnte und unbekannte Handlungsmodi *einlassen* können; darauf kann das Bild der Studentin aufmerksam machen.
Das Bild zeigt einen dem Fach innewohnenden Widerspruch an, der darin besteht, dass offene Prozesse, die im Kunstunterricht initiiert und begleitet werden, Teil eines schulischen Angebots sind. Sie richten sich an *Schüler_innen,* sind *nicht freiwillig* und *nicht bewertungsfrei.* Dies kann besonders in solchen Situationen für Lehrpersonen und Schüler_innen spürbar werden, in denen Lehrpersonen wahrnehmen, dass Schüler_innen etwas abseits des eigentlichen Unterrichtsgeschehens tun. Dass dies für beide Seiten unangenehm sein kann, deutet sich im Gespräch mit der Studentin an.
Das Thema Teilhabe am Unterricht bzw. Nicht-Teilnahme ist im Fach Kunst eine besonders relevante Frage, gerade weil ästhetische Erfahrungsprozesse auf Einlassung angewiesen sind und von Möglichkeiten leben, die Prozessbedingungen und Rahmungen selbst zu thematisieren und sich ggf. subversiv zu ihnen ins Verhältnis

zu setzen. Nicht selten können gerade aus subversiven Handlungen oder aus vermeintlichen Störungen Anregungen für ästhetische und selbstreflexive Prozesse gewonnen werden. So beschreibt beispielsweise Eva Sturm eine filmische Schülerinnenarbeit aus dem Kunstunterricht, in der aus einem zunächst als unangenehm wahrgenommenen Kratzen der Fingernägel über Oberflächen plötzlich eine ernsthafte künstlerische Auseinandersetzung mit Raum hervorgegangen sei. **396** Sturm berichtet anschaulich, wie die Schülerin Anneke Nuijen den Stadtraum in gleichbleibender Geschwindigkeit mit ihren Fingernägeln »erkratzt«, indem ihre Nägel über einen Geldautomat, eine Schaufensterscheibe mit Buchstabenaufdruck, über Wände, Steine usw. gleiten (Sturm 2008, S. 71). Dabei seien unterschiedliche Geräusche und Spuren entstanden, die schließlich zu einem Kurzfilm geführt haben. Bezogen auf kunstpädagogische Praxis schließen sich hier weiterführende Fragen an: *Ist es also eine Frage der Perspektive, zu welchem Zeitpunkt das Handeln von Schüler_innen als erwünscht bzw. als unerwünscht wahrgenommen wird bzw. werden kann?* Sturm schreibt dazu:

> »Der Umschlag von der Abwehr in die Erkenntnis der Produktivität einer Störung ist entscheidend für die Kennzeichnung einer Erfahrung als ›Ästhetische Erfahrung‹.« (Sturm 2008, S. 73)

Sturm betont, dass es darauf ankomme, sich als Lehrperson auf die Wahrnehmungen des Anderen einzulassen (vgl. ebd., S. 73) – auch oder insbesondere dann, wenn sie irritieren, vermeintlich stören oder quer zur eigenen Erwartung liegen. So könne die Störung in neuer und anderer Weise gedeutet werden und in ihrer Bedeutung für ästhetische Erfahrungen und Bildungsprozesse in den Blick geraten.

Auch die Studentin beschreibt angesichts ihrer Fotografie ein Geschehen, in dem sie sich unwohl gefühlt habe. Dies scheint mit dem Eindruck zusammenzuhängen, dass die Schüler »nichts machen« bzw. dass sie sich offenbar mit Physikaufgaben beschäftigen. Was könnte die Studentin aus dieser Deutungsmöglichkeit ziehen? Wie ließe sich der Einblick in das eigene Unbehagen so wenden, dass daraus produktive Impulse für das eigene kunstpädagogische Handeln hervorgehen können? Ausgehend von dem fotografischen Bild der Studentin lässt sich beispielsweise folgende Frage stellen: *Könnte potenziell auch aus dem Abschreiben ein inspirierender Impuls für die Gestaltung kunstpädagogischer Prozesse hervorgehen?* Es ist eine Frage, durch die die Beschäftigung der Schüler mit Physikaufgaben nicht stigmatisiert oder ausgeblendet wird, sondern durch die eine alltägliche und subversive Handlungsweise von Schüler_innen in einen anderen, künstlerischen Kontext gebettet wird.

Ein Beispiel, durch das diese Wende veranschaulicht werden kann, stammt aus meiner eigenen kunstdidaktischen Lehre an der Hochschule. Im Wintersemester 2015/16 führte ich an der Universität der Künste Berlin ein Seminar mit dem Titel

396 Die Schüler_innen, die an dem Projekt teilnahmen, wurden von dem Künstler Till Krause unterstützt (vgl. Sturm 2008).

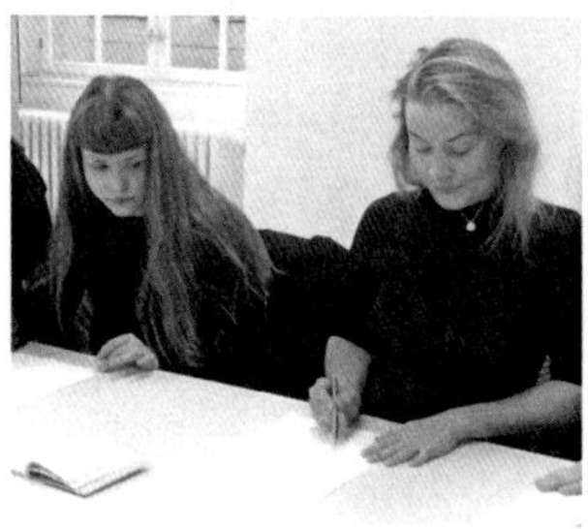

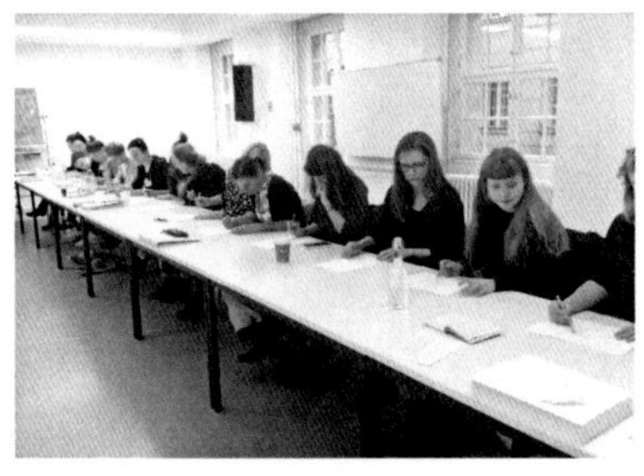

Abb. 94–95 Fotos aus dem Seminar *Let's do it right now! Kritische Aufgabenstellungen in schulischen Ordnungen*, WiSe 2015/16, Universität der Künste Berlin, Leitung/Foto: K. Böhme

Let's do it right now! Kritische Aufgabenstellungen in schulischen Ordnungen durch. Darin ging es um die Frage, wie Aufgabenstellungen im Kunstunterricht so konzipiert und formuliert werden können, dass sie auf institutionelle Rahmenbedingungen von schulischem Kunstunterricht Bezug nehmen und diese kritisch zur Diskussion stellen. Dabei wurde auch das *Abschreiben* von Hausaufgaben im Unterricht problematisiert, was schließlich zu einem zeichnerischen Experiment führte:

»Seitenblick, rüberlinsen, abgucken...: Zeichne bei deiner Sitznachbar_in ab«. Die Tische wurden in einer Reihe nebeneinander gestellt; jeder Sitzplatz wurde mit einem DIN-A4-Blatt und einem Bleistift bestückt. Die Person, die am Ende der Tischreihe saß, **397** bekam eine Bildvorlage, die sie abzeichnen sollte. Alle anderen Personen, die in der Reihe saßen, konnten aufgrund der veränderten Sitzordnung immer nur das sehen, was die Person unmittelbar daneben zeichnete.
Nach dem Prinzip der *Stillen Post* ›sickerte‹ die ursprüngliche Bildvorlage durch die Reihe der Zeichnenden hindurch und transformierte sich dabei Blatt für Blatt. Die entstandenen Zeichnungen machten darauf aufmerksam, dass *Ab*zeichnen nicht nur Reproduktion, sondern auch die *Erfindung neuer Formen* herausfordert – insbesondere dann, wenn der Blick auf die Zeichnung des Anderen durch dessen Handbewegungen versperrt wird oder die zu kopierenden Linien und Strukturen sehr komplex werden (Abb. 96–110).
Das Experiment regte dazu an, im Verlauf des Seminars weitere Aufgabenstellungen zu ähnlichen Handlungsmodi von Schüler_innen zu entwickeln, die (angehende) Lehrpersonen im Unterricht oftmals als Störung wahrnehmen oder die sie auf unterschiedliche Weisen zu vermeiden versuchen: *Mit-dem-Stuhl-Kippeln, Heimlich-Briefchen-Schreiben, Sich-im-Unterricht-offenkundig-Langweilen, Zu-spät-Kommen* usw. Allen Aufgaben lag das Anliegen zugrunde, die ästhetischen Dimensionen von Handlungsweisen zu erkunden, die sonst in erster Linie als störend empfunden wer-

397 Wir probierten es von beiden Seiten aus. Einfacher war es, wenn die Person mit dem Zeichnen beginnt, die an der rechten Seite des Tischendes sitzt (von den Studierenden aus betrachtet). Das Abgucken ist dann einfacher, weil die Zeichnung des Nachbarn nicht von dessen zeichnender Hand verdeckt wird – zumindest trifft das auf Rechtshänder_innen zu.

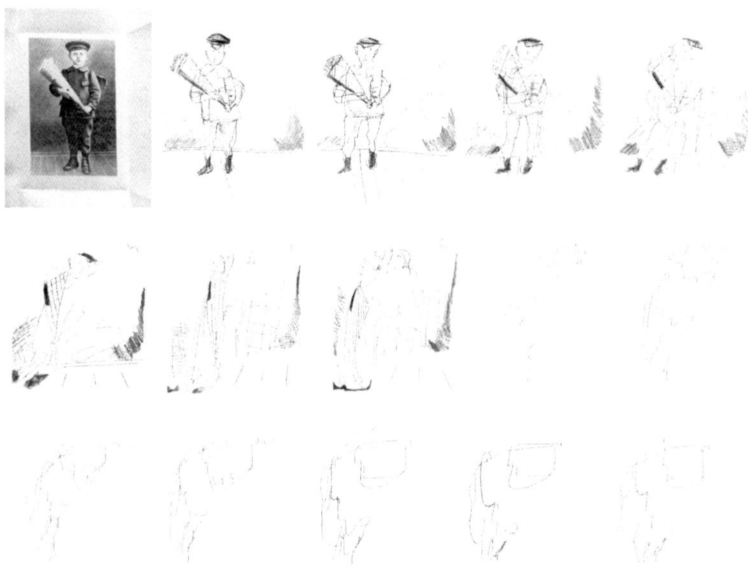

Abb. 96–110 Vorlage und entstandene Zeichnungen zur Übung im Seminar *Let's do it right now!*

den. Dabei ging es nicht darum, die Situationen, in denen die Handlungsweisen auftreten, zu verharmlosen (wenn im Unterricht Hausaufgaben abgeschrieben werden, ist das natürlich problematisch), sondern es ging darum, die Handlungsroutinen von Schüler_innen wahrzunehmen, aufzugreifen und ihnen ein ästhetisches Potenzial zu unterstellen, um letztlich mit den Schüler_innen in einen kritischen Austausch über institutionelle Rahmungen von Schule und Unterricht geraten zu können.
Wissenschaftliche Studien, wie zum Beispiel Georg Breidensteins Untersuchung zum *Schülerjob* (2006), Monika Wagner-Willis Arbeit zu *Ritualen zwischen Vorder- und Hinterbühne* im Unterricht (2005) oder Bina Mohns Videoarbeiten im Modus des *Dichten Zeigens* (2002), bieten sich als Theoriehintergründe an, um subversive Handlungsweisen von Schüler_innen im Schulalltag auf ihr bildendes und ästhetisches Potenzial hin zu befragen. Solche Handlungsweisen können vor dem genannten theoretischen Hintergrund nicht nur als Störung einzelner Schüler_innen verstanden werden, sondern sie geraten *als Antworten* auf ein System, auf Rahmungen und schulische Bedingungen sowie Ordnungen in den Blick.
Sich ausgehend von dem fotografischen Bild der Studentin mit dem Eindruck zu beschäftigen, dass die fotografierten Schüler offensichtlich »nichts gemacht« haben, eröffnet kontroverse Fragen, die einerseits mit der Gestaltung der pädagogischen Situation selbst zu tun haben und die sich andererseits auf Möglichkeiten beziehen, experimentelle Aufgaben zu entwickeln, die zu einem kritischen Dialog mit Schüler_innen über ihr Schülersein anstiften können. Während die Studentin im Gespräch vor allem von einem Unbehagen ergriffen ist, lassen sich im Rahmen der Bildarbeit neue Perspektiven auf die Situation eröffnen, durch die der wahrgenommenen Untätigkeit das Potenzial unterstellt werden kann, in einen kritischen Diskurs über institutionelle Voraussetzungen und Bedingungen von ästhetischen

Bildungsprozessen geraten zu können. Dies hat insofern mit pathischen Seiten von Lehr- und Lernprozessen zu tun, als dass das, was vom Anderen (z. B. von den Schüler_innen) herrührt und unerwartet im Unterricht passiert, stets innerhalb bestimmter Setzungen geschieht. Sich diese Setzungen genauer anzuschauen, ermöglicht es, den Anderen, sein Handeln und seine Bedürfnisse usw. in Beziehung zu setzen zur institutionellen Rahmung.

Mädels, Jungs und die Rolle der Studentin Dass zu dieser Rahmung, auf die Schüler_innen im Unterricht antworten, auch Lehrpersonen bzw. Studierende gehören, lässt sich ausgehend vom zweiten Gesprächsauszug in den Blick nehmen. Während in dem ersten Gesprächsauszug die Wahrnehmung der Studentin im Vordergrund steht, dass die Schüler »nichts machen«, geht es im zweiten Gesprächsauszug eher um die Rolle der Studentin innerhalb des Vermittlungsprojektes.
Die Studentin erzählt, dass sie sich als »einzigstes mädel« »inmitten von jungs« befunden habe. Auf widersprüchliche Weise wird die eigene Rolle in dem Vermittlungsprojekt thematisiert: Einerseits grenzt sich die Studentin von den fotografierten Schülern über eine geschlechtsspezifische Zuordnung (weiblich – männlich) und ein zahlenmäßig ungleiches Verhältnis der anwesenden Personen (Einzelperson – Gruppe) ab. Andererseits nähert sie sich den Schülern an, indem sie sich über die Selbstbezeichnung »mädel« unmittelbar zu den »jungs« in Beziehung setzt. Es entsteht eine widersprüchliche Position, die mit der Gleichzeitigkeit von *Annäherung* und *Distanzierung* gegenüber den Schülern zusammenzuhängen scheint. Dass diese Antinomie von der Studentin auch an anderer Stelle im Gespräch problematisiert wird, spiegelt sich eindringlich in dem folgenden Auszug zu Beginn des Gesprächs wider:

> »da hab ich mich manchmal auch irgendwie schon mehr so als son ganz komisches zwischending gefühlt, eben zwischen den lehrern, die ja auch anwesend waren, und den schülern und jaaa und ich dann irgendwie dazwischen, schon irgendwie, aber ich hab schon noch gemerkt, dass ich noch nicht zu ner richtigen seite passe, man ist da noch irgendwie zwischen als student, zwischen den beiden *(lacht)* stadien.« #00:10:22#

Diese Ambivalenz, d. h. sich einerseits den Schülern anzunähern und sich gleichzeitig von ihnen abzugrenzen, lässt sich mithilfe des fotografischen Bildes weiterverfolgen. Zwischen dem Wortlaut der Studentin im Gespräch und der im Bild dokumentierten Personenkonstellation, tritt eine kaum merkliche, aber dennoch bedeutungsvolle Verschiebung in Erscheinung. Diese Verschiebung betrifft die Position der Studentin im Verhältnis zur Schülergruppe: Während die Studentin im Gespräch erzählt, dass sie »inmitten« der Gruppe »gesessen« habe, bestätigt der Blick auf das Bild zwar, dass es sich ausschließlich um Jungen handelt, die in der dokumentierten Situation um den Tisch herum gruppiert sind, doch zeugt das Bild von einem anderen Standort als die Erzählung. Das Bild wurde nicht aus dem Sitzen, sondern von einem erhöhten Blickwinkel, vermutlich stehend, aufgenommen.

Vielleicht saß die Studentin mit am Tisch und stand kurz auf, um das Foto so zu machen – die aufgemerkte Verschiebung wäre unbedeutend.

Doch die Weise, wie die Kamera auf das Geschehen und die Schüler ausgerichtet wurde, ist durchaus bemerkenswert – auch wenn dieser Standort nur in einem kurzen Augenblick eingenommen wurde: Der Tisch wird auf der Mittelsenkrechten nahezu symmetrisch *eingemittet*. Während die Studentin sich erinnert, inmitten der fotografierten Gruppe »gesessen« zu haben, zeugt das Bild eher von einem frontalen Standort, von dem aus ein *Überblick* möglich wird. Grade auf das Geschehen ausgerichtet, drückt sich in dem Bild Stabilität und eine unumwundene Ausrichtung der Kamera auf die Gruppe aus. Im Gegensatz zu der Erzählung, in der sich die Studentin »als mädel« in Bezug zu den »jungs« setzt und eine Unsicherheit und sogar Ratlosigkeit spürbar wird, deutet sich in dem Bild fast eine konträre, unerwartet souveräne Blickweise an. Während die Studentin sich selbst als »mädel« bezeichnet und damit eine Nähe zu den Schülern (»jungs«) entsteht, scheint stattdessen im Fotografieren eine für Lehrpersonen typische Position eingenommen zu werden, die Distanz herstellt: einen leicht *erhöhten* Standort *vor der Gruppe*, von dem aus das gesamte Geschehen *überschaut* werden kann.

Durch diese Konstellation geraten jedoch nicht nur die Schüler in das Blickfeld der Studentin, sondern vice versa gerät auch die Studentin *im Fotografieren* in das Blickfeld der Schüler. Das Bild, das vom Kopfende des Tisches aufgenommen wird, verweist auf einen Kamerastandort, von dem aus einerseits die Anderen sichtbar werden und der gleichzeitig mit einer deutlichen Sichtbarkeit der fotografierenden Studentin für die fotografierten Schüler verbunden ist. Für alle Beteiligten ein ambivalenter Standort, um eine Situation zu beobachten, in der die fotografierten Schüler möglicherweise gerade *anderes* tun bzw. mit dem Fach Physik beschäftigt sind. Vielleicht hat die Studentin diese Problematik des Anblickens und Angeblickt-Werdens gespürt, als sie im Gespräch mehrmals ein Unwohlsein zur Sprache bringt und sich schließlich kritisch fragt, ob die Schüler ihre Anwesenheit »so cool« gefunden haben.

Welche pädagogischen Themen und Fragen lassen sich vor diesem Hintergrund angesichts des fotografischen Bildes entwickeln? Mit dem fotografischen Bild rückt in die Aufmerksamkeit, dass Blickbeziehungen im pädagogischen Kontext wirkmächtige, mitunter heikle und widersprüchliche Angelegenheiten sein können. Während das Gespräch für sich stehend in besonderer Weise von den Erfahrungen der Studentin und ihrer Verunsicherung handelt, kann mithilfe des Bildes stärker die Schüler_innenperspektive – d.h. das Angeblickt-Werden – berücksichtigt werden. Georg Breidenstein gibt in seiner Studie über die *Teilnahme am Unterricht* zu bedenken, dass die Blicke im Unterricht großen Einfluss auf das pädagogische Geschehen haben. Er schreibt bezogen auf Schüler_innen:

> »Die gesteigerte Sichtbarkeit der eigenen Person kann hemmen und/oder zu besonderen ›Aufführungen‹ herausfordern.« (Breidenstein 2006, S. 45)

Dem Blick anderer (nicht nur den Mitschüler_innen, sondern auch der Lehrperson) ausgesetzt zu sein, stelle im Unterricht Risiko und Potenzial zugleich dar. Einerseits laufen Schüler_innen Gefahr, kritisch beurteilt zu werden, andererseits bieten sich immer auch Möglichkeiten, von anderen wahrgenommen zu werden und Anerkennung zu erfahren (vgl. ebd., S. 45). Ausgehend von dem skizzierten Chiasmus kann das fotografierte Geschehen in unterschiedlicher, sogar paradoxer Weise gedeutet werden:

1. Die Bilder der Studentin und die im Moment des Fotografierens zustande kommenden Blickbeziehungen zwischen der Studentin und den Schülern können herangezogen werden, um sich den Zusammenhang von **Scham und Beschämung** genauer anzuschauen. Diese Lesart knüpft an das Unwohlsein der Studentin an, das sie im Gespräch äußert. Die Handlungsweisen der Schüler werden als Strategien des Verbergens gelesen.

2. Im Sinne Breidensteins, wonach die gesteigerte Sichtbarkeit auch zu »besonderen Aufführungen« herausfordern kann, können die Bilder und die darin dokumentierten Blicke auch ganz anders, nämlich als eine **Inszenierung der Schüler für den Kamerablick** gedeutet werden. Indem sich die Schüler schreibend und im Umgang mit der Kamera und dem Laptop der Studentin zu zeigen geben, kann die Studentin ein Foto machen, das – zumindest auf den ersten Blick – von Betriebsamkeit, Konzentration und Kommunikation handelt. Anstatt das Handeln der Schüler als Verbergen zu deuten, kann es auch als eine *Kooperation mit der Kamera* bzw. der fotografierenden Studentin gelesen werden.

Zu 1: Ohne zu wissen, ob die Studentin das Thema der Scham – und ihre Kehrseite: die Beschämung – in der Situation selbst als bedeutsam wahrgenommen hat, bietet sich das Bild an, um sich diesen Themenkomplex genauer anzuschauen, indem das *offensive Fotografieren* einerseits (frontal, erhöhter Standort, mit Blitzlicht) mit den *subversiven Gesten* der Schüler andererseits in Beziehung gestellt werden. Das Verhältnis von Blicken im Unterricht zwischen Schüler_innen und Lehrpersonen hat Breidenstein differenziert untersucht (vgl. Breidenstein 2006, S. 44–49). Er beschreibt die Blicke von Lehrpersonen als wirkmächtig für das pädagogische Geschehen, indem es von großer Bedeutung für Schüler_innen sei, ob sie sich *im* Blickfeld der Lehrperson aufhalten oder nicht. Während eine aktive Teilhabe am Unterrichtsgeschehen beispielsweise erfordere, den Blick der Lehrperson zu erhaschen (vgl. ebd., S. 46), bleibe alles, was »nicht Bestandteil des offiziellen Unterrichtsgeschäftes« sei, möglichst weitgehend dem Blick der Lehrperson verborgen (vgl. ebd. S. 45). Um der »potenziell permanente[n] Sichtbarkeit im Klassenzimmer« zu entkommen, werden »Sichtbarrieren« errichtet, um für kurze Zeit, sozusagen temporäre »Privaträume« zu schaffen (vgl. ebd., S. 49). Vorgebeugte Körper und Köpfe, herunterhängende Haare, aufgestützte und abschirmende Arme und Hände, aufgestellte Bücher oder die Vermeidung von Blickkontakt stellen Versuche von Schüler_innen dar, sich vor den Blicken der Lehrperson oder der Mitschüler_innen zu schützen (vgl. ebd.). Auch die Bilder der Studentin können mit diesen Bemühungen in Verbindung gebracht werden: Der Arm eines Schülers verdeckt wirkungsvoll das

Blatt, auf das gerade geschrieben wird; der von der Studentin begleitete Schüler legt seine Kamera gut sichtbar und eingeschaltet vor sich auf sein Physikheft; ein Handschuh wird zwischen zwei Hände gelegt, was den Blick der Studentin auf sich zieht; ein Handy wird möglicherweise unter dem Tisch versteckt; ein anderer Schüler schmunzelt währenddessen; niemand schaut in die Kamera.

Das Handeln der Schüler scheint auf das Fotografieren der Studentin zurückzuweisen. Das Bild zeugt nicht nur von dem Blick der Studentin, die die Situation auf eine bestimmte Weise *fotografiert,* sondern das Bild zeigt ebenso die Schüler, die *fotografiert werden* und die sich in ihrem Handeln in Gegenwart der Kamera auf bestimmte Weise ausrichten. Dass eine derartige Verknüpfung von Sehen und Gesehen-Werden, die in dem fotografischen Bild zumindest in Grundzügen nachvollzogen werden kann, insbesondere im pädagogischen Kontext nicht unproblematisch sei, haben Susanne Gottuck, Irina Grünheid, Paul Mecheril und Jan Wolter eindringlich in ihrer Einleitung zu dem Buch *Sehen lernen und verlernen: Perspektiven pädagogischer Professionalisierung* (2019) herausgearbeitet. Sie machen auf Ungleichheiten aufmerksam, die durch Blicke entstehen können:

> »Die Obszönität des Blicks, die Verfügbarkeit des Anderen, die Vergegenständlichung des Gegenübers, die Überlegenheit dessen, der sieht, die Scham der Betrachteten, aber auch der Kampf um die Frage, wer wen sieht und objektiverend in Augenschein nimmt, die Umkehrung des Sehens im Besehen des Sehenden etc. können als Facetten dieses Machtverhältnisses beschrieben werden.« (Gottuck/Grünheid/Mecheril/Wolter 2019, S. 6 f.)

Ähnlich gibt auch Meyer-Drawe zu bedenken, dass sich in der »Choreografie der Blicke« ein »Machtgeschehen« verwirklichen könne, in dem

> »[...] Achtung zur Beobachtung, Aufmerksamkeit zur Kontrolle und Beschämung verkommen kann« (Meyer-Drawe 2015a, S. 120).

Auch wenn diese Zitate vor dem Hintergrund der studentischen Erzählung und der Verunsicherung, die darin mitschwingt, sehr drastisch wirken, erscheint es vielleicht gerade wichtig, angesichts des fast unmerklichen Widerspruchs, der sich zwischen *fotografierter Perspektive* (sich im Fotografieren frontal dem Geschehen und den Anderen gegenüber auszurichten) und *erzählter Perspektive* (ratlos inmitten der Jungs gesessen zu haben) auftut, den fotografischen Blick um so differenzierter zu befragen – insbesondere deshalb, weil Sehen zumeist in äußerst subtiler und oftmals unbemerkter Weise mit Macht verknüpft sei. Einerseits werden (Un-)Möglichkeiten des Sehens einerseits von Machtverhältnissen bestimmt und andererseits stelle das Sehen selbst zugleich eine Form der Machtausübung dar (vgl. Gottuck 2019, S. 96, 99, 105 ff.). Während die Studentin im Gespräch bemerkt »und du hast halt einfach gesehen, die machen nichts«, sie sich als »einzigstes Mädel« im Grunde der Gruppe unterordnet und ein Unwohlsein und eine Unsicherheit bezüglich ihres pädagogischen Vermittlungsanliegens zum Ausdruck bringt, kann mit ihrem fotografischen Bild eine andere Bedeutungsdimension ins Spiel kommen, die ihr möglicherweise selbst gar nicht zu Bewusstsein gelangte bzw. gelangen konnte: die

Macht, die sie allein schon deshalb ausübt, weil sie im Rahmen des Vermittlungsprojektes pädagogisch Involvierte ist und das Geschehen mit der Kamera verfolgt. Das Bild kann auf mögliche Ungleichheiten zwischen ihr und den Schülern aufmerksam machen, die der Situation aufgrund der spezifischen Blickkonstellation innewohnen *können*. Damit kann ein Aspekt in den Vordergrund treten, der im Gespräch nicht explizit angesprochen wird und der vielmehr indirekt in der Feststellung der Studentin mitzuschwingen scheint »und du hast halt einfach gesehen, die machen nichts«. Vor dem Hintergrund des fotografischen Bildes stellt sich die Frage, ob es sich bei dieser Feststellung nicht im Grunde um eine *Unterstellung* handelt, die den Schülern eine offensichtliche Untätigkeit zuschreibt und die komplexen Machtverhältnisse, die im Unterricht wirksam und in die Schüler_innen eingebettet sind, weitgehend ausblendet. Dass die Schüler »nichts machen« scheint angesichts der Bilder zumindest nicht so ohne Weiteres und so eindeutig zuzutreffen.

Zu 2: Eine ganz andere Lesart entsteht, wenn der zweite Teil von Breidensteins Aussage zugrunde gelegt wird, dass Schüler_innen durch eine gesteigerte Sichtbarkeit nicht nur gehemmt, sondern auch zu »besonderen Aufführungen« angestiftet werden können (Breidenstein 2006, S. 45). Diese Annahme eröffnet eine andere Perspektive auf das dokumentierte Geschehen: Das Handeln der Schüler_innen muss angesichts der fotografierenden Studentin nicht nur als *Verbergen* oder als Versuche gedeutet werden, sich dem Kamerablick zu entziehen, sondern es kann auch als ein kooperativer Umgang mit dem Blickfeld der Studentin und der eigenen Sichtbarkeit verstanden werden. Breidenstein hebt hervor, dass Blickverhältnisse im Klassenzimmer nicht nur zwischen der Lehrperson und Schüler_innen bestehen, sondern dass ebenso die Sichtbarkeit der Schüler_innen untereinander, d.h. einander wahrzunehmen, eine ebenso entscheidende Rolle spiele (vgl. ebd., S. 47 f.):

> »Unter den räumlichen Bedingungen des Klassenzimmers gibt es keine echten Verstecke: Was den Blicken der Lehrerin verborgen wird, findet sicher die Aufmerksamkeit irgendeines Mitschülers [...].« (ebd., S. 47)

Während das Geschehen bisher vor allem in Bezug auf den Kamerablick der Studentin beschrieben und gedeutet wurde, können nun auch die Blickverhältnisse der Schüler untereinander in den Fokus geraten. Die Schüler scheinen sich nicht nur auf den Blick der Studentin auszurichten, sondern sie bemerken auch einander.

Sie befinden sich nicht vereinzelt oder nacheinander im Blickfeld der Studentin, sondern gleichzeitig und als Gruppe. Indem sie weiterschreiben, dabei aber das Geschriebene verdeckt wird, indem die Schülerkamera eingeschaltet und bereitgelegt wird, indem mit einem Handschuh ein kleines Materialexperiment aufgeführt wird usw., arrangieren die Schüler ein Bild von Betriebsamkeit, das die Studentin aufnimmt. Es entsteht ein Bild, das auf den ersten Blick nach ›wirksamem Unterricht‹ aussieht. Anstatt den fotografischen Blick der Studentin ausschließlich mit Zudringlichkeit und Beschämung zu verknüpfen und das Handeln der Schüler entsprechend

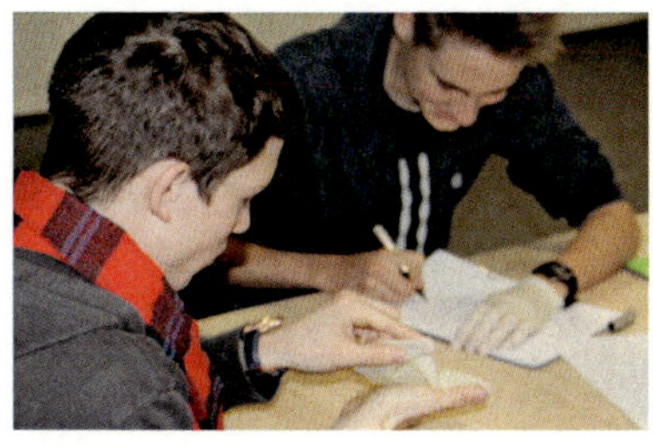

Abb. 111 Detail aus **KF-J-3-5**

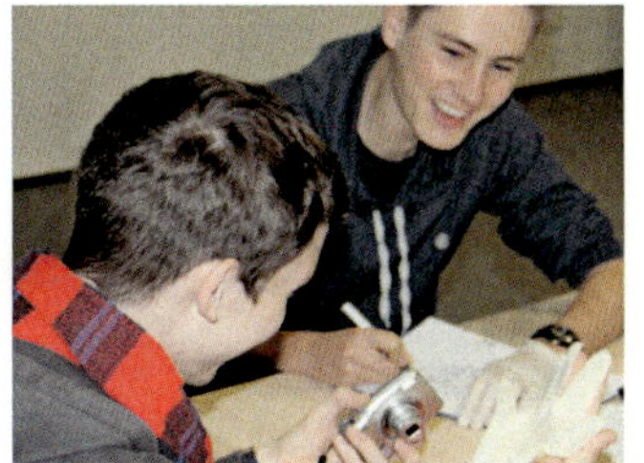

Abb. 112 Detail aus **KF-J-3-6**

mit Scham, lässt sich auch eine ganz andere Lesart des Blickszenarios entwickeln: ein *doing student,* **398** das in Kooperation performt wird. Die Schüler scheinen zu wissen, wie das Bild von wirksamem Kunstunterricht aussieht und wie sie sich angesichts der Kamera mit minimalem Einsatz und beschränkten Mitteln entsprechend inszenieren können (z. B. durch das kleine Experiment mit dem Handschuh oder das Bereitlegen und Einschalten der Schülerkamera).

Sich die Situation in dieser Weise anzuschauen, löst natürlich die Grundproblematik, dass hier möglicherweise Physikaufgaben bearbeitet werden, nicht auf, aber es eröffnet sich eine andere Perspektive auf die fotografierten Schüler. Anstatt das Geschehen vor allem mit Disziplinierung und Beschämung in Verbindung zu bringen, kann den Schülern auch eine Selbstermächtigung zugeschrieben werden, indem sie sich als Gruppe in spezifischer Weise im Blickfeld der Kamera inszenieren und darüber Einfluss darauf nehmen, wie sie in die Wahrnehmung und ins Bild der Studentin geraten.

Die fotografischen Bilder der Studentin laden dazu ein, eine eindimensionale Beobachterperspektive zugunsten eines komplexen Blickszenarios zu verlassen, das sich durch mehrdeutige Ungleichheiten und Blickverhältnisse auszeichnet. Die Bilder machen darauf aufmerksam, dass alle Anwesenden in dieses Blickszenario eingebettet sind. Auch hier zeigt sich wieder, dass das, was vermeintlich von den Anderen herrührt, auf einer sehr grundlegenden Ebene mit der eigenen Wahrnehmung und Präsenz in der Situation verbunden ist.

Entstandene Bildkonfiguration im Überblick

Ausgangspunkt der Bildarbeit ist das im Gespräch zum Ausdruck gebrachte Unwohlsein der Studentin und die Zuschreibung, dass die Schüler »nichts machen«. Da Bilder jedoch, wie Heßler/Mersch (2009) mit Wittgenstein betonen, unmöglich etwas verneinen bzw. *etwas nicht zeigen* können, **399** eröffnet sich zwischen der Aussage der Studentin im Gespräch und dem in der Situation entstandenen Bild

398 Im englischen Sprachgebrauch bezieht sich doing student auf Schüler_innen, nicht auf Studierende.

399 Wittgenstein verdeutlicht dies an einem einfachen Beispiel: »Ich kann ein Bild davon zeichnen, wie Zwei miteinander fechten; aber doch nicht davon, wie Zwei miteinander nicht fechten (das heißt nicht ein Bild, dass bloß dies darstellt).« (Wittgenstein 2000, S. 83f., zitiert in Mersch 2007, S. 11)
Anders als in der Sprache, in der Distinktionen und Negationen vorgenommen werden können,

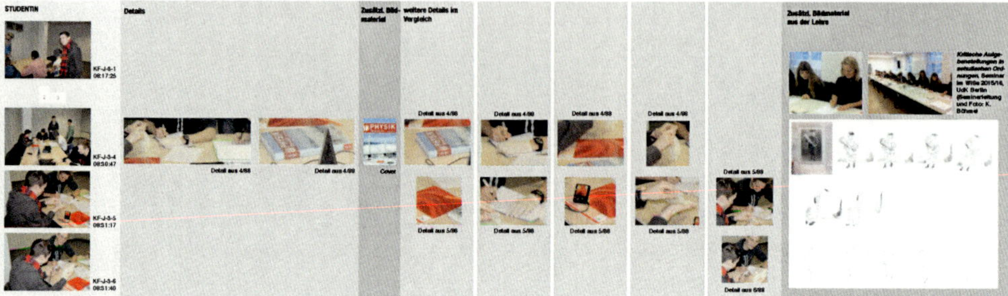

Abb. 113

ein bedeutungsvoller Widerspruch. Dem Eindruck der Studentin, dass die Schüler »nichts machen«, wird mit dem Bild zwangsläufig *etwas anderes* gegenübergestellt. Die Zusammenstellung zahlreicher Bilddetails führt zu der Vermutung, dass das vermeintliche »nichts machen« möglicherweise ein Schülerhandeln abseits des kunstpädagogischen Projektgeschehens ist. Die Anordnung und Verschiebung der Objekte auf dem Tisch, die Gesten der Schüler im Moment des Fotografiert-Werdens sowie die Blickweise der fotografierenden Studentin selbst werden als Spuren eines zusammenhängenden Blickszenarios gedeutet, in dem *Zeigen* und *Verbergen, Vermittlungsprojekt* und *Physikaufgaben, Hauptgeschehen* und *Hinterbühne, informelles* und *den Erwartungen entsprechendes Handeln* ineinandergreifen.
Im Gegensatz zu der jugendlichen Selbstzuschreibung der Studentin (»Mädel«) und ihrer zum Ausdruck gebrachten Verunsicherung lässt sich unter Berücksichtigung des Bildmaterials ein anderes, (selbst-)kritisches Verständnis für das fotografierte Geschehen entfalten. Auf verschiedenen Ebenen erscheint die Studentin eingebunden in Ungleichheiten (Alter, Geschlecht) und Machtverhältnisse. Die Berücksichtigung dieser Eingebundenheit ermöglicht es, Themen wie *Scham* und *Beschämung*, die *Bedeutung der Störung für ästhetische Erfahrungsprozesse* und der *Imperativ, der mit offenen Prozessen im Kunstunterricht* verbunden sein kann, zu reflektieren. Die Prioritätensetzung der Schüler, d.h. ihre vorübergehende Abkehr vom Projektgeschehen, wirft Fragen auf, die nicht nur das spezifische Projekt selbst oder die fotografierten Schüler im engeren Sinne betreffen, sondern die basale Parameter schulischen Alltags berühren (Hierarchie der Fächer, Vorstellungen von effektiver Lernzeit, Zeitmanagement usw.).

sei es im Bild unmöglich, eine Verneinung darzustellen. Die Aussage, dass zwei nicht miteinander fechten, lässt sich im Bild nicht ohne Weiteres (d.h. zum Beispiel ohne einen Kontrast) darstellen. Bildern komme vielmehr eine *»affirmative Kraft«* (Heßler/ Mersch 2009, S. 22) zu, eine grundlegende »Nichthypothezität von Wahrnehmungen« (Heßler/Mersch 2009, S. 23). Sie können etwas zeigen und in die Sichtbarkeit bringen (zum Beispiel zwei Fechtende), aber sie können dies eben nicht negieren (vgl. Mersch 2007, S. 11). Heßler und Mersch beziehen sich auf Gottfried Boehm, um diesen Gedanken auszuführen und merken an, dass Bilder eine »Sowohl-als-auch-Logik« aufweisen und auf Kontraste sowie das Nebeneinander von Unterschiedlichem angewiesen seien (vgl. Heßler/Mersch 2009, S. 24 f.).

Zwischenüberlegungen und Überleitung zur vierten Bildkonfiguration

Das Thema ›Handeln von Schüler_innen innerhalb offener Prozesse im Kunstunterricht‹ findet in der vierten Bildkonfiguration eine Fortsetzung. Das Anliegen und Bemühen der Studierenden, im Rahmen des Vermittlungsprojektes möglichst offene Prozesse zu initiieren, wird im Gespräch mehrmals zur Sprache gebracht. Die Studentin zeigt sich insbesondere von jenen Momenten von dem Projekt begeistert, die sie als besonders »offen« wahrnimmt bzw. in denen sie den Schüler_innen zuschreibt, offen gewesen zu sein. Eine Passage im Gespräch, an der sich dieses Thema differenziert aufblättern lassen kann, ereignet sich zu Beginn des Gesprächs nach ca. 20 Minuten. Aus einer Vielzahl verschiedener Schüler_innengruppen **400** hebt die Studentin lobend eine bestimmte Gruppe hervor, die ihrer Meinung nach besonders offen gewesen sei. Sie erinnert sich an ein einzelnes Foto, das sie von dieser Gruppe aufgenommen hat, und macht an diesem vorgestellten Bild ihre Einschätzung fest. Inhaltlich steht dieses Thema in engem Zusammenhang zu der vorherigen Bildkonfiguration, die um das vermeintliche »nichts machen« kreist. Während das »nichts machen« negative Affekte hervorruft und mit einem Unwohlsein verknüpft wird, erinnert sich die Studentin an anderer Stelle im Gespräch an eine Schülergruppe, der sie eine hervorstechende »Offenheit« unterstellt. Dies zeigt sich verbunden mit Wohlwollen und Begeisterung.

In der letzten Bildkonfiguration steht damit ein zentraler, oftmals positiv konnotierter Begriff kunstpädagogischer Praxis im Fokus, der jedoch genauso wie die Einschätzung, dass die Schüler »nichts machen« nach einer Differenzierung verlangt. Auch offene Prozesse (gerade weil sie bei der Studentin eine scheinbar uneingeschränkte Begeisterung hervorrufen) ziehen kontroverse Fragen nach sich: Was ermöglichen und verlangen sogenannte »offene Prozesse« von Schüler_innen und Lehrpersonen im Kontext des Kunstunterrichts? In welcher Beziehung steht »Offenheit« zu Begriffen wie *Rahmung, Anweisung* oder *Maßgabe?* Wie hängt die Einschätzung, dass die Schüler_innen »offen« gewesen seien, mit eigenen Erwartungen, Vermittlungsanliegen und Wünschen zusammen?

Die vierte Bildkonfiguration widmet sich der Differenzierung einer positiven Unterstellung. Bei dem Bild, auf das sich die Studentin bezieht, handelt es sich um ein *erinnertes Bild,* das lediglich kurz in ihrer Erzählung auftaucht und zur Bestätigung der eigenen Deutung herangezogen wird. Die Bildkonfiguration befragt die Begeisterung der Studentin, um einen häufig verwendeten Begriff vor kunstpädagogischem Theoriehintergrund situationsspezifisch zu konkretisieren. **401**

400 Insgesamt haben drei Kunstkurse mit jeweils ca. 20 Schüler_innen an dem Vermittlungsprojekt teilgenommen. Die Gruppen setzten sich jeweils aus 3–5 Schüler_innen zusammen. Alle drei Kurse zusammengenommen, gab es ca. 15 Schüler_innengruppen.

401 Ein Teil dieser Bildkonfiguration wurde vorab in dem Artikel Böhme, K. (2019): *Wahrnehmungen vom Anderen – anders wahrnehmen. Vorstellungen von Kunstunterricht gemeinsam mit Lehramtsstudierenden reflektieren* veröffentlicht. Der Text erschien in: Kunz, R./Peters.M. (Hg.) (2019): *Der professionalisierte Blick. Forschendes Studierenden in der Kunstpädagogik.* kopaed, München. S. 204–223. Insbesondere S. 210–217 beziehen sich auf die vierte Bildkonfiguration.

5.3.4 ›Diese Gruppe mit der Mütze war sehr offen‹ – Eine Bildkonfiguration zum Begriff ›Offenheit‹ als fragile und taktile Qualität von (kunst-)pädagogischen Prozessen

Kurzporträt und Begründung der Bildkonfiguration

Während der ersten Projekteinheit sind die Schüler_innen eingeladen, sich in Kleingruppen im Bahnhofsviertel umzuschauen und die Installationen von Tobias Rehberger aufzusuchen, die an verschiedenen Schaltkästen im Bahnhofsviertel stehen. Die Begebenheit, um die sich die vierte Bildkonfiguration dreht, spielt während dieser ersten Projekteinheit im Stadtraum. Die Studentin bezieht sich auf eine Schüler_innengruppe, die sie mit der Kamera begleitet hat und geht kurz auf eine Situation ein, die sich an der Installation *Alabama* (Bahnhofstraße/Urbanstraße) ereignet hat. Sie erinnert sich an ein Foto, das sie gemacht hat und bestätigt, dass diese Gruppe »sehr offen« gewesen sei.

Die Studentin kommt einmalig und vergleichsweise kurz auf diese Situation zu sprechen (siehe Abb. 114). Das Bildmaterial liegt währenddessen noch nicht auf dem Tisch. Anders als in den vorherigen Gesprächsauszügen, in denen die angesprochenen Situationen explizit, d.h. *zeigend,* mit dem ausgebreiteten Bildmaterial verknüpft werden, wird auf das in diesem Gesprächsauszug herangezogene Einzelbild *nicht gezeigt,* sondern es wird von der Studentin *erinnert.*

Der Auszug, der sich auf die Gruppe bezieht, die von der Studentin als »sehr offen« wahrgenommen wird, verortet sich im Gespräch unmittelbar vor dem Auszug, auf dem die dritte Konfiguration aufbaut (»die machen nichts«). In gewisser Weise hängen die beiden Gesprächsauszüge zusammen, indem einerseits Schüler_innen hervorgehoben werden, die der Studentin offenbar als besonders »offen« aufgefallen sind, während sie an anderen Schüler_innen eine Untätigkeit bemerkt.

Die vierte Bildkonfiguration ist die einzige, die sich direkt auf die Installationen von Rehberger beziehen. Diese Bildkonfiguration fällt insofern etwas aus der Reihe, berührt damit aber im Grunde einen inhaltlichen Kern des Vermittlungsprojektes. **402** Auch andere Parameter sind in dem Bildmaterial, auf dem die folgende Bildkonfiguration aufbaut, etwas verschoben:

— Mit dem *erinnerten Bild* bezieht sich die Studentin auf eine *andere Projekteinheit* (die erste von drei Einheiten). Während es in der dritten Einheit darum ging, **403** dass die Schüler ihre eigenen gestalterischen Arbeiten abschließen, ist die erste Einheit der Erkundung des Stadtraums und den Installationen von Rehberger gewidmet. Es handelt sich – anders als in Bildkonfiguration 1 bis 3 – nicht um den Abschluss des Vermittlungsprojektes, sondern um dessen Auftakt.

— Das erinnerte Bild zeigt Schüler_innen aus einem *anderen Kurs.* **404**

— Während die ersten drei Bildkonfigurationen auf Bildmaterial aufbauen, das teilweise abseits des eigentlichen Projektgeschehens fotografiert wurde, **405** bezieht sich das erinnerte Bild auf die Auseinandersetzung einer *Schüler_innengruppe* mit einer Installation von Rehberger im Stadtraum.

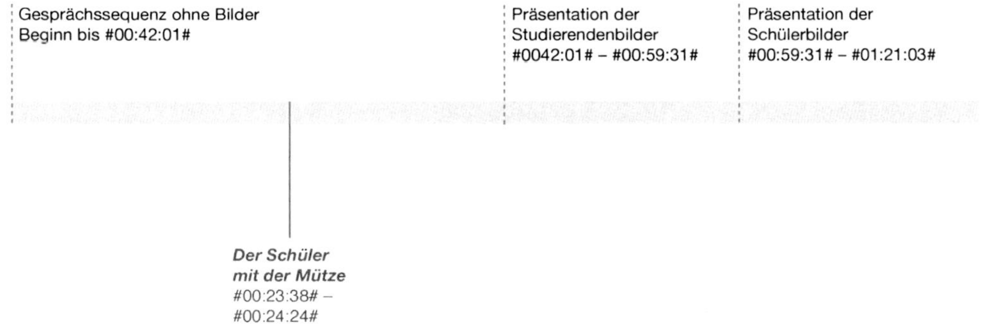

Gesprächssequenz ohne Bilder
Beginn bis #00:42:01#

Präsentation der
Studierendenbilder
#0042:01# – #00:59:31#

Präsentation der
Schülerbilder
#00:59:31# – #01:21:03#

Der Schüler mit der Mütze
#00:23:38# –
#00:24:24#

Abb. 114

Der Perspektive der Studentin auf die Spur kommen

Der Auszug bettet sich in eine längere Passage im Gespräch ein, in der die Studentin von verschiedenen Schüler_innengruppen und deren unterschiedlichen Weisen berichtet, sich mit den Installationen zu beschäftigen und sich auf das Projekt im Ganzen einzulassen (siehe Abb. 115).

Bevor sie positiv auf eine bestimmte Gruppe zu sprechen kommt, weil sie diese offenbar als »sehr offen« erlebt hat, erzählt sie von einer anderen Gruppe. »am anfang war das echt sehr schwierig« merkt sie an und bezieht sich auf Schüler_innen, die sich »sehr stark eben an diesen schaltkästen orientiert« und diese »abgelaufen« haben. Diese Schüler_innen bezeichnet sie als »die braven irgendwie«. Im Gegensatz dazu wird anschließend auf eine andere Gruppe Bezug genommen. Namentlich hebt sie diese hervor: »dann hatte ich eine gruppe dabei mit hannes«. Dies sei der Schüler »mit der mütze« gewesen. Sie kommt auf ein bestimmtes Foto zu sprechen und fragt mich, ob ich dieses Foto kenne, »wo er die mütze da neben diesn schalterdings ähm (..)« – der Satz bleibt unvollständig. Dieser Schüler habe seine »gestreifte wollmütze« neben die »gestreiften röhren von rehberger« gehalten. Sie lacht und betont, dass »DIE gruppe zum beispiel [...] sehr offen« gewesen sei. Sie wiederholt das nochmals: »die waren sehr offen.«

402 Das Vermittlungsprojekt bezieht sich auf die Arbeiten von Rehberger (siehe Kap. 4, S. 176).
403 In allen vorangehenden Bildkonfigurationen liegen Bilder zugrunde, die in der dritten Projekteinheit entstanden sind.
404 Es haben insgesamt drei Oberstufenkurse aus unterschiedlichen Schulen in Münster an dem Projekt teilgenommen. Jeder Kurs kam insgesamt dreimal zu jeweils unterschiedlichen Terminen in den Projektraum.
405 Die Bilder sind teilweise entstanden, als die fotografierende Studentin und der fotografierende Schüler zu zweit, im ersten Stockwerk des Gebäudes unterwegs gewesen sind. Dass dieses Stockwerk nicht betreten werden sollte und dass sich die Fotografierenden abseits des eigentlichen Hauptgeschehens bewegen, ist ein wichtiges Moment der Deutungen, die angesichts des Bildmaterials entwickelt werden.

ZEIGEN (Videostills)	REDEN	GEZEIGTES (Fotografien des Schülers)	GEZEIGTES (Fotografien der Studentin)
Zu diesem Zeitpunkt des Gesprächs liegt noch kein Bildmaterial auf dem Tisch.	Studentin: am anfang war das echt sehr schwierig .) die [Schüler, KB] haben sich dann noch sehr stark eben an diesen schaltkästen orientiert und sind die abgelaufen und ähm .) ja (..) also son bisschen so die braven irgendwie. //mmhh// dann hatte ich eine gruppe dabei mit hannes? das ist der mit der mütze. wo diedda auch diese .) kennst du dieses foto, wo er die mütze da neben diesn schalterdings? ähm (..) ja ähm #00:24:03-7# Forscherin: warn das die mit den raptexten? #00:24:05-0# Studentin: nee, die ham die aufkleber gemacht: *dermatologisch getestet* //ja// und die überall hingenommen //ja// genau. und dieser hannes hat immer so 'ne wollmütze //ja// (...) seine wollmütze war so gestreift //ja ja// und °die hat er neben die, neben die gestreiften röhren von rehberger gehalten° ((lacht)). DIE gruppe zum beispiel die waren sehr offen //ja// die waren sehr offen. #00:24:24#		

Abb. 115

Zwei verschiedene Schüler_innengruppen werden in dem kurzen Auszug einander gegenübergestellt: die »braven« und diejenigen, die sich davon abgrenzen, indem sie »sehr offen« gewesen seien. Während die »braven« **406** sich lediglich an den Schaltkästen »orientiert« haben und diese »abgelaufen« seien, haben die anderen, »offenen« Schüler_innen offenbar etwas mit der Installation gemacht. Das Vorgehen der »braven« Schüler_innen wird als wenig eigenständig empfunden, denn die Schaltkästen werden lediglich »abgelaufen«. Eine Auseinandersetzung mit den Installationen, die um die Schaltkästen herumgebaut sind, wird nicht erwähnt. Die anderen, »offenen« Schüler_innen bilden dazu einen Kontrast. Namentlich wird eine bestimmte Gruppe und deren Erkennungsmerkmal (die Mütze) hervorgehoben. Plötzlich erinnert sich die Studentin an ein bestimmtes Foto und fragt nach, ob ich es auch kenne: Das Foto, auf dem der Schüler seine gestreifte Mütze neben »diesn schalterdings« gehalten habe. Nachdem sich die beiden Gesprächspartner_innen kurz vergewissern, dass sie tatsächlich dieselbe Schüler_innengruppe im Kopf haben, kommt die Studentin nochmals auf dieses Foto zurück: Lachend erzählt sie, dass »dieser hannes« seine »gestreifte wollmütze« »neben die gestreiften röhren von rehberger« gehalten habe. Sie erinnert sich an Details der fotografierten Situation: die »mütze« wird zur »wollmütze«, das »schalterdings« wird konkretisiert, indem von den »gestreiften röhren von rehberger« **407** die Rede ist. »DIE« Gruppe, die die Studentin mit dieser Situation in Verbindung bringt, sei »sehr offen« gewesen. Laut und betont bringt sie ihre Einschätzung zum Ausdruck und wiederholt dies schließlich nochmals mit Nachdruck.

Die Studentin kommt im Verlauf des Gesprächs nicht nochmals auf das erinnerte Bild zurück. Es entsteht keine weitere Gelegenheit, um diese Einschätzung mithilfe des Bildmaterials gegenzulesen bzw. zu differenzieren. Es drängt sich daher die Frage auf, *welche Vorstellungen von ›offen-sein‹ hier gemeint sind? Inwiefern hängt ›offen-sein‹ mit dem Moment zusammen, in dem ein Schüler seine gestreifte Mütze an eine Installation von Tobias Rehberger hält* (vgl. Böhme 2019, S. 211)? Eine Differenzierung dieser Zuschreibung erscheint aus kunstpädagogischer Perspektive interessant, um sich nicht nur impliziten *Vorstellungen vom Anderen,* sondern auch *pädagogisch wirksamen Begriffen* kritisch zuwenden zu können.

Vertiefende Bildarbeit

Bei der Suche nach dem fotografischen Bild, auf das sich die Studentin im Gespräch erinnernd bezieht, fällt auf, dass ihre Beschreibung – anders als es ihre Erzählung nahelegt – keinem Einzelbild zugeordnet werden kann.

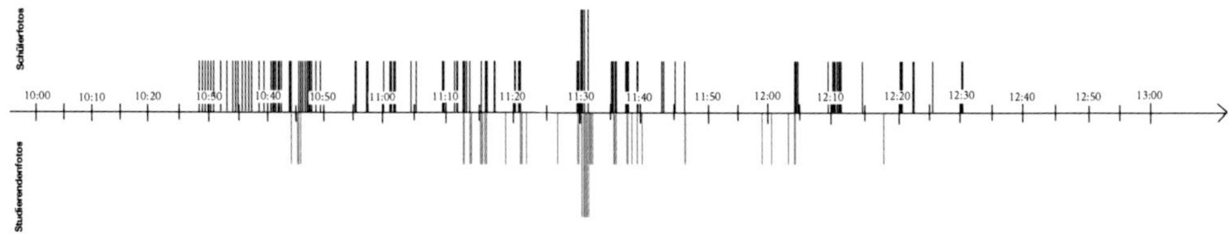

Abb. 116

In vier aufeinanderfolgenden Bildern der Studentin zeigt sich das von ihr beschriebene Motiv. Zeitgleich hat auch der von ihr begleitete Schüler fotografiert. Bevor die Bilder der Studentin und des Schülers in Beziehung gestellt werden, werde ich an das Gespräch mit der Studentin anknüpfend zunächst ihre Fotos genauer beschreiben. **408** Anschließend werden die Aufnahmen des Schülers hinzugenommen.

406 Der Begriff ›brav‹ taucht insgesamt zweimal im Gespräch an unterschiedlichen Stellen auf. Während er hier zur Charakterisierung von Schüler_innen verwendet wird, nutzt die Studentin ihn an späterer Stelle im Gespräch nochmals, um sich selbst damit zu beschreiben (»ich gehöre zur fraktion brav«, siehe S. 245 f.). Brav ist ein Wort, das vor allem Erwachsene verwenden, um das regelkonforme Verhalten von Mädchen zu loben. ›Brav‹ scheint die Studentin bezogen auf Schüler_innen »schwierig« zu finden, bezeichnet sich paradoxerweise selbst als »brav«.

407 Die Formulierung »röhren von rehberger«, die die Studentin nutzt, um die Installation zu beschreiben, mutet etwas salopp an. Wirft man einen Blick in die Pressemappe des ISG e.V., begegnet einem in vielen Überschriften von Zeitschriftenartikeln ein ähnlicher Ton: u.a. »Rehbergers Röhren«, »Wenn Goethe das wüsste: Rehbergers Tamina wird als Sportgerät benutzt«, »Die elf Monde für Münster«, »Neumond statt Rotlicht« usw. (siehe: https://www.bahnhofsviertelmuenster.de/fileadmin/Dateien/Daten/10_06_Projektgruppe_Schaltschraenke/Dokumentation_Schaltschraenke.pdf, S. 16 f., aufgerufen am 20.04.2021).

408 Die Bildbeschreibungen wurden weitgehend unverändert übernommen, siehe Böhme 2019, S. 212 f.

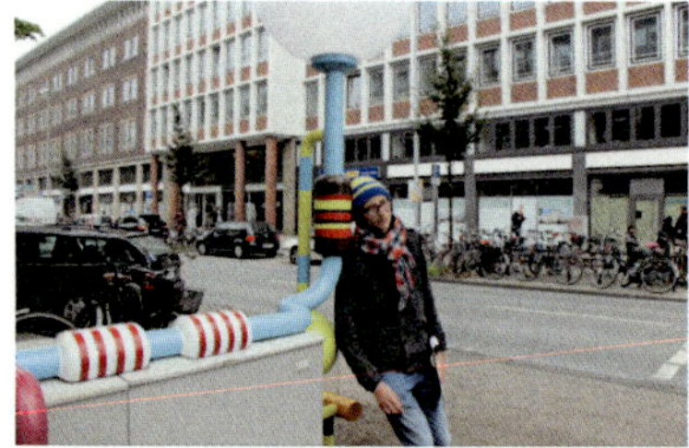

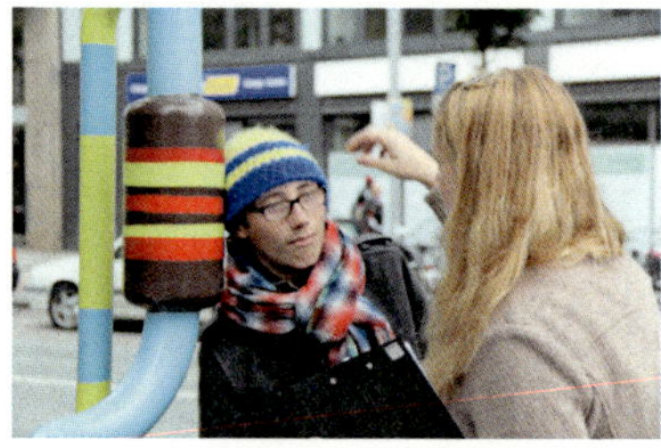

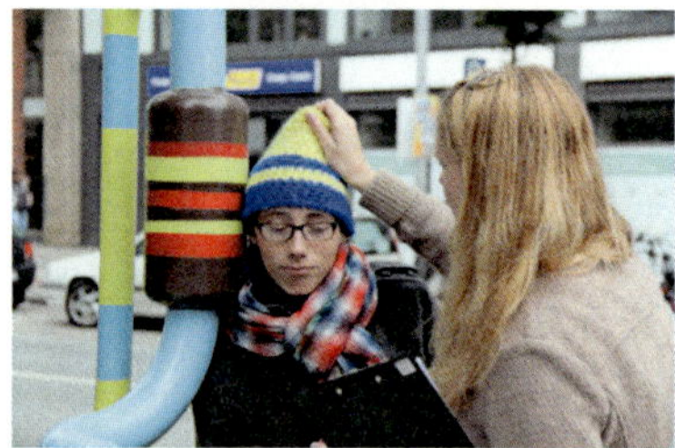

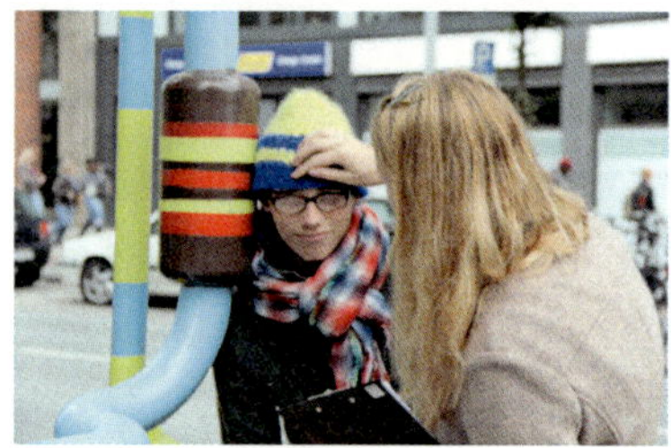

KF-H-1-26 Ein Schüler (es ist nicht der fotografierende Schüler) lehnt sich mit dem Oberkörper und seinem Kopf an eine Installation von Tobias Rehberger. Die Installation ist ein auffallend buntes Element in dem urbanen Raum, der sie umgibt. Der Schüler trägt eine Mütze mit gelben und blauen Streifen. Sein Körper und Blick sind nicht der Kamera zugewandt. Er wird von schräg links fotografiert und schaut rechts an der Kamera vorbei. In der linken Hand hält er ein Klemmbrett. Im Hintergrund sind eine Straße, parkende Autos, Bürogebäude und zahlreiche Passant_innen zu sehen.

KF-H-1-27 Elf Sekunden später entsteht das nächste Foto. Eine Schülerin ist ins Bild getreten. Während sich der Schüler im Vergleich zum vorherigen Bild kaum bewegt hat, greift die Schülerin mit ihrer rechten Hand zu seinem Kopf. Auch die Schülerin hält ein Klemmbrett. Die Kamera zoomt heran, der Hintergrund wird unscharf und der Stadtraum weitgehend ausgeblendet.

KF-H-1-28 Nur eine Sekunde später ist die Schülerin zu sehen, wie sie die Mütze hochzieht. Der Schüler, nun frontal zur Kamera gerichtet, hat dabei die Augen geschlossen. Der Ausschnitt der Kamera hat sich derweilen nicht verändert.

KF-H-1-29 Wiederum eine Sekunde später drückt die Schülerin die Mütze nach unten. Die Streifen auf der Mütze und die Streifen auf der Installation liegen nun auf einer Höhe. Der Schüler hat die Augen wieder geöffnet und scheint währenddessen zu schmunzeln.

Abb. 117–120

Worauf machen die Bilder der Studentin aufmerksam? Die Fotografien, auf denen in jeweils unterschiedlichen Varianten das von der Studentin beschriebene Motiv zu sehen ist, wurden innerhalb von 13 Sekunden aufgenommen. Wie in einem Daumenkino machen die fotografischen Bilder die Bewegung einer kurzen Geste sichtbar. Sie zeigen einerseits, dass sich ein Schüler zunächst mit dem Kopf an ein rundes, gestreiftes Element der Installation von Rehberger anlehnt und dokumentieren andererseits, wie seine Mütze von einer Mitschülerin so zurecht gerückt wird, dass die Streifen der Mütze mit den farbigen Streifen auf der Installation auf einer Höhe liegen. Innerhalb der Bilderreihe gibt es eine deutliche Veränderung der Kameraeinstellung. Während das erste Bild aus der Distanz heraus aufgenommen wird

und der urbane Umraum sowie Teile der Installation (die große, weiße Kugel, der Schaltkasten, vertikal und horizontal ausgerichtete, mehrfarbige Röhren) entsprechend mitfotografiert werden, verändert sich mit dem zweiten Bild die Brennweite merklich (von 18 mm zu 52 mm). Es entsteht eine optische Nähe zu den beiden Schüler_innen und ihrer Interaktion; der Hintergrund wird zugleich unscharf. Die Studentin verändert während der drei folgenden Aufnahmen, die innerhalb von zwei Sekunden entstehen, ihren Standort nicht (vgl. Böhme 2019, S. 213).
Wie kommt es, dass gerade diese fotografischen Bilder bzw. eines dieser Bilder im Gespräch von der Studentin erinnert wird und sie den begleiteten Schüler_innen eine besondere Offenheit zuschreibt? Ich schaue mich weiter in dem Bildmaterial um und bette die Szene zeitlich in das vorherige und anschließende Geschehen ein, um auf diese Frage zurückzukommen (ebd.): **409**

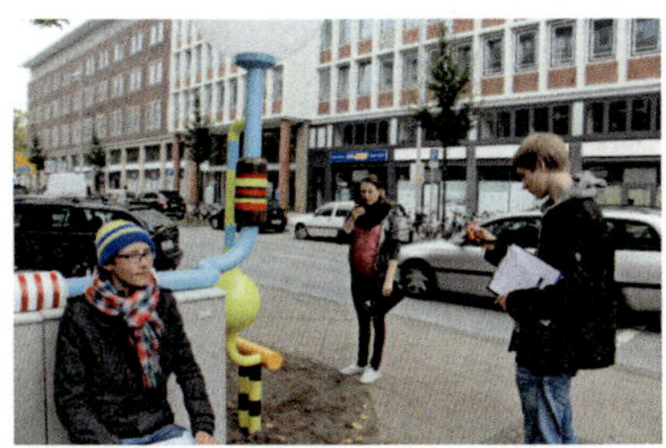

Abb. 121

KF-H-1-24 (38 Sek. vor KF-H-1-26) Drei Schüler_innen sind auf dem Bild zu sehen. Eine Schülerin befindet sich mittig im Bildraum, ist der studentischen Kamera zugewandt, während ihr Blick auf ihr Handy gerichtet ist, das sie in Augenhöhe vor sich hält und auf die Installation richtet. Ihre Fußspitzen berühren den Rand des Gehwegs. Die Röhren der Installationen ragen aus dem Erdboden vor ihr senkrecht in die Höhe. Ein anderer Schüler blickt auf den Display einer Digitalkamera, die ebenfalls auf die Installation ausgerichtet ist. Währenddessen scheint der Schüler mit der Mütze links auf einem Element der Installation vor dem Schaltkasten zu sitzen.

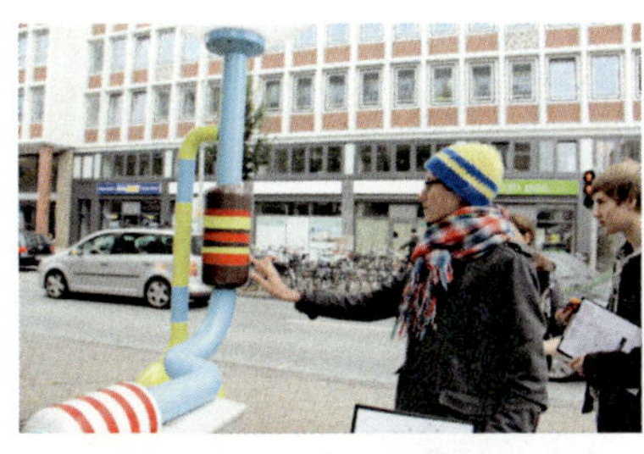

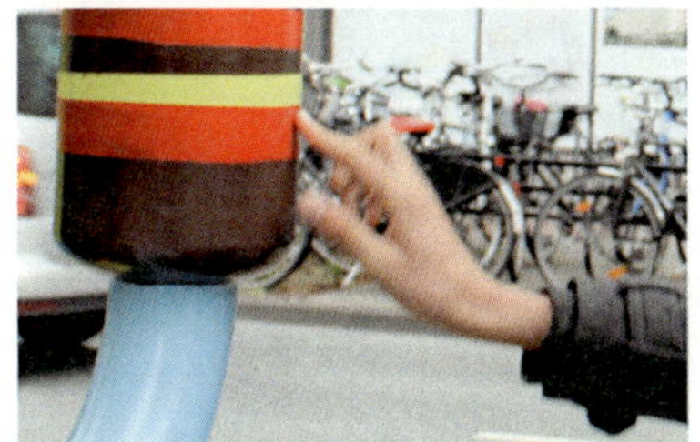

Abb. 122–123

KF-H-1-25 (24 Sek. vor KF-H-1-26) Die Studentin ist zwischenzeitlich näher an die Installation und die Schüler_innen herangetreten. Sie zeigt den Schüler mit der Mütze von der Seite, wie er mit der Spitze seines Zeigefingers das gestreifte Element der Installation berührt, an das er sich einen kurzen Augenblick später anlehnen wird. Die Hand ist in Bewegungsunschärfe dargestellt (siehe Abb. 123: Detail), der Schüler scheint mit dem Finger über die farbige Oberfläche zu streichen. Die anderen beiden Schüler_innen stehen hinter ihm, weitgehend verdeckt bzw. vom Bildrand angeschnitten.

409 Der zeitliche Zusammenhang der Aufnahmen vermittelt sich am besten über die ausgelegten Bilder auf der Fläche (Bildkonfiguration 4, siehe Buchklappe, siehe ebenfalls Böhme 2019, S. 216 f.) →

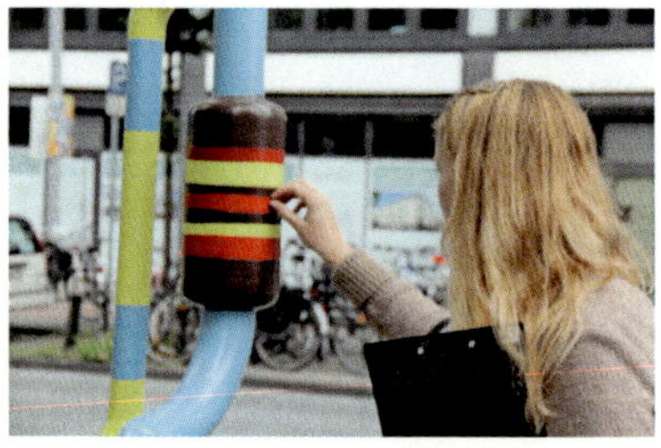

Abb. 124

KF-H-1-30 (36 Sek. nach KF-H-1-29) Der Schüler mit der Mütze ist zwischenzeitlich verschwunden. Es ist nur noch die Schülerin zu sehen, die zuvor seine Mütze zurechtgerückt hat. Sie ist nun selbst an die Installation herangetreten und berührt mit Daumen und Zeigefinger das gestreifte Element der Installation. Es scheint, als ob sie an einem Streifen kratzt und dadurch dessen Beschaffenheit prüft (siehe Abb. 125: Detail). Während es auf den ersten Blick so aussieht, als ob es sich um Klebebandstreifen handelt, zeigen die Bilder in Vergrößerung, dass die Streifen durch dick aufgetragene Farbe entstanden sind.

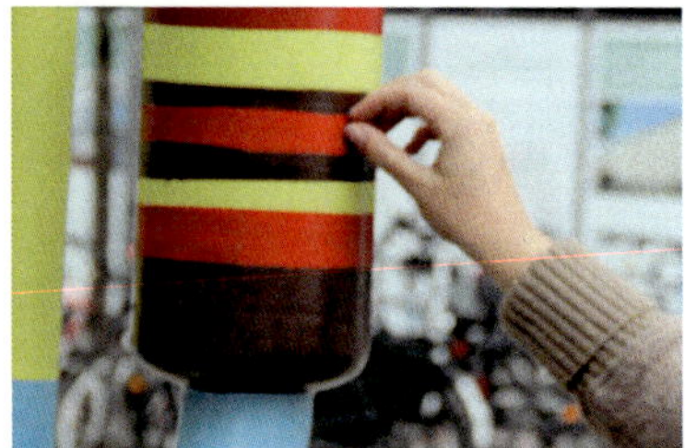

Abb. 125

Obwohl eine fotografische Auseinandersetzung der Schüler_innen mit der Installation deutlich zu sehen ist und sie mehrfach auf den Display der Kamera bzw. des Handys schauen, zeugen gleichzeitig alle Bilder davon, dass sich die Schüler_innen in ein Verhältnis zur Installation setzen, bei dem der Leib eine wichtige Rolle zu spielen scheint. Während sich ein Schüler zunächst auf die Installation *setzt* (KF-H-1-24) und damit der Einladung folgt, dort zu verweilen und den umliegenden Stadtraum wahrzunehmen, zeigt sich in den darauffolgenden Bildern, wie dieser Schüler die Installation an anderer Stelle mit dem Zeigefinger *berührt,* über die Farbstreifen *streicht* (KF-H-1-25) und sich an das zuvor berührte Element mit dem Kopf anlehnt (KF-H-1-26). Eine Mitschülerin tritt heran und rückt seine Mütze so zurecht, dass die Streifen der Installation und der Mütze nahtlos ineinander übergehen. Der Schüler, mit geschlossenen Augen, scheint sich nicht mehr nur an die Installation anzulehnen, sondern sich ihr geradezu anzuschmiegen (KF-H-1-26 u. KF-H-1-29). Während mit dem *Sitzen* **410** auf den Röhren eine der Installationen eingeschriebene Nutzungsmöglichkeit erkundet wird, scheint mit dem Zeigefinger die Beschaffenheit der Installation, ihre Materialität untersucht zu werden.
Obgleich die Bilderreihe innerhalb einer kurzen Zeitspanne aufgenommen und eine nur wenige Sekunden dauernde Geste dokumentiert wird, zeugen alle Fotografien auf jeweils eigene Weise von *Berührungen.* Verschiedene Facetten von Berührungen treten in Erscheingung: *sich draufsetzen, sich anlehnen und anschmiegen, mit der Spitze des Zeigefingers streichen und tasten, knibbeln und kratzen* (vgl. Böhme 2019, S. 214).

Welcher Zusammenhang lässt sich zwischen dem hier dokumentierten Geschehen und dem im Gespräch von der Studentin geäußerten Eindruck herstellen, dass diese Schüler_innengruppe »sehr offen« gewesen sei? Die in den Bildern immer wieder auftauchende Berührung der Installation mag eine Spur sein, um einen möglichen Zusammenhang zwischen der Deutung und dem erinnerten Bild entdecken zu können. Aus phänomenologischer Perspektive ist die *Berührung* Grundlage dafür, der Welt zu begegnen. Sie hat eine basale Bedeutung für Bildungsprozesse, insbesondere für ästhetische Bildungsprozesse. Umfänglich hat sich Maria Peters mit diesem Phänomen als Movens ästhetischer Wahrnehmungs- und Erfahrungsprozesse beschäftigt und dies in ihrem Buch *Blick – Wort – Berührung* dargelegt (Peters 1996). Im Moment der Berührung entstehe ein Übergang zwischen Leib, Raum und den Dingen, der zum Anlass ästhetischer Bildungsprozesse werden könne, weil die verschiedenen Bereiche in einem brüchigen, teils widersprüchlichen Verhältnis stehen: Das, was gefühlt und ertastet wird, kann mitunter nicht gesagt werden und umgekehrt. Die Berührung kann komplizierte Verstrickungen zwischen dem Wahrnehmenden und dem Gegenstand der Wahrnehmung provozieren. Während der Berührung, betont Peters, erfahre der Berührende nämlich nicht nur etwas über das Objekt, das er ertastet, sondern gleichsam auch etwas über sich selbst. Unter Bezug auf Maurice Merleau-Ponty beschreibt Peters die Doppelstruktur der Berührung und diskutiert ihre erkenntnisstiftende Bedeutung:

> »Wenn ich mit meiner Hand auf einen Gegenstand Druck ausübe, um ihn in der Tastbewegung zu erfahren, dann empfinde ich auch den Druck oder Widerstand, den das Berührte auf mich ausübt. [...] Ich erfahre das Ding, und ich erfahre mich, präziser, ich nehme mich selbst durch das Berührte wahr, da ich die andere Seite meiner Wahrnehmung am Ding spüre, ›ich betaste mich tastend‹.« (Peters 1996, S. 66 zitiert Merleau-Ponty 1984 [1964], S. 16)

Die Berührung erfordere nicht nur eine Zuwendung, sondern auch ein ›Sich-Aussetzen‹. Berühren sei ein Wechselspiel, indem man im Moment des Berührens immer auch berührt werde. Das Zitat hebt die pathische Seite der Berührung hervor: Indem wir etwas berühren und ertasten, gehen wir auf unvorhersehbare Weise in Kontakt mit Oberflächen, Materialitäten, Texturen usw. Die Berührung einer unerwartet rauen, heißen oder kalten Oberfläche kann *mir wehtun*. Von solch schmerzenden Empfindungen zeugen die Fotos zwar nicht, sie zeigen vielmehr auf niedrigschwelligeren Ebenen, wie die Schüler_innen auf unterschiedliche Weise die Installation berühren und man mag sich vorstellen, wie sich die glatte, möglicherweise kalte Oberfläche der Installation anfühlt. Beides – berühren und berührt werden (sowohl

410 Im Internet gibt es zahlreiche Pressebilder und Privataufnahmen, auf denen der Künstler selbst, die Projektbeteiligten und Passant_innen zu sehen sind, die auf den Installationen *sitzen* (siehe z. B. http://muenster-artandpublic.com/dt/projekte.html, https://muenster-journal.de/tag/alabama/, www.lwl.org/LWL/Kultur/museumkunstkultur/blog/urlaub-in-der-eigenen-stadt; www.wn.de/Muenster/2014/06/1582746-Kunstprojekt-The-Moon-in-Alabama-von-Tobias-Rehberger-Seid-umschlungen-graue-Kaesten, aufgerufen am 29.09.2020).

durch die Installation als auch durch die Mitschülerin), d. h. die intentionale Bezugnahme auf etwas und die antwortende Geste – scheinen in der dokumentierten Situation ineinanderzugreifen (vgl. Böhme 2019, S. 214).
Obwohl sich die Studentin im Gespräch nur sehr kurz auf diese Begebenheit bezieht, zeigt sich bei genauerem Blick auf die Bilder, dass sich in der Situation durchaus etwas ereignet, das mit der von ihr verwendeten Formulierung »sehr offen« in Verbindung gebracht werden kann. Etymologisch ist das Wort ›offen‹ bzw. ›Offenheit‹ mit dem gemeingermanischen Wort ›ob‹ verwandt, das heute in Wortzusammensetzungen wie ›Obacht‹ oder ›Beobachtung‹ noch zu finden ist und mit Aufmerksamkeit, Gewahrwerden, Zuwendung und Aufrichtigkeit in Verbindung gebracht werden kann (vgl. Duden Herkunftswörterbuch, S. 597, 600). ›Für etwas offen sein‹ hat mit Zugänglichkeit zu tun, auch mit einer Öffnung, Lücke oder Mündung (mittelhochdeutsch offenunge, vgl. ebd.). Diese Bedeutungsebenen, die in der von der Studentin zur Sprache gebrachten Deutung mitschwingen, können durchaus mit den fotografischen Bildern verknüpft werden – auch oder gerade weil sie der Studentin selbst wahrscheinlich gar nicht bewusst gewesen sind. Die Bildreihe macht auf die unterschiedlichen Qualitäten der Berührung aufmerksam und lässt eine Lust des Erkundens und Entdeckens, des Sich-Einlassens erahnen. Das Bildmaterial regt dazu an, ›offen sein‹ mit Leiberfahrung, mit mimetischen Bewegungen und einem vielfältigen und intersubjektiven ›Sich-ins-Verhältnis-zum-Raum-Setzens‹ zu assoziieren (vgl. Böhme 2019, S. 214).

Bilder des Schülers auslegen Da diese Deutung ausschließlich auf dem Bildmaterial der Studentin aufbaut, bietet es sich an, die fotografischen Bilder des Schülers hinzuzunehmen, die *zeitgleich* entstanden sind und eine zweite Perspektive auf das Geschehen vermitteln. **411**
Bezieht man das Bildmaterial des Schülers ein, wird eine bemerkenswerte Differenz sichtbar (Abb. 126–132), die fruchtbar erscheint, um sich ausgehend von einer pädagogischen Situation weitere mögliche Bedeutungsnuancen von »offen« erarbeiten zu können: Während in der Sequenz der Studentin der Umgang der Gruppe mit der Installation dokumentiert wird und dabei das Motiv der Korrespondenz zwischen Mütze und Installation wiederholt ins Bild gerät, fotografiert der Schüler etwas ganz anderes. Er dokumentiert nicht in erster Linie das Handeln seiner Mitschüler_innen, sondern das, was sich währenddessen rundherum ereignet (vgl. Böhme 2019, S. 215):

411 Der Schüler hatte den Auftrag, am Unterrichtsgeschehen teilzunehmen, eine Kamera bei sich zu tragen und immer dann ein Foto zu machen, wenn für ihn plötzlich etwas besonders spannend wird. Mündlich wurde dieser Auftrag an die Schüler_innen vermittelt und dabei in weitere Formulierungen eingebettet: Es soll ein Foto gemacht werden, wenn man an etwas plötzlich *hängen bleibt*, wenn etwas in *Bann schlägt*, wenn etwas unerwartet *trifft* (Details zum Auftrag siehe Kap. 4, S. 180 ff., auch Böhme 2019, S. 210).

←

H-1-74 Während im Blickfeld der studentischen Kamera in diesem Moment alle Schüler_innen und ein großer Teil der Installation liegen (siehe Bild der Studentin, KF-H-1-24), ist die Kamera des Schülers derweilen auf den Boden gerichtet. Es wird dokumentiert, wie ein Mitschüler auf einem Rohr sitzt, die Hände ruhen auf seinen Oberschenkeln, der Oberkörper befindet sich außerhalb des Bildrahmens. Die Sitzgelegenheit besticht durch eine runde Form und auffällige Farbigkeit (weiß mit schwarzen Punkten). Das Blatt auf dem Klemmbrett, das auf dem Schoß liegt, und vor allem die Sportschuhe des Schülers korrespondieren mit der Farbigkeit des Rohres. Dieses läuft waagerecht vor dem grauen Schaltschrank entlang, um rechts in einer Biegung dicker zu werden und im Boden zu verschwinden. Schräg hinter dem Schaltschrank befindet sich eine Platte mit abgerundeten Ecken, die sich leuchtend orange vom Boden abhebt und sich auf der grauen Oberfläche des Schaltkastens spiegelt. Dahinter, weitgehend außerhalb des Bildes, steht ein orangefarbenes Rohr, das am unteren Rand rundherum mit mehreren, großen Schrauben an einem Gegenstück befestigt ist. In der linken Bildecke taucht eine Farbfläche in Gelb und Orange auf.

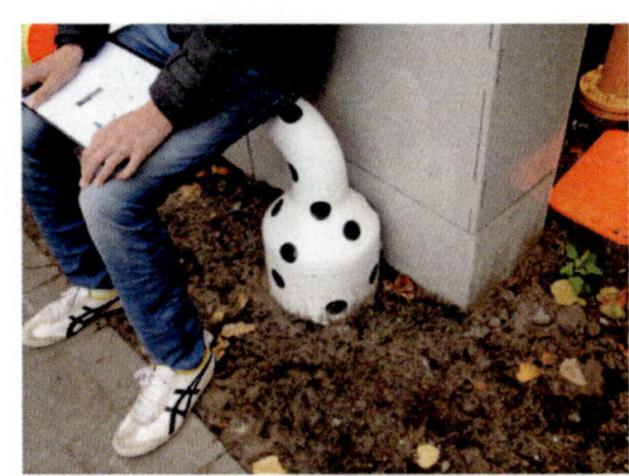

Abb. 126

H-1-75 25 Sekunden später blickt der Schüler in eine andere Richtung; die Installation ist nicht mehr zu sehen. Es wird ein Mensch in Arbeitskleidung fotografiert, der mit seiner linken Hand eine beladene Sackkarre hält und auf dem Gehweg steht. Er ist von der Seite zu sehen, der Blick gradeaus gerichtet. Im Hintergrund sind eine mehrspurige Straße und fahrende Autos zu sehen.

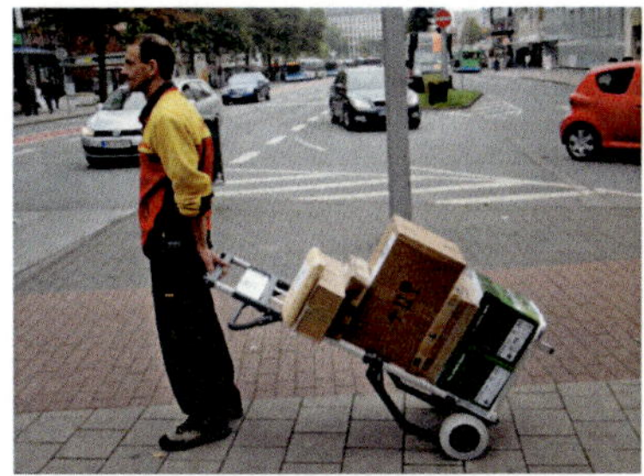

Abb. 127

H-1-76 20 Sekunden später hat sich der Blick des Schülers nochmals neu ausgerichtet. Es gerät eine Häuserfassade in sein Blickfeld. Die Fassade wird durch dichte Verstrebungen strukturiert, die horizontal und vertikal verlaufen und eine Vielzahl an Fenstern rahmen. Die Fassade dehnt sich nach oben und zu den Seiten so aus, dass sie fast den gesamten Bildraum einnimmt.

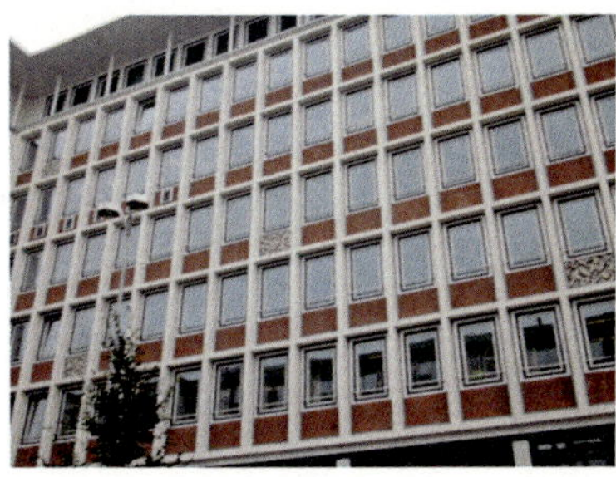

Abb. 128

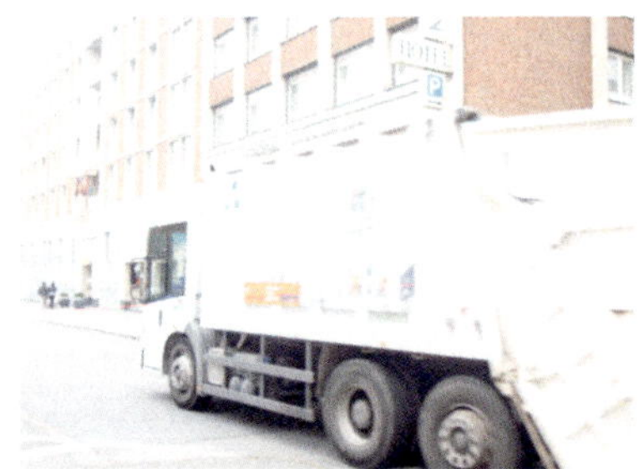

H-1-77 27 Sekunden später eröffnet sich nochmals ein neuer Blickwinkel auf den Stadtraum, wobei eine ähnlich funktionale Architektur wie auf der vorherigen Aufnahme zu sehen ist. Mehrere Beschilderungen weisen auf Hotels und Parkplätze hin. Ein großes Fahrzeug, möglicherweise ein Müllauto, fährt vorbei und schiebt sich von rechts in bzw. durch den Bildraum. Das Bild ist stark überbelichtet.

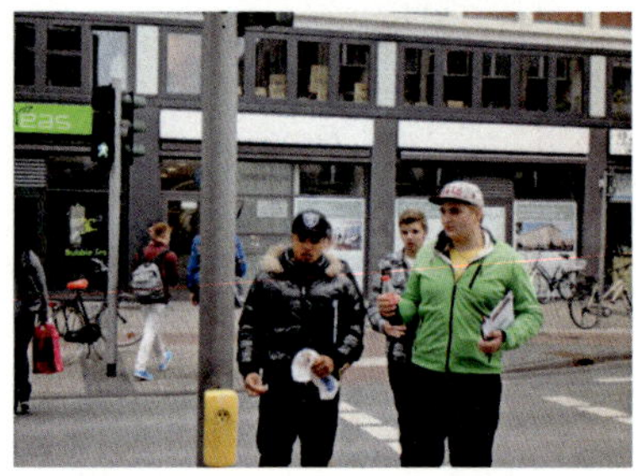

H-1-80 Das Blickfeld verschiebt sich nochmals. Drei Personen treten in den Bildraum, während sie eine Straße überqueren. Das Klemmbrett, das der Schüler mit Cappy und grüner Jacke bei sich trägt, verrät, dass es sich offenbar um Mitschüler handelt, die ebenfalls im Stadtraum unterwegs sind. Im Hintergrund sind u.a. Plakate zu sehen, auf denen geplante Immobilien im Bahnhofsviertel beworben werden (»Sie haben Pläne. Wir haben Perspektiven.«, »Hier entstehen attraktive Ladenlokale in bester Lage.«).

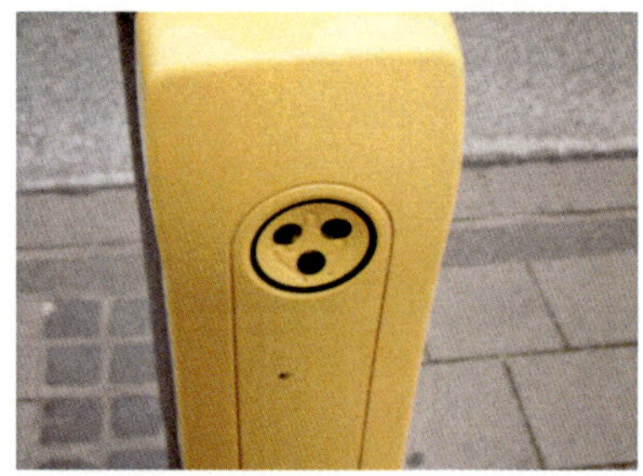

H-1-81 Im darauffolgenden Bild erscheint ein gelber Kasten in Nahaufnahme, darauf drei schwarze Punkte und das Relief einer Hand mit gestrecktem Zeigefinger, umrandet von einem Kreis. Das gelbe Objekt hebt sich kontrastreich vom grauen Untergrund ab. Vermutlich handelt es sich um den Auslöser der Fußgängerampel, der schon in der vorherigen Aufnahme zu sehen ist.

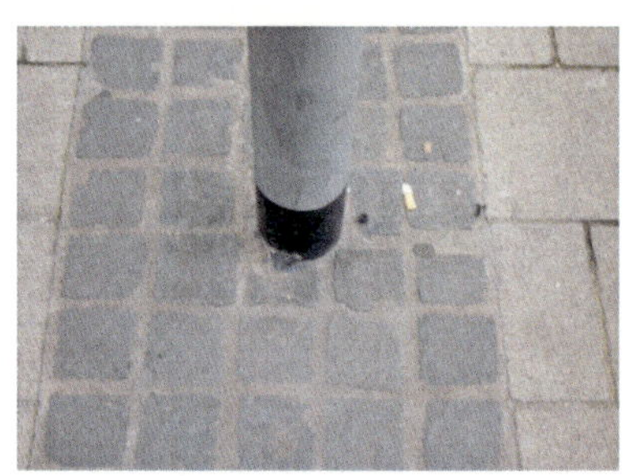

H-1-82 Auch in der darauffolgenden Aufnahme wird ein Detail des Stadtraums gezeigt. Es ist unterschiedlich gepflasterter Boden und ein graues Rohr mit schwarzer Umrandung zu sehen. Das Rohr verläuft entlang der Mittelsenkrechten. Die Fugen zwischen den Pflastersteinen bilden ein geometrisches Raster. Neben dem Rohr liegen auf dem Boden ein kleiner runder Gegenstand, der Rest einer Zigarette und ein festgetretener Kaugummi.

Abb. 129–132

Worauf machen die Bilder des Schülers aufmerksam? Der Kamerablick des Schülers schwenkt zwischen Nah- und Distanzaufnahmen hin und her. Er zeigt verschiedene Facetten der künstlerischen Arbeit und des umliegenden Stadtraums: zunächst ein Detail der Installation (H-1-74), dann einen Postboten mit einer beladenen Sackkarre (H-1-75), die Häuserfront eines gegenüberliegenden Bürogebäudes (H-1-76), ein vorbeifahrendes Müllauto (H-1-77) **412** und Details einer Fußgängerampel (H-1-81 u.

412 Zwei Bilder (H-1-78 u. H-1-79) hat der Schüler gelöscht.

H-1-82). Während es in den Bildern der Studentin vor allem um die Begegnung mit dem Kunstwerk geht, die Installation mit dem Körper berührt wird und der Stadtraum in Unschärfe getaucht wird, scheint sich der Schüler genau für die Aspekte der Situation zu interessieren, die in den Bildern der Studentin in den Hintergrund treten und weitgehend ausgeblendet werden: Der funktionale Stadtraum, seine pragmatische Architektur, die Werbeästhetik, Hinweisschilder, der alltägliche Straßenverkehr, vorbeilaufende Passant_innen. Auf den ersten Blick vermitteln die Bilder den Eindruck, dass sich der Schüler mit der Kamera umschaut und die städtische Umgebung der Installation detailliert und in verschiedene Richtungen blickend dokumentiert. Seine Bilderreihe verortet die Installation in einer urbanen Kulisse, die von einer für Münster typischen Nachkriegsarchitektur geprägt ist.
Der genauere Blick auf die Bilder offenbart darüber hinaus jedoch noch anderes: Die Ansichten des Stadtraums bzw. der Umgebung und die Installation scheinen auf subtiler Ebene zu korrespondieren. So taucht beispielsweise die intensive Farbigkeit der Installation, die sich kontrastreich vom grauen Asphalt abhebt, auch in der gelben Ampelanlage und der Kleidung des Postboten auf (Abb. 133). Der Schwarz-Weiß-Kontrast zeigt sich nicht nur an einem Element der Installation, sondern auch an den Sportschuhen des darauf sitzenden Schülers und an dem Blatt Papier, das auf dem Klemmbrett heftet (siehe Abb. 134). Ebenso wiederholen sich die runden Formen der Röhren, wie sie für Rehbergers Arbeiten an den Schaltkästen charakteristisch sind, in den Bildern des Schülers (Abb. 136). Die schwarzen Punkte auf der Installation finden sich in dem Symbol auf der Ampelanlage wieder (Abb. 135). In zwei Bildern zeigt sich in ähnlicher Weise, wie Rohre auf den Boden treffen (Abb. 136).

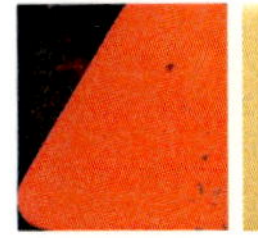
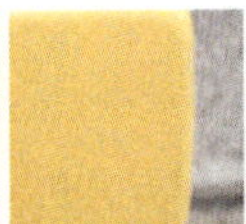
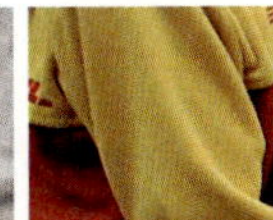

Abb. 133
Details aus
H-1-74, H-1-81, H-1-75

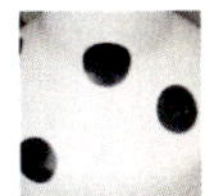
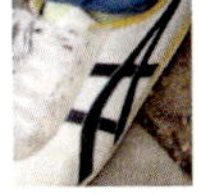
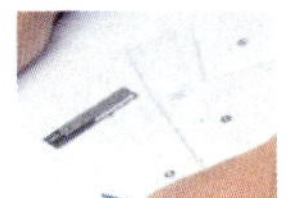

Abb. 134
Details aus
H-1-74

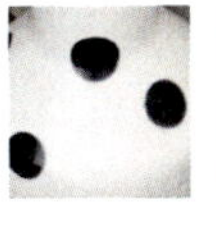
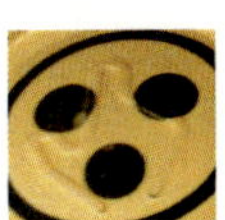

Abb. 135
Details aus **H-1-74, H-1-82**

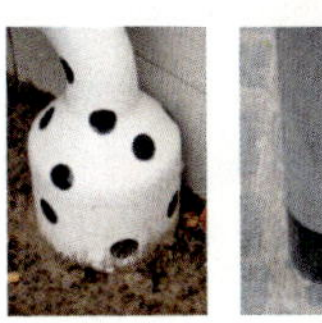
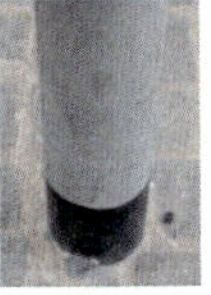

Abb. 136
Details aus **H-1-74, H-1-81**

Auch wenn nur in einem Bild der Sequenz die Installation selbst zu sehen ist (Abb. 126: H-1-74), scheint sich der fotografische Blick des Schülers auch in anderen Bildern in impliziter Weise auf Rehbergers Arbeit zu beziehen: Einerseits halten die Bilder des Schülers die Alltagsästhetik des urbanen, funktionalen Stadtraums fest, wodurch die besondere Ästhetik der Installation, d.h. ihre intensive Farbigkeit und ihre verspielte Formensprache, umso deutlicher hervortritt. Andererseits lassen sich im Umraum ebenso Formen und Farben entdecken, die mit der Installation in Beziehung gesetzt werden können und in denen sich (ungeahnte) ästhetische Qualitäten verbergen. Dieser Spur lässt sich mithilfe des Bildmaterials weiter folgen – bis

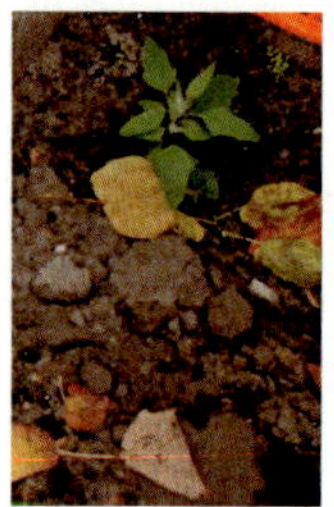

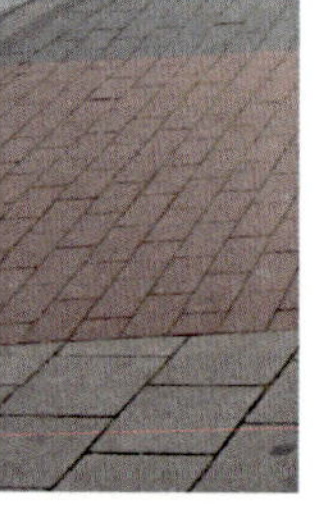

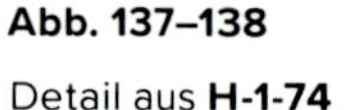

Abb. 137–138
Detail aus **H-1-74**

Abb. 139
Detail aus **H-1-82**

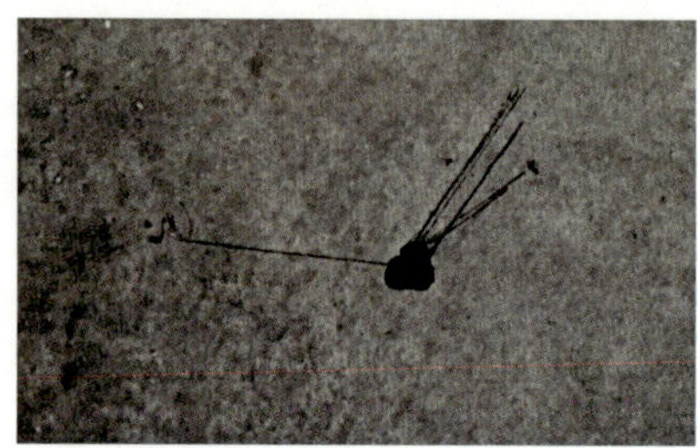

Abb. 140 *Kaugummi in Saint-Nazaire, Die Zeichnungen der anderen* von M. Dector und M. Dupuy

zum festgetretenen Kaugummi auf dem Asphalt, der erst in der formal reduzierten Aufnahme des Gehwegs (Abb. 131: H-1-81) in die Aufmerksamkeit tritt.
Der Blick des Schülers zeugt nicht nur von einem Interesse, den Umraum differenziert zu dokumentieren, sondern es lässt sich auch einer Empfänglichkeit für das scheinbar Belanglose, Absichtslose und Nebensächliche auf die Spur kommen. So geraten beispielsweise wiederholt der Boden, die Pflastersteine und Fugen, das herumliegende Laub, Müll sowie die Sockel der Ampel und der Installation in sein Blickfeld.
Dieser Eindruck, dass auch dem vermeintlich Nebensächlichen im urbanen Raum Aufmerksamkeit geschenkt wird, kann mithilfe künstlerischer Arbeiten wie beispielsweise von Michel Dector und Michel Dupuy vertieft werden. In der Serie *Die Zeichnungen der anderen* dokumentieren sie Spuren, die andere Menschen mehr oder weniger absichtlich im öffentlichen Raum, mitunter auch auf dem Boden hinterlassen haben. Sogar der Schmutz bekomme plötzlich eine »schöne grafische Qualität« (Dector/Dupuy 2014, S. 277), der zertretene Kaugummi wird zur filigranen Zeichnung. In den Schülerbildern deutet sich ein solches Interesse an. **413**
Angesicht der Schülerbilder lässt sich die Installation in ein komplexes Spannungsfeld einbetten, indem die Installation nicht nur im Kontrast steht zum funktionalen, ökonomisierten Stadtraum, sondern gleichzeitig auf versteckten Ebenen mit ihm zu korrespondieren scheint.

Bilder des Schülers und der Studentin nebeneinanderlegen Zwischen den Bildern des Schülers und der Studentin tritt eine prägnante Differenz in Erscheinung, indem sie von unterschiedlichen Blickrichtungen zeugen. Während der Blick der Studentin

413 Da in meiner Studie die Bildgespräche mit den Studierenden erst im Anschluss an das kunstpädagogische Projekt stattfanden, und sie daher mit den Erkenntnissen, die sie innerhalb der Bildgespräche erlangten, nicht nochmals in den Unterricht zurückgehen konnten, bleibt es hier lediglich dabei, diese Spur, die zur Wahrnehmung des Anderen führt, anzudeuten. Hätte das Gespräch mit der Studentin früher, d. h. direkt nach dieser Projekteinheit zu Beginn des Vermittlungsprojektes stattgefunden (und nicht erst nach dessen Abschluss), wäre es sicher sinnvoll gewesen, diesen Aspekt zu vertiefen. Daraus hätten sich vermutlich differenzierte Anregungen für die Studentin ergeben können, um mit dem fotografierenden Schüler in einen Dialog über seine Aufmerksamkeit und sein gestalterisches Anliegen zu geraten.

auf den beiden Mitschüler_innen ruht, die die Installationen berühren, fotografiert der Schüler stattdessen die Umgebung. Obwohl die zeitgleich entstandenen Bilder der beiden Fotografierenden das Geschehen in sehr verschiedener Weise zeigen, dokumentiert sich darin dennoch beiderseits – mehr oder weniger prominent – die Arbeit von Tobias Rehberger. Beide Bilderreihen bieten Gelegenheit, aus je unterschiedlichen Perspektiven auf die Installation zu blicken. Legt man das Verständnis von Juliane Rebentisch zu *ortspezifischen Installationen* zugrunde (vgl. Rebentisch 2003), lässt sich ein Zusammenhang zwischen den Schülerbildern und den Studierendenbildern stiften, der für ein tiefergehendes Verständnis von Installationen fruchtbar sein kann:

> »Ortsspezifische Installationskunst zielt auf die thematische Verschränkung des buchstäblichen und des gesellschaftlichen Ortes. Sie reflektiert ihre institutionellen, sozialen, wirtschaftlichen, politischen und/oder historischen Rahmenbedingungen, *indem* sie formal in architektonische und landschaftliche Gegebenheiten interveniert.« (ebd., S. 232)

Mit Rebentisch rückt die Installation in zweifacher Weise in den Fokus: die Installation als ein ästhetisches, materielles Objekt, das sinnlich, leiblich, betrachtend wahrgenommen, berührt und begangen werden kann und *zugleich* als ein reflexiver, mitunter kritischer Kommentar zum Raum, in dem sie steht bzw. auf den sie sich bezieht (vgl. Böhme 2014, S. 37). Rebentisch bezeichnet ortsspezifische Installationen daher auch als »selbstreflexiv gewordene Skulptur« (Rebentisch 2003, S. 257). Diese beiden Dimensionen der Installation lassen sich mit den fotografischen Bildern des Schülers und der Studentin in Verbindung bringen – wenn sie nebeneinander liegen. Während die Bilder der Studentin Gelegenheit bieten, um die Installation mit dem Wechselspiel zwischen Berührung und Berührt-Werden in Verbindung zu bringen, scheint der Schüler die Installation fotografisch zu kontextualisieren, indem er sich umschaut. Die Installation gerät in seinen Bildern als Antwort auf den Raum in den Blick.

Die Differenz der Bilder führt nicht nur zu Fragen, die das Verständnis von Installationskunst betreffen und damit zu der Arbeit von Rehberger führen, sondern sie bieten auch Anlass, um zur Deutung der Studentin zurückzukehren, dass diese Schülergruppe »sehr offen« gewesen sei: *Hängt die Zuschreibung der Studentin, dass gerade diese Schüler_innen »offen« gewesen seien, damit zusammen, dass sie womöglich selbst kurzzeitig von der Situation und dem Umgang der Schüler_innen mit der Installation in besonderer Weise ergriffen gewesen ist?* (Böhme 2019, S. 215) Die Frage rückt in den Fokus, dass die positive Unterstellung, die die Studentin nachdrücklich und wiederholt im Gespräch zum Ausdruck bringt, möglicherweise mit ihrer eigenen Ergriffenheit und Begeisterung zu tun hat – ein durchaus grundlegender Aspekt für (angehende) Lehrpersonen, da er auf den Zusammenhang von Affekt und Deutung aufmerksam macht.

Die Bilder des Schülers werfen aber noch weitere Fragen auf: *Hat die Deutung ›offen sein‹ möglicherweise auch mit der Aufmerksamkeit des begleiteten Schülers*

zu tun, der sich unter Eigenregie von der Gruppe abwendet und etwas ganz anderes fotografiert, wovon er selbst spontan angezogen wird (vgl. ebd.)? Offenheit erscheint vor dem Hintergrund dieser Frage als Möglichkeit für den Schüler, sich vom Hauptgeschehen **414** und den Mitschüler_innen abwenden zu können, den Blick abschweifen zu lassen, wegzuschauen, *anderes* wahrzunehmen. Dass dabei mitunter unerwartete Korrespondenzen zwischen Dingen, Mensch, Oberflächen, Farbigkeiten usw. entstehen können, die dazu anregen, die Installation in ihrer Ortsspezifik und Materialität zu reflektieren, verdeutlichen die Bilder des Schülers.
Auch wenn sich die beschriebenen Bilder auf eine kurze Zeitspanne beziehen (sechs Minuten), deutet sich in ihrer Differenz dennoch ein mehrdeutiges und vielschichtiges Verständnis von ›offen sein‹ an. Das fotografische Bild, das die Studentin im Gespräch erinnernd mit dieser Einschätzung in Verbindung bringt, wird zum Ausgangspunkt einer mehrteiligen Bildkonfiguration, in der sich Bewegungen im Raum, verschiedene Modi der Berührung und vor allem divergierende Aufmerksamkeiten zeigen. Vielleicht manifestiert sich gerade in der Differenz der Bilder eine ›Offenheit‹ beider Fotografierenden für die Situation, den Umraum, die Dinge und Anderen.

Entstandene Bildkonfiguration im Überblick

Ausgangspunkt der Bildkonfiguration ist ein *erinnertes Bild,* auf das sich die Studentin bezieht, um einer bestimmten Schüler_innengruppe eine besondere Offenheit zu attestieren. Der Blick auf das Bildmaterial zeigt jedoch, dass es das erinnerte Motiv nicht als Einzelbild gibt, sondern vier Bilder der Beschreibung der Studentin im engeren Sinne entsprechen. Das erinnerte Motiv *(der Schüler mit der Mütze lehnt sich an die Installation an)* wird in zweifacher Hinsicht ausführlicher ausgelegt: Einerseits wird das beschriebene Motiv in eine längere Sequenz eingebettet, um den von der Studentin erinnerten Moment als Teil des dokumentierten *Prozesses* nachvollziehen zu können. Zudem werden die zeitgleich entstandenen Schülerbilder hinzugenommen, die das Geschehen aus anderer Perspektive zeigen. Sowohl durch die Sequenzialität des Bildmaterials, als auch durch das zweiperspektivische Bildmaterial kann die im Gespräch kurz gehaltene Zuschreibung der Studentin, dass diese Schüler »sehr offen« gewesen seien, differenzierter ausgearbeitet und vor allem an die *Wahrnehmungsprozesse* der beiden fotografierenden Personen zurückgebunden werden.
Vor phänomenologischem Theoriehintergrund (u. a. Peters, Merleau-Ponty) lassen sich die Bilder der Studentin mit einem Wechselspiel zwischen Leib und Material verknüpfen, in dem die Schüler_innen die Installation *berühren* und von der Installation bzw. den Mitschüler_innen *berührt werden.* Die Bilder des Schülers tragen zu einer Erweiterung dieser Lesart bei, indem sie von einer anders ausgerichteten Aufmerksamkeit zeugen. Komplexe Korrespondenzen zwischen Installation und Stadtraum lassen sich in den Bildern des Schülers entdecken: Im Zusammenspiel mit der Installation erscheint der Stadtraum gleichzeitig als *funktionaler Raum,*

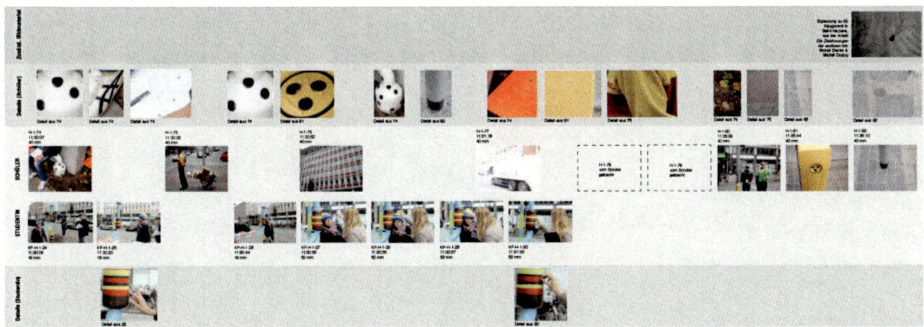

Abb. 142

dessen Attraktivität u.a. an sein ökonomisches Potenzial gebunden wird und als *ästhetischer Raum,* der zum Fotografieren einlädt. Die Bildkonfiguration regt dazu an, »offen sein« mit unterschiedlichen Dimensionen von Berührung in Verbindung zu bringen: u.a. mit der leiblichen, tastenden Berührung und ebenso mit dem Blick, der sich *empfänglich* zeigt für Korrespondenzen zwischen künstlerischer Arbeit und urbanem Raum.

5.4 Bildergeschichten: Querverbindungen zwischen den Bildkonfigurationen

Ausgehend von vier Auszügen aus dem Gespräch mit einer Studentin **415** sind verschiedene Bildkonfigurationen entstanden, durch die Fragen aufgeworfen und theoriegestützt diskutiert werden konnten, die in unterschiedlicher Weise mit den pathischen Dimensionen kunstpädagogischer Praxis in Zusammenhang stehen. Alle Bildkonfigurationen widmen sich Aspekten, die implizit oder explizit mit der Unvorhersehbarkeit und der konstitutiven Unbestimmtheit von Lehr- und Lernprozessen zu tun haben (siehe Kap. 1), die sich mit Schüler_innen als unverfügbare Andere beschäftigen und Momente in den Blick rücken, die außerhalb der pädagogischen Verfügungsmacht liegen und sich am Rand des Geschehens ereignen. Zum Teil werden mit den Bildkonfigurationen Fragen aufgeworfen, die sich im engeren Sinne auf *kunstpädagogische Aspekte* beziehen und dadurch Anlass bieten, um die eigenen Erfahrungen vor fachspezifischem Theoriehintergrund zu reflektieren. Zum Teil haben sie einen basalen Charakter und regen dazu an, an dem wahrgenommenen Unterrichtsgeschehen allgemeinpädagogische Themen zu verhandeln.
Jede Bildkonfiguration, unabhängig von ihrer inhaltlichen Spezifik, stellt eine Antwort auf die Betroffenheit der Studentin dar, wie sie im Gespräch erinnernd zum Ausdruck gebracht wird. Obwohl die Bildkonfigurationen in allen vier Fällen zu jeweils komplexen Bildergefügen anwachsen und vielschichtige Fragen daran dis-

414 Bzw. das, was in den Bildern der Studentin zentral ins Bild gesetzt wird.

415 Die Gesprächskonstellation wird in Kap. 4 (S. 193–195) genauer beschrieben. Die Gespräche sind in einem Dreischritt aufgebaut: (1) zunächst wird ohne Bilder von den eigenen Erfahrungen erzählt, (2) dann schauen und kommentieren die Studierenden ihre eigenen Bilder, die sie im Unterricht aufgenommen haben, um (3) schließlich die zeitgleich entstandenen Bilder der begleiteten Schüler_in zu betrachten.

kutiert werden (können), **416** sind ihre Anlässe auf den ersten Blick vergleichsweise unscheinbar. Anlass der Bildauslegung ist stets ein kurzer Moment im Projektgeschehen, von dem die Studentin rückblickend *punctiert* wird, der in ihre Aufmerksamkeit drängt und nach einer vertiefenden Auseinandersetzung verlangt.
Die Bildauslegung knüpft an diesen Momenten der Berührung und Betroffenheit seitens der Studentin an und entwickelt zu den Unterrichtssituationen, auf die sie sich beziehen, jeweils mehrere mögliche Lesarten. Obwohl diese Lesarten darauf abzielen, die punctierenden, bestechenden Momente in einen möglichst komplexen Deutungsraum einzubetten und dabei auch Grenzen der Deutung auszuloten, bleiben die vier Bildkonfigurationen an die spezifischen Momente, durch die die Studentin ergriffen gewesen ist, gebunden.
Daran anknüpfend, besteht die Herausforderung darin, von dieser spezifischen Bedeutungsebene **417** zur Formulierung grundlegender hochschuldidaktischer Orientierungen zu gelangen, die für Hochschullehrende, Lehramtsstudierende

416 Nicht alle möglichen Fragen werden tatsächlich ausdiskutiert. Zum Teil werden sie nur skizziert und als mögliche Vertiefungen in Aussicht gestellt. Zudem werden durch die Bildarbeit, wie sie hier in Form der vier Bildkonfigurationen dargelegt wurde, *mögliche Deutungsperspektiven* entwickelt. Diese können keinen Anspruch auf Vollständigkeit erheben. Um möglichst diverse Deutungen entfalten zu können, wurden die Bilder immer wieder im Rahmen von Tagungen, Forschungskolloquien und Veröffentlichungen einem Fachpublikum vorgestellt, diskutiert und dadurch erweitert.

417 In folgender Hinsicht haben die Bildkonstellationen und die daran entfalteten Deutungen des fotografierten Geschehens einen singulären Charakter:

– Spezifisch sind diese Anlässe durch das Gespräch, dem sie entnommen sind. Alle Bildkonfigurationen beziehen sich auf *ein* Gespräch. Insofern gehen sie alle auf die Erfahrungen *einer* Studentin zurück, die sie innerhalb *eines* kunstpädagogischen Projektes gesammelt hat.
– Die von der Studentin im Gespräch zum Ausdruck gebrachten Aspekte, die zum Anlass der vertiefenden Bildarbeit werden, stechen nicht notwendigerweise durch eine offensichtliche inhaltliche Tragweite hervor. Oftmals sind es – von außen betrachtet – vermeintlich unauffällige, kurze, nebensächliche Begebenheiten, die erst durch die Betroffenheit der Studentin an Bedeutung gewinnen. Es handelt sich um persönliche Eindrücke, die sich auf bestimmte Ausschnitte aus einem längeren pädagogischen Geschehen beziehen. Unter Umständen bezieht sich die Studentin in ihren Erzählungen auf Begebenheiten, die nur wenige Sekunden gedauert oder die sich abseits, nebenbei des eigentlichen Unterrichtsgeschehens ereignet haben. Einzelne Augenblicke aus dem Unterricht, die im Gespräch mit der Studentin rückblickend nachhallen, werden zum Anlass der Bildarbeit. Die Bildkonfigurationen, die im Rahmen des 5. Kapitels entwickelt werden, stehen in unmittelbarem Zusammenhang zur Wahrnehmung, zu den Interessen und Affekten der Studentin.
– Auch die Gesprächsauszüge selbst, die zum Ausgangspunkt der Bildarbeit werden, können unscheinbar sein. Zum Teil erzählt die Studentin zwar ausführlich von bedeutsamen Erfahrungen, zum Teil vermittelt sich eine wichtige Erfahrung aber auch ›nur‹ über zeigende Gesten, einen verweilenden Blick, ein schnelles Herumblättern in den Kontaktbögen oder ein plötzliches Verstummen angesichts der Bilder. Es sind nicht unbedingt die präzise argumentierten Zusammenhänge, die als Anlass der Bildarbeit dienen, sondern insbesondere auch die beiläufig geäußerten Bemerkungen, Einschätzungen und Unterstellungen. Gerade hier können Zuschreibungen und Deutungen entstehen, ohne dass dies bewusst sein muss.

In mehrfacher Hinsicht erweist sich die vorgeführte Bildarbeit als *spezifisch:* Kleinste Ausschnitte aus dem Unterricht werden in den Blick genommen, spezifische Themen und vermeintlich beiläufig Wahrgenommenes werden diskutiert. Mit Blick auf das Forschungsziel – hochschuldidaktische Orientierung für eine bildgestützte, wahrnehmungsorientierte Reflexionspraxis zu entwickeln – führt dies zu der Frage, welche übergeordneten Erkenntnisse aus einer derart spezifisch ausgerichteten Bildarbeit hervorgehen können.

oder Lehrpersonen hilfreich sein können, um Reflexionsprozesse zu vollziehen und zu begleiten (Kap. 6), die den pathischen Seiten von Lern- und Lehrprozessen Aufmerksamkeit schenken.

Es stellt sich daher die Frage, wie sich die konkrete Ebene der vier Bildkonfigurationen mit der übergeordneten Ebene der hochschuldidaktischen Orientierungen verbinden lässt. Mit Lippitz gefragt: *Wie kann das Allgemeine im Besonderen entdeckt werden?* (vgl. Lippitz 1987, S. 116) Buck gibt zu bedenken, dass mit dem Konkreten immer schon mehr erkannt und gelernt sei, als mitunter zu Bewusstsein gelange – dies mag in besonderer Weise auf die ausführlich vorgestellte Bildarbeit zutreffen. **418** Er verwendet in kritischer Lektüre von Aristoteles, Husserl und Hegel den Begriff »Epagoge«: **419**

> »Epagoge ist nichts anderes als die Explikation, die Ausarbeitung des in dem für uns Früheren steckenden an sich Früheren, des im Kennen des uns Bekannteren enthaltenen eigentlich Bekannten, das wir nur noch nicht ausdrücklich zur Kenntnis genommen haben.« (Buck 1989, S. 37)

Buck bezieht sich auf eine übergeordnete Ebene von Sinn und Bedeutung, die mithilfe der »erkennenden Schau des Konkreten« (Agostini 2016, S. 41) herausgearbeitet werden müsse und mit der die »Möglichkeit der (zukünftigen) Erkenntnis« verbunden sei (vgl. ebd.).

Um die Ebene der singulären Bedeutungen zu verlassen, auf der sich die einzelnen Bildkonfigurationen entwickeln, widmet sich das folgende Unterkapitel den *Querverbindungen*. **420** Zwischen den verschiedenen Bildkonfigurationen werden übergreifende Verknüpfungen hergestellt, um auf jene *grundlegenderen* Bedeutungsebenen aufmerksam werden zu können, die einen Beitrag leisten können zur reflexiven Annäherung an die pathischen Seiten von Lehr- und Lernprozessen. Es werden daher übergreifende, inhaltliche Felder und methodische Implikationen herausgearbeitet und mit jenen Aspekten von Lernen und Lehren in Verbindung gebracht, die sich außerhalb der pädagogischen Verfügungsmacht befinden. Sich den Querverbindungen zwischen den vier Bildkonfigurationen zu widmen, bildet den notwendigen Schritt, um schließlich im sechsten Kapitel grundlegende hochschuldidaktische Orientierungen formulieren und methodische Variationen antizipieren zu können. **421**

418 Auch wenn die Ergebnisse der Bildarbeit bis zu diesem Punkt noch nicht explizit reflektiert wurden und bisher vor allem die inhaltliche Ebene der Deutungen im Vordergrund stand, haben sich im Laufe der Entwicklung der vier Bildkonfigurationen (auch durch Vorträge auf Tagungen, Diskussionen in Forschungskolloquien und über Veröffentlichungen) implizite Systematiken, visuelle Formen und Methoden entwickelt. Ohne diese explizit zu diskutieren, wohnen diese Erkenntnisse, die über die einzelnen Fragestellungen hinausgehen, den vier Bildkonfigurationen inne.

419 Griech. *epagoge* ›das Herbeirufen, Herbeischaffen; das Schließen vom Besonderen aufs Allgemeine‹, zu aus griech. *epi* ›heran, herbei‹ und griech. *agein* ›führen‹.

420 Das Vorgehen des Fallvergleichs, wie er in verschiedenen Forschungsansätzen der qualitativen Forschung zu finden ist, ist mit einem ähnlichen Ziel verbunden (vgl. Kelle/Kluge 2010, S. 108 ff.).

421 Zudem ist es potenziell auch für Reflektierende und Hochschullehrende interessant, nicht beim Auslegen separierter Bildkonfigurationen stehen zu bleiben, sondern danach zu fragen, was in der Zusammenschau an Erkenntnissen möglich wird.

Auf drei Ebenen werden Querverbindungen zwischen den Bildkonfigurationen geknüpft:

— Zunächst wird ein übergreifender **narrativer** Zusammenhang hergestellt, durch den die vielfältigen inhaltlichen Facetten der Bildarbeit aufeinander bezogen werden können. Ausgehend von den spezifischen Fragestellungen, die in den vier Bildkonfigurationen entwickelt wurden, können Aspekte in Erscheinung treten, die in allen Bildkonfigurationen nebenbei *mit*gedacht und *mit*diskutiert werden.

— Anschließend wird ein übergreifender **medialer** Zusammenhang hergestellt, indem die visuelle Beschaffenheit/Struktur der vier Bildkonfigurationen verglichen wird. Das Montieren und Arrangieren der fotografischen Bilder auf einer Fläche, die dabei entstehenden Bildzwischenräume, die Arbeit mit Bildausschnitten und ergänzendem Bildmaterial werden beschrieben, um unterschiedliche methodische Ebenen der Bildarbeit differenzieren zu können.

— Im dritten Schritt wird ein **performativer** Zusammenhang hergestellt, indem die Gesprächstranskripte, die den einzelnen Bildkonfigurationen zugrunde liegen, und das darin in Erscheinung tretende Verhältnis von Reden und Zeigen in den Blick genommen werden.

5.4.1 Bildkonfigurationen in einen narrativen Zusammenhang stellen

Schüler_innen *anders* wahrnehmen – Schüler_innen *als Andere* wahrnehmen

Die ersten drei Bildkonfigurationen beziehen sich alle auf denselben fotografierenden Schüler und bauen auf Bildmaterial auf, das zu unterschiedlichen Zeitpunkten innerhalb derselben, dreistündigen Projekteinheit entstanden ist. **422** Während sich die erste (›Auf dem Dach‹) und zweite Bildkonfiguration (›Wenn ich hier wohnen würde‹) auf kurze Begebenheiten beziehen, die sich im ersten Stock des Projektgebäudes ereignen und in denen die Studentin und der Schüler zu zweit unterwegs sind, basiert die dritte Bildkonfiguration (›Die machen nichts‹) auf Bildmaterial, das zu Beginn der Projekteinheit in Gegenwart einer Schülergruppe entstanden ist. Obwohl alle drei Bildkonfigurationen denselben Schüler zeigen, tritt er in jeder Bildkonfiguration *anders* in Erscheinung:

In der **ersten Bildkonfiguration** wird der Schüler, der aus dem Fenster steigt, von der Studentin zunächst als grenzüberschreitend wahrgenommen. Angesichts der Bilder der Studentin deutet sich darüber hinaus auch seinerseits ein Interesse am unbekannten Raum an. Mit den Schülerbildern gerät schließlich noch eine weitere Bedeutungsdimension in den Blick: sein Interesse an Linien und Architektur.
Ausgangspunkt der **zweiten Bildkonfiguration** ist die von der Studentin erinnerte Begeisterung des Schülers, sich vorzustellen, die leeren Räume zu bewohnen. An-

422 Die vierte Bildkonfiguration, die auf einem erinnerten Bild aufbaut, stammt aus einem anderen fotografischen Tandem, in dem die Studentin zu einem anderen Zeitpunkt einen anderen Schüler begleitet hat.

gesichts ihrer eigenen Fotografien, die in dieser erinnerten Situation entstanden sind, stößt die Studentin auf eine plötzlich anders ausgerichtete Aufmerksamkeit des Schülers: Anstatt aus dem Fenster herauszufotografieren, wendet er den Blick und fotografiert in den Raum hinein. Seine Bilder offenbaren schließlich einen sensiblen Blick für malerische und abstrakte Qualitäten der funktionalen Architektur und zeugen von sensiblen Bildfindungsprozessen.
Grundlage der **dritten Bildkonfiguration** ist ein wiederholt zum Ausdruck gebrachtes Unwohlsein und eine Ratlosigkeit der Studentin angesichts einer offensichtlich untätigen Schülergruppe. Mithilfe des Bildmaterials kann die vermeintliche Untätigkeit in ein komplexes Blickszenario eingebettet werden, an dem die fotografierende Studentin selbst beteiligt ist. Das Handeln der Schüler kann mit Scham einerseits und einer Inszenierung der eigenen Schülerrolle vor der Kamera andererseits in Verbindung gebracht werden.

In allen drei Bildkonfigurationen entsteht ein *anderes* Bild vom begleiteten Schüler. Während er in den beiden ersten Auslegungen als ästhetisch interessierter Fotograf in Erscheinung tritt und sich vor allem in seinen Bildern eine ausdauernde und inhaltlich differenzierende Auseinandersetzung mit dem Raum zeigt, gerät in der dritten Bildkonfiguration etwas Subversives in den Blick. Hier, eingebunden in eine Gruppe, scheint er *Anderes* zu machen und sich gemeinsam mit seinen Mitschülern dem fotografischen Blick der Studentin zu entziehen. Während er sich in den ersten beiden Auslegungen raumgreifend bewegt, den Raum »ertastet« **423** und die Kamera sichtbar bereithält, tritt er in der dritten Bildkonfiguration sitzend, zunächst ohne Kamera, das Physikheft vor ihm liegend in Erscheinung.
Worauf machen diese Überlegungen aufmerksam? Ausgehend von den Bildkonfigurationen können dem Schüler verschiedene, sogar widersprüchliche Deutungen zugeschrieben werden: Er entzieht sich dem Blick der Studentin *und* gibt sich ihr zu zeigen. Er beschäftigt sich mit komplexen gestalterischen Fragen *und* macht Physikaufgaben. Die Interaktion zwischen der Studentin und dem Schüler enthält Momente der Nähe *und* der Distanzierung. Er fotografiert *und* er fotografiert nicht. Angesichts der drei Bildkonfigurationen lässt sich der Schüler nicht auf einfache und einstimmige Annahmen reduzieren. Im Gegenteil: er erscheint innerhalb der dreistündigen Projekteinheit in Gegensätzen. **424**

Raum und Leiblichkeit als zentrale Spuren, die zum Anderen und zum pädagogischen Geschehen führen

Unabhängig von der jeweiligen inhaltlichen Ausrichtung der verschiedenen Bildkonfigurationen tauchen Aspekte wiederholt auf, die *Raum* und *Leib* betreffen. Ob-

423 Wortwahl der Studentin im Gespräch.
424 Inwiefern damit eine Mehrdeutigkeit und eine Begegnung mit Diversität verbunden ist, die für den pädagogischen Professionalisierungsprozess von Lehramtsstudierenden bedeutsam sein kann, wird im 6. Kapitel diskutiert (siehe S. 399 ff.; S. 413–417).

→

wohl die Bildarbeit nicht explizit darauf abzielt, die Bedeutung des *Raumes* sowie des *Leiblichen* für Lern- und Lehrprozesse zu beleuchten oder diese in ihrer hochschuldidaktischen Relevanz zu untersuchen, drehen sich die Analysen angesichts des Bildmaterials eingehend um Aspekte, die mit dem Raum und dem Leib in Zusammenhang stehen. Darstellungen des Raumes und des Körpers werden in allen vier Bildkonfigurationen in unterschiedlicher Weise zum Anlass, um sich dem von der Studentin erinnerten Geschehen rückblickend vertiefend annähern zu können:

In der **ersten Bildkonfiguration** wird das Thema der Grenzüberschreitung, das den Kern der studentischen Erzählung bildet, anhand der fotografischen Darstellung des Raumes weiterführend diskutiert. Die Darstellungen vom Raum im Bildmaterial der Studentin und des Schülers bieten Gelegenheit, um eine Antinomie charakterisieren zu können, in die kunstpädagogisches Handeln und Wahrnehmen eingebunden sind: ästhetische Erfahrungs- und Bildungsprozesse von Schüler_innen einerseits durch Rahmungen zu begrenzen und gleichzeitig Überschreitungen zuzulassen. Die Darstellung des Raumes und der fotografierte Körper, der sich darin bewegt, bilden die Grundlage, um sich dem Phänomen der Überschreitung als prekärer und zugleich notwendiger Teil eines ästhetischen Bildungsprozesses annähern zu können.

In der **zweiten Bildkonfiguration** taucht der Raum ebenfalls explizit in der Erzählung der Studentin auf: zunächst als Phantasie des begleiteten Schülers, die leeren Räumlichkeiten zu bewohnen und anschließend angesichts der ausgebreiteten Bilder als Anlass, sich neu auszurichten. Dieser Eindruck – dass sich schülerseits eine Blickumkehr ereignet – führt zu drei verschiedenen Lesarten: die Darstellung von Raum (1) als Wahrnehmungs- und Erfahrungsangebot für den fotografierenden Schüler, (2) als Repräsentation von gelungenem Kunstunterricht sowie (3) als Produkt der fotografischen Interaktion zwischen der Studentin und dem Schüler.

Raum und Leib bilden auch in der **dritten Bildkonfiguration** die Grundlage der Analyse, indem die Studentin im Gespräch wiederholt ein Unwohlsein zum Ausdruck bringt, das mit der spezifischen Anordnung einer Schülergruppe verknüpft wird, die an einem Tisch sitzt. Ausgehend von einer Aufnahme der Studentin wird ein Raum sichtbar, der im Wechselspiel zwischen der fotografierenden Studentin und den Schülern entsteht und in dem An-Blicken und Weg-Blicken, Zeigen und Verbergen, Scham und Beschämung, Dokumentieren und Inszenieren ineinandergreifen.

In der **vierten Bildkonfiguration** geht es um eine Installation von Tobias Rehberger, die im Rahmen des Projektes *The Moon in Alabama* in Münster aufgestellt wurde. In den fotografischen Bildern, in denen die Arbeit von Rehberger auftaucht und von Schüler_innen betastet wird, begegnen sich Schul- und Stadtraum. Mithilfe der fotografischen Bilder können subtile Korrespondenzen zwischen dem künstlerischen, dem umliegenden Stadtraum und dem pädagogischen Raum entdeckt werden, die Aufschluss über die Wahrnehmungen des fotografierenden Schülers und der Studentin geben.

Die vier Bildkonfigurationen verdeutlichen, wie vielfältig das kunstpädagogische Projekt mit dem Raum bzw. mit verschiedenen Vorstellungen von Raum verbunden ist. **425** So werden Anordnungen von Materialien im Projektraum, Bewegungen von Schüler_innen, unerwartete Gesten, Blickrichtungen, Mimiken, imaginäre und repräsentative Räume usw. zu Spuren, durch die pädagogische Situationen und die gemachten Erfahrungen rückblickend differenzierter verstanden werden können. Raum spielt als wahrnehmbares, ertastbares und begehbares Volumen ebenso eine Rolle, wie als Produkt einer sozialen Interaktion – hergestellt im *Anblicken* und *Wegblicken*, im *Sich-Zeigen* und *Verbergen*. Der Raum, wie er über die fotografischen Bilder zugänglich wird, offenbart sich als eine sozial und politisch situierte Dimension von pädagogischer Praxis, die von allen Beteiligten, d.h. Studierenden bzw. Lehrenden und Schüler_innen, mitgestaltet wird: Grenzen werden von pädagogisch Verantwortlichen gezogen, Schüler_innen überschreiten diese und mitunter sehen sich die pädagogisch Verantwortlichen plötzlich selbst in der Lage, unbemerkt die eigenen (Be-)Grenzungen zur ästhetisch reizvollen Schwelle umgewidmet zu haben. Der Raum, wie er fotografisch sichtbar wird, erscheint als ein *Verhandlungsraum*, der von den Beteiligten in unterschiedlicher Weise ein- und umgeräumt werden kann und zu Kommunikation anstiftet.

Obwohl der Raum und das Leibliche zwar in allen Bildkonfigurationen auftauchen, werden sie teilweise zu einem expliziten Thema, das von der Studentin im Gespräch selbst eingebracht wird (siehe insbesondere Bildkonfiguration 1 und 2), zum Teil werden sie aber erst im Auslegen der Bilder zu einer bedeutsamen Dimension (insbesondere in Konfiguration 4). Die hervorstechende Bedeutung des Raumes und damit auch des gezeigten Leibes mag mit den fotografischen Bildern zusammenhängen. Stefan Günzel betont beispielsweise, dass insbesondere fotografische Bilder Raum und räumliche Tiefe erfahrbar machen (vgl. Günzel 2012, S.77). **426** Dass der »Bildraum« (ebd.) und die sich darin aufhaltenden Menschen auch in den vier Bildkonfigurationen zum Ausgangspunkt und zur Grundlage für (kunst-)pädagogische Fragen werden, liegt nahe – selbst wenn die Themen im engeren Sinne bzw. auf den ersten Blick gar nicht mit dem Raum selbst verknüpft scheinen (z.B. Scham und Beschämung, pädagogische Verantwortung, (Re-)Präsentation von Kunstunterricht im fotografischen Bild usw.).

425 Mit Bezug zu den Installationen von Rehberger geht es per se um die Auseinandersetzung mit Kunst im öffentlichen Raum. Es werden verschiedene didaktische Methoden eingesetzt, die die Schüler_innen zu raumgreifenden Bewegungen anregen und die auf das Wechselspiel von urbanem Raum und Installation aufmerksam machen. Auch die Wahl des Projektraumes – ein leerstehendes Bürogebäude – spiegelt das Interesse der pädagogisch verantwortlichen Studierenden an Raumerfahrungen wider.

426 Stefan Günzel verwendet den Begriff des »Bildraums« (vgl. 2012, S.77) und nicht wie Husserl den Begriff »Bildobjekt«: »Statt *Bildobjekt* im Sinne eines nomadischen Gegenstandes hätte Husserl also treffender von einem *Bildraum* sprechen können, da nun nicht mehr der Raum das Medium des Bildes ist, sondern das Bild das Medium des Raumes; Während der physikalische Raum das Medium des materiellen Bildes ist, ist die Bilderscheinung das Medium des immateriellen Raums des Bildobjektes.« (ebd.)

In den fotografischen Bildern, die den Bildkonfigurationen zugrunde liegen, werden unterschiedlichste Ansichten von Raum und Bewegungen **427** fotografiert. Dass der Bildraum dabei weit mehr als das »architektonische Gefäß« (Engel 2018c, S. 97) zeigt, in dem das kunstpädagogische Projekt stattfindet, wird in den Bildkonfigurationen deutlich. Der fotografierte Raum erscheint nicht als statischer »Container« (vgl. Löw 2001, S. 224), sondern er ist durchzogen von Regeln, pädagogischen Vorstellungen, spontanen und unerwarteten Handlungsweisen, ästhetischen Anreizen. Dadurch zeigt er sich nicht nur bedeutsam für die Bildungsprozesse und ästhetische Erfahrungsprozesse der Schüler_innen, sondern er wird auch zu einem zentralen Bezugspunkt, um über das Lehren und erziehungstheoretische Frage- und Problemstellungen nachdenken zu können (vgl. Engel 2018c, S. 92 f.).

Kunstpädagogische Praxis im Spannungsfeld von Planung und Unvorhersehbarkeit

Das Spannungsfeld zwischen Rahmung und Unbestimmtheit, zwischen Planung und unerwartetem Unterrichtsverlauf, zwischen der Notwendigkeit, das Handeln und die Interessen von Schüler_innen zu antizipieren und der Unmöglichkeit, dies vollkommen wissen zu können, spielt nicht nur zu Beginn des Gesprächs **428** mit der Studentin eine zentrale Rolle, sondern taucht auch in den Bildkonfigurationen mehrfach auf. Damit wird ein zentrales Spannungsfeld pädagogischer Praxis aufgegriffen. **429**

Die Widersprüchlichkeit von pädagogischer Praxis, ihre Antinomien und schließlich damit auch ihre pathischen Seiten spielen in allen vier Bildkonfigurationen eine Rolle – nicht zuletzt schon deshalb, weil sie an der Betroffenheit der Studentin anknüpfen. Das, was sich außerhalb der pädagogischen Verfügungsmacht und entgegen des geplanten Vermittlungsanliegens im Unterricht ereignet, geht meist – das wurde ausführlich im ersten Kapitel dargelegt – mit Affekten einher. Staunen, Begeisterung oder ein plötzliches Unbehagen können zum Ausdruck bringen, dass etwas die eigene Erwartung, die eigenen Wünsche und Pläne durchkreuzt. Das Spannungsfeld zwischen pädagogischer Absicht und der Unvorhersehbarkeit ei-

427 Anders als im Video werden in fotografischen Bildern Bewegungen nur indirekt über Bewegungs- oder Verwackelungsunschärfe oder nebeneinander gelegte, sequenziell aufgenommene Einzelbilder sichtbar.

428 Die Eingangssequenz des Bildgesprächs wird genauer in Kap. 5, S. 252–255 in den Blick genommen. Die Ambivalenz zwischen Unvorhersehbarkeit und Vermittlungsanliegen bildet das Thema, mit dem die Studentin in das Gespräch einsteigt. Dieses Thema taucht auch in den vier Bildkonfigurationen unter jeweils anderer Akzentuierung auf.

429 Im Professionalisierungsdiskurs spiegelt sich dies in verschiedenen Formulierungen wider: Werner Helsper fasst dies beispielsweise unter dem Begriff der »Antinomie« (Helsper 1996, S.530–536; Helsper 2003, S. 156 ff.), Michael Wimmer problematisiert angesichts der Unverfügbarkeit von Schüler_innen ein »Nicht-Wissen-Können« von Lehrpersonen (Wimmer 1996, S. 425–438) und charakterisiert dies als als eine unhintergehbare Konstituente pädagogischen Handelns (Wimmer 2014, S. 53 ff.), Werner Helsper, Reinhard Förster und Jochen Kade sprechen von einer grundlegenden »Ungewissheit« des Lehrberufs (vgl. dies. 2003, S. 7 ff.). Norbert Ricken nähert sich der Herausforderung pädagogisch Handelnder mit dem Begriff der »Kontingenz« (Ricken 1999, dazu aktuell auch Gruber/Schürch/Willenbacher/Mörsch/Sack 2020).

nes pädagogischen Geschehens taucht in den vier Bildkonfigurationen auf ganz unterschiedliche Weise auf:

In der **ersten Bildkonfiguration** wird das Spannungsfeld explizit problematisiert, indem es um die Überschreitung einer vorgegebenen räumlichen Grenze geht. Der fotografierende Schüler geht in das erste Stockwerk und setzt sich damit über eine von den pädagogisch verantwortlichen Studierenden gezogene Grenze hinweg. Ohne die Problematik der pädagogischen Verantwortung, die dieser Überschreitung innewohnt, und das damit verbundene Unbehagen der fotografierenden Studentin zu relativieren, werden mithilfe der fotografischen Bilder weitere Lesarten der Situation entwickelt, in denen Überschreitungen in ihrem ästhetischen Bildungspotenzial diskutiert werden. Zudem wird es möglich, das vermeintlich unvorhersehbare Geschehen nicht nur mit dem Schülerhandeln und den äußeren Umständen, sondern auch mit dem Handeln der Studentin zu verknüpfen – in den Bildern deutet sich an, dass die Studentin selbst an der Umwidmung der Grenze in eine Schwelle beteiligt ist.
Ausgangspunkt der **zweiten Bildkonfiguration** ist das Aufmerken der Studentin, dass der Schüler plötzlich in den Raum hineinfotografiert, anstatt – wie in zahlreichen Aufnahmen zuvor – aus den Fenstern hinauszublicken. Angesichts des Bildmaterials tritt der Studentin eine unerwartete Blickumkehr des Schülers entgegen. Diese Blickumkehr führt zu unterschiedlichen Deutungen: sie wird als fotografische Antwort auf die malerische Qualität des leeren Raumes sowie als Teil der fotografischen Interaktion mit der Studentin gedeutet. Ein ästhetisches Interesse des Schülers und ein anerkennender Blick der Studentin scheinen ineinanderzugreifen.
In dem Gesprächsauszug, der der **dritten Bildkonfiguration** zugrunde liegt, kommt ein Unbehagen zum Ausdruck, das mit dem Eindruck der Studentin zu tun hat, dass eine Schülergruppe offensichtlich nichts gemacht habe, d.h. innerhalb einer Projekteinheit untätig gewesen sei. Dieser Eindruck widerspricht offensichtlich dem Vermittlungsanliegen der Studentin. Die Bildarbeit eröffnet Perspektiven, um die vermeintliche Untätigkeit nicht nur als Desinteresse bzw. Fehlverhalten der Schüler_innen oder aus der Perspektive einer nicht eingelösten didaktischen Planung zu interpretieren, sondern dies auch an systemische Anforderungen zurückzubinden, denen Schüler_innen im schulischen Alltag gegenüberstehen. Dadurch gerät gleichermaßen in den Blick, dass die Einladung, sich als Schüler_innen auf offene Prozesse und ästhetische Erfahrungen im Kunstunterricht einzulassen, mit Ambivalenzen verbunden sein kann. Sich als Schüler_in auf ästhetische Erfahrungsprozesse einzulassen, scheint unter Berücksichtigung von institutionellen Rahmenbedingungen keine Selbstverständlichkeit darzustellen.
Die **vierte Bildkonfiguration** stellt einen Sonderfall dar, da diese Bildkonfiguration nicht wie die anderen mit einem Unbehagen oder einer Irritation, sondern mit einer Begeisterung einsetzt. Das pädagogische Geschehen steht nicht in einem Widerspruch zu den Erwartungen der Studentin, sondern im Gegenteil: Das pädagogische

Geschehen scheint unerwartet deutlich dem zugrunde liegenden Vermittlungsanliegen zu entsprechen. Mithilfe der Bilder kann dieses Vermittlungsanliegen, nämlich das Bemühen um die Initiierung offener Prozesse, vielschichtiger gedeutet und auf die Installationen von Rehberger bezogen werden: Die vermeintliche Offenheit einer Schüler_innengruppe, von der die Studentin rückblickend ergriffen ist, scheint nicht nur damit zusammenzuhängen, dass sich alle Schüler_innen gleichermaßen auf die künstlerische Arbeit beziehen, sondern es scheint ebenfalls an die Möglichkeit für Schüler_innen gebunden zu sein, wegzuschauen, sich vom vermeintlichen Hauptgeschehen abzuwenden und auf abseitige, hintergründige Wahrnehmungsgelegenheiten eingehen zu können.

In allen Konfigurationen stehen Ereignisse im Zentrum, die von der Studentin in der erlebten Situation als unerwartet wahrgenommen wurden bzw. angesichts der Bilder im Gespräch, d.h. rückblickend als unerwartet wahrgenommen werden. Dabei deutet sich in den Bildkonfigurationen an, dass diese unerwarteten Ereignisse stets mit der Studentin selbst zusammenhängen, d.h. ihrer Anwesenheit, ihrer fotografischen Bezugnahme auf die Schüler_innen, ihrer Position und Bewegung im Raum. Auf unterschiedliche Weise machen die Bildkonfigurationen darauf aufmerksam, dass die Studentin den Verlauf des Geschehens – obwohl dieser von ihr als unerwartet wahrgenommen wird – *mitbestimmt*. Jene Momente im Unterricht, die außerhalb der eigenen pädagogischen Verfügungsmacht liegen und bei denen die Annahme naheliegt, dass sie von den Anderen herrühren, zeigen sich in den vier Bildkonfigurationen als ein komplexes Wechselspiel, an dem alle beteiligt sind: Das Unerwartete und Unvorhersehbare im pädagogischen Geschehen kommt nicht nur durch die Anderen, d.h. durch die Schüler_innen ins Spiel, sondern auch durch die (angehenden) Lehrenden **430** selbst, die sich zu den Schüler_innen in Beziehung setzen und die – mehr oder weniger explizit – eigene Erwartungen, Wünsche, Absichten einbringen. Ob das Handeln von Schüler_innen als unerwartet oder ggf. sogar als unerwünscht wahrgenommen wird, scheint mit durchkreuzten Plänen genauso verbunden zu sein, wie mit impliziten Vorstellungen von gelungenem Unterricht, mit ästhetischen Interessen und Präferenzen, mit Erwartungen an die eigene Rolle als Lehrperson, mit der Bereitschaft, sich auf die Anderen einzulassen.
Die Bildkonfigurationen legen nahe, dass das Unerwartete und Unvorhersehbare nicht ausschließlich von den Anderen herrührt, sondern sich verwoben zeigt mit dem Kontext der jeweiligen Situation, den Ansprüchen des schulischen Alltags und dem eigenen Handeln als Lehrperson (bzw. als begleitende Studentin).

430 Da die fotografierende Studentin nicht nur Begleiterin, sondern auch pädagogisch Verantwortliche in dem Vermittlungsprojekt gewesen ist, spreche ich hier von ›Lehrenden‹.

431 Das Projekt und die pädagogischen Zielsetzungen sowie die Arbeit von Rehberger werden in Kapitel 4, S. 175–178 beschrieben.

432 Dies bezieht sich vor allem auf die erste und zweite Bildkonfiguration, die sich auf Bildmaterial stützt, das im ersten Stockwerk aufgenommen wurde. Hier waren die beiden Fotografierenden zu zweit unterwegs.

Im Fotografieren öffnen sich neue Blickweisen auf den umgebenden Raum: Korrespondenzen zur ortsspezifischen Arbeit *The Moon in Alabama* (Rehberger)

Das kunstpädagogische Vermittlungsprojekt bezog sich auf die künstlerische Arbeit *The Moon in Alabama* von Rehberger. Mit dem Vermittlungsprojekt war jedoch nicht in erster Linie das Ziel verbunden, dass die beteiligten Schüler_innen explizit zu bestimmten Installationen arbeiten, sondern es ging darum, auf einer grundlegenderen Ebene Wahrnehmungsweisen und Blickverschiebungen in eigenen gestalterischen Prozessen aufzugreifen, die durch die künstlerische Arbeit Rehbergers angeregt werden. **431** Die Installationen wurden daher nicht als Gegenstände einer expliziten Auseinandersetzung in das Vermittlungsprojekt eingebunden, sondern sie stellten vielmehr Gelegenheiten dar, um Vertrautes (hier den Münsteraner Stadtraum) auf andere und ungewohnte Weise wahrnehmen zu können.

Die Bildkonfigurationen beinhalten nur in einem Fall Bilder, auf denen explizit die Arbeit von Rehberger zu sehen ist (Bildkonfiguration 4). In den drei anderen Bildkonfigurationen kommen die Installationen selbst gar nicht vor, mehr noch: die Bilder, die in den Bildkonfigurationen verwendet werden, wurden zum Teil in Räumen aufgenommen, in denen das kunstpädagogische Vermittlungsprojekt im Grunde gar nicht stattfinden sollte und in denen das fotografierende Tandem allein unterwegs gewesen ist. **432** Man könnte vermuten, dass die fotografischen Bilder, auf denen die Installationen nicht zu sehen sind und die zudem abseits des eigentlichen Projektgeschehens entstanden sind, in keinem Zusammenhang stehen mit der künstlerischen Arbeit, um die es im weitesten Sinne ging. Dies zieht die berechtigte Frage nach sich, ob bzw. wie die entstandenen Bildkonfigurationen daher dazu beitragen können, sich dem Projektgeschehen und dessen didaktischer Grundidee reflexiv annähern zu können.

Trotz der Disparatheit des Bildmaterials, das in den verschiedenen Bildkonfigurationen verwendet wird, scheint vielen Aufnahmen dennoch ein verbindendes Element zugrunde zu liegen: In allen vier Bildkonfigurationen, vor allem in den Bildern der Schüler_innen, deutet sich auf unterschiedliche Weise ein fotografischer Blick an, der über die Wiedergabe des Alltäglichen und Selbstverständlichen hinausgeht. Insbesondere in der ersten, zweiten und vierten Bildkonfiguration werden Blickverschiebungen wahrnehmbar, die auf den Kontext des kunstpädagogischen Projektes wiederum zurückverweisen:

Während die Studentin in der **ersten Bildkonfiguration** die Bewegungen des Schülers auf dem Dach hochfrequent und aus der Distanz dokumentiert, bahnt sich in den Bildern des Schülers eine vielfältige, fotografische Auseinandersetzung mit verschiedenen Qualitäten des Raumes an: seiner Begrenzung einerseits und Begehbarkeit andererseits, seinen architektonischen Formen, Strukturen und Linien.

In der **zweiten Bildkonfiguration** geht es um eine von der Studentin wahrgenommene Blickumkehr des Schülers. Die Schülerbilder zeugen von einer Empfänglichkeit für malerische und abstrakte Seiten der überwiegend funktionalen, leerstehenden

Büroräume. Auch seitens der Studentin zeigt sich ein Bemühen, die besondere Ästhetik des Projektgeschehens fotografisch einzufangen. Während sich der Schüler vor allem von Details im Raum ansprechen lässt, stellt die Studentin einzelne Schüler_innen dar, die mit Material arbeiten. Im Gegensatz zur Funktionalität des Büroraumes tauchen auch bei der Studentin Bilder auf, die von ästhetischen Qualitäten und einem immersiven Raum zeugen.
Auch in der **vierten Bildkonfiguration** zeigen sich Blickweisen, die über eine pragmatische und dokumentierende Darstellung des Geschehens hinausgehen. In einer schnell aufgenommenen Bilderfolge fotografiert die Studentin eine kurze Geste zweier Schüler_innen, die sich spontan leiblich in Beziehung zur Installation von Rehberger setzen. Dass die Studentin hier einer Situation beiwohnt, von der sie offenbar selbst ergriffen wird, deutet sich nicht nur in der Anzahl der Bilder, sondern auch in den zwei Nahaufnahmen an, die sie am Ende von den beiden Schüler_innen macht. Aus studentischer Perspektive erscheint die Installation nicht nur als eine künstlerische ›Einräumung‹ im öffentlichen Raum, sondern als eine Gelegenheit, die von Menschen bespielt, befühlt und ertastet werden kann. Die zeitgleich entstandenen Schülerbilder, in denen weniger die Installation, sondern vor allem der urbane Umraum in Erscheinung tritt, zeugen von einer Aufmerksamkeit für das vermeintlich Nebensächliche und Flüchtige. In den Bildern lassen sich subtile Korrespondenzen zwischen dem Stadtraum und der Installation entdecken.

Obwohl die Fotografien, die in den Bildkonfigurationen größtenteils verwendet werden, nicht explizit die Arbeit von Rehberger abbilden, deuten sich in ihnen Blicke der Fotografierenden und Auseinandersetzungen mit Raum, Materialien und Menschen an, die durchaus mit der Arbeit von Rehberger und mit Fragen, die ortsspezifische Installationen aufwerfen, in Verbindung gebracht werden können. Neben dokumentarischen Aufnahmen entstehen immer wieder, vor allem schülerseits, Aufnahmen, in denen sich plötzlich ein ungewohnter Blick auf das Geschehen öffnet. Aus der Bewegung heraus werden neue Standorte und bemerkenswerte Perspektiven eingenommen. **433**
Auch wenn in den fotografischen Bildern, die den Bildkonfigurationen zugrunde liegen, die Installationen selbst kaum auftauchen, so scheint *im Fotografieren* dennoch ein Wahrnehmungsprozess möglich zu werden, der mit Rehbergers Arbeit in Verbindung gebracht werden kann.

> »Bunte Rohre brechen da unter dem Trottoir hervor und legen sich wie Raupen über die Kästen. Andernorts laden Rohrwülste oder -stümpfe zum Hinsetzen und Verweilen ein.« (Büsing/Klaas 2014)

Die Installationen, die durch ihre intensive Farbigkeit, ihre Muster und verspielten Formen im Kontext des Stadtraums wie Fremdkörper wirken, durchkreuzen ge-

433 So beispielsweise liegend unter der Treppe und auf dem Dach herumlaufend (Konfiguration 1), frontal vor einer Betonwand stehend (Konfiguration 2), wiederholt auf den Boden blickend und vermeintlich nebensächliche Details wahrnehmend (Konfiguration 4).

wohnte Seh- und Wahrnehmungsweisen derjenigen, die den Stadtraum durchqueren und befahren. An betriebsamen Orten (Kreuzungen, neben der Ausfahrt eines Parkhauses, Verkehrsinseln usw.) laden die Arbeiten ein, sich zu setzen und zu verweilen. Die Installationen schmiegen sich um die grauen Schaltkästen, ihre Rohre ragen aus den Bürgersteigen heraus. Für Passant_innen bieten sich dadurch nicht nur Gelegenheiten, plötzlich auf unerwartete Formen und amorphe Gebilde aufmerksam zu werden, sondern auch den vertrauten Stadtraum aus neuem Blickwinkel wahrnehmen zu können. **434**
In den fotografischen Bildern, die den Bildkonfigurationen zugrunde liegen und auf denen *die Installationen nicht zu sehen sind,* wird teilweise auf Wahrnehmungen und Blickweisen der Fotografierenden gedeutet, die mit den Installationen dennoch in Verbindung gebracht werden können: Im Fotografieren kann das Gewohnte und vermeintlich Bekannte in neuer Weise in Erscheinung treten und können – bewusst oder unbewusst – verborgene Korrepondenzen zwischen Menschen, Dingen und dem Raum ins Blickfeld geraten. Wie die im Stadtraum aufgestellten Installationen routinierte Sehgewohnheiten und eingeschliffene Wahrnehmungsroutinen stören können, scheint auch die Kamera dazu anzustiften, ungewohnte, *andere* Ansichten vom pädagogischen Geschehen hervorzubringen. **435**

5.4.2 Bildkonfigurationen in einen medialen Zusammenhang stellen

Im Laufe der Bildarbeit sind vier verschiedene Formationen von fotografischen Bildern auf einer Fläche entstanden. Diese umfassen jeweils eine unterschiedliche Anzahl an Bildern und setzen sich aus verschiedenen Materialien zusammen: Fotografien des Schülers und der Studentin, die im Tandem entstanden sind, daraus entnommene Bildausschnitte sowie ergänzendes Bildmaterial, das aus Archiven, Ausstellungskatalogen, wissenschaftlichen Publikationen usw. stammt.
Die Bildkonfigurationen sehen jeweils unterschiedlich aus. Da der Bildarbeit das Anliegen zugrunde liegt, neue und unerwartete Perspektiven auf die erlebte Situation zu entwickeln und den Sinnüberschuss, den fotografische Bilder zur Verfügung stellen (vgl. Kap. 3, Schürmann 2013 und Alloa 2013), zu nutzen, folgen sie keiner zuvor festgelegten methodischen Systematik. Sie entstehen im Wechselspiel mit dem zur Verfügung stehenden Bildmaterial und richten sich an der Spezifik der dargestellten Begebenheit aus. Um an späterer Stelle begründen zu können, inwiefern das Auslegen von fotografischen Bildern auf einer Fläche einen Beitrag dazu leisten

434 Denn obwohl die Installationen auf den ersten Blick den Eindruck vermitteln, bunt und »poppig« zu sein, sei gerade darin auch ein kritischer Kommentar angelegt, der sich auf die vorangetriebene Privatisierung und Ökonomisierung des Münsteraner Stadtraums beziehe (vgl. Büsing/Klaas 2014).

435 Diese Blickumkehr kann sich im Fotografieren ereignen und dadurch zu ungewohnten, fotografischen Ansichten von pädagogischer Praxis führen. Inwiefern sich damit eine Bedeutung für professionsbezogene Bildungsprozesse von Lehramtsstudierenden verbunden zeigt und wie sich darüber beispielsweise andere zeitliche Bezüge stiften lassen, wird im 6. Kapitel diskutiert (S. 405ff.).

kann, eine Reflexionspraxis innerhalb der Hochschuldidaktik zu befördern, die sich auch um ein Verstehen der pathischen Seiten von Lern- und Lehrprozessen bemüht, muss zunächst das Auslegen selbst beschrieben werden.
Im Vergleich der *Bildkonfigurationen als spezifische Anordnung von fotografischen Bildern auf einer Fläche* werden folgende Bereiche beschrieben:

— die **Grundstruktur** der jeweiligen Anordnung, die sich entwickelt, indem einzelne, zeitlich zusammenhängende Bilder auf einer Fläche nebeneinandergelegt werden und Bildzwischenräume entstehen,

— die **Bildausschnitte,** die aus Bildern herausgelöst werden und mit unterschiedlichen Bedeutungen innerhalb der Anordnung verbunden sind,

— das **ergänzende Bildmaterial,** das in einem assoziativen Verhältnis zum restlichen Bildmaterial steht und das mit den Erfahrungen und Absichten derjenigen verbunden ist, die die Bilder auslegen.

Fotografische Bilder auf einer Fläche nebeneinanderlegen und in Beziehung stellen (Grundstruktur)

Die entstandenen Bildkonfigurationen zeichnen sich durch einige formale Gemeinsamkeiten, aber auch Unterschiede aus. Obwohl es übergreifende und wiederkehrende Elemente gibt (z. B. Flächen in verschiedenen Graustufen, auf denen jeweils anderes Bildmaterial ausgelegt wird; **436** Bildausschnitte; optional zusätzliches Bildmaterial; Sichtbarmachung von Leerstellen zwischen den Bildern, die durch gelöschte Bilder oder Auslassungen bei der Analyse entstehen), basiert jede Konfiguration auch auf fallspezifischen Entscheidungen, die dazu führen, dass alle vier Konfigurationen unterschiedlich umfangreich sind und sich die Bilder in verschiedener Weise auf der Fläche anordnen:
Während zwei Bildkonfigurationen beispielsweise ein quadratisches Format haben (1 und 2), zeichnen sich die beiden anderen Auslegungen (3 und 4) durch ein strenges Querformat aus. Die erste und vierte Bildkonfiguration ›klappen‹, ausgehend von der Mitte, nach oben und unten auf, die dritte Auslegung setzt dagegen links ein und entfaltet sich sukzessiv nach rechts. In der zweiten Auslegung geben drei für sich stehende Lesarten die Struktur vor, was sich in einer entsprechenden Aufteilung der Fläche niederschlägt.

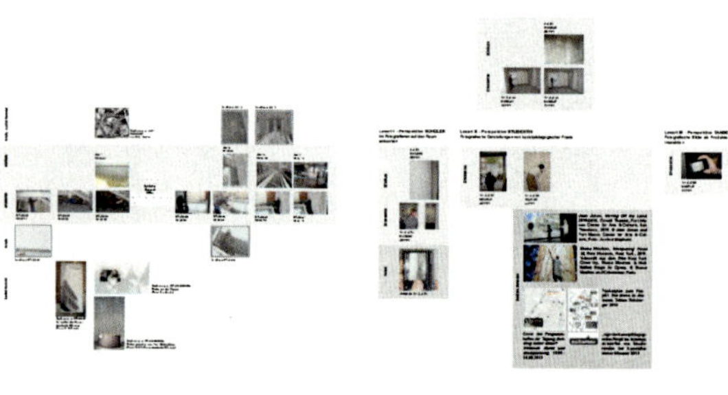

Abb. 142 Bildkonfiguration 1

Abb. 143 Bildkonfiguration 2

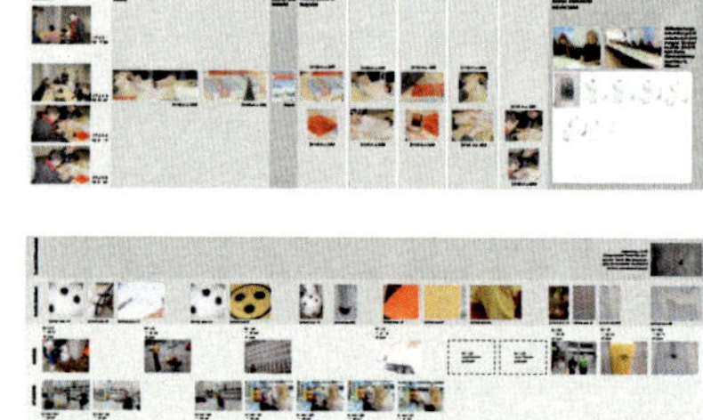

Abb. 144, 145 Bildkonfiguration 3 und 4

Der singuläre Charakter der Bildkonfigurationen hängt u. a. damit zusammen, dass es im Kontext der Hochschuldidaktik noch keine vergleichbare Vorgehensweise gibt, die sich auf die Auslegung mehrperspektivischen Bildmaterials bezieht und durch die zwei Perspektiven systematisch in Beziehung zueinander gesetzt werden können. 437 Dies erfordert notwendigerweise ein exploratives und variantenreiches Vorgehen, das nicht durch zuvor bestimmte Parameter festgelegt werden kann.
Die Singularität der Bildkonfigurationen hat darüber hinaus vor allem aber auch mit dem Forschungsanliegen zu tun, Perspektiven für eine Reflexionspraxis zu entwickeln, die sich um mögliche pädagogische Bedeutungen der pathischen Seiten von Lern- und Lehrprozessen dreht. Damit geht es um jene Dimensionen von Unterricht, die außerhalb der pädagogischen Verfügungsmacht (vgl. Meyer-Drawe 2011a) und des Wissen-Könnens (vgl. Wimmer 1996, 2010, 2014) von Lehrpersonen liegen, weil sie von den Schüler_innen als uneinsehbare und opake Andere (vgl. Glissant 2005) herrühren. 438 Aber auch ein »Nicht-Wissen-Können«, wie es Wimmer beschreibt, bedarf einer pädagogischen Qualifizierung. Während Anna Schürch beispielsweise mit Blick auf Wimmer vorschlägt, dass (angehende) Lehrpersonen die Antinomien und Paradoxien pädagogischer Praxis im Modus einer theoriegestützten Dekonstruktion kritisch diskutieren (vgl. Schürch 2020, S. 16–20), setzen die Bildkonfigurationen an der Wahrnehmung und Erfahrung der fotografierenden Studierenden an. Die bildende Bedeutung des Pathischen und Unverfügbaren zeigt sich rückblickend an kurzen, als einschneidend empfundenen Begebenheiten aus dem Unterricht. Der singuläre Charakter der Bildkonfigurationen begründet sich daher auch mit Blick auf die Wahrnehmungsereignisse, die im Zuge der Bildarbeit auf jeweils eigene Weise zur Darstellung gebracht werden müssen.
Obwohl sich die Bildkonfigurationen durch Unterschiede hinsichtlich des Formates, des Umfangs und der Ausdehnung auf der Fläche auszeichnen, lassen sich übergreifend dennoch grundlegende Dimensionen beschreiben, die bei der Erstellung aller Bildkonfigurationen bedeutsam sind. Eine zentrale Dimension stellt die *Zeitlichkeit* dar, die im Nebeneinanderlegen der Bilder entsteht.

Bildverkettungen und ihre Zeitlichkeit Mit Blick auf die fotografischen Aufträge, 439 die darauf abzielten, Spuren zweier Wahrnehmungsprozesse sichtbar zu machen, stellt die Zeitlichkeit des Bildmaterials eine zentrale Dimension der Bildarbeit dar. Die *Sequenzialität* (als chronologische Abfolge mehrerer Bilder) und die *Gleichzeitig-*

436 Hellgrau = originale Fotografien der Studentin und des Schülers; mittelgrau = Bildausschnitte, die während der Bildarbeit entnommen wurden; dunkelgrau = ergänzendes Bildmaterial (künstlerische Arbeiten, Archivmaterial, Pressematerial usw.).

437 Mehrteilige Bildformationen finden sich zwar auch in anderen Forschungsarbeiten (z. B. Grütjen 2013, Sutter 2017, Loemke 2019) und kunstdidaktischen Ansätzen (z. B. Kunz' Projekt *unterwegs)*, doch eine Methode, um fotografische Bilder auf einer Fläche auszulegen, die aus *zwei Perspektiven* parallel innerhalb einer gemeinsamen Situation entstanden sind, gibt es nicht.

438 Die mit den Literaturangaben verbundenen Argumentationen wurden im ersten Kapitel dargelegt.

439 Die fotografischen Aufträge der beiden Fotografierenden werden im 4. Kapitel (S. 180 ff.) ausführlich beschrieben und begründet. ←

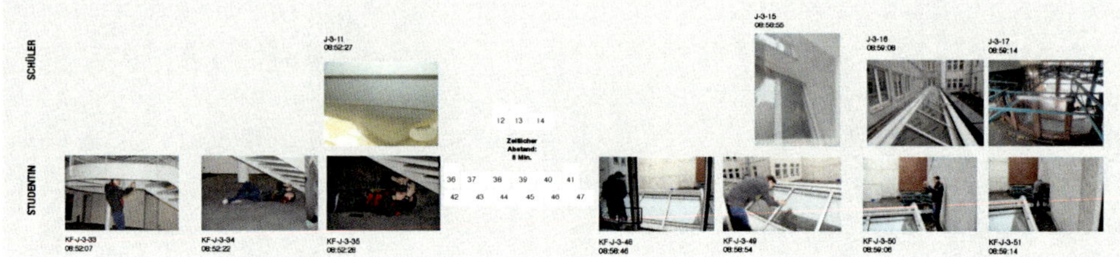

Abb. 146 Bildkonfiguration 1 (Ausschnitt)

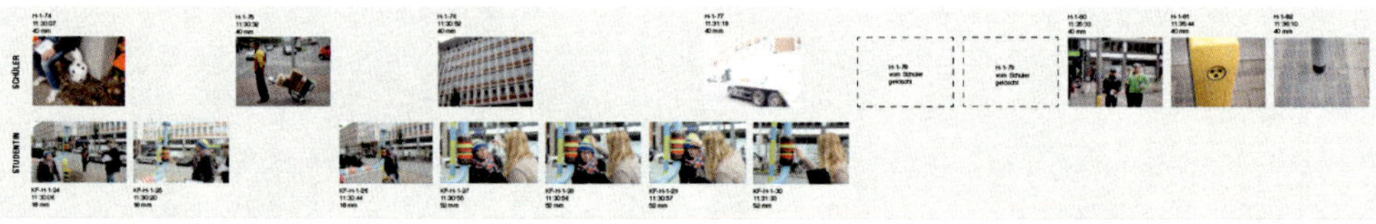

Abb. 147 Bildkonfiguration 4 (Ausschnitt)

keit (die sich zwischen den Bildern der beiden Fotografierenden aufspannt) bilden wichtige Orientierungen, um die Bilder auf der Fläche so nebeneinanderlegen zu können, dass Spuren der fotografischen Wahrnehmungsprozesse in Erscheinung treten und nachvollziehbar werden können. Alle vier Bildkonfigurationen bauen daher auf den Metadaten der Bilder auf, in denen u. a. der Aufnahmezeitpunkt jedes Bildes sekundengenau gespeichert wird. **440** Diese Angaben wurden in allen Bildkonfigurationen herangezogen, um die fotografischen Bilder der Studentin bzw. des Schülers in ihrer Chronologie anordnen und einander zeitlich zuordnen zu können. Zeit spielt in verschiedenen Formen eine bedeutungsstiftende Rolle: einerseits im Nebeneinanderlegen von Bildern in ihrer *chronologischen Reihenfolge* und andererseits im Nebeneinanderlegen von Bildern, die (nahezu) *gleichzeitig* entstanden sind.

Die Bildkonfigurationen enthalten unterschiedlich lange Abschnitte, in denen die Bilder des Schülers und der Studentin in ihrer Chronologie geordnet sind. Die Länge der sequenziellen Anordnung des Bildmaterials hängt von der Fragestellung und Deutung ab, die im Mittelpunkt der jeweiligen Bildkonfiguration stehen. **441** So erscheint in der ersten Konfiguration (siehe S. 262–288) beispielsweise der zeitliche Verlauf der dokumentierten Situation inhaltlich besonders wichtig ist, um die Überschreitung einer räumlichen Grenze als Prozess interpretieren zu können, die sich *anbahnt* und an der die Studentin selbst beteiligt ist (Abb. 146). Ebenso baut die vierte Bildkonfiguration (siehe S. 344–358) auf einer längeren, chronologisch angeordneten Bilderreihe auf (Abb. 147).

Einerseits können dadurch mithilfe der Studierendenfotos die Gesten der Schüler_innen im Umgang mit der Installation in ihrer Vielschichtigkeit nachvollzogen werden, andererseits können mithilfe der chronologisch angeordneten Schüler_innenbilder Blickbewegungen und Korrespondenzen zwischen der Installation und dem Stadtraum nachgezeichnet werden. **442**

Unter Berücksichtigung ihres zeitlichen Zusammenhangs geraten die Bilder nicht nur in ihrer jeweiligen ›Augenblicklichkeit‹, d. h. als Produkte einer punktuellen und einmaligen Ausrichtung auf das fotografierte Geschehen in den Blick, sondern sie regen dazu an, Bewegungen und Gesten der Fotografierenden nachzuvollziehen. Indem die Bilder auf einer Fläche angeordnet werden, öffnet sich zudem eine weitere Perspektive auf zeitliche Zusammenhänge. Die nebeneinandergelegten Bilder offenbaren nicht nur ihre chronologische Reihenfolge oder die ihnen innewohnende Gleichzeitigkeit, sondern es können unerwartete *Rückbezüge* entstehen, wenn – wie in der ersten Konfiguration (siehe Abb. 146) – spätere Ereignisse mit vorherigen in Verbindung gebracht werden. Hier kann ein *anderer zeitlicher Zusammenhang* zwischen fotografischen Bildern entstehen, der nicht nur mit ihrer chronologischen Ordnung zu tun hat, sondern der im Auslegen durch das Wiederauftauchen von Figuren, Orten und Motiven, durch Ähnlichkeiten oder Kontraste entsteht. Offensichtliche Zusammenhänge können aufgelöst und neue hergestellt werden.

Bildzwischenräume In der chronologischen Anordnung des Bildmaterials treten nicht nur die Bilder bzw. die Bilderreihen in die Aufmerksamkeit, sondern es entstehen dabei auch Bildzwischenräume. Diese sind nicht nur der leere Grund, der notwendigerweise sichtbar wird, weil mehrere Bilder auf einer Fläche nebeneinander gelegt werden, sondern sie scheinen unmittelbar an den Modus der fotografischen Wahrnehmung gebunden zu sein. Der Bildzwischenraum, der sich ergibt, wenn zwei sequenziell aufgenommene Fotografien nebeneinandergelegt werden, stellt einen Übergang von einem zum nächsten Bild dar. Es ist der Zeitraum zwischen den beiden Bildern, in denen nicht fotografiert wurde. Bildzwischenräume sind zwar Leerstellen und zeigen selbst nichts, sie sind aber trotzdem mit dem Fotografieren verbunden, **443** indem sie dessen Kehrseite – das Nichtfotografieren – darstellen. Insofern führen sie zur Wahrnehmung und Erfahrung der Fotografierenden zurück. Indem den Bildzwischenräumen Aufmerksamkeit geschenkt wird, werden die Bilder nicht darauf reduziert, *was sie zeigen,* sondern sie werden als Spuren von fotografischen Wahrnehmungsprozessen verstanden, in denen es notwendigerweise

440 Die sekundengenaue Zeitangabe, wann ein Foto aufgenommen wurde, kann beispielsweise in Programmen wie Adobe Bridge ausgelesen werden. Es werden ebenfalls Angaben zur Brennweite, zum Kameramodus, zur Verwendung des Blitzlichts, zum ISO-Wert usw. gespeichert.

441 Um die folgenden Überlegungen zu veranschaulichen, werden die Bildkonfigurationen in Ausschnitten gezeigt. Diese Ausschnitte sind jeweils mit einer gestrichelten Umrandung markiert. Die gesamten Bildkonfigurationen können hier angeschaut werden: siehe Buchklappen oder Konfiguration 1 (S. 262); Konfiguration 2 (S. 299); Konfiguration 3 (S. 322); Konfiguration 4 (S. 340).

442 Nicht in jeder Bildkonfiguration kommt der Chronologie eine zentrale Bedeutung zu. In der zweiten und dritten Bildkonfiguration sind die chronologischen Bilderreihen kürzer: Die zweite Bildkonfiguration dreht sich beispielsweise aus einer repräsentationskritischen Blickrichtung um eine ästhetisierte Darstellung des kunstpädagogischen Vermittlungsprojektes seitens der Studentin und die Frage, was, wie und für wen fotografisch zur Anschauung gebracht wird. Dazu werden aussagekräftige Bilder nebeneinandergelegt und die ihnen zugrunde liegende Chronologie spielt eine untergeordnete Rolle.

443 Grundlage dieser Überlegungen ist das sequenziell aufgenommene Bildmaterial, das den Bildkonfigurationen zugrunde liegt.

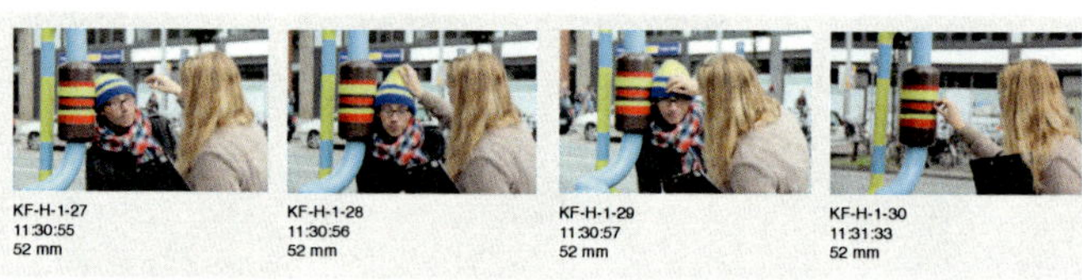

Abb. 148
Bildkonfiguration 4 (Ausschnitt)

auch Leerstellen, Unbemerktes, Ungesehenes und Nicht-Fotografiertes gibt. Nicht nur auf der Bildoberfläche, sondern auch in den Zwischenräumen der ausgelegten Bilder können Bedeutungen entstehen, die für das Verstehen des dokumentierten Geschehens und für dessen kritische Reflexion im Wechselspiel von Sichtbarkeit und Unsichtbarkeit elementar sind.

Der Raum, der zwischen zwei Bildern entsteht, variiert in den Bildkonfigurationen, indem einerseits der Eindruck von Kontinuität und andererseits Sprünge erzeugt werden:

— Bilder können sich *nahtlos* aneinanderfügen. Dies ist insbesondere bei sehr hochfrequent fotografierten Aufnahmen der Fall. Schnell nacheinander aufgenommene Bilder, in denen sich der Blickwinkel des Fotografierenden kaum verändert und gezeigte Personen und Räume nicht abrupt wechseln, vermitteln – ähnlich wie im Film – den Eindruck von Kontinuität. Bilder, die sich scheinbar nahtlos aneinander fügen, zeichnen sich durch vielfältige Korrespondenzen und Ähnlichkeiten aus: Der gleiche Raum oder dieselben Personen tauchen auch in der folgenden Aufnahme (in Teilen) auf. Besonders deutlich wird dies beispielsweise in den Fotografien der Studentin, die der vierten Konfiguration zugrunde liegen (siehe Abb. 148). In vier Aufnahmen taucht aus kaum verändertem Blickwinkel dasselbe Bildmotiv auf. Das jeweils folgende Bild lässt sich mühelos an sein vorheriges anknüpfen.
Gesten, die in einer Aufnahme einsetzen, finden in der darauffolgenden Aufnahme ihre Fortsetzung. Die Bildverkettung erweckt dadurch den Eindruck einer zusammenhängenden Bewegung. Sich wiederholende Bildmotive, ähnliche Blickwinkel usw. stiften Kontinuität und erzeugen eine filmische Qualität. In solchen Bildverkettungen deutet sich seitens der Fotografierenden ein Interesse an dem Verlauf eines Geschehens und der Darstellung von kleinsten räumlichen, gestischen und mimischen Veränderungen an.

— Nicht alle Bilder fügen sich derart nahtlos aneinander. Mitunter ergeben sich in den Bildkonfigurationen auch Bildkombinationen, die stattdessen Differenzen, Kontraste und Widersprüche erzeugen. Zwischen Bildern können *Brüche* entstehen, wenn plötzlich orientierende Elemente wie der Standort der Kamera, der Blickwinkel, Lichtverhältnisse, die eingestellte Brennweite, fotografierte Personen und die Raumsituationen unvermittelt wechseln.
Diese Brüche lassen sich – wenn sie innerhalb einer chronologisch angeordneten Sequenz auftauchen – zum Teil auf größere zeitliche Abstände zwischen den Bildern zurückführen, in denen nicht fotografiert wurde, während sich das Geschehen

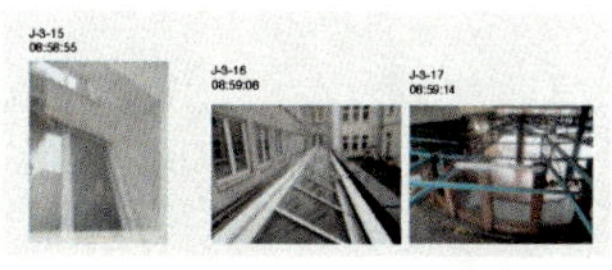

Abb. 149
Bildkonfiguration 1
(Ausschnitt)

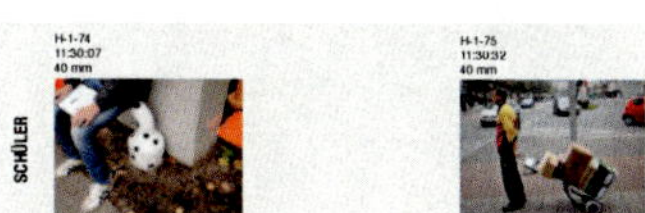
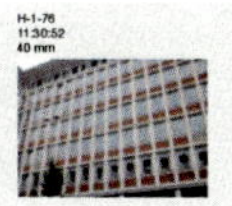

Abb. 150
Bildkonfiguration 4
(Ausschnitt)

derweil weiterentwickelt und verändert hat. Brüche zwischen den Bildern zeigen sich vor allem in dem Bildmaterial der Schüler_innen (siehe Abb. 149, 150). Beiden Konfigurationen liegen Schülerbilder zugrunde, die sehr verschiedene Ansichten des Raumes zeigen. Während die Studentin beide Male das Geschehen in einer deutlich höheren Frequenz fotografisch verfolgt, bieten die Schülerbilder nebeneinander gelegt einen ausschnitthaften Einblick in das Projektgeschehen. Die Bilder und insbesondere auch die Leerstellen dazwischen deuten schülerseits auf eine Aufmerksamkeit, die für Details, Nebenschauplätze und singuläre Ansichten vom Raum empfänglich ist. Während die Studentin das Geschehen mit der Kamera verfolgt (Konfiguration 4), schaut sich der Schüler um bzw. weg. Die Bilder erzeugen nebeneinander gelegt *Diskontinuitäten* und *Sprünge*.

Bedeutungsvolle Bildzwischenräume entstehen aber auch unabhängig von einem chronologischen Zusammenhang. Als *Teil des Auslegens* können sich Bildzwischenräume auf zweierlei Weisen ergeben: einerseits, indem die zwei verschiedenen Bildspuren, d. h. die Bilder des Schülers und der Studentin, nebeneinander gelegt werden und andererseits, indem einzelne Bilder aus dem gesamten Bildmaterial herausgenommen und so arrangiert werden, dass ein bestimmter Aspekt differenzierter in den Blick genommen werden kann:

— Indem zwei Personen das Geschehen fotografisch dokumentieren, sie sich auf unterschiedliche fotografische Aufträge beziehen, verschiedene Darstellungsabsichten einbringen, auf unterschiedliche Momente und Ereignisse fotografisch antworten usw. entstehen zwei verschiedene Bildsequenzen. Diese beziehen sich zwar auf die gemeinsame Unterrichtssituation, tun dies aber in sehr unterschiedlicher Weise: Nebeneinandergelegt tritt das dokumentierte Geschehen notwendigerweise aus *zwei offensichtlich zusammenhängenden und dennoch verschiedenen Perspektiven* (siehe Abb. 151) in Erscheinung. Während die Studentin den fotografierenden Schüler beispielsweise in einem leeren Raum vor einer Betonwand zeigt, fotografiert der Schüler selbst nur die Betonwand und blendet die anwesende Studentin sowie den räumlichen Kontext weitgehend aus.

Dass die nebeneinandergelegten Bilder der beiden Fotografierenden ihren zeitlichen und räumlichen Zusammenhang nicht sofort offenbaren und stattdessen *Differenzen* hervortreten, zeigt sich insbesondere in der ersten Bildkonfiguration (siehe Abb. 152). Der Schüler bewegt sich auf dem Dach und fotografiert etwas, was die →

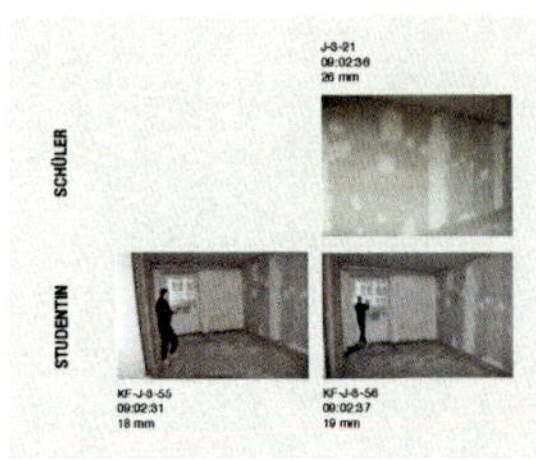

Abb. 151 Bildkonfiguration 2 (Ausschnitt)

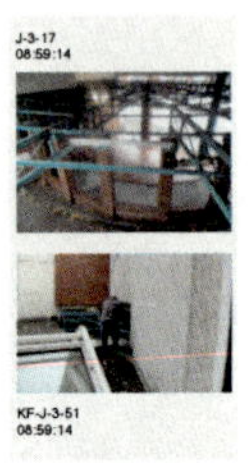

Abb. 152 Bildkonfiguration 1 (Ausschnitt)

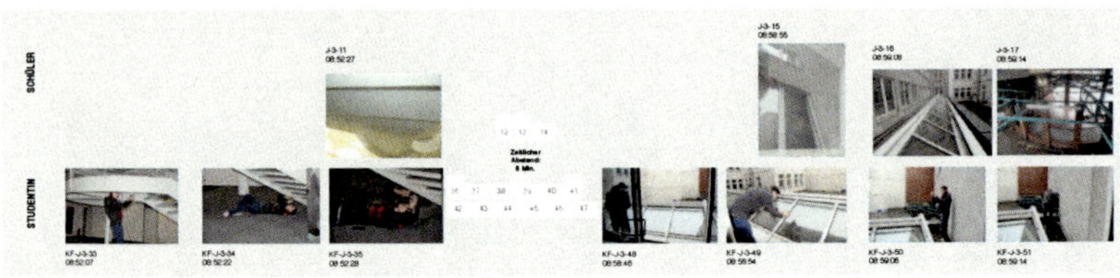

Abb. 153 Bildkonfiguration 1 (Ausschnitt)

Studentin von ihrem Standort gar nicht einsehen kann. Die beiden Bilder können zwar über die Zeitangaben verknüpft werden, machen aber auf die verschiedenen Blickrichtungen der beiden Fotografierenden und vor allem die Unmöglichkeit aufmerksam, das zu sehen, was der/die Andere sieht.

— Während die beschriebenen Bildzwischenräume und ›visuellen Sprünge‹ aus dem fotografischen Material selbst, d. h. aus seiner Sequenzialität und Zweiperspektivität hervorgehen, können Bildkombinationen darüber hinaus auch bewusst im Zuge der Bildarbeit gelegt werden:

So wurden beispielsweise in der ersten Bildkonfiguration zwei kurze Bildsequenzen nebeneinandergelegt, zwischen denen acht Minuten liegen (siehe Abb. 153) und die – zeitlich und hinsichtlich ihres Motivs – in keiner offensichtlichen Bildnachbarschaft stehen. **444** Die Bilder erscheinen auf den ersten Blick visuell verschieden und hinsichtlich des gezeigten Raumes weitgehend unverbunden, doch im Arrangieren auf einer Fläche entstehen unerwartet bedeutungsvolle Bildverkettungen und Bildzwischenräume. Diese machen darauf aufmerksam, dass die von der Studentin plötzlich wahrgenommene Grenzüberschreitung möglicherweise kein einmaliges, singuläres Ereignis darstellt, sondern mit einem acht Minuten zuvor stattgefundenen Geschehen in Verbindung gebracht werden kann – auch wenn die Bilder, die in beiden Situationen entstanden sind, zunächst keinen offensichtlichen Zusammenhang durch das abgebildete Sujet vermuten lassen.

In Bildkonfigurationen spielen Bildzwischenräume eine ebenso wichtige Rolle wie die Einzelbilder und deren Verkettungen. Bilder können sich nahtlos aneinanderreihen, indem Wiederholungen, Ähnlichkeiten usw. dazu beitragen, Kontinuität zwi-

444 Die fotografischen Bilder lagen in dem Gespräch mit den Studierenden in Form von Kontaktbögen vor – dies waren DIN-A4-Blätter, auf denen insgesamt 20 Fotos in vier Reihen mit jeweils 5 Bildern angeordnet waren. Die zwei Bildergruppen, die in der ersten Bildkonfiguration nebeneinandergelegt wurden, waren auf unterschiedlichen Kontaktbögen abgedruckt. Der Zusammenhang zwischen den Bildern wurde also noch nicht durch die Kontaktbögen im Gespräch mit der Studentin nahegelegt, sondern dieser wurde erst anschließend im Rahmen der Bildarbeit hergestellt. Siehe dazu: Kapitel 4, S. 195–197. ←

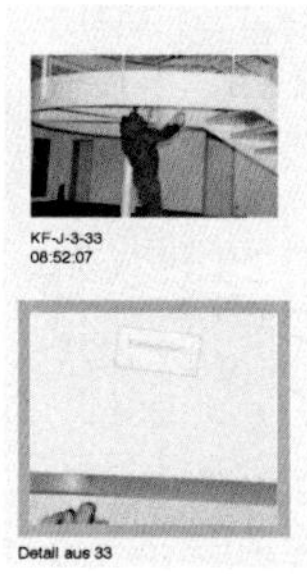

Abb. 154 Bildkonfiguration 1 (Ausschnitt)

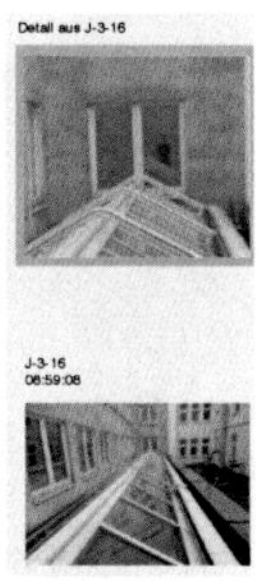

Abb. 155 Bildkonfiguration 1 (Ausschnitt)

schen Einzelbildern zu stiften. Bilder, die nebeneinandergelegt werden, können aber auch Brüche erzeugen, indem sie andere Ansichten auf das Geschehen bieten oder Anderes, mitunter sogar Widersprüchliches zeigen. Bildzwischenräume in ihrem Potenzial, etwas zum Verstehen des fotografierten Geschehen beitragen zu können, genauso ernst zu nehmen, wie die Bilder selbst, begründet sich vor dem Hintergrund des Bemühens, sich den pathischen Seiten von Lehr- und Lernprozessen über fotografische Spuren anzunähern. Die Leerstellen zwischen den Bildern, die für sich stehend nichts zeigen und erst im Nebeneinanderlegen mehrerer Bilder überhaupt entstehen, erzählen unterschiedlich deutlich von dem Prozess, der hinter den einzelnen Aufnahmen aufscheint. Insofern fordern Bildzwischenräume die Betrachtenden dazu heraus, sich jenseits des Sichtbaren auch das Nicht-Sichtbare *vorzustellen,* das Nicht-Gezeigte und Zwischenzeitliche sowie die Übergänge zwischen einzelnen Augenblicken. Dass sich hier die Aufmerksamkeit auf bisher unbemerkte, marginale, vermeintlich unbedeutende Zusammenhänge richten kann, mag der Annäherung an jene pathischen, unverfügbaren Qualitäten von pädagogischer Praxis entgegenkommen und zur Entstehung einer tiefergehenden *Narration* beitragen.

Zur Entstehung und Bedeutung von Bildausschnitten

Vor diesem Hintergrund kommt insbesondere den Bildausschnitten eine bedeutungsvolle Rolle zu. Alle Bildkonfigurationen enthalten Schüler_innen- und Studierendenbilder, aus denen einzelne Details ausgeschnitten und vergrößert präsentiert werden. Besonders umfänglich werden Bildausschnitte in der dritten und vierten Konfiguration ausgelegt. An einigen aussagekräftigen Beispielen lassen sich die verschiedenen Bildnachbarschaften darstellen, die durch Bildausschnitte entstehen:

Das Nicht-Gesehene sichtbar machen: Ein Detail eines Bildes zu vergrößern, weil es zu klein ist, um es genauer anschauen zu können, ist naheliegend. Der fotografische Bildraum lässt sich durch Vergrößerungen differenzierter beschreiben. Vermeintlich nebensächliche Details, die ohne Vergrößerungen weitgehend unbemerkt bleiben würden, können in die Bildarbeit einfließen (Abb. 154: der Aufkleber an der Treppe im Bild der Studentin; Abb. 155: die Spiegelung des Schülers in der Fensterscheibe).

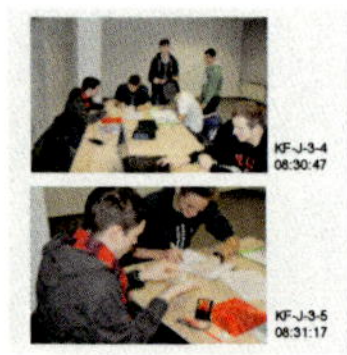

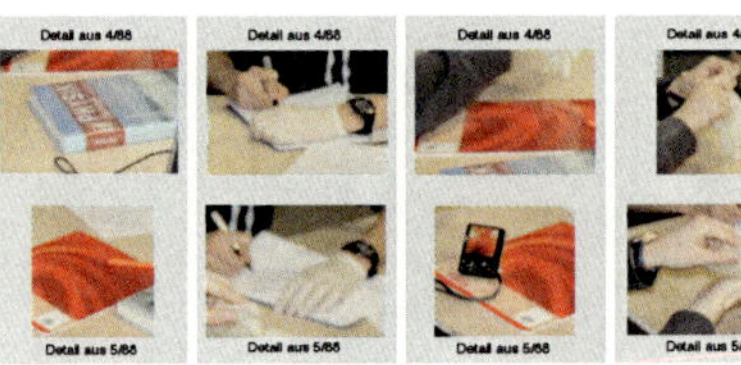

Abb. 156 Bildkonfiguration 3 (Ausschnitt)

Abb. 157 Bildkonfiguration 3 (Gegenüberstellung von Bilddetails)

Zeitverläufe und bildübergreifende Bewegungen sichtbar machen: Dass Bildausschnitte dazu beitragen können, ein Geschehen in seiner Zeitlichkeit zugänglich zu machen, zeigt sich vor allem in der dritten Bildkonfiguration (siehe Abb. 156, 157). Aus zwei aufeinanderfolgenden Aufnahmen, zwischen denen ein zeitlicher Abstand von 30 Sekunden liegt, werden mehrere Ausschnitte gewählt und nebeneinandergelegt, um kleinsten Veränderungen, die sich zwischen den Bildern ereignet haben, auf die Spur kommen zu können. Mithilfe dieser Gegenüberstellung von Details lassen sich Blickbewegungen, Veränderungen von Gesten sowie das Verschieben von Materialien auf dem Tisch usw. aufspüren. Die Gegenüberstellung vergleichbarer Bildausschnitte bietet die Möglichkeit, rückblickend auf flüchtige, kaum merkliche Momente des Geschehens aufmerksam zu werden.
Das fotografisch dokumentierte Geschehen lässt sich in einer Tiefe beschreiben, die insbesondere auch der Komplexität pädagogischer Situationen und der Gleichzeitigkeit von bedeutungsstiftenden Momenten Aufmerksamkeit schenkt.

Korrespondenzen zwischen Bildern sichtbar machen: Bildausschnitte können auch einen Beitrag dazu leisten, subtile Korrespondenzen zwischen Bildern hervorzuheben. Umfänglich wurde dies bezüglich der Schülerbilder in der vierten Konfiguration gemacht (Abb. 158).
Zwischen der künstlerischen Arbeit Rehbergers und der urbanen Umgebung können durch das Arrangieren von Bildausschnitten vielfältige, ästhetische Korrespondenzen entdeckt werden (u.a. Farbe, Form, Oberflächen, Materialität, Blickwinkel). Anstelle des Eindrucks, dass sich der Schüler mit der Kamera lediglich umgeschaut und unterschiedliche Facetten der Situation dokumentiert hat, konnte mithilfe ausgelegter Bildausschnitte nachgezeichnet werden, wie die Aufnahmen des Stadtraumes mit der künstlerischen Arbeit in Beziehung stehen. Durch die Details, die den Schülerbildern entnommen und die anschließend zu neuen Gruppierungen auf der Fläche arrangiert wurden, konnten ästhetische Dimensionen des fotografischen Blicks in Erscheinung treten. **445** Ob der Schüler bzw. die Studentin selbst diese ästhetischen Korrespondenzen derart in der Situation bewusst wahrgenommen bzw. fotografisch ›eingefangen‹ haben, kann rückblickend anhand der Bilder nicht ermittelt werden. Mithilfe der Ausschnitte können vielmehr solche Korrespondenzen

445 Ob der Schüler (bzw. die Studentin) selbst diese ästhetischen Korrespondenzen derart in der Situation bewusst wahrgenommen bzw. fotografisch absichtsvoll ›eingefangen‹ hat, kann nicht ermittelt werden. Mithilfe der Ausschnitte können solche Korrespondenzen aber herausgearbeitet und zur Diskussion werden.

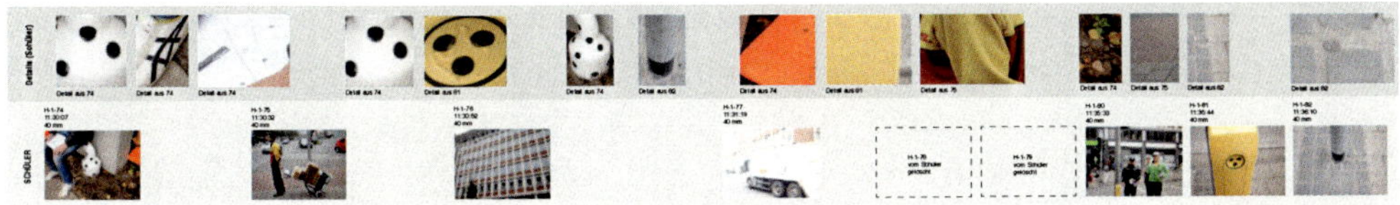

Abb. 158 Ausschnitt aus Bildkonfiguration 4 (Reihe oben: Details aus Schülerbildern; unten: Schülerbilder)

herausgearbeitet und hinzugezogen werden, um das dokumentierte Geschehen differenzierter zu befragen.

Mit Bildausschnitten können Aspekte in die Aufmerksamkeit geraten, die in der Situation selbst aus der Perspektive des Fotografierenden kaum wahrnehmbar gewesen sind – die aber potenziell für das Geschehen und die Anderen, die an der Situation beteiligt gewesen sind, deshalb nicht unbedingt unbedeutend gewesen sein müssen. Mithilfe von vergrößerten Bilddetails insbesondere den Randphänomenen der Fotos auf die Spur zu kommen, indem den Hintergründen, Unschärfebereichen und Bildanschnitten genauso Beachtung geschenkt wird wie dem Offensichtlichen und Fokussierten, trägt all jenen Aspekten eines Geschehens Rechnung, die außerhalb der Aufmerksamkeit lagen. Dem Liminalen, Flüchtigen, dem kaum Wahrnehmbaren wird eine mögliche Bedeutsamkeit für Andere und das Geschehen unterstellt – auch wenn es sich um Aspekte handelt, die nicht im eigenen Blickfeld lagen. Eine Annäherung an das Pathische als das, was von den Anderen herrührt, findet hier von den Rändern der Wahrnehmung statt.

Ergänzendes Bildmaterial

Nicht alle Bilder (bzw. Bildausschnitte), die im Rahmen der Konfigurationen auf der Fläche ausgelegt werden, sind innerhalb des Vermittlungsprojektes entstanden. Um bedeutsame Spuren, die in dem Bildmaterial des Schülers und der Studentin aufscheinen und die sich daran aber nur eingeschränkt weiterverfolgen lassen, differenzierter ausarbeiten zu können, wurde ergänzendes Bildmaterial hinzugezogen, das aus externen Quellen stammt (Archive, Ausstellungskataloge usw.). Die Verknüpfungen, die zwischen den Schüler- bzw. Studierendenfotos und dem hinzugefügten Bildmaterialien entstehen, und ihre Bedeutung für die Bildarbeit sind verschieden:

Archivmaterial: Fotografische Bilder gehen oftmals mit einem *Überschuss* einher, indem sie mehr und anderes sichtbar machen, als die Fotografierenden möglicherweise zeigen wollten. Anders als die menschliche Wahrnehmung differenziere die Kamera nicht zwischen wichtigen und unwichtigen, prägnanten oder banalen Aspekten, zwischen Absicht und Absichtslosigkeit (vgl. Schürmann 2013 und Alloa 2013; siehe dazu Kap. 3). Obwohl die Kamera dazu auffordere, sich im Moment des Auslösens im Raum zu positionieren, d. h. im Verhältnis zum fotografierten Geschehen einen spezifischen/geeigneten Standort zu wählen (vgl. Flusser 1991; siehe dazu Kap. 3), kann jede Darstellungsabsicht wiederum durch die Kamera und die Unvorhersehbarkeit der Situation konterkariert werden und Unerwartetes ins Bild geraten. Das fotografische Bild birgt daher *Überschuss und Leerstellen zugleich*. Es bietet mehr an, als erwartet und legt dadurch Spuren, um das vordergründig dokumentierte Geschehen vielschichtiger verstehen zu können. Doch gerade diese Aspekte, die von der Kamera unbemerkt oder ungewollt *mitfotografiert* werden, befinden sich nicht selten angeschnitten am Bildrand, kleinformatig im Hintergrund oder unscharf, weil sie nicht innerhalb des Fokus liegen. Dass zusätzliches Bildmaterial herangezogen werden kann, um diesen Überschuss zugänglicher zu machen (insbesondere dann, wenn auch vergrößerte Bildausschnitte keinen differenzierteren Einblick bieten), zeigt sich beispielhaft in der ersten Bildkonfiguration (Abb. 159).

Die Treppe, die einen zentralen Ort in der ersten Bildkonfiguration darstellt, weil sich darüber die vermeintlich plötzliche Grenzüberschreitung des Schülers auf dem Dach mit einem vorherigen Ereignis verknüpfen lässt, konnte durch ergänzendes Bildmaterial aus dem Archiv der Kunstakademie Münster als ein geradezu ambivalenter Raum beschrieben werden. Das ergänzende Bildmaterial eröffnete einen differenzierteren Blick auf die Treppe und zeigte, dass diese nicht nur Begrenzung des Projektraumes, sondern gleichzeitig auch ästhetisch reizvoll gewesen ist. Das Objekt, das vor der Treppe stand, um den Aufgang in den ersten Stock zu versperren, entpuppte sich mithilfe einer Archivaufnahme als ein einladender Empfangstresen, der ursprünglich 2012 für das 25-jährige Jubiläum der Hochschule entworfen wurde. Ebenso konnte gezeigt werden, dass der Aufsteller, der neben der Treppe stand und in einer Aufnahme der Studentin lediglich am Bildrand zu sehen ist, bedeutsam für die Umwidmung der Grenze in eine Schwelle gewesen sein mag. Um dieser Spur folgen zu können, wurde der am Bildrand *mitfotografierte* Aufsteller im Nachhinein nochmals ausgerollt und abfotografiert, um sich insbesondere das fotografische Bild darauf genauer anschauen zu können. Der genauere Blick auf den Aufsteller und die Architekturfotografie, die er großformatig präsentiert, erwies sich als sehr aufschlussreich, um die Überschreitung der räumlichen Grenze durch den fotografierenden Schüler mit einem ästhetischen Interesse an Architektur und experimentellen Perspektiven verknüpfen zu können.

(Bild-)Material im Kontext des Vermittlungsprojektes: Eine etwas andere Funktion kommt dem ergänzenden Bildmaterial zu, das in der zweiten Bildkonfiguration verwendet wurde (siehe Abb. 161). Während es auch hinzugezogen wurde, um einen Aspekt, der in einer Fotografie der Studentin auftaucht, genauer in den Blick zu nehmen (die projizierte Karte, siehe Abb. 160), ging es dabei aber nicht nur darum, etwas Hintergründiges sichtbar zu machen (weil es angeschnitten oder unscharf abgebildet ist), sondern insbesondere sollten auch die mit der projizierten Karte verbundenen Verwendungskontexte untersucht werden. Da es in der zweiten Bildkonfiguration u. a. um ›Darstellungen von Kunstunterricht‹ und damit um eine reprä-

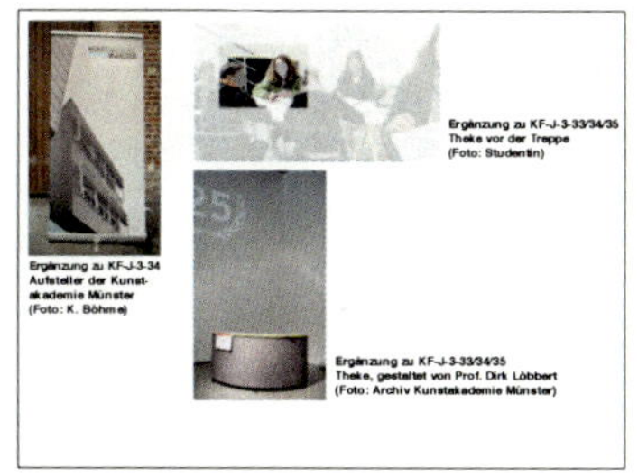

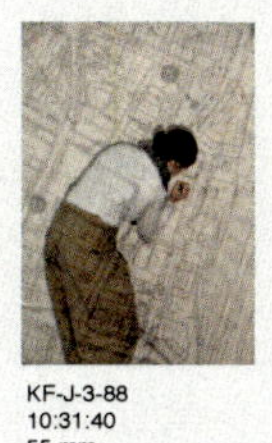

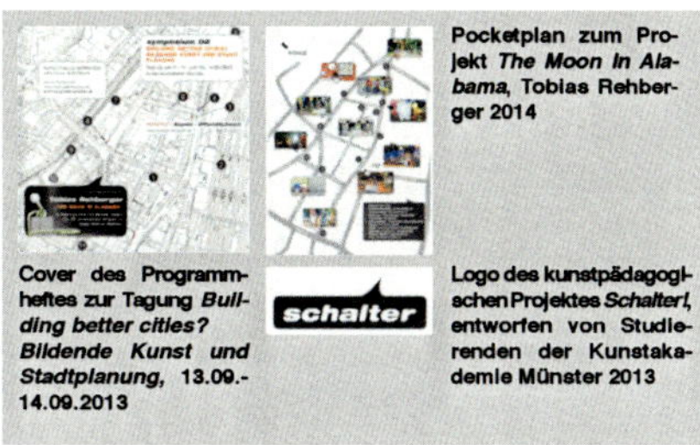

Abb. 159 Bildkonfiguration 1 (Ausschnitt)

Abb. 160 Foto der Studentin (Bildkonfiguration 2, Ausschnitt)

Abb. 161 ergänzendes Bildmaterial (Bildkonfiguration 2, Ausschnitt)

sentationskritische Fragestellung ging, bot es sich an, die im Vermittlungsprojekt verwendete Karte, die von der Studentin prominent ins Bild gesetzt wurde, genauer zu betrachten. Es konnte herausgearbeitet werden, dass genau dieses Kartenmaterial auch für andere öffentliche Veranstaltungen verwendet wurde **446** und im kunstpädagogischen Vermittlungsprojekt somit ein offizielles Corporate Design aufgegriffen wurde. Mithilfe des ergänzenden Bildmaterials konnten die Verwendungs- und Repräsentationszusammenhänge in den Blick genommen werden, die mit der projizierten Karte aufgerufen wurden. Dies führte zu den Fragen: *Wer zeigt im Vermittlungsprojekt für wen diese Karte? Und in welchem Verhältnis steht dazu das fotografische Bild der Studentin?* Das hinzugezogene Bildmaterial machte darauf aufmerksam, dass Momente kurzer Ergriffenheit im Kunstunterricht auch mit Fragen der Repräsentation und mit Vorstellungsbildern davon verknüpft sind, wie ›guter Unterricht‹ aussieht.

Bilder aus dem Kunstkontext: 447 Eine dritte Form, ergänzendes Material in die Bildkonfigurationen einzubeziehen, stellt die Hinzunahme von Bildern aus dem Kunstkontext dar. Während die beiden vorangestellten Verwendungsweisen vor allem darauf abzielen, das kaum Merkliche, Randständige und Hintergründige innerhalb der Schüler- und Studierendenbilder differenzierter wahrnehmen zu können, lässt sich die Verbindung zwischen den künstlerischen Positionen und den Schüler- bzw. Studierendenfotos eher als *assoziativ* bezeichnen. Ohne selbst in einen (kunst-)pädagogischen Diskurs eingebettet zu sein, können durch Bilder aus dem Kunstkontext insbesondere ästhetische Dimensionen, die in den Schüler- bzw. Studierendenfotos anklingen, hervorgehoben werden. So macht die Lithografie *Relativität* von M.C. Escher beispielsweise auf die geometrische Verdrehung und unmögliche Begehbarkeit der Treppe aufmerksam, die der Schüler liegend von unten fotografiert

446 U.a. eine Tagung, die 2013 in Vorbereitung auf die Skulptur Projekte Münster 2017 stattfand ← (siehe dazu S. 311 f.).

447 Zur Bezeichnung der hinzugefügten künstlerischen Arbeiten bzw. Dokumentationen von künstlerischen Arbeiten wähle ich die etwas umständliche Formulierung ›Bilder aus dem Kunstkontext‹ (und nicht ›künstlerische Bilder‹ oder ›künstlerische Produktion‹), um nicht den fotografischen Bildern, die von den Schüler_innen und den Studierenden im Unterricht aufgenommen werden, eine mögliche künstlerische Qualität abzusprechen.

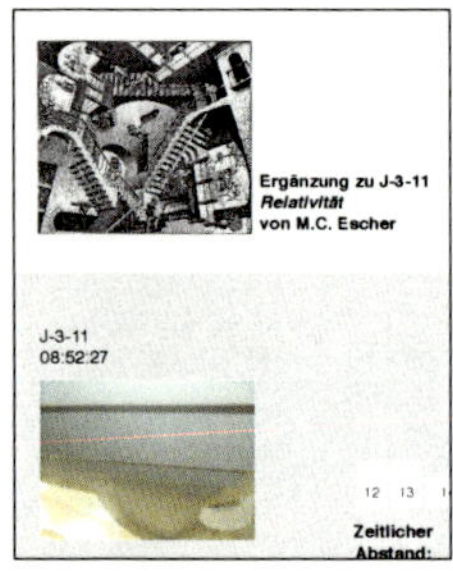

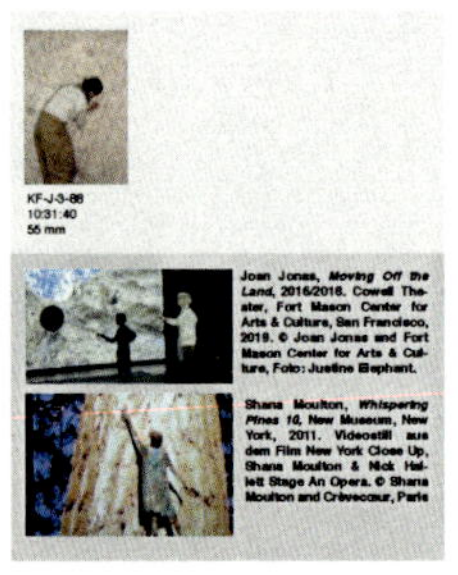

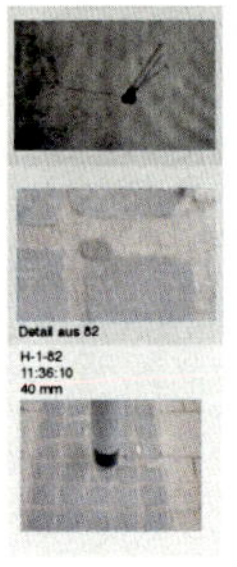

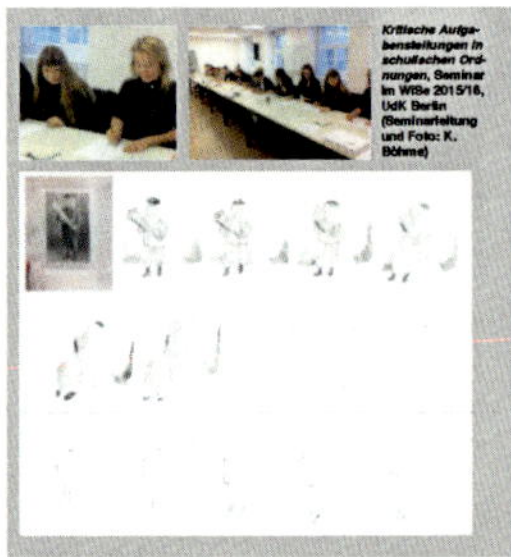

Abb. 162 Ausschnitt Bildkonfiguration 1 (mit M.C. Escher)
Abb. 163 Ausschnitt Bildkonfiguration 2 (mit J. Jonas, S. Moulton)
Abb. 164 Ausschnitt Konfiguration 3 (mit Dector & Dupuy)

Abb. 165 Ausschnitt aus Bildkonfiguration 2 (Bildmaterial aus einem Seminar, **KB**)

(Abb. 162). Die Dokumentationen der Performances von Jonas und Moulton heben die immersive Qualität eines projizierten Raumes hervor und zeigen den Körper, der gleichzeitig wahrnehmender Leib und Projektionsfläche ist – Aspekte, die auch mit der studentischen Fotografie verknüpft werden können (Abb. 163). Mit der Arbeit von Dector und Dupuy, die in der vierten Konfiguration hinzugenommen wird, lässt sich einer Ästhetik der Absichtslosigkeit und der Nebensächlichkeit auf die Spur kommen, die auch den fotografierenden Schüler zu beschäftigen scheint (Abb. 164). Bilder aus dem Kunstkontext, die in den Bildkonfigurationen herangezogen werden, stellen Gelegenheiten dar, um insbesondere jenen Aspekten in den fotografischen Bildern besondere Aufmerksamkeit zu schenken, die auf ästhetischer Ebene Bedeutungen stiften und unter Umständen aufgrund ihres ephemeren, visuell komplexen oder liminalen Charakters sprachlich schwer zu beschreiben sind. Werden sie neben die Bilder des Schülers oder der Studentin gelegt, können sinnstiftende Beziehungen entstehen, die weiterführende Perspektiven für die Deutung öffnen.

Bildmaterial aus anderen didaktischen Zusammenhängen: Während die bisher dargestellten Ergänzungen durch externes Bildmaterial wiederholt in den verschiedenen Bildkonfigurationen auftauchen, wird zuletzt noch auf eine Verknüpfungsweise hingewiesen, die zwar nur einmalig vorkommt, aber insbesondere für eine Reflexion im pädagogischen Kontext nicht weniger bedeutsam erscheint: die Ergänzung von Bildmaterial, das im Rahmen anderer Unterrichtssituationen entstanden ist (siehe Abb. 165). **448** Diese Form von Bildmaterial taucht in der dritten Konfiguration auf. Um die Deutung, die im Rahmen der dritten Bildkonfiguration entwickelt wird – die Schüler schreiben Physikaufgaben ab – nicht nur als ein überfachliches Problem zu verstehen, sondern dem Geschehen darüber hinaus eine kunstdidaktische Relevanz zu unterstellen, wurde das fotografische Bild der Studentin mit Bildmaterial verknüpft, das im Rahmen eines kunstdidaktischen Seminars entstanden ist und das – zumindest auf den ersten Blick – eine vergleichbare Situation zeigt: Mehrere Personen sitzen an einem Tisch und zeichnen voneinander ab. Mithilfe des Bildmaterials aus dem Seminar lässt sich in dem von der Studentin als unangenehm empfundenen Abschreiben der Physikhausaufgaben eine neue Spur entdecken. Ohne die Probleme auszublenden, die mit dem Abschreiben verbunden sind, weil sich Schüler_innen abseits des Unterrichtsgeschehens bewegen und *anderes* tun, kann es dennoch – gerade für den Kunstunterricht – fruchtbar sein, dies für die Gestaltung und Begleitung ästhetischer Erfahrungsprozesse fruchtbar zu machen. Das Bildmaterial aus dem Seminar veranschaulicht eine solche Blickverschiebung und deutet darauf hin, dass im *Voneinander-Abzeichnen* vielfältige Transformationen der Formen stattfinden können.

Durch ergänzendes Bildmaterial (z.B. Bilder aus *Archiven* oder *Publikationen)* können jene Aspekte in die Sichtbarkeit gelangen, die sich in den Fotografien der Studentin und des Schülers lediglich andeuten. Bildmaterial aus dem *Kontext der eigenen Lehre* kann Perspektiven öffnen, um eine Fragestellung fachspezifisch zu vertiefen. Mit Bildmaterial aus dem *künstlerischen Kontext,* das eher in einer assoziativen Beziehung zu den Fotografien der Studentin und des Schülers steht, lassen sich bestimmte Bedeutungsnuancen des fotografierten Geschehens veranschaulichen.
Die Auswahl des ergänzten Bildmaterials richtet sich daran aus, was und wie die Fotografien der Studentin und des Schülers etwas zeigen und woran *mein Blick* **449** während der Bildarbeit hängen bleibt. Die gewählten künstlerischen Arbeiten und das recherchierte Archivmaterial stellen daher *mögliche* Verknüpfungen dar, die unter anderen Voraussetzungen, vor anderen (theoretischen und praktischen) Erfahrungshintergründen und Deutungsanliegen usw. entsprechend auch anders ausfallen würden. Die Auswahl der künstlerischen Positionen ist insofern nicht beliebig, sondern gebunden an die Wahrnehmung derjenigen, die die Bilder nebeneinander legen. Sie richtet sich an der Singularität des zugrunde liegenden Bildmaterials und den daran aufzuwerfenden Fragestellungen aus. Die Auslegungen und die Auswahl des hinzugefügten Bildmaterials haben daher einen einzigartigen Charakter. Bilderreihen und die Bezüge zwischen den Bildern können in Abhängigkeit zu denjenigen, die mit den Bildern arbeiten, immer wieder andere Formen annehmen. Im Ergänzen von *anderem* Bildmaterial kann auch Anderes an den ausgelegten Fotografien in Erscheinung treten.

448 Das hier verwendete Bildmaterial stammt aus meinem privaten Archiv, doch lassen sich geeignete Abbildungen von kunstpädagogischer Praxis ebenso in Fachzeitschriften und anderen Publikationen vielfältig finden. Insbesondere Publikationen, die kostenlos und online veröffentlicht werden, erleichtern den Zugang zu großen Bildbeständen. Darunter z.B.: die Zeitschrift *Kunst Medien Bildung* (https://zkmb.de/texte/), die Reihe *Kunstpädagogische Positionen* (https://kunst.uni-koeln.de/kpp/), das *Fachportal Pädagogik* (www.fachportal-paedagogik.de/), *Kulturelle Bildung Online* (www.kubi-online.de) und die Online-Zeitschrift *Art Education Research* (https://sfkp.ch/).

449 Die Formulierung »mein Blick« steht hier für die Position der-/desjenigen, die/der die Bildkonfigurationen legt und deutet. Im Sinne einer methodischen Exploration habe ich vor dem Hintergrund meines Forschungsanliegens – ausgehend von dem Gespräch mit der Studentin – die vorliegenden Konfigurationen gelegt (zur Doppelrolle von Forscherin und Hochschullehrender siehe Kap. 4, S. 163–167).

←

Die Ergänzung von Bildmaterial eröffnet eine visuelle Ebene der Selbstreflexion (im Dialog mit den Bildern) und zugleich Momente der Veranschaulichung (im Dialog mit Anderen über die Bilder). Indem die Ergänzung vom eigenen Blick, eigenen (Lehr-) Erfahrungen und verfügbaren Bildbeständen abhängt, kann sie als Form der Visualisierung von Gedachtem fungieren, das im kunstpädagogischen Kontext gerade auch in seiner Visualität/Ästhetik bedeutsam erscheint.

Ein- und zweiperspektivisches Bildmaterial

Obwohl ein Charakteristika der fotografischen Konstellation darin besteht, dass zwei Personen gleichzeitig während einer Vermittlungssituation fotografieren und die Gespräche mit den Studierenden wesentlich auf dieser Verknüpfung der Blicke aufbauen, enthalten nicht alle entstandenen Bildkonfigurationen zweiperspektivisches Bildmaterial. Während in der ersten und vierten Bildkonfiguration zwar umfänglich die zeitgleich entstandenen Schüler- und Studierendenbilder ausgelegt und in Beziehung zueinander gestellt werden, setzt sich die dritte Bildkonfiguration ausschließlich aus Fotografien zusammen, die die Studentin aufgenommen hat. In der zweiten Konfiguration werden die Lesarten an beidem verhandelt: sowohl an ein- als auch an zweiperspektivischem Bildmaterial.
Ob ein- und/oder zweiperspektivisches Bildmaterial ausgelegt wird, hängt mit den dargestellten Situationen selbst zusammen. Nicht immer haben die beiden Fotografierenden, d.h. die Studentin und der Schüler, tatsächlich gleichzeitig fotografiert. Beide – insbesondere aber die Studentin – produzieren im Laufe der fotografisch begleiteten Projekteinheit *mehr Bilder,* d.h. Bilder, zu denen es kein gleichzeitig entstandenes Pendant des/der fotografierenden Tandempartner_in gibt. Diese fotografischen Bilder entstehen, indem auch dann fotografiert wird, wenn der/die Tandempartner_in selbst nicht auf den Auslöser drückt. Schaut man sich diese ›überschüssigen‹ Fotografien in dem Bildmaterial der Studentin an, ist der begleitete Schüler teilweise darauf zu sehen (dann aber nicht fotografierend, siehe z.B. Konfiguration 3), teilweise setzt die Studentin aber auch unabhängig von dem begleiteten Schüler ein anderes Geschehen und andere Schüler_innen ins Bild (siehe z.B. Konfiguration 2 und 4). Diese ›überschüssigen‹ Bilder, auch wenn sie im Grunde nicht dem fotografischen Auftrag entsprechen, **450** erweisen sich insofern für die Bildarbeit als fruchtbar, da insbesondere den Bildern, die über den fotografischen Auftrag hinausgehen und dann entstehen, wenn der Schüler nicht fotografiert, ein eigenes Darstellungsbedürfnis und eine besondere Dringlichkeit seitens der Studentin unterstellt werden kann. Während viele Bilder ›unter Auftrag‹ aufgenommen werden, scheint diesen überschüssigen Bildern eine andere Motivation zugrunde zu liegen. Sie sind daher besonders aufschlussreich, um sich beispielsweise impliziten Vorstellungen von Kunstunterricht und pädagogischen Erwartungen annähern zu können (vgl. Konfiguration 2) und erzählen eher indirekt von der Interaktion mit dem Schüler (z.B. indem sie ihn am Bildrand platzieren oder gar nicht zeigen). Mithilfe dieser Bilder können Momente in Erscheinung treten, in denen der Blick der

Studierenden – unabhängig vom fotografischen Auftrag – an etwas hängen bleibt. Gerade dadurch sind sie besonders wertvoll und aufschlussreich für eine Annäherung an die pathischen Seiten von pädagogischen Prozessen. Denn die Weise, wie (angehende) Lehrende im Unterricht von etwas getroffen werden und wie sie unerwartete Ereignisse deuten (als willkommene Abwechslung oder als Störung), trägt entscheidend dazu bei, wie didaktisch darauf geantwortet wird bzw. werden kann (vgl. Kap. 1, S. 44–47). Sich ausgehend von den fotografischen Bildern mit möglichen Wahrnehmungs-, Darstellungs- und Deutungsweisen des dokumentierten Geschehens zu beschäftigen, kann einen Beitrag leisten, den eigenen Blick auf die Praxis kritisch zu befragen und weiterführende didaktische Handlungsoptionen zu antizipieren.

Es deutet sich an, dass die Befragung jener Momente, die einem unerwartet im Unterricht entgegenkommen und vom Anderen herrühren, nicht ausschließlich an das Arrangieren und Auslegen von zweiperspektivischem Bildmaterial gebunden ist. Genauer gesagt: Dass gerade auch jene Fotografien in zweiperspektivischem Bildmaterial gehaltvoll sind, die zeitungleich aufgenommen werden. Denn auch diese Bilder, zu denen es keine gleichzeitig aufgenommenen Schülerbilder gibt, können genutzt werden, um sich mit Aspekten zu beschäftigen, die mit den pathischen Qualitäten von Lehr- und Lernprozessen zu tun haben. An späterer Stelle wird mit Blick auf die Übertragbarkeit des experimentellen, fotografischen Settings auf andere hochschuldidaktische Kontexte zu diskutieren sein, in welchen Formen *Zweiperspektivität* im Legen der Bildkonfigurationen entstehen kann (vgl. Kap. 6, S. 420 f.).

5.4.3 Bildkonfigurationen in einen performativen Zusammenhang stellen: Zum Verhältnis von Sprechen und Zeigen

Dass das Zeigen im Rahmen von bildgestützten Reflexionsprozessen eine große Rolle spielt, deutet sich im Rahmen der vorliegenden Studie vielfach an. Im Gespräch mit der Studentin wurden Deutungen nicht nur im Sprechen gestiftet, sondern ebenso im Zeigen, Blicken, Blättern, im Berühren und Streichen über Bilder. **451** Da die Bedeutung des Zeigens (vgl. Bader 2019) und der Verkörperungen (vgl. Sabisch 2018) im Sprechen über Bilder einen eigenen und komplexen Forschungsgegenstand darstellt und dieser Aspekt nicht im Fokus der Studie steht, soll hier lediglich kurz auf diesen Zusammenhang eingegangen werden, um das Leibliche in seiner bedeutungsstiftenden Funktion im Blickfeld zu behalten. Insbesondere im Kontext einer Reflexion, die an den pathischen Seiten von pädagogischer Praxis interessiert ist, erscheint es wichtig, Artikulationen zu berücksichtigen, die sich auf nichtsprachliche, vorsprachliche Weise auf den Gegenstand der Reflexion, die pädagogische Situation, die im Unterricht gemachte Erfahrung usw. beziehen.

450 Immer dann zu fotografieren, wenn der Schüler fotografiert (siehe Kap. 4, S. 180 ff.).

451 Nur in der vierten Bildkonfigurationen spielt das Zeigen keine Rolle, da hier ein Bild erinnert wird.

Die vier Bildkonfigurationen gründen auf Auszügen aus dem Gespräch, in denen die Studentin und die Forscherin vielfach mit den Fingern, der flachen Hand oder einem in der Hand gehaltenen Stift auf die ausgelegten Bilder zeigen. Auf Einzelbilder wird unvermittelt, mit Nachdruck oder zögerlich gedeutet, auf einige wird insistierend getippt, über Bilderreihen wird langsam oder auch schnell hinweggestrichen, auf den ersten Blick unverbundene Bilder werden durch zeigende Gesten verbunden. Das Zeigen tritt in den Auszügen, auf denen die Bildkonfigurationen aufbauen, vielfältig in Erscheinung und trägt in je verschiedener Weise dazu bei, die dokumentierten Situationen zu deuten:

Zeigende Gesten spielen in der **ersten Bildkonfiguration** eine zentrale Rolle für die Studentin, um sich angesichts der fotografischen Bilder dem Blick und der Wahrnehmung des fotografierenden Schülers anzunähern: Zeigend greift sie zunächst die Blickrichtung des Schülers auf und wird – im Vergleich mit den eigenen Bildern – auf unterschiedliche Blickrichtungen aufmerksam. Dieser Spur folgend, fährt sie mit dem Zeigefinger auf einem Schülerbild über eine abgebildete Metallkonstruktion und bemerkt dabei plötzlich ein Interesse des Schülers an Architektur.
Ausgangspunkt der **zweiten Bildkonfiguration** ist eine von der Studentin erinnerte Situation, in der sich der fotografierende Schüler vorgestellt habe, wie er die leeren Büroräume bewohnen würde. Während die Studentin erzählt, dass er währenddessen in den Raum hineingegangen und ihn geradezu abgetastet habe, bewegt sich gleichsam auch ihr Zeigefinger im Bildraum. Angesichts der Bilder gerät eine Blickumkehr des Schülers in ihre Aufmerksamkeit. Dass der Schüler nicht mehr nach draußen, sondern in den Raum hineinfotografiert, wird von der Studentin gestisch aufgegriffen, indem sich ihre flache Hand mit gespreizten Fingern wiederholt über die Blattkante des Kontaktbogens vor- und zurückschiebt. Die Herausforderung, die Aufnahmen der Studentin und das zeitgleich entstandene Schülerbild in Beziehung zu setzen, spiegelt sich in den kreuzenden Fingern und Zeigerichtungen der Studentin und der Forscherin wider – über das Sprechen hinaus.
In der **dritten Bildkonfiguration** geht es um ein Gruppenbild, das die Studentin prompt wiederholt antippt, als sie den Kontaktbogen erstmals sichtet. Während sie von der fotografierten Situation erzählt, die sie als unangenehm empfunden habe, fährt sie mit dem Zeigefinger über alle abgebildeten Schüler. Sie tippt mehrmals auf die Tischmitte und verortet sich inmitten der Gruppe. Dass das Bild stehend aus einer Distanz aufgenommen wurde und dass auf der mit dem Zeigefinger markierten Tischmitte brisantes Material liegt (u. a. ein Physikbuch), wird im Gespräch nicht thematisiert.
Ausgangspunkt der **vierten Bildkonfiguration** ist ein erinnertes Bild, das die Studentin aufgenommen hat. Das Bild wird nicht angeschaut. **452**

Die kurzen Beschreibungen machen darauf aufmerksam, dass sich zwischen Reden und Zeigen ein komplexes Wechselspiel ereignet:

Zeigen kann *simultan* zum Reden auftreten und das Gesprochene unterstützen, bekräftigen und pointieren, indem auf bestimmte, (vermeintlich) passende Bilder bzw. Bildelemente gezeigt wird – mehr noch: indem Finger und Hände das Gesprochene in mimetischen Bewegungen aufgreifen (vgl. Bildkonfiguration 2, S. 291). Zeigen und Reden können gleichzeitig auftreten und sich dennoch auf Unterschiedliches beziehen. Beides kann auseinandertreten, wenn beispielsweise auf Bilder gezeigt wird, über die gerade nicht gesprochen wird oder umgekehrt. Dies kann zu Widersprüchen führen (vgl. Bildkonfiguration 3, S. 323).

Das Zeigen kann dem Reden auch *vorausgehen*, indem durch die Kontaktbögen geblättert wird, sie verschoben werden und der Finger darüber hinwegfährt, um plötzlich an einem Bild oder einer Bilderreihe hängenzubleiben. Ohne dass zuvor über diese Bilder gesprochen wurde (vgl. u. a. Bildkonfiguration 3, S. 323), können Aspekte zeigend ins Spiel kommen (Bildkonfiguration 1, S. 270 ff.).

Zeigen kann dem Reden zeitlich *nachgeordnet* sein, wenn angesichts der Bilder Deutungen formuliert werden, die darüber hinaus zu weiterer Betrachtung und zum Zeigen einladen (vgl. Bildkonfiguration 2, S. 291). Im Verweilen vor den Bildern und im Zeigen kann dem Gesprochenen nachgespürt werden.

Im Zeigen wird das Gesprochene nicht nur gestisch bekräftigt und bestätigt, sondern es können unerwartete, neue oder gar widersprüchliche Sinnzusammenhänge *entstehen*. Gerade hinsichtlich der pathischen Seiten von Lehr- und Lernprozessen erscheint die Berücksichtigung dieser nicht-sprachlichen Ebene der Sinnbildung bedeutsam, um auch auf jene Bedeutungsebenen stoßen zu können, die sich nicht sagen lassen und einen subtilen, flüchtigen Charakter haben.

5.5 Überleitung: Von Bildkonfigurationen zu hochschuldidaktischen Orientierungen

Während im Umgang mit dem fotografischen Bildmaterial anschaulich werden konnte (Bildkonfiguration 1–4), wie sich im Auslegen von Bildern auf einer Fläche (kunst-) pädagogische Fragestellungen theoriegebunden diskutieren lassen, konnte im Vergleich der vier Bildkonfigurationen die methodische Seite der Bildkonfigurationen hervortreten. Die Grafik, die am Ende des vierten Kapitels steht und die die vier Ebenen der Bildarbeit darstellt (siehe S. 232), kann nochmals aufgegriffen und auf der Grundlage der bisherigen Überlegungen spezifiziert werden (siehe blaue Beschriftung, Abb. 116).

In einen *narrativen Zusammenhang* gestellt, zeigen sich übergreifende Verknüpfungen, obwohl jede Bildkonfiguration unterschiedliche Fragen und Problemstellungen behandelt: Der begleitete Schüler tritt immer wieder *anders* in Erscheinung und

452 Die Kamera, die während des Gesprächs die Zeigegesten filmte, war auf die Bilder ausgerichtet, die auf dem Tisch lagen. Inwiefern sich die Studentin gestisch auf ihr erinnertes Bild bezogen hat, kann mit dem Videomaterial nicht nachvollzogen werden. Ihre Gesten lagen außerhalb des Kamerafeldes.

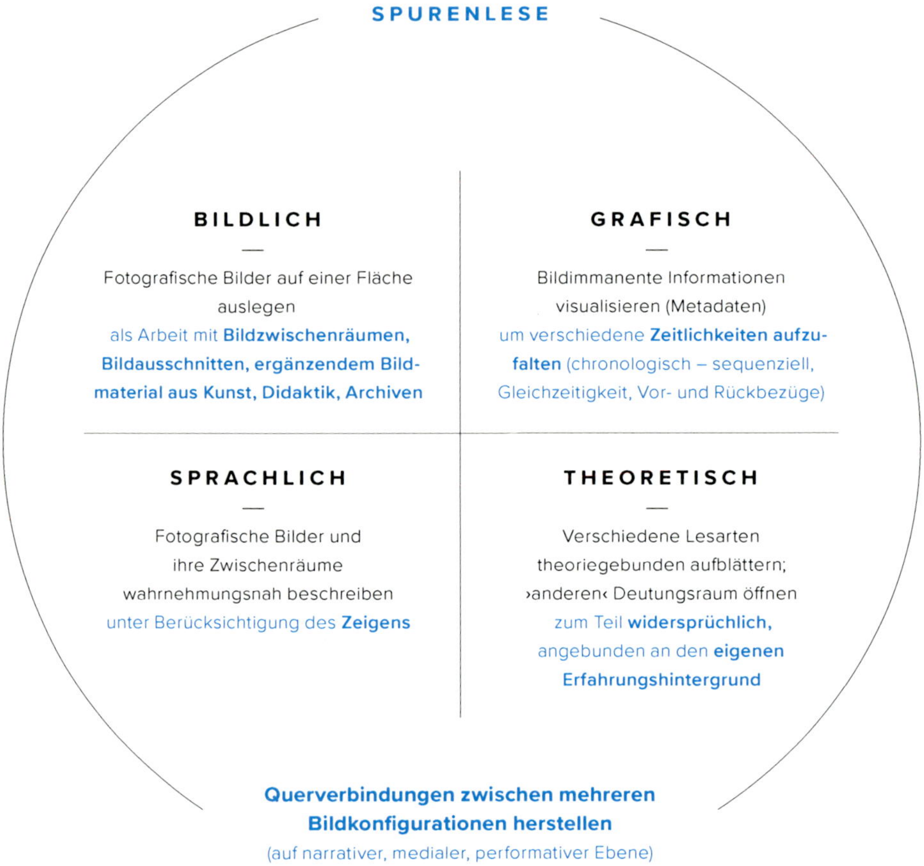

Abb. 166

lässt sich nicht unter *einer* Zuschreibung fassen (siehe S. 362 f.); die antinomische Struktur pädagogischer Praxis spiegelt sich in allen Konfigurationen wider, wobei sie als Konflikt *und* Potenzial in den Blick gerät (siehe S. 366–368); Deutungen des dokumentierten Geschehens finden insbesondere über die Wahrnehmung und Beschreibung des fotografisch dargestellten Raums und der Körper statt, wodurch insbesondere auch jenen Aspekten Aufmerksamkeit geschenkt werden kann, die sich im Geschehen selbst eher flüchtig und am Rande der Wahrnehmbarkeit abgespielt haben (siehe S. 363–366).

In einen *medialen* Zusammenhang gestellt, weisen die Bildkonfigurationen unterschiedliche Möglichkeiten auf, eine Vielzahl, teils heterogener Bilder in Beziehung zu setzen. Obwohl die Bilder der vier Konfigurationen unterschiedlich auf der Fläche ausgebreitet und arrangiert werden, **453** spielt in allen Auslegungen die *Zeitlichkeit* der Bilder eine elementare Rolle. Neben der Chronologie, die vor allem bei jenen Bilderreihen von zentraler Bedeutung ist, die sich aus sequenziell aufgenommenen Einzelfotos zusammensetzen (vgl. Bildkonfiguration 4), können auch neue zeitliche Bezüge hergestellt werden: Gleichzeitigkeit wird bedeutsam, wenn im Tandem aufgenommene Schüler- und Studierendenfotos nebeneinandergelegt werden und darin Spuren zweier Wahrnehmungsprozesse aufscheinen (vgl. Bildkonfiguration 1, 2, 4). Zeitliche Schlaufen, d.h. Vor- und Rückgriffe, werden möglich, wenn Bilder in Beziehung gestellt werden, die zu ganz unterschiedlichen Zeitpunkten aufgenommen wurden und deren Zusammenhang sich erst auf der Fläche erschließt (vgl. Bildkonfiguration 1, 4). Lineare Zeitbezüge können auf der Fläche aufgelöst und zu neuen, unerwarteten Zusammenhängen verknüpft werden.

Der *mediale Vergleich* der vier Bildkonfigurationen zeigt zudem, dass die fotografischen Bilder nicht nur in ihrer Sichtbarkeit und vermeintlich visuellen Eindeutigkeit genutzt werden, sondern dass gerade auch mit ihren Rändern und Leerstellen gearbeitet werden muss. Pausen zwischen den Bildern, in denen nicht fotografiert wurde oder Leerstellen, die durch gelöschte oder ausgelassene Bilder entstehen, können in Bildkonfigurationen visualisiert werden. Es treten Zwischenräume in Erscheinung, die einerseits den Eindruck von Kontinuität erzeugen und andererseits Brüche hervorrufen. Im Arrangieren der Bilder zu Bildverkettungen entstehen unterschiedliche Bildzwischenräume, die wiederum mit dem fotografierten Geschehen verbunden sind und indirekt davon erzählen. Im Umgang mit den Bildern fordert dies dazu heraus, die Bilder über das Gezeigte hinaus miteinander zu verknüpfen. Bildübergänge müssen *gefunden* und auf der Fläche präsentiert werden.

Die vier Bildkonfigurationen in einen *performativen Zusammenhang* zu stellen, macht schließlich auf eine bedeutungsstiftende Ebene aufmerksam, die im Umgang mit Bildern eine fundamentale Rolle spielt **454** und an den arrangierten Bildkonfigurationen selbst nicht mehr diskutiert wird: das Zeigen. **455** Bilder, das deutet sich in den vier Auszügen aus den Bildgesprächen an, entfalten ihre reflexiven Potenziale nicht nur auf einer sprachlichen, sondern insbesondere auch auf einer leiblichen Ebene. Im Zeigen werden Bilder in Beziehung gesetzt, werden bedeutende Elemente hervorgehoben, Bewegungen mimetisch aufgegriffen und Widersprüche zum Erzählten produziert.

In allen vier Konfigurationen zeigt sich, dass das Auslegen der fotografischen Bilder und die Beachtung der zeigenden Gesten nicht nur zur dokumentierten Situation führt, sondern auch zu einer selbstreflexiven Bewegung beiträgt. Im Arrangieren der Bilder zu Bilderreihen, im Auswählen und Vergrößern von Bilddetails, im Ergänzen von zusätzlichem Bildmaterial aus unterschiedlichen Quellen und im Zeigen auf die Bilder und deren Zwischenräume, können diejenigen, die mit den Bildern

453 Dies spiegelt sich in den unterschiedlichen Formen der Konfigurationen wider: quadratisch (Bildkonfiguration 1), in unterschiedliche Teilabschnitte fragmentiert (Bildkonfiguration 2), querformatig (Bildkonfigurationen 3, 4).

454 Siehe Transkripte zu Auszügen aus dem Bildgespräch jeweils zu Beginn der vier Fallbildungen.

455 Dann hätte ich meinen Umgang mit dem Bildmaterial, d.h. wie ich die Bilder auf dem Tisch hin- und herschiebe und sie mit dem Programm InDesign grafisch setze, dokumentieren müssen. Da diese Schlaufe der Selbstreflexion zu komplex gewesen wäre, und sich die Bedeutungen des Zeigens auch in den Bildgesprächen mit den Studierenden vielfältig andeuten, wurde lediglich auf das Zeigen Bezug genommen, wie es in den Bildgesprächen seitens der Studierenden und der Forscherin zum Ausdruck gebracht wird.

umgehen, auch etwas über sich selbst, den eigenen Blick und das eigene Interesse am pädagogischen Geschehen in Erfahrung bringen.

Ausgehend von den skizzierten *Querverbindungen* werden im folgenden Kapitel hochschuldidaktische Orientierungen für eine bildgestützte Reflexionspraxis formuliert, die sich in besonderer Weise den pathischen Seiten von Lehr- und Lernprozessen widmet. Pädagogische Reflexionsprozesse werden als *relationales Aufmerksamkeitsgeschehen* charakterisiert, das sich *im Verknüpfen von Bildern* ereignet und dazu anregt, die eigene *Deutung* von pädagogischen Prozessen an die Wahrnehmung von Schüler_innen zurückzubinden.

KAPITEL 6

HOCHSCHULDIDAKTISCHE ORIENTIERUNGEN

HOCHSCHULDIDAKTISCHE ORIENTIERUNGEN

Im vorangegangenen Kapitel wurden vier Bildkonfigurationen entwickelt, in denen Fragen diskutiert wurden, die sich mit jeweils unterschiedlicher Akzentuierung auf die Bedeutung des Unvorhersehbaren und Unverfügbaren für kunstpädagogische Lehr- und Lernprozessen beziehen. Durch die Querverbindungen, die zwischen den einzelnen Bildkonfigurationen gezogen wurden, konnte die durchgeführte Bildarbeit in ihrer Methodik in Erscheinung treten. Dabei zeigte sich, dass fotografische Bilder auf unterschiedliche Weise zu *Perspektivverschiebungen* und einem *Anders-Wahrnehmen* der erfahrenen Unterrichtssituation anstiften. In ihrer Mehrdeutigkeit bergen sie das Potenzial zum *Korrektiv* zu werden, indem sie Wahrnehmungs- und Deutungsgewohnheiten durchkreuzen und irritieren. Das letzte Kapitel widmet sich den Perspektivverschiebungen, die sich im Umgang mit fotografischen Bildern ereignen, da hier der (fotografierte) Andere in seiner irreduziblen Fremdheit und pädagogische Prozesse in ihrer Unverfügbarkeit aufscheinen können.

Um auf der Grundlage der Bildkonfigurationen (siehe Kap. 5) weiterführende Erkenntnisse ziehen zu können, die für Hochschullehrende und Lehramtsstudierende hilfreich und anregend sind, um unter Berücksichtigung des eigenen institutionellen Kontextes **456** bildgestützte Reflexionsprozesse initiieren und begleiten zu können, werden im letzten Kapitel *grundlegende hochschuldidaktische Orientierungen* formuliert.

Das vorliegende Kapitel bildet gemeinsam mit dem zweiten Kapitel eine Klammer, in welchem ausgehend von zwei forschungsmethodischen Ansätzen (›Erinnerungsbild‹ und ›Vignette‹) zentrale Parameter einer *erfahrungsorientierten Reflexionspraxis* charakterisiert wurden. Die beiden Ansätze, denen auf unterschiedliche Weise eine Bildlichkeit innewohnt, stellen im zweiten Kapitel den Ausgangspunkt dar, um nach der Bedeutung des fotografischen Bildes für pädagogische Reflexionsprozesse zu fragen (siehe dazu Kap. 2, S. 132–134). Die grundlegenden Parameter einer erfahrungsorientierten Reflexionspraxis, die im zweiten Kapitel dargelegt werden und zu deren Spezifizierung die empirische Studie einen Beitrag leisten möchte, sind die folgenden: **die Verortung der Reflektierenden**/Forschenden innerhalb eines responsiven Geschehens, die **Vergegenwärtigung und Verdichtung** affizierender Begebenheiten als Grundlage erfahrungsorientierter Reflexionsprozesse sowie ein Bezug der Forschenden/Reflektierenden zum pädagogischen Praxisfeld, der sich vor dem Hintergrund der eigenen Erfahrungen **narrativ** entfaltet. Auf der Grundlage der empirischen Studie **457** wird auf die genannten Aspekte nochmals Bezug

456 Das heißt, unter Berücksichtigung der zur Verfügung stehenden zeitlichen sowie personellen Ressourcen und der gegebenen Erfahrungshintergründe aller Beteiligten: Das schließt die reflektierende Lehramtsstudierende, mitreflektierende Kommiliton_innen und Hochschullehrende ein, die Reflexionsprozesse begleiten.

457 Der empirisch angelegte Teil zur Untersuchung der Bedeutung des fotografischen Bildes für pädagogische Reflexionsprozesse entfaltet sich in den Kapiteln 3, 4 und 5. *Kapitel 3* widmet sich der methodologischen Grundlegung, indem

genommen, um sie zu ergänzen bzw. vor dem Hintergrund des erprobten fotografischen Formates etwas anders zu akzentuieren.

6.1 Reflexion als relationales Aufmerksamkeitsgeschehen

Die Reflexionsprozesse, wie sie im Rahmen der vorliegenden Studie im Fokus stehen, vollziehen sich in verschiedener Hinsicht in Beziehung zu einem Gegenüber, d.h. zu Anderen und angesichts von Bildern: beim Fotografieren im Tandem, im Angesprochen-Werden von fotografischen Bildern bei der Betrachtung und beim Auslegen auf einer Fläche sowie während des Austauschs mit Anderen im Gespräch. Obwohl es sich um ein sehr spezifisches Setting handelt, das im Rahmen der vorliegenden Studie für ein bestimmtes kunstpädagogisches Projekt entwickelt wurde, **458** und die vier Bildkonfigurationen aus einem Bildgespräch hervorgegangen sind, lässt sich dennoch daran das Phänomen einer *relationalen Aufmerksamkeit* differenziert beschreiben und in seiner professionsbezogenen Bedeutung für die Annäherung an die pathischen Seiten von Lehr- und Lernprozessen diskutieren. Zunächst werden die verschiedenen Relationierungen, die innerhalb des fotografischen Formates entstehen, nochmals im Überblick kurz dargestellt:

Relation Schüler_in – Student_in: Die Bilder, die die Grundlage der Reflexion bilden, sind Ergebnis einer Ko-Produktion, **459** indem sie von einem/einer Schüler_in und einem/einer Student_in im Tandem unterrichtsbegleitend aufgenommen werden. **460** In den Bildern dokumentieren sich nicht nur Ausschnitte des Unterrichtsgeschehens, d.h. die stattgefundenen didaktischen Schritte, unterschiedliche Phasen und Arbeitsaufträge, sondern die Entstehung der Bilder ist eingebettet in Interaktion zweier Fotografierender, **461** aufgenommen im Wechselspiel mit anwesenden Mitschüler_innen, **462** dem Raum und der Zeit. Das Bildmaterial zeugt von verschiedenen, mitun-

vor phänomenologischem Theoriehintergrund ein passendes Bildverständnis dargelegt wird. ← *Kapitel 4* stellt darauf aufbauend ein konkretes fotografisches Setting vor, in dem zwei Personen gleichzeitig im Tandem während des Unterrichts fotografieren und das im Rahmen der Hochschuldidaktik mit Lehramtsstudierenden der Kunstakademie Münster ausprobiert wurde. ← In *Kapitel 5* werden einzelne Ausschnitte aus dem empirischen Material untersucht, in denen das Pathische der Erfahrung eine Rolle spielt, um schließlich daran anknüpfend weiterführende Möglichkeiten einer vertiefenden, reflexiven Bildarbeit erproben zu können. Dies manifestiert sich in vier Bildkonfigurationen, in denen jeweils unterschiedliche Fragen des Pädagogischen behandelt werden.

458 Das kunstpädagogische Projekt, das 2013–2014 in Kooperation der Kunstakademie Münster mit der Kunsthalle Münster, der ISG e.V. und der Stadt Münster durchgeführt wurde, wird im 4. Kapitel ausführlich dargestellt (siehe S. 176–180). ← Inwiefern sich vor diesem Hintergrund das fotografische Setting begründet, kann ebenfalls im 4. Kapitel nachgelesen werden (siehe S. 180–190). ←

459 Die Vorsilbe ›Ko-‹ ist von Paul Mecheril inspiriert, der sie in dem Begriff »Ko-Konstruktion« verwendet, um im Forschungskontext damit hervorzuheben, dass wissenschaftliche Erkenntnisse keine objektiven Einsichten darstellen, sondern an den spezifischen theoretischen und praktischen Erfahrungshintergrund der Forschenden und ihren Umgang mit dem empirischen Material gebunden sind. Siehe dazu im 4. Kapitel, S. 189f. ←

460 Zu den fotografischen Aufträgen für das Tandem aus Schüler_in und Studentin siehe Kap. 4, S. 180–187. ←

461 Der Aspekt der Interaktion der beiden Fotografierenden wird insbesondere in Bildkonfiguration 1 und 2 diskutiert.

ter sogar widersprüchlichen Perspektiven auf das erlebte Unterrichtsgeschehen [463] und spannt ein Blickszenario auf, das sich zusammensetzt aus dem *Blick des Anderen* (Schüler_innenbilder) und dem *Blick auf den Anderen* (Studierendenbilder). [464]

Relation Bild – Betrachter_in: Der Umgang mit diesem Bildmaterial, wie er im Rahmen der Gespräche mit Studierenden [465] und beim Auslegen der Bilder auf einer Fläche stattgefunden hat, gründet auf einem Bildverständnis, dem eine Doppelstruktur innewohnt: Das fotografische Bild erscheint als visuelles, zweidimensionales Phänomen, das potenziell immer mehr und anderes zeigt, als auf den ersten Blick erfasst werden kann bzw. – falls es sich um eigene Aufnahmen handelt – das auch Unbeabsichtigtes und kaum Wahrnehmbares enthält (vgl. Schürmann 2013, Alloa 2013). [466] Derart können fotografische Bilder auf ungeahnte Weise in Bann schlagen und irritieren, faszinieren und ängstigen, verletzen und berühren (vgl. Barthes 1989). [467] Bilder stellen den Blick der Betrachter_innen, rücken etwas in die Aufmerksamkeit und verbergen gleichzeitig anderes. [468] Im Betrachten fotografischer Bilder können paradoxe Strukturen entstehen: Wie wir mit Bildern umgehen können, so können sie auch mit uns umgehen, indem sie sich plötzlich in ihrer Materialität zu zeigen geben, [469] Affekte provozieren und auf geheime Wünsche und implizite Vorstellungen aufmerksam machen – davon zeugen ausnahmslos alle vier Fallbildungen.

Relation Studierende und Hochschullehrende: Die Bildarbeit, wie sie im Rahmen der vorliegenden Studie erprobt wurde, fand u. a. im Rahmen von nachgängigen Ge-

462 Das Wechselspiel zwischen Fotografierenden und anwesenden Mitschüler_innen spielt in der 3. Bildkonfiguration eine zentrale Rolle.

463 Insbesondere Bildkonfiguration 1 und 4 setzen sich aus widersprüchlichen Perspektiven zusammen. Auf dem Dach (Konfiguration 1) fotografiert der Schüler die Architektur, während die Studentin prominent eine räumliche Grenze und deren Überschreitung dokumentiert. Neben einer Installation von Tobias Rehberger stehend (Konfiguration 4), bleibt der Blick der Studentin an der Installation und zwei Schüler_innen hängen, die sich gestisch darauf beziehen, während der fotografierende Schüler den Stadtraum dokumentiert und im Grunde wegschaut. In beiden Bildkonfigurationen treten sehr unterschiedliche Aufmerksamkeiten in Erscheinung, die von ihren Motiven und ohne die Metadaten kaum einander zugeordnet werden könnten.

464 Die Verschränkung zweier Perspektiven werden mithilfe der künstlerischen Arbeit von Barbara Probst diskutiert (siehe Kap. 4, S. 170–175). Dass während des Unterrichts im Tandem fotografiert wird, wird daran anschließend erläutert.

465 Die konzeptionelle Anlage der Bildgespräche wird in Kap. 4 beschrieben (S. 190–197).

466 Dass der fotografische Apparat eine Eigenlogik besitzt, die einen visuellen Überschuss zum Erscheinen bringen kann, wird ausführlich im 3. Kapitel unter Bezug auf Texte von Emmanuel Alloa (2013) und Eva Schürmann (2013) erörtert (siehe Kap. 3, S. 149–153).

467 Barthes fasst diese Vermögen des Bildes, in Bann zu schlagen, mit dem Begriff des *Punctums*. Dies wird im 4. Kapitel dargestellt (siehe S. 204–208).

468 Dass fotografische Bilder etwas verbergen und anderes sichtbar machen, zeigt Emmanuel Alloa (vgl. 2013) an einer frühen Fotografie von Daguerre (siehe Kap. 4, S. 151 f.).

469 Dass Bilder nicht nur etwas zeigen, sondern stets auch sich zeigen, stellt Mersch bzw. stellen Heßler/Mersch als ein Charakteristikum von Bildern (auch von fotografischen Bildern) heraus (vgl. Mersch 2003, S. 176 ff; Heßler/Mersch 2009, S. 18 ff.). Dieser Chiasmus, der immer wieder vor Augen führt, dass das Bild eine spezifische Ansicht des dokumentierten Geschehens präsentiert, wird im 3. Kapitel ausführlich dargelegt.

sprächen statt, **470** an denen die fotografierenden Studierenden und ich in der Doppelrolle als forschende Hochschullehrende teilgenommen haben. **471** Auch diese Konstellation kann als Teil einer relationalen Reflexionspraxis beschrieben werden, da jene berührenden Momente, die mithilfe des Bildmaterials vertiefend reflektiert werden, von den Studierenden, dem Bildmaterial sowie dem/der Gesprächspartner_in mitbestimmt werden. Wie die Studentin, zeige auch ich auf das Bildmaterial, hebe einzelne Aufnahmen auf den Kontaktbögen hervor, tippe wiederholt bestimmte Bilder an, markiere einzelne Details darin, **472** frage zu bestimmten Aspekten vertiefend nach und bringe eigene Gedanken ein usw. Als Gesprächspartnerin bin ich Mitsehende, Zuhörende, Zeigende und nehme Einfluss darauf, was und wie etwas in die Aufmerksamkeit der Studierenden gerät. Wovon die Studierenden plötzlich getroffen werden und woran ihr Blick hängen bleibt, findet nicht in einem leergeräumten Raum statt, sondern ereignet sich im Austausch mit mir als forschende Hochschullehrende, die auch von dem Bildmaterial berührt wird.

Die ›Intersubjektivität der Erfahrung‹, die in *Erinnerungsbildern* und *Vignetten* eine methodologische Grundfigur darstellt, fundiert auch den bildgestützten Reflexionsprozess, indem sich die Reflektierenden auf zweiperspektivisches Bildmaterial beziehen, indem sie dies im Rahmen eines Gesprächs tun und indem Bilder, insbesondere fotografische Bilder, stets mehr und anderes zeigen als erwartet und derart zum widerständigen Gegenüber werden können. Auf verschiedenen Ebenen (siehe grauer Kasten) finden Begegnungen mit dem bzw. den Anderen statt.
Eine Reflexion, die relational verfasst ist und vom Anderen mitbestimmt werden kann (Gesprächspartner_in, eigene und fremde Bilder, darin aufscheinende Perspektive des/der fotografierenden Schüler_in), zeigt sich mit einem hohen Grad an Unverfügbarkeit verbunden: Zwischen dem Vorhaben, etwas *reflektieren zu wollen* und dem Anspruch des Anderen/der Situation/des Bildes, *reflektiert zu werden,* klafft eine Lücke. Eine derart auf den Anderen und das Fremde ausgerichtete Reflexion erweist sich nicht als ein vollkommen planbarer, absichtsvoller Akt, sondern vielmehr als eine *Gelegenheit,* rückblickend nochmals auf die Unvorhersehbarkeit der erlebten Situation, auf unbemerkte Facetten eines erlebten Unterrichtsgeschehens aufmerksam werden zu können. Fotografische Bilder, wenn sie in ihrer Widerständigkeit ernst genommen werden, lenken den Blick, durchkreuzen Erwartungen,

470 Obwohl es große formale Überschneidungen zum gängigen Verfahren des ›(narrativen) Interviews‹ gibt, wird dieser Begriff in der vorliegenden Studie nicht verwendet – stattdessen wird die Formulierung ›Bildgespräche‹ genutzt. Dies begründet sich vor dem Hintergrund des dialogischen Charakters der Gesprächssituation und der Rolle der Forscherin, die gleichsam Hochschullehrende ist und sich als interessierte Mitsehende versteht.
471 Zur Doppelrolle zwischen Forschung und Lehre und den damit verbundenen Herausforderungen im Forschungsprozess siehe Kap. 4, S. 163–167. Zum Verhältnis zur fotografierenden Studentin, siehe Kap. 5, S. 248 f.
472 Insbesondere die zweite Bildkonfiguration baut auf einem Gesprächsmoment auf, in dem die Studentin und ich gleichzeitig auf das Bildmaterial zeigen. Im gleichzeitigen Zeigen wird im Gespräch die Herausforderung bearbeitet, die Bilder der Studentin mit den Bildern des Schülers zu verknüpfen (siehe Kap. 5, S. 292 f.).

geben Unerwartetes zu sehen und können sicher Geglaubtes fragwürdig werden lassen. In ihnen können Konstellationen von Dingen, Personen, Räumen auf unvorhergesehene Weise sichtbar und dadurch womöglich zuallererst wahrnehmbar werden. **473**

Ein Reflexionsprozess, der dazu herausfordert, eigene und fremde Perspektiven in Beziehung zu setzen, grenzt sich von Reflexionsweisen ab, die den Eindruck vermitteln, Reflektierenden stehe es zur Verfügung, die Problemstellen des pädagogischen Geschehens ohne Weiteres identifizieren, entsprechende Lösungen entwickeln und die Perspektive der Schüler_innen erschließen zu können. **474** Stattdessen entsteht ein tieferes Verständnis vom pädagogischen Geschehen und vom Anderen im *Antworten auf die Bilder* (vgl. Sabisch 2018, S. 10 ff.) und im Austausch mit Anderen. Besonders spürbar wird diese Dynamik in Momenten, in denen etwas entgegenschlägt: die plötzliche Entdeckung, dass eine vermeintliche räumliche Grenze eine bemerkenswerte ästhetische Attraktivität besitzt (vgl. Bildkonfiguration 1), der Moment, in dem formlose Flecken auf der Wand figürlichen Charakter bekommen (vgl. Bildkonfiguration 2), die Verwunderung, die entsteht, wenn sich eine vermeintliche Untätigkeit der Schüler_innen als subtile Geschäftigkeit zu zeigen gibt (vgl. Bildkonfiguration 3) oder ein oftmals positiv besetzter Begriff (kunst-) pädagogischer Praxis mithilfe fotografischer Bilder eine ungeahnte Differenzierung erfährt (vgl. Bildkonfiguration 3).

Diese Impulse, die vom Anderen bzw. von den fotografischen Bildern herrühren, erscheinen insbesondere für den Modus einer Reflexion von grundlegender Bedeutung, die sich auf die pathischen Seiten des Lehrens und Lernens zu beziehen versucht. Denn das Pathische lässt sich nicht losgelöst von der Wahrnehmung und Erfahrung in den Blick nehmen. **475** Es wird vielmehr als Widerständiges, Überraschendes und Irritierendes *spürbar*. Entsprechend entfaltet sich die Annäherung an die Schüler_innen und das pädagogische Geschehen mithilfe der fotografischen Bilder in einem Spannungsfeld zwischen *Anblicken und Angeblickt-Werden* (vgl. Didi-Huberman 1999), *Bezug und Entzug* (vgl. Pazzini 2012). Um diesen Aspekt in seiner professionsspezifischen Bedeutung diskutieren zu können, komme ich nochmals auf ein Zitat von Karl-Josef Pazzini zurück:

> »Wenn man dann beginnt, die Uneindeutigkeiten wahrzunehmen, das Umkippen einer Deutung […], dann ist die anfängliche Identifikationsfreude darüber, dass man genau zu wissen scheint, worum es da geht, dahin. Da bildet sich etwas.« (Pazzini 2012) **476**

473 Alloa spricht davon, dass im fotografischen Bild die Dinge in neuer Ordnung in Erscheinung treten (siehe dazu ausführlich Kap. 3, S. 149–153).

474 Eine Darstellung evaluativ ausgerichteter Reflexionsweisen und die Diskussion eines damit verbundenen Subjektverständnisses kann im 2. Kapitel nachgelesen werden (siehe S. 73–87).

475 Das Pathische der Erfahrung wurde im 1. Kapitel ausführlich charakterisiert und als konstitutiver Bestandteil pädagogischen Handelns beschrieben.

476 Während das Zitat im dritten Kapitel herangezogen wird, um für ein Bildverständnis zu argumentieren, dessen Kern seine Mehrdeutigkeit darstellt (siehe Kap. 3, S. 140), dient es hier dazu, einem mit dem Bild verbundenen *professionsspezifischen Bildungspotenzial* auf die Spur zu kommen.

Pazzini beschreibt angesichts eines Bildes von Caravaggio eine entscheidende Kippbewegung: Diese besteht darin, dass eine sicher geglaubte Identifikation plötzlich angesichts eines Bildes oder eines Details darin zutiefst fragwürdig werden kann. **477** In dem Moment, in dem das Bild eine bestehende »Identifikationsfreude« störe und seine Uneindeutigkeiten und Ambivalenzen offenbare, könne sich etwas *bilden*.

Dieses Kippen ereignet sich im Rahmen der empirischen Studie, d.h. im Umgang mit dem Bildmaterial, auf sehr verschiedene Weisen: In dem Gespräch deuten sich solche Momente beispielsweise im plötzlichen Verstummen seitens der Studentin an **478** oder in einem verweilenden Blick auf einem bestimmten Bild, **479** in einem unsicheren Lachen, **480** in einem stockenden und fragenden Erzählen oder in einzelnen Begriffen, die merkwürdig deplatziert im Fluss der Erzählung erscheinen. **481** Solche Momente, in denen etwas spürbar kippt und in Irritation, Verunsicherung, Unbehagen oder Begeisterung umschlägt, spielen auch beim Erstellen der Bildkonfigurationen immer wieder eine Rolle: wenn das sicher Geglaubte unerwartet vieldeutig wird, **482** das vermeintlich Nebensächliche plötzlich bedeutungsvoll erscheint **483** oder der Andere (z.B. der/die begleitete Schüler_in) in den Bildkonfigurationen jeweils *als Anderer* in Erscheinung tritt. **484**

Reflexionsprozesse, die in den Momenten einsetzen, in denen etwas vom Anderen (z.B. von den Aufnahmen der fotografierenden Schüler_innen) herrührt, laden dazu ein, sich mit den Anderen in Beziehung zu setzen. Die/der Andere und das erlebte Geschehen werden nicht ausgefragt und inspiziert, sondern *etwas fängt plötzlich*

477 In dem Bild von Caravaggio ist es beispielsweise die Wunde Christi, die durch den eindringenden, untersuchenden Finger vom Heiligen Thomas plötzlich auch als Vulva wahrgenommen werden kann. Dieses Kippen der Form in eine andere wahrzunehmen, zieht weitere Kreise, indem plötzlich auch die aufgeplatzte Naht eines Hemdes eine eigentümliche Ähnlichkeit zur Vulva aufweist.

478 Vgl. Konfiguration 2: Hier reißt die Erzählung der Studentin plötzlich unversehens ab, sie wird still und scheint das, was sie auf den Bildern sieht, nicht zu verstehen (siehe Kap. 5, S. 292 ff.).

479 Vgl. Konfiguration 3: Hier kommt die Studentin mehrfach auf ein bestimmtes Bild zu sprechen – das Bild, auf dem die fotografierten Schüler offensichtlich nichts machen, d.h. nicht am Projektgeschehen teilnehmen.

480 Vgl. Konfiguration 1: Hier geht es um eine Situation, die von der Studentin als unangenehm und grenzüberschreitend wahrgenommen wird. Mehrmals lacht sie auf, während sie angesichts der fotografischen Bilder von dieser prekären Situation auf dem Dach erzählt (Siehe Kap. 5, S. 264 ff.).

481 Insbesondere in der 1. und 3. Konfiguration tauchen wiederholt Begriffe auf, die aus der Erzählung der Studentin hervorstechen, sei es durch mehrfache Wiederholungen (z.B. »brav«) oder durch ihren umgangssprachlichen Duktus (»scheiße«, »schräger Typ«).

482 Vgl. Konfiguration 2: Hier werden verschiedene Deutungen herausgearbeitet, die sich nicht ergänzen, sondern das Geschehen in jeweils anderer Weise zu deuten versuchen. So werden die Fotografien des Schülers einerseits als Antwort auf den Raum und seine spezifische, rohe Ästhetik interpretiert (siehe Kap. 5, S. 299 ff.) und gleichzeitig können sie auch als Geste gedeutet werden, mit der er auf die Gegenwart der Studentin und ihren fotografischen Blick Bezug nimmt (S. 315 ff.). Der fotografische Blick der Studentin auf den Schüler trägt gleichzeitig Züge von Zudringlichkeit und Wertschätzung.

483 Bildkonfiguration 4 basiert auf dem fotografierten Motiv, dass ein Schüler mit Wollmütze sich gegen eine Installation von Tobias Rehberger lehnt (vgl. S. 345 ff.).

484 Dass der begleitete Schüler in den vier Bildkonfigurationen jeweils *anders* in Erscheinung tritt und dadurch ein ambivalentes Bild erzeugt wird, wird in Kap. 5 detailliert nachgezeichnet (siehe S. 362 f.).

den Blick, der zeigende Finger wird von einem oder mehreren Bildern angezogen, im Durchblättern durch die Bilder fällt eine Aufnahme unerwartet aus der Reihe. *Zeigen* (auf die Bilder) und *Sich-Zeigen* (der Bilder) greifen unentwegt ineinander. **485** Sich als (angehende) Lehrperson im Reflektieren auf dieses Wechselspiel mit Bildern einzulassen, erfordert es, Abstand von der Vorstellung zu nehmen, dass pädagogische Reflexion in erster Linie der Identifizierung didaktischer Probleme und der Verfügbarmachung ihrer Lösung dient. Im Reflektieren stattdessen die Erfahrung zu machen, dass etwas vom Anderen entgegenschlägt oder trifft, was – auch wenn es irritierend, (ver-)störend und unverständlich ist – für das Bildungsgeschehen dennoch (und möglicherweise auf sehr subtiler Ebene) bedeutsam ist, stellt eine pädagogische Schlüsselerfahrung dar. Sie enthält im Kern das, was jede bildende Erfahrung in sich trägt: die Störung des Gewohnten, das Wagnis, sich auf das Unvertraute einzulassen, die Bereitschaft, sich verunsichern zu lassen und empfindsam zu sein für das Rätselhafte (vgl. Meyer-Drawe 2013, S. 93 ff.). **486** Weiter gedacht: Eine pädagogische Reflexion, die in relationale Bezüge eingebettet ist und in der das Pathische der Erfahrung zum Movens der Reflexion werden darf, kann als eine *bildende Erfahrung* charakterisiert werden. Damit kann *im Reflektieren* ein Stück weit das erfahrend nachvollziehbar werden, was sich Lehrende im Unterricht von Schüler_innen wünschen bzw. von ihnen erwarten: sich auf unsicheres Terrain zu begeben, das Vertraute zu verlassen, obwohl das Neue noch nicht vertraut ist usw.

Im Mittelpunkt einer derartigen Reflexion steht nicht ein von der Perspektive der Reflektierenden losgelöster und objektivierbarer Gegenstand, sondern es geht *im Reflektieren* auch um einen *Ethos,* der dem Pädagogischen im Allgemeinen zugrunde liegt (vgl. Agostini 2020a). Eine Reflexion, die in relationale Bezüge eingebettet ist, regt dazu an, sich auf verschiedene Weise dem Anderen *auszusetzen:* dem fotografischen Blick der Schüler_innen, dem Blick von Gesprächspartner_innen, dem Fremden, das in den eigenen Fotografien lagert. Dies kann Studierenden Gelegenheiten bieten, in produktiver Weise jene Verunsicherungen zu empfinden, die jeder bildenden Erfahrung innewohnen und die nötig sind, um die Anderen, die Dinge und erlebten Prozesse auf neue und ungewohnte Weise wahrnehmen zu können/müssen.
Dass der Begleitung derart ausgerichteter Reflexionsprozesse im Rahmen der Hochschuldidaktik eine besondere Bedeutung zukommt, liegt auf der Hand. Damit Studierende bereit sind, vor den Bildern zu verweilen, die darin innewohnenden Komplexitäten aufzuspüren, sich dabei unter Umständen verunsichern zu lassen und sich gerade nicht auf das Selbstverständliche und Vertraute zurückzuziehen bzw. darauf zurückzufallen (vgl. Meyer-Drawe 1996, S. 91), erscheint keineswegs

485 Diesen Chiasmus hat Dieter Mersch beschrieben, siehe dazu ausführlicher Kap. 3, S. 165 f.
486 Dass nicht nur das Lehren für Lehrende unvorhersehbar und in Teilen unverfügbar ist, sondern dass auch das Lernen von den Lernenden selbst nicht gesteuert werden kann, wird detailliert in Kap. 1 nachgezeichnet.

selbstverständlich. Hier braucht es nicht nur die Bilder in ihrer Widerständigkeit, sondern auch Menschen, die studentische Reflexionsprozesse und die darin stattfindende *Bildarbeit begleiten*.
Denn die Fotos, die im Unterricht entstehen, zeigen nicht nur den Unterricht, sondern erzählen auch von dem Blick des Fotografierenden und dessen Weise, sich im Raum und in Gegenwart der Fotografierten auf spezifische Weise zu positionieren (vgl. Flusser 1991). **487** Fotografische Bilder holen in die Gegenwart, wie der/die Student_in die Situation mit der Kamera verfolgt hat, was ins Blickfeld geraten ist und was möglicherweise aber auch ausgeblendet wurde. Die Fotos sind insofern intim, weil sie anschaulich machen, wie die Studierenden auf das pädagogische Geschehen geblickt haben und wie sie die begleiteten Schüler_innen ins Bild gesetzt haben.
Die Bilder zeigen nicht nur etwas, sondern sie zeigen auch etwas von den fotografierenden Studierenden. Dies muss gerahmt werden, damit Studierende bereit sind, sich kritisch mit ihrem eigenen Blick auf pädagogisches Geschehen zu beschäftigen und der dabei möglicherweise aufkommenden Verunsicherung nicht überdrüssig werden, weil sie zehrt und anstrengend ist. Eine Begleitung seitens Hochschullehrender und/oder Mitstudierender ist erforderlich, damit bei aller Verunsicherung nicht jede Gewissheit zerfällt, die nötig ist für einen vertrauensvollen und zuversichtlichen Übergang von der Hochschule in die Schulpraxis.
Eine reflexive Bildarbeit, die als eine relationale Praxis und gegenseitige Aufmerksamkeit (vgl. Brinkmann/Rödel 2018, S. 211) inszeniert wird, kann dafür einen geeigneten Rahmen bieten, indem mithilfe der Bilder Fragwürdiges, Irritierendes und Verunsicherndes behutsam, im Austausch mit anderen und vor allem in aller Ruhe gemeinsam oder alleine bearbeitet werden kann.

6.2 Fotografische Bilder auslegen und verknüpfen

In Reflexionsprozessen, die sich *im Auslegen mehrteiliger Bildkonfigurationen* entwickeln, spielen nicht-sprachliche Formen der Annäherung an (kunst-)pädagogische Phänomene eine zentrale Rolle. Im Umgang mit dem Bildmaterial und im Zeigen können unerwartete Bildkombinationen und Bezüge zwischen einzelnen Bildern entstehen, sodass das erlebte Geschehen rückblickend in neuer Weise angeschaut werden kann.
Um das Auslegen von fotografischen Bildern auf einer Fläche als einen elementaren und erkenntnisbildenden Teil des Reflektierens beschreiben zu können, werden zunächst die verschiedenen *Auslegeprozeduren,* aus denen die dargelegten Bildkonfigurationen hervorgegangen sind, nochmals kurz beschrieben. Darauf auf-

487 Flussers These, dass ein fotografisches Bild Ausdruck einer Geste sei und insofern nicht nur das Fotografierte, sondern auch den Fotografierenden zeigt, wird ausführlich im dritten Kapitel dargelegt (siehe S. 145–149).

488 Die Brennweite ist insofern relevant, um optische Nähe (durch Zoom) und räumliche Nähe differenzieren zu können.

bauend werden Aspekte genauer beleuchtet, die sich im Rahmen der entwickelten Bildkonfigurationen (siehe Kap. 5) als bedeutsam gezeigt haben:

— Das Unterrichtsgeschehen bzw. einzelne Aspekte daraus können mithilfe fotografischer Bilder rückblickend unter Berücksichtigung unterschiedlicher **zeitlicher Bezüge** betrachtet werden.
— Das Auslegen und Verknüpfen von Bildern stellt einen Prozess des **Antwortens auf Bilder** dar und
— zeichnet sich durch eine *Doppelstruktur* aus, indem **Gesten des spontanen Ausbreitens** und ein **absichtsvolles Anordnen** von Bildern ineinandergreifen.

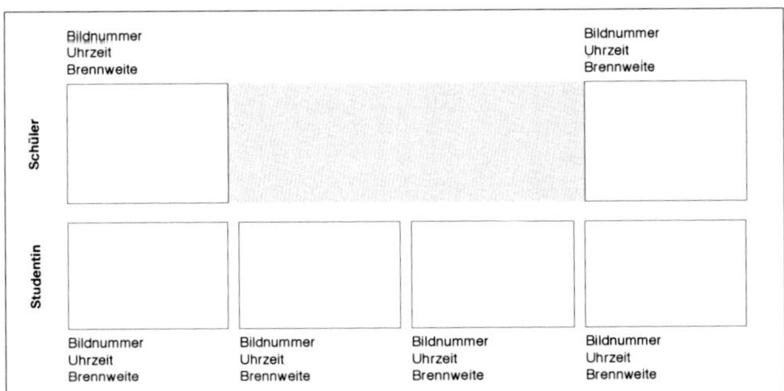

Abb. 167

Zweiperspektivität: Um das fotografische Bildmaterial als Spuren zweier, aufeinander bezogener Wahrnehmungsprozesse nachvollziehen zu können, werden die Bilder sowohl in ihrer *Chronologie* als auch in ihrer *Synchronizität* auf der Fläche arrangiert (Abb. 167): In der oberen Zeile befinden sich die chronologisch angeordneten Bilder des Schülers und darunter – entsprechend der zeitlichen Relation – die Bilder der Studentin. Horizontal entfaltet sich das Geschehen in seiner Chronologie, vertikal in seiner Gleichzeitigkeit. Längere Pausen, in denen nicht fotografiert wird, sind durch graue Felder markiert. Jedem Bild sind drei Informationen hinzugefügt: 1. die Bildnummer, 2. der Zeitpunkt der Aufnahme und 3. die Brennweite der Kameraoptik. [488]

Bildzwischenräume: Im Nebeneinanderlegen der fotografischen Einzelbilder entstehen zwangsläufig Bildzwischenräume, die – wie die Bilder selbst – etwas von der Wahrnehmung der Fotografierenden und dem fotografierten Geschehen zeigen können. Als Leerstellen deuten sie auf die Kehrseite des Fotografierens hin, d. h. auf Nicht-Fotografiertes, auf Unbemerktes, Ungesehenes. Bildzwischenräume können unterschiedliche Qualitäten haben: *nahtlos* wirken sie insbesondere bei hochfrequent aufgenommenen Sequenzen, in denen mehrere Bilder mit kurzem Abstand aufeinanderfolgen und zusammenhängende Bewegungsabfolgen sichtbar machen. *Brüche* und *Sprünge* entstehen dagegen, wenn zwischen den Einzelbildern längere Pausen liegen, die fotografierende Personen das Geschehen aus unterschiedlichen

Blickwinkeln aufnehmen oder Bilder verschiedener Fotografierender nebeneinandergelegt werden. Bildzwischenräume fordern die Betrachtenden dazu heraus, sich jenseits des Sichtbaren auch das Nicht-Sichtbare *vorzustellen*, das Nicht-Gezeigte und Zwischenzeitliche sowie die Übergänge zwischen einzelnen Augenblicken zu imaginieren. **489**

Bildausschnitte: Alle Bildkonfigurationen enthalten vergrößerte Details aus einzelnen Aufnahmen, die als eigenständige Elemente in den Bildkonfigurationen präsentiert werden. Bildausschnitte stellen einerseits das vermeintlich Nebensächliche und Randständige aus, was ohne eine Vergrößerung weitgehend übersehen werden würde. Sie können aber auch einen vertieften Einblick in zeitliche Zusammenhänge einer dokumentierten Unterrichtssituation vermitteln, indem sie beispielsweise ermöglichen, kleinste Gesten und kaum merkliche Bewegungen wahrzunehmen. Zudem können sie Korrespondenzen zwischen Bildern hervorheben, die auf den ersten Blick unverbunden erscheinen. **490**

Ergänzendes Bildmaterial: Um bedeutsam erscheinende Spuren, die sich in dem Bildmaterial des Schülers und der Studentin andeuten und die sich daran aber nur eingeschränkt weiterverfolgen lassen, differenzierter herausarbeiten zu können, wird ergänzendes Bildmaterial hinzugezogen, das aus externen Quellen stammt (u. a. Material aus öffentlichen und privaten Archiven, Bilder aus dem Kunstkontext, Bilder aus (kunst-)pädagogischen Feldern). Externes Bildmaterial wird mit unterschiedlichen Anliegen herangezogen: Jene Aspekte können wahrnehmbar gemacht werden, die sich in den fotografischen Bildern des/der Student_in und des/der Schüler_in lediglich andeuten. Bildmaterial aus pädagogischen Kontexten kann Perspektiven öffnen, um die theoretisch diskutierten Fragestellungen fachdidaktisch bzw. anwendungsbezogen weiterzuverfolgen. Bilder aus dem Kunstkontext stehen eher in einer assoziativen Beziehung zu den Fotografien der Schüler_in und Studierenden, indem damit weniger offensichtliche und schwer in Sprache zu übersetzende Bedeutungsebenen des fotografierten Geschehens hervorgehoben werden können. **491**

Sprechen und Zeigen: In den Bildgesprächen, in denen erste, spontane Ansätze des Auslegens der fotografischen Bilder auf einer Fläche entwickelt wurden, tritt ein Wechselspiel in Erscheinung zwischen einer sprachlichen Bezugnahme auf die fotografischen Bilder und einer zeigenden Bezugnahme darauf. Das Zeigen tritt *simultan* zum Reden auf (darüber reden, worauf gezeigt wird bzw. über etwas reden und anderes dabei zeigen), Zeigen kann dem Reden *vorausgehen* (der Finger bleibt an etwas hängen, worüber dann gesprochen wird) oder auch *nachgeordnet* sein (über etwas reden und es anschließend zeigend mit dem Bildmaterial in Verbindung bringen). Im Zeigen wird das Gesagte nicht nur gestisch bekräftigt und bestätigt, sondern es können unerwartete, neue oder gar widersprüchliche Sinnzusammenhänge entstehen. **492**

Die dargestellten Ebenen der Bildarbeit tragen in unterschiedlicher Weise dazu bei, *Verknüpfungen und Beziehungen zwischen Bildern* zu stiften. Es kommt weniger dem fotografischen Einzelbild, sondern insbesondere der Entstehung von *Bilderreihen* und *Bildverknüpfungen* eine grundlegende Bedeutung für die dargelegten Reflexionsprozesse zu. Im Verknüpfen der verschiedenen Perspektiven, im Vergrößern von vielsagenden Bilddetails, durch das Hinzufügen ergänzenden Bildmaterials und über spontane Zeigegesten werden Einzelbilder in einen größeren Bildzusammenhang gestellt. Im Auslegen tauchen Spuren auf, die etwas von eigenen Erfahrungen und den Erfahrungen der Anderen erzählen.

Entstehung zeitlicher Bezüge im Auslegen fotografischer Bilder

Die Bilder, mit denen sich die Studierenden rückblickend einzelnen Momenten innerhalb des fotografierten pädagogischen Geschehens annähern, sind *sequenziell* und in *Interaktion* entstanden. Die Zeitlichkeit der fotografischen Bilder spielt nicht nur deshalb eine wichtige Rolle, weil die Bilder dadurch an den Verlauf der einzelnen Projekteinheiten und an didaktische Schritte zurückgebunden werden können, sondern insbesondere weil die Bilder darüber erst als *Produkte eines fotografischen Wahrnehmungsprozesses* interpretiert werden können, **493** der sich in *Interaktion* mit einer anderen Person innerhalb eines bestimmten Zeitraums ereignet hat. Der *chronologische Zusammenhang* des fotografischen Bildmaterials und die Synchronizität, die der zweiperspektivischen Bildproduktion geschuldet ist, stellen nicht nur notwendige Entstehungsbedingung des Bildmaterials dar, sondern daraus gehen entscheidende Spuren hervor, die zum pädagogischen Geschehen und zu den *Erfahrungsprozessen* der daran Beteiligten führen. Die Zeitlichkeit des fotografischen Bildmaterials – seine *Entstehungszeit* – ist dem Gezeigten nicht nachgeordnet, sondern sie erweist sich als Voraussetzung, um die Bilder überhaupt in Beziehung zueinander setzen zu können. **494**

Die Schüler_innenbilder und die Studierendenbilder für sich stehend in ihrem chronologischen Zusammenhang zu betrachten, ist methodisch vergleichsweise einfach, da sequenziell aufgenommene Bilder ohnehin in ihrer chronologischen Reihenfolge

489 Bildzwischenräume werden in Kap. 5 ausführlich erläutert (siehe S. 403–405).

490 Bildausschnitte werden in Kap. 5 ausführlich erläutert (siehe S. 379 ff.). Eine hervorstechende Rolle spielen Bildausschnitte in Konfiguration 4.

491 Die verschiedenen Bildquellen werden in Kap. 5 ausführlich erläutert (S. 381–386).

492 Zeigegesten werden in Kap. 5 erläutert (S. 387–389).

493 Dies wurde ausführlich mithilfe Flussers im 3. Kapitel erörtert (siehe S. 145–149). Dass eine chronologische Anordnung des Bildmaterials dazu anregt, in den Einzelbildern Bewegungen der Fotografierenden im Raum und sich verändernde Nähe-Distanz-Verhältnisse zwischen Fotografierenden und Fotografierten nachzuvollziehen, wird besonders in Bildkonfiguration 1 diskutiert. Die Bewegungen der Fotografierenden sind die Grundlage, um Themen wie ›Grenzüberschreitung‹ und ›pädagogische Verantwortlichkeit‹ zu erörtern.

494 Die Bildarbeit kann von folgenden Fragen flankiert werden: *Wie kann bei der Erstellung von Bildkonfigurationen auf die Zeitlichkeit von fotografischem Bildmaterial, d.h. auf seine Sequenzialität und Synchronizität, so Bezug genommen werden, dass Spuren zum Anderen und zum fotografierten Geschehen in Erscheinung treten? Wie können die verschiedenen zeitlichen Relationen, die dem Bildmaterial innewohnen und weitgehend unsichtbar sind, beim Auslegen der Bilder berücksichtigt werden?*

gespeichert werden und entsprechend dargestellt werden können. Mehr Aufwand ist dagegen nötig, wenn die Schüler_innen- und Studierendenbilder in Beziehung gesetzt werden sollen. Da mitunter dieselbe Situation auf sehr unterschiedliche Weise fotografisch festgehalten wird, erschließt sich der zeitliche Zusammenhang zwischen den Aufnahmen der beiden Fotografierenden nicht zwingend darüber, was die Bilder zeigen. Hier kommen den Zeitangaben der einzelnen Aufnahmen (sekundengenau gespeichert in den Metadaten) **495** eine wichtige Bedeutung zu, um das zweiperspektivische Bildmaterial *trotz* bzw. *in seinen Differenzen* zeitlich aufeinander beziehen zu können. Mithilfe der genauen Zeitangaben können die zahlreichen einzelnen Aufnahmen, die während einer Projekteinheit bzw. Unterrichtseinheit entstehen, nicht nur in ihrer Chronologie nebeneinander gelegt werden, es treten dadurch auch unerwartete Bildkonstellationen in Erscheinung, die synchron aufgenommen wurden.

Chronologische und synchrone Bildzusammenhänge entstehen ohne das Zutun der Betrachtenden, d.h. ohne, dass ihr Begehren geweckt oder sie von bestimmten Bildern affiziert werden müssen. Es sind Strukturen, die auf Bilddaten und nicht auf der Wahrnehmung derjenigen/desjenigen beruhen, die/der mit den Bildern arbeitet. Die chronologische Anordnung der Aufnahmen fungiert daher zunächst als *Unterstellung* eines Zusammenhangs, den die Bilder selbst nicht zwingendermaßen zeigen und der vielmehr erst behutsam im weiteren Anordnen der Bilder herausgearbeitet werden muss (durch die Vergrößerung von Bilddetails, Hinzufügen von Bildern aus Archiven oder Kunstkontext usw.). **496**

Um innerhalb dieses *generischen Bildzusammenhangs* **497** bedeutungsvolle Spuren entdecken zu können, die zu den Erfahrungen der Fotografierenden führen und damit einen Beitrag zur Annäherung an die Perspektive des Anderen und an die pathischen Seiten der fotografierten Unterrichtsprozesse leisten, braucht es einen Umgang mit dem Bildmaterial, der über ein chronologisches (Zu-)Ordnen hinausgeht, indem er die *Wahrnehmung* der Reflektierenden einbindet. Für die Entstehung der vier Bildkonfigurationen hat sich gezeigt, dass Momente der Berührung, d.h. Momente, in denen die Studierenden vom Bildmaterial besonders angesprochen wurden, produktive Anlässe bieten, um in der Vielzahl der fotografischen Bilder rückblickend jene Bilder ausfindig machen zu können, die sich für die Reflektie-

495 Der Zeitpunkt, wann ein Bild aufgenommen wurde, ist in den Metadaten sekundengenau gespeichert. Diese können in Programmen wie Adobe Bridge ausgelesen werden.

496 Diese Unterstellung, die in den Bildkonfigurationen entsteht, hat durchaus mit Praxissituationen im Kunstunterricht zu tun. Lehrpersonen kommen um Unterstellungen nicht herum, indem sie beispielsweise bei der Begleitung künstlerischer Prozesse auf Spuren bildender Erfahrungen, Interessen, Anliegen seitens der Schüler_innen angewiesen sind. Auch den Artefakten der Schüler_innen muss eine Bedeutsamkeit unterstellt werden (ohne zu wissen, worin diese genau liegt), um sie als Teil und Spur eines künstlerischen Prozesses wahrnehmen und (im Dialog mit den Schüler_innen) deuten zu können.

497 Dieser kann natürlich auch unerwartete Bildzusammenhänge zur Erscheinung bringen, z.B. unerwartete Leerstellen zwischen einzelnen Aufnahmen, in denen längere Zeit nicht fotografiert wurde (vgl. Konfiguration 3) oder Bildkombinationen von zeitgleich entstandenen Schüler_innen- und Studierendenbildern, die zeitgleich entstanden sind und dabei ganz Unterschiedliches zeigen (vgl. Konfiguration 4).

renden mit bedeutungsvollen Ereignissen und Erfahrungen verknüpft zeigen. Die Berührung, die von den Bildern ausgeht, kann unterschiedliche Qualitäten haben: Sie kann von einem *erinnerten Bild* herrühren (vgl. Bildkonfiguration 4), vom *Zeigen* angestoßen werden (vgl. Bildkonfiguration 2), von einem Bild ausgehen, das eine begonnene *Erzählung bestätigt* (vgl. Bildkonfiguration 1, 3), *irritiert* (vgl. Bildkonfiguration 2, 3) oder *widerspricht* (vgl. Bildkonfiguration 1). **498**

Im *Angesprochen-Werden* vom Bildmaterial kann sich rückblickend eine andere Zeitlichkeit öffnen. Einerseits über das fotografische Bild selbst, dem eine spezifische Prozessualität zu eigen sei (vgl. Alloa, S. 13) **499** und andererseits, indem mehrere Aufnahmen miteinander verknüpft werden, die die chronologische Ordnung durchkreuzen und Zusammenhänge erzeugen, die während des Fotografierens selbst (noch) nicht absehbar gewesen sind: Ein später fotografiertes Bild kann plötzlich auf ein vorheriges verweisen **500** und ein zuvor aufgenommenes Bild sogar auf ein späteres hindeuten. **501** Im Umgang mit dem Bildmaterial werden Bezüge zwischen Bildern möglich und Zusammenhänge sichtbar, die den Fotografierenden selbst noch verborgen gewesen sind. Auf einer Fläche nebeneinandergelegt, können fotografische Bilder ein *vielschichtiges zeitliches Gewebe* erzeugen, das sich aus chronologisch geordneten Bilderreihen, synchron aufgenommenen Fotografien und Vor- und Rückbezügen zwischen einzelnen Bildern zusammensetzt, die zu ganz unterschiedlichen Zeitpunkten im Unterricht aufgenommen wurden.

Passend merkt Georges Didi-Huberman an, dass Bilder in ein »heterochronistische[s] Geflecht« eingebettet seien (vgl. Didi-Huberman 2013, S. 30), indem sie sich rückblickend und vorausschauend gegenseitig manipulieren und dadurch die Betrachtenden auf unerwartete Zusammenhänge stoßen lassen.

498 In Bildkonfiguration 1 kommen die fotografischen Bilder in zweierlei Weise ins Spiel, indem sie zunächst die Erzählung der Studentin bestätigen *(Deutung der Situation auf dem Dach als Grenzüberschreitung)* und schließlich – vor allem, als die Bilder des Schülers auf dem Tisch liegen – eine neue Lesart provozieren, die im Gegensatz zur anfänglichen Einschätzung der Studentin steht *(Deutung der Situation als fotografische Antwort des Schülers auf die Ästhetik des Raumes).*

499 »Sie [fotografische Bilder **KB**] räumen Zeit ein, eröffnen in der Abfolge selbstverständlicher Abläufe eine Kluft und entwickeln darin, zwischen Wirklichkeit und Möglichkeit, neue Spielräume.« (Alloa 2013, S. 13)

500 Vgl. Bildkonfiguration 1: Hier wird die Situation auf dem Dach, die den Ausgangspunkt der Konfiguration darstellt, mit Bildern verknüpft, die 8 Minuten zuvor entstanden sind. Dieser Zusammenhang wird erst im Auslegen der Bilder auf einer Fläche hergestellt. In dem vorherigen Moment konnte noch nicht gewusst werden, was 8 Minuten später passieren wird. Dass hier jedoch ein Zusammenhang besteht, zeigt sich erst mithilfe der Bilder (siehe ausführlich dazu: S. 280 ff.). ←

501 Vgl. Bildkonfiguration 2: Hier wird eine Begebenheit, die sich im ersten Stockwerk der Projekträume ereignet hat, mit Bildern verknüpft, die sehr viel später erst fotografiert wurden. Für die beiden Fotografierenden war in der Situation selbst noch gar nicht erahnbar, was sie zu späterem Zeitpunkt fotografiert haben werden. Mithilfe des Bildmaterials lassen sich, obwohl es den Fotografierenden gänzlich entzogen gewesen ist, Bezüge zwischen den früheren und späteren Bildern herstellen – es offenbaren sich dabei Zusammenhänge, die sich für das gesamte Geschehen als bedeutsam zeigen: Schülerseits scheint beispielsweise in der gesamten Sequenz das Interesse an der Ästhetik des architektonischen Raums und formaler Abstraktion auf. Seitens der Studentin deutet sich in mehreren Aufnahmen ein Bedürfnis an der ›Darstellung von gutem Kunstunterricht‹ an, das zu ganz unterschiedlichen Zeitpunkten in mehreren Einzelbildern zum Ausdruck kommt.

Sich dem pädagogischen Geschehen und dem fotografierenden Anderen über ein derartiges Geflecht anzunähern, setzt die Reflektierenden unterschiedlichen Zeitlichkeiten aus. Dies, bemerkt Rudolf zur Lippe, sei eine wesentliche Bedingung, um ein vergangenes Geschehen nicht nur präsent werden zu lassen, sondern um daraus auch bedeutsame Visionen entwickeln zu können:

> »Vergegenwärtigung heißt, in einer Wahrnehmung werden in der Vergangenheit Aufgenommenes, jetzt sich Einprägendes und Ahnungen künftig sich daraus abzeichnender Bilder in einer Gegenwart zusammengebracht.« (zur Lippe 2003, S. 226)

Im Auslegen der fotografischen Bilder werden im besten Fall verschiedene Zeitebenen aufeinander bezogen: das fotografierte Vergangene, die Gegenwart des Auslegens und die Antizipation zukünftiger pädagogischer Handlungsmöglichkeiten. Die Bildkonfigurationen sind daher nicht darauf ausgerichtet, ein vergangenes Geschehen möglichst lückenlos zu *rekonstruieren*. Vielmehr geht es darum, dass aus der Vergegenwärtigung des Vergangenen mithilfe der Bilder einerseits bedeutsame Spuren zum erfahrenen Unterrichtsgeschehen erwachsen und andererseits dadurch Vorstellungen und Visionen angestoßen werden, die auch für zukünftige pädagogische Situationen differenzierende Wahrnehmungs-, Handlungs-, Deutungsmöglichkeiten anbieten. Während sich die Rekonstruktion in erster Linie um eine Klärung des Vergangenen bemüht, **502** bezieht sich die dargelegte Bildarbeit immer auch auf die Gegenwart und Zukunft desjenigen, der die Bilder betrachtet und arrangiert. Folgende Fragestellungen können hilfreich sein, um verschiedene zeitliche Dimensionen der Erfahrung im Rahmen der Bildarbeit aufeinander zu beziehen: *Wie zeigt sich mir das vergangene Geschehen in den Bildern und in welchem Verhältnis steht dazu meine Erinnerung? Was bedeutet das fotografierte Geschehen für mich als angehende Lehrperson und welche Orientierungen ergeben sich daraus für zukünftige Handlungszusammenhänge?*

Bilder verknüpfen

Die vier Bildkonfigurationen, die im fünften Kapitel auf der Grundlage des Bildgesprächs mit einer Studentin entwickelt wurden, beziehen sich auf einen kleinen Teil des Bildkorpus, der zur Verfügung stand und der potenziell hätte genutzt werden können. In den Bildkonfigurationen wurden bei weitem nicht alle Bilder auf der Fläche ausgelegt, die im Rahmen der Projekteinheit tatsächlich entstanden sind. **503** Da die Entstehung der Bildkonfigurationen wie auch die Bildgespräche nicht auf

502 Der Ansatz der *Objektiven Hermeneutik* (Oevermann u. a. 1979) beispielsweise tut dies unter besonders strenger Berücksichtigung der Sequenzialität des empirischen Materials. Die zeitlichen Sprünge, die in der reflexiven Bildarbeit möglich sind und die mithilfe der Bildverknüpfungen auch methodisch forciert werden, gibt es in der Objektiven Hermeneutik nach Oevermann nicht. Hier wird das empirische Material Wort für Wort, Satz für Satz aufgedeckt und gedeutet, um unter Ausschluss vermeintlich unpassender Interpretationen schließlich im Austausch mit anderen Forschenden zu einer möglichst plausiblen Deutung zu gelangen.

503 Dem Bildgespräch mit der Studentin lagen Kontaktbögen mit insgesamt 117 Fotografien zudem Anspruch basieren, möglichst viele oder gar alle Bilder in die Bildarbeit einzubeziehen, sondern vielmehr eine Fokussierung auf jene Bilder favorisiert wird, von denen sich die Studierenden in besonderer Weise berührt und getroffen zeigen, wurden entsprechend wenige Bilder in die Bildkonfigurationen aufgenommen. Wie und ob bedeutungsvolle Bildverknüpfungen zustande kommen, hängt vor allem davon ab, welche Bilder in die Aufmerksamkeit drängen oder geraten, welche Zwischenräume und Übergänge im Auslegen von Bildern entstehen und wie darauf seitens der Studierenden *geantwortet* wird/werden kann (vgl. Sabisch 2018).

So überrascht es nicht, dass die Bildkonfigurationen Bilder enthalten, deren Verknüpfung sich geradezu aufdrängt, weil sie beispielsweise hervorstechende formale Analogien aufweisen, weil sie offensichtlich in kurzem zeitlichen Abstand aufgenommen wurden oder wiederholende Motive und Strukturen zeigen. Es sind Bilder, die – nebeneinandergelegt – augenblicklich formale, inhaltliche oder räumliche Zusammenhänge nahelegen und Kontinuitäten erzeugen (vgl. Sabisch 2018c, S. 408 ff.). Ebenso enthalten die Bildkonfigurationen aber auch Verknüpfungen, die nicht spontan entstehen und sich nicht auf den ersten Blick anbieten, sondern die langsam und in konzentrierter Auseinandersetzung mit dem Bildmaterial entwickelt werden müssen. Es sind Verknüpfungen, die sich erst vor dem Hintergrund der eigenen Erinnerung an die fotografierte Situation und auf dem Grund der eigenen Erfahrung in einen Zusammenhang stellen lassen. Diese Bildverknüpfungen springen nicht zwingendermaßen direkt ins Auge, sondern müssen im Betrachten des Bildmaterials, im Erinnern und Zeigen langsam gefunden und entfaltet werden. **504**

Gerade im Umgang mit fotografischen Bildmaterial, das zeitgleich von zwei Personen aufgenommen wird, sind beide Formen der Bildverknüpfung wichtig. Denn fotografische Bilder, die aus zwei verschiedenen Perspektiven aufgenommen werden, enthalten beides: Bilder, die große formale Ähnlichkeiten aufweisen (weil sie z. B. von einer Person in hoher Frequenz aufgenommen wurden und filmische Qualität haben) und Bilder, die sich durch keine offensichtlichen Entsprechungen auszeichnen – deren Verknüpfung aber dennoch dazu beitragen kann, das pädagogische Geschehen und die Perspektive der daran beteiligten Anderen differenzierter verstehen zu können (z. B. fotografische Bilder zweier Personen, die

grunde (29 Bilder des Schülers und 88 Bilder der Studentin). In den Bildkonfigurationen 1, 2 und 3, die sich auf diese Fotografien beziehen, wurden davon 22 Fotografien verwendet. Bildkonfiguration 4 setzt sich aus anderen Bildern zusammen, die in einer früheren Projekteinheit entstanden sind. Im Rahmen des Gesprächs wurden diese Bilder seitens der Studentin erinnert.

504 Ein Beispiel, was diese Form der Verknüpfung anschaulich macht, findet sich in Bildkonfiguration 1. Dort werden Bilder, die auf dem Dach des Gebäudes aufgenommen wurden, mit Bildern kombiniert, die acht Minuten zuvor im Erdgeschoss gemacht wurden. Auf den ersten Blick haben die Bilder nichts miteinander zu tun (es handelt sich nicht um denselben Raum, die Bilder sind zu unterschiedlichen Zeitpunkten entstanden und zeigen ein anderes Nähe-Distanz-Verhältnis zwischen den beiden Fotografierenden usw.). Eine Verknüpfung drängt sich nicht auf. Erst indem die Bilder auf dem Dach die Frage der ›Grenzüberschreitung‹ seitens des Schülers aufwerfen, geraten plötzlich die Bilder, die das Tandem an der Treppe aufnimmt, in die Aufmerksamkeit. Hier kann der Beginn eines Prozesses untersucht werden, der zu späterem Zeitpunkt von der Studentin als »grenzüberschreitend« wahrgenommen wird.

gleichzeitig entstehen und ganz unterschiedliche, teils unvereinbare Ansichten vom Geschehen zeigen).

Bildverknüpfungen – ob spontan oder absichtsvoll hergestellt, ob aus formalen Analogien hervorgegangen oder unter Widerstand zusammengefügt – können konflikthafte Ordnungen erzeugen, Widersprüche ausstellen und Kontrastierungen zum Erscheinen bringen. Dabei jenen Verknüpfungen besondere Aufmerksamkeit zu schenken, die auf weniger offensichtlich bildverbindenden Analogien beruhen und die sich nicht nahtlos aneinanderfügen, kann für Reflexionsprozesse, die sich für die pathischen Seiten einer pädagogischen Situation und für die Anderen in ihrer Unverfügbarkeit interessieren, besonders fruchtbar sein. Denn gerade bei jenen Bildverbindungen, die einen dissoziierenden Charakter haben und in denen Bildzwischenräume und Risse zwischen einzelnen Aufnahmen sichtbar bleiben, gerate der Blick ins Stolpern, werde der Betrachtende aus dem Takt gebracht, das Sehen verlangsamt (vgl. Sabisch 2018c, S. 415). Sonst weitgehend »unmerkliche Vorgänge der Identifizierung« (ebd., S. 411) und Projizierung können angesichts brüchiger, widersprüchlicher und sperriger Bildverkettungen in Ansätzen erfasst und hinterfragt werden (ebd., S. 411). Insbesondere die zeitlichen Leerstellen und ungereimten Übergänge zwischen Bildern, in denen etwas *nicht zu sehen* ist, können zum Initial einer bildübergreifenden Erzählung werden. Durch eine nicht vollständige Geschlossenheit und durch zeitliche Brüche, die in Bildkonfigurationen zwangsläufig entstehen, öffnet sich ein Raum für die Ambivalenzen, Mehrdeutigkeit und Widersprüche, die in pädagogischen Situationen wirksam sind.

Dass gerade der Verknüpfung des visuell Disparaten eine erkenntnisstiftende Bedeutung zugesprochen werden kann, wird aus medienphilosophischer Perspektive von Mersch bekräftigt. Zwei Situationen bzw. Bilder, die aneinanderstoßen, können Widersprüche entstehen lassen, die für eine vom Bild ausgehende Reflexivität von grundlegender Bedeutung seien:

> »Visuelle Widersprüche [...] evozieren ›Sprünge‹ in der Wahrnehmung und damit auch ›Sprünge‹ im Denken [....] wenn es ein Denken im Ästhetischen ›gibt‹ – dann in Gestalt solcher ›listigen‹, unwahrscheinlichen und mitunter riskanten oder haltlosen Sprünge, die Einsichten oder ein ›Wissen‹ ermöglichen, *das anders nicht gegeben werden kann.*« (Mersch 2018, S. 34)

Jene Bildverknüpfungen, die disparaten Charakter haben, versteht Mersch als »Versperrungen« (vgl. ebd., S. 33), die dazu beitragen, sich immer wieder der Unverständlichkeit des Bildes Gewahr zu werden (vgl. ebd.). Es sind Bildverknüpfungen, die Ambivalenzen produzieren, die Irritation und Störung **505** hervorrufen. Vor dem Hintergrund dieser Überlegungen lässt sich begründen, warum es sich in bildge-

505 Mersch selbst spricht von »Verstörung« (ebd., S. 35). Im hochschuldidaktischen Kontext scheint mir ›Störung‹ produktiver zu sein, da Studierende im Übergang von der Hochschule zur Schulpraxis nicht das Vertrauen verlieren sollen, auch in unvorhersehbaren Situationen pädagogisch handeln zu können. Die Verstörung als Movens einer pädagogischen Reflexion erscheint sehr extrem.

stützten Reflexionsprozessen durchaus lohnt, nicht nur jene Verknüpfungen von Bildern auf der Fläche auszulegen, die sich geradezu anbieten und nahtlos aneinanderfügen, sondern sich auch um jene Verknüpfungen und Bilderreihen zu bemühen, die sperrig und auf den ersten Blick unter Umständen sogar haltlos sind. Dies mag insbesondere im Umgang mit zweiperspektivischem Bildmaterial Sinn machen. Diesem wohnt ohnehin eine nicht aufzulösende, paradoxe Struktur inne, indem die Bilder von zwei Personen zwar *gleichzeitig* aufgenommen werden und dabei dennoch *Verschiedenes* zeigen. Um den Wahrnehmungen des Anderen gerecht zu werden, braucht es Verknüpfungsweisen, die dessen Unverständlichkeit, Unverfügbarkeit und Widersetzlichkeit anerkennen und sichtbar machen.

Auslegen fotografischer Bilder im Wechselspiel von Ausbreiten und Anordnen

Das Auslegen des Bildmaterials, wie es im Rahmen der vier Bildkonfigurationen erprobt wurde, weist daher eine *Doppelstruktur* auf, die spontane und ebenso absichtsvolle Gesten der Bildverknüpfung enthält. Um im Rahmen einer bildgestützten Reflexion eigenen Affizierungen auf den Grund gehen zu können und um angesichts des heterogenen Bildmaterials bestehende Einschätzungen, Deutungen und Erwartungen, die die Schüler_innen und das Unterrichtsgeschehen betreffen, fragwürdig werden zu lassen, zu verschieben oder sogar verwerfen zu können, bedarf es eines Umgangs mit dem Bildmaterial, der neben einem spontanen Ausbreiten ebenso ein differenzierendes *Anordnen* im Sinne eines bewussten Konstellierens, Montierens und Arrangierens von Bildern einschließt.

Dass Bildarbeit eine Doppelstruktur innewohnt, d.h. spontanes Ausbreiten von Bildmaterial auf der einen Seite und ein systematisches Anordnen von Bildern auf der anderen Seite, wird auch von Tobias Loemke diskutiert (Loemke 2018). **506** Während Loemke anhand spontan ausgebreiteter Bilder implizite Handlungsorientierungen von Studierenden beforscht, die ihren künstlerischen Prozessen zugrunde

506 Loemke untersucht in seiner empirischen Studie die »handlungsleitenden Orientierungen« von Studierenden, die der Entwicklung künstlerischer Prozesse zugrunde liegen. Diesen Orientierungen, die zumeist implizit wirken, nähert er sich über ein Setting an, das in verschiedener Hinsicht Ähnlichkeit zu meinem Setting aufweist: Im Rahmen von Einzelgesprächen werden Studierende eingeladen, von ihren Erfahrungen zu *erzählen,* währenddessen sie Artefakte ihrer künstlerischen Prozesse auf einem Tisch *ausbreiten.* Loemke, der an den Erzählungen der Studierenden und nicht an ihren Argumentationen und Berichten interessiert ist, orientiert sich methodisch am Vorgehen des narrativen Interviews und bietet den Studierenden die Gelegenheit, das Bildmaterial ohne bestimmte Vorgaben während des Erzählens spontan auszubreiten (vgl. Loemke 2018, S. 329). An vier Fallbeispielen wird herausgearbeitet, wie die Studierenden ihre mitgebrachten Artefakte auf dem Tisch *ausbreiten* (Loemke 2018, S. 319 f.). Das Ausbreiten der Bilder wird sehr vielschichtig beschrieben (vgl. Loemke 2018, S. 319 ff.): Die Studierenden setzen ganz unterschiedliches Bildmaterial in Beziehung (Bilder von der Bewerbungsmappe für das Studium an der Kunsthochschule bis zur Gegenwart); das Ausbreiten der Bilder sei in einem Fall »kühne Reduktion«, während es in anderen Fällen eher als ein vorsichtiges Aufblättern beschrieben wird; Bilder werden unterschiedlich auf der Fläche positioniert, d.h. mittig, am Rand, teils auch verdeckt, konzentrisch, sequenziell usw.; im Ausbreiten entstehen Abgrenzungen (zum Studium, zu Dozierenden, zu Kommiliton_innen), Ausdifferenzierungen und Kontrastierungen bestimmter Erfahrungen. Im Ausbreiten von Bildmaterial auf einer Fläche finden auf unterschiedlichen Ebenen differenzierte, weitgehend implizite Reflexionsbewegungen statt.

liegen, 507 kann sich die hier dargelegte Bildarbeit nicht auf spontane und absichtslose Auslegeprozeduren beschränken. Der mit meinem Forschungsanliegen verbundene Anspruch, dass sich Studierende im Auslegen von Bildern auf einer Fläche in ein reflexives Verhältnis zur eigenen Erfahrung und erlebten pädagogischen Praxis setzen, stellt sich nicht nur mir als Forscherin bzw. als forschende Hochschullehrerin, sondern es ist ein Anspruch nach einem »forschenden Studieren« (vgl. Kunz/Peters 2019), der auch die Studierenden selbst als reflektierte Praktiker_innen adressiert und nach methodischen Systematiken verlangt (die sie anwenden können). Ein Anordnen von Bildern, das auf die Differenzierung von Deutungen abzielt, kann daher auf ein spontanes, erkundendes Ausbreiten der Bilder genauso wenig verzichten, 508 wie sich eine Reflexion im spontanen Anordnen von Bildern und damit in unter Umständen vorschnellen Bildverknüpfungen erschöpft. Daher erscheint es sinnvoll, bildgestützte Reflexionsprozesse als andauerndes Wechselspiel zwischen spontanem *Ausbreiten* und absichtsvollem *Anordnen* zu verstehen, in dem das plötzliche Aufmerken einer bedeutsamen Spur und das Verfolgen einer bedeutsamen Spur einander bedingen. Dies verlangt nach einer hochschuldidaktischen Begleitung, die das Changieren zwischen *studium* und *punctum* (vgl. Barthes 1985) 509 anregt und unterstützt. In den vier Fallbildungen deutet sich an, dass aus der Perspektive der interessierten Mit-Sehenden gestellte (Nach-)Fragen 510 und Zeigegesten 511 diese Doppelstruktur ebenso fördern wie eine Beschäftigung mit Leerstellen, die zwischen Bildern entstehen, und grafischen Verfahren zum Verknüpfen der Bilder auf einer Fläche. 512

507 Da sich die Studierenden in Loemkes Studie den eigenen künstlerischen Prozessen nicht forschend zuwenden, sondern die impliziten Orientierungen ihrer praktischen Arbeit Gegenstand der empirischen Forschung von Loemke sind, ist die Fokussierung auf das absichtslose Ausbreiten von Bildern eine nachvollziehbare methodische Entscheidung im Forschungsdesign.

508 Insbesondere dann, wenn es sich nicht nur selbst produzierte, sondern auch um fremde und unbekannte Bilder handelt.

509 Beides, *studium* und *punctum*, werden in Kap. 4 ausführlich erläutert (siehe dazu S. 204–207).

510 Ein spontanes Ausbreiten kann durch Fragen unterstützt werden, die eher offenen Charakter haben: *An welchen Bildern bleibt dein/Ihr Blick hängen?* Wenn ein bestimmtes Bild schon im Fokus steht, können spontane, assoziative Verknüpfungen angeregt werden: *Welche anderen Bilder kannst du / können Sie mit dem ausgelegten Bild spontan in Verbindung bringen?* Ein bewusstes Anordnen von Bildern im Sinne einer vertiefenden Auseinandersetzung mit einer bedeutsam erscheinenden Spur lässt sich beispielsweise durch folgenden Frageimpuls unterstützen: *Lässt sich im Bildmaterial ein ähnliches Motiv nochmals finden oder gibt es Bilder, die einen Gegensatz aufspannen?*

511 Auch Hochschullehrende, die die Bildarbeit von Studierenden begleiten, können sich zeigend in unterschiedlicher Weise auf das Bildmaterial beziehen: Sie können spontan auf Bilder zeigen, in denen sie einen für die Studierenden bedeutsamen Aspekt vermuten oder zeigend insistieren und den Blick der Studierenden auf ein bestimmtes Bild oder Detail lenken. Zeigend können sie die Studierenden bestätigen oder ihnen auch widersprechen, indem sie auf anderes deuten.

512 Dies können u. a. die folgenden sein: *Einordnung von Bildern auf einer Timeline; die horizontale und vertikale Anordnung von Bildern unter Berücksichtigung ihrer zeitlichen Bezüge; die Differenzierung von Bildmaterial unterschiedlicher Bildquellen durch farbliche Markierungen der Fläche, auf der die Bilder ausgelegt werden; das Extrahieren von Bilddetails; das Hinzuziehen von externem Bildmaterial usw.* Dabei ist in jeder Bildkonfiguration stets kontextabhängig, ob ein

6.3 Bildgestützte Reflexionsprozesse zwischen Rekonstruktion, Narration und Imagination

Mithilfe der Verknüpfung von fotografischen Bildern auf der Fläche entwickelt sich ein vielschichtiger Bezug zur fotografierten und von den Studierenden miterlebten Unterrichtssituation. Die reflexive Arbeit mit dem Bildmaterial, wie sie in den vorangegangenen Unterkapiteln diskutiert und im fünften Kapitel in vier Bildkonfigurationen entwickelt wurde, enthält in ihrer Bezugnahme auf das pädagogische Geschehen und die begleiteten Schüler_innen zwei verschiedene Bewegungen: einerseits eine Hinwendung, die als *rekonstruktiv* bezeichnet werden kann **513** und eine Hinwendung zum Geschehen, die auf dessen *mögliche Bedeutungen* ausgerichtet ist und sich der Entfaltung mehrstimmiger Lesarten widmet. Neben Auslegeprozeduren, die im Sinne einer Rekonstruktion den Nachvollzug des Gewesenen in seiner chronologisch-sequenziellen Logik befördern, gibt es auch Auslegeprozeduren, die Deutungsspielräume öffnen und Anlass zu Imaginationen bieten. Darüber gestaltet sich der Bogen zur Empirie. In welcher Weise auf das pädagogische Geschehen und auf Erfahrungen – die eigenen und die der Schüler_innen – angesichts pluraler, mehrdeutiger Bildkonfigurationen Bezug genommen wird, stellt eine elementare Frage der Bildarbeit dar, da dies maßgeblich beeinflusst, wie und mit welchen Erwartungen, Vorstellungen und Vorannahmen sich Studierende mit pädagogischen Begebenheiten und den daran beteiligten Akteur_innen beschäftigen können und wie sie sich gegenüber der zu reflektierenden pädagogischen Praxis positionieren (vgl. Meyer 2009, S. 16; Kunz 2019b, S. 251). **514**

Im Verknüpfen fotografischer Bilder dem Möglichen auf die Spur kommen

Dass die Erstellung der Bildkonfigurationen zu mehrdeutigen, teils sogar kontroversen und widersprüchlichen Lesarten (vgl. Koller 1999) **515** des fotografierten Geschehens führen, zeigt sich in allen vier Fallbildungen, wie auf der folgenden Seite beschrieben.

bestimmtes Verfahren eher ein spontanes Ausbreiten von Bildern oder ein differenzierendes Anordnen befördert. Eine Timeline beispielsweise kann dazu beitragen, einen als bedeutsam wahrgenommenen Aspekt mit Blick auf das gesamte Bildmaterial umfänglicher zu beleuchten, sie kann aber ebenso zum Anlass werden, auf eine Spur überhaupt erst aufmerksam werden zu können (beispielsweise wenn ein Bild nach einer bemerkenswert langen Pause auf der Timeline besonders hervorsticht, obwohl es von dem, was es zeigt, womöglich sehr unscheinbar ist).

513 Als rekonstruktiv werden im Folgenden jene Auslegeprozeduren bezeichnet, die dem Nachvollzug des Geschehens in seiner Chronologie dienen (z. B. das Auslegen der Bilder in chronologischer Reihenfolge unter Berücksichtigung der Metadaten und das zeitlich korrekte Zuordnen des zweiperspektivischen Bildmaterials).

514 Ruth Kunz zeichnet verschiedene Perspektiven nach, aus denen sich forschende Studierende einem pädagogischen Geschehen annähern können: als Beobachter_in, in der Haltung des/der Ethnograf_in, der/die sich dem Feld gegenüber fremd zu machen sucht, als Aktionsforscher_in, der/die ins Geschehen involviert ist oder theoriegeleitet (vgl. Kunz 2019b, S. 251).

515 Kollers Konzept zum Umgang mit widersprüchlichen Lesarten in Anlehnung an Lévinas wurde ausführlicher in Kap. 4 dargelegt (S. 229–232). ←

Fallbildung I: Die Erstellung der Bildkonfiguration macht *erstens* darauf aufmerksam, dass die vermeintlich eindeutig kommunizierte Grenze (das erste Stockwerk des Projektgebäudes sollte von den Schüler_innen nicht genutzt werden) unerwartet uneindeutig und für Schüler_innen – entgegen der pädagogischen Absicht der Lehrenden – ästhetisch überraschend einladend ist. Zudem zeigt sich *zweitens,* dass die Grenzüberschreitung kein plötzliches Ereignis ist, sondern dass sich ein Überschreiten im Laufe des Projektgeschehens anbahnt. *Drittens* führt die Bildarbeit schließlich zu der basalen Frage, inwiefern bestimmte Erwartungen der Studentin dazu beitragen, dass die Begebenheit *als Überschreitung* wahrgenommen wird (siehe Kap. 5, S. 282 ff.).

Fallbildung II: Die Erstellung der Bildkonfiguration stiftet dazu an, das fotografierte Geschehen aus drei verschiedenen Perspektiven zu betrachten: der Perspektive des fotografierenden Schülers, der Perspektive der fotografierenden Studentin und schließlich der Perspektive des fotografierenden Tandems. Dadurch werden bezüglich derselben Situation drei verschiedene Lesarten entfaltet, die zum Teil in widersprüchlichem Verhältnis zueinander stehen: *Erstens* wird die dokumentierte Situation als Antwort des fotografierenden Schülers auf den Raum (eine rohe Betonwand) gedeutet. *Zweitens* werden aus der Perspektive der Studentin die Bilder als Ausdruck eines Bedürfnisses gelesen, gelungenen, die Erwartungen der Studentin erfüllenden Kunstunterricht darzustellen. *Drittens* wird die dokumentierte Situation im Zusammenspiel der Schüler- und Studierendenbilder als Teil der fotografischen Interaktion gedeutet. Dadurch werden die fotografischen Bilder des Schülers nicht nur als eine gestalterisch motivierte Zuwendung zum Raum, sondern auch als eine Zuwendung zum Anderen (d. h. zur Studentin) und als ein Sich-Zeigen in ihrem Kamerafeld gedeutet (siehe Kap. 5, S. 319 f.).

Fallbildung III: Während die Fallbildung mit dem Eindruck der Studentin einsetzt, dass die begleitete Schülergruppe untätig gewesen sei, kann mithilfe des fotografischen Bildmaterials ein anderes, institutionskritisches Verständnis für das dokumentierte Geschehen entfaltet werden. Unter Berücksichtigung von Ungleichheiten (Alter, Geschlecht) und Machtverhältnissen, die in dieser Situation möglicherweise wirksam gewesen sind, können Themen wie *Scham und Beschämung,* die *Bedeutung der Störung für ästhetische Erfahrungsprozesse* und der *Imperativ, der mit offenen Prozessen im Kunstunterricht* verbunden sein kann, reflektiert werden (siehe Kap. 5, S. 342).

Fallbildung IV: Ausgangspunkt dieser Bildkonfiguration ist die positive Zuschreibung der Studentin, dass eine andere Schüler_innengruppe besonders »offen« gewesen sei. Die Bildkonfiguration führt hier nicht zu differenten Lesarten, sondern es findet eine Vertiefung der spontan geäußerten Deutung statt. »Offen sein« wird im Rahmen der Bildarbeit mit dem Wechselspiel von *berühren* und *Berührt-Werden* verknüpft. Darüber hinaus tragen die Bilder des Schülers dazu bei, »offen sein« mit einer Empfänglichkeit für verschiedene Qualitäten des Raumes (Darstellung eines funktionalen und ästhetischen Raums) und unterschiedlichen Aufmerksamkeitshaltungen zu assoziieren (siehe Kap. 5, S. 358 f.).

Dass innerhalb der vier Fallbildungen anhand der Bilder derart unterschiedliche Deutungen entwickelt werden (können), ist keine den Bildern geschuldete Unschärfe oder im Sinne einer Beliebigkeit ein Defizit, sondern es ist der Versuch, den Differenzen nachzuspüren, die den Wahrnehmungen der Studierenden und der Schüler_innen innewohnen. Diese können im Verknüpfen der fotografischen Bilder sichtbar werden.

Im Reflektieren Widersprüchliches zu spüren und die Brüche auszustellen, die sich zwischen den verschiedenen Perspektiven derjenigen auftun, die am Unterricht (fotografierend) beteiligt gewesen sind, stellt keinen Selbstzweck dar, sondern hat unmittelbar mit Herausforderungen pädagogischer Praxis und dem Forschungsanliegen zu tun: Unterricht ist nie nur Ausführung und Realisierung eines zuvor erstellten Plans, sondern *ereignet* sich im Austausch mit Schüler_innen, im Umgang mit Raum, Zeit und Dingen. Es handelt sich um ein Geschehen, das *in der geteilten Gegenwart* gemeinsam mit Schüler_innen und der Institution verhandelt **516** und zur Aufführung gebracht wird. **517** Wie sich ein pädagogischer Plan in der Praxis bewährt und wie ein Vermittlungsanliegen in der Begegnung mit Schüler_innen realisiert wird, ist daher vorher nicht vollkommen abzusehen und methodisch kaum zu kontrollieren. *Das stattfindende Geschehen stellt vielmehr eine von vielen anderen Möglichkeiten dar, wie es hätte laufen können;* ein Geschehen im Spannungsfeld zwischen Kalkül und Kontingenz (vgl. Gruber/ Schürch/ Willenbacher/ Mörsch/Sack 2020). Unterricht kann in seiner Vielschichtigkeit und seinen Ambivalenzen daher nicht verstanden werden, wenn er lediglich aus der Perspektive der Lehrenden an einem zuvor erstellten Plan gemessen und als dessen Aktualisierung (im Sinne einer Umsetzung) gelesen wird. Unerwartete Ereignisse werden dann eher als Abweichung vom Plan und als nicht eingelöste Zielsetzung verkürzt gedeutet, als dass sie in ihrer eigenen Logik und als ein Anspruch des Anderen und Fremden in den Blick genommen werden können.

Um sich jedoch als Lehrperson in eben diesen Zwischenräumen von Unterrichtsplanung und dessen Realisierung bewegen und sich auf den Anderen und damit auf fremde Ansprüche einlassen zu können, braucht es vorbereitend in der Lehrer_innenbildung geeignete Formate, in denen diese Kluft zwischen *Kalkül* und *Kontin-*

516 Zum Verhandeln bzw. Aushandeln von Vermittlungssituationen siehe beispielsweise Carmen Mörsch (vgl. 2009, S. 9–11) oder Nora Sternfeld (2014). Sternfeld (vgl. 2013, S. 52–66) verwendet den Begriff der Contact Zone (in Anlehnung an Mary Louise Pratt), um die ungleichen Machtverhältnisse, die in pädagogischen Prozessen wirksam sind, zu problematisieren.

517 Zu Unterricht als Aufführung arbeitet aktuell Judit Villiger in ihrem Promotionsprojekt. Einen Einblick vermittelt der Text *Scheinbar Unscheinbares: Pilotprojekt für ein Reflexionsformat in der Kunstlehrer*innenbildung*, 2019.

genz (vgl. ebd.), zwischen dem *stattgefundenen Unterrichtsgeschehen* und dessen *Möglichkeiten* in ihrer tiefgreifenden Bedeutung für die Gestaltung pädagogischer Situationen reflektiert werden kann. **518** Eine Reflexionspraxis, die sich im Auslegen von zweiperspektivischem Bildmaterial ereignet, scheint vor diesem Hintergrund besondere Potenziale anzubieten, um sich (kunst-)pädagogischer Praxis in ihren Widersprüchlichkeiten und den Schüler_innen in ihrer *Widersetzlichkeit* **519** anzunähern. Denn im Tandem aufgenommen (von einem/einer Schüler_in und einem/einer Student_in), gehen die fotografischen Bilder aus einer Interaktion hervor, bei der keiner Kameraperspektive mehr Bedeutung oder Geltung zugesprochen werden kann als der anderen. Je nach Erwartungen, Wünschen, fotografischen Darstellungsabsichten und plötzlichem Angesprochen-Werden der Fotografierenden treten in den fotografischen Bildern vielmehr *spezifische Antworten auf das Geschehen* in Erscheinung. Die fotografischen Bilder laden dazu ein, verschiedenen Interessen und damit Momenten auf die Spur zu kommen, in denen die Fotografierenden vom Unterrichtsgeschehen und den daran beteiligten Anderen berührt werden:

> »Im Interesse für etwas ist ein Zwischen ausgedrückt (inter-esse), etwas spricht uns von der Welt her an, und indem wir uns mit unseren Sinnen, unserem Vorwissen, unseren Vorerfahrungen und Erwartungen ansprechen lassen, gestalten wir das Wahrgenommene auf je eigene Weise, nehmen wir *etwas als etwas* wahr – als das eben, wie es sich uns in diesem Augenblick zeigt.« (Peterlini 2020, S. 129) **520**

Insbesondere jene Bildkombinationen, die uns auf verschiedene, unvereinbare Interessen stoßen lassen, verhindern, dass sich die Perspektive des Anderen (z. B. des/der Schüler_in) in die eigene Perspektive (z. B. des/der Student_in, Lehrperson

518 Sich jedoch mit einer derartigen Vorstellung von pädagogischer Praxis schon im Rahmen der Lehrer_innenbildung auseinanderzusetzen, scheint keineswegs voraussetzungslos zu sein. Nicht nur das »tatsächlich« Stattgefundene, sondern auch das »vielleicht« Mögliche in Reflexions- und Forschungsprozessen zu berücksichtigen, sei mit hohen Ansprüchen verbunden: »Zunächst die Einsicht oder zumindest Ahnung, dass das Gegebene nicht die einzige oder plausibelste Wirklichkeitssymbolisierung ist, ja möglicherweise kraft Evidenzbehauptung die Entdeckung anderer Wirklichkeitsaspekte gerade verhindert.« (Ott 2014, S. 12)

519 Den Begriff verwendete Meyer-Drawe in ihrem Vortrag *Der Sinn, der sich nicht sagen lässt*, gehalten am 8. Februar 2020 im Forschungskolloquium *Kunstunterricht als Forschungsatelier* (unter der Leitung von Prof. Dr. B. Engel, Prof. Dr. T. Loemke, Dr. K. Hallmann) an der Kunstakademie Münster. Auf eine nachträgliche Nachfrage per E-Mail erläuterte sie, dass der Begriff einer Übersetzung des französischen »adversité« übernommen sei (vgl. Merleau-Ponty 2003 [1951]): *Die Widersetzlichkeit der Dinge).*
Ebenfalls bezieht sich Mersch auf diesen Begriff in seinem Text *Gibt es Verstehen?*. Einerseits gebe es ein Verstehen, das versuche, jede Negation zu negieren und Unsinn, Unverständlichkeit und Widersinn auszuschließen (vgl. Mersch 2005, S. 177). Dem gegenüber stehe ein Sinn im Kontext eines Nichtsinns, ein Verstehen im Nichtverstehen (vgl. ebd.), dem eine grundlegende *Widersetzlichkeit* zugeschrieben wird: »Im ersten Fall beschreibt das Verstehen eine Leidenschaft, deren ganze Lust dem Anderen gehört, den es zu ergründen oder zu erobern gilt, im letzten Fall einen Entzug, eine Vergeblichkeit, die einer prinzipiellen Widersetzlichkeit eingedenk bleibt, um auf jeglichen Akt einer Aneignung zu verzichten.« (ebd.)

520 Der Auszug bezieht sich auf Vignetten, kann aber auch auf mein fotografisches Setting übertragen werden.

oder Hochschullehrenden) einfügt. Im Nebeneinander gleichwertiger Perspektiven und verschiedener Ansichtigkeiten geht es nicht darum, Wissen *über* Schüler_innen zu generieren, sondern Spuren, die von Erfahrungen und Wahrnehmungen der Anderen erzählen, *an* Schüler_innen – wie sie in den fotografischen Bildern in Erscheinung treten bzw. sich entziehen – zu reflektieren. Die vier Fallbildungen haben einen entsprechend disparaten Charakter. Es findet im Auslegen der fotografischen Bilder keine Fokussierung bzw. Zuspitzung auf die vermeintlich plausibelste Deutung statt, sondern es wird versucht, jene Momente, von denen die Studierenden in besonderer Weise ergriffen sind, aus verschiedenen Perspektiven zu beleuchten. Im Nebeneinanderlegen der Bilder kann nachvollziehbar werden, wie verschieden eine bestimmte Begebenheit im Unterricht wahrgenommen werden kann. Die Bildkonfigurationen regen dazu an, das fotografierte Geschehen und die darin aufscheinende Interaktion zwischen Studierenden und Schüler_innen in ihrer *Widersetzlichkeit* zu deuten, die pädagogischer Praxis unauflösbar zugrunde liegt.
Das professionsspezifische Potenzial der Bildkonfigurationen besteht aber nicht darin, dass sie einen möglichst vielfältigen Einblick in pädagogische Zusammenhänge eröffnen, sondern dass an ihnen spürbar werden kann, dass sich Unterricht in der jeweiligen Wahrnehmung und Erfahrung derjenigen konstituiert, die daran beteiligt sind. Die Bildkonfigurationen und die Widersprüche, die an ihnen verhandelbar werden, machen darauf aufmerksam, dass es *den* Unterricht nicht gibt. Sie zeigen vielmehr, dass es gleichzeitig unterschiedliche und sogar einander widersprechende Weisen gibt, das Geschehen wahrzunehmen und zu deuten.
Das Verknüpfen der verschiedenen, teils widersprüchlichen Perspektiven findet im Rahmen der Erstellung der Bildkonfigurationen statt. Bilder, die in derselben Situation entstanden sind und dennoch sehr Verschiedenes zeigen, stoßen aneinander. Im Auslegen der fotografischen Bilder auf einer Fläche können Reihen und Bildnachbarschaften entstehen, die sich einerseits durch Analogie*bildung* (vgl. Sabisch 2018c, S. 416) und andererseits durch Frakturen, Brüche und Ungereimtheiten auszeichnen (vgl. ebd., S. 413 ff.).
Eine derart ausgerichtete Bildarbeit zielt nicht auf die Herausarbeitung einer den Unterricht betreffenden »Wahrheit« *(pointing out)* **521** ab, sondern die Bildkonfigurationen werden zur Gelegenheit, mögliche Bedeutungen des Geschehens zu *(er) finden* (vgl. Agostini 2016; Peterlini 2020, S. 134). Dies führt nicht im Sinne einer Rekonstruktion zu Einsichten darüber, wie ein_e Schüler_in *ist,* sondern es können unterschiedliche Blickweisen und Antwortmöglichkeiten auf ein und dasselbe Geschehen durchgespielt und aufeinander bezogen werden. Die/der Andere und das pädagogische Geschehen treten *fraktural* in Erscheinung, indem eine Annäherung stets im Verknüpfen zweier bzw. mehrerer Perspektiven stattfindet. **522**

521 *Pointing out* meint nach Finlay (2009, S. 11) ein Ausdeuten, während dem gegenüber ein *pointing to* stehe, das vielmehr ein *Hindeuten* meint (ebd., zitiert in Peterlini 2020, S. 133).

522 Während das Bildmaterial aus zwei Kameraperspektiven hervorgeht, bettet es sich darüber hinaus in ein mehrdimensionales Reflexionsgeschehen ein, an dem zwei Personen beteiligt sind

6.4 Reflexion im Zwischen von *leiblicher Situierung* und *medialer Verfasstheit*

In den drei vorangegangenen Unterkapiteln wurden zentrale Momente einer reflexiven Bildarbeit beschrieben und professionsbezogene Begründungslinien entwickelt. Mit dem Ziel, hochschuldidaktische Orientierungen zu formulieren, sollen im folgenden Abschnitt nochmals einige Überlegungen herausgestellt werden, die quer zu den drei skizzierten Parametern liegen und insbesondere mit Blick auf die *Medialität* des vorgestellten Formates sehr wichtig erscheinen.

Die Reflexionsprozesse, die im Rahmen der vorliegenden Studie vorgeführt und diskutiert wurden, basieren auf fotografischen Bildern. Die Bilder, das konnte in den vorherigen Abschnitten gezeigt werden, sind nicht nur Gegenstand der Reflexionsprozesse, sondern das Reflektieren vollzieht sich *in* und *durch* Bilder (vgl. Waldenfels/Mersch 2015, S. 180; Sabisch 2018a, S. 55), indem die Differenz von spezifischer, *leiblicher Situierung* (im Unterricht sein) einerseits und dessen *medialer Verhasstheit* (Darstellung im fotografischen Bild) andererseits ein Grundmoment ist. Unerwartete Ereignisse im Unterricht, die rückblickend im Bildgespräch noch nachhallen, treten während der Bildarbeit in spezifischer Weise in Erscheinung. Anders gesagt: Sie gestalten sich »*durch* eine mediale Anordnung […] *als etwas Bestimmtes*« (ebd., S. 180f.). **523** Die Ereignisse, die im Bildgespräch zur Sprache kommen bzw. auf die zeigend Bezug genommen wird, gehen – mit Mersch gesprochen – aus medialen Praktiken hervor (vgl. ebd., S. 180). Dies führe zu einer »Durchgestaltung« (ebd. S. 181), die Differenzmomente, Verwandlungen und Verschiebungen enthalte (vgl. ebd.).

Vor diesem Hintergrund bieten fotografische Bilder die besondere Gelegenheit zu einem *stillgestellten Blick*. **524** Während Bewegungen, Gesten, Mimiken, Blicke im Geschehen selbst sehr flüchtig sind und eine differenzierte Wahrnehmung im Unterricht oftmals schwierig ist, befördern fotografische Bilder zwischen Unterrichtsgeschehen und Reflexionsprozess eine Zäsur, indem sie eine andere Zeitlichkeit eröffnen. Was im Augenblick der Aufnahme lediglich ein kurzer Moment gewesen ist, kann mithilfe eines fotografischen Bildes in aller Ruhe, wiederholt und in Vergrößerung betrachtet und *durch*gearbeitet werden. Fotografische Bilder tun dies – insofern ein entsprechendes Bildverständnis zugrunde gelegt wird (siehe Kap. 3) – in einem unaufhörlichen Wechselspiel von Zeigen und Nicht-Zeigen, von Bezug und Entzug, von Sichtbarem und Unsichtbarem, von Fokus und Bildrand, von Stillstellung und Verlebendigung **525** sowie eigenem und fremdem Blick.

Das Potenzial, das fotografische Bilder für Lehramtsstudierende anbieten, ist zweierlei: ihr brüchiger Zugang zur dargestellten Wirklichkeit *und* die Zeit, die sie einräumen, um sich mit diesen Brüchen und der damit verbundenen Komplexitäten auseinandersetzen zu können. Der fotografierte Körper, der Raum, die im fotografischen Rhythmus spürbar werdende Zeit stellen keine objektive Vermittlung von Informationen dar, sondern sie sind vielmehr der »Empfindungs- und Handlungsträger von Wahrnehmungen« (vgl. Westphal 2018, S. 447).

Sich im Reflektieren auf die skizzierten Verschiebungen und Paradoxien von fotografischen Bildern einzulassen, scheint insbesondere für die Anbahnung einer kunstpädagogischen Praxis von zentraler Bedeutung zu sein, in der die pathischen Qualitäten als ein produktiver und konstitutiver Teil wertgeschätzt werden. Lehrpersonen, die sich der Ambiguität des Geschehens und der Grenzen des eigenen Wissens und Wissen-Könnens (vgl. Wimmer 1996) bewusst sind, sind im Kunstunterricht notwendigerweise auf *Artefakte* als Spuren und Mittler angewiesen, mithilfe derer sie sich den Anderen (d.h. den Schüler_innen) in ihrer Unverfügbarkeit annähern. Gerade im Kunstunterricht stehen Lehrpersonen vor der Herausforderung, mithilfe von Bildern oder anderen Formen der visuellen Artikulation, leiblichem oder akustischem Ausdruck, Gesten usw. auf ästhetische, bildende Erfahrungen der Schüler_innen zu schließen.

Eine Reflexionspraxis, die sich dem Anderen *im Auslegen von Bildern* annähert, kann mit Blick auf diese Herausforderungen einen spezifischen, professionsbezogenen Beitrag leisten: Indem sich Reflexionsprozesse im Auslegen und Verknüpfen von fotografischen Bildern auf einer Fläche entwickeln, wird das Reflektieren in gewisser Weise selbst sichtbar. Im Auslegen, Betrachten und Besprechen des Bildmaterials können (unerwartete) Empfindungen spürbar werden und sich Deutungen, Vorannahmen, Erwartungen und Visionen der Reflektierenden visuell explizieren. Auf der Fläche ausgebreitet, können fotografische Bilder gemeinsam betrachtet, diskutiert und verhandelt werden (mit Hochschullehrenden, Kommiliton_innen, Lehrpersonen in der Schule). Die mediale Form ermöglicht, im Reflektieren *gemeinsam* den Verschiebungen, Zäsuren und Differenzen, die zwischen vergangenem Unterrichtsgeschehen, gegenwärtiger Bildarbeit und Imaginationen einer zukünftigen Unterrichtspraxis aufscheinen, auf die Spur zu kommen. Im Auslegen fotografischer Bilder

und mehrere Perspektiven zur Sprache kommen. Nicht nur das Bildmaterial selbst offenbart Spuren der Wahrnehmung anderer Personen und regt dazu an, deren Perspektive zu antizipieren, auch in den Gesprächen findet über die Beteiligung weiterer Gesprächspartner_innen (u.a. Hochschullehrende, Kommiliton_innen) eine Auseinandersetzung mit mehr als zwei Perspektiven statt.

523 Es handelt sich um ein Gespräch zwischen Mersch und Waldenfels. Das Zitat ist einem Redebeitrag von Mersch entnommen.

524 Schürmann spricht mit Agamben vom Foto als eine »Zeit, die bleibt« (Schürmann 2013, S. 28).

525 Eva Schürmann (2013) spricht von »Mortifikation« und »Vivikation«: Mortifikation insofern, als dass etwas zuvor Lebendiges im Bild stillgestellt werde und Vivikation, indem etwas erst im fotografischen Bild selbst zur Erscheinung gebracht werden könne. Auch Walter Benjamin bemerkte im *Passagen-Werk,* dass das Besondere des fotografischen Bildes darin bestehe, das Gewesene blitzhaft mit dem Jetzt der Betrachtung in eine Konstellation treten zu lassen (*Passagen-Werk*, Bd. V.1, S. 578) und, wie Agamben betont, eine Zeit hervorzubringen, *die bleibt* (Agamben 2006, S. 38). »Bleibendes und Vergehendes«, »Versteinerung und Verlebendigung« gehen eine chiastische Verbindung ein (vgl. Schürmann 2013, S. 28). Fotografische Bilder konfrontieren auf verschiedenen Ebenen mit unauflösbaren Widersprüchen, indem sie das Abwesende in die Anwesenheit holen, das Tote verlebendigen, das Ungleichzeitige gleichzeitig und das Ungreifbare greifbarer machen (vgl. ebd., S. 20). Diese Paradoxien und die dem Fotografischen dadurch eigentümliche Opazität tragen wesentlich dazu bei, dass fotografische Bilder bestechen, berühren, irritieren können. Diese Zeitlichkeit des fotografischen Bildes, die beunruhigen und mitunter verletzen kann, ist es, die auch Barthes bezüglich des *punctums* beschäftigt (siehe dazu auch Kap. 4, S. 204–208).

lässt sich insofern eine *Spurenlese* einüben, wie sie auch im Kunstunterricht als Teil einer responsiven, pädagogischen Praxis nötig ist.

6.5 Hochschuldidaktische Schnittstellen und Varianten des Formates

Während das hier vorgestellte Format zur bildgestützten Reflexion Teil einer Forschungsarbeit ist, die ich in der Doppelrolle der forschenden Hochschullehrenden durchgeführt habe, stellt sich über das Forschungsprojekt hinausgehend die Frage, wie ein solches Format in die (künstlerische) Lehrer_innenbildung eingebunden werden kann. Dabei gilt es zu berücksichtigen, dass das vorliegende Format im Rahmen der künstlerischen Lehrer_innenbildung an einer Kunstakademie entwickelt, erprobt und theoriegebunden reflektiert wurde. Hinsichtlich der Übertragbarkeit auf andere institutionelle Kontexte und Fächer muss stets im Hinterkopf behalten werden, dass damit auch unterschiedliche Ausbildungskonzeptionen, Bildungs- sowie Forschungsverständnisse und Erfahrungshintergründe seitens der Studierenden und Lehrenden verbunden sind. **526** Insofern bieten die folgenden Überlegungen *Anregungen,* an welchen Stellen das dargelegte Reflexionsformat adaptiert und modifiziert werden kann.
Dass das vorliegende Format, obgleich auf dem Feld der Kunstdidaktik entwickelt, für andere Fachdidaktiken produktiv sein kann, begründet sich aktuell vor dem Hintergrund einer zunehmend an Bedeutung gewinnenden *Forschungsorientierung* in der Lehrer_innenbildung **527** und einem damit verbundenen Bedarf, pädagogische Praxis und Unterrichtserfahrungen mit Studierenden differenzierter zu reflektieren. Der Kunstpädagogik kommt in diesem Feld eine Schlüsselrolle zu, indem sie an einem Forschungsverständnis im Übergang zur künstlerischen Praxis interessiert ist, das sich in besonderer Weise mit dem pädagogischen Paradigma der Unverfügbarkeit verknüpft zeigt und das dabei sehr genau mögliche Bedeutungen des Medialen ausleuchtet. Es gehe in einem Forschungsverständnis im Übergang zur künstlerischen Praxis weniger um ein verallgemeinerbares und kontextunabhängiges Wissen, als vielmehr um den Versuch einer »reflexiven Bezweiflung des Selbstverständlichen« (Peters 2006) und um die »Ausbildung von Reflexionsfähigkeit in Bezug auf die Unbestimmbarkeit und Unvorhersehbarkeit des eigenen (Unter-

526 Sehr präzise werden diese institutionellen Differenzen von Ruth Kunz nachgezeichnet. Sie beschreibt, wie sich Pädagogische Hochschulen, Universitäten und Kunsthochschulen in der Schweiz in ihrem Forschungsverständnis voneinander unterscheiden (vgl. Kunz 2019b, S. 243 ff.).
527 Wie divers das Konzept des *Forschenden Lernens* ausgelegt wird, wird sehr ausführlich von Maria Peters dargestellt (vgl. Peters 2019c, S. 103 ff.). In der Zusammenschau verschiedenster Ansätze wird deutlich, dass aktuell sehr unterschiedliche Vorstellungen von Forschung an Studierende herangetragen und Lehrformaten zugrunde gelegt werden. Während einige Erziehungswissenschaftler_innen dafür plädieren, sich an den Paradigmen und den Vorgängen sowie Methoden *qualitativer Forschungsprozesse* zu orientieren (z. B. Huber), sprechen sich andere für ein Forschendes Lernen im Sinne einer *Praxisforschung* aus (z. B. Altrichter/Soukup-Altrichter), wiederum andere betonen, dass es in erster Linie um eine langsam sich entwickelnde *forschende Haltung* (z. B. Fichten/Meyer) gehe.

richts-)Handelns.« (Peters 2019a, S. 140) **528** Forschendes Lernen bzw. Forschendes Studieren im künstlerischen Feld zeichne sich dadurch aus, das Intuitive und das Nicht-Diskursive einzuschließen (vgl. Kunz 2019b, S. 247). Erst im Antworten auf das, *was sich zeigt,* forme sich allmählich ein Interesse, eine Frage, ein Gegenstand. Dabei verschwinde das sinnlich präsente Material nicht hinter der Erkenntnis, sondern das Erkannte oder Verstandene manifestiere sich *im* Material (vgl. ebd.).

Das Reflektieren im Auslegen von fotografischen Bildern auf einer Fläche schließt an ein derartiges Verständnis vom *forschenden Studierenden* an, indem das Reflektieren in unerwarteten Momenten der Affizierung einsetzt, sich im Auslegen und Verknüpfen von Bildkonfigurationen innerhalb verschiedener Zeitlichkeiten sukzessiv entfaltet und auf das Aufspüren mehrstimmiger Deutungen abzielt. Es entwickeln sich dabei Bildverknüpfungen, die als Spuren der Wahrnehmung zu den Fotografierenden sowie Fotografierten und zum pädagogischen Geschehen führen. Obwohl den genannten Aspekten eine grundlegende Bedeutung für die Gestaltung und Begleitung von bildgestützten Reflexionsprozessen zukommt, bleibt damit dennoch weitgehend offen, wie das Setting in anderen hochschuldidaktischen Kontexten zur Anwendung kommen kann. Um mögliche Anwendungsperspektiven herausarbeiten zu können, bietet es sich an, die nicht immer trennscharfen Übergänge zwischen Forschungsprozess einerseits und Reflexionsprozess andererseits genauer zu betrachten: **529** Es gilt zu differenzieren, welche Schritte, welche Ausführlichkeit in der schriftlichen und visuellen Ausarbeitung der jeweiligen Bildkonfigurationen im Rahmen der empirischen Studie möglich und insbesondere auch nötig gewesen sind, um bildgestützte Reflexionsprozesse grundlagentheoretisch beforschen zu können, und welche Schritte im Umgang mit dem Bildmaterial dagegen unmittelbar relevant für das Reflektieren von Studierenden sind.Vor diesem Hintergrund können bestimmte Entscheidungen, die im Laufe des Forschungsprozesses auf der Grundlage des Forschungsanliegens und unter Berücksichtigung der gegebenen institutionellen Umstände **530** getroffen wurden, als *begründete Setzungen* nochmals ins Blickfeld rücken. Daran anknüpfend lassen sich mögliche Modifikationen skizzieren.

528 Prägnant stellt Peters aus Sicht der Kunstpädagogik und in Abgrenzung zu einer pädagogischen Perspektive heraus, worin die Spezifik eines Forschungsverständnisses liege, das sich auf das Unverfügbare und Unbestimmte einzulassen versuche: »Während Wolfgang Fichten im Forschenden Lernen die Ausbildung einer reflexiven Grundhaltung zur *Erleichterung* des Umgangs mit Unsicherheit (im Sinne einer Minimierung) beschreibt (vgl. Fichten 2010, S. 136 f.), wird im Forschenden Studierenden sowie im späteren Berufsalltag der Kunstlehrer*innen die Erfahrung von *Unsicherheit* im Moment des *Unverfügbaren* als absolut notwendig und produktiv erachtet. Ja mehr noch, sie ist *konstitutiv für eine forschungs- und vermittlungsbezogene Selbst- und Fremderfahrung* in der Auseinandersetzung mit Kunst (vgl. Sabisch 2013).« (Peters 2019a, S. 142)

529 Dass hier Unschärfen zwischen Forschungsprozess und Reflexionsprozess entstehen, hängt mit dem Gegenstand des Forschungsprojektes zusammen. Im Laufe der Forschung wurden Bildkonfigurationen erstellt, um bildgestützte Reflexionsprozesse erproben und schließlich methodisch diskutieren zu können. Dabei entstehen zwangsläufig Überlappungen, indem aus Forschungsmethoden potenziell auch Methoden für eine bildgestützte Reflexion hervorgehen.

530 Zu den Rahmenbedingungen siehe Kapitel 4: Beschreibung des kunstpädagogischen Projektes (S. 176–178), Beschreibung der Erfahrungshintergründe der teilnehmenden Studierenden (S. 248), Charakterisierung meiner Rolle im Zwischen von Forschung und Lehre (S. 163–167).

Konzeption des fotografischen Settings Die fotografischen Aufträge, auf deren Grundlage das verwendete Bildmaterial entstanden ist, wurden für ein spezielles kunstpädagogisches Projekt entwickelt. **531** Das Projekt zeichnete sich schon auf der konzeptuellen Ebene durch weitläufige Bewegung in unterschiedlichen Innen- und Außenräumen aus. Schüler_innen waren eingeladen, den Stadtraum gestalterisch zu erkunden und in einem leerstehenden Bürogebäude zu arbeiten. Es bestanden vielfältige Möglichkeiten, sich als Schüler_in einen eigenen Ort zu suchen. Diese Bedingungen waren grundlegend für die Konzeption des fotografischen Settings, in welchem jeweils ein_e Schüler_in und ein_e Student_in während einzelner Projekteinheiten im Tandem fotografierten. **532** Sich im Raum bewegen zu können, aus dem Blickfeld der Kamera verschwinden zu können, sich in den Hintergrund zurückziehen zu können, bildete die Voraussetzung für eine vertrauensvolle fotografische Interaktion. Damit die Kamera nicht zu einem Instrument wird, das ungleichen Macht- und Blickverhältnissen Vorschub leistet, war es wichtig, dass das zeitgleiche Fotografieren potenziell von den Akteur_innen gestört oder sogar aufgelöst werden kann.

Da im Unterricht nicht immer die Möglichkeit oder das didaktische Anliegen besteht, sich derart im Raum zu bewegen, ist es wichtig, über Varianten des fotografischen Settings und über fotografische Aufträge nachzudenken, durch die auf andere Weise Zweiperspektivität erzeugt werden kann.

So ließe sich beispielsweise über eine andere Zusammensetzung der fotografischen Tandems nachdenken. Die Vertrautheit, die Schüler_innen als Peers beispielsweise teilen, könnte produktiv sein, um auch unter alltäglichen Unterrichtsbedingungen ein zweiperspektivisches Blickgeschehen ins Bild zu setzen **533** – und dabei die Gefahr möglichst gering zu halten, im Fotografieren ein problematisches Machtgefälle zu produzieren. **534** Diese Bildspuren, aufgenommen von zwei zeitgleich fotografierenden Schüler_innen, könnten durch die Perspektive von beteilig-

531 Das Projekt *(SCHALTER!)* wird im 4. Kapitel ausführlich dargestellt (S. 176–181).

532 Die fotografischen Aufträge werden in Kapitel 4 dargestellt und begründet (S. 180 ff.).

533 Studien, die zeigen, dass fotografierende Peers vergleichsweise wenig in pädagogische Situationen eingreifen, wurden beispielsweise von Jörg Grütjen (2013) und Ulrike Stutz (2006) vorgelegt.

534 Ein prozessbegleitendes Fotografieren kann auch im Regelunterricht ergiebig und aufschlussreich sein. Denn auch im schulischen Kunstunterricht finden immer wieder Erkundungen im Schulraum, im Klassenraum oder auf dem Schulgelände statt. Und auch wenn dies nicht der Fall ist und der Unterricht wenig Bewegungsspielräume zur Verfügung stellt, kann es sinnvoll sein, unterrichtsbegleitend zu fotografieren: Für Schüler_innen bietet es – unabhängig von den (Un-)Möglichkeiten zur Bewegung – das Potenzial, im Fotografieren eine Reflexionspraxis entwickeln zu können, die an ihren medialen Alltagserfahrungen anknüpft und sie auf Wahrnehmungsereignisse und ästhetische Erfahrungen stoßen lässt, die für sie selbst bedeutsam sind. Während Studierende bzw. Lehrpersonen die Fotografien verwenden können, um jenen Momenten im Unterrichtsgeschehen genauer auf die Spur zu kommen, die sie als unerwartet erlebt haben und die sich aufgrund ihrer Flüchtigkeit einer eingehenden Betrachtung tendenziell entziehen, können die Schüler_innen selbst ihre Fotos wiederum verwenden, um eigenen Interessen, Fragen und Anliegen gewahr zu werden. Fotografische Bilder können didaktisch beispielsweise in prozessbegleitenden Portfolios einen eigenen Ort bekommen (beispielsweise im KEPP – Künstlerisch-Experimentelles Prozessportfolio, vgl. Inthoff 2019).

ten Studierenden ergänzt werden, indem sich diese erinnernd **535** oder über kurze, dichte Beschreibungen affizierender Begebenheiten im Unterrichtsgeschehen **536** zu den Schüler_innenbildern ins Verhältnis setzen: *Was gerät in den Blick von zwei zeitgleich fotografierenden Schüler_innen und was tritt seitens der Studierenden erinnernd bzw. im Zuge einer ›miterfahrenden Erfahrung‹ in Erscheinung? Welche Verknüpfungen zwischen Text und Fotografien scheinen auf, welche Differenzen treten hervor?*

Auch diese Variante fordert Studierende dazu heraus, von der eigenen Wahrnehmung ausgehend, zwei verschiedene fotografische Blickweisen in Beziehung zu setzen. Vielsagende Differenzen, die auf die unterschiedlichen Wahrnehmungsweisen von Schüler_innen und Studierenden verweisen, können in Erscheinung treten. **537** Eine methodische Systematik, wie sich eine Verknüpfung zwischen Erinnerungsbildern bzw. Vignetten und fotografischen Bildern (ggf. auch auf der Fläche) gestalten lässt, müsste noch entwickelt werden.

Vor-/Aufbereitung des Bildmaterials Im Rahmen der Studie hat sich gezeigt, dass eine differenzierte Reflexion der pathischen Seiten pädagogischer Prozesse auf eine sorgfältige Auseinandersetzung mit den fotografischen Bildern angewiesen ist. Damit Studierende (und begleitende Hochschullehrende) einen Zugang zu dem komplexen Bildmaterial finden und die Bilder des fotografierenden Tandems in Beziehung zueinander setzen zu können, sind vorbereitende Schritte im Umgang mit dem großen Bildkorpus sinnvoll.

Im Rahmen der Studie wurde zunächst mit *Kontaktabzügen* gearbeitet, die jeweils die Bildsequenzen beider Kameras in ihrer chronologischen Reihenfolge präsentieren. **538** Zudem wurden bestimmte Metadaten ausgelesen (Aufnahmezeiten, Brennweiten), um das gesamte Bildmaterial, das im Tandem während einer Projekteinheit entstanden ist, in seiner *zeitlichen und räumlichen Relation* ordnen zu können. **539**

535 Eine methodische Systematik bietet dazu das Erinnerungsbild an (siehe ausführlich in ← Kapitel 2, S. 88–99).

536 Konkrete Anregungen hierfür bieten phänomenologisch orientierte Vignetten an (siehe dazu ← Kapitel 2, S. 99–110).

537 Ein aktuelles Promotionsvorhaben, in dem eine an Erinnerungsbildern angelehnte Methode angewendet wird und die zum Teil auch auf Fotografien von Schüler_innen zurückgreift, wird von Jana Röther an der Kunstakademie Münster entwickelt. Jana Röther ist Kunstlehrer_in und beforscht aus der Perspektive der Praktikerin ästhetische Bildungsprozesse im Kunstunterricht. Als Lehrperson verfasst sie kurze Textpassagen zu prägnanten Momenten im Unterricht, die in besonderer Weise auch nach dem Unterricht noch nachhallen und in denen sich Spuren ästhetischer Erfahrungen schülerseits andeuten. Diese Momente setzt sie sowohl bei der Erstellung als auch der Auswertung der Texte in Beziehung zu Fotografien, die in denselben Situationen von Schüler_innen aufgenommen wurden (sofern vorhanden). Arbeitstitel: *Aufspüren von Schlüsselmomenten Ästhetischer Bildung – Hermeneutisch, phänomenologisch geprägte Betrachtung von wahrnehmenden Annäherungen an im Unterricht spürbar werdende ästhetische Bildungsprozesse* (Betreuung: Prof. Dr. B. Engel, Kunstakademie Münster).

538 Die Kontaktabzüge wurden mit dem Programm *Adobe Bridge* erstellt. In ihrer Chronologie lassen sich Bilder auch über den Browser darstellen. Bridge bietet den Vorteil, die Skalierung der Bilder zu verändern, die Anzahl der Bilder pro Kontaktbogen zu bestimmen und bestimmte Metadaten als Bildunterschriften aufzunehmen.

539 Hierfür wurde auf das Programm Adobe In-

Diese Daten führten darüber hinaus zu *Grafiken* (z.B. Timeline), **540** die einerseits Überblick über die Sequenzialität und Synchronizität der Bildspuren Aufschluss gaben, und durch die andererseits die Aufmerksamkeit für bestimmte (auch visuell unauffällige) Aufnahmen geweckt werden konnte, die sonst weitgehend unbemerkt geblieben wären und vielmehr in ihrem zeitlichen Bezug zum restlichen Bildmaterial hervorstachen. **541**

Die Vorbereitung des Bildmaterials, wie sie im Rahmen der vorliegenden Studie durchgeführt wurde, fiel sehr umfangreich aus. **542** Da ich als Forscherin nicht diejenige gewesen bin, die die Fotografien aufgenommen hat und es insofern fremde Bilder gewesen sind, die ausgelegt und verknüpft werden mussten, musste das Bildmaterial zuvor in seiner Chronologie und Synchronizität detailliert aufgearbeitet werden. Studierende, die mit ihrem eigenen Bildmaterial arbeiten, das sie im Tandem mit Schüler_innen aufgenommen haben, können auf die Erinnerung an den fotografischen Prozess und die fotografierte Situation zurückgreifen.
Während ich mich in dem gänzlich fremden Material zunächst orientieren musste, können Studierende angesichts der eigenen Bilder schneller die in den Bildern dokumentierten Raumwechsel, Bewegungen der Fotografierenden, nur bedingt sichtbaren Rhythmen und Frequenzen vergegenwärtigen. Vor dem Hintergrund der eigenen Erinnerung wäre es daher möglich, *ausschnitthafter* vorzugehen und insbesondere jene Ausschnitte aus dem Bildmaterial differenziert aufzuarbeiten, von denen die Studierenden besonders angesprochen werden.

Design zurückgegriffen. Eine kostenlose Alternative stellt die App *PureRef* dar (www.pureref.com, 29.09.20). Eine Rezension der App findet sich in den BDK-Mitteilungen 03/2020: Spielmann, R.: *›PureRef‹ – Ein virtueller Desktop zum Anordnen, Skalieren und Verschieben von Bildern. Software-Empfehlung für die Corona-Zeit und darüber hinaus*, S. 12 f.

540 Die grafische Arbeit mit den Bildern wird in ← Kap. 4 dargelegt (S. 225–227). Grafiken tauchen nicht nur im Rahmen der vier Fallbildungen auf, sie durchziehen die gesamte Forschungsarbeit und strukturieren die Arbeit mit dem Bildmaterial.

541 Bilder beispielsweise, die – im Vergleich zum restlichen Bildmaterial – besonders hochfrequent aufgenommen wurden oder während einer Phase entstanden sind, in der bemerkenswert wenig fotografiert wurde.

542 Der gesamte Bildkorpus, der während einer Projekteinheit im Tandem fotografiert worden ist, wurde im Zuge der Erstellung der vier Bildkonfigurationen grafisch in Timelines übersetzt und in seiner Chronologie und Synchronizität ausgelegt. Das Auslesen der Aufnahmezeitpunkte und das zeitliche Zuordnen der Schüler_innen- und Studierendenbilder ist sehr aufwändig und musste in InDesign händisch vorgenommen werden. Dies ist insbesondere deshalb aufwändig, weil die Zeiteinstellung zweier Kameras nicht sekundengenau synchron eingestellt werden kann. Die zeitliche Differenz zwischen den Aufnahmen muss daher anhand eines synchron aufgenommenen Bildpaares ausgerechnet und auf alle anderen Bilder übertragen werden. Wie im Film die Klappe Bild und Ton synchronisiert, wurden zu Beginn der jeweiligen Projekteinheiten (unmittelbar bevor das Fotografieren begann) beide Kameras synchron ausgelöst – eine Kamera in der linken Hand, eine Kamera in der rechten Hand. Dieses Bildpaar wurde verwendet, um die zeitliche Differenz zwischen den zwei Kameras zu bestimmen.

Bildkonfiguration und Textproduktion Die vier Bildkonfigurationen setzen sich im Rahmen der vorliegenden Forschungsarbeit nicht nur aus den fotografischen Bildern zusammen, sondern sie enthalten auch *umfangreiche Textbausteine* (Bildbeschreibungen, Beschreibungen der Bildzwischenräume und Bildübergänge, Deutungen der Schüler_innen- und Studierendenbilder sowie deren Verknüpfung). Dass im Rahmen der Forschungsarbeit eine schriftliche Ausführlichkeit notwendig ist, hängt nicht nur mit der Nachvollziehbarkeit und Kommunikation von Forschungsprozessen und -ergebnissen zusammen, sondern auch mit dem Umstand, dass das Auslegen und Verknüpfen der fotografischen Bilder selbst Forschungsgegenstand ist. Um differenzierte Einblicke in das Auslegen und Verknüpfen von fotografischen Bildern erlangen zu können, mussten diese Prozesse dem forschenden Blick zuallererst zugänglich werden. Dies ist in Zusammenarbeit mit Studierenden nicht zwingend erforderlich, zumindest nicht in der hier durchgeführten Detailliertheit. Vorstellbar sind auch weniger umfangreiche Formen der Textproduktion: z.B. Formen, in denen Bildkonfigurationen durch Notate und handschriftliche Markierungen ergänzt werden. **543**

Anzahl der Bildkonfiguration Die empirische Studie umfasst vier Bildkonfigurationen, um möglichst differenzierte Einblicke darüber zu erlangen, wie fotografische Bilder eine reflexive Bezugnahme auf das erlebte Geschehen anstoßen, welche Auslegeprozeduren und Bildverknüpfungen sich im Umgang mit dem Bildmaterial entwickeln können und welche Tragweite die pädagogischen Fragen und Themen entfalten. Hierfür braucht es mehrere Fallbildungen, in deren Vergleich methodische Implikationen hervortreten können. **544** Da die Reflexionsprozesse der Studierenden – anders als der dargelegte Forschungsprozess – nicht auf die Beforschung der Bildarbeit abzielen, sondern sich um die Annäherung an die pathischen Seiten des Unterrichtsgeschehens und um das Handeln der begleiteten Schüler_innen drehen, stellt die Anzahl der Konfigurationen kein Gütekriterium und für sich stehend keine Voraussetzung für einen angemessenen Differenzierungsgrad studentischer Reflexionsprozesse dar. Es ist stattdessen sinnvoll, die *Anzahl der Bildkonfigurationen* an dem Reflexionsbedürfnis der Studierenden auszurichten. Im Vergleich der vier entwickelten Bildkonfigurationen wurde deutlich, dass jede Bildkonfiguration für sich stehend zu grundlegenden (kunst-)pädagogischen Fragen führen und damit einen inhaltlich weitreichenden Horizont aufspannen kann, der sich einerseits auf die fotografische Interaktion bezieht und gleichzeitig über die Spezifik der darge-

543 Eine künstlerische Arbeit, in der Bilder durch wahrnehmungsbezogene Notate ergänzt werden, und die sehr anregend ist, um über Formen der Bild-Text-Verknüpfung nachzudenken, findet sich in dem Werk des Künstlers Rémy Zaugg. In Anlehnung an Zaugg haben Gunter Otto und Maria Peters im kunstpädagogischen Feld ein (hoch-)schuldidaktisches Konzept entwickelt, in dem Wahrnehmungen, Deutungen und Assoziationen unmittelbar auf Bilder geschrieben werden. Sie lehnen sich damit an Ottos Perceptbildung an. Die Methode beschreibt und reflektiert Peters ausführlich in ihrem Text *Sprache in der Kunstpädagogik* (vgl. 2016, S. 299–301).

544 Siehe die Querverbindungen am Ende des 5. Kapitels (S. 359–392).

stellten Situation hinausreicht. So kann es sicher auch produktiv sein, wenn sich Studierende lediglich an einer einzelnen Bildkonfiguration abarbeiten, in deren Mittelpunkt eine für sie besonders dringliche Fragestellung steht.

Kommunikative Rahmung Fotografieren im pädagogischen Geschehen kann an sich schon als eine reflexive Geste verstanden werden (vgl. Winderlich 2010), denn mit jeder Aufnahme müssen sich Fotografierende im Raum und im Verhältnis zu fotografierten Schüler_innen neu positionieren, müssen Nähe-Distanz-Verhältnisse abgewogen und verändert werden. Fotografische Bilder, bemerkt Flusser, gehen aus einem unaufhörlichen Zweifel des Fotografierenden hervor. **545** In besonderer Weise gilt dies für ein Szenario, in dem zwei Personen gleichzeitig im Unterricht aufeinander bezogen fotografieren. Um die Reflexivität des Fotografierens und der fotografischen Bilder für Reflexionsprozesse von Studierenden produktiv machen zu können, braucht es Gelegenheiten, um sich rückblickend tiefergehend mit der eigenen fotografischen Wahrnehmung und den entstandenen Bildern beschäftigen zu können. Um zwischen erinnerten Wahrnehmungsereignissen und fotografischen Bildern auf jene Momente aufmerksam werden zu können, in denen sich das Unerwartete und der Andere in seiner Fremdheit zeigen, wurden im Rahmen der vorliegenden Studie *Bildgespräche* geführt. **546** Die Studierenden betrachteten gemeinsam mit mir, d. h. zu zweit, die im Unterricht entstandenen Bilder. Obgleich ich mich in der Rolle der Forschenden versuchte zurückzuhalten, wurde ich von dem Bildmaterial gleichsam affiziert und zum Zeigen, Nachfragen und Anmerken angeregt. Die Bilder, ausgebreitet auf dem Tisch und vor uns liegend, involvierten nicht nur die Studierenden, sondern auch mich als Gesprächspartnerin. Im Antworten auf das Bildmaterial entwickelten sich erste Bildverknüpfungen und ein Austausch über das stattgefundene Unterrichtsgeschehen. Für den Forschungsprozess haben sich die Einzelgespräche als fruchtbar erwiesen, da durch die wenigen Gesprächsteilnehmer_innen gut jene Momente im Gespräch herausgearbeitet werden konnten, von denen die Studierenden sich affiziert zeigten. Es gab genug Raum, d. h. Pausen, Unterbrechungen, Herumblättern in den Kontaktbögen, um von den Bildern angesprochen zu werden und bedeutsam erscheinende Spuren zum erlebten Geschehen verfolgen zu können.

Außerhalb des Forschungskontextes können solche Bildgespräche auch in (Klein-) Gruppen geführt und in Seminare integriert werden. Dabei ist entscheidend, wie Erinnerung, fotografische Bilder und pädagogische Imagination verknüpft werden. Unabhängig von der Anzahl der Gesprächsteilnehmer_innen bedürfen Bildgesprä-

545 Flusser beschreibt diesen Zweifel des Fotografierenden detailliert und charakterisiert davon ausgehend das Fotografieren als eine reflexive Geste (vgl. auch Wiesing 2010). Dieser Gedanke wird ausführlicher in Kap. 3 dargelegt (S. 145–149).

546 Die Konzeption dieser Gespräche wird im 4. Kapitel erläutert (S. 190–197). Im 5. Kapitel bilden Auszüge aus einem Gespräch jeweils den Ausgangspunkt der vier Fallbildungen und damit auch der Bildkonfigurationen.

che einer Rahmung, die Gelegenheit bietet, angesichts der Bilder *innezuhalten* (vgl. Engel 2011; Loemke 2018), um mit dem Blick an etwas (Unscheinbarem) hängen zu bleiben. **547** Gerade selbst aufgenommene Bilder können intim sein, indem sie nicht nur das fotografierte Geschehen zeigen, sondern gleichsam auch etwas von der fotografierenden Person selbst zur Anschauung bringen. In den Bildgesprächen, die ich mit den Studierenden führte, konnte eine vertraute Atmosphäre entstehen, weil wir zu zweit die Bilder betrachtet haben und ich mich dabei als interessierte *Mitsehende* und *Mitreflektierende* involvieren ließ. Im Seminarkontext können diese Überlegungen einfließen, indem bewusst Gesprächssettings zur gemeinsamen Bildbetrachtung entwickelt werden, die Nähe fördern und Lust bereiten, sich den Anderen zu zeigen. In Peer-to-Peer-Konstellationen, in Tandems oder kleinen Gruppen können derartige *Betrachter_innengemeinschaften* entstehen.

6.6 Ausblick und weiterer Forschungsbedarf

Auf der Grundlage fotografischer Bilder, die von zwei Personen im Tandem während des Unterrichts aufgenommen werden, konnten im Rahmen der vorliegenden Studie Reflexionsprozesse als *responsive Praxis* erprobt werden, die sich im Antworten der Studierenden auf die Anderen entfalten: die begleiteten Schüler_innen, die mitreflektierenden Hochschullehrenden und die fotografischen Bilder. Eine derart ausgerichtete Reflexionspraxis basiert auf medialen Übersetzungen und Differenzerfahrungen, die im Zwischenraum von gezeigtem und zeigendem Leib, Fotografiertem und Nicht-Fotografiertem, Vorder- und Hintergrund, Erinnerung und Bild, spontanem Schnappschuss und inszenierter Darstellung, zwischen Sequenzialität beim Fotografieren und zeitlichen Vor- und Rückbezügen beim Auslegen des Bildmaterials entstehen.
Um diese Zusammenhänge in ihrer Bedeutung für pädagogische Professionalisierungsprozesse differenzierter beforschen zu können, bietet es sich an, die *Bildgespräche als Ort dieser Differenzerfahrungen* genauer in den Blick zu nehmen. In den mehrdimensionalen Transkriptionen deutete sich an, dass das *Zeigen auf Bilder* und *Gesten der Bildverknüpfung* auf ganz eigene Weise dazu beitragen, nicht-sprachliche, leibliche und raumbezogene Facetten der (Unterrichts-)Erfahrungen zum Ausdruck zu bringen. Nicht nur redend, sondern auch zeigend können Bilder und damit auch Spuren des Anderen in die Aufmerksamkeit geraten. Kaum merkliche Widersprüche und Ungereimtheiten, die sich zwischen dem Zeigen und Reden entwickeln, können – sofern sie bemerkt und thematisiert werden – vielfältige Anlässe bieten, um eine Reflexionspraxis anzuregen, die auch den präreflexiven

547 Die durchgeführten Gespräche waren in einem Dreischritt choreografiert: Zunächst wurden die Studierenden eingeladen, erinnernd von ihren Projekterfahrungen zu erzählen (I), anschließend wurden ihre eigenen Bilder auf den Tisch gelegt (II), um daran anknüpfend die fotografischen Bilder der Schüler_innen einzubeziehen (III). Der Aufbau der Bildgespräche wird ausführlicher in Kap. 4, S. 193 ff. dargestellt. ←

Anteilen im Verstehen pädagogischer Prozesse Rechnung trägt. Sich diesen performativen Dimensionen zu widmen, verspricht ein tieferes Verständnis für die Bedeutung des *Bildlichen für (kunst-)pädagogische Reflexionsprozesse*. Hier ließe sich ein Beitrag zu einem Bildungsverständnis leisten, das sich nicht mehr nur sprachtheoretisch legitimiert, sondern das von der Medialität her gedacht wird.

Das Verständnis von Reflexion, wie es in der Studie entwickelt wird, ist auf die Begegnung mit Schüler_innen und ein wechselseitiges Antworten angewiesen. Die fotografische Bezugnahme auf die gemeinsame Unterrichtssituation führt zu Bildmaterial, das in seiner Zweiperspektivität per se Kontroversen, Widersprüche und Verschiebungen wahrnehmbar macht, die im Unterricht möglicherweise wirksam gewesen sind. Im Rahmen der vorliegenden Studie wurden die Bilder im Tandem aufgenommen; die sich daran anschließenden Reflexionsprozesse der Studierenden spielten sich jedoch ohne eine weitere Involvierung der fotografierenden Schüler_innen ab. Inwiefern es für Studierende fruchtbar sein kann, mit den Schüler_innen über das Fotografieren hinaus in einen Austausch zu treten, konnte im Rahmen der vorliegenden Forschungsarbeit nicht in den Blick genommen werden. Es bietet sich an, dieser Spur einer relationalen Reflexionspraxis in der (künstlerischen) Lehrer_innenbildung, in der Schüler_innen als *fotografierende Mitreflektierende* involviert werden, im Rahmen eines vertiefenden Forschungsprojekts nachzugehen. Hier ließe sich an dem Anliegen der vorliegenden Studie anknüpfen, (kunst-)pädagogische Reflexion als einen relationalen Prozess zu kultivieren, der Lehramtsstudierende dazu anstiftet, Schüler_innen in ihrer Unverfügbarkeit zu begegnen und den pathischen Qualitäten pädagogischer Prozesse besondere Aufmerksamkeit zu schenken. Es könnte vertiefend an einer Reflexionspraxis gearbeitet werden, die nicht nur Potenziale für studentische Professionalisierungsprozesse bietet, sondern die auch schülerseits eine Reflexion ästhetischer und bildender Erfahrungen befördert und derart zu einer reflexiven Unterrichtskultur beiträgt.

— LITERATURVERZEICHNIS

A

Aden, M./Peters, M. (2011): ›Standart‹ – Möglichkeiten, Grenzen und die produktive Erweiterung kompetenzorientierter Standards in performativen Prozessen der Kunstpädagogik, Hamburg: Univers. Press. (Reihe: Kunstpädagogische Positionen, Bd. 11).

Affentranger, F. (2019): Mit den Händen denken. Zur Bedeutung der haitischen Wahrnehmung in plastischen Gestaltungsprozessen, in: Kunz, R./ Peters, M. (Hg.): Der professionalisierte Blick. Forschendes Studieren in der Kunstpädagogik, München: kopaed, S. 620–635.

Agamben, G. (2006): Die Zeit, die bleibt. Kommentar zum Römerbrief, Frankfurt a.M.: Suhrkamp Verlag.

Agostini, E. (2020a): Aisthesis – Pathos – Ethos. Möglichkeitsräume pädagogischer Achtsamkeit und Zuwendung, in: Engel, B./Loemke, T./Böhme, K./Agostini, E./Bube, A. (Hg.): Im Wahrnehmen Beziehungs- und Erkenntnisräume öffnen. Ästhetische Wahrnehmung in Kunst, Bildung, Forschung, München: kopaed. S. 139–155. (Reihe: Didaktische Logiken des Unbestimmten, Bd. 4).

Agostini, E. (2020b): Lernen ›am Fall‹ versus Lernen ›am Beispiel‹. Oder: Zur Bedeutung der pathischen Struktur ästhetischer Wahrnehmung für die Narration von phänomenologisch orientierten Vignetten, in: Peterlini, H. K./Cennamo, I./ Donlic, J. (Hg.): Wahrnehmung als pädagogische Übung. Theoretische und praxisorientierte Auslotungen der phänomenologisch orientierten Bildungsforschung, Innsbruck/Wien/Bozen: StudienVerlag, S. 153–178. (Reihe: Erfahrungsorientierte Bildungsforschung, Bd. 7).

Agostini, E. (2017): Lernen, neu und anders wahrzunehmen. Vignetten und Lektüren – Möglichkeiten professionsbezogener (ästhetischer) Bildung?, in: Ammann, T./Westfall-Greiter, T./Schratz, M. (Hg.): *Erfahrungen deuten – Deutungen erfahren: Vignettes and Anecdotes as Research, Evaluation and Mentoring Tool,* Innsbruck: Studien-Verlag.

Agostini, E. (2016a): Lernen im Spannungsfeld von Finden und Erfinden. Zur schöpferischen Genese von Sinn im Vollzug der Erfahrung, Paderborn: Schöningh Verlag.

Agostini, E. (2016b): Blicke auf Erfahrungsvollzüge des Lernens im Spannungsfeld von Phänomenologie und Pädagogik, in: Rödel, S./Brinkmann, M./Buck, F. (Hg.): Pädagogik – Phänomenologie. Verhältnisbestimmungen und Herausforderungen, Wiesbaden: Springer VS, S. 337–344.

Agostini, E./Bube, A. (2021): »Und für mich ist es etwas anderes...« – Vielfalt erfahren und vergegenwärtigen mittels Vignettenforschung ›Nah am Werk‹, in: Sonderpädagogische Förderung heute, 66 (1), Weinheim: Beltz Verlag, S. 34–45.

Agostini, E./Schratz, M./Risse E. (Hg.) (2018): Lernseits denken – erfolgreich unterrichten. Personalisiertes Lernen und Lehren in der Schule, Hamburg: AOL-Verlag (jetzt scolix).

Ahmed, S.(2006): Queer Phenomenology: Orientations, Objects, Others, Duke University Press.

Ahrens, S. (2010): Experiment und Exploration. Bildung als experimentelle Welterschließung, Bielefeld: transcript Verlag (Reihe: Theorie Bilden).

Akbar, R. (2007): Reflections on reflection: A critical appraisal of reflective practices in L2 teacher education, in: *System,* 35 (2), S. 192–207.

Aktan, O./Hippmann, C./Meuser, M. (2015): ›Brave Mädchen‹? Herstellung von Passfähigkeit weiblicher Peerkulturen durch Schülerinnen und Lehrkräfte, in *GENDER. Zeitschrift für Geschlecht, Kultur und Gesellschaft.* 7 (1), S.11–28, www.budrich-journals.de/index.php/gender/article/download/21907/19168 (aufgerufen am 29.02.2022).

Alloa, E. (2013) (Hg.): Erscheinung und Ereignis. Zur Zeitlichkeit des Bildes, München: Wilhelm Fink.

Altrichter, H./Posch, P. (2007): Lehrerinnen und Lehrer beforschen ihren Unterricht: Unterrichtsentwicklung und Unterrichtsevaluation durch Aktionsforschung, Bad Heilbrunn: Verlag Julius Klinkhardt.

Altrichter , H./Posch, P. (1998): Lehrer erforschen ihren Unterricht. Eine Einführung in die Methoden der Aktionsforschung, 3. Aufl. Bad Heilbrunn: Verlag Julius Klinkhardt.

B

Bader, N. (2019): Zeichnen – Reden – Zeigen. Wechselwirkungen zwischen Lehr-Lern-Dialogen und Gestaltungsprozessen im Kunstunterricht, München: kopaed.

Bader, N. (2017): Zeichnen – Reden. Formen der Artikulation in bildnerischen Prozessen, Hamburg: Univers. Press. (Reihe: Kunstpädagogische Positionen, Bd. 37).

Barthes, R. (1989): Die helle Kammer. Bewertungen zur Photografie, Frankfurt a. M.: Suhrkamp Verlag.

Baumert, J./Kunter, M. (2006): Stichwort: Professionelle Kompetenz von Lehrkräften, in: *Zeitschrift für Erziehungswissenschaft,* 9 (4), S. 469–520.

Baur, S. (2016): Zum Projekt, Einführung in dem Buch: ders./Peterlini, H. K. (Hg.): An der Seite des Lernens. Erfahrungsprotokolle aus dem Unterricht an Südtiroler Schulen – ein Forschungsbericht, Innsbruck/Wien/Bozen: StudienVerlag, S. 9–14.

Baur, S./Peterlini, H. K. (Hg.) (2016): An der Seite des Lernens. Erfahrungsprotokolle aus dem Unterricht an Südtiroler Schulen – ein Forschungsbericht, Innsbruck/Wien/Bozen: StudienVerlag.

Benjamin, W. (1980): Denkbilder, in: Rexroth, T. (Hg.): Gesammelte Schriften IV. I. Werkausgabe Band 10. Frankfurt a.M.: Suhrkamp Verlag, S. 305–438.

Benke, G. (2010): Reflexion und Vernetzung als Gestaltungselemente der Lehrerfortbildung: Das Projekt IMST, in: Müller, F. H./Eichenberger, M./Lüders, M./Mayr, J. (Hg.): Lehrerinnen und Lehrer lernen. Konzepte und Befunde der Lehrerfortbildung, Münster: Waxmann, S. 145–159.

Bengtsson, J. (2003): Possibilities and Limits of Self-Reflection in the Teaching Profession, in: *Studies in Philosophy and Education* (22), S. 295–316.

Benjamin, W. (1982): Das Passagen-Werk, Gesammelte Schriften (Bd. V.1), hrsg. von Thiedemann, R., Frankfurt a.M.: Suhrkamp Verlag.

Benner, D. (2005): Einleitung. Über pädagogisch relevante und erziehungswissenschaftlich fruchtbare Aspekte der Negativität menschlicher Erfahrung, in: *Zeitschrift für Pädagogik,* Jg. 49, Beiheft: *Einziehung – Bildung – Negativität.* April 2005, S. 7–23.

Billmayer, F. (2008): Paradigmenwechsel übersehen: eine Polemik gegen die Kunstorientierung der Kunstpädagogik, Hamburg: Univ. Press. (Kunstpädagogische Positionen, Bd. 19).

Bilstein, J./Dornberg, B./Kneip, W. (Hg.) (2007): Curriculum des Unwägbaren I. Ästhetische Bildung im Kontext von Schule und Kultur, Oberhausen: Athena Verlag.

Bilstein, J./Kneip, W. (Hg.) (2009): Curriculum des Unwägbaren II. Die Musen als Mägde: Von der Veränderung der Künste in den Schule, Oberhausen: Athena Verlag.

Blohm, M. (Hg.) (2016): Kunstpädagogische Stichworte, Hannover: fabrico verlag.

Blumenberg, H. (1980). Nachdenklichkeit, in: Deutsche Akademie für Sprache und Dichtung (Hg.): Jahrbuch, Heidelberg, S. 57–61.

Böhme, G. (1989): Für eine ökologische Naturästhetik, Frankfurt a. M.: Suhrkamp Verlag.

Böhme, K. (2019): Wahrnehmungen vom Anderen – anders wahrnehmen. Vorstellungen von Kunstunterricht gemeinsam mit Lehramtsstudierenden reflektieren, in: Kunz, R./Peters.M. (Hg.): Der professionalisierte Blick. Forschendes Studieren in der Kunstpädagogik, München: kopaed, S. 204–223.

Böhme, K. (2018): Was der Raum über den Anderen erzählt ... Fotografische Darstellung vom »Räumen« als Grundlage einer Reflexion (kunst) pädagogischer Fragen, in: Engel, B./Peskoller, H./Westphal, K./Böhme, K./Kosica, S. (Hg.): räumen – Raumwissen in Natur, Kunst, Architektur und Bildung, Weinheim/Basel: Beltz Juventa, S. 125–153. (Reihe: Räume in der Pädagogik).

Böhme, K. (2017): Reflection and Attention: Considerations on the Importance of Perception in Contexts of Pedagagical Reflection in Art Education, in: Rodriguez Sieweke, L. (Hg.): Learning Scenarios for Social and Cultural Change: Bildung through Academic Teaching, Frankfurt a.M. u. a.: Peter Lang, S. 105–124.

Böhme, K. (2014): Kunstdidaktische Installationen – Erfahrungsräume zwischen Kunst und Didaktik, in: Engel, B./Böhme, K. (Hg.): Kunst und Didaktik in Bewegung. Kunstdidaktische Installationen als Professionalisierungsimpuls, München: kopaed. S. 32–59. (Reihe: Didaktische Logiken des Unbestimmten, Bd. 1.).

Böhme, K./Engel, B./Loemke, T. (2020): Im Wahrnehmen Beziehungs- und Erkenntnisräume öffnen. Ästhetische Wahrnehmung in Kunst, Bildung, Forschung, in: Engel, B./Loemke, T./Böhme, K./ Agostini, E./Bube, A. (Hg.): Im Wahrnehmen Beziehungs- und Erkenntnisräume öffnen. Ästhetische Wahrnehmung in Kunst, Bildung, Forschung, München: kopaed, S. 12–31. (Reihe: Didaktische Logiken des Unbestimmten, Bd. 4).

Bohnsack, R. (2011): Qualitative Bild- und Videointerpretation. Die dokumentarische Methode, Stuttgart/Opladen: utb Budrich.

Bohnsack, R. (2006): Die dokumentarische Methode der Bildinterpretation in der Forschungspraxis, in: Marotzki, W./Niesyto, H. (Hg.): Bildinterpretation und Bildverstehen. Methodische Ansätze aus sozialwissenschaftlicher, kunst- und medienpädagogischer Perspektive, Wiesbaden: VS Verlag für Sozialwissenschaften, S. 45–75.

Bollnow, O.F. (1978): Theorie und Praxis in der Lehrerbildung, in: Blankertz, H. (Hg.): Die Theorie-Praxis-Diskussion in der Erziehungswissenschaft. Beiträge vom 6. Kongress der Deutschen Gesellschaft für Erziehungswissenschaft vom 8.–10. 3. 1978 in d. Univ. Tübingen, Weinheim: Beltz Verlag, S. 155–164.

Bowman, C. L./Galvez-Martin, M./Morrison, M. (2005): Developing Reflection in Preservice Teachers, in: Israel, S. E./Collins Block, C./Bauserman, K. L./Kinnucan-Welsch, K. (Hg.): Metacognition in literacy learning. Theory, assessment, instruction, and professional development, Mahwah, NJ: L. Erlbaum Associates, S. 335–349.

Braun, J. A./Crumpler, T.P. (2004): The social memoir: an analysis of developing reflexive ability in a pre-service methods cours, in: *Teaching and Teacher Education,* 20 (1), S. 59-75.

Breidenstein, G. (2006): Teilnahme am Unterricht. Ethnographische Studien zum Schülerjob, Wiesbaden: VS Verlag für Sozialwissenschaften. (Reihe: Studien zur Schul- und Bildungsforschung, Bd. 24).

Brenne, A. (2008): »Zarte Empirie« Theorie und Praxis einer künstlerisch-ästhetischen Forschung, Kassel: University Press.

Brinkmann, M. (2015): Übung der Aufmerksamkeit. Phänomenologische und empirische Analysen zum Aufmerksamwerden und Aufmerksammachen, in: Reh, S./Berdelmann, K./Dinkelaker, J. (Hg.): Aufmerksamkeit. Geschichte – Theorie – Empirie, Wiesbaden: Springer VS, S. 199–220.

Brinkmann, M./Rödel, S. (2018): Pädagogisch-phänomenologische Videographie. Zeigen, Aufmerken, Interattentionalität, in: Moritz, C.; Corsten, M. (Hg.): Handbuch qualitativer Videoanalyse. Method(olog)ische Herausforderungen – forschungspraktische Perspektiven, Wiesbaden: Springer VS, S. 521–548.

Brohl, C. (2017): Displacement. Bewegungen auf unsicherem Terrain und kunstpädagogische Professionalität, in: Kettl, J. (Hg.): *Missing_LINK 2016: Übergangsformen von Kunst und Pädagogik in der Kulturellen Bildung. Künstlerische Kunstpädagogik im Kontext,* Oberhausen: Athena Verlag, S. 149–169.

Bromme, R. (1992): Der Lehrer als Experte. Zur Psychologie des professionellen Wissens, Bern: Huber.

Buck, G. (1989): Lernen und Erfahrung – Epagogik: zum Begriff der didaktischen Induktion, Darmstadt: Kohlhammer-Verlag.

Burkhardt, S./Heil, C./Sabisch, A. (2008): Wissensgrenzen und Tagungskultur, in: Busse, K.-P./ Pazzini, K.-J. (Hg.): (Un)Vorhersehbares lernen: Kunst - Kultur - Bild, Norderstedt: Books on Demand, S. 253–277. (Reihe: Dortmunder Schriften zur Kunst, Studien zur Kunstdidaktik Bd. 6).

Busse, K.-P./Pazzini, K.-J. (Hg.) (2008): (Un)Vorhersehbares lernen: Kunst - Kultur - Bild, Norderstedt: Books on Demand. (Reihe: Dortmunder Schriften zur Kunst, Studien zur Kunstdidaktik Bd. 6).

Büsing, N./Klaas, H. (2014): Von bunten Raupen und Rohrwülsten. Skulpturen von Tobias Rehberger, in: Der Tagesspiegel vom 16.08.2014, https://www.tagesspiegel.de/kultur/skulpturen-von-tobias-rehberger-in-muenster-von-bunten-raupen-und-rohrwuelsten/10341938.html, aufgerufen am 29.02.2022.

C

Calvino, I. (2012 [1988]): Sechs Vorschläge für das nächste Jahrtausend, Frankfurt a.M.: FISCHER Taschenbuch.

Combe, A./Helsper, W. (1996): Einleitung: Pädagogische Professionalität. Historische Hypotheken und aktuelle Entwicklungstendenzen, in:

dies. (Hg.): *Pädagogische Professionalität. Untersuchungen zum Typus pädagogischen Handelns,* Frankfurt a.M.: Suhrkamp Verlag , S. 9–48

Combe, A./Kolbe, F.-U. (2008): Lehrerprofessionalität: Wissen, Können, Handeln, in: Helsper, W./Böhme, J. (Hg.): Handbuch Schulforschung, Wiesbaden: VS Verlag für Sozialwissenschaften, S. 857–875.

Copei, F. (1966 [1950]): Der fruchtbare Moment im Bildungsprozess, Heidelberg: Quelle und Meyer Verlag.

D

Dector, M./Dupuy, M. (2014): Die Zeichnungen der anderen, in: Lutz-Sterzenbach, B./Kirschenmann, J. (Hg.): Zeichnen als Erkenntnis. Beiträge aus Kunst, Kunstwissenschaft und Kunstpädagogik, München: kopaed, S. 273–297.

Descartes, R. (1996 [1637]): Meditationen über die Grundlagen der Philosophie, II.1., in: Philosophische Schriften in einem Band, Hamburg.

Dewey, J. (2002): Logik. Die Theorie der Forschung, Frankfurt a.M: Suhrkamp Verlag.

Didi-Huberman, G. (2013 [2000]): Before the image, Before Time: The sovereignty of Anachronismus, in: Groom, A. (Hg.): Time, Documents of Contemporary Art, London/Cambridge/Massachussetts: Whitechapel Gallery & MIT Press.

Didi-Huberman, G. (1999): Was wir sehen blickt uns an. Zur Metapsychologie des Bildes, München: Wilhelm Fink Verlag. (Reihe: Bild und Text).

Dörpinghaus, A. (2020): Die Grammatik der Wahrnehmung. Bildung als Wechselwirkung zwischen Mich und Welt, in: Engel, B./Loemke, T./Böhme, K./Agostini, E./Bube, A. (Hg.): Im Wahrnehmen Beziehungs- und Erkenntnisräume öffnen. Ästhetische Wahrnehmung in Kunst, Bildung, Forschung, München: kopaed, S. 65–78. (Reihe: Didaktische Logiken des Unbestimmten, Bd. 4).

Dörpinghaus, A. (2015): Theorie der Bildung. Versuch einer ›unzureichenden‹ Grundlegung, in: *Zeitschrift für Pädagogik,* 61 (4), S. 464–480.

Dörpinghaus, A. (2014): Post-Bildung. Vom Unort der Wissenschaft, in: *Forschung & Lehre*, Jg. 2014 (7), S. 540–543.

Dörpinghaus, A./Uphoff, I. (2012): Die Abschaffung der Zeit. Wie man Bildung erfolgreich verhindert, Darmstadt: wbg – Wissenschaftliche Buchgesellschaft.

DUDEN Herkunftswörterbuch (2014), hrsg. von der Dudenredaktion, 5., neu bearbeitete Auflage, Duden Bd. 7, Berlin: Verlag Bibliographisches Institut.

DUDEN Onlinewörterbuch, hrsg. vom Verlag Bibliographisches Institut, Berlin, online abrufbar: https://www.duden.de/, aufgerufen am 06.02.2022.

DWDS – Digitales Wörterbuch der deutschen Sprache. Das Wortauskunftssystem zur deutschen Sprache in Geschichte und Gegenwart, hrsg. v. d. Berlin-Brandenburgischen Akademie der Wissenschaften, https://www.dwds.de/, abgerufen am 06.02.2022.

E

Eco, U. (2001): Über Spiegel und andere Phänomene, München: dtv.

Engel, B. (2020): Ästhetische Wahrnehmung und Reflexion. Erinnerungsbilder im Modus einer (selbst)reflexiven Aufmerksamkeit in der kunstpädagogischen Qualifizierung, in: Engel, B./Loemke, T./Böhme, K./Agostini, E./Bube, A. (Hg): Im Wahrnehmen Beziehungs- und Erkenntnisräume öffnen. Ästhetische Wahrnehmung in Kunst, Bildung und Forschung, München: kopaed, S. 103–119. (Reihe: Didaktische Logiken des Unbestimmten, Bd. 4).

Engel, B. (2019): Erinnerungsbilder – Annäherung an eine leibphänomenologische Systematik der Förderung professionsbezogener Bildungsprozesse, in: Brinkmann, M./Türstig, J./Weber-Spanknebel, M. (Hg.): Leib – Leiblichkeit – Embodiment. Pädagogische Perspektiven auf eine Phänomenologie des Leibes, Wiesbaden, Springer VS, S. 37–55.

Engel, B. (2018a): Entzug und Verantwortung. Bildende Begegnungen mit einer ästhetischen Aufmerksamkeit, in: Bienert, M./Fuchs, M. E. (Hg.): Ästhetik – Körper – Leiblichkeit. Aktuelle Debatten in bildungsbezogener Absicht, Stuttgart: Kohlhammer Verlag, S. 19–34.

Engel, B. (2018b): Potenziale ästhetisch-phänomenologischer Forschungsbezüge für die Lehrerinnen- und Lehrerbildung, in: Neuber, N./Paravicini, W./Stein, M. (Hg.): Forschendes Lernen

– The Wider View. Eine Tagung des Zentrums für Lehrerbildung der Westphälischen-Universität Münster vom 25. bis 27.9.2017, Münster: WTM 2018, S.147–151.

Engel, B. (2018c): Raum, Kunst und professionsbezogene Bildung. Sinnenbewusste Orientierungen in einem gelebten Raum, in: Engel, B./Peskoller, H./Westfal, K./Böhme, K./Kosica, S. (Hg.): räumen. Raumwissen in Natur, Kunst, Architektur und Bildung, Weinheim: Beltz Juventa, S. 92–110. (Reihe: Räume in der Pädagogik).

Engel, B. (2017a): Potential of Aesthetic Experiences in the Field of Teacher Education, in: Mateus-Berr, R./Reitstätter, L. (Hg.): Art & Design Education in Times of Change, Wien: de Gruyter, 2017, S. 133–140. (Reihe: edition angewandte).

Engel, B. (2017b): New Orientations of Fine Arts Teachers' Training in German Universities and Colleges: Entering into the Art of Perception during Teaching and Learning, in: Chuxi Qian, u.a. (Hg.): Art Education in the Big Data Era, Shanghai Educational Publishing House, S. 120–135.

Engel, B. (2015): Unbestimmtheit als (kunst)didaktisches Movens in professionsbezogenen Bildungsprozessen, in: dies./Böhme, K. (Hg.): Didaktische Logiken des Unbestimmten: Immanente Qualitäten in erfahrungsoffenen Bildungsprozessen, München: kopaed, S. 58–85. (Reihe: Didaktische Logiken des Unbestimmten, Bd. 2).

Engel, B. (2011a [2004]): Spürbare Bildung – Über den Sinn des Ästhetischen im Unterricht, 2. Aufl., Münster/ New York: Waxmann.

Engel, B. (2010): Bildung im Ort der Zeit – eine reflexive Begegnung von schulischer, künstlerischer und forschender Praxis, in: Brinkmann, M. (Hg): Erziehung – Phänomenologische Perspektiven, Würzburg: Königshausen & Neumann, S. 179–202.

Engel, B./Böhme, K. (Hg.) (2015): Didaktische Logiken des Unbestimmten – Professionalisierungsprozesse in der Lehrerbildung im Fokus Ästhetischer und Künstlerischer Bildung, in: dies. (Hg.): Didaktische Logiken des Unbestimmten: Immanente Qualitäten in erfahrungsoffenen Bildungsprozessen, München: kopaed, S. 8–33. (Reihe: Didaktische Logiken des Unbestimmten, Bd. 2).

Engel, B./Loemke, T./Böhme, K./Agostini, E./ Bube, A. (Hg.) (2020): Im Wahrnehmen Beziehungs- und Erkenntnisräume öffnen. Ästhetische Wahrnehmung in Kunst, Bildung und Forschung, München: kopaed. (Reihe: Didaktische Logiken des Unbestimmten, Bd. 4).

Engel, B./Fisch, I./Hölscher, S./Treese, A.-L. (Hg.) (2018): VER_HANDELN. Begegnungen im öffentlichen Raum der Kunst — Skulptur Projekte 2017, München: kopaed. (Reihe: Didaktische Logiken des Unbestimmten, Bd. 3).

Erni, D. (2015): Geschmacks(um)bildungen im (Schul)alltag, in: Art Education Research, 2015 (10).

Etscheidt, S./Curran, C.M./Sawyer, C.M. (2012): Promoting Reflection in Teacher Preparation Programs: A Multilevel Model, in: Teacher Education and Special Education, 35 (1), S. 7–26.

F

Fatke, R. (1995): Das Allgemeine und das Besondere in pädagogischen Fallgeschichten, in: *Zeitschrift für Pädagogik,* 41, S. 681–695.

Felten, R. van (2005): Lernen im reflexiven Praktikum: Eine vergleichende Untersuchung, Münster: Waxmann. (Reihe: Internationale Hochschulschriften, Bd. 144).

Fichten, W. (2012): Über die Umsetzung und Gestaltung Forschenden Lernens im Lehramtsstudium. Verschriftlichung eines Vortrags zur Veranstaltung ›Modelle der Bielefeld School of Education 2012. Lehrerbildung in Wissenschaft, Ausbildung und Praxis‹ hrsg. vom Didaktischen Zentrum Carl von Ossietzky Universität Oldenburg, https://uol.de/fileadmin/user_upload/diz/download/Publikationen/Lehrerbildung_Online/Fichten_01_2013_Forschendes_Lernen.pdf, aufgerufen am 24.02.2022.

Fichten, W./Meyer, H. (2007): Oldenburger Teamforschung. Ein Versuch zur Wiederbelebung der Aktionsforschung in der LehrerInnenbildung. Oldenburg.

Fichten, W./Gebken, U./Obolenski, A. (2003): Konzeption und Praxis der Oldenburger Teamforschung, in: Obolenski, A./Meyer, H. (Hg.): Forschendes Lernen, Bad Heilbrunn: Verlag Julius Klinkhardt, S. 131–149.

Finlay, L. (2009): Debating Phenomenological Research. Phenomenology & Practice, 3 (1), S. 6–25.

Fischer-Lichte, E. (2004): Ästhetik des Performativen, Frankfurt a.M.: Suhrkamp Verlag.

Fischli, P./Weiss, D. (2000): Sichtbare Welt. Katalog zur Ausstellung im Museu d'Art Comtemporari de Barcelona, 15.6.–11.9.2000, Berlin: Verlag Walther König.

Flick, U./Kardorff, E. von/Steinke, I. (2004) (Hg.): Qualitative Forschung. Ein Handbuch, Reinbek bei Hamburg: Rowohlt.

Flusser, V. (2005): Kommunikologie weiter denken. Bochumer Vorlesungen, Frankfurt a. M.: Forscher Verlag.

Flusser, V. (1996): Zwiegespräche, Interviews 1967–1991, Göttingen: European Photography.

Flusser, V. (1991): Gesten. Versuch einer Phänomenologie, Düsseldorf/ Bentheim: Bollmann Verlag.

Flusser, V. (1987): Der fotografische Blick, in: Standpunkte – Texte zur Fotografie, hrsg. von A. Müller-Pohle (1998), Edition Flusser Bd. 8, Göttingen: European Photography, S. 152–158.

Flusser, V. (1986): Die fotografische Geste, in: Standpunkte – Texte zur Fotografie, hrsg. von A. Müller-Pohle (1998), Göttingen: European Photography, S. 134–138 (Edition Flusser Bd. 8).

Freud, S. (1937): Die endliche und die unendliche Analyse, Gesammelte Werke, Bd. XVI: Werke aus den Jahren 1932–1939, Frankfurt a.M.: Fischer Verlag.

Frey, A./Jung, C. (2011): Kompetenzmodelle und Standards für die Lehrerbildung und Lehrberuf, in: Terhart, E./Bennewitz, H./Rothland, M. (Hg.): Handbuch der Forschung zum Lehrerberuf, Münster: Waxmann, S. 540–572.

Fürstenberg, S. (2013): Geordnete Körper, verkörperte Ordnungen – über visuelle und sprachliche Repräsentationsmuster von Kunstvermittlung, in: *Art Education Research,* Jg. 4 (7), S. 1–8.

G

Gabriel, G. (2010): Logische Präzision und ästhetische Prägnanz, in: Literaturwissenschaftliches Jahrbuch. Neue Folge, begründet von H. Konisch im Auftrag der Görres-Gesellschaft, Bd. 51, Berlin: Duncker & Humblot, S. 375–390.

Gabriel, G. (1990): Logische Präzision und ästhetische Prägnanz, in: Literaturwissenschaftliches Jahrbuch. Neue Folge, begründet von H. Konisch im Auftrag der Görres-Gesellschaft, Bd. 51, Berlin: Duncker & Humblot, S. 275–390.

Gadamer, H.-G. (1965): Wahrheit und Methode – Grundzüge einer philosophischen Hermeneutik. 2. Aufl., Tübingen: Mohr Siebeck.

Ganz, D./Thürlemann, F. (Hg.) (2010): Das Bild im Plural. Mehrteilige Bildformen zwischen Mittelalter und Gegenwart, Berlin: Dietrich Reimer Verlag. (Reihe: Bild + Bild, Bd. 1).

Gaston, L./Galison, P. (2017): Objektivität, Frankfurt a.M.: Suhrkamp Verlag.

Geertz, C. (1999 [1973]): Dichte Beschreibung. Beiträge zum Verstehen kultureller Systeme, Frankfurt a. M.: Suhrkamp Verlag.

Gehring, P. (2004): Über die Körperkraft von Sprache. Studien zum Sprechakt, Frankfurt a. M.: Campus Verlag.

Geimer, P. (2007): Das Bild als Spur. Mutmaßungen über ein umtotes Paradigma, in: Krämer, S./ Kogge, W./Grube, G. (Hg.): Spur. Spurenlesen als Orientierungstechnik und Wissenskunst. Frankfurt a. M.: Suhrkamp Verlag, S. 95–120.

Glissant, E. (2005): Kultur und Identität. Ansätze zu einer Poetik der Vielheit, Heidelberg: Verlag Das Wunderhorn.

Gottlob, S./Pazzini, K.-J./Porath, E. (2001): Vorwort, in: Pazzini, K.-J./Gottlob, S./Porath, E. (Hg.): Kontaktabzug. Medien im Prozess der Bildung, Wien: Turin + Kant Verlag, S. 9–18.

Grube, G. (2007): ›abfährten‹ – ›arbeiten‹. Investigative Erkenntnistheorie, in: Krämer, S. (Hg.): Spur. Spurenlesen als Orientierungstechnik Wissenskunst, Frankfurt a.M.: Suhrkamp Verlag, S. 222–253.

Gruschka, A. (2011): Verstehen lehren. Ein Plädoyer für guten Unterricht, Stuttgart: Reclam.

Gruschka, A. (Hg.) (2005): Fotografische Erkundungen zur Pädagogik, Frankfurt a. M.: Büchse der Pandora.

Gruber, A./Schürch, A./Willenbacher, A./Mörsch, C./Sack, M. (Hg.) (2020): Kalkül und Kontingenz. Kunstbasierte Untersuchungen im Kunst- und Theaterunterricht, München: kopaed.

Grütjen, J. (2013): Kunstkommunikation mit der ›Bronzefrau Nr. 6‹: Qualitativ empirische Unterrichtsforschung zum Sprechen über zeitgenössische Kunst am Beispiel einer Plastik von Thomas Schütte, München: kopaed.

Günzel, S. (2012): Raum I Bild. Zur Logik des Medialen, Berlin: Kulturverlag Kadmos.

H

Hatton, N./Smith, D. (1995): Reflection in Teacher Education: Towards Definition and Implementation, in: *Teaching & Teacher Education,* (11), S. 33–49.

Heil, C. (2012): Beobachten, verschieben, provozieren. Feldzugänge in Ethnografie, Kunst und Schule, Hamburg: Univers. Press. (Reihe: Kunstpädagogische Positionen, Bd. 25).

Heil, C. (2007): Kartierende Auseinandersetzung mit aktueller Kunst. Erfinden und Erforschen von Vermittlungssituationen, München: kopaed.

Heinzel, F. (2012): Der Blick auf Kinder, in: de Boer, H./Reh, S. (Hg.): Beobachtung in der Schule – Beobachten lernen, Wiesbaden: Springer VS, S. 173–188.

Helsper, W. (2008): Widersprüche im Lehrerhandeln, in: *Friedrich-Jahresheft* XXVIII, S. 34–38.

Helsper, W. (2003): Ungewissheit im Lehrerhandeln als Aufgabe der Lehrerbildung, in: ders./ Hörster, **R./ Kade, J. (Hg.)**: Ungewissheit. Pädagogische Felder im Modernisierungsprozess, Weilerswist: Delbrück Wissenschaft, S. 142–161.

Helsper, W. (1996): Antinomien des Lehrerhandelns in modernisierten pädagogischen Kulturen. Paradoxe Verwendungsweisen von Autonomie und Selbstverantwortlichkeit, in: Combe, A./ Helsper, W. (Hg.): Pädagogische Professionalität, Frankfurt a.M.: Suhrkamp Verlag, S. 521–570.

Herzog, W. (1995): Reflexive Praktika in der Lehrerinnen- und Lehrerbildung, in: *Beiträge zur* Lehrerinnen- und Lehrer*bildung,* Jg. 13 (3), S. 253–273.

Herzog, W./von Felten, R. (2001): Erfahrung und Reflexion. Zur Professionalisierung der Praktikumsbildung von Lehrerinnen und Lehrern, in: *Beiträge zur Lehrer(innen)bildung,* Jg. 19, S. 17–28.

Heßler, M./Mersch, D. (2009): Bildlogik oder Was heißt visuelles Denken?, in: dies. (Hg.): Logik des Bildlichen. Zur Kritik der ikonischen Vernunft. Bielefeld: transcript, S. 8–49.

Hobbs, R. (2016): Moment of Multiplicity, in: Hartmann Projects (Hg.): Barbara Probst. 12 Moments, Stuttgart: Hartmann Books, https://barbaraprobst.net/press/barbara-probst-moment-as-multiplicity/ (aufgerufen am 26.02.2022).

Hölscher, S. (2018): Handlungssache – Vom Versammeln am Ort der Kunst, in: Engel, B./Fisch, I./ Hölscher, S./Treese, A.-L. (Hg.): VER_HANDELN: Begegnungen im öffentlichen Raum der Kunst – Skulptur Projekte Münster 2017, München: kopaed, S. 46–61. (Reihe: Didaktische Logiken des Unbestimmten, Bd. 3).

Hölscher, S. (2015): Unbestimmtheitsrelationen. Impulse zum kunstdidaktischen Verhältnis von Rahmung und Prozess, in: Engel, B./Böhme, K. (Hg.): Didaktische Logiken des Unbestimmten: immanente Qualitäten in erfahrungsoffenen Bildungsprozessen, München: kopaed, S. 212–233. Reihe: Didaktische Logiken des Unbestimmten, Bd. 2).

Hörster, R./Müller, B. (1996): Zur Struktur sozialpädagogischer Kompetenz. Oder: Wo bleibt das Pädagogische der Sozialpädagogik?, in: Combe, A./Helsper, W. (Hg.): Pädagogische Professionalität, Frankfurt a. M.: Suhrkamp Verlag, S. 614–648.

Hullfish, H. G./Smith, P.G. (1961): Reflective Thinking: The method of education, Westport Conn.: Greenwood Press.

Husserl, E. (1977): Cartesianische Meditationen. Eine Einleitung in die Phänomenologie. hrsg. von E. Ströker, Hamburg: Meiner.

Husserl, E. (1980 [1913]): Ideen zu einer reinen Phänomenologie und phänomenologischen Philosophie. Allgemeine Einführung in die reine Phänomenologie, Tübingen: Niemeyer.

I

Inthoff, C. (2019): Lehre, Kunst und Denken drehen, wenden, verschenken. Forschendes Studierenden mit dem Künstlerisch-Experimentellen Prozessportfolio (KEPP), in: Kunz, R./Peters, M. (Hg.): Der professionalisierte Blick. Forschendes Studieren in der Kunstpädagogik, München: kopaed, S. 224–236.

J

Jaspers, K. (1968): Von den Grenzen pädagogischen Planens, in: Röhrs, H. (Hg.): Bildungsphilosophie, Bd. 2, Frankfurt a.M., S. 217–223.

Jay, J.K./Johnson, K. L. (2002): Capturing complexity: a typology of reflective practice for teacher education, in: *Teacher and Teacher Education,* (18), S. 73–85.

K

Kade, J. (2015): Aufmerksam – nicht aufmerksam – unaufmerksam, in: Reh. S./Berdelmann, K./Dinkelaker, J. (Hg.): Aufmerksamkeit: Geschichte – Theorie – Empirie. Wiesbaden: Springer VS, S. 127–146.

Kalthoff, H. (1997): Wohlerzogenheit. Eine Ethnographie deutscher Internatsschulen, Frankfurt a.M./New York: Campus Verlag.

Kamper, D. (1996): Your ground is my body. Von der Fundamentalphilosophie zum KörperDenken, in: Bolz, N./van Reijen, W. (Hg.): Ruinen des Denkens, Denken in Ruinen, Frankfurt a.M.: Suhrkamp, S. 174–178.

Kamper, D. (1995): Unmögliche Gegenwart. Zur Theorie der Phantasie, München: Wilhelm Fink Verlag.

Kamper, D. (1993): Zwischen der Logik des Selben und der Wahrnehmung des Anderen, Interview geführt von Martina Koch und Pierangelo Maset, in: *KUNST+UNTERRICHT,* (176), S. 42–45.

Kapust, A. (2007): Einleitung. Response Philosophie – Darlegung einiger Grundzüge, in: Busch, K./Därmann, I./dies. (Hg.): Philosophie der Responsivität. Festschrift für Bernhard Waldenfels, München: Wilhelm Fink Verlag, S. 15–34.

Karl, N. (unveröffentl. Diss., 2019): Stepping into the picture: Bild und Performance in Joan Jonas' The Shape, the Scent, the Feel of Things (2005–2012).

Kelle, U./Kluge, S. (2010): Vom Einzelfall zum Typus. Fallvergleich und Fallkontrastierung in der qualitativen Sozialforschung. Wiesbaden: Springer VS.

Kessel, I./Villiger, J. (2018): Kunst als Forschungsatelier? 6. Kunstpädagogisches Forschungskolloquium zu Fragen der professionsbezogenen künstlerischen und ästhetischen Bildung, in: *BDK-Mitteilungen,* 2018 (3), S. 40f.

Klippert, H. (2016): Methoden-Training: Übungsbausteine für den Unterricht, Weinheim: Beltz Praxis.

Klippert, H. (2018): Methoden-Training: Bausteine zur Förderung grundlegender Lernkompetenzen, Weinheim: Beltz Praxis.

Kokemohr, R. (2007): Bildung als Welt- und Selbstentwurf im Fremden. Annäherungen an eine Bildungstheorie, in: Koller, H.-C./Marotzki, W./Sanders, O. (Hg.): Bildungsprozesse und Fremdheitserfahrung. Beiträge zu einer Theorie transformatorischer Bildungsprozesse, Bielefeld: transcript, S. 13–69.

Kokemohr, R./ Koller, H.-C. (Hg.) (1996): »Jeder Deutsche kann das verstehen« – Probleme im interkulturellen Arbeitsgespräch, Weinheim: Deutscher Studienverlag.

Kolb, G. (2011): Die Übung des beidhändigen Zeichnens in der Kunstpädagogik, in: *Zeitschrift Kunst Medien Bildung | zkmb,* http://zkmb.de/die-uebung-des-beidhaendigen-zeichnens-in-der-kunstpaedagogik/, aufgerufen am 01.02.2022.

Kolbe, F.-U. (2001): Konvergenz in der Lehrerwissensforschung – ein Beitrag zu den Grundlagen allgemeiner Didaktik, in: Finkbeiner, C./Schnaitmann, G. W. (Hg.): Lehren und Lernen im Kontext empirischer Forschung und Fachdidaktik, Donauwörth, S. 184–207.

Koller, H.-C. (2012): Bildung anders denken. Einführung in die Theorie transformatorischer Bildungsprozesse, Stuttgart: Kohlhammer.

Koller, H.-C. (1999): Lesarten. Über das Geltendmachen von Differenzen im Forschungsprozeß, in: *Zeitschrift für Erziehungswissenschaft,* 1999 (2), S. 195–209.

Koring, B. (1992): Grundprobleme pädagogischer Berufstätigkeit, Bad Heilbrunn: Verlag Julius Klinkhardt.

Korthagen, F. A. J./Vasalos, A. (2005): Levels in reflection: core reflection as a means to enhance professional growth, in: *Teacher and Teaching: theory and practice,* Jg. 11 (1), S. 47–71.

Krämer, S. (2008): Medium, Bote, Übertragung. Kleine Metaphysik der Medialität, Frankfurt a. M.: Suhrkamp Verlag.

Krämer, S. (2007): Was also ist eine Spur? Und worin besteht ihre epistemologische Rolle? Eine Bestandsaufnahme, in: dies. (Hg.): Spurenlesen als Orientierungstechnik und Wissenskunst, Frankfurt a. M.: Suhrkamp Verlag, S. 11–33.

Krämer, S. (1998): Das Medium als Spur und Apparat, in: dies. (Hg.): Medien, Computer, Realität.

Wirklichkeitsvorstellungen und Neue Medien, Frankfurt a. M.: Suhrkamp Verlag, S. 73–94.

Kraus, A. (2015): Anforderungen an eine Wissenschaft für die Lehrer(innen)bildung. Wissenschaftstheoretische Überlegungen zur praxisorientierten Lehrer(innen)bildung. Münster/New York: Waxmann, Reihe: European Studies on Educational Practice, Bd. 5.

Krenn, S. (2018): Ergriffen sein im Lernprozess: Über die prägende Wirkung von Schule als Erfahrungsraum, Bad Heilbrunn: Klinkhardt.

Künkler, T. (2011): Lernen in Beziehung: Zum Verhältnis von Subjektivität und Relationalität in Lernprozessen, Bielefeld: transcript. (Reihe: Pädagogik).

Küsters, Y. (2006): Narrative Interviews. Grundlagen und Anwendungen, Wiesbaden: VS Verlag.

Kunz, R. (2019a): Zwischen Wissenschaft und Philosophie. Wie entwickelt sich eine forschende Haltung in der Kunst?, in: Kunz, R./Peters, M. (Hg.): Der professionalisierte Blick. Forschendes Studieren in der Kunstpädagogik, München: kopaed, S. 12–32.

Kunz, R. (2019b): Kunstpädagogik im Spannungsfeld unterschiedlicher Forschungsbegriffe, in: Kunz, R./Peters, M. (Hg.): Der professionalisierte Blick. Forschendes Studieren in der Kunstpädagogik, München: kopaed, S. 242–259.

Kunz, R. (2019c): Zur Masterarbeit von Florian Affentranger, in: Kunz, R./Peters, M. (Hg.): Der professionalisierte Blick. Forschendes Studieren in der Kunstpädagogik, München: kopaed, S. 638–642.

Kunz, R. (2014): Die Bedeutung aktiver Rezeption im Kontext fotografischen Bildfindungsprozesse. Ein Projekt der Pädagogischen Hochschule Zürich in Zusammenarbeit mit der Sekundarschule Im Birch, in: *se,* 2014 (3), S. 39–46.

Kunz, R. (2010): ›unterwegs‹ – Urbane Lebenswirklichkeit in der Fotografie von Jugendlichen, in: *BDK-Mitteilungen,* 2010 (3), S. 30–33.

Kunz, R./Peters, M. (Hg.) (2019): Der professionalisierte Blick. Forschendes Studieren in der Kunstpädagogik, München: kopaed.

Küsters, I. (2009): Narrative Interviews. Grundlagen und Anwendungen, Wiesbaden: Springer VS.

L

Lampert, M. (1985): How do Teachers Manage to Teach? Perspectives on Problems in Practice. *Harvard Educational Review,* (55), S. 178–194.

Larcher, D./Larcher, A. (2006): Interkulturelle Neugier oder Narrative Empirie als Opera buffa, Frankfurt a.M.: Athenäum, S. 149–158. (Reihe Hochschulschriften Erziehungswissenschaft 19).

Lemmle, J. (2015): I am a white academic feminist artist. I've got no reason to cry, in: Graham, S. CC/Koch, K./Kohl, M.-A. (Hg.): Prekäre Kunst: Protest & Widerstand. Katalog zur gleichnamigen Ausstellung und Veranstaltungsreihe vom 12.09.–16.09.2015 in der alpha Nova & galerie futura, Berlin, S. 55–60. https://www.galeriefutura.de/content/wp-content/uploads/2015/09/preka%CC%88re-Kunst-Katalog_spread.pdf, aufgerufen am 06.02.2022.

Leonhard, T./Rhim, T. (2011): Erhöhung der Reflexionskompetenz durch Begleitveranstaltungen zum Schulpraktikum? – Konzeption und Ergebnisse eines Pilotprojekts mit Lehramtsstudierenden, in: *Lehrerbildung auf dem Prüfstand,* Jg. 4 (2), S. 240–270.

Lethen, H. (2014): Der Schatten des Fotografen, Berlin: Rowohlt.

Lévinas, E. (2012 [1983]): Die Spur des Anderen. Untersuchungen zur Phänomenologie und Sozialphilosophie, übersetzt, hrsg. und eingeleitet von Krewani, W. N., Freiburg/ München: Verlag Karl Aber.

Lévinas, E. (1987): Totalität und Unendlichkeit. Versuch über die Exteriorität, Freiburg/München: Verlag Karl Alber.

Liesner, A./ Wimmer, M. (2003): Der Umgang mit Ungewissheit. Denken und Handeln unter Kontingenzbedingungen, in: Helsper, W./Hörster, R./Kade, J. (Hg.): Ungewissheit. Pädagogische Felder im Modernisierungsprozess, Weilerswist: Velbrück Wissenschaft, S. 23–49.

Lippe, R. zur (2020): Leben – Kunst der Wahrnehmung, in unseren Sinnen die Berührung mit der Welt, in: Engel, B./Loemke, T./Böhme, K./Agostini, E./Bube, A. (Hg.): Im Wahrnehmen Beziehungs- und Erkenntnisräume öffnen. Ästhetische Wahrnehmung in Kunst, Bildung, Forschung, München: kopaed, S. 35–47. (Reihe: Didaktische Logiken des Unbestimmten, Bd. 4).

Lippe, R. zur (2003): Eine Kunst der Wahrnehmung. Askese und neue Entfaltung, in: Hauskeller, M. (Hg.): Die Kunst der Wahrnehmung. Beiträge zu einer Philosophie der sinnlichen Erkenntnis, Zug (Schweiz): Die Graue Edition, S. 201–227.

Lippe, R. zur (1987): Sinnenbewusstsein. Grundlegung einer anthropologischen Ästhetik, Reinbek bei Hamburg: Rowohlt.

Lippitz, W. (1987): Phänomenologie als Methode? Zur Geschichte und Aktualität des phänomenologischen Denkens in der Pädagogik, in: ders./ Meyer-Drawe, K. (Hg.): Kind und Welt. Phänomenologische Studien zur Pädagogik, Frankfurt a. M.: Athenäum, S. 101–130.

Lippitz, W. (1984): Exemplarische Deskription – die Bedeutung der Phänomenologie für die erziehungswissenschaftliche Forschung, PR Sankt Augustin 38, S. 3–22.

Loemke, T. (2020): Wahrgenommenem folgen. Begegnungen zwischen kunstpädagogischen und kunsttherapeutischen Orientierungen, in: Engel, B./Loemke, T./Böhme, K./Agostini, E./ Bube, A. (Hg.): Im Wahrnehmen Beziehungs- und Erkenntnisräume öffnen. Ästhetische Wahrnehmung in Kunst, Bildung, Forschung, München: kopaed, S. 121–137. (Reihe: Didaktische Logiken des Unbestimmten, Bd. 4).

Loemke, T. (2019): Innehalten beim Begleiten künstlerischer Prozesse. Handlungsleitende Orientierungen im Ausbreiten von Artefakten und Erzählen von Ereignissen, Nürnberg: FAU University Press.

Loemke, T. (2016): Kunstunterricht als Forschungsatelier? Kunstpädagogisches Forschungskolloquium zu Fragen der professionsbezogenen künstlerischen und ästhetischen Bildung, in: Kunstakademie Münster. Jahrbuch der Kunstakademie Münster 2015, Bönen/Westphalen: Druckverlag Kettler GmbH, S. 196f. (Reihe: Schriften der Kunstakademie Münster, Bd. 117).

Lorenz, R. (Hg.) (2015): Not now! Now! Chronopolitics, Art & Research, Berlin: Sternberg Press.

Lundberg, A. (2013): »Will we be Tested on This?«: Schoolgirls, Neoliberlism, and the Comic Grotesque in Swedish Contemporary Youth Theatre, in: *Culture unbound,* 2013 (5), S. 133–152.

Lüth, N. (2017): Kunstvermittlung als Bewegung, in: Fritzsche, M./Schnurr, A. (Hg.): Fokussierte Komplexität – Ebenen von Kunst und Bildung, Oberhausen: Athena, S. 229–240.

Lüthy, M. (2013): Drei Dimensionen des Unverfügbaren im künstlerischen Bild, in: Pazzini, K.-J./ Sabisch, A./Tarydellis, D. (Hg.): Das Unverfügbare. Wunder, Wissen, Bildung, Zürich: Diaphanes, S. 211–228.

Lynch, M. (2004): Gegen Reflexivität als akademischer Tugend und Quelle privilegierten Wissens, in: *ZBBS,* Jg. 5 (2), S. 273–309.

M

Martin, E./Wawrinowski, U. (2014): Beobachtungslehre. Theorie und Praxis reflektierter Beobachtung und Beurteilung, Weinheim/ München: Beltz Juventa.

Maset, P. (2017): Schwarze Pädagogik 4.0. Das Fach Kunst im Sog von Kompetenzorientierung und Digitalisierung, in: *BDK-Mitteilungen,* 2017 (1), S. 24–27.

Mayring, P. (2002): Einführung in die Qualitative Sozialforschung, Weinheim/Basel: Beltz Studium.

Mecheril, P. (2003): Text als Medium für Text. Method(olog)ische Anmerkungen zur allmählichen Verfertigung eines Interpretationstextes, in ders.: Prekäre Verhältnisse. Über natio-ethno-kulturelle (Mehrfach-)Zugehörigkeit), Münster: Waxmann.

Merleau-Ponty, M. (2012a [1946]): Das Primat der Wahrnehmung und seine philosophischen Konsequenzen – Vortrag von Merleau-Ponty und Sitzungsbericht der Société française de Philosophie in Paris vom 23. November 1946, in: Wiesing, L. (Hg.): Merleau-Ponty – Das Primat der Wahrnehmung, Frankfurt a. M.: Suhrkamp, S. 26–84.

Merleau-Ponty, M. (2012b [1934]): Die Natur der Wahrnehmung, in: Wiesing, L. (Hg.): Merleau-Ponty – Das Primat der Wahrnehmung, Frankfurt a. M.: Suhrkamp, S. 10–25.

Merleau-Ponty, M. (2004 [1986]): Das Sichtbare und das Unsichtbare. 3. Aufl. hrsg. und mit Vor-/ Nachwort von C. Lefort, aus dem Französischen übersetzt von R. Giuliani und B. Waldenfels, München: Wilhelm Fink Verlag.

Merleau-Ponty, M. (2003 [1951]): Die Widersetzlichkeit der Dinge, in: ders.: Das Auge und der Geist. Philosophische Essays. Auf der Grundlage der Übersetzungen von H. W. Arndt, C. Becker-Konersmann. F. Hogemann, A. Knop, A. Métraux und B. Waldenfels neu bearbeitet, kommentiert und mit einer Einleitung hrsg. von C. Bermes, Hamburg: Meiner, S. 71–98.

Merleau-Ponty, M. (1993 [1969]): Die Prosa der Welt. 2. Aufl., hrsg. von C. Lefort, aus dem Französischen übersetzt von R. Giuliani, Einleitung zur deutschen Fassung von B. Waldenfels, München: Wilhelm Fink Verlag.

Merleau-Ponty, M. (1984 [1964]): Das Auge und der Geist. Philosophische Essays, hrsg. von H. W. Arndt, Hamburg: Meiner.

Merleau-Ponty, M. (1976 [1942]): Die Struktur des Verhaltens. Übersetzt und mit einem Vorwort von B. Waldenfels, hrsg. von C. Fr. Graumann und A. Métraux, Berlin/New York.

Merleau-Ponty, M. (1966 [1945]): Phänomenologie der Wahrnehmung, Berlin: Walther de Gruyter & Co.

Mersch, D. (2018): Visuelles Denken. Konjunktionale versus präpositionale Assoziierung, in: Sabisch, A./Zahn, M. (Hg.): Visuelle Assoziationen. Bildkonstellationen und Denkbewegungen, Hamburg: Textem Verlag, S.23–43.

Mersch, D. (2007): Blick und Entzug. Zur ›Logik‹ ikonischer Strukturen, in: Boehm, G./Brandstetter, G./von Müller, A. (Hg.): Bild - Figur - Zahl, München: Fink Verlag, S. 55–69.

Mersch, D. (2005): Gibt es Verstehen?, in: Albrecht, J./Huber, J. u.a. (Hg.): Kultur Nicht Verstehen, Zürich/ Wiesbaden: Springer, S. 169–185. (Edition Voldemeer).

Mersch, D. (2003a): Aisthetische und diskursive Medien, in: ders.: Kunst und Medium. Zwei Vorlesungen, Kiel: Selbstverlag Muthesius-Hochschule, S. 151–167. (Reihe: Gestalt und Diskurs III, Schriftenreihe der Muthesius-Hochschule).

Mersch, D. (2003b): Das Bild, in: ders.: Kunst und Medium. Zwei Vorlesungen, Kiel: Selbstverlag Muthesius-Hochschule, S. 169–188. (Reihe: Gestalt und Diskurs III, Schriftenreihe der Muthesius-Hochschule).

Mersch, D./Heßler, M. (2009): Bildlogik oder Was heißt visuelles Denken?, in: dies. (Hg.): Logik des Bildlichen. Zur Kritik der ikonischen Vernunft, Bielefeld: transcript, S. 8–49.

Messner, H./Reusser, K. (2000): Berufliches Lernen als lebenslanger Prozess, in: Beiträge zur Lehrerbildung, Jg. 18 (3), S. 277–294.

Meuter, N. (2004): Geschichten erzählen, Geschichten analysieren. Das narrativistische Paradigma in den Kulturwissenschaften, in: Jaeger, F./Straub, J. (Hg.): Handbuch der Kulturwissenschaften – Paradigmen und Disziplinen, Stuttgart/Weimar: Verlag J. B. Metzler, S. 140–155.

Meyer, H. (2016): Unterrichtsmethoden, Berlin: Cornelsen. (Bd.1: Theorieband).

Meyer, T. (2009): Forschen in und an Kunstpädagogik, in: ders./Sabisch, A. (Hg.): Kunst. Pädagogik. Forschung: Aktuelle Zugänge und Perspektiven, Bielefeld: transcript, S. 15–32.

Meyer-Drawe, K. (2020): Sich verausgaben. Ein Beitrag zu einer Theorie der ästhetischen Bildung, in: Engel, B./Loemke, T./Böhme, K./Agostini, E./Bube, A. (Hg.): Im Wahrnehmen Beziehungs- und Erkenntnisräume öffnen. Ästhetische Wahrnehmung in Kunst, Bildung, Forschung, München: kopaed, S. 49–60. (Reihe: Didaktische Logiken des Unbestimmten, Bd. 4).

Meyer-Drawe, K. (2016a): Über die Kunst des Erzählens, in: Baur, S./Peterlini, H. K. (Hg.): An der Seite des Lernens. Erfahrungsprotokolle aus dem Unterricht an Südtiroler Schulen – ein Forschungsbericht, Innsbruck: StudienVerlag. S. 15–19.

Meyer-Drawe, K. (2016b): Wenn Blicke sich kreuzen. Zur Bedeutung der Sichtbarkeit für zwischenmenschliche Begegnungen, in: Jung, M./Bauks, M./Ackermann, A. (Hg.): Dem Körper eingeschrieben: Verkörperung zwischen Leiberleben und kulturellem Sinn, Wiesbaden: Springer VS, S. 37–54.

Meyer-Drawe, K. (2015a): Aufmerken – eine phänomenologische Studie, in: Reh. S./Berdelmann, K./Dinkelaker, J. (Hg.): Aufmerksamkeit: Geschichte – Theorie – Empirie, Wiesbaden: Springer VS, S. 117–126.

Meyer-Drawe, K. (2015b): Sinnlich wahrnehmen. Erfahrungsräume öffnen, in: Eger, N./Klinge, A. (Hg.): Künstlerinnen und Künstler im Dazwischen. Forschungsansätze zur Vermittlung in der kulturellen Bildung in der kulturellen Bildung, Bochum/Freiburg: Projektverlag, S. 30–40. (Reihe: Bochumer Beiträge zur bildungswissenschaftlichen und fachdidaktischen Theorie und Forschung, Bd. 7).

Meyer-Drawe, K. (2015c): Lernen und Bildung als Erfahrung. Zur Rolle der Herkunft in Subjektivationsvollzügen, in: Christof, E./Ribolits, E. (Hg.):

Bildung und Macht. Eine kritische Bestandsaufnahme, Wien: Löcker, S. 115–132.

Meyer-Drawe, K. (2013a): Lernen braucht Lehren, in: Fauser, P./Beutel, W./John, J. (Hg.): Pädagogische Reform. Anspruch – Geschichte – Aktualität, Hannover: Klett Kallmeyer, S. 89–97.

Meyer-Drawe, K. (2013b): Lernen und Leiden. Eine bildungsphilosophische Reflexion, in: Nittel, D./Seltrecht, A. (Hg.): Krankheit: Lernen im Ausnahmezustand? Brustkrebs und Herzinfarkt aus interdisziplinärer Perspektive, Wiesbaden: Springer VS, S. 67–76.

Meyer-Drawe, K. (2012a [2008]): Diskurse des Lernens, München: Fink Verlag.

Meyer-Drawe, K. (2012b): Lernen aus Passion, in: Felden, H. Von/Hif, C./Schmidt-Lauff, S. (Hg.): Erwachsenenbildung und Lernen. Dokumentation der Jahrestagung der Sektion Erwachsenenbildung der Deutschen Gesellschaft für Erziehungswissenschaft vom 22.–24.09.2011, Universität Hamburg, S. 9–20.

Meyer-Drawe, K. (2012c): Vorwort, in Schratz/Schwarz/Westfall-Greiter: Lernen als (bildende) Erfahrung. Vignetten in der Praxisforschung, Innsbruck/Wien/Bozen: StudienVerlag, S. 11–15.

Meyer-Drawe, K. (2011a): Staunen – ein sehr philosophisches Gefühl, in: *Etica & Politica / Ethics & Politics,* XIII, 2011 (1), S. 196–205.

Meyer-Drawe, K. (2011b): Empfänglichsein für die Welt. Ein Beitrag zur Bildungstheorie, in: Dörpinghaus, A./Nießeler, A. (Hg.): Dinge in der Welt der Bildung. Bildung in der Welt der Dinge, Würzburg: Königshausen & Neumann, S. 13–28.

Meyer-Drawe, K. (2010a): Zur Erfahrung des Lernens. Eine phänomenologische Skizze, in: *Ethica & Politica/ Ethics & Politics,* Jg. 13 (1), S. 196–205.

Meyer-Drawe, K. (2010b): Die Macht des Bildes – eine bildungstheoretische Reflexion, in: *Zeitschrift für Pädagogik,* 56 (6), S. 806–818.

Meyer-Drawe, K. (2005): Anfänge des Lernens, in: Benner, D. (Hg.): Erziehung - Bildung - Negativität, in: *Zeitschrift für Pädagogik,* Beiheft 49, Weinheim u. a.: Beltz, S. 24–37.

Meyer-Drawe, K. (2002): Die Dichte der Dauer. Phänomenologische Notizen zu den Grenzen des Verstehens bei Merleau-Ponty, in: Kühne-Bertram, G./Scholtz, G. (Hg.): Grenzen des Verstehens. Philosophische und humanwissenschaftliche Perspektiven, Göttingen: Vandenhoeck & Ruprecht, S. 163–171.

Meyer-Drawe, K. (2000 [1990]): Illusionen von Autonomie, Mainz: P. Kirchheim.

Meyer-Drawe, K. (1996): Vom anderen lernen. Phänomenologische Betrachtungen in der Pädagogik, in: Borrelli, M./Ruhloff, J. (Hg.): Deutsche Gegenwartspädagogik, Bd. 2, Hohengehren: Schneider Verlag, S. 85–98.

Meyer-Drawe, K. (1987): Mathematisches Erkennen zwischen Kreation und Architektonik. Philosophische Anregungen für eine Didaktik der Mathematik, in: Mathematik und Philosophie,Themenheft 33 (2), S. 7–17.

Meyer-Drawe, K. (1984): Grenzen pädagogischen Verstehens – Zur Unlösbarkeit des Theorie-Praxis-Problems in der Pädagogik, in: *Vierteljahresschrift für wissenschaftliche Pädagogik,* hrsg. von Böhm, W. u. a. , S. 249–259.

Mian, S. (2018): Sich-Einlassen auf die Schüler. Beitrag in: Agostini, E./Schratz, M./Risse E. (2018) (Hg.): Lernseits denken – erfolgreich unterrichten. Personalisiertes Lernen und Lehren in der Schule, Hamburg: AOL Verlag, S. 38–40.

Mörsch, C (2009): Die documenta 12 – Vermittlung zwischen Affirmation, Reproduktion, Dekonstruktion und Transformation, in: Mörsch, C./Forschungsteam der documenta-12-Vermittlung (Hg.): Kunstvermittlung 2. Zwischen kritischer Praxis und Dienstleistung auf der documenta 12, Zürich/Berlin: Diaphanes, S. 9–33.

Mohn, B. (2002): Filming Culture. Spielarten des Dokumentierens nach der Repräsentationskrise. Qualitative Soziologie, Bd. 3, Stuttgart: Lucius & Lucius Verlag.

Moon, J.A. (2004): A handbook of reflective and experiential learning: Theory and practice. London: Routledge Falmer.

Mörsch, C. /Sturm, E. (2010): Vermittlung – Performance – Widerstreit, in: *Art Education Research,* Jg. 1 (2), S. 1–6.

Muhr, M. (2014): Sich Verzeichnen – trotz und mittels Differenzen, in: *Art Education Research,* Jg. 5 (8). S. 1–5.

Müller, R. (2013): Aufmerksam sein. Aspekte des Unscheinbaren im Bildungsprozess, in: Mattenklott, G. (Hg.): Ästhetik des Unscheinbaren. Annäherungen aus Perspektiven der Künste, der Philosophie und der Ästhetischen Bildung, Oberhausen: Athena Verlag, S. 187–199.

N

Napp, C. (2014): Skulptur als untersubjektive Erfahrung – Über die Potenziale performativer Prozesse im Kunstunterricht am Beispiel der ›One Minute Skulptures‹ Erwin Wurms, in: Engel, B./Böhme, K. (Hg.): Kunst und Didaktik in Bewegung. Kunstdidaktische Installationen als Professionalisierungsimpuls, München: kopaed, S. 96–105. (Reihe: Didaktische Logiken des Unbestimmten, Bd. 1).

Neuweg, G. H. (2002): Lehrerhandeln und Lehrerbildung im Lichte des Konzepts des impliziten Wissens, in: *Zeitschrift für Pädagogik,* Jg. 48 (1), S. 10–29.

Novak, M./Schürch, A. (2016): Fachdidaktik, forschend. Überlegungen zum Forschungspraktikum und seinen Potenzialen, in: *Art Education Research,* Jg. 7 (11), S. 1–5.

O

Oevermann, U. (2000): Professionalisierungsbedürftigkeit und Professionalisiertheit pädagogischen Handelns, in: Paul, M./Marotzki, W./Schweppe, C. (Hg.): Biografie und Profession, Bad Heilbrunn: Klinkhardt Verlag, S. 19–63.

Oevermann, U./Allert, T./Konau, E./Krambeck, J. (1979): Die Methodologie einer ›objektiven Hermeneutik‹ und ihre allgemeine forschungslogische Bedeutung in den Sozialwissenschaften, in: Soeffner, H.-G. (Hg.): Interpretative Verfahren in den Sozial- und Textwissenschaften, Stuttgart: Metzler Verlag, S. 352–433.

Ott, M. (2014): Zurück auf Anfang: Bildung als Verwunderung, Hamburg: Univers. Press. (Reihe: Kunstpädagogische Positionen, Bd. 31).

Otto, G. (1991): Ästhetische Rationalität, in: Zacharias, W. (Hg.): Schöne Aussichten? – Ästhetische Bildung in einer technisch-medialen Welt, Essen, S.145–162.

Otto, G. (1983): Bildanalyse. Über Bilder sprechen lernen, in: *Kunst+Unterricht,* Heft 771, S. 10–19.

Otto, G./Otto, M. (1987): Auslegen. Ästhetische Erziehung als Praxis des Auslegens in Bildern und des Auslegens von Bildern, Seelze: Friedrich Verlag.

P

Paul, F. (2013): In Conversation with Barbara Probst, in: ders./Probst, B. u.a. (Hg.): Barbara Probst, Berlin: Hantje Cantz Verlag, S. 142–147.

Pazzini, K.-J. (2015a): Stimmungen. Plädoyer für das Transindividuelle, in: Engel, B./Böhme, K. (Hg.): Didaktische Logiken des Unbestimmten. Immanente Qualitäten in erfahrungsoffenen Bildungsprozessen, Münster: kopaed, S. 86–108. (Reihe: Didaktische Logiken des Unbestimmten, Bd. 2).

Pazzini, K.J. (2015b): Bildung vor Bildern: Kunst. Pädagogik. Psychoanalyse, Bielefeld: transcript.

Pazzini, K.J. (2012): Sehnsucht der Berührung und Aggressivität des Blicks, Hamburg: Univers. Press. (Reihe: Kunstpädagogische Positionen, Bd. 24).

Pazzini, K.-J. (2008): Nachträglich unvorhersehbar, in: Busse, K.-P./ ders. (Hg.): (Un)Vorhersehbares lernen: Kunst – Kultur – Bild, Norderstedt: Books on Demand, S. 43–68. (Reihe: Dortmunder Schriften zur Kunst, Studien zur Kunstdidaktik Bd. 6).

Pazzini, K.-J./Gottlob, S./Porath, E. (2001): Kontaktabzug. Medien im Prozess der Bildung, Wien: Verlag Turia + Kant.

Pazzini, K.-J./Sabisch, A./Tarydellis, D. (Hg.) (2013): Das Unverfügbare. Wunder, Wissen, Bildung, Zürich: Diaphanes.

Peterlini, H. K. (2016): Fenster zum Lernen, in: Baur, S./ders. (Hg.): An der Seite des Lernens. Erfahrungsprotokolle aus dem Unterricht an Südtiroler Schulen – ein Forschungsbericht, Innsbruck/Wien/Bozen: StudienVerlag, S.21–29.

Peez, G. (2019): Deutschland: Lehrer*innenbildung in der Kunstpädagogik, in Kunz, R./Peters, M. (Hg.): Der professionalisierte Blick. Forschendes Studieren in der Kunstpädagogik, München: kopaed, S. 266–271.

Peez, G. (2007): Laras erste Kritzel. Eine phänomenologische Fallstudie zu den frühesten Zeichnungen eines 13 Monate alten Kindes, in: ders. (Hg.): Handbuch Fallforschung in der Ästhetischen Bildung/ Kunstpädagogik. Qualitative Empirie für Studium, Praktikum, Referendariat und Unterricht, Baltmannsweiler: Schneider Verlag Hohengehren, S. 104–117.

Peez, G. (2006): Fotografien in pädagogischen Fallstudien. Sieben qualitativ-empirische Analyseverfahren zur ästhetischen Bildung. Theorie und Forschungspraxis, München: kopaed.

Peterlini, H. K. (2020): Phänomenologie als Forschungshaltung. Einführung in Theorie und Methodik für das Arbeiten mit Vignetten und Lektüren, in: Donlic, J./Strasser, I.: Gegenstand und Methoden qualitativer Sozialforschung. Einblicke in die Forschungspraxis, Wiesbaden: Budrich, S. 121–138.

Peters, M. (2019a): Entwicklung, Inhalte und Merkmale Forschenden Studierens in der kunstpädagogischen Lehrer*innenbildung, in: Kunz, R./Peters, M. (Hg.): Der professionalisierte Blick. Forschendes Studieren in der Kunstpädagogik, München: kopaed, S. 136–146.

Peters, M. (2019b): Innovative Methoden zur Untersuchung ästhetischer Bildungsprozesse in berufspraktischen Feldern, in: Kunz, R./Peters, M. (Hg.): Der professionalisierte Blick. Forschendes Studieren in der Kunstpädagogik, München: kopaed, S. 174–189.

Peters, M. (2019c): Entwicklungen, Inhalte und Merkmale Forschenden Lernens in der Lehrer*innenbildung, in: Kunz, R./Peters, M. (Hg.): Der professionalisierte Blick. Forschendes Studieren in der Kunstpädagogik, München: kopaed, S. 102–124.

Peters, M. (2016): Sprache in der Kunstpädagogik, in: Hausendorf, H./Müller, M. (Hg.): Handbuch Sprache in der Kunstkommunikation, Berlin: De Gruyter, S. 287–315. (Reihe: Handbücher Sprachwissen, Bd.16).

Peters, M. (2006): Das Selbstverständliche bezweifeln. Produktive Verknüpfungen zwischen Hochschulseminar, Praktikum und Schulunterricht zur Ausbildung einer ästhetisch-forschenden Haltung, in: Blohm, M./Heil, C./Peters, M./ Sabisch, A./Seydel, F. (Hg.): Über ästhetische Forschung. Lektüre zu Texten von Helga Kämpf-Jansen, München: kopaed, S. 55–70.

Peters, M. (2005): Performative Handlungen und biographische Spuren in Kunst und Pädagogik, Hamburg: Univers. Press. (Reihe: Kunstpädagogische Positionen, Bd.11).

Peters, M. (1996): Blick – Wort – Berührung. Differenzen als ästhetisches Potenzial in der Rezeption plastischer Werke von Arp – Maillol – F.E. Walter, München: Wilhelm Fink Verlag. (Reihe: Phänomenologische Untersuchungen, Bd. 9).

Pichler, W. (2010): Topologie des Bildes. Im Plural und im Singular, in: Ganz, D./Thürlemann, F. (Hg.): Das Bild im Plural: Mehrteilige Bildformen zwischen Mittelalter und Gegenwart, Berlin: Dietrich Reimer Verlag, S. 111–132

Pilarczyk, U./ Mietzner, U. (2005): Das reflektierte Bild. Die seriell-ikonografische Fotoanalyse in den Erziehungs- und Sozialwissenschaften, Leipzig: Verlag Julius Klinkhardt.

Ploder, A./Stadlbauer, J. (2013): Autoethnographie und Volkskunde? Zur Relevanz wissenschaftlicher Selbsterzählungen für die volkskundlich kulturanthropologische Forschungspraxis, in: *Österreichische Zeitschrift für Volkskunde*, 116 (3–4), S. 373–404, http://nbn-resolving.de/urn:nbn:de:0168-ssoar-398316, aufgerufen am 24.02.2022.

Polanyi, M. (1985): Implizites Wissen, Frankfurt a.M.: Suhrkamp Verlag.

Pratt, M. L. (1991): Arts of the contact zone, in: Modern Language Association (Hg.): Profession, S. 33–40.

Probst, B. (2014a): Es könnte so gewesen sein, in: Fotohof Edition/Kealy, S./Salzburger Kunstverein (Hg.): PUNCTUM. Bemerkungen zur Photographie/Reflections on Photography, Katalog zur gleichnamigen Ausstellung im Salzburger Kunstverein vom 26.07.–21.09.2014), S. 162–163.

Probst, B. (2014b): Aufnehmen und Sichtbarmachen/Meditationen über das Material der Fotografie, in: Museum Folkwang (Hg.): (Mis)Understanding Photography, Göttingen: Steidl Books, S. 30 u. 48/49.

Probst, B. (2007): Barbara Probst: Exposures, Göttingen: Steidl Books.

R

Rabe-Klebergs, U. (1996): Professionalität und Geschlechterverhältnis. Oder: Was ist ›semi‹ an traditionellen Frauenberufen?, in: Combe, A./Helsper, W. (1996) (Hg.): Pädagogische Professionalität, Frankfurt a. M.: Suhrkamp Verlag, S. 276–302.

Rahmenlehrplan Berlin: Jahrgangsstufen 1–10 (Teil C: Kunst), hrsg. von Senatsverwaltung für Bildung, Jugend und Sport Berlin, Ministerium für Bildung, Jugend und Sport des Landes Brandenburg, Ministerium für Bildung, Wissenschaft und Kultur Mecklenburg-Vorpommern, https://bildungsserver.berlin-brandenburg.de/fileadmin/bbb/unterricht/rahmenlehrplaene/Rahmenlehrplanprojekt/amtliche_Fassung/Teil_C_Kunst_2015_11_10_WEB.pdf, aufgerufen am 29.02.2022.

Rahmenlehrplan für die gymnasiale Oberstufe: Bildende Kunst, hrsg. von Senatsverwaltung für Bildung, Jugend und Sport Berlin, Ministerium für Bildung, Jugend und Sport des Landes Brandenburg, Ministerium für Bildung, Wissenschaft und Kultur Mecklenburg-Vorpommern, https://www.berlin.de/sen/bildung/unterricht/faecher-rahmenlehrplaene/rahmenlehrplaene/mdb-sen-bildung-unterricht-lehrplaene-sek2_bildende_kunst.pdf, aufgerufen am 29.02.2022.

Rajanayagam, I. (2015): Weiße Räume öffnen?! – Möglichkeiten und Grenzen, in: Graham, S. CC/Koch, K./Kohl, M.-A. (Hg.): Prekäre Kunst: Protest & Widerstand. Katalog zur gleichnamigen Ausstellung und Veranstaltungsreihe vom 12.09.–16.09.2015 in der alpha Nova & galerie futura, Berlin, S. 50–54. https://www.galeriefutura.de/content/wp-content/uploads/2015/09/preka%CC%88re-Kunst-Katalog_spread.pdf, aufgerufen am 29.02.2022.

Rebentisch, J. (2003): Ästhetik der Installation, Frankfurt a.M.: Suhrkamp Verlag.

Reh, S. (2004): Abschied von der Profession, von Professionalität oder vom Professionellen? Theorien und Forschungen zur Lehrerprofessionalität, in: *Zeitschrift für Pädagogik*, Jg. 50 (3), S. 358–372.

Richard, B. (2004): Clipping gender. Mediale Einzelbilder, Sequenzen und Bild-Nachbarschaften im Rahmen einer fokussierten Relationsanalyse, in: *ZBBS*, Jg. 5 (1), S. 29–48.

Ricken, N. (1999): Subjektivität und Kontingenz. Markierungen im pädagogischen Diskurs, Würzburg: Königshausen & Neumann.

Richter, G. (1993): Text 1961 bis 2007: Schriften, Interviews, Briefe, hrsg. von D. Elger/H. U. Obrist, Köln: Verlag Walther König.

Ricœur, P. (2007): Zeit und Erzählung: Zeit und historische Erzählung, München/ Paderborn: Wilhelm Fink Verlag. (Reihe: Übergänge – Texte und Studien zu Handlung, Sprache und Welt, Bd. 18 (1)).

Riedel, Chr. (1989): Subjekt und Individuum. Zur Geschichte des philosophischen Ich-Begriffs, Darmstadt: wbg – Wissenschaftliche Buchgesellschaft.

Rollig, Stella (2004): Aus Zuschauern Mitwirkende machen, in: Landeshauptstadt München/Büttner, C. (Hg.): kunstprojekte_riem: Öffentliche Kunst für einen Münchner Stadtteil, Wien/New York: Springer Verlag.

Rousseau, J.-J. (2019 [1762]): Emile oder Über die Erziehung, Ditzingen: Philipp Reclam jun.

S

Sabisch, A. (2018a): Bildwerdung. Reflexionen zur pathischen und performativen Dimension von Bilderfahrungen, München: kopaed.

Sabisch, A. (2018b): Antworten auf Bilder: Zu Irritationen im visuellen Bildungs- und Erfahrungsprozess, in: Bär, I./Gebhard, U./Krieger, C./Lübke, B./Pfeiffer, M./Regenbrecht, T./ Sabisch, A./Sting, W. (Hg.): Irritation als Chance: Bildung fachdidaktisch denken, Wiesbaden: Springer VS, S. 259–290.

Sabisch, A. (2018c): Visuelle Assoziationen als generatives Prinzip. Vom Anschließen dun Verknüpfen zum Bilden und Denken, in: Sabisch, A./Zahn, M. (Hg.): Visuelle Assoziationen. Bildkonstellationen und Denkbewegungen, Hamburg: Textem Verlag, S. 406–425.

Sabisch, A. (2007): Inszenierung der Suche: Vom Sichtbarwerden ästhetischer Erfahrung im Tagebuch. Entwurf einer wissenschaftskritischen Grafieforschung, Bielefeld: transcript.

Sabisch, A./Heil, C./Burkhard, S. (2008): Wissensgrenzen und Tagungskultur, in: Busse, K.-P./Pazzini, K.-J. (Hg.): (Un)Vorhersehbares lernen: Kunst - Kultur - Bild, Norderstedt: Books on Demand, S. 253–277. (Reihe: Dortmunder Schriften zur Kunst, Studien zur Kunstdidaktik Bd. 6).

Schäfer, A. (2005): Einführung in die Erziehungsphilosophie, Weinheim/Basel: Beltz Juventa.

Schäfer, A./Wimmer, M. (2003) (Hg.): Machbarkeitsphantasien, Opladen: VS Verlag für Sozialwissenschaften.

Schmidt-Wetzel, M. (2017): Kollaboratives Handeln im Kunstunterricht. Eine qualitativ-empirische Untersuchung mit Praxisbeispielen, München: kopaed.

Schön, D. (1983): The Reflective Practitioner. How Professionals Think in Action, New York: Basic Books, Inc. Publishers.

Schratz, M. (2016): Möglichkeitsräume lernseits erkunden, in: Baur, S./Peterlini, H. K. (Hg.): An der Seite des Lernens. Erfahrungsprotokolle aus dem Unterricht an Südtiroler Schulen – ein Forschungsbericht, Innsbruck/ Wien/Bozen: Studien-Verlag. S. 201–205.

Schratz, M./Schwarz, J.F./Westfall-Greiter, T. (2012): Lernen als bildende Erfahrung. Vignetten in der Praxisforschung, Innsbruck/Wien/Bozen: StudienVerlag.

Schratz, M./Schwarz, J.F./Westfall-Greiter, T. (2011). Auf dem Weg zu einer Theorie lernseits von Unterricht, in: Meseth, W./Proske, M./Radtke, F.-O. (Hg.): Unterrichtstheorien in Forschung und Lehre, Bad Heilbrunn: Klinkhardt, S. 103–129.

Schulz, M. (2010): Gefrorene Momente des Geschehens, in: Heinzel, F./Thole, W./Cloos, P./Köngeter, S. (Hg.): Auf unsicherem Terrain. Ethnographische Forschung im Kontext des Bildungs- und Sozialwesens, Wiesbaden: VS Verlag, S. 71–79.

Schürch, A. (2020): Warum der Frage nach Kontingenz in Bildungszusammenhängen ein dekonstruktivistischer drive innewohnt (Teilpublikation: In die Schwebe zurückversetzen), in: Gruber, A./ Schürch, A./Willenbacher, S./Moersch, C./Sack, M. (Hg.) (2020): Kalkül und Kontingenz. Kunstbasierte Untersuchungen im Kunst- und Theaterunterricht, München: kopaed, S. 11–21.

Schürmann, E. (2013): Erscheinen als Ereignis. Zeittheoretische Überlegungen zur Fotografie, in: Alloa, E. (Hg.): Erscheinung und Ereignis. Zur Zeitlichkeit des Bildes, München: Wilhelm Fink Verlag, S. 17–38.

Seel, M. (1997): Ästhetik und Aisthetik. Über einige Besonderheiten ästhetischer Wahrnehmung, in: Recki, B./Wiesing, L. (Hg.): Bild und Reflexion. Paradigmen und Perspektiven gegenwärtiger Ästhetik, München: Wilhelm Fink Verlag, S. 17–38.

Seelig, T. (2014): From Material Evidence to the Dematerialized Figure, in: Moser, W./Schröder K. A. (Hg.): Blow Up. Antonioni's Classic Film and Photography, Katalog zur gleichnamigen Ausstellung in Albertina Wien 30.04.–24.08.2014; Fotomuseum Winterthur 13.09–30.22.2014; C/O Berlin 13.12.2014–08.03.2015, Ostfildern: Hatje Cantz, S. 224–227.

Snyder, J. (2002): Das Bild sehen, in: Wolf, H. (Hg.): Paradigma Fotografie. Frankfurt a.M.: Suhrkamp Verlag, S. 23–59. (Reihe: Fotokritik am Ende des fotografischen Zeitalters, Bd. 1).

Sontag, S. (1980): Die Bilderwelt, in: dies.: Über Fotografie, Frankfurt a.M.: Fischer Verlag, S. 146–172.

Spielmann, R. (2020): ›PureRef‹ – Ein virtueller Desktop zum Anordnen, Skalieren und Verschieben von Bildern. Software-Empfehlung für die Corona-Zeit und darüber hinaus, in: *BDK-Mitteilungen,* 2020 (3), S. 12–13.

Spivak, G. (1988): Can the subaltern speak?, in: Nelson, C./Grossberg, L. (Hg.): Marxism and the Interpretation of Culture, Chicago. Urbana and Chicago, S. 271–313.

Staub, F. C. (2004): Fachspezifisch-Pädagogisches Coaching: Ein Beispiel zur Entwicklung von Lehrerfortbildung und Unterrichtskompetenz als Kooperation, in: Lenzen, D./Baumert, J. (Hg.): PISA und die Konsequenzen für die erziehungswissenschaftliche Forschung (Beiheft der Zeitschrift für Erziehungswissenschaft), Wiesbaden: VS Verlag für Sozialwissenschaften, S. 113–141.

Sternfeld, N. (2014): Verlernen vermitteln, Hamburg: Univers. Press. (Reihe: Kunstpädagogische Positionen, Bd. 30).

Sternfeld, N. (2013): Kontaktzonen der Geschichtsvermittlung. Transnationales Lernen über den Holocaust in der postnazistischen Migrationsgesellschaft, Wien: zaglossus.

Sturm, E. (2012): Die Position ›von Kunst aus‹ in 9 Punkten dargelegt. Rede für kunstvermittlungsinteressierte Leserinnen und Leser (Text mit Klammern). Oder: Vom Arbeiten mit Kunst, in: Olbrich, V. (Hg.): Ortsgespräch – ein Kunstvermittlungsprojekt der Städtischen Galerie Nordhorn, Städtische Galerie Nordhorn, S. 14–25.

Sturm, E. (2008): Mit dem was sich zeigt. Über das Unvorhersehbare in Kunstpädagogik und Kunstvermittlung, in: Busse, K.-P./ ders. (Hg.): (Un)Vorhersehbares lernen: Kunst - Kultur - Bild. Norderstedt: Books on Demand, S. 71–91. (Reihe: Dortmunder Schriften zur Kunst, Studien zur Kunstdidaktik Bd. 6).

Sturm, E. (2004): Kunst-Vermittlung ist nicht Kunst-Pädagogik und umgekehrt, in: Kirschenmann, J./Wenrich, R./Zacharias, W. (Hg.): Kunstpädagogisches Generationengespräch. Zukunft braucht Herkunft, München: kopaed, S. 176–182.

Sturm, E. (1996): Im Engpass der Worte, Berlin: Dietrich Reimer Verlag.

Stutz, U. (2006): Beteiligte Blicke – Ästhetische Annäherungen in qualitativen empirischen Untersuchungen, in: Marotzki, W./ Niesyto, H. (Hg.): Bildinterpretation und Bildverstehen. Methodische Ansatze aus sozialwissenschaftlicher, kunst- und medienpädagogischer Perspektive, Wiesbaden: Springer VS, S.139–170.

Sutter, S. (2017): Rekonstruktion von Kunstunterricht – Sinnüberschüsse und künstlerische Handlungsformen im Kontext von Schule, aktueller Kunst und Theater, https://duepublico2.uni-due.de/receive/duepublico_mods_00044943, aufgerufen am 29.02.2022.

Sutter, S. (2016): Regeln, Routinen und Rituale: R-Strukturen im Kunstunterricht, in: Blohm, M. (Hg.): Kunstpädagogische Stichworte, Hannover: fabrico Verlag, S. 127–130.

T

Talbot, W. H. F. (1989): Der Zeichenstift der Natur, in: Wiegand, W. (Hg.): Die Wahrheit der Photographie. Klassische Bekenntnisse zu einer neuen Kunst, Frankfurt a. M.: Fischer Verlag, S. 45–89.

Terhart, E. (2005): Standards für die Lehrerbildung, in: *Zeitschrift für Pädagogik,* Jg. 5 (2), S. 275–279.

Theunissen, M. (2000): Pindar: Menschenlos und Wende der Zeit, München: C.H. Beck Verlag

Thürlemann, F. (2013): Mehr als ein Bild. Für eine Kunstgeschichte des hyperimage, München: Wilhelm Fink Verlag. (Reihe: Bild und Text).

V

Villiger, J. (2019): Scheinbar Unscheinbares. Pilotprojekt für ein Reflexionsformat in der Kunstlehrer*innenbildung, in: Kunz, R./Peters, M. (Hg.): Der professionalisierte Blick. Forschendes Studieren in der Kunstpädagogik, München: kopaed, S. 190–202.

Vogl, J. (2007): Über das Zaudern, Zürich/Berlin: Diaphanes.

W

Wagner-Willi, M. (2005): Kinder-Rituale zwischen Vorder- und Hinterbühne. Der Übergang von der Pause zum Unterricht, Wiesbaden: Springer VS.

Wahl, D. (1991): Handeln unter Druck. Der weite Weg vom Wissen zum Handeln bei Lehrern, Hochschullehrern und Erwachsenenbildnern, Weinheim: Deutscher Studien Verlag.

WAHRIG Herkunftswörterbuch (2009), Bd. 6, Gütersloh u. a.: Bertelsmann.

Walch, J. G. (2011 [1775]): Philosophisches Lexicon, Bd. 2, Reprint Hildesheim/ Olms: Georg Thieme Verlag.

Waldenfels, B. (2016a): Grundmotive einer Phänomenologie des Fremden, Frankfurt a. M.: Suhrkamp Verlag.

Waldenfels, B. (2016b [2007]): Antwortregister, Frankfurt a. M.: Suhrkamp Verlag.

Waldenfels, B. (2015a [2004]): Phänomenologie der Aufmerksamkeit, Frankfurt a. M.: Suhrkamp Verlag.

Waldenfels, B. (2015b): Sozialität und Alterität, Frankfurt a. M.: Suhrkamp Verlag.

Waldenfels, B. (2013a): Ordnung im Zwielicht, München: Wilhelm Fink Verlag. (Reihe: Übergänge: Texte und Studien zu Handlung, Sprache und Lebenswelt, Bd. 61).

Waldenfels, B. (2013b): Verfremdung und Verwunderung, in: Pazzini, K.-J./Sabisch, A./Tyradellis, D. (Hg.): Das Unverfügbare. Wunder, Wissen, Bildung, Zürich: Diaphanes, S. 37–49.

Waldenfels, B. (2010a): Sinne und Künste im Wechselspiel. Modi ästhetischer Erfahrung, Frankfurt a.M.: Suhrkamp Verlag.

Waldenfels, B. (2010b): Das leibliche Selbst, Frankfurt a. M.: Suhrkamp Verlag.

Waldenfels, B. (2004): Phänomenologie zwischen Pathos und Response, in: Hogrebe, W. (Hg.): Grenzen und Grenzüberschreitungen, Berlin: Akademie Verlag, S. 813–825.

Waldenfels, B. (2004b): Findigkeit des Körpers. Dortmund: Books on Demand. (Reihe: Dortmunder Schriften zur Kunst).

Waldenfels, B. (2002): Bruchlinien der Erfahrung, Frankfurt a. M.: Suhrkamp Verlag.

Waldenfels, B. (2000): Das leibliche Selbst, Frankfurt a. M.: Suhrkamp Verlag.

Waldenfels, B. (1997): Topographie des Fremden.

Studien zur Phänomenologie des Fremden, Frankfurt a.M.: Suhrkamp Verlag.

Waldenfels, B. (1987): Ordnung im Zwielicht, Frankfurt a.M.: Suhrkamp Verlag.

Waldenfels, B./Mersch, D. (2015): Erscheinung und Ereignis, in: Fliescher, M./Goppelsröder, F./ Mersch, D. (Hg.): Sichtbarkeit 1: Erscheinen. Zur Praxis des Präsentativen, Zürich: Diaphanes, S. 173–183.

Weigert, H./Weigert, E. (1993): Schülerbeobachtung. Ein pädagogischer Auftrag, Weinheim/Basel: Beltz Verlag.

Wernet, A. (2006): Hermeneutik – Kasuistik – Fallverstehen. Eine Einführung, Stuttgart: Kohlhammer.

Westphal, K. (2019): Teilhabe und Kritik als eine ästhetische Raumpraxis am Beispiel Theater und Schule, in: Engel, B./Fisch, I./Hölscher, S./Treese, A.-L. (Hg.): VER_HANDELN: Begegnungen im öffentlichen Raum der Kunst – Skulptur Projekte Münster 2017, München: kopaed, S. 46–61. (Reihe: Didaktische Logiken des Unbestimmten, Bd. 3).

Westphal, K. (2018 [2004]): Stimme. Geste. Blick. Der Körper als Bezugspunkt für Lern- und Bildungsprozesse, in: Brinkmann, M. (Hg.): Phänomenologische Erziehungswissenschaft von ihren Anfängen bis heute. Eine Anthologie, Wiesbaden: Springer VS, S. 435–456.

Westphal, K. (2015): Wirkweisen des Ästhetischen – Ein Versuch, das Unbestimmte zu bestimmen: am Beispiel des Performancekollektivs ›Showcase Beat Le Mot mit Animal Farm / Farm der Tiere‹, in: Engel, B./Böhme, K. (Hg.): Didaktische Logiken des Unbestimmten: immanente Qualitäten in erfahrungsoffenen Bildungsprozessen, München: kopaed, S. 36–56. (Reihe: Didaktische Logiken des Unbestimmten, Bd. 2).

Westphal, K. (2014): Phänomenologie als Forschungsstil und seine Bedeutung für die kulturelle und ästhetische Bildung, https://www.kubi-online.de/index.php/artikel/phaenomenologie-forschungsstil-seine-bedeutung-kulturelle-aesthetische-bildung, aufgerufen am 29.02.2022.

Westphal, K. (1997): Zwischen Himmel und Erde. Annäherung an eine kulturpädagogische Theorie des Raumerlebens, Bern u.a.: Peter Lang. (Reihe: Europäische Hochschulschriften, Bd. 711).

Wiesemann, J. (2010): Ethnographie (machen) mit Kindern in der Schule: Die Beobachtung der Beobachter, in: Heinzel, F./Thole, W./Cloos, P./ Köngeter, S. (Hg.): Auf unsicherem Terrain: Ethnographische Forschung im Kontext des Bildungs- und Sozialwesens, Wiesbaden: Springer VS, S. 143–152.

Wiesing, L. (2012): Nachwort zu Merleau-Pontys Entdeckung der Wahrnehmung, in: Merleau-Ponty, M.: Das Primat der Wahrnehmung, hrsg. von L. Wiesing, Frankfurt a.M.: Suhrkamp Verlag, S. 85–124.

Wiesing, L. (2010): Fotografieren als phänomenologische Tätigkeit. Zur Husserl-Rezeption bei Flusser, in: *Flusser Studies* 10, S. 1–9, http://www.flusserstudies.net/sites/www.flusserstudies.net/files/media/attachments/wiesing-fotografieren.pdf, aufgerufen am 25.02.2022.

Wiesing, L. (2008): Die Sichtbarkeit des Bildes. Geschichte und Perspektiven der formalen Ästhetik, Frankfurt a.M.: Campus Verlag.

Wildt, J. (2009): Forschendes Lernen: Lernen im »Format der Forschung«, in: *Journal Hochschuldidaktik,* Jg. 20 (2), S. 4–7, https://eldorado.tu-dortmund.de/bitstream/2003/26936/1/2009_2_Wildt.pdf, aufgerufen am 06.02.2022.

Wildt, J. (2005): Auf dem Weg zu einer Didaktik der Lehrerbildung?, in: *Beiträge zur Lehrerbildung,* Jg. 23 (2), S. 183–190.

Wimmer, M. (2014): Pädagogik als Wissenschaft des Unmöglichen, Paderborn: Schöningh Verlag.

Wimmer, M. (2010): Lehren und Bildung. Anmerkungen zu einem problematischen Verhältnis, in: Pazzini, K.-J./Schuller, M./Wimmer, M. (Hg.): Lehren bildet? Vom Rätsel unserer Lehranstalten, Bielefeld: transcript, S. 13–37.

Wimmer, M. (1996): Zerfall des Allgemeinen – Wiederkehr des Singulären. Pädagogische Professionalität und der Wert des Wissens, in: Combe, A./Helsper, W. (Hg.): Pädagogische Professionalität. Untersuchungen zum Typus pädagogischen Handelns, Frankfurt a.M.: Suhrkamp Verlag, S. 404–447

Wimmer, M. (1988): Der Andere und die Sprache. Vernunftkritik und Verantwortung, Berlin: Reimer Verlag.

Winderlich, K. (2010): Sich ein Bild machen – Zum Fotografieren im Hinblick auf die Beobachtung und Beschreibung der leiblichen Dimensionen von Bildung, in: *Zeitschrift für ästhetische Bildung (Zaeb),* Jg. 2 (1), S. 1–10.

Wissenschaftsrat (2001): Empfehlung zur künftigen Struktur der Lehrerbildung, 2001.

Wittgenstein, L. (2000): The Big Typescript, hrsg. von Nedo, M., Wiener Ausgabe, Wien: Verlag Vittorio Klostermann (Reihe: RoteReihe, Bd. 11).

Wood, Chr. S. (2020): Das Bild ist immer schon plural, in: Ganz, D./Thürlemann, F. (Hg.): Das Bild im Plural. Mehrteilige Bildformen zwischen Mittelalter und Gegenwart, Berlin: Reimer Verlag. (Reihe: Bild + Bild, Bd. 1).

Wulf, C./Zirfas, J. (2007): Performative Pädagogik und performative Bildungstheorien. Ein neuer Fokus erziehungswissenschaftlicher Forschung, in: dies. (Hg.): Pädagogik des Performativen. Theorien, Methoden, Perspektiven, Weinheim/ Basel: Beltz Verlag, S. 7–40.

Wulftange, G. (2016): Fremdes – Angst – Begehren: Annäherungen an eine Theorie transformatorischer Bildungsprozesse. Bielefeld: transcript. (Reihe: Theorie Bilden).

Wyss, C. (2013): Unterricht und Reflexion. Eine mehrperspektivische Untersuchung der Unterrichts- und Reflexionskompetenz von Lehrkräften, Münster: Waxmann Verlag.

Z

Zahn, M. (2012): Ästhetische Film-Bildung: Studien zur Materialität und Medialität filmischer Bildungsprozesse, Bielefeld: transcript. (Reihe: Theorie Bilden).

Zeichner, K.M./Liston, D. P. (1996): Reflexive teaching: An introduction. Reflexive teaching and the social conditions of schooling, Mahwah/ NJ: Erlbaum.

Zimmer, J. (2004): Reflexion, Bielefeld: Edition panta rei.

Zirfas, J. (2008): Performative Prozesse im Schultheater. Pädagogische Anmerkungen zur Kontingenzbildungskompetenz, in: Busse, K.-P./ Pazzini, K.-J. (Hg.): (Un)Vorhersehbares lernen: Kunst - Kultur - Bild, Norderstedt: Books on Demand, S. 113–129. (Reihe: Dortmunder Schriften zur Kunst, Studien zur Kunstdidaktik Bd. 6).

— ABBILDUNGSVERZEICHNIS

Die Arbeit beinhaltet verschiedene Bildsorten (u. a. Reproduktionen von künstlerischen Arbeiten, Fotografien aus Archiven und Online-Datenbanken, im Unterricht aufgenommene Fotografien von Schüler_innen und Studierenden, daraus hervorgehende Bildkonfigurationen, Grafiken mit/ohne Bilder). Die fotografischen Bilder, die im Kontext des kunstpädagogischen Projektes entstanden sind, haben eine besondere Bezeichnung (dies betrifft im Abbildungsverzeichnis Eintragungen ab Abb. 32). Die Bezeichnung der fotografischen Bilder enthält mehrere Informationen (siehe auch Kap. 6, S. 403): z. B. **»KF-J-3-48«.**

KF = Ko-Foto (von der Studentin fotografiert; Schüler_innenfotos tragen diese Bezeichnung nicht)
J = Initiale des begleiteten Schülers (hier: Johann)
3 = drittes Projekttreffen (von insgesamt drei Projekttreffen)
48 = 48. Bild in der Sequenz der fotografierenden Person (hier: in der Sequenz der Studentin)

ABB.	BILDTITEL	ANMERKUNGEN
35	KF-J-3-50	© K. Böhme 2020, Foto: Studentin
36	J-3-16	© K. Böhme 2020, Foto: Schüler (Johann)
37	Detail aus J-3-16	© K. Böhme 2020, Foto: Schüler (Johann)
38	KF-J-3-51	© K. Böhme 2020, Foto: Studentin
39	J-3-17	© K. Böhme 2020, Foto: Schüler (Johann)
40	Bildkonfiguration 1 (Auszug)	© K. Böhme 2020, Fotos: Studentin, Schüler (Johann)
41	J-3-11	© K. Böhme 2020, Fotos: Schüler (Johann)
42	*Relativity,* M.C. Escher Lithografie	All M.C. Escher works © 2020 The M.C. Escher Company – the Netherlands. All rights reserved. Used by permission. www.mcescher.com
43	KF-J-3-33	© K. Böhme 2020, Foto: Studentin
44	Detail aus KF-J-3-33	© K. Böhme 2020, Foto: Studentin
45	KF-J-34, Markierung KB	© K. Böhme 2020, Foto: Studentin
46	Aufsteller	© K. Böhme 2020
47	Die Theke im Projektraum	© K. Böhme 2020, Foto: Studentin, Markierung und Anonymisierung: K. Böhme
48	Empfangstheke (Archiv der Kunstakademie Münster)	© Kunstakademie Münster 2020
49	Bildkonfiguration 1	© K. Böhme 2020, Fotos: Studentin, Schüler (Johann), Lithografie M.C. Escher: © The Escher Company 2020, Archivfoito: © Kunstakademie Münster 2020
50	Grafik zu Bildgespräch 2	© K. Böhme 2020
51	Transkript 2a (erster Abschnitt)	© K. Böhme 2020
52	Transkript 2a (zweiter Abschnitt)	© K. Böhme 2020, Fotos: Studentin
53	Transkript 2b (erster Abschnitt)	© K. Böhme 2020, Fotos: Studentin, Schüler (Johann
54	Transkript 2b (zweiter Abschnitt)	© K. Böhme 2020, Fotos: Studentin, Schüler (Johann
55	Timeline Fallbildung 2	© K. Böhme 2020
56	Bildkonfiguration 2 (Auszug)	© K. Böhme 2020, Fotos: Studentin, Schüler (Johann)
57	KF-J-3-55	© K. Böhme 2020, Foto: Studentin
58	J-3-21	© K. Böhme 2020, Foto: Schüler (Johann)
59	KF-J-3-56	© K. Böhme 2020, Foto: Studentin
60	J-3-29	© K. Böhme 2020, Foto: Schüler (Johann)
61	KF-J-3-75	© K. Böhme 2020, Foto: Studentin
62	Detail aus KF-J-3-75	© K. Böhme 2020, Foto: Studentin

ABB.	BILDTITEL	ANMERKUNGEN
63	Bildkonfiguration 2 (Auszug)	© K. Böhme 2020, Fotos: Studentin, Schüler (Johann)
64	KF-J-3-36 bis 41	© K. Böhme 2020, Fotos: Studentin
65	KF-J-3-41	© K. Böhme 2020, Foto: Studentin
66	KF-J-3-82 bis 88	© K. Böhme 2020, Fotos: Studentin
67	KF-J-3-88	© K. Böhme 2020, Foto: Studentin
68	Joan Jonas, *Moving Off the Land*, 2016–2018, performance at Cowell Theater, Fort Mason Center for Arts & Culture, San Francisco, 2019.	© Fort Mason Center for Arts & Culture & Justin Oliphant 2020
69	Shana Moulton, *Whispering Pines 10*, New Museum, New York, 2011. Videostill aus dem Film *New York Close Up*, Shana Moulton & Nick Hallett Stage An Opera.	© Shana Moulton, Crèvecœur Paris 2020, Videostill (mit Genehmigung zur Veröffentlichung): K. Böhme
70	Flyer von *Building better cities? Bildende Kunst und Stadtplanung*, Symposium am 13.–14.9.2013, Münster	© ISG Bahnhofsviertel Münster e. V., Stadt Münster (in Zusammenarbeit mit Kunsthalle Münster, Montag Stiftung Urbane Räume, StadtBauKultur NRW) 2020, Stadtplan: Vermessungs- und Katasteramt Münster; http://www.muenster-artandpublic.com/dt/pdf/ Programm%20Symp.%20Building%20Better%20Cities.pdf (aufgerufen am 13.10.20)
71	*Pocketplan*, Stadt Münster, 2013	© ISG Bahnhofsviertel Münster e. V., Stadt Münster, Münster Marketing, Kunsthalle Münster, Münster I Kunst + Öffentlichkeit 2020; http://www.muenster-artandpublic.com/dt/pdf/Rehberger%20Alabama%20Lageplan.pdf (aufgerufen am 13.10.2020)
72	Timeline Fallbildung 2	© K. Böhme 2020, Fotos: Studentin, Schüler (Johann)
73	KF-J-3-55	© K. Böhme 2020, Foto: Studentin
74	J-3-21	© K. Böhme 2020, Foto: Schüler (Johann)
75	KF-J-3-56	© K. Böhme 2020, Foto: Studentin
76	KF-J-3-66	© K. Böhme 2020, Foto: Studentin, Foto auf Display: Schüler (Johann)
77	Bildkonfiguration 2	© K. Böhme 2020, Fotos: Studentin, Schüler; Fotos der Arbeiten von J. Jonas und S. Moulton siehe Bildrechte zu Abb. 69 u. 70
78	Grafik zu Bildgespräch 3	© K. Böhme 2020
79	Transkript 3a	© K. Böhme 2020
80	Transkript 3b	© K. Böhme 2020, Fotos: Studentin

ABB.	BILDTITEL	ANMERKUNGEN
81	Timeline Fallbildung 3	© K. Böhme 2020
82	KF-J-3-4	© K. Böhme 2020, Foto: Studentin
83	Detail aus KF-J-3-4	© K. Böhme 2020, Foto: Studentin, Ausschnitt: K. Böhme
84	Detail aus KF-J-3-4	© K. Böhme 2020, Foto: Studentin, Ausschnitt: K. Böhme
85	Cover *Physikbuch Oberstufe, Gesamtband*	© Cornelsen 2020
86	KF-J-3-4 bis KF-J-3-8	© K. Böhme 2020, Fotos: Studentin
87	KF-J-3-5	© K. Böhme 2020, Foto: Studentin
88–91	Details aus KF-J-3-4 und KF-J-3-5, gegenübergestellt	© K. Böhme 2020, Fotos: Studentin, Ausschnitte: K. Böhme
92	KF-J-3-1	© K. Böhme 2020, Foto: Studentin
93	KF-J-3-4	© K. Böhme 2020, Foto: Studentin
94–95	Fotos aus dem Seminar *Let's do it right now! Kritische Aufgabenstellungen in schulischen Ordnungen,* WiSe 2015/16, Universität der Künste Berlin, Leitung: K. Böhme	© K. Böhme 2020, Foto: K. Böhme
96–110	Vorlage und entstandene Zeichnungen zur Übung im Seminar *Let's do it right now!*	© Studierende UdK Berlin und K. Böhme 2020
111	Detail aus KF-J-3-5	© K. Böhme 2020, Foto: Studentin
112	Detail aus KF-J-3-6	© K. Böhme 2020, Foto: Studentin
113	Bildkonfiguration 3	© K. Böhme 2020, Fotos: Schüler (Johann), Studentin, Zeichnungen: Studierende der UdK Berlin, K. Böhme
114	Bildgespräch 4	© K. Böhme 2020
115	Transkript 4	© K. Böhme 2020
116	Timeline Fallbildung 4	© K. Böhme 2020
117	KF-H-1-26	© K. Böhme 2020, Foto: Studentin
118	KF-H-1-27	© K. Böhme 2020, Foto: Studentin
119	KF-H-1-28	© K. Böhme 2020, Foto: Studentin
120	KF-H-1-29	© K. Böhme 2020, Foto: Studentin
121	KF-H-1-24	© K. Böhme 2020, Foto: Studentin
122	KF-H-1-25	© K. Böhme 2020, Foto: Studentin
123	Detail aus KF-H-1-25	© K. Böhme 2020, Foto: Studentin, Ausschnitt: K. Böhme
124	KF-H-1-30	© K. Böhme 2020, Foto: Studentin

ABB.	BILDTITEL	ANMERKUNGEN
125	Detail aus KF-H-1-30	© K. Böhme 2020, Foto: Studentin, Ausschnitt: K. Böhme
126	H-1-74	© K. Böhme 2020, Foto: Schüler (Hannes)
127	H-1-75	© K. Böhme 2020, Foto: Schüler (Hannes)
128	H-1-76	© K. Böhme 2020, Foto: Schüler (Hannes)
129	H-1-77	© K. Böhme 2020, Foto: Schüler (Hannes)
130	H-1-80	© K. Böhme 2020, Foto: Schüler (Hannes)
131	H-1-81	© K. Böhme 2020, Foto: Schüler (Hannes)
132	H-1-72	© K. Böhme 2020, Foto: Schüler (Hannes)
133	Details aus H-1-74, H-1-81, H-1-75	© K. Böhme 2020, Foto: Schüler (Hannes), Ausschnitt: K. Böhme
134	Details aus H-1-74	© K. Böhme 2020, Foto: Schüler (Hannes), Ausschnitt: K. Böhme
135	Details aus H-1-74, H-1-82	© K. Böhme 2020, Foto: Schüler (Hannes), Ausschnitt: K. Böhme
136	Details aus H-1-74, H-1-81	© K. Böhme 2020, Foto: Schüler (Hannes), Ausschnitt: K. Böhme
137	Detail aus H-1-74	© K. Böhme 2020, Foto: Schüler (Hannes), Ausschnitt: K. Böhme
138	Detail aus H-1-74	© K. Böhme 2020, Foto: Schüler (Hannes), Ausschnitt: K. Böhme
139	Detail aus H-1-82	© K. Böhme 2020, Foto: Schüler (Hannes), Ausschnitt: K. Böhme
140	*Kaugummi in Saint-Nazaire, Die Zeichnungen der anderen* von Dector & Dupuy	© M. Dector und M. Dupuy 2020, zitiert aus Dector/Dupuy 2014, S. 277
141	Bildkonfiguration 4	© K. Böhme 2020, Fotos: Schüler (Hannes), Studentin, Dector & Dupuy, Ausschnitte: K. Böhme
142	Bildkonfiguration 1 (Miniaturansicht)	siehe Abb. 49
143	Bildkonfiguration 2 (Miniaturansicht)	siehe Abb. 77
144	Bildkonfiguration 3 (Miniaturansicht)	siehe Abb. 113
145	Bildkonfiguration 4 (Miniaturansicht)	siehe Abb. 141
146	Bildkonfiguration 1 (Ausschnitt)	© K. Böhme 2020, Fotos: Schüler (Johann), Studentin
147	Bildkonfiguration 4 (Ausschnitt)	© K. Böhme 2020, Fotos: Schüler (Hannes), Studentin
148	Bildkonfiguration 1 (Ausschnitt)	© K. Böhme 2020, Fotos: Schüler (Hannes), Studentin
149	Bildkonfiguration 1 (Ausschnitt)	© K. Böhme 2020, Fotos: Schüler (Johann)
150	Bildkonfiguration 4 (Ausschnitt)	© K. Böhme 2020, Fotos: Schüler (Hannes)

ABB.	BILDTITEL	ANMERKUNGEN
178	J-3-3 und KF-J-3-9 bis -11	© K. Böhme 2020, Fotos: Schüler (Johann), Studentin
179	KF-J-3-12 bis -14	© K. Böhme 2020, Fotos: Studentin
180	J-3-4 bis -5 und KF-J-3-15 bis -19	© K. Böhme 2020, Fotos: Schüler (Johann), Studentin
181	J-3-6 bis -7 und KF-J-3-21 bis -25	© K. Böhme 2020, Fotos: Schüler (Johann), Studentin
182	J-3-8 bis -10 und KF-J-3-26 bis -32	© K. Böhme 2020, Fotos: Schüler (Johann), Studentin
183	J-3-11 und KF-J-3-33 bis -35	© K. Böhme 2020, Fotos: Schüler (Johann), Studentin
184	KF-J-3-26 bis -41	© K. Böhme 2020, Fotos: Studentin
185	J-3-12 – J-3-17 und KF-J-3-42 bis -51	© K. Böhme 2020, Fotos: Schüler (Johann), Studentin
186	J-3-21 bis -22 und KF-J-3-55 bis -58	© K. Böhme 2020, Fotos: Schüler (Johann), Studentin
187	J-3-28 und KF-J-3-65 bis -66	© K. Böhme 2020, Fotos: Schüler (Johann), Studentin
188	KF-J-3-69 bis -74	© K. Böhme 2020, Fotos: Studentin
189	J-2-29 und KF-J-3-75 bis -77	© K. Böhme 2020, Fotos: Schüler (Johann), Studentin
190	Timeline: Einteilung der gesamten Sequenzen in drei Abschnitte (I, II, III)	© K. Böhme 2020
191	KF-J-3-78 bis -80	© K. Böhme 2020, Fotos: Studentin
192	KF-J-3-81	© K. Böhme 2020, Foto: Studentin
193	KF-J-3-82 bis -88	© K. Böhme 2020, Fotos: Studentin
Cover	J-3-15	© K. Böhme 2020, Foto: Schüler (Johann)
Klappe 1	Bildkonfiguration 1	siehe Abb. 49
Klappe 2	Bildkonfiguration 2	siehe Abb. 77
Klappe 3	Bildkonfiguration 3	siehe Abb. 113
Klappe 4	Bildkonfiguration 4	siehe Abb. 141
Rückseite	KF-J-3-49	© K. Böhme 2020, Fotos: Studentin

— KONTAKTBÖGEN SCHÜLER

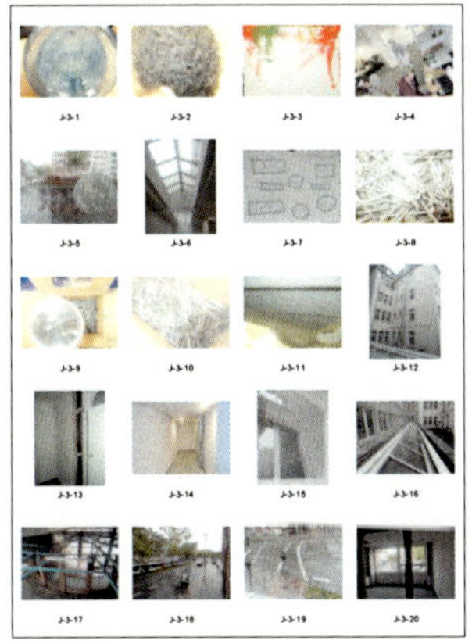

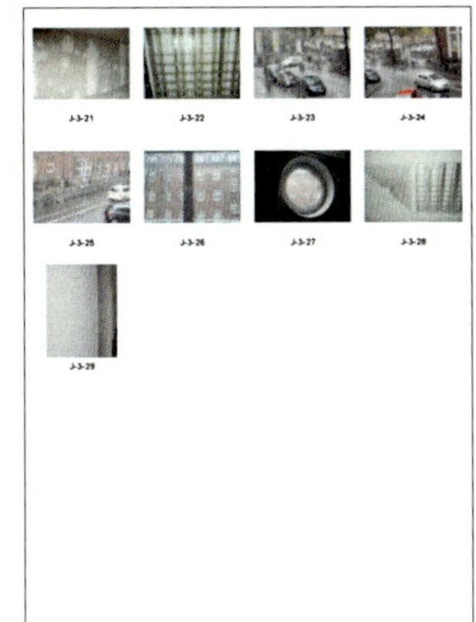

— KONTAKTBÖGEN STUDENTIN

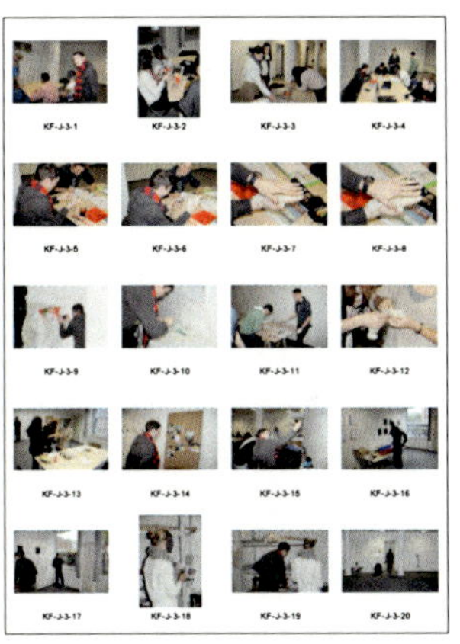

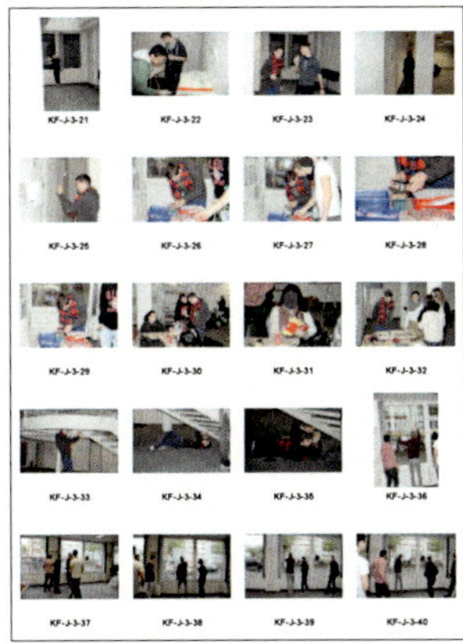

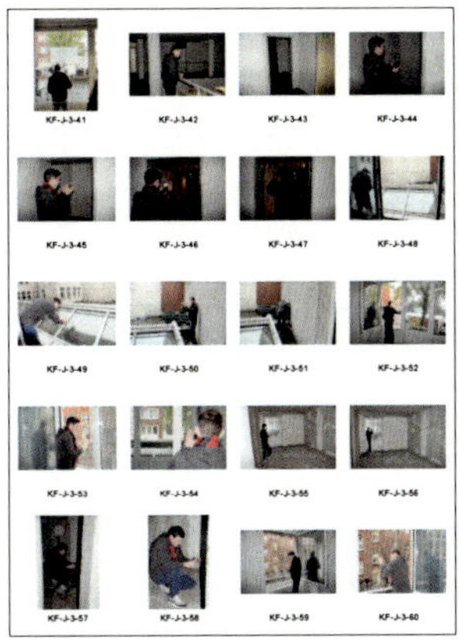

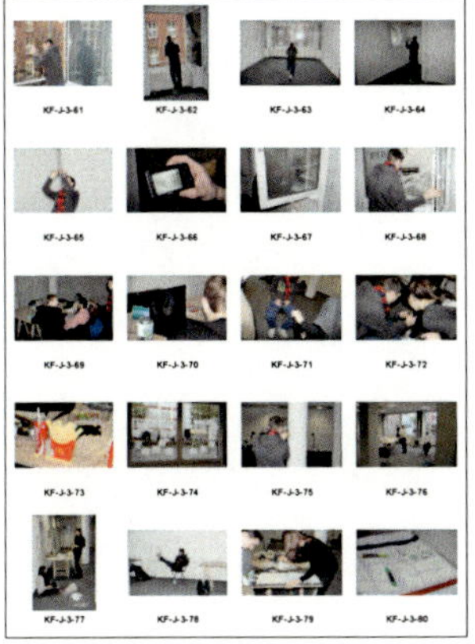

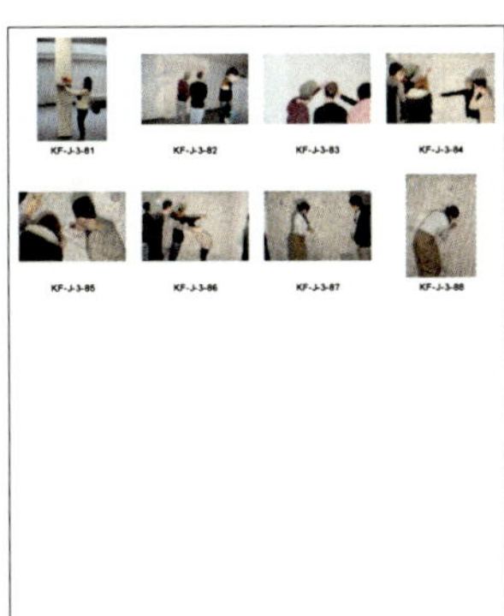

→ Eine ausführliche Beschreibung des Bildmaterials ist in der Online-Publikation: https://www.kunstakademie-muenster.de/fileadmin/media/Website_2018/publikationen/2021/Dissertation_Boehme.pdf, S. 461–470, (aufgerufen am 10. 03. 2022) zu finden.

— DANK

Die Verknüpfung kunstpädagogischer, bildungsphilosophischer und -theoretischer Argumentationen sowie die konkrete Arbeit mit dem fotografischen Bildmaterial hat im Austausch mit zahlreichen Fachkolleg_innen stattgefunden:
Mein Interesse an der Phänomenologie verdanke ich zu allererst Prof. Dr. Birgit Engel (Erstgutachterin, Kunstakademie Münster), die mich stets unterstützend und fachlich fundiert beraten hat und mir zahlreiche Gelegenheit bot, mein Forschungsprojekt in den kunstpädagogischen Fachdiskurs einzubringen. Darüber hinaus danke ich Prof. Dr. Maria Peters (Zweitgutachterin, Universität Bremen) für ihr großes Vertrauen in mein experimentelles Setting und ihren genauen sowie wertschätzenden Blick auf die fotografischen Bilder und deren Verknüpfung. Prof. Dr. Gerd Blum (Drittgutachter, Kunstakademie Münster) danke ich für seine kunsthistorische Perspektive auf meine Arbeit und sein Engagement, sich als Drittgutachter einzubringen.

Dem intensiven und mehrjährigen Austausch mit Jun.-Prof. Dr. Nadia Bader, Judit Villiger und Dr. Sandra Winiger verdanke ich viele wertvolle Anregungen!

Bedeutsam für meine Forschungsarbeit war zudem das von Birgit Engel initiierte *Internationale Forschungskolloquium zu Fragen der professionsbezogenen künstlerischen und ästhetischen Bildung* an der Kunstakademie Münster, in dem ich mein Forschungsvorhaben gemeinsam mit Wissenschaftler_innen, forschenden Kunstlehrer_innen und Promovend_innen diskutieren konnte.

Wegbegleiter_innen waren unter anderem Prof. Dr. Tobias Loemke, Dr. Kerstin Hallmann, Prof. Dr. Käte Meyer-Drawe, Ass.-Prof. Evi Agostini Ph.D., Prof. Dr. Kristin Westphal, Stefan Hölscher, Dr. Christiane Brohl, Jana Röther, Dr. Agnes Bube, Maryam Khan Ahmadi, Ute Reeh und Moritz Riedel. Von Käte Meyer-Drawe und Evi Agostini wurde ich zudem als aufmerksame Leserinnen einzelner Kapitel unterstützt.

Des Weiteren danke ich den Fachkolleg_innen, die mir im Rahmen von Tagungen, Vorträgen, gemeinsamen Veröffentlichungen und anderen Forschungskolloquien wichtige Impulse gaben: Antje Dalbkermeyer, Prof. Dr. Ana Dimke, Prof. Irene Hohenbüchler, Dr. Christina Inthoff, Dr. Stefanie Johns, Prof. Dr. Gila Kolb, Dr. Simone Kosica, Prof. Dr. Anja Kraus, Prof. Dr. Rudolf zur Lippe†, Prof. Dr. Nanna Lüth, Dr. Evelyn May, Prof. Dr. Helga Peskoller, Prof. Dr. Andrea Sabisch, Susanne Schittler, Dr. Anne Sprenger, Dr. Anna Stern und viele weitere Kolleg_innen und Gesprächspartner_innen.

Mein ganz besonderer Dank gilt den Schüler_innen und den Studierenden, die an meiner Studie vertrauensvoll und engagiert teilgenommen haben!

Der Kunstakademie Münster danke ich für die verbindliche Förderung meiner Promotion und das Abschlussstipendium, das ich von Juli 2019 bis Juni 2020 erhielt.

Janine Gockel (Grafik) und Katharina Kiklas (Lektorat) danke ich für Ihr großes Engagement bei der Gestaltung des Buches!

Zu guter Letzt danke ich Cem Kozcuer, meiner Familie und Freund_innen für ihr Interesse an meiner Arbeit, ihre Geduld und Unterstützung!